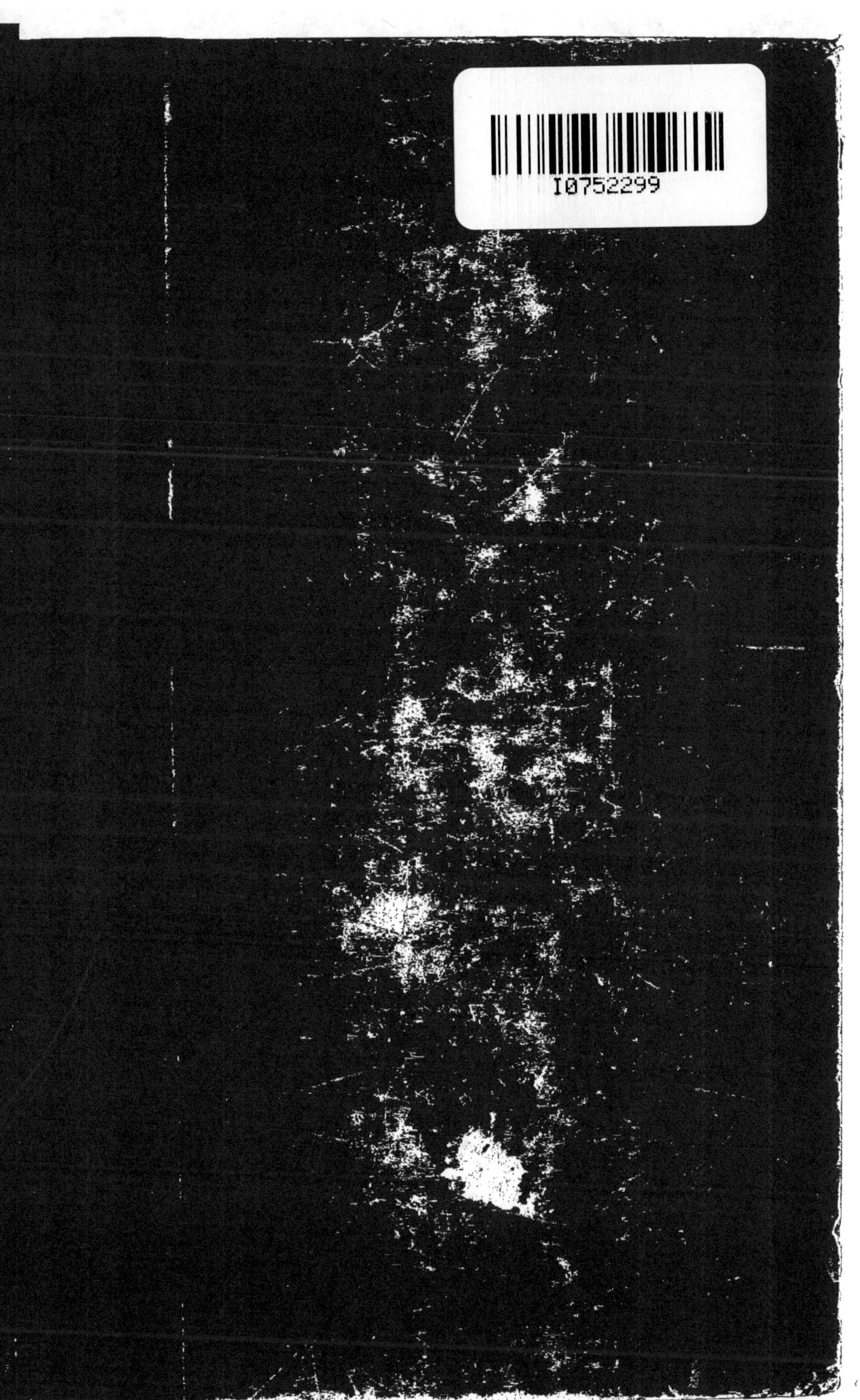
I0752299

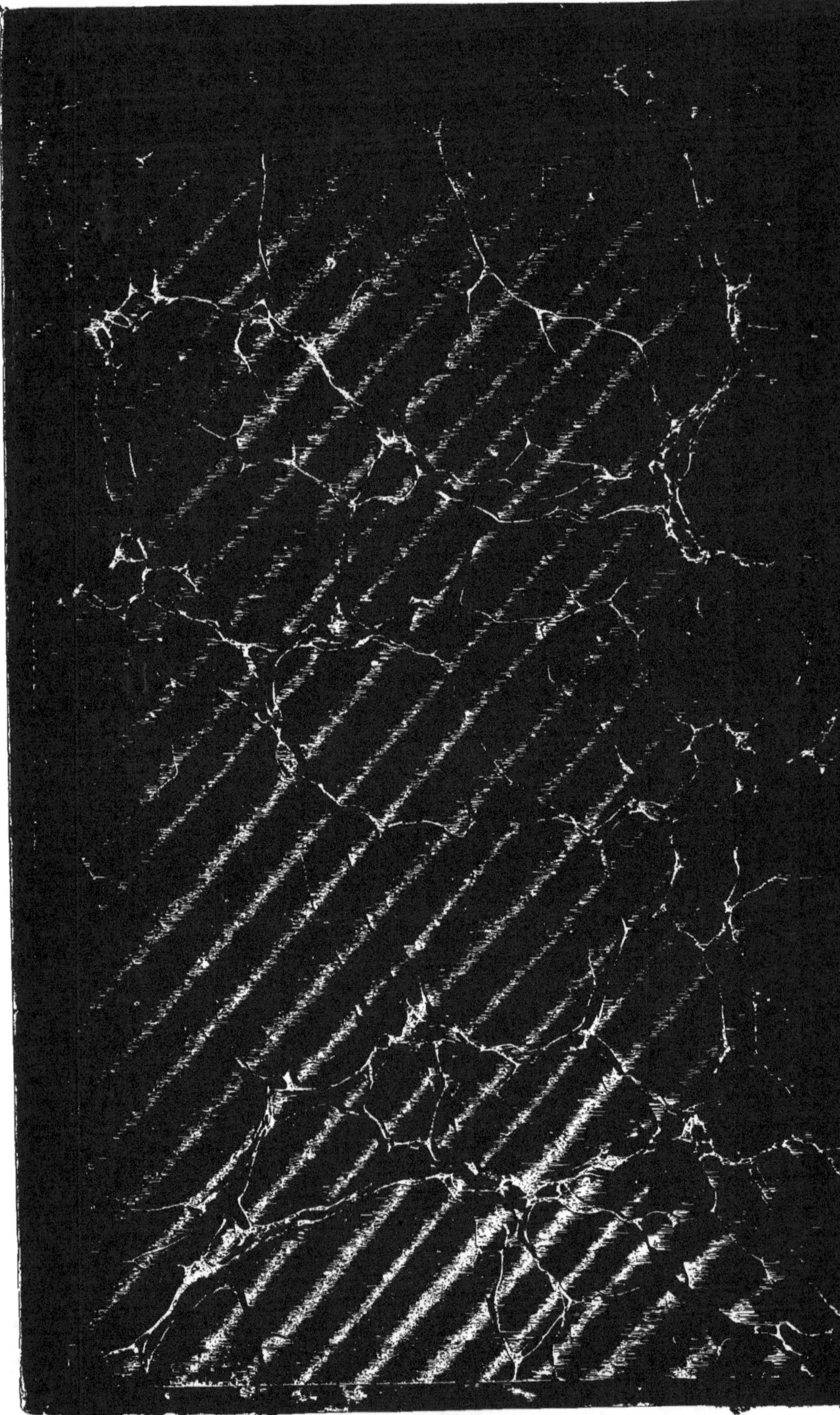

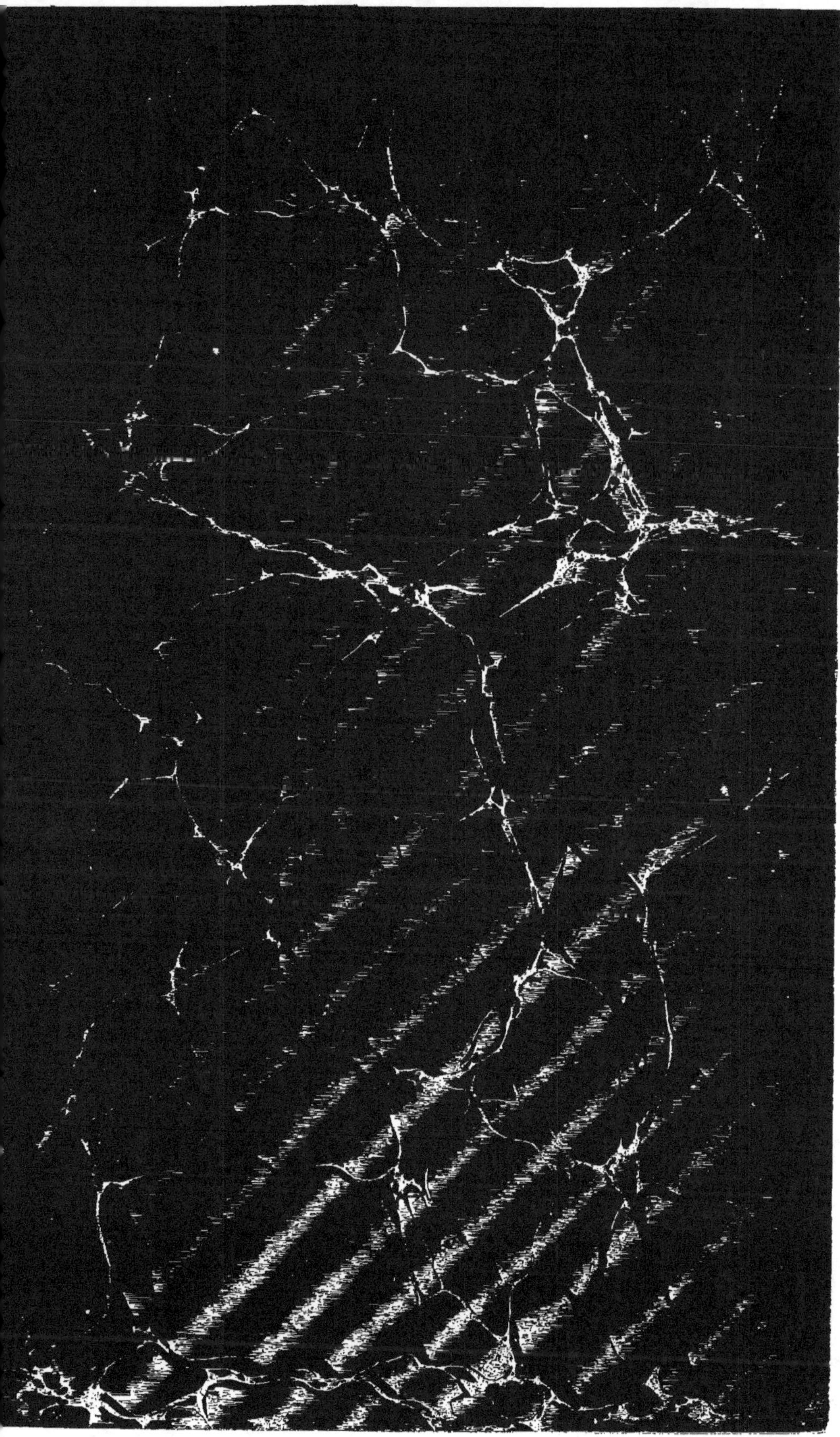

LA DIVINE COMÉDIE

DANTE ALIGHIERI

LA

DIVINE COMÉDIE

TRADUCTION PAR M. HENRI DAUPHIN

CONSEILLER A LA COUR D'APPEL D'AMIENS, MEMBRE DE L'ACADÉMIE

1842 - 1848

—

PUBLICATION POSTHUME

MDCCC 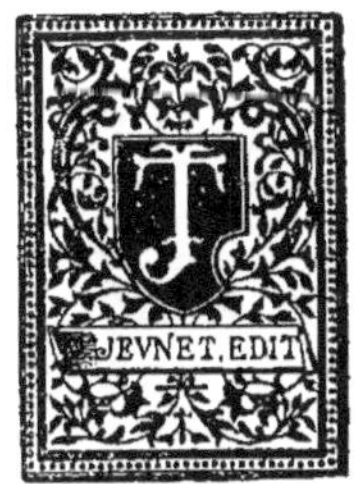 LXXXVI

AMIENS

IMPRIMERIE ET LITHOGRAPHIE T. JEUNET

45, RUE DES CAPUCINS, 45

NOTICE BIOGRAPHIQUE

VIE DU DANTE

VIE DU DANTE.

NOTICE
BIOGRAPHIQUE, HISTORIQUE ET LITTÉRAIRE.

Il existe dans le domaine de l'art chrétien un monument prodigieux, qui embrasse la terre et le ciel, et qui met en scène, hors du monde sensible, les personnages d'un drame appelé la *Divine Comédie*. Comme nos vieilles basiliques, ce poème ne révèle toutes ses beautés qu'à l'œil qui a su pénétrer la pensée qui l'anime, à l'homme qui s'est imprégné de l'esprit du moyen âge dont il procède. Plus vaste, plus symbolique, il est aussi moins accessible à l'intelligence que toute autre œuvre d'art. Il veut un lecteur plus versé dans l'histoire, plus initié aux opinions et aux mœurs de cette époque. L'auteur du poème en étant aussi le héros, il est encore nécessaire de connaître sa vie, la part personnelle qu'il a prise aux événements de son temps. C'est à ce point de vue qu'après avoir analysé cette grande composition, que j'ai traduite pour mon instruction et mon plaisir, j'ai pensé qu'une notice biographique, historique et littéraire, ne serait pas sans profit pour ceux qui désirent étudier sérieusement la *Divine Comédie*, plus vantée en France qu'elle n'est lue, malgré le talent de ses nombreux traducteurs. Les moindres détails m'ont paru précieux, et je les ai puisés aux meilleures sources quand ce n'est pas le poète lui-même qui me les a fournis. Les faits contemporains les encadrent, pour les mettre en lumière, dans un tableau que je me suis vainement efforcé de réduire.

I

Dante, ou Durante, est le premier qui ait porté ce nom dans la famille des Alighieri dont il était issu. Il naquit à Florence [1] au mois de mai 1265 [2], et reçut le sceau du chrétien dans l'antique baptistère de Saint-Jean [3]. Son père, Alighieri di Bello [4] était un jurisconsulte d'ancienne famille guelfe. Emigré de Florence après la victoire des Gibelins à Mont'Aperto [5], il était encore en exil lorsque sa seconde femme Bella [6], rentrée avant lui [7] ou demeurée à Florence, mit au monde celui qui devait être un des plus grands poètes de l'Italie.

Dante était de noble race [8] et de vieille souche romaine [9], suivant la tradition qui fait remonter la fondation de Florence à une colonie de Romains au temps de Sylla. Cacciaguida, son trisaïeul, vivait au milieu du douzième siècle, et alors le nom de la famille était *degli Elisei* [10]. Cacciaguida [11] ayant épousé une Aldigeria, de Parme ou de Ferrare [12], son fils changea le nom de la famille en celui d'Alighieri [13], qui s'est transmis jusqu'à Dante. Un de ses parents (c'est lui-même qui nous l'apprend) [14] s'appelait Geri del Bello, noms presque identiques à ceux de son père Alighieri di Bello.

1 Paradis, chant XXV, vers 5.

2 Sous le signe des Gémeaux — Paradis, chant XXII, vers 115 et suivants.

3 Enfer, chant XIX, vers 17.

4 Mario Crescembeni. — Selon ce biographe, le père de Dante s'appelait Alighieri di Bello degli Alighieri.

5 4 septembre 1260.

6 On n'a pu découvrir à quelle famille appartenait cette Bella, mère du Dante. (L'abbé Marini.)

7 Les émigrés du parti guelfe furent rappelés à Florence en 1266, après la bataille de Grandella, où périt Manfred, défait par Charles d'Anjou.

8 Paradis, chant XVI, vers 6.

9 Enfer, chant XV, vers 74 et suivants.

10 Giov. Mario Crescembeni. — Cacciaguida eut deux frères, dont un appelé Eliseo. — Paradis, chant XV, vers 136.

11 Mort à la croisade, en Syrie, sous l'empereur Conrad, 1149.

12 Elle était de la vallée du Pô, Val di Pado. — Paradis, chant XV, vers 137.

13 Paradis, chant XV, vers 138.

14 Enfer, chant XIX, vers 20 et 27. — Les armes de cette famille portaient une aile d'or dans un champ d'azur. (Vellutello.)

Malgré le silence modeste [1] de Dante sur ses ancêtres antérieurs à Cacciaguida, on sait encore qu'ils avaient été nommés d'abord *Frangipani* [2] pour avoir distribué du pain aux Florentins dans une disette. Ils n'avaient rien de commun avec ces rudes populations qui descendirent du mont Fiesole, au Xe siècle, pour habiter Florence [3], ni avec ces hommes nouveaux dont l'orgueil et le faste se fondèrent sur des richesses mal acquises [4]. Pur de cet alliage étranger, qui fut si funeste à son pays, Dante devait un jour chercher un équilibre entre ces éléments opposés, et périr sous leur choc : noble rôle, mal apprécié jusqu'ici, et à peine entrevu, quoiqu'il tienne une grande place dans sa carrière politique.

Il perdit son père dans son enfance [5] ; mais héritier d'un patrimoine encore intact [6], il trouva de bonne heure d'amples moyens d'instruction autour de lui, et d'utiles directions parmi ses proches. Ceux-ci, à qui l'excellence d'une aussi riche nature ne pouvait échapper, prêtèrent sans doute le secours de leurs conseils et l'appui de leur position personnelle à la mère du jeune Alighieri, à cette Bella, dont le nom seul nous est parvenu. Quelle ne devait pas être sa sollicitude pour un fils sur qui, d'après un songe qu'elle avait eu pendant sa grossesse [7], s'il faut en croire Boccace, reposaient de hautes espérances !

C'est dans le cours de cette première éducation, époque si précieuse qui laisse peu de traces, et dont l'influence est souvent décisive sur la vie entière, que se place un fait considérable et attesté par Dante lui-même : il venait, dit-il [8], d'accomplir sa neuvième année, lorsqu'il fut conduit chez les Portinari, voisins et amis de sa famille. Il vit dans une fête donnée par le chef de cette maison,

[1] Paradis, chant XVI, vers 45.
[2] Mss de Bandini. Alphabéton. Conservé à la Bibliothèque impériale.
[3] Enfer, chant XV, vers 63.
[4] Ibid., chant XVI, vers 73.
[5] L'abbé Marini. — Opere di Dante. — Paris 1768.
[6] Ce patrimoine était médiocre, mais suffisant pour le faire vivre honorablement.
[7] Il lui sembla qu'elle était accouchée sous un laurier, au bord d'une fontaine; que des baies qui tombaient de cet arbre l'enfant se nourrissait d'abord ; qu'ensuite, changé en berger, il cherchait à s'emparer des feuilles, et qu'ayant fait une chûte il se relevait sous la forme d'un paon au magnifique plumage. (Boccace. — Vita Dantis Alighieri.)
[8] La Vita nova.

au mois de mai 1274, la fille de Folco Portinari [1], une jolie enfant à peu près de son âge [2] : c'est la célèbre Béatrix, immortalisée par ses vers, celle qui fut son premier amour et son phare sur la mer orageuse qu'il devait traverser. A l'instant son âme lui fut fiancée, et quoiqu'il ne lui ait été donné de la revoir que neuf ans après, son tempérament vif et sensible s'était décelé à cette apparition angélique ; merveilleuse précocité du cœur dans un enfant de génie. On peut juger de ce qu'il sera, en le voyant prendre au sérieux et combattre en homme une passion naissante qui l'effraie parce qu'il en a sondé la profondeur.

Un autre trait caractéristique de cette nature ardente et rêveuse, c'est le goût que Dante à peine sorti de l'enfance avait montré pour la vie monastique. On croit qu'il prit l'habit de frère mineur de saint François, mais qu'il avait quitté l'Ordre avant la fin de son noviciat. Lors même que ce fait singulier ne serait point attesté par un de ses plus anciens commentateurs [3], on en trouverait plus d'une trace dans son poème [4], où il semble rappeler le cordon qui lui avait autrefois ceint les reins. Aussi dans les plus anciennes peintures de son pèlerinage, est-il toujours représenté vêtu de la robe de Cordelier. Ce costume traditionnel est aujourd'hui classique. Il est certain d'ailleurs que Dante a voulu mourir sous le froc de saint François. N'était-ce pas un souvenir de sa première vocation?

Brunetto Latini, le célèbre auteur du *Tesoretto* [5], fut sinon le premier, au moins le principal de ses maîtres, celui qui contribua le plus à développer son intelligence, qui lui apprit, selon sa belle expression, comment l'homme s'immortalise [6]. Brunetto qui l'avait vu naître, avait tiré son horoscope [7]. Il enseigna à son élève, avec la philosophie et la jurisprudence, les sciences mathé-

[1] Sa mère se nommait Celia degli Caponsacchi.

[2] Née en 1266, Béatrix ou Bice avait 9 ou 10 mois de moins que Dante.

[3] Francesco di Bartolo da Berti qui expliquait le Purgatoire à l'Université de Pise en 1395.

[4] Enfer, chant XVI, vers 106.

[5] Livre écrit d'abord en italien, et que son auteur a refait ensuite en français, à Paris où il s'était retiré, — Mort en 1294.

[6] Come l'uom s'eterna. — Enfer, chant XV, vers 85.

[7] Enfer, chant XV, vers 55.

matiques et physiques, et même[1] l'astrologie[2]. Rien ne manqua d'ailleurs à Dante de ce qui pouvait en faire un homme complet, un poète, un orateur, un homme d'Etat. Les beaux-arts eux-mêmes, dont le XIIIe siècle voyait l'aurore en Italie, ne lui furent pas étrangers. Il était dessinateur [3], et musicien habile, jouant de plusieurs instruments [4]. On ne saurait douter qu'il ait su le grec, à voir l'éloge qu'il fait d'Homère, dont il n'existait aucune traduction de son temps [5], à en juger encore par un sonnet [6], où il dit de son fils qu'il fait des progrès dans les langues grecque et française. Dévoré de la soif d'apprendre, il étudia toute sa vie avec une puissance de volonté dont un seul trait nous donne la mesure : un jour qu'il était entré chez un libraire, pour y voir des jeux sur la place publique, il prit un livre et s'attacha tellement à sa lecture qu'il se retira fort tard sans avoir rien vu du spectacle qui l'avait attiré [7].

Mais sa plus chère étude, au milieu d'études si diverses, fut celle de la poésie, qui consistait alors dans les *rimes d'amour*. Il s'y livra dès ses jeunes ans avec passion ; et qu'on ne pense pas qu'il s'agisse ici de rien qui ressemble à la fadeur du genre élégiaque moderne. C'était la poésie des troubadours, passée depuis peu des Provençaux en Italie, pour y tirer de ses langes la langue vulgaire qui, par sa rudesse et la diversité de ses dialectes, semblait condamnée à l'usage du peuple et de quelques chroniqueurs obscurs. La chevalerie avait empreint les chants amoureux d'une courtoisie noble et d'un caractère élevé. Une passion sérieuse et discrète inspirait ces chants, et les difficultés du mètre ne les rendant guère accessibles qu'aux hommes instruits, les *rimes d'amour* servirent enfin de vêtement à une sorte de

[1] Capocchio de Sienne enseigna aussi, dit-on, à Dante, la physique et les sciences naturelles — Enfer, chant XXIX, vers 139.

[2] L'astrologie lui fut enseignée plus tard par Cecco d'Ascoli, médecin du pape Jean XXII. — (Manuscrit du jésuite Appiani, cité par Pelli dans ses Mémoires sur la vie de Dante.)

[3] Ami de Giotto et d'Oderisi da Gubbio, peintre d'enluminures. — (La Vita nova.) — Purgatoire, chant XI, vers 27 et suivants.

[4] Ami du chanteur Casella et de Belacqua, célèbre instrumentiste. — Purgatoire, chant XXX, vers 36. — (Landino et l'abbé Marini, Vita di Dante.)

[5] La première traduction d'Homère est de Pétrarque.

[6] Ce sonnet est cité par Pelli.

[7] V. Bayle, au mot *Dante*.

métaphysique profonde et quintessenciée. Telle fut la poésie des troubadours depuis Gérault de Berneil et Daniel Arnault jusqu'à Dante, en qui se personnifie, mieux qu'en Pétrarque lui-même, l'idéal du genre. Ce genre a des lois sévères, et chaque pièce cache un double sens que le poète a besoin lui-même d'éclairer ; car à force de discrétion envers sa Dame, compris d'elle, il l'est imparfaitement du lecteur ; et c'est ce qui rendait si piquante alors cette poésie pleine d'expression et de mystère.

Dante cédant au goût du siècle, à son tempérament peut-être, suivit ou plutôt dirigea le courant qui emportait de ce côté les esprits d'élite. La lice était ouverte surtout aux jeunes gens, qui faisaient entre eux assaut de discrétion et de galanterie. Leurs pièces de vers étaient de vraies énigmes qu'ils se renvoyaient de l'un à l'autre, comme au temps des anciens rois d'Egypte. Ce sonnet est beau, disait-on. Il est plein de sentiments délicats et d'allusions fines; mais à quelle Dame s'adresse-t-il, et dans quelles circonstances ? quel en est le sens moral? Pour comprendre l'excellence de Dante dans un genre où ses premiers essais furent des coups de maître, il faut revenir à Béatrix.

Sur les amours de Dante et de Béatrix, il existe un livre curieux, la *Vita nova*[1], où Dante lui-même en a fait le récit tiré, dit-il, du registre de sa mémoire. Ce récit, il est vrai, n'est le plus souvent que le commentaire des poésies de sa jeunesse, qui n'auraient pu s'en passer aux yeux de la postérité, comme il le comprit plus tard. Le genre de ces poésies exigeait pour chaque pièce, sonnet, ballade ou canzone, que l'auteur eût en vue la Dame de ses pensées, et célébrât quelque fait intime assez frappant pour qu'il parût avoir écrit sous la dictée de l'Amour. La fiction devait donc avoir une large place dans les Rimes d'Amour. Mais on peut affirmer qu'elle n'est pour rien dans les premiers épanchements d'Alighieri, de cette âme austère et passionnée dont l'idéal, incarné en Béatrix, était réalisé chaque jour sous ses yeux par des faits sensibles. Ses rêves même (il y en a beaucoup dans ce commentaire) étaient pour lui de puissantes réalités, en ce sens qu'ils reflétaient des actes qui l'avaient forte-

[1] Traduite en français pour la première fois par M. Delécluse, 1841.

ment impressionné durant la veille. Il faut voir là, sous une forme poétique, des faits très-réels, puisés, comme il le dit fort bien, dans le registre de sa mémoire. Nous avons donc, dans la *Vita nova*, non pas un roman, produit d'une imagination vive et créatrice, mais de véritables mémoires, un récit de faits intimes qui ne peuvent pas être plus contestés que l'existence de Béatrix.

Ce récit éclaire d'un si grand jour une période intéressante de la vie du jeune poète que, malgré son étendue, il n'est pas un détail qu'on puisse en retrancher.

Le 30 décembre 1283 (Dante avait alors 18 ans), il revit la belle enfant, qui l'avait tant frappé chez son père neuf ans auparavant, et qui entrait alors dans sa 17e année. Il la revit dans la rue entre deux dames un peu plus âgées qu'elle, et sa voix douce, qu'il entendait pour la première fois, le salua de quelques paroles gracieuses. La nuit suivante, il eut un songe effrayant. Il vit l'Amour, gai d'abord, puis triste et dolent, qui tenait dans ses bras la jeune fille enveloppée dans un linceul couleur de sang. Il reconnut son propre cœur tout en feu dans les mains de l'Amour qui lui dit : *Vide cor tuum.* L'Amour, après avoir réveillé Béatrix, la forçait répugnante à le manger, et l'emportait en pleurant dans le ciel. Dante raconta son rêve, dans un sonnet adressé à tous les fidèles d'amour [1] notamment à Guido Cavalcanti [2], son premier et meilleur ami [3]. Epris tous deux du feu poétique, ces jeunes gens avaient trouvé dans la conformité de leurs goûts le fonds d'une amitié indissoluble.

Dante se consumait d'amour. En vain ses amis le pressaient de leur nommer celle qui causait cet état de langueur; sa flamme dis-

[1] Les jeunes poètes, qui rimaient en langue vulgaire, se donnaient alors ce nom.

[2] Fils de Ludovico Cavalcanti que Dante a placé en Enfer avec les hérétiques. — Enfer, chant X, vers 51. — Guido mourut en 1300, peu de temps après avoir été rappelé de l'exil par les successeurs de Dante au Priorat. C'est de lui qu'il est parlé au Purgatoire, chant XI, vers 97.

[3] Dante a mentionné plusieurs autres de ses amis dans son poème : Buonagiunta de Lucques, poète en rimes vulgaires. Purgatoire, chant XXIV, vers 35. — Le Forese, de la maison des Donati, Purgatoire, chant XXIII, vers 43. — Charles-Martel, roi de Hongrie. Paradis, chant VIII, vers 55 et chant IX, vers 1.

crète refusait de s'épancher. Un jour qu'il était à l'église et qu'il avait les yeux fixés sur Béatrix, séparé d'elle par une dame en prières, celle-ci crut être l'objet de son attention et ne s'y montra point insensible. Notre amant profita de cette erreur pour donner le change aux curieux sur le véritable objet de ses vœux. Ce manége dura plusieurs années, et la dame qui se croyait aimée servit à son insu de chaperon à la fille de Portinari, ignorant elle-même l'effet de ses charmes. Dante, pour mieux couvrir son amour sous un air de galanterie envers les dames, fit courir un compliment en vers à soixante beautés de Florence, et dans cette pièce ingénieuse le nom de Béatrix avait été glissé après neuf autres. Mais enfin la dame qui avait été l'objet de ses feints hommages quitta le pays, et Dante se plaignit dans un sonnet à double sens d'avoir perdu le voile qui couvrait ses discrètes ardeurs[1].

Vers ce temps une compagne de Béatrix lui fut enlevée par un coup imprévu. Cette mort inspira deux sonnets au poète sensible, qui suivit le convoi de la jeune fille pleurée de toute la ville. Il l'avait vue plusieurs fois avec celle qu'il aimait. Il avait remarqué sa grâce et admiré ses vertus. Comptant qu'elles la feraient assez reconnaître, il s'est cru dispensé de la nommer. Quels regrets n'avons-nous pas d'ignorer le nom d'une femme, dont il nous a laissé ce bel éloge : « Qui ne mérite pas le salut éternel ne doit pas espérer d'aller jamais en sa compagnie[2]. » — Quelques jours après les funérailles, Dante eut révélation que la Dame qu'il avait feint d'aimer ne reviendrait plus à Florence. Dans une de ses rêveries romanesques, il crut voir l'Amour en habit de pèlerin, qui revenait de chez cette dame, et qui l'avertit de ne plus compter sur elle. L'Amour lui en indiqua une autre qui pourrait lui en tenir lieu.

Dante obéit à ce rêve de son imagination. Amant plus discret que chevalier courtois, il se remit à célébrer sa chère Béatrix, sous le nom d'une autre. Mais Béatrix ayant pénétré ce manége refusa un jour de le saluer. Quel châtiment pour le jeune poète qui mettait tout son bonheur dans un salut de sa Dame! Renfermé chez

[1] La Vita nova.
[2] Ibid.

lui et versant de chaudes larmes, il s'endormit sur le déclin du jour, et vit en songe l'Amour, qui venait à lui vêtu de blanc et lui expliquait pourquoi Béatrix avait passé sans le saluer. « C'est, disait-il, qu'elle te blâme d'avoir compromis une femme à cause d'elle, car elle sait à présent que tu l'aimes. Elle veut des excuses et compte que tu sauras les lui faire avec discrétion. » Dante protesta en effet dans une ballade que son cœur était tout à elle depuis son enfance, et que, s'il avait paru s'attacher à une autre, elle devait en deviner le motif et lui pardonner[1].

Comme il se croyait encore en disgrâce, il fut conduit par un de ses amis à un repas de fiançailles, qui avait lieu dans la maison du prétendu, suivant l'usage. Béatrix se trouvait à cette fête avec d'autres amies de la fiancée. Brillante de jeunesse et de parure, elle s'entretenait avec plusieurs dames, lorsque Dante entra dans la salle. A la vue de sa maîtresse, qu'il savait mécontente, il se sentit défaillir, et fut obligé de s'appuyer contre une peinture qui ornait un des murs de l'appartement. On sourit; on crut tenir enfin un secret si bien gardé. Son ami, qui n'avait cessé de l'observer, ne conserva plus aucun doute, quoique Béatrix un peu confuse eût essayé de donner le change aux assistants, en joignant elle-même quelques plaisanteries à celles dont le pauvre amant était criblé de toutes parts. Dante ne put que se plaindre, dans un beau sonnet qu'il composa à ce sujet, « d'avoir perdu jusqu'à la pitié de son amie qui, par ses moqueries, avait tué ce sentiment dans l'âme des autres[2]. »

Le jeune troubadour sortit quelque temps après du genre plaintif, où il s'était signalé par des sonnets et des ballades. La canzone exerça aussi sa muse, et voici comment il fut amené à changer de ton. Dans un cercle de femmes, où l'on causait de sa dernière aventure en l'absence de Béatrix, l'une d'elles lui dit : « Pourquoi l'aimez-vous, puisque vous ne pouvez soutenir sa présence? Elle vous a refusé le salut qui faisait tout votre bonheur; mais ce qui doit vous rendre heureux, n'est-ce pas ses louanges? Louer l'objet aimé a d'exquises douceurs, et qu'avez-vous fait pour vous

[1] La Vita nova.
[2] Ibid.

procurer cette joie? » Eclairé par ce conseil, Dante résolut de ne plus traiter d'autre sujet que l'éloge de Béatrix, et comme il y rêvait à quelques jours de là en côtoyant un ruisseau, il trouva le début de sa première canzone: *Donne ch'avete l'intelletto d'amore*, Dames qui comprenez ce que c'est que l'Amour [1].

Un grand malheur menaçait l'objet d'une si tendre et si poétique affection. La fille de Folco Portinari perdit tout-à-coup son père [2], homme excellent et jouissant d'une haute considération à Florence. Dante reçut la nouvelle de ce coup affreux pour sa maîtresse de la bouche de plusieurs dames qui venaient de la quitter plongée dans la plus amère douleur. Il les avait interrogées, et en avait reçu la réponse que leur attitude et leurs larmes lui faisaient craindre. Il tira de cette circonstance la matière de deux sonnets qui furent alors l'écho de la douleur publique [3].

Lui-même, à force de se représenter la douleur de Béatrix, tomba sérieusement malade. Il avait pour la première fois compris que ce chef-d'œuvre du ciel devait aussi mourir un jour. Agité par la fièvre, qu'irritaient les anxiétés de son âme, il eut un rêve qui le fit assister à la mort de sa bien-aimée. Elle lui était annoncée d'abord par des signes effrayants sur la terre et dans les cieux. Il vit le ciel s'obscurcir, les étoiles pâlir, les oiseaux frappés dans les airs tomber sur le sol qui tremblait sous ses pieds. Il vit des femmes échevelées et d'autres formes horribles qui lui criaient : « Tu mourras ! tu es mort ! » Ensuite il vit des anges qui, conduits par une vapeur blanche, s'élevaient vers les cieux, tandis que le beau corps de Béatrix inanimée était soutenu par des dames qui couvraient sa tête d'un voile blanc. Sa figure était calme et modeste. Elle semblait dire : « Je suis en paix. » Il vit même et suivit la pompe funèbre. A ce moment de son rêve, il sanglota et prononça un mot que les dames de sa famille entourant son lit ne purent distinguer. C'était le nom de Béatrix. Le voyant tourmenté d'un rêve pénible, elles avaient éveillé le ma-

[1] La Vita nova.
[2] Folco di Ricovero Portinari fonda à Florence l'hôpital de Santa Maria Novella.
[3] La Vita nova.

lade qui conserva longtemps l'impression de cet épouvantable présage [1].

Dante rappelé des portes du tombeau revit celle dont il avait pleuré la mort dans cette nuit funeste. Elle s'offrit un jour à lui dans une rue de Florence. Elle marchait derrière la Giovanna, beauté célèbre, amie de son cher Guido Cavalcanti, et comme celle-ci vint à sa rencontre pour lui dire quelques mots, il put voir passer l'idole de son âme. Il continua de lui adresser des vers. Il vanta encore la grâce de son salut, et la puissance de ses charmes tant sur lui que sur les femmes dont sa société rehaussait le mérite. Ses chants plus suaves et empreints d'une plus grande élévation de pensée semblaient saluer les derniers feux d'un astre prêt à s'éteindre [2].

Béatrix en effet ne tarda pas à lui être enlevée, comme il achevait la première stance d'une canzone à son honneur. Elle mourut le 9 juin 1290, à l'âge de 24 ans, peu de temps après son père. On ignore les circonstances de sa mort que Dante s'est abstenu de rapporter, « pour ne pas se louer lui-même [3]. » Qu'a-t-il voulu faire entendre par ces mots ? Se serait-il trouvé mêlé personnellement à cette catastrophe aussi cruelle qu'imprévue ? Nous savons seulement par une canzone [4] que la mort de Béatrix a été soudaine; que sa bonté et sa modestie en furent la cause sans que la maladie y ait eu part [5].

Le plus proche parent de Béatrix lui demanda des vers sur sa mort, et il s'empressa de payer son tribut à la mémoire de sa chère maîtresse. Il composa aussi en latin une lamentation sur ce texte de Jérémie : « *Quomodo sedet sola civitas plena populo ? Facta est vidua gentis,* » et il adressa cet écrit aux princes de

[1] La Vita nova.

[2] Ibid.

[3] — « Je ne dirai rien des circonstances de sa mort. Je me trouverais forcé de me louer moi-même, chose inconvenante et blâmable. Aussi en laisserai-je le soin à un autre glossateur. » — (La Vita nova.)

[4] — « Ce n'est point un excès de froid ou de chaud qui nous l'a enlevée, comme il arrive de beaucoup d'autres. C'est sa bonté, sa modestie, qui nous l'ont fait perdre. » — (Canzone citée dans la Vita nova.)

[5] La Vita nova.

la terre[1]. Le dernier jour de l'année où elle mourut, deux hommes le trouvèrent assis, occupé à dessiner un ange sur des tablettes. A leur vue, il se leva et dit en leur montrant l'ouvrage commencé : « Je n'étais pas seul. O noble intelligence ! Ce jour complète l'année où tu es montée au ciel ! » On retrouve cette pensée dans un sonnet de Dante composé à cette occasion[2].

Une aussi grande perte lui avait attiré la compassion des dames, qui voulurent le consoler. Une d'elles qui, d'une fenêtre, avait un jour observé son désespoir, lui témoigna une pitié si sincère qu'il était allé souvent pleurer avec elle. La situation était périlleuse pour un jeune homme sensible et d'une imagination vive. Elle donna lieu à deux sonnets, où d'une part il gourmande ses yeux trop faciles à se distraire, où d'autre part le *cœur* informe *l'âme* du sentiment nouveau qui commence à poindre en lui. Dante fut d'ailleurs muni contre ce danger, si tant est qu'il ait eu besoin d'égide, par une vision nocture. Béatrix lui apparut glorieuse, jeune et vêtue comme elle l'était le jour où elle s'était offerte à lui pour la première fois dans son enfance. Rendu tout à elle par l'effet d'un seul regard, il regretta vivement d'avoir cédé pendant quelques jours à ce mouvement d'inconstance, et il déposa dans un sonnet[3] l'expression de son repentir.

Un autre jour, ayant rencontré des pèlerins dans une rue au centre de la ville, il lui prit envie de les instruire de son malheur ; ce qu'il n'osa faire, mais il traduisit sa pensée par ces vers d'un autre sonnet[4] : « Pèlerins qui marchez pensifs, venez-vous de si loin que vous ne sentiez couler vos larmes ? »

Un dernier sonnet accordé à deux nobles dames pleines du souvenir de Béatrix, fait voir quelle était alors la disposition d'esprit du jeune poète. Porté au plus haut des cieux sur les ailes d'un amour épuré, il y voit sa dame couronnée de gloire.

[1] La Vita nova.
[2] Ibid.
[3] Ibid.
[4] Ibid.

L'Amour céleste lui parle un langage qui ne parvient pas à son intelligence[1].

Dante eut ensuite une vision[2] qui lui fit prendre la résolution de ne plus rien dire de sa chère maîtresse, avant de s'être mis en état de parler dignement d'elle. Dès lors il dirigea ses fortes études vers ce but, espérant dire de Béatrix un jour, si Dieu lui accordait assez de vie, ce qui n'avait jamais encore été dit d'aucune autre mortelle[3].

C'est ainsi que s'ouvrit la carrière poétique de Dante, et qu'elle fut tracée d'abord dans le champ de la vie réelle. On doit rapporter à cette période d'autres pièces en *rimes vulgaires,* qui ont été conservées, des sonnets adressés à ses amis ou répondant aux leurs. On retrouve ainsi une partie de ses compagnons d'étude et de ses premiers rivaux : Guido Cavalcanti, confident de ses pensées, Cino da Pistoia, jurisconsulte et rimeur d'amour devenu plus tard le maître de Pétrarque, Dante da Majano, son homonyme, qui ne tenait à lui que par l'amitié, mais dont la tendre amitié pour le jeune Alighieri peut se juger par un seul trait : il l'appelait *sa Nina*[4], du nom d'une Sicilienne, sa dame et maîtresse, pour laquelle il composa des pièces ingénieuses, *bisarrie,* qui étaient alors fort à la mode[5].

Dante avait alors 25 ans. Jusque-là sa jeunesse avait été pure et recueillie dans une passion timide et toute chevaleresque. On voit qu'il aimait la gloire[6] et le commerce des dames qui dans les poésies amoureuses en étaient les arbitres. Il était d'ailleurs aussi brave que spirituel. A 24 ans, il s'était trouvé au combat de Campaldino[7], où les Arétins avaient été vaincus par l'armée

[1] La Vita nova.
[2] Ibid.
[3] Ibid. — « J'eus une vision pendant laquelle je fus témoin de choses qui me firent prendre la résolution de ne plus rien dire de cette Bienheureuse, jusqu'à ce que je pusse parler dignement d'elle; et pour en venir là, j'étudie autant que je peux, comme elle le sait très-bien. . . . j'espère dire d'elle ce qui n'a jamais encore été dit d'aucune autre. » — (La Vita nova.)
[4] Pelli. — Memorie per la vita di Dante.
[5] D'autres pièces sont adressées à Cecco Angiolini, de Sienne, à Dino Frescobaldi, etc.
[6] Paradis I, vers 13.
[7] En 1289, Buonconte, comte de Montefeltro, y fut tué. — Purgat. V, vers 100.

guelfe de Florence et de Sienne. Placé à l'avant-garde, il y avait fait ses premières armes, avec des émotions qu'il décrit naïvement dans une de ses lettres citée par l'Arétin[1]. « Je n'étais plus un « enfant, mais un soldat armé pour mon pays. Les chances « diverses de cette bataille vivement disputée, me firent passer de « la crainte extrême d'une défaite à l'immense joie d'une « victoire. » L'année suivante, il prit part à l'expédition de Lucques contre les Pisans, expédition qui se termina par la prise du château de Caprona[2]. Ce fut sa seconde victoire sur les Gibelins, auxquels il devait s'associer plus tard moins par sympathie que par la force des circonstances.

Vers ce temps se placent des écarts de jeunesse qu'il est impossible de révoquer en doute[3]. Pour un homme de cette trempe, recherché des dames dans une ville de luxe et de plaisirs, les séductions étaient irrésistibles. A l'amour platonique succéda l'amour sensuel avec toute sa fougue. Le torrent de l'exemple, les mœurs relâchées des dames florentines[4] dont il a fait la peinture[5] l'entraînèrent sans doute. Il est certain que Dante a payé un large tribut à la volupté. Lui-même s'en est confessé dans la *Divine Comédie*[6], pèlerinage qu'il semble avoir entrepris pour se purifier de cette souillure[7]. Ses désordres lui sont reprochés avec force par Béatrix[8] au nom du pur amour qu'il avait eu autrefois pour elle, et dont le souvenir seul, après sa mort, aurait dû lui servir d'égide, comme ses avis en songe et sa sollicitude toujours présente[9] tendaient à le relever de ses chûtes. Ne parle-t-il pas aussi à son ami Casella[10] de ses folles ardeurs? Tout son poème accuse les égarements de sa vie passée.

[1] « Dove ebbi temenze molte e nella fine grandissima allegrezza per li vari casi di questa battaglia. » (Bruni Aretino.)

[2] En 1290. — Enf. XXI, vers 94.

[3] Il s'adonna aux plaisirs de l'amour « ne quai fù saldissimo ». (Mario Crescembeni.)

[4] Purgatoire, chant XXIII,, vers 95.

[5] Paradis, chant XV, vers 97 et suivants.

[6] Purgatoire, chant XXXI, vers 34.

[7] Ibid. chant I, vers 58 et suivants.

[8] Ibid. chant XXX, vers 125 et suivants.

[9] Ibid. chant XXXI, vers 133 et suivants.

[10] Ibid. chant II, vers 107 et 108.

Dante fut tiré de ce tourbillon par sa famille qui, le voyant atteint d'une blessure profonde [1], au milieu des efforts qu'il faisait pour s'étourdir, le pressa de se marier. Il épousa la signora Gemma Donati [2], liée sans doute par le sang comme par le nom à ces Donati en qui Dante devait trouver bientôt des ennemis implacables [3]. Ce mariage, qui dut avoir lieu quelques années après la mort de Béatrix [4], ne paraît pas avoir été formé sous d'heureux auspices. Dante, si attentif à se peindre dans ses ouvrages, à y consigner les principaux faits de sa vie, à y inscrire même son nom [5], et celui de la Gentucca, une de ses maîtresses [6], Dante a gardé partout un silence absolu sur sa femme. Il y avait entre les deux époux peu de conformité de goûts et d'humeur. L'esprit indépendant et un peu altier du poète dut se plier difficilement au joug de l'hymen, et cependant il s'attacha au foyer domestique, puisqu'il eut de Gemma sept enfants, dont les noms sont parvenus jusqu'à nous [7]. Son fils aîné laissa une postérité qui a subsisté longtemps à Vérone [8], et sa fille unique, morte religieuse, avait été nommée Béatrix, par un souvenir touchant du poète; mais on dit [9] que, fatigué à la fin du caractère difficile de sa femme, Dante la quitta, et que, séparé d'elle, il ne voulut jamais s'en rapprocher [10].

De la mort de Béatrix au Priorat du Dante, il y a dix années marquées par des dates incontestables, le 9 juin 1290 et le 15 juin 1300 [11]. C'est entre ces deux dates qu'il faut placer sa grande résolution de transformer sa muse, en spiritualisant son amour, puis

[1] Boccace. — Vita Dantis Alighieri.

[2] Fille de Manetto degli Donati. (Giannoso Manetti.)

[3] Corso Donati, chef du parti des Noirs, eut une fin tragique. Poursuivi dans une émeute, il tomba de cheval, et fut traîné dans la poussière avant d'être massacré par la populace. — Chant XXIV, vers 82.

[4] Non multo post. — Manetti se sert de ces termes. Il faut entendre quelques années durant lesquelles Dante se livra aux folies de la jeunesse.

[5] Purgatoire, chant XXX, vers 55.

[6] Ibid., chant XXIV, vers 37.

[7] Pietro, Jacopo, Gabriele, Aligero, Eliseo, Bernardo et Beatrice.

[8] Dante III n'eut qu'une fille morte sans postérité.

[9] Giannoso Manetti cité par Pelli.

[10] Bayle, dans son Dictionnaire historique, donne à Dante trois femmes, sur la foi de Papyrius Masson, dont le témoignage n'a pu être vérifié par l'exact et curieux Pelli.

[11] Dante fut Prieur du 15 juin au 15 août 1300.

ses égarements, son mariage, son entrée dans la vie publique ; et, comme dans ses phases successives, ses travaux littéraires ne furent jamais interrompus, il est surtout intéressant d'en suivre ici la trace, et de montrer qu'à cette période appartiennent la conception et l'ébauche de son grand poème [1].

En renonçant aux rimes d'amour, Dante avait résolu de s'exercer à une poésie plus haute, dont Béatrix serait encore l'objet, afin de lui consacrer un monument digne d'elle [2]. Il était, comme on l'a vu, sous l'empire d'une vision qui lui avait montré de nouvelles routes à parcourir, et qui l'avait transporté hors du monde sensible dans les régions de l'enfer et du ciel. Si puissante que fût son imagination, elle ne reflétait cependant que les croyances populaires du XIIIe siècle, où le sort des âmes après la mort occupait fortement les esprits. Des légendes merveilleuses, les scènes du Jugement dernier écrites sur la pierre des cathédrales, la représentation des mystères si goûtés au moyen-âge, tout disposait Dante à une œuvre, qui est bien fille de son génie, mais une fille de bonne race, ayant elle-même des ancêtres [3]. Les origines de la *Divine Comédie* ont été explorées de nos jours avec autant de sagacité que de saine critique par un jeune écrivain, ravi trop tôt aux lettres françaises dont il était l'espoir [4]. On ne croira pas que sa critique ait fait tort au poète en signalant quelques-unes des sources où il a puisé.

Disons-le, sans que sa gloire en puisse souffrir : loin d'avoir tiré du néant la *Divine Comédie*, Dante n'en a même pas, ce semble, conçu de premier jet le vaste plan. Les grands desseins mûrissent lentement dans les têtes les plus puissantes. L'idée capitale d'un voyage expiatoire, d'une initiation progressive, n'a pu venir qu'à l'homme repentant de ses fautes. Il n'avait donc, avant son mariage, que de fortes méditations, des études suivies avec persévérance au milieu des plaisirs, et d'immenses matériaux pour un

[1] Il était dès lors un poète célèbre — Enfer, chant I, vers 86. — Il parle plus modestement de lui, Purgatoire, chant XIV, vers 20 et 21.

[2] « Pour en venir là, j'étudie autant que je peux, comme elle le sait très-bien. » — (La Vita nova.)

[3] L'épigraphe de l'Esprit des lois « *prolem sine matre creatam* » ne conviendrait pas à la Divine Comédie.

[4] Charles Labitte, d'Abbeville, mort à Paris en 1846.

édifice auquel manquait encore la clef de voûte. Un pèlerinage à travers les domaines de la mort était bien le sujet trouvé de son poème [1], mais il en cherchait encore le motif et le sens. Savait-il même d'abord qu'il dût l'écrire en vers italiens? On pourrait en douter, s'il est vrai qu'il commença l'Enfer en vers latins hexamètres [2]. Quoi qu'il en soit, un génie de cet ordre eût bientôt secoué des entraves qui auraient gêné sa marche.

Le premier, il osa faire de la langue vulgaire un instrument de haute poésie, en l'élevant à la langue épique. Dante sentant sa force obéit sans doute à cette inspiration hardie, lorsqu'après l'orage des passions, entré dans la vie domestique, il eut enfin arrêté son plan et trouvé dans sa propre situation morale le vrai caractère de son pèlerinage. Il mit alors vaillamment la main à l'œuvre. Les sept premiers chants de l'Enfer furent écrits à cette époque [3], sauf quelques passages intercalés depuis. Lui-même le fait entendre au 8e chant, où il semble reprendre une œuvre interrompue « *Io dico seguitando* ». Il est certain que le peuple chantait ses vers avant qu'il eût quitté Florence; car, suivant un auteur qui vivait peu de temps après lui [4], Dante aurait un jour entendu un ânier estropier ses vers, et ne pouvant souffrir qu'il s'interrompît pour crier *arri!* à son âne, il l'avait frappé en disant : « *Quest' arri non mis'io* ». Je n'y ai pas mis cela. — Il est certain que la copie des premiers chants de l'Enfer fut envoyée à Dante au lieu de son exil par Dino Compagni, son collègue au Priorat [5].

[1] Un de ses biographes rapporte qu'il avait déjà composé en latin un ouvrage de métaphysique, l'*Anticlaudianus*, où il réfutait les opinions du moine Claudien Mamert sur la formation de l'âme. — (Bandini, Alphabetum, au mot Dante.)

La Bibliothèque impériale possède un manuscrit de cet ouvrage qui contient de courtes notices biographiques sur les Florentins notables des XIIIe et XIVe siècles.

[2] « Ultima regna canam fluido contermina mundo. » — Vers cité par Crescembeni.

[3] Bruni Aretino. — Vita Dantis.

[4] Franco Sachetti, 1335.

[5] Sismondi. — Histoire des Républiques italiennes du moyen âge.

II

On ne connaît de la vie politique de Dante que ses ambassades, son Priorat et son exil. Il avait d'abord pris rang dans la cité florentine en se faisant inscrire au registre-matricule des Arts et Métiers, pour être compté parmi les citoyens actifs, suivant les lois de la République. Un ancien rôle [1] prouve qu'il avait choisi le 6e des arts majeurs, celui des médecins et des pharmaciens. Il s'y trouve porté en ces termes : « Dante, poète florentin, » mention curieuse qui lui conserve sa vraie figure sous le voile d'une profession fictive, adoptée sans doute pour la forme, parce que les poètes, ces sublimes artisans, n'étaient pas considérés comme exerçant une industrie dans une république marchande, où les nobles eux-mêmes devaient s'enrôler sous l'une des bannières des corps et métiers, pour être quelque chose dans l'État. Déclassé comme poète, Dante avait dû s'attacher à une profession active. On conçoit qu'il ait choisi la médecine [2] comme une des plus libérales sans qu'il ait eu besoin d'en pratiquer l'art. Il lui suffisait d'en avoir étudié les principes, et d'avoir pris ses degrés, à supposer que des épreuves fussent alors exigées, épreuves qui d'ailleurs n'auraient été qu'un jeu pour sa vaste intelligence.

Le parti guelfe dominait à Florence depuis la mort de Manfred [3] et surtout depuis l'entreprise malheureuse de Conradin sur le royaume de Naples [4]. Vaincus successivement par Charles d'Anjou à la Grandella et à Tagliacozzo, ces deux princes avaient payé de leur tête leurs efforts pour soutenir en Italie la maison de Souabe et la politique de l'empereur Frédéric II. Avec les Guelfes,

[1] Matricule de Florence, parchemin in-folio, 6e article A. Dante poeta Fiorentino. — Le 6e des arts majeurs était celui des medici e speziali. (Pelli.)

[2] Jean Procida, de Salerne, était médecin et jurisconsulte.

[3] Manfred, bâtard de l'empereur Frédéric II, fut défait par Charles d'Anjou et tué à la bataille de Grandella, en 1266.

[4] Conradin, dernier rejeton de la maison de Souabe, vaincu par Charles d'Anjou et fait prisonnier à la bataille de Tagliacozzo, eut la tête tranchée sur un échafaud à Naples, le 26 octobre 1268. Il n'avait que 18 ans. Son jeune parent Frédéric d'Autriche eut le même sort.

qu'appuyèrent constamment les papes durant la longue querelle de l'Empire et du Sacerdoce, s'était affermi à Florence l'état républicain, né des constitutions municipales qui lui avaient été octroyées par Othon le Grand [1]. Les Gibelins avaient bien tenté plusieurs fois, lorsque l'appui des Empereurs les avait rendus maîtres à Florence [2], de rétablir sur les ruines de la République une aristocratie féodale; mais l'expulsion de leurs principaux chefs en 1267, après la mort de Manfred, avait laissé les Guelfes maîtres d'un terrain où la liberté avait jeté de profondes racines. La République reçut en 1282 une forme nouvelle, destinée à garantir la prépondérance du parti guelfe, et qui devait durer trois siècles jusqu'à l'avènement des Médicis. Par cette constitution, les citoyens, divisés en corps de métiers, élisaient un collége des Prud'hommes où les Guelfes devaient être en majorité. Les Prieurs des arts et de la liberté formaient le gouvernement ou la seigneurie. Élus pour deux mois seulement, ils ne pouvaient être réélus que deux ans après être sortis de charge. Ils devaient vivre en commun dans le palais et n'en pouvaient sortir [3].

Mais bientôt les Guelfes se divisèrent par l'ambition du pouvoir, objet de rivalités ardentes dans les États libres. Le peuple ne tarda point à jalouser les anciennes familles du parti guelfe, qui avaient remplacé le patriciat gibelin, et il trouva aisément des chefs organes de ses plaintes, défenseurs de ses droits. La noblesse guelfe fut humiliée par un homme sorti de ses rangs, et qui, devenu Prieur en 1292, obtint pour le peuple ces Ordonnances de justice (*ordinamenti della giustizia*), qui créèrent un officier nouveau commandant des gardes bourgeoises, le Gonfalonier ou porte-étendard de la justice. Giano della Bella, en même temps qu'il faisait élire par les corps de métiers ce chef civil égal aux Prieurs, et en qui se personnifia plus tard la majesté de la République, exclut à jamais du Priorat, par ces mêmes ordonnances, 37 familles de grands ou magnats, qui ne pouvaient se relever de cette inca-

[1] Othon le Grand, ayant soumis la Lombardie en 961, accorda aux villes des gouvernements municipaux.

[2] En 1248 et en 1260, lorsque Frédéric II était descendu en Italie, et lorsque Manfred, son fils naturel, prit possession du royaume de Naples.

[3] Sismondi. — Histoire des Républiques italiennes.

pacité, même en se faisant inscrire au rôle des marchands [1]. Ce mouvement démocratique alla si loin qu'il effraya l'aristocratie marchande, et soutenue par les nobles qui haïssaient Giano della Bella comme un transfuge, elle parvint à envahir le Priorat et à s'emparer de la direction des affaires. Giano, mis en jugement, fut banni de Florence et mourut en exil [2].

Dès lors les artisans et le bas peuple perdirent pour quelque temps leur influence, et le gouvernement resta entre les mains de la riche bourgeoisie; mais le parti populaire guelfe ne fut pas tellement annulé qu'à l'aide de la noblesse gibeline, se transformant ou se déguisant pour ressaisir quelque influence (artifice qui n'est pas nouveau), à l'aide même d'anciennes familles guelfes, séparées par diverses raisons de l'aristocratie marchande [3], il ne pût se relever par degrés et faire entrer quelques hommes dans les Conseils ou dans les hautes charges de la République. C'est cette situation du parti populaire, accrue par la coalition d'éléments disparates, qu'il faut observer pour bien comprendre le rôle politique où Dante s'est trouvé engagé; car il n'est pas douteux que malgré sa naissance, malgré sa fierté naturelle, et peut-être à cause de cette hauteur de caractère, il ait appartenu à la fraction démocratique du parti guelfe. Là est le principe de tous ses malheurs.

Soutenu par la démocratie qui, depuis la chute de Giano della Bella, son plus hardi champion, avait trouvé d'autres chefs puissants par leurs talents et leurs richesses, Dante préluda, par des missions importantes et délicates, au rôle élevé qu'il devait remplir dans le Priorat. Ses connaissances variées, ses poésies qui l'avaient déjà rendu célèbre et mis en relation avec d'illustres personnages, la gravité de son caractère, le rendaient propre aux négociations diplomatiques.

Il fut envoyé d'abord à Sienne, pour y traiter, au nom de

[1] Les nobles avaient repris leur influence politique en éludant la loi. Ils se faisaient inscrire dans une des corporations des arts majeurs ou mineurs, et arrivaient ainsi au Priorat. (Sismondi.)

[2] Victime de l'instabilité populaire, il avait voulu sauver un podestat de la fureur du peuple.

[3] Les anciennes familles guelfes ne surent pas s'entendre contre la démocratie. (Sismondi.)

Florence, sur une délimitation de territoire [1]. Député ensuite à Pérouse, qui retenait des citoyens florentins, il obtint leur délivrance, et fut assez heureux pour les ramener lui-même dans leur patrie. Chargé de négocier un mariage auprès du marquis d'Este, il sut faire agréer ses propositions [2] et prévaloir sur d'autres ambassadeurs qui avaient une mission semblable. La France, la Hongrie et Naples le virent aussi dans diverses circonstances, où il fut chargé de représenter auprès de ces cours la République florentine. On ne connaît guère aujourd'hui que l'objet de ces nombreuses missions, pour la plupart antérieures à son exil. En France, où il visita les hommes les plus doctes de la capitale, où il put entendre les leçons du célèbre Sigier [3], professeur de dialectique, il ménagea un traité de paix perpétuelle entre le roi régnant [4] et l'État de Florence, et il dut être servi dans sa négociation par la connaissance qu'il avait de la langue française; car il parlait assez bien le français, et l'on rapporte même qu'il a écrit quelque chose dans cette langue. Il reste un fragment de sa harangue au roi de Naples [5], qui lui accorda la grâce de Vanni Barducci, condamné à mort. Non moins heureux dans une seconde ambassade, il en obtint un traité d'amitié avec les Florentins. Quant au roi de Hongrie, Charles-Martel, qui appelait Dante son ami [6], on comprend qu'il ne lui ait rien refusé, et que les deux missions du diplomate auprès de ce prince aient été couronnées d'un plein succès.

C'est avec la même habileté que Dante, député quatre fois auprès du Saint-Siége, y soutint les intérêts de son pays; et s'il échoua dans sa quatrième négociation, c'est que le siége pontifical était alors occupé par Boniface VIII, et que déjà s'ouvrait, par la ruine du parti que Dante avait embrassé, la série de ses irrémédiables malheurs. Si l'on ajoute à ces ambassades celle qui l'appela infructueusement à Venise, vers la fin de sa vie, au nom du seigneur de Ravenne [7], son protecteur et son dernier hôte, on

[1] Mario Filelfo.
[2] Ibid.
[3] Paradis, chant X, vers 136.
[4] Philippe-le-Hardi.
[5] « Nihil est, rex optime, etc. »
[6] Paradis, chant VIII, vers 55.
[7] Guido da Polenta.

trouvera 14 légations accomplies avec talent et presque toujours avec succès, par un homme que réclamait encore un poème gigantesque, objet constant de ses méditations et de ses veilles. Ainsi l'Arioste et Milton furent à la fois des hommes d'État et de grands poètes. C'est le privilége des natures fortes, de ces hommes complets chez qui la richesse de l'imagination n'exclut point le génie des affaires ni les vues pratiques.

Dante va entrer dans le gouvernement. Il faut voir d'un coup d'œil rapide quelle était alors la situation des partis à Florence.

Dans cette ville profondément agitée, la classe bourgeoise, c'est-à-dire l'aristocratie marchande, avait fait de grands efforts pour retenir la direction des affaires. On avait revu les mêmes excès et la même impunité qu'au temps des Gibelins et des Guelfes. Ceux-ci, restés les maîtres, s'étaient divisés en deux partis dont l'antagonisme n'était pas moins implacable. La haute classe avait pour chef Corso Donati[1], et le peuple Vieri de' Cerchi[2], riche commerçant, qui, naturalisé depuis peu à Florence, compensait par sa grande fortune l'infériorité de sa race. Ces deux hommes étaient voisins, rivaux, et, quoique beaux-frères, ennemis jurés. Leurs jalousies personnelles agitant chaque jour la ville et y fomentant la discorde, une circonstance fatale détermina l'explosion; ce fut l'arrivée à Florence des principaux instigateurs de deux factions qui depuis quelques années désolaient la ville de Pistoie, sous les noms de Blancs et de Noirs. Il y a grande apparence que là aussi la lutte s'était engagée entre la noblesse et le peuple, dont l'antagonisme avait dû se déclarer depuis que les Gibelins, ayant été chassés de Pistoie[3], avaient laissé le champ libre au parti guelfe.

[1] Il était de la plus ancienne noblesse de Florence, et aspirait ouvertement à s'y rendre maître. Il passait pour avoir empoisonné à Trévise sa première femme, sœur de Vieri degli Cerchi.

[2] Les Cerchi résidèrent d'abord dans la paroisse d'Acone, *nel pivier d'Acone*. Enfer, chant XVI, vers 65. Cette paroisse était dans le Val de Sieve, Sopra il ponte à Sieve. (Landino.)

[3] Les Panciotichi, gibelins, furent chassés par les Cancellieri, guelfes, en 1285, et cette révolution fut si bien faite en haine de l'aristocratie, que les magnats furent déclarés inhabiles au gouvernement de la ville. Il fut décrété que toute famille privée qui troublerait l'ordre public serait inscrite dans le rôle des nobles, pour être punie à jamais de sa désobéissance aux lois.

Ce qu'il y a de certain, c'est qu'une haine acharnée existait dans cette ville entre deux branches de la famille des Cancellieri, haine causée ou envenimée par des actes d'une férocité sauvage [1]. L'ancêtre commun ayant épousé deux femmes, dont la seconde s'appelait Bianca, les enfants des deux lits se nommèrent les Blancs et les Noirs, noms qui servirent d'abord à distinguer les deux branches, et qui devinrent ensuite des noms de parti. Deux enfants des Cancellieri jouaient un jour dans une taverne. L'un d'eux ayant maltraité son cousin *Blanc*, celui-ci se vengea sur le frère de l'agresseur et lui coupa la main [2]. La représaille ne se fit pas attendre. Le père du jeune mutilé, appliquant froidement à son neveu la peine du talion, lui trancha la main, le balafra au visage et le renvoya en cet état aux Cancellieri de la branche des Blancs. Des deux parts la soif de la vengeance et la férocité s'étaient montrées au même degré. De là des inimitiés profondes, qui se traduisirent en meurtres et en attentats si répétés que le Podestat, dans l'impuissance de les réprimer, résigna sa charge.

Dans cet état d'anarchie, Pistoie recourut à Florence comme voisine et alliée. Investi pour trois ans de la *balie,* sorte de dictature qui lui donnait de pleins pouvoirs pour pacifier la ville, l'Etat florentin lui envoya un autre Podestat, avec ordre de faire sortir de Pistoie les chefs des factions blanche et noire, et de leur assigner pour séjour la ville de Florence; ordre imprudent dans l'état où se trouvait alors la République, travaillée, comme on l'a vu, de dissensions intestines dûes à l'antagonisme des hautes classes et du peuple. Au fond, les agitations de Pistoie, qu'avait fait éclater une querelle de famille, paraissent avoir eu la même cause; car, arrivés à Florence, les chefs de la faction des Noirs furent reçus chez les Frescobaldi, amis et alliés de Corso Donati, enrôlés comme lui sous la bannière aristocratique; et les Blancs trouvèrent une hospitalité cordiale auprès des Cerchi [3] placés à la tête du parti

[1] Sismondi : 1295.
Marchione Stefani. Delizie degli eruditi toscani.

[2] L'auteur de cette action féroce, dont les suites se firent sentir jusqu'à Florence et atteignirent Dante lui-même, parait être Foccacia degli Cancellieri. (Landino). — Dante l'a placé dans un des gouffres les plus profonds de l'Enfer. — Enfer, chant XXXII, vers 63.

[3] Les Cerchi avaient des relations de famille avec quelques-uns de ces chefs.

populaire. Ces hôtes remuants soufflèrent leurs fureurs aux deux factions qui déjà partageaient Florence et s'y disputaient le pouvoir. Désormais les Blancs furent les amis du peuple, et leurs adversaires furent désignés sous le nom de Noirs.

Ces derniers ayant répandu le bruit [1] que les Blancs s'étaient ligués avec les Gibelins de la Toscane, accusation habile et spécieuse à cause de l'élément gibelin qui s'était glissé dans cette faction, le pape Boniface VIII crut la cause guelfe menacée, et manda Vieri de' Cerchi, pour l'obliger à se réconcilier avec son rival. Vieri se contenta de répondre : « Pourquoi faire la paix ? nous ne sommes pas en guerre. »

Ce qui animait surtout les Noirs, c'est que leurs adversaires allaient faire partie du gouvernement où les appelait la faveur populaire. Les prochaines élections devaient leur donner entrée au Priorat, dont les Noirs s'étaient toujours efforcés de les exclure.

Le 1er mai 1300, une collision eut lieu dans une fête publique, qui avait réuni les principaux jeunes gens des deux partis. Au milieu d'un bal, il s'engagea une lutte où le jeune Ricovero de' Cerchi eut le nez coupé; nouvelle cause de ressentiment et de vengeance [2].

La guerre civile était imminente. Boniface envoya son légat, le cardinal d'Acqua Sparta, pour calmer les esprits en interposant l'autorité du Saint-Siége, mais avec la mission secrète de soutenir la cause guelfe, qu'il croyait en péril, par des mesures tendant à l'abaissement des Blancs [3].

C'est dans ces conjonctures si graves qu'eurent lieu les élections pour le Priorat. Le 15 juin 1300, Dante fut élu Prieur [4], avec cinq autres dont l'histoire a conservé les noms [5], sans nous ap-

[1] Pelli — Memorie per la vita di Dante.

[2] Ibid.

[3] Ibid.

[4] Del quale priorato, per fede e per età non era indegno (fragment d'une lettre de Dante).

[5] Nolfo di Guido. — Neri del Giudice. — Nello Doni Bindo degli Donati. — Ricco Falconetti. — Faccio di Micciole, gonfalonier de justice. — Aldobrandini Uguccione degli Campi, secrétaire. — (Marchione Stefani Delizie degl' Eruditi.)

Vellutello, biographe de Dante, lui donne pour collègues au Priorat deux hommes qui ne figurent pas dans cette liste : Palmieri Altoviti. — Neri di Messer Jacopo degli Alberti.

prendre à quel parti chacun d'eux appartenait. Mais il n'est pas douteux, quoiqu'au nombre des élus se trouve un *Donati*, que le résultat de cette élection n'ait été favorable aux Blancs, suivant leur attente.

Les Noirs, battus au scrutin [1], s'agitèrent autour du cardinal-légat, et lui firent entendre qu'il fallait changer le mode d'élection pour les faire rentrer au pouvoir. Le seul moyen était que les Prieurs fussent désormais désignés par le sort. Les nouveaux Prieurs résistèrent à cette proposition appuyée par le Légat [2], et ils ne tardèrent pas à montrer, par un acte énergique, leur volonté de réprimer toute violence, car neuf jours après leur installation, Corso Donati ayant osé attaquer à force ouverte les Corporations des Arts qui marchaient avec leurs Consuls à leur tête, les Prieurs rendirent un décret qui bannissait de Florence les chefs [3] des deux factions. Les Noirs, et Corso parmi eux, furent relégués à la Piève, près de Rome; les Blancs eurent ordre de se rendre à Sarzane, aux confins de l'état de Gênes. Cette mesure, dictée par un esprit de concorde, avait été conseillée par Dante dont se révèle ici la haute impartialité. Il avait même compris parmi les exilés Guido Cavalcanti [4] son meilleur [5] ami, qui, saisi bientôt par la fièvre, ne tarda point à succomber.

Corso Donati, banni dans le voisinage de Rome, excita le pape Boniface déjà irrité contre les Blancs par l'insuccès de son Légat, qui avait été obligé de quitter Florence après l'avoir excommu-

[1] En 1298, le comte Gabrielli, Noir, était Podestat à Florence. (Sismondi.)

[2] Le cardinal d'Acqua Sparta, irrité de cette résistance, quitta Florence après l'avoir excommuniée.

[3] Corso Donati.—Geri Spini.—Giacchinetto degli Pazzi.—Rosso della Tosa, du parti des Noirs.

Gentile Torrigiano degli Cerchi.—Guido Cavalcanti —Baschiera della Tosa. — Baldinaccio Adimari. — Naldo di messer Latino Gherardin, du parti des Blancs.

[4] N'est-ce pas de ce Guido Cavalcanti et de lui-même qu'il entend parler au 6e chant de l'Enfer, où il dit :

Giusti son duo; ma non vi sono'ntesi.

Les commentateurs ne sont pas d'accord sur le sens de ce passage.

[5] Guido Cavalcanti cortese, ardito, ma sdegnoso e solitario. (Dino Compagni-Cronaca.)

niée. On songea alors à profiter du passage de Charles de Valois [1], frère de Philippe-le-Bel, qui allait guerroyer en Sicile [2]. Corso avait d'ailleurs des intelligences avec son parti toujours redoutable à Florence.

La question soumise aux Prieurs, Dante se prononça fortement contre ceux qui appelaient Charles de Valois, et fit décider qu'on s'opposerait à sa venue. Mais une faute fut commise après sa sortie du Priorat [3]. Ses successeurs, s'écartant de la ligne d'impartialité qu'il leur avait tracée, rappelèrent de l'exil les chefs du parti des Blancs, en maintenant la peine édictée contre les Noirs. L'insalubrité du séjour qui avait été assigné aux premiers et la mort de Guido Cavalcanti pouvaient être leur excuse. Néanmoins cette mesure leur fut imputée à crime. Elle fournit un prétexte aux Noirs, qui demandaient toujours à grands cris un pacificateur étranger.

Les amis de Donati se réunirent dans l'église de la Sainte-Trinité [4], et jurèrent de perdre les Blancs à tout prix. Ils convinrent, de concert avec leur chef banni et avec le pape Boniface VIII, d'ouvrir les portes de Florence à l'armée de Charles de Valois; mais la conjuration fut découverte. Un procès de haute trahison s'ensuivit, et trois des principaux conjurés [5] furent condamnés par arrêt de la Seigneurie. Toutefois les Noirs ne se tinrent pas pour battus, et n'en furent que plus ardents à l'exécution de leurs projets, correspondant avec le banni Corso [6], afin qu'il pressât le Pape d'envoyer à Florence Charles de Valois, muni de pleins pouvoirs.

Ils furent secondés par un événement extérieur, dont le contre-coup se fit sentir à Florence et y ébranla la domination des

[1] Charles de Valois avait épousé la fille d'un comte de Flandres, et du chef de Beaudouin il eut des prétentions sur Constantinople. Il fut appelé Charles sans-terre.

[2] Contre Frédéric, deuxième fils de Pierre d'Aragon. — Purg., chant VII, vers 119.

[3] Il en sortit le 15 août 1300, après deux mois d'exercice.

[4] Pelli.

[5] Simone degli Bardi, le comte Guido di Batifolle et son fils Federigo Novello.

[6] Rappelé de son premier exil à la Piève, Corso par de nouveaux excès avait encouru la prison et des amendes. Il rompit son ban et se réfugia près de Spini, banquier du Pape, en se déclarant en guerre ouverte avec son pays.

Blancs. Les Noirs de Pistoie, chassés aussi de leur ville, s'étaient retirés en armes et avaient tenu la campagne sous la conduite de Maroello di Malaspina. Une victoire sanglante gagnée par eux sur leurs adversaires, à peu de distance de Pistoie, *in campo piceno,* leur avait rouvert, en 1301, les portes de leur patrie, en y ruinant le parti des Blancs. Dante a fait allusion, dans son poème [1], à cette journée funeste, qui fut suivie de l'entrée de Charles de Valois à Florence et de son propre exil.

Cependant Charles se trouvait en août 1301 à Anagni, petite ville de la campagne de Rome, où Boniface VIII faisait sa résidence. Le Pape lui conféra divers titres [2]. La faction des Noirs le mit à sa solde, en lui comptant 70,000 florins pour l'entretien de ses cavaliers [3].

Charles se présente d'abord comme pacificateur. De Sienne, où il s'était arrêté avec ses troupes, il envoie à Florence un ambassadeur nommé Guillaume, personnage fin et cauteleux, qui, admis dans le grand Conseil, annonce de la part de son maître les intentions les plus droites ; il proteste que Charles vient accomplir une mission de paix et de concorde. Le peuple s'assemble. Après de longs débats, et malgré la résistance obstinée de la corporation des boulangers [4], il est résolu qu'on laissera entrer Charles de Valois, mais à certaines conditions qui seront écrites dans une capitulation signée de ce prince. On exigera qu'il n'ait à Florence ni juridiction, ni honneurs, ni titre de commandement, et qu'il promette de ne rien changer aux lois et aux coutumes.

Avant cette résolution, Dante avait été envoyé en ambassade auprès du Pape [5] afin de détourner l'orage qui allait fondre sur

[1] Enfer, chant XXIV, in fine. — (Villani, lib. 8, cap. 44.)

[2] Comte de Romagne — capitaine du Patrimoine — seigneur de la Marche d'Ancône.

Boniface VIII savait que la plupart des Blancs étaient Gibelins, et Corso Donati lui faisait croire que le parti guelfe périssait à Florence.

[3] Pelli.

[4] Le bulletin des Boulangers portait : « qu'il ne soit ni reçu ni honoré; car il vient pour détruire la ville. » (Pelli.)

[5] Per offerire la concordia e la pace dei cittadini. — (Bruni Aretino.)

sa patrie, avec mission de porter au Saint-Siége la soumission de la République, et la promesse de lui obéir en tout ce qui serait vraiment sa volonté. Il était parti dans une grande anxiété d'esprit ; car d'un côté sa présence était nécessaire à Florence, dans une conjoncture aussi critique, et d'un autre côté nul n'était en meilleure position de négocier avec le Saint-Siége. Il était parti en prononçant ces paroles célèbres [1] : « Si je vais, qui reste ? si je reste, qui part ? » Boniface avait reçu avec hauteur cette ambassade à laquelle s'étaient adjoints deux autres citoyens de Florence [2]. Qu'on s'en rapporte à moi, avait-il dit en renvoyant ces derniers, et en retenant auprès de lui Dante, dont il connaissait la fermeté, le coup d'œil politique et l'influence toute-puissante sur ses compatriotes.

Charles de Valois entra à Florence avec 1,200 chevaux, le 4 novembre 1301. Les Noirs avaient augmenté sa solde, et lui avaient fait compter encore 17,000 florins pour hâter sa venue [3]. Il descendit chez un de leurs chefs, dans la maison des Frescobaldi [4], où avaient logé les Noirs bannis de Pistoie, ces ardents fauteurs des troubles qu'il venait apaiser. A peine entré, il jeta le masque en chassant les Blancs du gouvernement [5], en les obligeant de fuir [6], et en rappelant de l'exil Corso Donati, avec les émigrés du parti des Noirs.

Pendant cinq mois qu'il resta à Florence, Charles lâcha la bride à cette faction altérée de vengeance. Durant huit jours consécutifs, les maisons des Blancs furent pillées et brûlées [7]. Le peuple, éveillé au bruit du tocsin, lors de l'irruption des Noirs, que

[1] Boccacio.

[2] Maso Minerbetti et Corazza.

[3] Dino Compagni.— Cronaca. Il a écrit l'histoire vraie et pathétique de cette révolution. Guelfe en apparence, il passe pour avoir été Gibelin de cœur.

[4] Au-delà de l'Arno.

[5] Dino Compagni, qui était alors Prieur, fut atteint par cette mesure.

[6] Trois de leurs chefs, qui avaient été rappelés de Sérizane, furent accusés par un certain Ferrandi, baron provençal, d'avoir fait avec lui un traité, que l'Arétin dit avoir vu en original, mais qu'il croit une pièce fabriquée. Il était convenu que Ferrandi leur ferait avoir de Charles la haute Toscane, à condition qu'il serait nommé gouverneur de Prato par leur influence.

[7] Corso Donati, arrivé à Florence le 5 novembre au matin, avait ouvert les prisons, envahi le palais, chassé les Prieurs, livré la ville aux horreurs de l'incendie et du pillage. (Villani.)

Charles avait fait entrer pendant la nuit, n'avait osé bouger. Les Cerchi eux-mêmes, quoique invités par les Prieurs à se défendre, avaient baissé la tête, et, cédant à leur ennemi victorieux, étaient sortis de la ville sans résistance.

Aux excès de la force matérielle, dont il faut lire dans les chroniques l'horrible tableau, succédèrent les proscriptions juridiques. Dès le 11 novembre, on avait établi des gouverneurs provisoires. Un nouveau Podestat, nommé par Charles de Valois, Cante Gabrielli [1] informa d'office et *sur la rumeur publique* contre plusieurs chefs du parti des Blancs, qui s'étaient opposés à l'intervention du prince français. Dante fut condamné par défaut [2], le 27 janvier 1302, en 8,000 livres d'amende, et à deux ans d'exil [3]. Si l'amende n'était payée dans un certain délai, ses possessions devaient être dévastées et confisquées. « S'il est appréhendé, portait la sentence, qu'il subisse le supplice du feu, jusqu'à ce que mort s'ensuive [4]. » La sentence comprenait 600 autres Florentins du même parti. Elle les déclarait tous atteints et convaincus de malversations [5], et Dante en particulier d'avoir machiné la ruine du parti Guelfe à Florence [6].

A l'égard de Dante, l'action de malversations, repoussée par son noble caractère, était couverte par les comptes qu'il avait rendus à sa sortie de charge. Pour l'atteindre, il fallut faire une loi rétroactive [7], loi qui s'est conservée depuis, et d'après laquelle le Podestat pouvait et devait connaître des méfaits des Prieurs même sortis d'exercice et ayant fait apurer leurs comptes.

C'est à Rome, où il se trouvait alors [8] en qualité d'ambassa-

[1] Gabrielli avait été déjà Podestat de Florence en 1298. Il était un des bannis Noirs qui rentrèrent avec Charles de Valois.

[2] La sentence fut confirmée par Gabrielli le 10 mars 1302.

[3] Cet exil fut rendu perpétuel par sentence de l'année 1315.

[4] « Igne comburatur sic quod moriatur. »

[5] Baratterie. « Acceperunt quod non licebat vel aliter quam licebat per leges. »

[6] « Pro eo quod debuit turbasse statum partis Guelfæ civitatis et commisisse baratterias. » (MSS in carta pecora 1342.)

La Sentence porte : Dantem Alighieri, de Sextu Sancti Petri majoris... Nel Priorato contradissono la venuta domini Caroli. (V. Sismondi, qui donne le texte original de la sentence.)

[7] Sismondi.

[8] Avec le père de Pétrarque.

deur, que Dante reçut la nouvelle de sa condamnation. Il apprit en même temps que sa maison avait été saccagée, ses biens pillés, ses domaines [1] ravagés et confisqués [2]. Il accourut aussitôt à Sienne; puis il se rendit à Gorgonza, petit château sur le territoire d'Arezzo, pour s'aboucher avec les autres bannis. Résolus de rentrer à force ouverte, ils établirent leur quartier-général à Arezzo, où s'était retiré Busone de' Raffaelli, banni de Florence comme Gibelin, deux ans auparavant. Busone reçut Dante chez lui et l'accueillit avec distinction. Le commandement militaire fut donné au comte Alessandro da Romena [3], qui passa une grande revue des troupes. Un conseil de Dix fut aussi créé dont Dante fit partie. Mais ces préparatifs hostiles, qui devaient attirer les regards des Noirs de Florence sur Arezzo, inquiétèrent son Podestat Uguccione della Faggiuola [4]. Quoique Gibelin et favorable aux Blancs, il n'osa prendre parti pour eux; ils furent forcés de s'éloigner et de se retirer à Forli.

De 1302 à 1304, les bannis ne tentèrent rien d'important. Ils espéraient sans doute que la mort de Boniface VIII et le choix de son successeur Benoît XI [5], qui passait pour avoir des tendances gibelines, pourrait opérer une réaction pacifique en leur faveur. Il est certain que ce pape essaya de réconcilier les Blancs et les Noirs dans cette malheureuse ville. Le cardinal da Prato [6] vint à Florence, en mars 1303, en qualité de légat et accompagné d'Andrea Balducci, général de l'ordre des Servites. Il demanda qu'on ouvrît des négociations avec les bannis, et qu'on admît dans la ville leurs commissaires, entre autres le père de Pétrarque, pour traiter de leur retour. Mais, suspect au parti des Noirs qui l'ac-

[1] Dante possédait plusieurs belles maisons. Il avait aussi plusieurs domaines beaux et fertiles en Camerata, dans la Piacenta et dans la plaine de Ripoli. — (Landin.)

[2] Ils échurent à Boccacio Adimari, et furent rachetés 40 ans après par un des fils de Dante.

[3] Pelli.

[4] Uguccione, ayant voulu depuis se rendre maître à Pise, fut banni et se réfugia à Vérone, auprès de Can della Scala.

[5] Le Cardinal Niccolo, évêque d'Ostie. On a prétendu que ce pape avait été empoisonné avec des figues par l'ordre de Philippe-le-Bel.

[6] Fort mêlé aux affaires de ce temps, ce cardinal, Gibelin de cœur, favorisa le gouvernement populaire. — C'est le même qui couronna l'Empereur Henri VII, à Saint-Jean de Latran, au nom du Pape Clément V, alors à Avignon.

cusaient d'avoir des intelligences avec les bannis, il vit échouer tous ses efforts de conciliation. Insulté, calomnié, offensé même dans sa personne, il fut contraint de se retirer, sans avoir rien obtenu. Il quitta Florence le 9 juin 1304, après avoir anathématisé ce parti implacable [1].

Ce châtiment leur fit peur, et pour faire lever l'excommunication, ils envoyèrent à Pérouse douze de leurs chefs, chargés d'expliquer au Saint-Siége les motifs de leur résistance, avec apologie de leur conduite.

Les bannis résolurent de profiter de l'absence des principaux personnages du parti pour tenter par surprise un coup de main sur Florence. Ils formèrent une petite armée composée de 9,000 fantassins et de cavalerie, et sous la conduite de Baschiera Toscrighi, capitaine malhabile qui ne sut pas profiter de l'occasion, ils entrèrent dans Florence le 20 juillet 1304. Ils s'avancèrent d'abord sans obstacle et pénétrèrent jusqu'à l'église de Santa-Riparata; mais le tocsin ayant appelé les Noirs sous les armes, la résistance fut si furieuse qu'ils ne soutinrent pas leur premier élan. Ils avaient compté sur les Blancs de l'intérieur, qui n'osèrent remuer. Une panique s'empara des assaillants et ils prirent la fuite [2].

Dante prit-il part à cette échauffourée? On peut en douter, s'il est vrai qu'il s'était dès lors séparé des exaltés de son parti [3], après avoir vu qu'ils y faisaient prévaloir les conseils aveugles de la passion et de la violence. Il est à croire que, suivant les vues du cardinal da Prato, il préférait la voie des négociations et des accommodements. Il paraît qu'il s'adressa d'abord à la justice de ses concitoyens [4].

Mais, loin de faire aucune concession, les Noirs de Florence

[1] Pelli. — Memorie per la vita di Dante.
[2] Pelli.
[3] Il est certain qu'après avoir toujours voulu modérer les deux partis, il condamna les violences de celui des Blancs auquel il s'était attaché. — Enfer, chant XV, vers 72. — Paradis, chant XVII, vers 61 et suivants.
[4] Vellutello. — Vita di Dante.

poursuivirent leur triomphe en exterminant partout les Blancs, en les chassant de Pistoie et de Bologne par des menées secrètes ou à force ouverte. Pistoie fut réduite en avril 1306, après dix mois de siége. Une insurrection fomentée à Bologne en fit sortir les Blancs de Florence qui s'y étaient réfugiés. Les Noirs continuaient d'ailleurs de se refuser aux tentatives de conciliation du Saint-Siége. Clément V avait à son tour essayé de pacifier la Toscane, en y envoyant le légat Orsini, qui n'eut pas plus de succès que le cardinal da Prato ; car il fut obligé aussi de quitter Florence après avoir frappé d'excommunication cette cité inflexible [1].

Vers ce temps, Dante se trouvait à Padoue. Sa présence en cette ville résulte d'un acte [2] du 27 août 1306, où il est écrit : *Præsentibus Dantino quondam Alighieri de Florentiâ.*

En 1307, le cardinal Orsini, légat pour la Toscane, se transporta de Bologne à Arezzo, et y ramassa des troupes pour châtier les Florentins qui avaient méconnu l'autorité du Saint-Siége. Il voulait et ne put leur imposer, par cette vaine démonstration, le rappel des bannis appartenant au parti des Blancs. Ceux-ci étaient toujours en armes et altérés de vengeance. Ils faisaient alors cause commune avec les Gibelins, ne dissimulant plus une alliance qui leur avait été souvent reprochée. Dante, qui inclinait vers le parti gibelin [3], et qui s'en rapprocha de plus en plus dans ses infortunes, ne craignit pas, à cette époque, de leur donner publiquement des gages. Il est certain qu'il assistait à une réunion de Blancs et de Gibelins qui eut lieu, en 1307, dans la sacristie de Saint-Gaudens, in Mugello [4] ; un acte des archives y constate sa présence en ces termes : *Præsentibus Dante Alighieri.* — L'année précédente, dans ce même pays, les Florentins s'étaient rendus

[1] Dino Compagni. — Cronaca.

[2] Pelli.

[3] Les Gibelins soutenaient en apparence les droits de l'Empire pour mieux fonder, dans certaines villes d'Italie, le despotisme de leurs chefs. Dante avait, comme partisan de l'autorité impériale, des tendances gibelines ; mais il n'appartint jamais à cette faction qu'il savait oppressive et ennemie de la liberté. Il réprouvait également les excès anarchiques du parti des Guelfes. — Paradis, chant VI, vers 97 et suivants.

[4] Au château de Monte-Accanico, della casa Ubaldini di Mugello. (Pelli.)

maîtres du château de Monte-Accanico, où les bannis recevaient asile d'un seigneur de la maison des Ubaldini. Les hommes qui se trouvaient dans ce château, obtinrent la vie sauve. Après ce dernier échec, les bannis de Florence ne soutinrent plus par les armes la cause des Blancs. Ils ne se réunirent plus [1].

Dans cette même année 1307, Dante, dont les mouvements depuis le départ d'Arezzo ne peuvent être suivis avec exactitude, trouva un asile chez Maroello di Malaspina [2], seigneur de la Lunigiane [3]. Quoique jeté dans un autre parti, puisqu'il avait commandé les Noirs de Pistoie, vainqueurs des Blancs *in Campo piceno*, Maroello et ses deux frères lui accordèrent une généreuse hospitalité.

C'est là, selon toute apparence, qu'il commença la seconde partie de la divine épopée, le *Purgatoire*, qui fut dédié à Maroello di Malaspina. L'*Enfer* avait été repris à Arezzo, chez Uguccione di Faggiuola [4], qui en avait agréé la dédicace, sans prévoir alors que lui aussi serait un jour proscrit, et qu'il retrouverait à Vérone son ancien hôte !

Cependant le parti des Noirs, maître à Florence et dominateur ombrageux, y poursuivait avec acharnement les Gibelins cachés sous le drapeau des Blancs. Corso Donati lui-même, qui avait si puissamment aidé à son triomphe, lui devint suspect aussitôt qu'il eût épousé la fille d'Uguccione di Faggiuola, un des chefs de la faction gibeline à Pise. Corso, adouci peut-être par cette alliance, se détacha de la noblesse guelfe, et se joignant aux Bordogni, aux *Medici* [5], qui étaient des hommes nouveaux, enrichis

[1] Dino Compagni.

[2] Maroello était fils de Conrad. — Purgat., chant VIII, vers 117 et suivants.

[3] La Lunigiane tire son nom de l'ancienne ville de Luni en Toscane, dans le Val di Magra. La Magra est une rivière qui se jette dans la mer Tyrrhénienne, un peu au-dessus de la Serrezzana.

[4] Uguccione était de Pise et Gibelin. Aidé de Castruccio de Lucques, il battit les Florentins en 1315. Il fut ensuite chassé de Pise en même temps que son fils l'était de Lucques. Tous deux se réfugièrent à Vérone auprès de Can Grande de la Scala. (Sismondi.)

[5] Les Médicis restèrent à la tête de ce tiers-parti qui, s'appuyant sur le peuple, parvint à supplanter l'aristocratie guelfe, à Florence. Elevés par le peuple, les Médicis se tournèrent contre la liberté, usurpèrent le pouvoir suprême et s'y maintinrent à l'aide des Papes et de l'Empereur qui consacrèrent leur usurpation. Guelfes et Gibelins furent dès lors contre la démocratie.

par le commerce et moins éloignés du peuple, il essaya de former avec eux un tiers-parti. La noblesse, qui dirigeait le parti des Noirs, composé surtout de l'aristocratie marchande, ne pardonna point au transfuge. On l'accusa de prétendre à la tyrannie, et dans une émeute populaire, comme, au moment d'être atteint, il voulut sauter à bas de son cheval, il resta engagé par le pied dans son étrier, et fut traîné dans la poussière. Il fut achevé à coups de hallebarde [1].

Dante apprit la fin tragique de son implacable ennemi à Vérone, où il s'était rendu en quittant la Lunigiane. Can Grande della Scala, seigneur de Vérone, exerçait alors avec ses deux frères Alboino et Bartolommeo une généreuse hospitalité envers d'illustres proscrits atteints par les guerres civiles. Comblé d'honneurs et de bienfaits par ces nobles seigneurs, Dante a consacré leur mémoire dans son poème [2], où il vante la libéralité de cette maison. Can Grande, qui mourut en 1329, après avoir soumis Padoue et Trévise, avait alors 18 ans [3]. Nommé plus tard vicaire général de l'Empire en Lombardie, il inspira aux Gibelins d'Italie de grandes espérances que sa mort trop prompte l'empêcha de réaliser. Mais Dante avait pu juger de ses grandes qualités, en faire son héros, et l'annoncer à l'Italie comme son futur libérateur. Ayant séjourné plusieurs années à Vérone (de 1308 à 1313), il y avait achevé le *Purgatoire* et commencé le *Paradis* dédié par lui à Can le Grand [4]. Il avait donc pu, au 17ᵉ chant du Paradis, pré-

[1] Dante, qui l'a mis en Enfer, a mentionné sa fin tragique. — Purgatoire, chant XXIV, vers 81.

Les Moines de San-Salvi l'enterrèrent sans honneurs. Sa maison fut démolie par décret du peuple. (Villani.)

[2] Paradis, chant XVII, vers 70 et suivants.

[3] Cacciagenda, qui en parle à Dante au 17ᵉ chant du Paradis, lui donne 9 ans en 1300, époque du pèlerinage. Donc en 1309 il avait 18 ans. — Paradis, chant XVII, vers 76 et suivants.

[4] Appelé Can de l'Escale par les historiens français. Il était fils d'Alberto, de l'ancienne maison della Scala, qui avait la seigneurie de Vérone.

Alboino, son frère aîné, mort en 1311, était valétudinaire, et Can Grande lui avait été associé dans le gouvernement. Seul maître en 1311, il prit Crémone en 1318. Il asservit Padoue et Trévise, dernier rempart des Guelfes en Lombardie. Il mourut de la fièvre en 1329, à l'âge de 38 ans, laissant de lui cette opinion qu'il se serait rendu maître de toute l'Italie.

Les armes de cette maison étaient, dans un champ de gueules, une échelle vermeille où était perché un aigle noir.

dire à coup sûr la glorieuse carrière du jeune guerrier, qui avait atteint l'âge de 22 ans, lorsque le poète quitta Vérone. S'il en a parlé de même, sans le nommer [1], au début de l'*Enfer*, c'est évidemment qu'il a retouché une partie de son poème, étant auprès des seigneurs de la Scala ; car, s'il est vrai, comme c'est l'opinion générale, que les sept premiers chants de l'Enfer sont antérieurs au priorat de Dante, Can alors avait à peine 9 ans, et l'on ne pouvait augurer ce qu'il serait un jour.

Le proscrit, à la cour des seigneurs de Vérone, avait toujours les yeux fixés sur sa patrie. Il descendit à la prière, et écrivit au peuple de Florence une lettre suppliante où il sollicitait son rappel, lettre dont on cite le commencement si touchant : « *Popule mee, quid tibi feci* [2] » mais cette lettre, comme plusieurs autres qu'il écrivit à des citoyens de Florence faisant partie du gouvernement, demeura sans effet.

Au reste, l'air de la cour ne changea point ses mœurs. Il y conserva sa liberté d'allure et de langage. Can de l'Escale lui montrant un jour son fou, qui était fort divertissant, lui dit : « Comment se fait-il que ce fou nous plaise à tous, et que vous, qui passez pour sage, n'y puissiez réussir ? » — « Qu'y a-t-il d'étonnant ? reprit vivement le poète ; l'amitié naît de la ressemblance des esprits et de la conformité des mœurs [3]. »

A cette époque, Dante était tout à fait Gibelin, ou du moins (car il n'acceptait pas cette dénomination de parti), il était de ceux qui attendaient de l'Empereur la régénération de l'Italie. Les Guelfes, aidés par le Saint-Siége et par les Français, lui avaient fait assez de mal pour qu'il appelât du Pape et de Philippe-le-Bel à l'Empereur. Les Blancs, quoiqu'il s'en fût séparé depuis longtemps à cause de leurs excès, étaient alors à peine une fraction sensible du grand parti Guelfe. Ils s'absorbèrent dans la faction Gibeline, et quoique Dante fît ses réserves contre les Gibelins [4] par

[1] Enfer, chant I, vers 101 et suivants.
[2] Leon. Bruni l'Arétin. Vellutello.
[3] « Morum paritas et similitudo animorum amicitiæ causa est. » (Pétrarque. Vita Dantis. — Bayle. Dict. hist.)
[4] Paradis, chant VI, vers 11, 97 et suivants.

habitude ou préjugés de famille, au fond il servait leur cause en se déclarant pour l'Empereur.

Dans plusieurs endroits de la *Divine Comédie*, Dante a manifesté sa politique impériale : à ses yeux, l'Empire et le Sacerdoce sont deux pouvoirs souverains qui doivent rester toujours séparés [1]. De l'union forcée du glaive et de la houlette, il ne peut résulter que trouble et désaccord [2]. Le monde n'est pas gouverné [3], et l'Italie, dit-il, ne sera heureuse que par le rétablissement de l'autorité de César [4]. Voyez comme il parle de César [5] et de ses meurtriers [6], de Justinien et de l'Empire romain depuis Romulus jusqu'à Charlemagne [7]. Comme il est sévère envers les empereurs qui ont négligé de faire sentir leur sceptre en Italie, lorsqu'ils pouvaient réunir leurs enfants épars [8] ! Quels vifs reproches il adresse à Rodolphe de Hapsbourg [9] et à Albert d'Autriche [10] ! Ses haines vigoureuses contre plusieurs papes [11] Guelfes, dont la politique dissolvante lui semblait si funeste au bonheur des peuples Italiens, son aversion souvent manifestée pour les Français et

[1] Purgat., chant XVI, vers 106 et suivants.

[2] Ibid.

[3] Paradis, chant XXVII, vers 140.

[4] Purgatoire, chant VI, vers 114.

[5] Enfer, chant IV, vers 123 ; — chant XXXIV, vers 65 et suivants.
Paradis, chant VI, vers 75.

[6] Ibid.

[7] Parad., chant VI, vers 10 et suivants.

[8] Purgat., chant VI, vers 76 et suivants.

[9] Purgat., Rodolphe de Hapsbourg, tige de la maison d'Autriche, n'alla point en Italie pour s'y faire consacrer. Il fut trop occupé d'agrandir sa maison en Allemagne pour songer à passer les monts. Purgat., chant VII, vers 32.

[10] Ibid. Fils de Rodolphe, il perdit la Suisse au temps de Guillaume Tell. L'Empire ne passa point à son fils. Henri, comte de Luxembourg, fut élu (1308). C'est l'Empereur Henri VII.

[11] Purgat., chant III, vers 125. — Clément V.
Ibid., chant XIX, vers 99. — Adrien V.
Enfer, chant XIX, vers 70 ; — chant III, vers 59. (Nicolas III et Célestin V.)
Ibid., chant XIX, vers 53 et suivants. (Boniface VIII.)
Ibid., chant XXVII, vers 105.
Purgat., chant XXXII, vers 150.
Paradis, chant XXVII, vers 22 et suivants.
Ibid., chant XXX, in fine. (Clément V et Boniface VIII.)
Enfer, chant XIX, vers 27. — Paradis, chant XVII, vers 28. (Clément V.)

pour les princes de la maison de France [1], n'ont pas une autre cause que sa chimère de l'unité de l'Italie sous le sceptre impérial. Dante eut de bonne heure cette grande pensée qu'il formula plus tard en théorie politique dans un traité qui nous a été conservé [2]. En un mot, le salut de sa patrie lui paraissait être dans les mains de l'Empereur, bien avant qu'un empereur descendît en Italie. Ce moment, qu'il appelait de tous ses vœux, arriva par une force supérieure à sa volonté.

Clément V [3] venait d'être appelé au gouvernement de l'Église. Ce pape, français de nation, était passé de l'archevêché de Bordeaux au souverain pontificat, par la faveur de Philippe-le-Bel, sous la promesse qu'il favoriserait à son tour auprès des électeurs la candidature de ce prince à l'Empire [4]. Mais à peine intronisé, Clément V sentit qu'un roi de France empereur, serait trop puissant, et fidèle à la politique constante du Saint-Siége, il agit sous main pour faire élire un simple comte de Luxembourg, dont les domaines héréditaires peu étendus devaient lui causer moins d'ombrage. Celui-ci, comptant sur la bienveillance du Pape, à qui il savait devoir la dignité impériale, crut qu'il trouverait d'autant moins de difficultés à se faire couronner à Rome que Clément, forcé par les mouvements populaires qui agitaient cette ville [5], avait alors sa résidence à Lyon [6], mais pressé, comme tous

[1] Purg., chant VI, vers 23.— La reine de France, fille de Philippe-le-Bel.
Ibid., chant VII, vers 103. — Philippe-le-Camus.
Ibid., chant VII, vers 109. — Philippe-le-Bel.
Ibid., chant XX, vers 91. id.
Ibid., chant XXXII, vers 152. id.
Paradis, chant XIX, vers 113. id.
Purgat., chant XX, vers 49 et suivants. — Hugues-Capet.
Ibid, chant XX, vers 67. — Charles d'Anjou, frère de saint Louis.
Ibid., vers 71 et suivants. — Charles de Valois.
Paradis, chant XIX, vers 122. — Charles II, son fils, roi de Naples.
Purg., chant XX, vers 79. — id.

[2] De Monarchia.

[3] 1305. — Bertrand de Got, qui s'appela Clément V.

[4] Voltaire. — Annales de l'Empire.

[5] Le triomphe des Noirs à Florence, dû à l'intervention de Charles de Valois, et l'élection d'un pape français avaient développé à Rome l'esprit républicain en haine de la France.

[6] Il la transféra ensuite à Avignon, où 7 papes résidèrent depuis l'année 1308 jusqu'à 1378 (70 ans). Grégoire XI, à qui les Florentins avaient envoyé sainte Catherine de Sienne, reporta le Saint-Siége dans la capitale du monde chrétien. (Le Président Hénault.)

les empereurs, d'agrandir sa maison, Henri VII avait fait élire son fils, Jean de Luxembourg, roi de Bohême; ce qui lui avait aliéné le Saint-Siége, en réveillant le vieux parti Guelfe, surpris, effrayé de ce qu'après un siècle de désuétude [1], un empereur voulait faire revivre l'ancienne coutume, et se préparait à descendre en Italie.

Les Gibelins, au contraire, se réjouirent de cette nouvelle, et virent dans Henri VII un libérateur. Ce prince, jeune et brave [2], se présentait en effet avec le dessein de pacifier l'Italie par une amnistie générale, qui permettrait aux émigrés de tous les partis de rentrer dans leurs foyers. Mais il annonçait en même temps la volonté de ramener les villes dans l'obéissance à l'Empire. Cette concentration du pouvoir, cette suprématie de l'autorité impériale était, au milieu des dissensions qui déchiraient l'Italie, désirée de la plupart des États italiens, qui avaient envoyé des ambassadeurs à Henri pour lui rendre hommage. Naples seulement et quelques villes guelfes, comme Florence, Sienne, Lucques et Bologne, parurent disposées à soutenir à tout prix la cause de l'indépendance italienne.

Henri VII franchit les Alpes à la fin de l'année 1310, après avoir fait à Lausanne, le 11 septembre, entre les mains des commissaires du Pape, le serment ordinaire d'obéissance ou de protection, suivant le sens divers qu'on y attachait de part et d'autre [3]. Il se fit d'abord couronner roi de Lombardie à Milan [4], non sans danger, puisqu'il se vit obligé de sévir contre son propre chancelier, qui était entré dans une conspiration contre lui. Il soumit ensuite la plupart des villes lombardes. Brescia, qui l'avait retenu quelque temps, fut prise d'assaut, et il y entra par la brèche [5].

[1] Depuis l'Empereur Frédéric II, qui se fit consacrer à Rome en 1220, le jeune Conradin, son petit-fils, était le seul prince allemand qui eût été reçu à Rome avec de grands honneurs, en 1267, lorsqu'il allait prendre possession du royaume de Naples, son héritage. Mais ce jeune prince n'était pas revêtu de la dignité impériale. Ainsi, lorsque Henri VII passa les monts en 1311, il y avait 91 ans que Rome n'avait vu d'empereur.

[2] Bel parlatore. — (Dino Compagni.)

[3] Voltaire. — Annales de l'Empire.

[4] Les Gibelins avaient pour chefs les Visconti, et les Guelfes Guido della Torre (les Torriani). Guido, chassé de Milan par une émeute, alla soulever plusieurs villes contre l'Empereur.

[5] Voltaire. — Annales de l'Empire.

Ce fut alors sans doute ou vers ce temps, que Dante, quittant le rôle suppliant, écrivit et publia sa fameuse lettre à l'Empereur Henri VII, aux rois d'Italie et aux sénateurs de Rome. Retiré à Vérone, où Can de l'Escale, fidèle Gibelin, lui donnait asile, Dante, bien qu'issu de famille guelfe, voyait le salut de l'Italie si divisée, si déchirée par les factions, si navrée de blessures, dans le rétablissement de l'autorité impériale, seule capable de réunir ses membres épars, de grouper toutes ses forces dans une puissante et féconde unité. On ne peut croire qu'une âme aussi haute ait cédé, dans cette circonstance, à des ressentiments personnels. Le spectacle des maux qui affligèrent son pays avait, autant que l'exil, mûri son esprit, et provoqué en lui un examen sérieux des causes qui les avaient amenés. En appelant, comme suprême remède, l'autorité de l'Empereur, il se plaçait au-dessus des partis; il ne se croyait pas apostat ni transfuge; encore moins avait-il soif de représailles et de vengeance. Ces noms de Guelfe et de Gibelin lui paraissaient un masque qui couvrait des ambitions personnelles, un aliment incessant de discorde et de guerre civile [1]. Les tyrannies, les usurpations, les antagonismes d'État à État se servaient de l'aigle et des lys dans des vues de lucre ou d'ambition privée. Le sceptre de l'Empire, protégeant les libertés italiennes comme au temps de Frédéric Barberousse, était à ses yeux le gage le plus solide de la grandeur et de la prospérité de sa chère patrie. Voilà dans quel sens Dante proposait Henri VII comme un libérateur aux princes de l'Italie et au sénat de Rome. Sa lettre est noble, pleine de vues élevées, et empreinte d'un sage et véritable patriotisme.

Elle fut suivie d'une autre adressée à l'Empereur seul, et datée des sources de l'Arno [2] le 16 avril 1311, par laquelle Dante invitait cette fois et pressait Henri VII de tourner ses armes contre Florence, en lui reprochant son peu de zèle, en lui rappelant le droit du sceptre impérial et la nécessité d'agir. Cette seconde lettre, en cas d'insuccès, lui fermait toute voie de retour dans sa ville natale.

[1] Paradis, chant VI, vers 97 et suivants.

[2] A Toscanella, petite ville du patrimoine de Saint-Pierre. — Cette lettre est en italien. Elle nous a été conservée. (Pelli.)

Henri se dirigeait sur Rome [1], défendue par Jean, prince de Morée, frère de Robert de Naples [2]. Plusieurs villes guelfes avaient pris une attitude hostile. Repoussé dans un combat à la porte Léonine, Henri ne put parvenir jusqu'au Vatican, mais il entra par une autre porte [3], et le 29 janvier 1312 il fut couronné roi des Romains par le cardinal da Prato qui, au nom du Pape résidant en France [4], consentit à confirmer son élection à l'Empire. A peine eut-il fait décider par ses jurisconsultes que le royaume de Naples relevait de l'Empire et non du Saint-Siége, que, serré de près par les troupes de Robert, qui n'avaient cessé d'occuper Rome, il se vit forcé d'en sortir et de se retirer à Tivoli. De là il revint sur la Toscane [5], qui le menaçait par derrière, et mit le siége devant Florence, après avoir grossi en route son armée des Blancs de la Toscane et de la Marche d'Ancône. Dante s'abstint de se joindre à eux [6]. Il se tint à quelque distance, dans l'anxiété d'un suprême effort auquel il ne pouvait personnellement concourir.

La résistance opiniâtre des Florentins, l'insurrection de toute la Toscane, la maladie qui décimait l'armée assiégeante, obligèrent Henri [7] à lever le siége le 6 janvier 1313, et à se retirer à Pise.

Irrité de cet échec, il n'en fut que plus ardent à poursuivre ses desseins, et il rassembla des forces de tout côté. L'Allemagne, grâce à son frère l'Archevêque de Trèves, devait lui envoyer des renforts. Gênes et Pise lui promettaient 50 galères, et il savait qu'il existait à Naples un parti en sa faveur. C'est contre cette dernière ville qu'il tourna ses armes après avoir reçu quelques troupes fraîches d'Allemagne, pour y exécuter sa sentence contre

[1] Il avait grossi son armée de tous les Gibelins et Guelfes blancs de la Toscane.

[2] Henri VII était ligué avec tous les Gibelins d'Italie, et Robert de Naples avec tous les Guelfes.

[3] Les Colonna, famille illustre de Rome, lui prêtèrent appui contre les Orsini, Guelfes.

[4] Clément V.

[5] Au mois d'août 1312. — Il fut bien reçu à Arezzo.

[6] Il ne voulut pas, dit-il quelque part, prendre une part active à cette entreprise, et il se tint à l'écart auprès d'une des portes (Vellutello. Vita di Dante.) — Arétin assure qu'il ne fut pas au nombre des assiégeants.

[7] Il avait son quartier-général à Poggibonzi.

Robert qu'il avait mis au ban de l'Empire, et disposer souverainement de ses états.

On sait quel fut le sort de cette expédition. Henri s'était mis en route vers Naples, au mois d'août 1313. Il avait à peine dépassé Sienne qu'il s'arrêta et mourut [1] dans un lieu appelé Buonconvento. Est-ce la maladie ou le poison qui emporta ce brave et malheureux prince? Il s'était, dit-on, échauffé le sang au siége de Brescia et aux portes de Rome, et il était tourmenté déjà d'un anthrax [2] au genou. D'autres ont dit [3] qu'un dominicain, Politien de Montepulciano, l'avait empoisonné dans une hostie ou dans le vin consacré. Quoi qu'il en soit, cet empereur, objet de tant d'espérances, ne répondit pas à l'attente des Gibelins. Sa bravoure et ses hautes qualités ne lui tinrent pas lieu de la puissance territoriale, qui avait rendu si puissante la maison de Souabe. Son corps fut apporté à Pise où il fut enterré avec de grands honneurs sous le dôme de la cathédrale. Avec lui finit son entreprise, et les Allemands repassèrent les Alpes.

Dante, se sentant frappé au cœur par ce dernier coup, reprit la vie errante et pleine d'amertume de l'exilé [4]. Il est difficile de suivre exactement sa trace dans les divers lieux où il s'arrêta, jusqu'à Ravenne, son dernier refuge. C'est dans cette période de sa vie sans doute qu'il a bu jusqu'à la lie le calice des humiliations, et qu'il a senti l'horreur d'avoir à tendre la main comme Salvani Provenzano [5], à mendier comme Romeo [6] pour subsister au jour le jour, à manger le pain amer de l'exil, à monter l'escalier de l'étranger [7]. A la vigueur de ses coups de pinceau, lorsqu'il peint dans son poème quelque situation analogue à la sienne, ou lors-

[1] Le 24 août 1213.

[2] Sismondi. — Histoire des républiques italiennes.

[3] Voltaire. — Annales de l'Empire.

[4] Dante est-il allé à Paris pendant son exil ? Il y a sur ce point une grande incertitude parmi ses biographes. Voici un document d'où il résulte que Dante était à Paris en 1313 ; c'est la chronique de Jacopo Filippo da Bergamo, anno 1313. « Se n'andò alla città di Parigi per poter far delle sue gran virtù experientia, e publicamente in ogni facoltà messe concluzioni, offerendosi a tutti li uomini dotti pronto e parato alla disputazione. » (Pelli.)

[5] Purgat., chant XI, vers 121 et suivants.

[6] Paradis, chant VI, vers 135 et suivants.

[7] Ibid., chant XVII, vers 58.

qu'il se fait prédire à lui-même ses misères, on peut juger que son génie s'inspirait de sa propre expérience.

On a essayé de le suivre dans ses longues et douloureuses pérégrinations, et voici ce qu'à force de recherches patientes, on a reconnu comme le plus certain ou le plus probable.

Dante, après la mort d'Henri VII, qui lui enlevait sa dernière espérance, passa les Apennins et se retira en Romagne [1]. Il trouva un asile au château de Prato-Vecchio dans le Casentin, chez le comte Salvatico, neveu du célèbre Guidoguerra [2]. Les seigneurs della Faggiuola ne'monti, près d'Urbin, tinrent aussi à honneur de le recevoir [3]. Il retourna ensuite à Vérone, où il devait être en 1315; car c'est dans cette année que fut banni de Pise Uguccione della Faggiuola, qui se réfugia chez Can de l'Escale et trouva Dante auprès de ce prince. C'est en 1315 aussi, et à Vérone sans doute, qu'il apprit la sentence d'exil perpétuel [4] qui venait d'être prononcée contre lui par le cavalier Ranieri [5]; vicaire du roi Robert à Florence. On le voit ensuite non loin de là, dans le Frioul, chez Pagano della Torre, patriarche d'Aquilée, qui le retint dans son château de Tolmino. Il y resta un an et y écrivit une partie de son poème, comme l'atteste un rocher qui s'avance au-dessus de Tolmino, et qui s'appelle encore la *sedia di Dante* [6]. A cette époque se rapporte sans doute le séjour qu'il fit dans le val Lagarina, près de Roveredo, sur la rive gauche de l'Adige, séjour constaté par une canzone [7] dont une stance exprime une aspiration touchante vers sa patrie. Il descendit ensuite à Gubbio [8], dans le

[1] Boccace. — Vita Dantis.
Sismondi prétend qu'il erra d'abord en France et en Allemagne avant de retourner en Italie.

[2] Enfer, chant XVI, vers 38. — Christoforo Landino, commentateur de la Divine Comédie, était né dans ce château. (Pelli.)

[3] Pelli.

[4] Cette sentence, confirmative d'un décret rendu par défaut, est de l'année 1315. (Sismondi.)

[5] Messer Zacharia da Orvieto.

[6] Au temps de Giovanno Bonifaccio qui rapporte ce fait — 1317.

[7] « O montanina mia canzon tu vai.
« Forse vedrai Fiorenza la mia terra,
« Che fuor di se mi serra,
« Vota d'amor e nuda di pieta.» (Pelli.)

[8] En 1318.

duché d'Urbin, et fut reçu par Buzone de' Raffaeli, qu'il avait connu à Arezzo [1], et qui le retint au château de Colmorello, près la Saonda. Il séjourna dans la ville de Gubbio, et on lisait sur la tour des comtes de Falcucci [2] : « *Hic mansit hospes Alighierus poeta et carmina scripsit.* »

Une autre retraite s'ouvrit pour lui sur ce même territoire de Gubbio, dans un monastère de l'ordre des Camaldules. Le couvent de Santa-Croce di Fonte Avellana lui offrit une solitude conforme à l'état de son âme, et c'est dans ce lieu affreux et plein de sites sauvages qu'il passe pour avoir retouché l'*Enfer*. Au moins est-il vrai qu'on y montre encore les *chambres du Dante* et son buste en marbre orné d'une inscription [3]. De là, selon toute apparence, il se rendit en 1319 à Ravenne, appelé par les seigneurs da Polenta. Cette maison, dont il a parlé avec éloge [4], lui était déjà connue par ses bienfaits. Quelques années auparavant, il était allé complimenter en son nom le nouveau doge de Venise, Marco Giorgi, et longtemps on a lu sur le siége du Président, dans la salle du Conseil des Dix, quatre vers sur la Sainte-Vierge composés par Dante lors de son ambassade et gravés sous un tableau représentant le Paradis [5].

Dante fit encore un voyage de Ravenne à Vérone, où demeuraient ses fils, pour soutenir, chose étrange, une thèse publique sur l'eau et le feu, thèse dont on a conservé l'énoncé latin et le titre où Dante se qualifie *philosophorum minimus* [6]. A son retour, Guido Novello, son généreux hôte, ne tarda point à le renvoyer à Venise en qualité d'ambassadeur, pour changer les dispositions hostiles de cette république. Mais son ambassade n'eut aucun succès [7]. Dante ne fut pas même admis à exposer sa mission. Il revint à Ravenne, affligé de n'avoir pu mieux servir son bienfaiteur, et,

[1] En 1304.
[2] Pelli. — Memorie per servire alla vita di Dante.
[3] Ibid. — Cette inscription est du Cardinal Ridolfi, archevêque de Florence.
[4] Enfer, chant XXVII, vers 41.
[5] Pelli.
[6] Ibid.
[7] Il ne fut ni reçu ni écouté. (Bayle.)
Papyrius Masso, cité par Bayle, dit au contraire qu'il fut bien reçu et qu'on lui montra l'arsenal.

peu de temps après, usé par les chagrins et par les veilles, l'illustre proscrit tomba malade et termina sa carrière. Il mourut le 13 septembre 1321 [1], âgé de 56 ans et 5 mois. Près de mourir, il s'était fait revêtir de l'habit de saint François [2] comme appartenant au tiers-ordre, *terziario dell'Ordine* [3].

Les deux frères da Polenta [4], ses illustres hôtes, le firent enterrer dans la chapelle des Franciscains, au caveau des frères mineurs. Son corps, porté sur les épaules des principaux citoyens, fut déposé dans un tombeau de marbre, auquel Guido Novello destinait une inscription qu'il ne put y faire graver, ayant été bientôt lui-même forcé de quitter Ravenne et condamné à l'exil. Mais soixante ans plus tard, Bernardo Bembo, le père du cardinal, fit ériger à Dante un monument plus grandiose, qu'il voulut orner d'une inscription en vers composée par lui-même [5].

Dante avait composé lui-même son épitaphe en vers latins [6].

A peine eut-il fermé les yeux que la seigneurie de Florence fit faire par le Giotto, et placer dans la chapelle du Podestat, le portrait du grand homme [7] qu'elle avait méconnu pendant sa vie et repoussé de son sein.

Les honneurs rendus au poète s'étendirent bientôt à son magnifique ouvrage. Classique en naissant, la Divine Comédie

[1] Le jour de l'exaltation de la Sainte-Croix.

[2] Pelli.

[3] Fra Antonio Tognocchi da Terrina. — Il y avait un *tiers-ordre* établi par saint François lui-même, où l'on pouvait entrer sans vœux, ni profession monastique.

[4] Guido Novello et Ottavio Polentano.

[5] Voir le plan de ce monument et l'inscription dans Pelli, Memorie per la vita di Dante. — En tête de l'édition de Zanotta, 1758.

[6] « Jura monarchiæ, superos, phlegetonta lacusque
« Lustrando cecini, voluerunt fata quòusque.
« Sed quia pars cessit melioribus hospita castris,
« Auctoremque suum petiit, felicior astris,
« Hic claudor Danthes, patriis extorris ab oris,
« Quem genuit parvi Florentia mater amoris. » — (Bayle, au mot Dante.)

[7] Mario Crescembeni.
Dante, selon Boccace, était maigre, de taille moyenne, avait les yeux noirs et à fleur de tête, la lèvre inférieure saillante, les cheveux noirs, fort épais et crépus.

parut à un Visconti, archevêque de Milan, mériter l'honneur d'être commentée, et dès 1350, il chargea de ce soin les six hommes[1] les plus savants de l'Italie. En 1373, une chaire publique était fondée à Florence, dans l'Église de Saint-Étienne, pour la lecture et l'explication de l'épopée Dantesque, et Boccace[2] était appelé le premier à la remplir[3]. Les Florentins, en rendant cet hommage au poète, refusèrent à l'homme politique un monument national. Ce n'est qu'en 1396 qu'oubliant enfin ses rancunes de parti, Florence réclama les restes de l'un de ses plus illustres enfants, avec le dessein de lui ériger un tombeau dans la cathédrale[4]; mais Ravenne, sollicitée plusieurs fois, refusa toujours de se dessaisir d'une relique aussi précieuse[5]. Enfin, pour honorer sa mémoire, un décret fut rendu en 1495 par le conseil des Octante, invitant un de ses descendants, Dante III, à rentrer à Florence, avec offre de lui rendre ce qui pouvait rester des biens de son ancêtre; faveur dont il ne voulut pas profiter[6]. Déjà un des petits-fils du grand poète, Leonardo, était venu dans sa patrie d'origine, au temps de Boccace, son ami, qui lui avait montré des lieux encore tout pleins du souvenir d'Alighieri[7].

Il semble que sa postérité se soit fait un point d'honneur de se bannir elle-même de la ville ingrate. Un de ses sept enfants, Pierre, adonné à l'étude des lois, devint un avocat distingué à Vérone, dont les descendants firent leur nom de famille du beau nom de Dante, qui n'était avant eux qu'un nom de baptême. De cette branche établie à Vérone sont issus Dante II, Léonard ami de l'Arétin, Pierre, à qui Philelphe a dédié la vie de Dante Alighieri, et Dante III, qui eut deux fils, Ludovico, jurisconsulte,

[1] Deux théologiens, deux philosophes, et deux archéologues.

[2] Boccace né en 1312. — Il était de quelques années plus jeune que Pétrarque, né à Arezzo le 20 juillet 1304, et qui avait, à la mort de Dante, 17 ans. — Le Giotto n'avait que 5 ans de moins que Dante.

[3] Une autre chaire fut établie à Pise en 1385. — Dante eut pour premiers commentateurs ses deux fils Pierre et Jacques. (Pelli.)

[4] Elle lui frappa des médailles. Sa statue dans le baptistère était couronnée solennellement de laurier. (Sismondi.)

[5] Pelli.

[6] Vellutello. — Vita di Dante.

[7] Ibid.

et Pietro, littérateur et écrivain distingué. Il exista longtemps à Vérone des pierres tumulaires où ces noms Dante II, Dante III désignaient l'illustre famille.

III

Dans quel ordre a-t-il composé ses ouvrages? Quand et où la Divine Comédie a-t-elle été écrite? Ces questions ne sont pas étrangères à la biographie du poète; car la vie du poète ne nous intéresse elle-même qu'à cause des ouvrages qui le rendent immortel.

A la jeunesse de Dante appartiennent ses poésies d'amour, canzones, sonnets et ballades. La *Vita nova* doit avoir suivi de près la mort de Béatrix (1290). Il faut placer ensuite quelques essais de poésie latine, tels que des églogues en vers hexamètres, qui ont été pour lui la transition du genre amoureux au genre épique en rimes vulgaires [1]; car Dante est le premier qui ait osé appliquer à la haute poésie l'idiôme vulgaire issu de la langue des troubadours. La Divine Comédie l'occupa ensuite, et fut à proprement dire l'œuvre de toute sa vie. On ne peut douter que ce grand poëme ait été repris à plusieurs fois, corrigé souvent, avancé et achevé au milieu des agitations politiques; mais il est assez difficile de préciser les lieux et le temps où a été écrite et terminée chacune des parties qui le composent.

Ce qui paraît certain, c'est qu'il n'était pas entièrement achevé à la mort d'Henri VII (1313). Si au XXXe chant du Paradis [2], le poète se fait montrer la place destinée dans le ciel à cet empereur; si, dans un des chants précédents [3], il exprime l'espoir qu'il sera un jour rappelé de l'exil par ses concitoyens, espoir qu'il n'aurait pu

[1] Déjà quelques historiens avaient écrit en langue vulgaire: Riccardo Malaspina en 1280, Coppo di Stefani en 1285.

[2] Paradis, XXX, vers 137.

[3] Ibid., XXV, vers 1 et suivants.

nourrir après la malheureuse issue des projets d'Henri VII, il n'en résulte pas qu'Henri fût encore vivant au moment où Dante achevait son poème. Qu'on se souvienne que le pèlerinage, objet de la Divine Comédie, est censé s'accomplir en l'an 1300, et l'on comprendra que Dante, écrivant les derniers chants du Paradis après la mort d'Henri VII, n'ait, suivant la vraisemblance du récit, parlé de ce prince, qui n'était pas encore empereur au commencement du siècle, que par une sorte d'intuition prophétique. D'ailleurs, loin de compter sur les armes de l'Empereur, il s'exprime au contraire à son égard comme s'il connaissait le fâcheux résultat de son entreprise. Enfin tout prouve que Dante a travaillé encore à son poème après l'année 1313, date de la mort de Henri: sa retraite au couvent des Camaldules en 1318, après qu'il eut perdu tout espoir de rentrer dans sa patrie, fait consacré par une ancienne tradition, qui montre encore la chambre où il a composé des vers; son séjour en 1317 à Udine, où son siége, conservé avec respect, est encore un monument de ses veilles poétiques ; enfin l'hospitalité qu'il reçut en 1318 de Busone de' Raffaelli, dans son château voisin de Gubbio, qui a conservé longtemps la trace de son séjour et de ses travaux dans cette inscription : « *Hic mansit hospes Alighierus poeta et carmina scripsit.* »

Il est bien vrai que le Purgatoire fut écrit avant la ruine de ses espérances, c'est-à-dire avant la mort d'Henri VII. On n'en saurait douter d'après ce passage du Purgatoire[1] où le poète, prédisant la venue d'un grand capitaine, promet à ses armes qu'elles briseront l'alliance du Saint-Siége et d'un roi puissant. L'événement, lorsqu'il écrivait ceci, n'avait donc pas encore trompé son attente; mais il est manifeste qu'en achevant le Paradis, il n'avait plus rien à espérer d'Henri VII, qu'il nomme cette fois, en annonçant qu'il viendra trop tôt, et avant que l'Italie ne soit mûre pour sa régénération.

Alto Arrigo ch'a drizzar Italia
Verrà in prima ch'ella sia disposta.
(Paradis, chant XXX, vers 136.)

Quant à ses autres ouvrages, poésie et prose, voici à partir de

[1] Purgat., chant XXXIII, vers 40 et suivants.

la *Vita nova,* qui résume ses poésies d'amour, dans quel ordre ils peuvent être classés.

Indépendamment des pièces insérées dans la *Vita nova* et des trois canzones qu'il a commentées plus tard dans son *Banquet* [1], on a du Dante 25 sonnets, 7 ballades, une sextine, et 23 canzones [2]. Les sonnets sont adressés à des amis ou à des rivaux, qui pour la plupart y ont répondu par d'autres sonnets conservés avec les œuvres du grand poète; et c'est ainsi que leurs noms ont été transmis jusqu'à nous [3]. Ces poésies sont de la jeunesse de Dante, ou du moins antérieures à son immixtion dans la politique.

Ce qui nous reste de sa correspondance est postérieur à son exil, et consiste en quelques fragments cités par ses anciens biographes, et dans trois lettres [4] qui nous ont été conservées entières. On trouve dans ces précieux fragments quelques particularités intéressantes. Il y parle de la bataille de Campaldino, où il a combattu et contribué à la victoire. Il fait remonter à son Priorat l'origine de tous ses malheurs [5]. Il se défend d'être un homme de parti et se disculpe du reproche d'avoir, étant au pouvoir, rappelé de l'exil ses amis les Blancs, en y laissant languir ses adversaires [6]. Des lettres nombreuses qu'il écrivit à des citoyens de Florence pour obtenir son rappel [7], il n'existe que ce fragment cité par l'Arétin : « Popule mee, quid tibi feci? » — Quant à celles qui nous sont parvenues entières, ce sont : 1° une lettre politique adressée à Henri VII, aux princes d'Italie et aux sénateurs de Rome; elle est en italien, et fut écrite au premier bruit de la descente de l'Empereur en Italie [8]; — 2° une lettre en latin à l'Empereur seul, lettre écrite en 1311, où Dante, ne gardant plus aucun ménagement, invective les chefs du gouvernement de Florence, qu'il traite de mauvais citoyens et qu'il menace des armes impériales [9]; il y fait

[1] Il Convito.
[2] Œuvres complètes de Dante. — Antonio Zatta. Venise 1758.
[3] Guido Cavalcante. — Cino da Pistoja. — Dante Majano. — Cecco Angiolini de Sienne, etc.
[4] Cinelli.
[5] Lettre citée par l'Arétin.
[6] Autre lettre citée par l'Arétin.
[7] Vellutello. — Vita di Dante.
[8] Œuvres complètes de Dante. — Antonio Zatta.
[9] Ibid.

un appel direct à Henri VII, dont il gourmande la tiédeur, et il le somme de venir délivrer son pays de ses oppresseurs ; — 3° enfin une lettre écrite sans doute de Ravenne, sa dernière retraite, ou de l'un des lieux où il se retira après la mort d'Henri VII, pour dédier le *Paradis* à Can Grande de la Scala [1] ; cette épître en latin est purement littéraire et sans allusion politique ; elle est assez longue et pleine de pensées bizarres ou mystiques.

Voilà ce qui nous reste de la correspondance de Dante, faibles vestiges sans doute, si la forte empreinte de cet homme extraordinaire et si supérieur à son siècle n'était marquée d'ailleurs à chaque pas dans son poème et dans tous ses écrits.

Le traité *De Monarchia* paraît avoir été composé avant le *Banquet* (*Il Convito*) ; c'est une exposition des droits de l'Empire, qui a dû précéder de peu l'expédition de Henri VII, ou qui a dû être faite dans le cours de cette expédition pour appuyer sur le droit la force de ses armes. Au contraire le *Banquet* lui est postérieur, comme on va le voir. D'ailleurs le traité *De Monarchia* est un ouvrage complet, tandis que le *Banquet* est resté inachevé, l'auteur ayant exécuté à peine le tiers du plan qu'il s'était tracé.

Ce traité [2] prouve en forme : 1° que la monarchie, c'est-à-dire l'Empire, est nécessaire au monde ; 2° qu'il appartient au peuple romain ; 3° que le sceptre impérial est indépendant, non cependant qu'il ne dépende en quoi que ce soit (*in aliquo*) du Pape. Sur ce dernier point, qui a fait accuser Dante d'hérésie, voici comment il résume sa pensée, et c'est par là que se termine l'ouvrage [3] :

« Le bonheur mortel est ordonné en vue de la béatitude céleste. « César est tenu au respect envers le Pape, comme le fils aîné en- « vers son père, afin qu'illuminé de la grâce paternelle, il rayonne

[1] Lettre de quatre pages, sans date. L'auteur se nomme Danthes Alligherius, florentinus natione non moribus. — Il y explique pourquoi il a donné à son poème le titre de *Comédie ;* c'est parce qu'il finit bien.

[2] Il est dans un style simple et sans ornement. *Sanza gentilezza di dire* (Arétin).

[3] Antonio Zatta l'a recueilli dans son édition complète (1758).

« avec plus d'éclat sur le globe; mais César a été commis au gou-
« vernement du monde par Dieu, qui gouverne toutes choses
« dans l'ordre spirituel et temporel. *Deus omnium spiritualium*
« *et temporalium gubernator*. »

Croira-t-on, que malgré ces correctifs, le pape Jean XXII [1] ait fait censurer comme entaché d'hérésie le traité *De Monarchia*, et qu'il ait même voulu le faire brûler? C'est qu'il existait alors un anti-pape [2], élu de l'Empereur qui s'en servait pour contester à Jean XXII ses droits à la tiare. Croira-t-onqu'un jurisconsulte célèbre, Barthole [3], ait trouvé dans le Digeste un texte [4] pour condamner ce livre, où l'auteur diminue le pouvoir du Saint-Siége sur le temporel des Rois, et cherche à établir l'indépendance des Empereurs? Mais on sait que Charles IV [5] flatta les Papes, occupé de l'unique soin d'affermir sa maison, et que, s'il alla se faire couronner en Italie, il y marcha plutôt en pèlerin qu'en Empereur.

La prétendue hérésie de Dante, son véritable crime était d'avoir combattu la politique du Saint-Siége. Pour lui donner couleur, on y joignit l'imputation d'une erreur dogmatique, l'omission [6] dans son Enfer du limbe des enfants morts sans baptême. On lui reprocha enfin d'avoir taxé de bassesse d'âme l'abdication volontaire du pape Célestin V.

Plus tard les protestants s'armèrent contre la Papauté de l'indignation tant de fois exprimée par le poète florentin contre les abus de la Cour de Rome. Duplessis- Mornay sembla faire de Dante un

[1] Le prêtre de Cahors, mort à Avignon le 2 décembre 1334. — Il ne mit jamais le pied en Italie. — Il ajouta une 3e couronne à la tiare pontificale. (Le Président Hénault.)

[2] Pietro Reinalucci, dominicain, de la ville de Corbiero, créé pape le 22 mai 1328, par l'autorité de l'empereur Louis de Bavière. — (Voltaire, Annales de l'Empire.)

[3] D'assez basse naissance. — Admis par l'empereur Charles IV dans ses conseils; l'empereur lui permit de porter les armes de Bohême. — Mort en 1355.

[4] Super lege, I, § C. præsules de inquirendis reis.

[5] L'auteur de la Bulle d'Or.

[6] Si Dante ne les a pas mentionnés dans sa peinture des Limbes, il a dit ailleurs que les enfants morts sans baptême y sont retenus. — Purgatoire, chant VII, vers 31. — Paradis, chant XXIII, vers 82.

des précurseurs de Luther, en tirant de certains passages de la Divine Comédie des conséquences qui ont été réfutées par le cardinal Bellarmin [1]; mais l'Église romaine, le Saint-Siége lui-même, n'a eu garde de répudier la gloire du premier poète de l'Italie, en rejetant de son sein le sublime interprète des doctrines catholiques au 13e siècle. Dante est reconnu aujourd'hui pour un auteur orthodoxe, aussi profond théologien que divin poète.

Le *Banquet*, ouvrage en prose italienne sous ce titre *Il Convito*, devait être, dans la pensée de Dante, qui l'a laissé imparfait, le commentaire moral de neuf canzones, de même que la *Vita nova*, œuvre de sa jeunesse, offre l'historique et le commentaire des rimes d'amour dont Béatrix avait été l'objet. C'est, dit-il, un repas composé de plusieurs mets, c'est-à-dire d'amour et de vertus. Il ajoute que l'amour y est traité plus virilement que dans la *Vita nova* [2]; en effet, il y est plus épuré, plus détaché des choses mortelles, plus rapproché de sa source divine. Au reste, les hors-d'œuvre ne manquent pas sur la table de ce banquet à neuf services; et, quoiqu'il soit interrompu après le troisième (car des neuf canzones annoncées par l'auteur, il n'en a inséré et commenté que trois), il y a plutôt excès d'aliments qu'insuffisance. On sent que cet ouvrage, plein de digressions critiques, philologiques et morales, appartient à la vieillesse de l'auteur. On y voit clairement qu'il l'a composé après la ruine de ses dernières espérances. C'est ce qu'il nous apprend dans ce passage empreint d'une tristesse amère, où, après avoir dit ce qui l'oblige à commenter ses poésies amoureuses, pour se laver du reproche que lui font ses ennemis d'avoir eu des mœurs déréglées, il s'écrie :

« Plût à Dieu que je n'eusse pas besoin d'apologie ! C'est qu'on « ne m'aurait point fait de mal ! C'est qu'on ne m'aurait pas « infligé une peine injuste, la peine de l'exil et de la pauvreté !... « Depuis qu'il a plu aux citoyens de Florence, de cette belle et « illustre cité, fille de Rome, de me rejeter de son sein, où j'a'

[1] Bayle, au mot de Dante.

[2] Lorsque j'écrivis la *Vita nova*, j'étais à l'entrée de ma jeunesse, et maintenant qu'elle est passée pour jamais, *è già trapassata*, je compose cet ouvrage dans la pauvreté et dans l'exil. — Il Convito.

« reçu le jour, où j'ai été nourri jusqu'à la maturité de mes ans, « où je désire de tout mon cœur, en paix avec elle, reposer mon « âme fatiguée, et achever le temps qui m'est encore donné à « vivre, depuis lors j'ai erré loin de mon pays ; j'ai voyagé presque « partout où s'étend la langue italienne, en étranger, en mendiant, « et montrant malgré moi ma blessure, une de ces plaies de la « fortune, qu'on impute souvent et si injustement au blessé lui-« même. J'ai été comme un vaisseau sans voiles et sans gouver-« nail qu'un vent sec, le vent de la douloureuse pauvreté, porte « çà et là sur des plages diverses. Je me suis fait voir à beaucoup « de gens qui peut-être, sur ma réputation, s'étaient formé de moi « une autre idée. Avili dans ma personne, en leur présence, j'ai « souffert encore dans mes œuvres, et tout ce que j'avais fait, ce « que je pouvais encore faire, est devenu d'un moindre prix à « leurs yeux [1]. »

Les *Versi eroici et l'allegoria sopra Virgilio* paraissent appartenir à une époque bien antérieure. Par ces opuscules, Dante s'exerçait à la poésie épique et justifiait d'avance le choix de son guide.

Son traité en prose de *Vulgari eloquio* est une sorte de résumé de ses études si profondes sur cette langue italienne qu'il a le premier appliquée à la haute poésie. Dante s'était fait sans doute une poétique avant d'écrire ; mais il est à croire qu'il n'a songé à réunir en un corps d'ouvrage les principes que ses travaux et son expérience lui avaient fait découvrir, qu'après les avoir appliqués dans divers genres de poésie consacrés par l'approbation publique. Il paraît donc probable qu'il avait mis la dernière main à la Divine Comédie, lorsqu'il traita *ex professo* du langage vulgaire [2]. Ce serait à Ravenne [3], son dernier asile, qu'aurait été écrit ce que nous avons du traité intitulé de *Vulgari eloquio*. Cet ouvrage inachevé se compose de deux livres divisés par chapitres. Il est écrit en latin, langue qui paraissait alors le mieux convenir aux compositions didactiques. On y trouve une distinction fondamen-

[1] Il Convito. — Edition de Zatta. — Venise, 1758.
[2] C'est l'idiome toscan, par opposition à la langue latine.
[3] Pelli.

tale entre les idiomes locaux et l'idiome commun qui forme à proprement dire la langue italienne. On y voit énumérés les divers genres de composition qui comportent l'usage du latin ou de l'italien, et les différentes sortes de mètre dont elles réclament l'emploi. De curieuses observations y sont faites sur le mécanisme du langage. Les lois du sonnet, de la canzone et des autres pièces de ce genre y sont tracées avec exactitude. On y voit par exemple que le sonnet a trois parties et qu'il doit renfermer un sens métaphysique sous le sens propre et matériel. Dante lui-même avait fait la décomposition ingénieuse du sonnet dans des notes ajoutées de sa main à la *Vita nova*. Le traité *de Vulgari eloquio* contient donc l'art poétique des Italiens au XIIIe siècle. Quel trésor pour les philologues! et cependant il ne fut publié que longtemps après la mort de son auteur. L'original n'a paru, chose singulière, qu'après la traduction que le Trissin [1] en fit vers la fin du XVIe siècle.

Dante occupa sa vieillesse, avancée par tant de malheurs, à traduire par tercets italiens les sept psaumes pénitentiaux [2]. Le vieux Corneille traduisit aussi en vers les psaumes de David. Newton exerça les dernières forces de son génie à commenter l'Apocalypse; remarquable tendance des puissants esprits, en qui prédomine en vieillissant le sentiment religieux; mais la traduction des psaumes de la pénitence n'a rien de sénile. Les pensées du texte, expliquées, amplifiées par un interprète vigoureux, révèlent un homme imbu de l'esprit du Psalmiste [3]. Enfin ce travail est digne, ainsi que le *Credo*, qui fut le dernier de ses chants sacrés, du grand poète qui avait traduit si admirablement le *Pater noster*, au XVe chant du Purgatoire.

IV

Dante aujourd'hui si universellement admiré, prôné surtout dans ces derniers temps en France par toutes les bouches de l'école romantique, regardé comme le roi de la poésie moderne, disons

[1] La traduction du Trissin a été imprimée à Paris en 1577. (Pelli.)
[2] Li sette salmi penitenziali. (Zatta, 1758.)
[3] Pelli.

mieux, de toute poésie, mis au-dessus d'Homère par quelques-uns de ses partisans enthousiastes, et digne au moins du rang qu'il s'est lui-même assigné [1], Dante a été jugé bien diversement depuis l'apparition de son merveilleux poème.

Pétrarque, à moins qu'il n'ait voulu railler la délicatesse de ses contemporains, lui reproche une dureté de touche, une liberté de langage, qui avaient rendu ses vers choquants pour les yeux et les oreilles des princes de son temps [2]. L'Arétin lui-même, son biographe bienveillant, l'appelait un poète de science, et non d'instinct [3]. Déjà un de ses contemporains, Cecco d'Ascoli [4], s'était moqué d'une manière piquante dans l'Acuba [5], poème satyrique, du spiritualisme fantastique de ce voyage dans le pays des âmes.

Sous le rapport de la doctrine, nous avons vu combien la Divine Comédie, censurée par le pape Jean XXII, condamnée en droit civil par Barthole, avait été traitée d'abord sévèrement : singulière destinée de ce poème, qu'il ait ensuite fourni des armes à la Réforme contre la Cour de Rome; mais, au point de vue littéraire, il n'a point souffert moins de contradiction. Il est curieux de remarquer qu'il a été déclaré par un ancien critique [6] n'appartenir à aucun genre, étant contraire aux règles d'Aristote, et qu'un commentateur du Tasse, Paolo Boni [7], est allé jusqu'à dire qu'il fourmillait de fautes et de trivialités, *bassezze*, qu'il était plein de

[1] Il s'est mis au 6e rang des poètes après Homère, Virgile, Horace, Ovide et Lucain. — Enfer, chant IV, vers 102.

[2] « Oratione liberior quam ut delicatis et studiosis principum auribus atque oculis acceptum foret. »

[3] Bruni Aretino, *Vita di Dante*, en tête de ses œuvres complètes (Zatta-Venise 1758.)

[4] Brûlé à Florence comme hérétique, le 16 septembre 1327, il avait été médecin du pape Jean XXII. — (V. Pelli, qui cite un manuscrit du jésuite Appiani.)

[5] Quì non si canta... quì non veggo... Je ne chante ici ni les diables ni les anges.

« Lascio le ciancie e e torno nel vero.
« Le favole mi son sempre nemiche. »

Laissons ici les fadaises. Je n'ai jamais eu de goût pour les fables.
(Ibid.)

[6] Belisario Bulgarini, de Sienne, cité par Pelli.

[7] Cité par Pelli.

rimes mauvaises et forcées, en un mot qu'il fallait avoir ce poète en horreur, et le fuir aussi loin qu'il se pouvait [1].

Le siècle de Léon X était sans doute admirateur d'Alighieri, puisqu'un de ses plus grands artistes, Michel-Ange, s'est visiblement inspiré du génie dantesque [2]. Mais sous Louis XIV, en France, Boileau qui jugeait sévèrement le Tasse et plus sévèrement Milton, sans le nommer, ne daignait pas accorder une place dans son Art poétique à l'auteur de la Divine Comédie.

Au dix-huitième siècle, le silence dédaigneux du législateur du Parnasse fit place à une appréciation en somme peu favorable à Dante. Le poète théologien devait être peu du goût de l'école philosophique française. Les Anglais, tout en lui rendant hommage, lui préféraient Milton. Voltaire, après l'avoir omis dans son Essai sur la poésie épique, se contentait de dire ailleurs que son poème était très curieux en Italie pour son antiquité, reconnaissant toutefois que ses vers faisaient déjà la gloire de l'Italie, lorsqu'il n'y avait aucun bon auteur en prose chez nos nations modernes [3]. Il le loua de s'être élevé au-dessus du mauvais goût de son siècle et de son sujet [4]. Il n'est rien, dit-il encore, que Dante n'exprimât à la manière des anciens. Il accoutuma les Italiens à tout dire [5].

Mais ce même Voltaire rétracta en quelque sorte ses éloges, persistant toutefois à trouver dans la Divine Comédie des morceaux brillants, écrits aussi purement que s'ils étaient du temps de l'Arioste et du Tasse, se réduisant ensuite à ce mince éloge : il y a dans cet énorme ouvrage une trentaine de vers qui ne dépareraient pas l'Arioste [6]. Voltaire se refroidit ainsi sur le divin Dante, lorsqu'il se vit attaqué personnellement par un admirateur outré

[1] « Dante Alighieri poeta, per cente colpe, bassezze, ma sopra tutto per le sconce e sforzate rime, da aborrir si e fuggirsi a più potere. »

[2] Dans sa grande fresque du Jugement dernier.

[3] Voltaire. — Mélanges littéraires.

[4] Essai sur les mœurs.

[5] Voltaire — Discours de réception à l'Académie française.

[6] Ibid. — Lettres chinoises et indiennes.

du poète florentin, par son éditeur biographe l'abbé Marini[1], qui proposait Dante comme un modèle accompli, l'appelant le plus grand peintre après Homère[2], le plus parfait modèle de la satire[3]; double sujet d'humeur pour un poète jaloux et irascible. C'est alors qu'il traduisit en vers burlesques[4] un épisode de l'Enfer[5]; qu'il se plut à faire une analyse bouffonne de la Divine Comédie[6]; qu'il approuva Bettinelli[7] d'avoir dit que Dante était un fou et son ouvrage un monstre; qu'il prononça lui-même ce jugement, écho plus ou moins fidèle de l'opinion régnante : « On ne lit plus le Dante en Europe, parce que tout y fait allusion à des faits ignorés. Il faudrait à tout moment un commentaire[8]. Le Dante pourra entrer dans la bibliothèque des curieux ; mais il ne sera jamais lu[9]. » Nos romantiques l'ont bien vengé de ses sarcasmes ; mais ne l'admiraient-ils pas un peu comme une cathédrale du moyen âge, moins frappés de l'unité grandiose du monument que de la singularité des accessoires, et de la multiplicité des détails ?

Une appréciation juste et raisonnée de ce grand poète reste encore à faire, travail trop au-dessus de nos forces. Qu'il nous soit permis de nous arrêter quelque temps aux points de vue généraux qu'ouvre à l'esprit la partie esthétique de son immortel ouvrage, en donnant une moindre place à son examen littéraire, qui exigerait une longue et minutieuse étude.

La Divine Comédie est un poème sans modèle et resté sans imitateurs. On peut, au point de vue classique, trouver cette

[1] La vita di Dante Alighieri dal signor abbate Marini mise en tête d'une édition française de la Divine Comédie. — Paris 1768.

[2] Io credo che si possa dir assolutamente che, dopo Omero, altro poeta non vi sia stato che abbia al par di lui dipinte le cose. (Marini.)

[3] E stato già da altri proposto Dante per il più perfetto esemplare della satira.

[4] Voltaire. — Dictionnaire philosophique. (Marini.)

[5] Le comte Guido de Montefeltro damné pour avoir conseillé au pape Boniface VIII de s'emparer de Preneste à l'aide d'une fausse promesse et d'un parjure. — Enfer, chant XXVII, vers 67 et suivants.

[6] Voltaire. — Lettres chinoises et indiennes.

[7] Ibid. — Correspondance particulière. — Lettre au R. P. Bettinelli Servite, à Vérone. — Mars 1761.

[8] Ibid. — Lettres philosophiques.

[9] Ibid. — Correspondance particulière. — Lettres au père Bettinelli.

composition bizarre, mais ceux qui l'ont condamnée comme une œuvre informe et monstrueuse n'en avaient certainement pas saisi le majestueux ensemble, ni mesuré la haute portée. Ils n'avaient vu sans doute dans ce voyage à travers les régions de la mort qu'une fantasmagorie capricieuse et sans but. Il y a cependant un but bien marqué annoncé tout d'abord au lecteur attentif. Le véritable sujet du poème est la régénération du poète, de Dante lui-même qui, égaré par ses passions, ne rentrera dans la droite voie que par des chemins inaccessibles aux vivants. Il ne s'agit pas ici de la délivrance du tombeau du Christ, mais du rachat d'une âme, opéré par de merveilleuses pérégrinations.

Voilà, dans le sujet même, un caractère essentiel qui distingue ce poème de tous les autres : il est intime et mystique, au lieu d'être extérieur et puisé dans la vie réelle. Tout sera donc neuf dans cette nouvelle épopée, dont le héros est le poète lui-même, et dont l'objet est la transformation morale de son être. Et comment ne pas retrouver ici l'épopée, lorsqu'un grand fait nous est offert; (quoi de plus grand que la conversion, le salut d'une âme?) — unité dans le sujet; — lorsque ce fait, opéré par les moyens les plus grandioses que l'esprit humain puisse concevoir, s'accomplit dans le court espace d'une semaine ; — unité de temps ; — lorsque, si vaste que soit la sphère d'action du poète voyageur, l'événement se réalise dans un champ circonscrit, et même sur un point déterminé; — unité de lieu? — Qu'importe après cela que la machine du poème s'écarte de la forme épique généralement admise? Autre donnée, autres moyens d'exécution. Le fond et les caractères essentiels du genre s'y trouvent. Où le merveilleux, qui est l'âme de l'épopée, s'est-il jamais montré sous des aspects plus saisissants? Aux trésors de la Fable, qu'il sait employer avec vraisemblance, Dante a joint ceux d'une religion qui résume et agrandit toutes les merveilles du monde invisible.

Ce poème a encore de l'épopée un autre caractère essentiel, l'universalité ; car le moyen âge s'y reflète tout entier comme dans un miroir, avec ses arts, ses idées et ses mœurs. Par le bonheur du sujet, il pouvait être, il est vraiment encyclopédique. La Divine Comédie est donc bien une épopée, mais une épopée d'une espèce nouvelle, créée par un génie puissant, qui a osé s'en faire le héros au nom de l'humanité tout entière; épopée intime, si l'on peut employer ce mot appliqué de nos jours au roman, personnelle comme lui et pourtant éminemment sympathique.

Epique par le sujet et par sa contexture, la Divine Comédie tient aussi du drame. On pourrait même croire qu'il y est l'élément principal, et justifier ainsi le nom qu'à dessein sans doute le poète a donné à son œuvre. Il est certain qu'on y trouverait aisément non seulement le canevas d'une pièce dramatique, mais des scènes toutes faites et bien enchaînées, un dialogue vif et varié, de beaux effets de théâtre, en un mot un drame en trois actes avec son exposition, ses péripéties et son heureux dénouement; car il conduit son héros jusqu'au sein de la béatitude, et c'est pour cela sans doute que l'auteur l'a intitulé *Comédie*, mot bien étrange pour ceux qui ne connaissent de Dante que l'Enfer. A voir tant de scènes dialoguées avec art, et tant de variété dans les personnages avec des changements à vue si multipliés, on se demanderait presque si la Divine Comédie n'était pas dans sa première forme un *mystère*, une de ces pièces si populaires au moyen âge, et si ce n'est point par degrés que le poète l'a élevée aux proportions d'une composition épique. Otez en effet les descriptions de lieux, le récit, l'argumentation scolastique, il restera un drame complet, une trilogie qui pourra se jouer comme un mystère. N'était-ce pas quelque partie de ce drame qui se représentait sur l'Arno, lorsqu'en 1304 un des ponts de Florence s'écroula sous la foule des spectateurs? — Quoi qu'il en soit, le côté dramatique du poème dantesque, approprié au goût et aux idées populaires du XIIIe siècle, ne doit pas être négligé pour l'appréciation de ce nouveau genre d'épopée dont Alighieri est le créateur.

Le drame dans le récit, la personnalité du poète qui se prend lui-même pour sujet de son œuvre, tels sont les traits distinctifs, les caractères vraiment originaux de la Divine Comédie; double source de beautés inconnues des anciens, qu'a fait jaillir une idée moderne, une pensée religieuse et catholique, la régénération de l'homme par le spectacle anticipé des choses de la vie future. Combien ces dialogues, rapidement échangés dans la grande revue des âmes, ne sont-ils pas supérieurs aux discours des héros et des dieux, qui remplissent l'épopée classique! Quel intérêt s'attache à cet homme qui parle de lui sans cesse, qui se met toujours en scène, qui apostrophe le lecteur en l'initiant au secret de la destinée humaine! Il parle de lui, mais il parle pour tous, et ses douleurs, ses joies ou ses espérances sont les douleurs, les joies ou les espérances de tous les chrétiens ses frères. Ainsi Rousseau, en élevant la voix au nom de l'humanité, s'est montré le plus personnel et en même temps le plus sympathique des écrivains modernes. Dante avant lui s'était peint tout entier et même *confessé* dans ses ouvrages, et comme Jean-Jacques, avec lequel il a plus d'un rapport, il y avait jeté ses colères et ses vengeances. C'était là l'écueil, auquel, il faut le reconnaître, le poète florentin n'a pas toujours échappé. On comprend qu'il ait rattaché à son voyage son rôle politique, son exil et ses infortunes; on admire ses éloquentes digressions sur l'état des partis à Florence, sur les moyens de restaurer l'Italie; on est même obligé de convenir que ces morceaux sont les plus brillants du poème, et à Dieu ne plaise qu'on veuille les en retrancher; mais il est difficile de ne pas y voir quelquefois des hors-d'œuvre. Chaque genre a son excès et ses abus. Dans un genre où domine la personnalité, dans l'épopée intime, Dante n'a-t-il pas abusé des détails biographiques?

La construction du poème diffère aussi des anciens modèles. C'est un édifice gothique à cent compartiments, savamment distribué sur un plan sévère et symétrique, où la multitude des détails vient concourir à l'effet général. Le poème a trois parties ou cantiques, qui comprennent cent chants, 34 pour l'Enfer et 33 pour chacun des deux autres. Chaque chant est à peu près de 140 vers dissyllabes divisés par tercets. Voilà des formes bien différentes des poèmes épiques anciens et modernes. Évidemment la Divine Comédie a été jetée dans un autre moule. C'est que Dante, à qui il eût été si facile de copier les anciens et surtout Virgile, son maître, a compris qu'une donnée nouvelle exigeait un art nouveau et des moyens d'exécution appropriés au sujet, au temps et aux lieux. Les nombreuses subdivisions de sa matière et le choix du mètre, loin d'être l'effet d'un caprice bizarre, lui étaient imposés par l'état d'imperfection de la langue, par la nature même de son poème, où la scène change à chaque pas, où la variété des objets appelant la distinction des choses, réclamait dans le cadre poétique une division correspondante. Et qu'on ne pense pas que

Dante aurait pu se borner à 12 ou 24 chants, comme dans l'Enéidé ou l'Iliade. Rien de plus aisé matériellement que de refondre en huit chants chacune des parties de la Divine Comédie; mais qui ne voit que, par cet amas de matières entassées comme de force, par ces bigarrures de tableaux et de dialogues disparates, on romprait l'unité, nécessaire même dans les détails, on rendrait le poème illisible. Il faut dire au contraire : s'il a été permis à Virgile de réduire de moitié le nombre des chants affectés par Homère au poème épique, Dante a bien pu à l'inverse quintupler ce nombre. Le poète comme l'architecte est maître de sa matière; il peut la distribuer à son gré dans l'édifice qu'il veut construire, pourvu qu'il lui conserve son caractère, et qu'il en respecte le genre.

Mais il faut à l'épopée, quel que soit son cadre, une action principale, conduite à travers des obstacles qui font naître pour le héros des occasions de gloire; il faut que cette action, toujours sentie dans le cours du poème, marche avec des fortunes diverses et par des péripéties imprévues à un résultat conquis par la vaillance ou la faveur des cieux. Dante a-t-il satisfait pleinement à cette loi invariable du poème épique? On voit qu'il s'est épuisé en efforts ingénieux pour vaincre un défaut radical de son sujet. Dès le début, son héros (c'est lui-même) est arrêté dans sa marche par des monstres qui lui barrent le passage; sa route est semée d'écueils. Le feu, la glace et toutes les intempéries des lieux qu'il traverse, atteignent ses organes sensibles et l'exposent à des périls sans cesse renaissants. Les démons lui ferment leur forteresse et trompent son guide. Plus loin une arche de pont rompue le laisse en face d'un précipice infranchissable; ailleurs il mesure avec effroi l'immense profondeur du puits de l'abîme; puis il est séparé de son guide; puis il est ébloui par des clartés célestes et frappé de cécité. En un mot, depuis la forêt sauvage où il s'est égaré jusqu'au cœur de la rose mystique, où il trouve enfin le port désiré, des obstacles nombreux lui sont suscités; mais on voit trop qu'avec des protecteurs tels que Virgile et Béatrix, il en triomphera toujours, et qu'il accomplira son pèlerinage. Si donc l'action du poème consiste à prendre d'assaut le royaume du ciel, suivant l'expression de l'Évangile, les moyens employés resteraient, il faut le dire, au-dessous du but; mais il ne faut pas oublier que ce but est la régénération du poète, c'est-à-dire une initiation progressive, qui résulte bien plus d'un travail intérieur de l'âme que d'une action physique et matérielle. A ce point de vue, le héros agit comme il le doit, s'il s'épure ou s'il s'avance par des chemins de plus en plus faciles vers la source du souverain bien. Ce n'est point là, dira-t-on, l'action épique. On ne peut nier au moins que le poète ne l'ait produite autant que le sujet la comportait. Il l'a mise dans les détails et dans les accessoires qui, par une heureuse compensation, se confondent ici avec l'objet principal ; car dans son voyage, les épisodes sont le voyage même. Il n'en est pas un, chose remarquable, auquel Dante ne soit personnellement mêlé. S'il agit peu, il agit toujours, et on ne le perd jamais de vue.

Mais cette action épique n'ayant pas un fondement réel comme chez les anciens, puisqu'elle repose tout entière sur la fiction d'un voyage hors du monde visible, une pure fiction peut-elle être la base d'une épopée ? J'avoue que Dante n'a prétendu là-dessus en imposer à personne, même à ceux qui, le voyant passer l'air sombre et les cheveux hérissés, disaient : « Il revient de l'Enfer. » — Si le peuple de Florence, dans sa foi grossière, avait cru à ce merveilleux pèlerinage, il se serait hâté de rappeler de l'exil ce favori des cieux. On ne voyait donc là, même de son temps, qu'une fiction poétique. J'en conviens, mais en quoi cette fiction serait-elle incompatible avec l'épopée ? Pourquoi n'en serait-elle pas la donnée principale, si elle ne choque point la vraisemblance, si ce que le poète a feint est possible, s'il y en a des exemples consacrés par la religion, si la fiction acquiert ainsi, par la force des croyances populaires, le caractère d'une réalité saisissante et irrésistible ? D'ailleurs ce fonds vrai qu'on réclame n'existe-t-il pas dans le fait intime et réel de la régénération du Dante, héros de son poème ? La fiction devient alors un moyen grandiose de réaliser ce résultat. Nous rentrons dans les conditions du genre.

Il y a plus : en pénétrant plus avant, on verra que la fiction n'est ici que dans le voyage lui-même, c'est-à-dire dans la transmigration de Dante au pays des âmes ; on verra que tout est vrai au point de vue catholique, vrai dans les lieux, dans les choses et dans les personnes, vrai dans les routes parcourues depuis les bouches de l'Enfer jusqu'à l'Empyrée. On verra, dis-je, que tout est réel, sauf l'immixtion personnelle de l'acteur principal au milieu de ces merveilles. Le poème n'est donc pas une œuvre de pure imagination, un récit fantastique. Il serait plutôt une vision, une révélation, une œuvre apocalyptique; et le nommer ainsi, ce n'est pas en rabaisser la grandeur ni en altérer le caractère, comme il arriverait si, à force de le soumettre au creuset de l'analyse, on parvenait à n'y voir qu'une allégorie. Si la Divine Comédie n'est qu'une composition allégorique, il n'y a plus ni épopée ni drame. Elle devient une étude psychologique, où la poésie a revêtu de ses formes brillantes l'état d'une âme fatiguée de la tourmente des passions, la considération de leurs effets et de leurs suites inévitables, le repentir, le retour graduel au bien par la contemplation du beau, la rénovation de l'homme par la vraie science et par l'intuition du bonheur qu'elle assure. Expliquer ainsi un poème, c'est l'anéantir. Grâce à Dieu, Dante, quoique son œuvre soit pleine d'allégories, n'a point voulu faire un poème allégorique. Il faut bien comprendre que chez lui, comme dans les Saintes Écritures, on trouve toujours le sens propre et le sens figuré; que les allégories qu'on y découvre n'ont rien de commun avec celles des poètes profanes, et que son récit, ses peintures, ses personnages sont des réalités qui, outre leur signification naturelle, ont encore un sens moral et caché. Ainsi la forêt sauvage, les trois bêtes qui lui barrent le chemin, la porte large de l'Enfer et ses gouffres de plus en plus profonds, ses fleuves ayant leur source dans les flancs du mont Ida, la montagne du Purgatoire s'élevant entre la terre et le ciel, l'immersion dans les eaux du Léthé, le Paradis terrestre et l'arbre de vie, l'ascension rapide de sphère en sphère, tout jusqu'au moindre détail renferme une pensée profonde, source d'un intérêt puissant et nouveau pour le lecteur. C'est par là que Dante, génie véritablement biblique, me paraît avoir atteint les plus hautes cimes de la poésie.

Faut-il voir en lui le père de la poésie romantique? On sait que l'enthousiasme des Français pour Dante, à peine connu d'eux auparavant, leur a été inspiré par les chefs d'une école nouvelle, qui a fait grand bruit et qui reconnaît Alighieri pour un de ses maîtres. Si, comme l'a proclamé cette école, il existe un art nouveau, à ses yeux l'art véritable, enfant du christianisme et de la civilisation moderne, on ne saurait nier que la Divine Comédie en soit l'expression la plus complète. Qu'est-ce en effet que le romantisme défini par opposition à l'art ancien qu'on appelle classique ? C'est d'une part la nature vraie, prise sur le fait et partout, opposée à une nature choisie et réduite à certaines formes qui ne choquent pas la délicatesse de nos sens. C'est le calque sévère au lieu de l'imitation libre; c'est la couleur locale au lieu d'une harmonie convenue. Mais c'est aussi, d'autre part, comme contre-poids à ce matérialisme de la forme, un idéal tout différent de celui des anciens, dont la religion extérieure et sensuelle ne savait l'abstraire que du monde réel. Athènes fournit à Apelles cent jeunes beautés dont il compose un type de perfection idéale; voilà l'image de l'art ancien. L'idéal romantique s'élève jusqu'à l'absolu et dépasse de bien loin la sphère des choses visibles. Il a son exemplaire divin, son modèle inaltérable dans le cœur de l'homme qui aspire à l'infini. On voit toute la distance qui sépare ces deux points de vue : l'un n'offre à l'artiste que des objets choisis, et ce choix les idéalise, sans rien emprunter au dehors; l'autre n'exclut du domaine de l'art aucune des formes qui existent dans la nature. Il lui livre indistinctement le beau et le laid, le grotesque et l'horrible, le monstrueux et le naturel. Il lui permet aussi le mélange de tous les tons, pourvu qu'il sache vivifier le tout par l'idéal sans modèle extérieur de l'art chrétien. Deux chefs illustres de notre école romantique ont oublié que ce double élément, la forme plastique et l'idéal, ne doivent pas être séparés, et cet oubli a conduit l'un, quoique penseur énergique, à l'idolâtrie de la forme, l'autre, quoique éminemment sensible et passionné, au spiritualisme de l'idée. Dante leur avait tracé la vraie route, suivie avec tant d'éclat par Shakespeare et Gœthe, ses immortels héritiers. Dante suffirait seul à prouver, abstraction faite des romantiques de notre temps, que cette école n'est pas une chimère; car tous les principes qu'elle pose trouvent chez lui leur application; et, par la nature de son sujet, il a fait de l'idéal, qu'il poursuit au-delà du monde, l'objet de sa principale étude.

Créateur d'un genre nouveau, l'épopée intime, fondateur d'une grande école, dont nous n'avons pas encore en France le dernier mot, Dante ne saurait pourtant être isolé des anciens, qui, de son aveu, furent ses maîtres. Que leur doit-il ? Comment et jusqu'où les a-t-il imités ? Question intéressante, qui peut fournir à la critique littéraire une foule d'ingénieux aperçus, mais dont la solution se réduit, selon nous, à ceci : Dante n'a rien imité à proprement dire. Il a puisé partout des matériaux pour la construction d'un édifice en tout si différent des machines épiques exécutées avant lui, que celles-ci n'offrant rien de commun avec le plan de la Divine Comédie, l'imitation, c'est-à-dire la reproduction des mêmes effets, ne saurait exister ni dans le fond ni dans les détails de son poème. Que voyons-nous en effet dans les deux grandes épopées qui ont servi de modèles jusqu'à ce jour ? Une invocation du poète à la muse, des combats, de sanglantes mêlées, les Dieux prenant parti dans ces luttes, puis quelques épisodes liés à l'action principale, des prodiges de valeur ou de sagesse du héros conduit par le destin, puis une péripétie causée par la mort de son ami le plus cher; puis cette mort vengée par un coup qui amène le dénouement. Voilà les principales pièces de l'épopée d'Homère et de Virgile. En est-il une seule qui pût servir à Dante ? A-t-il besoin d'invoquer la muse, pour qu'elle lui révèle ce qu'il vient de voir, lui qui est contemporain, témoin, acteur des faits qu'il raconte ? Point de combats, point d'autres ennemis que les passions qui lui font la guerre. Il est seul, il a passé l'âge des folles amours. Les épisodes sont des faits qui s'accomplissent actuellement, sous les yeux du poète, pour combattre ou assurer le succès de l'entreprise. Ce ne sont pas des créations de fantaisie qui puissent fournir des types à l'imitateur. Ils s'offrent à chaque pas, dans la revue des âmes, et résultent d'une suite de rencontres, qui donnent lieu à des dialogues saisissants de vérité; car ici les faits sont réels et du domaine de l'histoire. Quelle prise peuvent-ils offrir à l'imitation ? Dante, en faisant passer devant lui son maître, le père de son meilleur ami, ses devanciers et ses rivaux dans les rimes d'amour, en évoquant Farinata, l'adversaire implacable de sa famille, en tirant de la Vie des saints celles de Thomas d'Aquin et de François d'Assise revêtus d'une auréole d'exquise poésie, en retraçant la fin tragique de Pierre des Vignes, le chancelier de l'empereur Frédéric II, encore vivant dans la mémoire des hommes, en racontant les deux catastrophes récentes de Françoise de Rimini et du comte Ugolin, Dante, répétons-le, n'imite personne. Quelques vers de l'épisode de la Francesca suffisent pour mettre entre elle et Didon, son prétendu type, une différence profonde.

Dans cette galerie de faits épisodiques, qui ne se rattachent qu'indirectement au sujet, Dante a su faire entrer, afin de racheter ce défaut qui est celui du sujet lui-même, quelques riches hors-d'œuvre. Il nous montre la source des fleuves de l'Enfer cachée dans les flancs du mont Ida, et formée des larmes de l'humanité représentée par un vieillard à la tête d'or et aux pieds d'argile. Il donne la poétique origine de Mantoue, et à propos de Sordello né dans cette ville, il apostrophe l'Italie en citoyen navré, dont le cœur saigne à la vue de ses infortunes. Justinien lui fournit aussi l'occasion de retracer à grands traits les gestes glorieux, la puissance et les hautes destinées de Rome ancienne et moderne. Ces morceaux, sans parler d'une foule d'autres, sont originaux, quoique sortant pour la plupart du cadre historique des faits contemporains. Ils marquent bien l'intention du poète, muni des trésors de l'antiquité, de marcher seul et de n'imiter personne.

Cependant on trouve au sixième chant de l'Énéide la descente d'Énée aux Enfers, la Sibylle commise à sa garde, la description du Tartare et des coupables qui y subissent des peines appropriées à leurs crimes. On y remarque même quelques traits du Purgatoire. On y voit une peinture ravissante des Champs-Elysées, et la rencontre qu'Énée y fait de son père, qui lui montre dans l'avenir le progrès de la grandeur romaine et ses luttes intestines, et le héros qui doit y mettre un terme. Or Dante, conduit à travers les régions de l'autre monde par Virgile et Béatrix, Dante passant la revue des damnés au séjour maudit, Dante s'élevant du Purgatoire au Paradis, où il rencontre son trisaïeul Cacciaguida, qui lui prédit ses infortunes et lui annonce un libérateur de l'Italie qui sera son vengeur, Dante n'est-il pas ici l'imitateur de Virgile? Ne l'est-il pas surtout dans la forêt des soupirs, dont les arbres renfermant des âmes maudites saignent sous la main qui en casse les branches? N'est-ce point là l'épisode de Polydore, au troisième chant de l'Énéide, épisode imité encore si heureusement par le Tasse dans sa forêt enchantée ?

Oui, sans doute, il y a là quelques traces d'imitation, ou, pour mieux parler, quelques réminiscences du poète qui se proclame l'élève de Virgile. Mais, à part la fiction des troncs animés, que de différences dans tout le reste ! Quel rapport entre la froide Sibylle évoquée par un poète philosophe, et Béatrix rayonnante de beauté et d'amour divin, servant de guide à un homme de foi fervente, dont elle avait été les premières amours ! Qu'y a-t-il de commun entre les Enfers du monde payen, qui comprennent le séjour des bienheureux, et le terrible Enfer des chrétiens, où l'espérance laissée au seuil n'est point admise ; où les âmes, déjà torturées si cruellement, attendent le jugement final qui, les réunissant à leurs corps, accroîtra leurs tortures ; où l'exacte classification des fautes manifeste une autre morale et une autre justice ; où la graduation des peines, sur le principe de la loi du talion, ouvre au génie du poète moderne, à sa riche et puissante imagination, des sources d'une fécondité merveilleuse, lui suggère des raffinements de supplices qui font frémir, mais aussi des beautés poétiques originales et incomparables ?

Quant au Purgatoire et au Paradis, tout est de création catholique, et hors de comparaison avec les tableaux du poète païen. Il y a là tout un monde d'enchantements et de merveilles, où Virgile n'a même pas mis le pied. Il est vrai que Dante rencontre en Paradis Cacciaguida, son trisaïeul, comme Enée voit aux Champs-Elysées son père Anchise. Mais, si la prédiction d'Anchise est plus imposante à cause des splendeurs de sa race et des hautes destinées de Rome, combien les révélations qui sont faites au Dante par son ancêtre ne sont-elles pas plus intimes et plus touchantes ! Ces deux entrevues ont des caractères bien différents. Dante baisse la tête au tableau de l'exil et des misères qui l'attendent. Enée se sent heureux et fier d'apprendre qu'il sera le fondateur d'un grand peuple. Lorsque Virgile met dans la bouche d'Anchise l'annonce d'un héros, père de la patrie, il vivait glorieux à la cour d'Auguste ; au contraire Dante savait, en introduisant dans son poème Cacciaguida, que le libérateur annoncé était perdu pour l'Italie, et que son jeune héros, Can de l'Escale, n'avait plus que l'hospitalité à lui offrir. Où donc est l'imitation ? Si Virgile a fourni l'idée, Dante y a mis sa forme et l'a faite sienne. Il en est de même des autres passages où, sans rien ôter à sa gloire, on pourrait le croire imitateur. La vérité est, pour quiconque a étudié ce grand poète, que son génie libre et hardi se refuse toujours à l'imitation.

Dante n'est pas moins original par son style que par ses conceptions. Quoiqu'il fasse hommage à Virgile de ce beau style qui l'a mis en honneur, dit-il, parmi les hommes, on voit qu'en cela encore il ne relève que de lui-même. Chez lui l'idée et la forme semblent produites d'un seul jet et se conviennent si parfaitement qu'à la moindre partie de l'œuvre on reconnaît l'artiste, comme un seul vers suffit pour nous révéler Corneille : rare privilége des génies vraiment créateurs. Leur style émane de la même source que leur pensée, et c'est ce que Dante a voulu exprimer lorsque, pour se distinguer de quelques-uns de ses devanciers, il déclare qu'il écrit sous la dictée de l'Amour. Aussi est-il par excellence un poëte d'instinct, quoi qu'en ait dit Boccace, qui semble avoir regardé la profondeur de sa pensée comme exclusive de l'inspiration.

J'ajouterais volontiers avec un de ses derniers biographes, que Dante est le plus grand peintre qui ait paru depuis Homère, car il rend visible et palpable ce qui n'était jamais tombé sous les sens de l'homme. Il trouve sur sa palette des couleurs pour des choses que l'œil n'a jamais vues; et, chose étonnante, ce qu'il montre ainsi hors du monde, hors des choses connues, nous apparaît comme une suite non d'images fantastiques mais de saisissantes réalités. La peinture franchit ici son domaine, et ce dernier effort est permis à l'artiste qui a su, en retraçant les scènes de la vie terrestre, se montrer naturel et vrai. Comment ne serait-il pas un grand peintre, celui qui a inspiré Michel-Ange et dicté la grande page du Jugement dernier? Sa manière est donc avant tout pittoresque; le contraste des couleurs et la vigueur du dessin le caractérisent. Fidèle au genre épique, il abonde en comparaisons; mais, supérieur sous ce rapport à Virgile, il ne les emprunte pas d'Homère; il n'en imite pas les images ni la forme. Original en cela comme en tout le reste, il offre à ses contemporains les objets vulgaires qui frappent leurs yeux, décrit ce qu'il a lui-même observé, enferme presque toujours sa comparaison dans quelques vers et parfois dans quelques mots, pour la rendre plus frappante. Rien ne prouve mieux peut-être qu'il en use envers les anciens, qu'il nomme ses maîtres, en disciple respectueux et nullement servile.

Dante, génie hardi et vigoureux, veut atteindre à la concision latine; mais il en a fait un art qui lui est propre, un moyen de poésie adapté à la nature de son sujet. Ayant à rappeler une foule de faits récents ou contemporains de notoriété publique, il croit frapper davantage par de courtes allusions offertes à la sagacité du lecteur; en sorte que sa concision est à la fois dans le mot et dans la chose. Il résulte de là une obscurité, qui paraît un défaut, à nous qui avons perdu le sens de beaucoup de ces allusions; mais, si je ne me trompe, Dante a péché ici volontairement, cédant au goût de son siècle. On aimait alors, on recherchait ces formes énigmatiques. Les rimes d'amour avaient toujours un double sens, et Dante, ayant façonné de bonne heure son esprit à ce genre d'exercice, avait vu sans doute le parti qu'il pouvait tirer de l'allusion et du sens figuré dans la Divine Comédie, pour soutenir l'intérêt du poème, pour captiver l'attention de ses contemporains. Voilà comment la concision, l'obscurité même sont chez lui un artifice de style, un des traits qui caractérisent sa manière.

Au reste, l'obscurité reprochée au Dante accuse souvent la courte vue du lecteur, moins versé peut-être aujourd'hui qu'au moyen âge dans les profondeurs de la théologie scolastique. Plus il est sublime, lorsqu'il expose la doctrine de saint Thomas, plus est abstraite sa théologie personnifiée en Béatrix, plus aussi il est difficile de le suivre; mais ici ce qui est ténèbres pour les faibles est lumière rayonnante pour les forts, grâce à la beauté du vers, à la propriété de l'expression et à la richesse de la forme. Heureuse obscurité que celle qui se dissipe au flambeau de l'étude et de la raison, si elle n'enlevait pas au premier poète de l'Italie la gloire d'en être en même temps le plus populaire! Qu'on songe d'ailleurs, si l'on veut rendre son style responsable de quelques passages obscurs, aux immenses difficultés qu'il avait à vaincre, ayant entrepris de tout exprimer dans un poème véritablement encyclopédique, au moyen d'un langage aussi imparfait que la langue vulgaire italienne, au commencement du quatorzième siècle. Le travail qu'il a dû faire sur cette langue pour l'assouplir, pour l'étendre aux besoins de sa pensée, se dérobe à nous aujourd'hui, et nous sommes moins frappés des qualités d'un style simple et naturel, énergique et concis, plein d'éclat et d'harmonie, que nous ne sommes choqués de la crudité de certains détails qui nous semblent accuser l'enfance de l'art. On lui rendra plus de justice, après l'avoir mieux étudié. Dante, comme Pascal et Corneille, a porté du premier bond l'art du style aussi loin qu'il peut aller; et, quant à son vocabulaire, qui contient peu de mots vieillis et d'autres en plus grand nombre dont il a doté la langue italienne, c'est assez dire pour sa gloire qu'il a passé tout entier dans le Dictionnaire de l'Académie della Crusca. Artiste prodigieux, Dante a créé l'instrument et presque la matière de son œuvre.

L'ENFER.

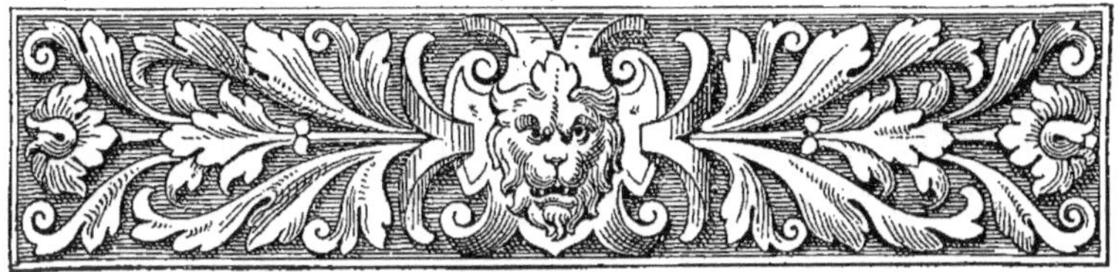

L'ENFER.

CHANT PREMIER.

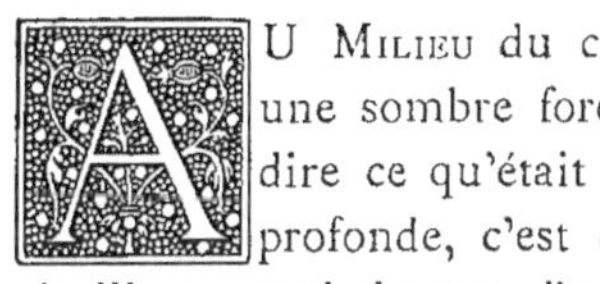U Milieu du chemin de la vie, je me trouvai dans une sombre forêt, m'étant égaré de la vraie route; dire ce qu'était cette forêt, si âpre, si sauvage et si profonde, c'est chose bien difficile, car la peur se réveille en moi, lorsque j'y pense. Ce lieu est si affreux que la mort n'est guère plus amère; mais, pour dire le bien qui m'y advint, il faut que je parle des autres choses que j'y ai vues.

Je ne saurais bien rendre comment j'étais entré dans cette forêt, tant j'étais accablé de sommeil, au moment où je quittai la bonne voie. Parvenu au pied d'une colline où venait aboutir la vallée qui m'avait serré le cœur d'épouvante, je regardai en haut, et je vis la cîme du côteau déjà couronnée des feux de l'astre qui sert de guide à tous les hommes.

Alors se calma un peu cet effroi dont j'avais eu le cœur glacé durant cette longue nuit que je passai dans un état si digne de pitié; et, comme celui qui, échappé aux flots, haletant sur le rivage, se retourne vers l'onde périlleuse et regarde, ainsi mon esprit, qui fuyait encore, revint à considérer ce pas dont jamais homme ne sortit vivant.

Après avoir reposé mon corps brisé de fatigue, je me remis en route sur la plage déserte, et je sentais en marchant que mon pied le plus ferme était toujours le plus bas [1]. Et voici qu'à l'endroit où commence l'escarpement, s'offrit à mes yeux une panthère, au corps souple et agile, à la peau tachetée, qui toujours postée devant moi, me barrait si bien le chemin que plusieurs fois je tournai la tête pour revenir sur mes pas.

La matinée commençait. Le soleil montait dans le ciel au milieu des mêmes étoiles qui l'accompagnaient, lorsque ces globes radieux reçurent leur première impulsion de l'amour divin. Les vives couleurs de la panthère, l'heure du matin et la beauté de la saison auraient rouvert mon cœur à l'espérance, si l'apparition d'un lion ne m'avait frappé de terreur.

Il me sembla qu'il venait à moi, la tête haute, affamé, avec des rugissements qui faisaient trembler l'air. Puis une louve [2], qui, dans sa maigreur, paraissait pleine d'ardents appétits, la même qui a réduit déjà tant de gens à une vie misérable, vint, de son effrayant aspect, abattre mon courage et m'ôter l'espoir d'atteindre au sommet du côteau.

Tel qu'un joueur, qui gagne avec plaisir, et qui, lorsque la chance vient à tourner, s'afflige dans son cœur et gémit de sa perte, tel je devins sans repos et sans paix, à la vue de cet animal, qui, venant sur moi, me repoussait pied à pied là où le soleil ne luit jamais. Rejeté ainsi dans les profondeurs de la vallée, je vis en face de moi une figure humaine, qui semblait, par un long silence, avoir perdu la voix.

— « Qui que vous soyez, lui criai-je, dès que je l'aperçus dans le grand Désert, ombre ou homme réel, ayez pitié de moi ! »

— « Je ne suis point un homme, me répondit-il, quoique je l'aie été jadis. Mes parents étaient de votre Lombardie, et tous

[1] V. 30. Ce trait peint bien la marche d'un homme qui monte.

[2] V. 49. La panthère, le lion et la louve sont les emblèmes de la luxure, de l'orgueil et de l'avarice.

deux originaires de Mantoue, je naquis dans les derniers temps de Jules César, et je vécus à Rome sous Auguste, lorsque Rome adorait encore les faux dieux. Poète, je chantai le pieux Enée, fils d'Anchise, chassé vers l'Italie par l'incendie qui dévora la superbe Ilion. Mais toi, qui te ramène vers ces lieux d'angoisses? Que ne gravis-tu plutôt ces hauteurs enviées, où gît le principe et la source de toute joie ? »

— « Oh ! lui répondis-je, la rougeur au front, êtes-vous ce Virgile, dont les vers ont coulé d'une veine si riche et si abondante ? Honneur et flambeau de la poésie, si j'ai étudié longtemps, si j'ai feuilleté avec amour le recueil de vos œuvres, que ces travaux me recommandent, vous êtes mon maître et mon auteur ; à vous seul je dois le beau style qui m'a fait honneur. Vous voyez le monstre qui m'a fait lâcher pied, aidez-moi, sage illustre, à lui résister, car sa vue a glacé mon sang dans mes veines. »

— « Il faut, repartit Virgile en voyant mes larmes, il faut prendre une autre route, si tu veux sortir sauf de ce lieu sauvage. Jamais cette louve dont la vue te fait jeter ces cris, ne livre passage à ceux qu'elle trouve sur son chemin ; elle s'oppose à eux, et fait si bien qu'elle les tue. Elle est de nature si mauvaise et si cruelle que rien n'assouvit son ardente convoitise, et que, plus elle engloutit, plus elle a faim. A combien d'animaux ne s'est-elle pas accouplée ! On verra plus encore de ces unions monstrueuses, jusqu'à la venue du Lévrier[1], qui la fera mourir sous ses coups.

« Sa pâture, à lui, sera la sagesse, l'amour et la vertu, non les aliments grossiers, ni les trésors de la terre. De son pays, situé entre les deux châteaux de Feltre[2], il viendra sauver cette Italie, si abaissée, pour qui moururent jadis et la fière Camille, et Nisus, et Euryale, et Turnus, tombés sous le fer ennemi. Il

[1] V. 101. — Can Grande della Scala, seigneur de Vérone, de qui les Gibelins avaient espéré la pacification de l'Italie sous le sceptre légitime de l'Empereur. La mort prématurée de ce jeune et vaillant prince trompa leur attente.

[2] V. 105. — Il y a un château de Feltre au-dessus de Trévise, et un autre château du même nom dans la Romagne, non loin d'Urbino. Vérone est située entre ces deux forteresses.

chassera le monstre de ville en ville, jusqu'à ce qu'il l'ait rendu à l'Enfer, sa première demeure, dont l'Envie le fit sortir.

« Suis-moi, tu ne saurais mieux faire dans ta détresse. Viens, je serai ton guide, et te ferai sortir d'ici par la région éternelle où tu entendras des cris désespérés, où tu verras les âmes des siècles passés, en proie aux douleurs et appelant à grands cris la seconde mort. Tu verras ensuite celles qui, satisfaites au milieu des flammes, espèrent s'élever un jour, quel qu'il soit, au rang des Bienheureux. Et si tu veux enfin monter jusqu'à ce fortuné séjour, il est une âme[1] plus digne que moi de t'y introduire. Je te laisserai avec elle, en prenant congé de toi. Celui qui règne en haut des cieux, pour me punir d'avoir été rebelle à sa loi, ne veut pas qu'on entre par moi dans la Cité divine. Partout il commande, et il gouverne dans la cité sainte où il a placé son trône sublime. Heureux ceux à qui sa grâce a réservé ce beau séjour ! »

— « Poète, lui dis-je alors, je vous en prie au nom de ce Dieu, que vous n'avez pas connu ; si je ne puis éviter qu'à ce prix ce mal et d'autres plus graves, guidez-moi dans la route que vous venez de tracer, afin que je voie la porte de saint Pierre[2], après avoir visité les âmes dolentes dont vous parlez. »

Virgile se mit en marche, et je me tins derrière lui.

CHANT II.

Le jour baissait, et l'obscurité, se répandant de proche en proche, arrachait les habitants de la terre à leurs travaux pénibles. Moi seul, je me préparais à combattre, à surmonter les dangers de la route, et à maîtriser la pitié ; double lutte que ma mémoire fidèle entreprend de retracer.

[1] V. 122. — Béatrix, en qui le poète a personnifié la Théologie.

[2] V. 134. — La porte du Purgatoire, gardée par un ange à qui saint Pierre a remis les clés. (Purg. 9.) Saint Pierre réside dans la 8e sphère du Paradis. (Paradis, 24.)

Muses ! Venez à mon aide. Sublime Intelligence à qui rien n'est caché, instruisez-moi. O mon âme, toi qui as recueilli tout ce que mes yeux ont vu dans ce voyage, fais paraître ici ta haute origine.

Je repris en ces termes : « O poète, qui daignes être mon guide, vois ce que peut ma vertu, avant de m'exposer à ce trajet périlleux. L'aïeul de Silvius, Enée, a bien pu, mortel encore, entrer dans les lieux où la mort n'a plus d'empire, y paraître sous une forme sensible et matérielle ; mais, si l'auteur de tout bien lui accorda cette faveur, elle est justifiée, quand on pense aux grands effets qu'elle devait avoir.

« Enée avait été choisi dans les conseils du Très-Haut, pour être le père de Rome, le fondateur du grand Empire. La Ville Éternelle et l'Empire romain étaient, à vrai dire, destinés à fournir le lieu saint, où siége aujourd'hui le successeur de saint Pierre. Ce héros, par sa descente fameuse aux Enfers, obtint des révélations qui lui assurèrent la victoire et frayèrent les voies à la papauté.

« Le pays des âmes fut ensuite visité par un saint apôtre[1], vase d'élection devant le Seigneur, pour l'affermissement de la foi, qui est le premier pas dans la voie du salut. Mais moi, qu'ai-je à faire en ces lieux ? Qui m'en a permis l'accès ? Je ne suis pas le fils d'Anchise ; je ne suis pas l'apôtre Paul. Une telle faveur ne m'est pas dûe et personne plus que moi ne m'en juge indigne. Si donc je m'abandonne à ce voyage, je crains que mon audace ne soit taxée de folie. Vous êtes sage. Vous comprenez ma pensée mieux que je ne sais vous l'exprimer. Comme un homme, qui ne veut plus ce qu'il voulait tout à l'heure, qui fait succéder de nouveaux projets à ses premières résolutions, qui, ayant à peine commencé, s'arrête, ainsi je reste incertain sur cette plage ténébreuse. Rapide avait été mon premier élan ; mais la réflexion a tué mon entreprise. »

— « Si j'ai bien compris tes paroles, répondit la grande ombre de Virgile, tu cèdes en ce moment à cette faiblesse de cœur qui

[1] V. 28. — Saint Paul fut ravi au 3e ciel, mais on ne voit pas qu'il soit descendu aux Enfers.

s'empare quelquefois de l'homme pour le détourner d'un glorieux dessein, comme un animal recule, dans l'obscurité, devant l'objet dont il se fait une fausse image. Pour bannir ces terreurs de ton esprit, je veux te dire pourquoi je suis venu, et comment j'ai été amené à compatir à ton sort.

« J'étais dans les Limbes, avec ceux qui sont sur la pente du noir abîme[1], lorsque je m'ouïs appeler par une femme, par une sainte d'une beauté merveilleuse ; je la priai de commander à son serviteur. Ses yeux avaient l'éclat des étoiles. D'une voix angélique, elle m'adressa ces paroles pleines de douceur et de suavité : « Aimable Cygne de Mantoue, dont la gloire vivant parmi les hommes, durera autant que le mouvement imprimé au monde ! J'ai laissé sur la terre un ami qui n'est pas celui de la fortune. Il se traîne en ce moment sur une plage déserte au milieu d'obstacles si grands qu'il en a reculé d'effroi. Hélas ! je crains bien, après ce que j'ai entendu dire de lui, dans le ciel, que mon secours n'arrive trop tard à ce pauvre égaré. Va le trouver, et, par le charme de ta parole, par tout ce qui peut servir à le sauver, sois-lui en aide, afin de me rassurer. Je suis Béatrix. Offre-toi de ma part à ce malheureux ; il me tarde de revoler aux lieux d'où je suis venue, excitée par l'affection la plus tendre. Quand j'aurai repris ma place devant le Très-Haut[2], ton nom reviendra souvent dans mes saints cantiques. »

« Elle se tut, et je lui dis à mon tour : « O dame de vertu, par qui seule l'espèce humaine l'emporte sur tout ce qu'enserre dans son orbite la moindre des sphères célestes[3], je reçois vos ordres avec joie, et leur exécution sera toujours moins prompte que mon zèle à obéir. Qu'est-il besoin de m'en dire plus ? Mais, expliquez-moi pourquoi vous ne craignez pas de descendre en ces basses régions, et de quitter le vaste Empyrée où vous rappelle votre désir. »

— « Puisque tu veux en savoir le fond, me répondit-elle, peu

1. V. 52. — Voir au chant IV de l'Enfer, le tercet 12e et les suivants.

2 V. 73. — Béatrix occupe dans l'Empyrée, au-delà du 9e ciel, le 3e degré de la rose mystique. Elle est avec Rachel au-dessous d'Eve, qui se tient aux pieds de la Vierge.

3 V. 78. — La Lune qui fait sa révolution autour de la terre, est par la mesure de son orbite la moindre des sphères célestes.

de mots te feront comprendre pourquoi je ne crains point de venir te chercher en ces lieux : ce qui peut nuire et causer à autrui dommage, est seul à craindre. Rien du reste ne doit faire peur.

« Loué soit Dieu, qui m'a placée hors des atteintes de vos misères, et de ces flammes dévorantes ! Elles n'ont aucune prise sur moi. Il est au ciel une *noble Dame*[1] qui compatit vivement au sort du malheureux que je t'envoie secourir. Elle désarme en sa faveur la justice divine. Cette âme bienheureuse appela Lucie[2], autre sainte, et lui dit : « Ton fidèle a grand besoin de secours ; je te le recommande. » Lucie, ennemie des natures malfaisantes, s'émut à cette voix et vint dans la partie du Ciel où j'étais alors assise auprès de l'antique Rachel. « O Béatrix ! m'a-t-elle dit, pure émanation de Dieu qui t'a faite pour sa gloire, que ne viens-tu en aide à celui qui t'a aimée assez pour s'élever, à cause de toi, au-dessus du vulgaire ? N'entends-tu pas ses cris lamentables ? Ne le vois-tu pas aux prises avec la mort sur ce fleuve[3] plus orageux que la mer elle-même. » Ainsi parla Lucie, et moi, plus prompte que jamais homme ne le fut à faire son bien ou à fuir son mal, je me suis élancée de mon siége, et je suis descendue vers toi, confiante en cette belle poésie qui t'honore, toi et ceux qui ont su te comprendre. » Béatrix en achevant ce discours tourna vers moi ses yeux brillants de larmes, et je précipitai ma course. Je suis accouru suivant son désir, et je t'ai soustrait à cette bête cruelle qui t'a fermé l'accès de la montagne par le chemin le plus court.

« Eh bien ! qu'est-ce donc ? Pourquoi hésiter ? Pourquoi ces indignes faiblesses ? Pourrais-tu manquer d'audace et de résolution

[1] V. 94. — Le poète ne nomme pas cette sainte la *Donna gentile* quoiqu'il nomme ensuite Lucie et Béatrix. Les commentateurs voient dans ces trois femmes les grâces illuminante, prévenante et coopérante. Cela ne signifie-t-il pas qu'un premier mouvement agite l'âme et l'échauffe avant qu'elle ne s'éclaire et n'agisse d'après les lumières de la foi ?

[2] V. 97. — Sainte Lucie, de Syracuse, fut aimée, quoique religieuse, d'un jeune homme qui alla en Terre-Sainte, et mourut en combattant les infidèles. Elle lui était apparue au sein de la gloire céleste et lui avait prédit son martyre. Il ne paraît pas qu'il s'agisse ici de cette sainte.

[3] V. 108 — Quel est ce fleuve, *en deçà* de l'Enfer qui coule dans la forêt sauvage où Dante s'est égaré ? Ce passage a embarrassé les commentateurs.

lorsque trois saintes, si haut placées dans la cour céleste, veillent sur toi, et lorsque ma bouche te promet un si grand bien ? »

Comme on voit de tendres fleurs, dont les corolles fermées à l'air glacé de la nuit penchent vers la terre, se rouvrir aux premiers rayons du soleil, et se balancer droites sur leurs tiges, ainsi advint-il de ma force abattue. Je repris du cœur et sentant le feu d'une généreuse audace courir dans mes veines, je m'écriai d'une voix ferme et assurée : « O bénie soit celle dont la main a secouru ma faiblesse ! A vous aussi qui avez cru, et vous êtes montré si prompt à lui obéir, merci ! Vos paroles ont changé mon désir, et ont si bien disposé mon cœur à ce voyage, que me voici revenu à mon premier dessein. Or, maintenant qu'une même volonté nous anime, soyez mon guide, mon seigneur et mon maître. »

A ces mots, Virgile se mit en marche, et je le suivis dans les profondeurs de la forêt sauvage.

CHANT III.

« Je mène à la cité maudite, je mène au séjour des éternelles « douleurs ; je mène aux lieux qu'habitent les damnés. Dieu me « fit, dans sa justice, par un acte de la souveraine puissance, « de la suprême sagesse et du premier amour [1]. Les choses « éternelles furent seules créées avant moi, dont la durée est « éternelle. Vous qui entrez, laissez au seuil toute espérance ! »

A la vue de cette inscription gravée en sombres caractères au-dessus d'une porte [2] : « O mon maître, dis-je, voilà des paroles bien dures ! »

1. V. 6. — Le Père, le Fils et le Saint-Esprit.

2. V. 11. — Où est cette porte ? — De la forêt sauvage à l'entrée de l'Enfer, le chemin n'est pas autrement indiqué que par ces mots : « *entrai per lo cammino alto e selvestro.* »

— « Sois sans crainte, me répondit ce guide éclairé. C'est ici qu'il faut chasser la défiance, et mourir aux sentiments qu'engendre la faiblesse du cœur. Nous sommes arrivés aux lieux dont je t'ai parlé, où tu verras des âmes gémissantes, qui ont perdu le trésor de la divine lumière. »

Il mit alors sa main dans la mienne, et me montrant un visage serein, qui me donna du courage, il m'introduisit dans ces mystérieuses demeures.

Là, dans une atmosphère sans étoiles, l'air retentissait de soupirs, de pleurs et de gémissements si profonds que les larmes m'en vinrent aux yeux d'abord. C'était un mélange discordant d'horribles paroles proférées en toute langue, de cris de douleur, d'accents de rage, de voix perçantes et rauques, de battements de mains, bruit qui s'élevait incessamment dans un air toujours obscurci. Tel on voit, soulevé par une trombe, tourbillonner le sable du rivage.

— « Oh ! qu'est-ce que j'entends ? m'écriai-je saisi d'horreur. Quelle est cette multitude qui paraît en proie à de si vives angoisses ? »

— « Dieu, me dit-il, a réduit à ce misérable état les âmes de ceux qui vécurent sans gloire et sans infamie. Elles sont mêlées à la troupe de ces mauvais anges, qui, sans être ni fidèles ni traîtres, sans tenir ni pour Dieu ni pour la révolte, ne furent que pour eux-mêmes ; lâches qui furent chassés des cieux dont ils auraient altéré la beauté, et que n'obtint pas le profond abîme où les maudits auraient tiré d'eux quelque gloire. »

— « Maître, quelle est donc la cause poignante de si douloureuses lamentations ? »

— « La voici en peu de mots : Ces malheureux ont perdu jusqu'à l'espérance de la mort, et leur vie obscure est si basse qu'il n'est pas de condition à laquelle ils ne portent envie. Leur renommée ne fatigue pas le monde. La miséricorde et la justice les dédaignent ; ils ne méritent pas qu'on s'occupe d'eux. Jette là un coup d'œil et passe. »

Je regardai ensuite, et vis un drapeau agité dans les airs et emporté avec une telle vitesse qu'il me parut condamné à ne jamais s'arrêter. Derrière lui se pressait une foule innombrable. Je n'aurais jamais cru que la mort eût fait tant de victimes. Après avoir trouvé là plus d'un visage connu, je portai plus loin mes regards et vis celui qui, par lâcheté, signa cette fameuse abdication de la tiare[1]. Je compris à l'instant, et je jugeai avec certitude que là se pressaient ces natures chétives qui déplaisent également à Dieu et à ses ennemis. Ces misérables qui, à proprement dire, n'ont jamais vécu, étaient nus et cruellement harcelés par la piqûre des taons et des guêpes qui abondaient en ce lieu, et qui ensanglantaient leurs visages. Ce sang, mêlé aux larmes qui coulaient de leurs joues, ruisselait à leurs pieds et était recueilli par des vers.

Je regardai ailleurs et vis nombre de gens arrêtés sur la rive d'un grand fleuve. « Maître, dis-je à cette vue, puis-je savoir quelles sont ces ombres, et par quelle loi, autant que je puis le distinguer à travers cette clarté douteuse, elles paraissent si pressées d'arriver à l'autre bord ? »

— « Tu le sauras, me répondit Virgile, quand nous aurons mis le pied sur le noir Achéron. »

Confus, et baissant les yeux, de crainte que ma question n'eût déplu à mon guide, je marchai en silence jusqu'au fleuve que j'avais devant moi. En ce moment, venait à nous dans une barque un vieillard blanchi par l'âge, qui s'écriait : « Malheur à vous, âmes perverses ! n'espérez pas revoir jamais le ciel ! Je viens pour vous conduire à l'autre rive, au séjour des ténèbres éternelles, au milieu des glaces et des flammes. Et toi, que je trouve ici, vivant parmi les morts, éloigne-toi d'eux ! » Comme il vit que je ne partais pas, il ajouta : « Va chercher par d'autres chemins une autre plage et un port[2] où tu puisses t'embarquer. C'est un esquif plus léger qui doit te recevoir. »

[1] V. 60. — Le pape Célestin V, qui n'occupa le Saint-Siége que pendant neuf mois. Il abdiqua en 1293.

[2] V. 91. — Le port d'Ostie à l'embouchure du Tibre. C'est là que s'embarquent les âmes destinées au Purgatoire. Un ange vient les prendre pour les y conduire à travers l'Océan Atlantique, où s'élève, à l'antipode de Jérusalem, la montagne du Purgatoire.

— « Caron, lui dit mon guide, ne vous fâchez point; celui qui peut tout ce qu'il veut, le veut ainsi. Que cela vous suffise. »

Ce peu de mots apaisa le nocher de l'Enfer, dont la barbe hérissée atteignait presque les yeux entourés d'un cercle de flammes. Mais aux dures paroles qu'il avait dites, j'avais vu ces ombres, qui l'attendaient fatiguées et nues sur la rive, changer de couleur et battre les dents de frayeur. Elles maudissaient Dieu, leurs parents, le genre humain, le lieu et l'heure de leur naissance, et jusqu'aux germes qui les avaient produites. Puis elles se rassemblèrent avec de bruyantes pleurs sur le rivage funeste, réservé à tout homme qui n'a point la crainte de Dieu. Sur un signe de Caron, elles entrent dans sa barque. Ce démon aux yeux flamboyants les y reçoit toutes, et frappe de son aviron celles qui tardent.

Comme, au souffle de l'automne, on voit tomber toutes les feuilles, l'une après l'autre, jusqu'à ce que l'arbre dépouillé ait rendu à la terre ce qu'il tenait d'elle, de même les fils d'Adam, sa mauvaise semence, se jettent un à un du rivage dans la barque au signal qui leur est donné, comme le faucon revient à la vue du leurre. Ils voguent sur l'onde noire; mais avant que la barque eût pris le large, déjà se pressait sur les bords une nouvelle troupe aussi nombreuse.

« Mon fils, dit le bon Virgile, ceux qui meurent chargés de la colère céleste, viennent de tous pays se réunir en ces lieux. Ils sont impatients de traverser le fleuve, parce que, sous le fouet de la justice divine, leur crainte se change en un désir de quitter cette rive. Jamais âme juste n'entra dans la barque du vieux nocher; et si Caron se plaint d'être obligé de t'y recevoir, tu peux à présent comprendre ce qu'il veut dire[1]. »

Comme il achevait ces mots[2], la campagne ténébreuse où nous

[1] V. 129. — Caron a voulu dire en effet que Dante ne serait point damné, mais réservé aux épreuves du Purgatoire. Le poète s'assigne lui-même son lot.

[2] V. 130. — C'est au-delà de l'Achéron qu'il a senti la terre trembler et qu'il est tombé sans connaissance, puisque, revenu à lui, sur un coup de tonnerre, il se voit sur le bord de la vallée de larmes. Il avait donc passé le fleuve dans la barque de Caron; ce qui n'est pas exprimé clairement dans le récit du poète.

étions reçut une telle secousse, qu'au souvenir seul de l'effroi qui me saisit alors, je me sens encore baigné de sueur. De cette terre trempée de larmes, il s'éleva un souffle impétueux d'où jaillit une clarté vive et perçante qui me priva de tout sentiment, et je tombai par terre comme un homme pris de sommeil.

CHANT IV.

Un bruit tonnant me tira de cet assoupissement profond, comme si quelqu'un me réveillait en sursaut. Je me levai, et rafraîchi par ce repos, je jetai les yeux autour de moi; puis je regardai fixement, pour reconnaître en quel lieu j'étais.

Je me trouvais alors sur le bord de la vallée de douleurs, qui contient le noir abîme, et qui retentit de mille cris d'angoisse; vallée profonde, obscure et nébuleuse, où l'œil ne peut rien distinguer, quelqu'effort qu'il fasse pour plonger jusqu'au fond.

— « Il faut descendre dans les profondeurs du sombre empire, dit le poète éperdu. Suis-moi, je marcherai le premier. »

Moi qui l'avais vu pâlir, je m'écriai : « Vous suivre! quand vous êtes vous-même saisi d'effroi? N'est-ce pas de vous que j'ai coutume de tirer ma force? »

— « Ah! me répondit-il, l'émotion qui se peint sur mon visage, à la pensée des tortures qui affligent tant de malheureux, c'est de la compassion, non de la crainte! Marchons sans tarder, car la route est longue. »

En disant ces mots, il mit le pied et me fit entrer dans le premier cercle, le plus large de ceux qui entourent l'abîme.

Là, autant que mon oreille put m'en faire juger, il n'y avait point de pleurs. L'air ne résonnait que du bruit des soupirs poussés par une foule considérable d'hommes, de femmes et d'enfants qui s'affligeaient sans éprouver de souffrances.

Le bon Virgile me dit alors : « Tu ne me demandes pas quelles sont ces âmes? Sache, avant d'aller plus loin, qu'elles n'ont pas péché; mais leur mérite est insuffisant parce qu'elles n'ont pas été initiées par le baptême à la religion que tu professes, et qu'étant nées avant le christianisme, elles n'ont pas rendu à Dieu le culte qui lui est dû, et je suis de ce nombre. Faute de la vraie foi, nous avons, sans autre méfait, été privés de la béatitude; mais toute notre peine est d'entretenir un désir sans espérance. »

A ces paroles qui me firent comprendre que des hommes de grande valeur étaient ainsi retenus et comme suspendus[1] au bord du gouffre, je me sentis le cœur atteint d'une douleur vive, et voulant m'assurer d'un des points de cette foi chrétienne qu'aucune erreur n'altère, je dis : « O mon Seigneur et maître! Est-il vrai que jamais homme ne sortit de ces limbes par son mérite ou par celui d'autrui, pour monter au céleste séjour? »

Virgile, pénétrant le but de ma question[2], répondit : « J'étais ici depuis peu de temps, lorsque nous vîmes arriver l'Homme-Dieu, dans toute la gloire de son triomphe. Il tira de ces lieux l'âme d'Adam, notre premier père, celles de son fils Abel, de Noé, de Moïse, ce législateur docile à la voix de l'Éternel. Il délivra aussi le patriarche Abraham et le roi David, et Israël avec Isaac son père et ses douze fils, avec Rachel son épouse, qu'il n'avait obtenue qu'à des conditions si dures[3]. Il en sauva encore une foule d'autres, à qui il ouvrit les portes du Ciel; car, avant eux, sache-le bien, aucune âme humaine n'avait été sauvée. »

Pendant que Virgile parlait ainsi, nous ne laissions pas de marcher. Nous traversions l'essaim nombreux des âmes habitant le premier cercle; nous n'étions pas encore loin du bord supérieur de la vallée, lorsque je vis un foyer dont la lumière éclatait dans

[1] V. 45. — Suspendus au bord, *Limbo*, c'est ce qui a fait Limbes, ce lieu qui fait partie de l'Enfer.

[2] V. 51. — Virgile, mort en 48 avant J.-C., n'est pas de ceux que le Christ a tirés des Limbes. Il n'a donc pas d'espoir d'en sortir. Cela peut s'induire de la réponse de Virgile, mais n'y est point exprimé.

[3] V. 60. — Jacob servit treize ans son oncle Laban pour obtenir la main de Rachel.

les ténèbres. Quoique séparé par quelque distance de ce point lumineux, je pouvais déjà entrevoir qu'il était occupé par une société d'élite.

— « O vous, qui faites honneur à la science et aux arts, dis-je à mon guide, apprenez-moi de grâce qui sont ces personnages placés dans un rang et dans une condition qui les distinguent des autres. »

— « S'ils ont, me répondit-il, quelque avantage sur eux, c'est que le glorieux renom dont ils jouissent là-haut, sur la terre, leur a concilié la faveur du ciel. »

En ce moment, j'entendis une voix qui criait : « Honneur à l'excellent poète! Son ombre avait disparu, elle nous revient. »

A peine la voix eut-elle cessé de se faire entendre que voici venir quatre grandes ombres, sur le front desquelles ne se peignait ni la tristesse, ni la joie. Ici mon guide se prit à dire : « Observe celui qui porte une épée, et précède les trois autres comme un roi : c'est Homère, le prince des poètes ; l'autre est Horace le satyrique ; puis vient Ovide et enfin Lucain qui marche le dernier. Ce titre de poète que la voix me donnait tout à l'heure, ils le partagent avec moi ; voilà pourquoi ils me rendent des honneurs qu'ils savent mérités. »

Je vis ainsi se rassembler autour de son chef la belle école de ce maître de la lyre[1], de ce chantre divin qui élève son vol d'aigle au-dessus de tous les poètes. Après qu'ils se furent entretenus quelques instants, tous se tournèrent de mon côté, en me saluant de la tête, à l'exception de Virgile qui se contenta d'un sourire ; et ils joignirent à ce gracieux accueil un honneur insigne, car ils m'admirent dans leur compagnie. Associé aux cinq grands poètes, je pris rang parmi eux et fus le sixième[2].

[1] V. 95. — Homère.

[2] V. 102. — Dante avait la conscience de son génie : cependant, d'après le commentateur Landin, il serait ici plus modeste, et il faudrait traduire : « Et moi aussi, je devins poète à leur suite. »

Nous allâmes ainsi jusqu'au phare qui brillait devant nous, échangeant des propos inspirés par la circonstance, et qu'il me convient peu de répéter.

Nous arrivâmes au pied d'un château, à qui de hautes murailles faisaient une enceinte se repliant sept fois sur elle-même [1]. Elle était protégée par un fleuve profond. Après avoir passé ce fleuve, en marchant sur les eaux comme sur la terre ferme, après avoir franchi tous ensemble les sept portes pratiquées dans le mur, nous nous trouvâmes dans une verte prairie où erraient plusieurs personnages aux yeux ternes et appesantis, mais à l'air grave, au port sévère, parlant peu et d'une voix douce et persuasive.

Pour mieux les voir, nous allâmes nous placer dans un lieu élevé et découvert, à l'un des angles du carré lumineux où nous étions entrés. Là, debout sur ce tertre verdoyant, je me fis montrer ces grandes ombres dont l'image, restée dans mon souvenir, m'exalte encore en ce moment.

Je vis Electre [2], avec d'autres personnages parmi lesquels je reconnus l'invincible Hector, le pieux Enée, et César tout armé, avec ses yeux de faucon. Je vis d'un autre côté Camille [3] et Penthésilée, ces deux fières amazones, et le bon roi Latinus, assis auprès de sa fille Lavinie. Je vis encore Brutus [4], celui qui chassa les Tarquin. Je vis Lucrèce, Julie [5], Marcia [6] et Cornélie [7]. Je remarquai le sultan Saladin [8], qui se tenait seul à l'écart. Mes yeux s'élevant un peu plus haut rencontrèrent Aristote

[1] V. 107. — Cette forteresse aux sept enceintes, que baigne un fleuve aux eaux solides, serait, selon quelques-uns, le château de la Gloire. On a vu dans les sept portes, les sept vertus qui distinguent les grandes âmes, ou les sept arts libéraux, et dans le fleuve solide l'éloquence, qui a des paroles fortes et des mouvements irrésistibles.

[2] V. 121. — Electre, mère de Dardanus, fondateur de Troie.

[3] V. 124. — Camille, reine des Volsques, alliée de Turnus contre les Troyens en Italie.

[4] V. 124. — Penthésilée, reine des Amazones, fut tuée par Achille sous les murs de Troie.

[5] V. 128. — Julie, femme de Pompée.

[6] V. 128. — Marcia, femme de Caton d'Utique.

[7] V. 128. — Cornélie, mère des Gracques.

[8] V. 129. — Saladin, grand homme parmi des nations barbares, ne connaissant là personne et inconnu de tous.

que revendiquent tous les hommes de savoir, le maître à qui toute la famille des philosophes rend hommage. Tous l'admiraient. Près de lui, avant tous les autres, étaient Socrate et Platon. J'aperçus Démocrite, qui n'a vu dans le monde que l'œuvre du hasard, Diogène, Anaxagore et Thalès, Empédocle, Héraclite et Zénon. Je vis celui qui examina curieusement les qualités des corps, Dioscoride le naturaliste[1]. Je vis Orphée et Linus, et Cicéron l'orateur, et Sénèque le philosophe. Je vis Euclide et Ptolémée, Hippocrate, Galien, Avicenne[2] et le célèbre Averroës[3] dont le grand commentaire est si estimé. J'en vis beaucoup d'autres encore; mais comment en donner une liste complète? Mon sujet m'entraîne. Dans une carrière aussi longue, les paroles manqueront souvent aux choses que j'ai à raconter.

Ici le groupe des six poètes se partagea en deux. Sur les pas de mon sage guide, je m'avançai par un autre chemin, et je passai de cette région paisible en celle où l'air est toujours agité.

J'arrivai dans un lieu privé de toute clarté.

CHANT V.

Je descendis ainsi du premier cercle dans le second, où dans un moindre espace se font sentir des douleurs plus vives, de ces douleurs qui arrachent des cris.

Là, s'offre à nous d'abord Minos, sous une forme horrible et grondante. Il interroge les âmes à leur entrée, les juge, et annonce par un signal étrange le lieu qui leur est destiné; c'est-à-dire que, quand l'âme d'un méchant comparaît devant lui,

[1] V. 140. — Dioscoride, d'Anaxarbe en Cilicie, médecin grec, auteur d'un livre *de materiâ medicâ*. On ne sait s'il est antérieur ou postérieur à Pline l'ancien. Les uns le disent médecin d'Antoine et de Cléopâtre, les autres soutiennent qu'il vivait au temps de Néron.

[2] V. 143. — Avicenne, philosophe et médecin arabe du XIe siècle.

[3] V. 144. — Averroës, médecin arabe, surnommé le Commentateur à cause de ses travaux sur Aristote. Il vivait à Cordoue au XIe siècle.

ce Démon inquisiteur, voyant quelle région de l'Enfer est son lot, replie sa longue queue autour de ses flancs, autant de fois qu'il veut faire descendre de degrés à cette âme envoyée par lui dans le noir abîme. Toujours passe devant lui une foule d'ombres, qui viennent l'une après l'autre subir leur jugement. On les voit avouer leurs fautes, ouïr leur sentence, et s'enfoncer dans le gouffre.

Minos, dès qu'il m'aperçut, interrompit son redoutable office : « O toi, dit-il, qui as pénétré dans ces repaires de la douleur, prends garde. Vois comment tu entres, et à qui tu te fies. Le chemin est large et l'accès facile; mais ne te laisse pas abuser par ces apparences. » Mon guide lui repart : « Ne mettez point d'obstacle à ce voyage prédestiné. Celui qui peut tout ce qu'il veut le veut ainsi ; n'en demandez pas davantage. »

Cependant des accents douloureux commencent à se faire entendre; un bruit croissant de pleurs et de sanglots frappe mon oreille. J'étais arrivé dans un lieu ténébreux, d'où sortaient des gémissements semblables à ceux que produit, sur la mer orageuse, la lutte des vents furieux et opposés. L'infernal tourbillon emporte les âmes dans sa course; sans arrêt il les flagelle, et les fait tournoyer sans cesse, et lorsqu'elles arrivent sur le bord de l'abîme, là, redoublent les cris, les pleurs et les gémissements; là d'affreux blasphèmes sont proférés contre la puissance divine. Je compris que ce genre de supplice était le châtiment des êtres charnels, en qui la raison avait cédé aux désirs impurs.

Semblables aux étourneaux qu'on voit en hiver voler par bandes nombreuses et pressées, ces âmes corrompues subissent l'impulsion du vent qui les chasse devant lui, les disperse, les élève ou les abaisse, et leur ôte non-seulement tout espoir de repos, mais jusqu'au moindre soulagement.

Voyant venir à moi une volée de ces ombres ainsi travaillées, se lamentant et fendant l'air comme un bataillon de grues qui trace par une longue raie son chemin dans le ciel en poussant des cris plaintifs : « Maître, dis-je à mon guide, qui sont ces malheureux que le tourbillon noir fouette si âprement ? »

— « La première de ces victimes, dit-il, fut une reine célèbre dans l'histoire, une femme si abandonnée à l'infâme débauche, qu'elle fit une loi permettant à chacun de suivre le caprice de ses impures fantaisies, croyant ainsi écarter la honte attachée à ses désordres. C'est la fameuse Sémiramis[1], qui succéda au trône de Ninus, dont elle avait été l'épouse. Elle posséda la terre, qui est aujourd'hui sous les lois du Soudan. « L'autre est cette infortunée[2] que l'amour conduisit au bûcher, après avoir manqué à la mémoire de son époux Sichée. Celle qui vient après est la voluptueuse Cléopâtre. »

J'aperçus ensuite la fille de Tyndare[3], qui ouvrit une si longue période de maux, et le vaillant Achille qu'on vit enfin aux prises avec l'amour[4], et Pâris, et Tristan[5], et des millions d'autres ombres, que Virgile me montra du doigt et me nomma : pauvres âmes dont l'amour brisa violemment l'enveloppe mortelle.

Après que ces personnages des temps anciens, hommes et femmes, m'eurent ainsi été montrés et nommés par mon guide, ému de compassion et l'esprit troublé, je m'écriai : « O mon maître! En voici deux qui passent ensemble et dont les formes légères glissent rapidement sur l'aile du vent. Je voudrais leur parler. »

— « Attends, repartit Virgile, que ces ombres soient près de nous. Tu les supplieras au nom de l'amour qui les attache l'une à l'autre et elles viendront à toi. »

Je suivis ce conseil, et élevant la voix, dès que le vent les eut chassées de notre côté : « Ames désolées, leur criai-je, accordez-nous, si rien ne s'y oppose, quelques moments d'attention. »

[1] V. 58. — Sémiramis, reine de Babylone, brûla d'amour pour son propre fils, qui vengea sur elle la mort de son père Ninus. Elle l'avait épousé, dit-on, en vertu d'une loi qu'elle avait faite pour autoriser cet inceste. On rapporte qu'elle faisait servir à ses débauches des jeunes gens qui disparaissaient sans qu'on entendît jamais parler d'eux; si cela est vrai, *la Tour de Nesle* serait une bien vieille histoire. *Nil sub sole novum.*

[2] V. 61. — Didon.

[3] V. 64. — Amour tu perdis Troie. (La Fontaine.)

[4] V. 66. — C'est l'amour d'Achille pour Polixène qui causa sa perte. Il l'avait conduite à l'autel, et Pâris prit ce temps pour lui décocher au talon une flèche mortelle.

[5] V. 67. — Tristan, fameux chevalier de la Table ronde, était neveu d'un roi de Cornouailles. Surpris un jour par ce prince avec la reine Yseult, il fut percé de sa propre lance, qu'il avait laissée à la porte.

Comme deux colombes, impatientes de revoir le doux nid qui les rappelle, se dirigent vers lui à tire-d'ailes, et portées par le désir, fendent l'air d'un vol assuré ; tel vint à nous, en se détachant du groupe où était Didon, le couple à qui j'avais adressé mon vœu fervent.

— « Homme compatissant, qui viens, vivant encore, nous visiter dans ces sombres demeures, nous qui avons arrosé de notre sang le monde que tu habites, si nous étions dans les bonnes grâces du roi de l'univers, nous invoquerions sa merci pour toi, qui as pris en pitié notre sort misérable. Parle ou écoute ; nous écouterons ou parlerons, suivant ton bon plaisir, pendant que le vent qui se taît en ce moment nous accorde quelque relâche.

« Sache d'abord que l'un de nous, moi qui te parle, je suis née sur ces bords [1] où le Pô se jette dans la mer, pour échapper à la poursuite de ses nombreux affluents. L'amour qui s'attache aisément à un noble cœur, rendit ce jeune homme [2] épris de ma personne, et sensible à des attraits qui me furent enlevés avec la vie, par un coup dont je souffre encore. L'amour qui n'épargne point le mal d'aimer à l'objet aimé, m'inspira un si grand désir de plaire à mon amant, qu'encore aujourd'hui, tu le vois, ce désir ne m'abandonne pas. C'est l'amour, hélas ! qui nous a conduits tous deux à notre perte. Quant à celui dont la main nous a immolés, le gouffre de la Caïna [3] l'attend. »

Dès que j'eus entendu ces ombres souffrantes, je baissai la tête, et tins mes yeux si fixement attachés au sol, que le poète me dit : « Quelles sont tes pensées ? »

Quand je pus répondre, je dis avec un soupir : « Ah ! quelles

[1] V. 97. — Francesca, fille de Guido da Polenta, seigneur de Ravenne, avait épousé Lanciotto, fils de Malatesta di Rimini. Elle aima Paolo, son beau-frère. On dit que Lanciotto, boîteux et difforme, s'étant chargé de demander la main de Francesca pour son frère, s'était présenté pour lui-même, et l'avait obtenue. Ce qui est constant, c'est l'aventure tragique des deux amants, que Lanciotto surprit ensemble et perça de son épée, en 1289. Dante avait alors 24 ans.

[2] V. 101. — Paolo, beau-frère de Francesca.

[3] V. 107. — La Caïna est la seconde des trois régions qui partagent le 3e et dernier cercle, ou puits de l'abime. Elle est réservée aux traîtres qui ont tué leurs parents, et elle emprunte son nom au premier fratricide.

douces rêveries, quelle fougue de désirs ont conduit ces amants à une fin cruelle! » Puis, me tournant vers eux et leur parlant à mon tour : « Francesca, m'écriai-je, vos souffrances m'affectent jusqu'aux larmes; mais, dites-moi, au temps où vos cœurs soupiraient en secret, comment, et à quels signes, l'amour vous a-t-il révélé vos mutuels désirs ? »

— « Ah ! me répondit-elle, rien n'est plus poignant que le souvenir des temps heureux, au sein de l'infortune; qui le sait mieux que ton guide[1]? Mais si tu as tant à cœur de connaître l'origine de notre liaison coupable, je vais, comme fait le malheureux, te la raconter en pleurant.

« Nous lisions un jour, pour notre amusement, comment Lancelot[2] s'était épris d'amour. Nous étions seuls et sans défiance. Plusieurs fois, pendant cette lecture, nous levâmes les yeux et pâlîmes d'émotion. Un seul instant nous perdit tous deux. Quand nous lûmes que l'illustre amant imprimait un baiser sur la bouche de l'objet aimé, celui que tu vois, mon inséparable, posa tout tremblant ses lèvres sur les miennes. Le corrupteur[3] fut ce livre et celui qui l'a fait. Ce jour-là, nous ne lûmes pas davantage. »

Pendant qu'une de ces ombres parlait ainsi, l'autre pleurait si fort que, de pitié, je me sentis défaillir, comme si la vie se retirait de moi; et je tombai comme tombe un homme frappé de mort.

CHANT VI.

Revenu de l'évanouissement où m'avait plongé un sentiment de pitié mêlé d'une tristesse amère à la vue de ces deux infor-

[1] V. 123. — *Infandum, regina, jubes renovare dolorem;*
Trojanas ut opes... (Virg. 2.)

[2] V. 128. — Le roman de Lancelot du Lac, voici le passage : « De quoi me ferais-je prier, fit-elle. Plus le vueil-je que vous. » — Lors, tous trois se retirent à part et font semblant de conseiller. La reine voit que le chevalier n'en ose plus faire, si le prit par le menton et le baisa devant Galehaut, assez longtemps.

[3] V. 135. — Galehaut, écuyer de Lancelot du Lac.

tunés[1], je recouvrai mes sens, et devant moi, autour de moi, partout où se portent mes pas ou mes regards, je ne vois que tourments nouveaux et nouvelles victimes. Je me trouvais alors dans le troisième cercle, où tombe éternellement une pluie maudite, une pluie battante et glaciale, versant toujours et au même degré ses eaux malfaisantes ; ces eaux noires, mêlées d'une énorme grêle et de neige, traversent une atmosphère ténébreuse, et infectent de leur puanteur la terre qui les reçoit.

Voici Cerbère, monstre formé d'éléments divers, qui aboie comme un chien, de ses trois gueules béantes, après les habitants de ces marais fangeux. Il a les yeux d'un rouge ardent, la barbe noire et sale, un ventre énorme, des mains armées de griffes avec lesquelles il pique les ombres, les déchire et les met en pièces. Ces malheureux hurlent sous la pluie comme font les chiens. Ils lui présentent un de leurs flancs pour protéger l'autre. Ils se tournent et retournent en tout sens, et changent à chaque instant de posture. Dès que l'effroyable dragon[2] nous aperçut, il ouvrit sa triple gueule et nous montra des dents crochues ; je tremblai de tous mes membres. Mon guide aussitôt, se baissant, prit de la terre, en remplit ses deux mains et la jeta dans les gosiers haletants du féroce animal. Semblable au chien affamé, qui aboie après le morceau qu'il a vu et qu'il convoite avec ardeur, l'a-t-il reçu, il s'apaise en le tenant sous les dents; tout entier à sa pâture, il s'évertue à la dévorer, ainsi s'agitèrent à mes yeux les têtes hideuses de Cerbère, ce sale démon dont les hurlements blessent les ombres au point de leur faire souhaiter d'être sourdes.

Nous passions par-dessus les âmes qu'abat incessamment le fléau de la pluie, et nos pieds foulaient ces vaines images des corps, figures sans réalité. Toutes gisaient par terre, hormis une seule qui, à notre approche, se souleva et s'assit pour nous voir passer.

— « O toi, me dit-elle, qui viens visiter vivant ces régions de la mort, me reconnais-tu ! Tu étais au monde avant que je n'en sortisse. »

[1] V. 2. — Due cognati. Le beau-frère et la belle-sœur.
[2] V. 22. — Dans la forme multiple de Cerbère domine celle de l'hydre, du serpent, *gran vermo*.

— « L'affreux état où je vous vois, lui répondis-je, vous éloigne peut-être de mes souvenirs. Je les consulte en vain ; je ne pense pas vous avoir jamais vue. Mais de grâce, dites-moi qui vous êtes, âme désolée, qui subissez en ce lieu horrible une aussi dure condamnation ; car, s'il est des peines plus cuisantes, il n'en est pas de plus fâcheuse. »

Il reprit en ces termes : « Ta ville aujourd'hui si travaillée de jalousies intestines, qui ont comblé la mesure, m'a aussi possédé dans son sein, lorsque je jouissais de la douce clarté du jour. Ciacco est le nom que vous me donnâtes[1]. Un vice honteux, la gourmandise, m'a soumis, comme tu vois, à cette pluie qui me transperce, et je ne suis pas seul affligé de ce mal. Pareille turpitude a valu à toutes ces âmes pareil châtiment. »

Il se tut ; mais je continuai de le questionner : « Ciacco, lui dis-je, votre sort est si misérable que j'ai peine à retenir mes pleurs ; mais où aboutiront ces dissensions ardentes qui agitent mes concitoyens ? Est-il parmi eux un seul juste ? Pourquoi cette malheureuse ville est-elle devenue la proie de la Discorde ? Si vous le savez, ne me cachez rien. »

— « Tout ceci, me dit-il, doit après une longue lutte aboutir à du sang. Une faction, celle des Blancs[2], chassera d'abord l'autre et lui fera éprouver de grands dommages ; mais il faudra qu'elle tombe à son tour avant trois ans[3], et grâce à tel prince, qui, en ce moment, louvoie avec adresse, elle cédera l'avantage au parti contraire. Celui-ci portera longtemps la tête haute, et appesantira le joug sur ses rivaux abattus qui gémiront et s'indigneront en vain. Quant aux justes, cette ville en compte deux[4] ; mais ils ne sont pas compris. Les causes d'un si grand mal sont l'orgueil,

[1] V. 52. — Ciacco, pourceau. Cet ignoble sobriquet cache un nom que les commentateurs n'ont pu découvrir.

[2] V. 65. — La faction dite *parte Selvaggia* dans le texte, est le parti des Blancs. Elle est ainsi nommée par le poète à cause de son chef *Vieri de'Cerchi* venu depuis peu à Florence, des bois du val di Nievole.

[3] V. 68. — Dante étant un des Prieurs (juin-juillet 1300), on exila d'abord, dans l'intérêt de la paix publique, les chefs des deux factions. Mais les Blancs furent bientôt rappelés, et l'exil des Noirs fut durement maintenu, sans la participation de Dante sorti alors du Priorat. Les Noirs, ainsi expulsés, rentrèrent à Florence avec Charles de Valois, le 4 novembre 1301.

[4] V. 73. — Que le poète ait voulu parler ici de lui-même et de son ami Guido Cavalcanti, il n'y a guère d'apparence. A-t-il eu en vue deux saints

l'envie et l'avarice. Voilà les trois brandons qui ont allumé l'incendie. »

A ces mots prononcés d'un ton lamentable, je lui dis : « Instruisez-moi encore; veuillez prolonger de quelques instants ce précieux entretien. Que sont devenus, dites-moi, Farinata[1] et Tegghiaio[2], ces dignes citoyens, et Jacopo Rusticucci, Arrigo, Mosca[3], et d'autres qui avaient fait de leurs talents un si noble usage? Où sont-ils? J'ai grand désir de les connaître et de savoir s'ils goûtent les joies célestes, ou si l'Enfer les a reçus dans ses gouffres empestés. »

— « Ils sont, me répondit Ciacco, parmi les âmes plus souillées. Divers crimes les ont fait plonger au fond de l'abîme. Si tu descends jusque-là, tu pourras les voir. Mais de grâce, quand tu auras revu la clarté du jour, rappelle-moi au souvenir des habitants de la terre. Je ne t'en dirai pas davantage, et je ne te répondrai plus. »

Il dit, et ses yeux droits et fixes jusqu'alors se détournèrent obliquement sur moi. Il me regarda quelques instants, et puis, baissant la tête, il la laissa retomber au niveau de ses compagnons d'infortune.

Mon guide soupirant dit : « Ils ne se réveilleront plus qu'au son de la trompette embouchée par les anges, le jour où apparaîtra la puissance vengeresse[4]. Les âmes, ce jour-là se réuniront aux corps enfermés dans les tombeaux. Chacun reprendra sa chair et sa figure pour entendre la voix qui retentit dans l'Eternité[5]. » Nous passâmes outre et marchant à pas lents, sous la pluie, à travers les ombres, au milieu de cette horrible confusion, nous discourions sur la vie future. « Maître, disais-je, ces tourments seront-ils aggravés après le jugement final? Ou seront-ils moin-

personnages, Barduccio et Giovanni da Vespignano, vénérés à Florence, à cause des miracles qui eurent lieu sur leurs tombeaux? Mais ils moururent plus de 30 ans avant l'époque choisie pour ce voyage en Enfer. Ce passage n'a pas été suffisamment éclairci.

[1] V. 79. — Enfer. Chant X. — Vers 32.

[2] V. 79. — Enfer. Chant XVI. — Vers 41 et 44.

[3] V. 80. — Enfer. Chant XXVIII. — Vers 106.

[4] V. 96. — Jésus-Christ.

[5] V. 111. L'âme réunie au corps constitue un être plus parfait, une organisation plus complète et plus sensible aux maux de l'Enfer.

dres? Ou continueront-ils au même degré ? » Virgile me répondait : « Consulte ta science. Elle te dira que plus un être est parfait, plus il est sensible au plaisir et à la douleur. Quoique cette engeance maudite ne puisse jamais atteindre à la perfection, elle doit s'attendre qu'elle en sera plus près après la sentence finale qu'auparavant. »

En tenant ces propos et autres que j'omets de rapporter, nous fîmes le tour du cercle où nous étions entrés, et nous arrivâmes au point où le sol s'enfonce. Cette ouverture est gardée par Plutus, ce grand ennemi du genre humain.

CHANT VII.

« Pape Satan, pape Satan Aleppe[1] ! » tel fut le cri dont Plutus salua d'une voix rauque notre arrivée. Mais Virgile, ce génie au savoir universel, me rassura en ces termes : « Ne te laisse pas abattre par la peur ; car tout son pouvoir ne saurait t'empêcher de descendre cette roche. » Puis, se retournant vers cet aboyeur aux joues enflées : « Tais-toi, dit-il, loup maudit ; tourne sur toi-même les effets de ta rage, et qu'elle te dévore ! Ce voyage aux sombres bords n'est pas une entreprise sans motif. Il a été arrêté dans les conseils du Très-Haut, où l'archange Michel venge la Majesté divine violée par l'esprit[2] superbe. »

Comme on voit les voiles d'un vaisseau gonflées par le vent, tomber roulées au pied du mât qui vient de se briser ; ainsi fléchit et s'abaissa la bête farouche, à ce peu de mots de mon guide. Nous pûmes ainsi descendre dans le quatrième cercle, avançant

[1] V. 1. — M. Lanci, orientaliste romain, a traduit ainsi de l'hébreu cette exclamation : *Splendi, aspetto di Satana, splendi, aspetto di Satana primajo.* Cette traduction aurait elle-même besoin de commentaire ; ne faut-il pas voir là plutôt l'interjection du latin : papæ, ah ! hola ! Aleppe, Aleph, Alpha. Satan est le premier des anges rebelles, l'architype du mal ?

[2] V. 12. — Le crime de Satan, violateur de la loi divine, est appelé Superbo Stupro.

toujours sur cette rive désolée, vaste égout où se décharge tout le mal qui existe dans l'univers.

Ah! se peut-il que la justice divine amasse là tant de châtiments et de tortures de formes diverses et nouvelles! Se peut-il que nos crimes deviennent à ce point nos bourreaux!

Tel, au-dessus du gouffre de Charybde, le flot se brise contre le flot qu'il rencontre, tels ici viennent se mesurer, comme dans une ronde, les âmes des réprouvés. Elles étaient là en plus grand nombre qu'ailleurs, divisées en deux bandes qui, roulant contre leurs poitrines, avec d'affreux hurlements, des blocs énormes[1], se choquaient en se rencontrant. Puis des deux parts, on se retournait pour se dérober aux coups, en criant : « Comme il tient! comme il jette![2] » C'est ainsi que les ombres tournaient dans le cercle ténébreux, courant chacune au point opposé où elles répétaient leur cri injurieux. Là elles faisaient de nouveau volte-face, et parcouraient encore la moitié du cercle, pour en venir à une nouvelle joûte.

Ému de compassion, je dis à mon guide : « Bon Dieu! quelle multitude! Voyez à notre gauche ces nombreuses tonsures? Est-ce que ceux qui les portent furent tous des clercs? »

— « Tous, me répondit-il, furent pendant leur vie terrestre, dans un tel aveuglement qu'ils ne surent point régler ni maintenir dans de justes bornes leurs dépenses. C'est ce qu'ils proclament eux-mêmes à haute voix, lorsqu'ils arrivent aux deux points du cercle, où leurs passions contraires les séparent. Ceux-là seulement furent dans les ordres, dont la tête est rase. Joins-y des papes et des cardinaux, chez qui se montre l'avarice portée à son comble. »

— « Il me semble, dis-je alors, que je devrais en reconnaître quelques-uns qui furent souillés de cette passion sordide. »

— « Vaine pensée! me répondit-il. Le vice qui a obscurci leur

[1] V. 27. — Signe des embarras que cause à l'avare la garde de son trésor, et juste châtiment du prodigue qui s'est allégé en fondant sa fortune.

[2] V. 30. — *Burli* est ici pour *bui* de *bujare*, qui, dans le dialecte d'Arezzo, signifie jeter (Landino).

ignoble vie, offusque ici leurs visages et les rend méconnaissables; toujours on les verra se rencontrer et se heurter deux fois dans leur lutte incessante. Les uns ressusciteront un jour le poing fermé, les autres avec la tête rase[1]. Ils ont, pour avoir mal donné et mal gardé, perdu le royaume des cieux; et encouru le châtiment de cette mêlée grossière, que mes vers ne cherchent point à embellir. Tu peux voir, à présent, mon fils, combien sont rapides et dérisoires ces biens qui tiennent à la fortune et pour lesquels s'évertue l'espèce humaine. Au prix de tout l'or qui existe sous le soleil, au prix des richesses que possédèrent ces âmes brisées de fatigue, pas une d'elles ne pourrait obtenir un moment de relâche. »

— « O mon maître, lui dis-je, quelle est donc cette Fortune qui tient dans ses mains tous les biens de la terre? »

Virgile répondit en ces termes : « O sottise des humains, égale à leur profonde ignorance! Voilà ce qui fait leur malheur; écoute et pénètre-toi bien de mes paroles. Celui dont la sagesse est infinie créa les cieux, et y préposa un astre resplendissant, chargé de faire briller successivement par une égale distribution de la lumière chaque partie de la voûte céleste. Il en fut de même des choses qui brillent sur la terre. Dieu leur donna une surintendante, une dispensatrice générale, avec la mission de tenir ces biens dans une mobilité continuelle, de les faire passer de main en main, d'une famille dans une autre, malgré tous les efforts de l'homme employé pour les conserver. Voilà pourquoi telle nation a l'empire, et telle autre est sur son déclin. Elles obéissent aux décrets de la Fortune, décrets impénétrables et cachés à tous les yeux, comme le serpent sous l'herbe. Vous ne pouvez lui opposer votre sagesse; la Fortune juge et dispose à son gré, maîtresse dans son domaine comme chacun des esprits célestes est maître du sien. Elle tourne et change sans cesse la face des choses; force lui est d'être agile, afin que le tour change souvent et profite à d'autres. Voilà cette Fortune tant condamnée et maudite par ceux qui, au lieu de

[1] V. 57. — Ce sont les prodigues qui ressusciteront la tête rase; leurs folles dépenses les ayant laissés tout nus dans ce monde où ils ont été favorisés de la Fortune.

blâmes et d'injures immérités, ne devraient avoir pour elle que des louanges. Mais dans sa condition bienheureuse, elle n'entend rien de ces accusations insensées. Comme les anges de la première création[1], elle fait tourner sa sphère, et jouit de sa félicité.

« A présent, mon fils, descendons où nous attendent des spectacles plus émouvants encore. Déjà, les astres qui montaient lorsque je me suis mis en marche, s'abaissent vers l'horizon. Le temps nous presse. »

Nous traversâmes le cercle et gagnâmes l'autre bord. Là existe une source dont les eaux bouillantes se déversent dans un canal. Ces eaux étaient profondes et noirâtres. Continuant notre marche sans nous en écarter, nous suivîmes leur pente en changeant de chemin. Elles forment un marais, nommé le Styx, marais où ce canal répand ses ondes, lorsqu'il est parvenu aux sombres abords de cette plage empestée.

Attentif à tout observer, je vis des ombres salies par la fange de ce marécage. Elles étaient nues et avaient le visage meurtri. Ces gens se battaient à coups de pieds et de poings. Ils présentaient même la tête et la poitrine. Ils se mordaient et se déchiraient par lambeaux.

— « Tu vois ici, mon fils, me dit Virgile, les âmes de ceux qui se sont laissé maîtriser par la colère. Sache encore et crois sur ma parole, qu'il existe sous ces eaux d'autres âmes qui, par leurs soupirs, les troublent et les agitent jusqu'à la surface. Il y en a, comme ton œil te l'indique, partout où l'eau tournoie. Plongées dans la vase, elles disent : « Ah ! lorsque nous respirions un air pur, sous le soleil qui réjouit le monde, nous étions tristes et livrées aux noirs vapeurs de l'oisiveté. Maintenant nous le sommes encore au milieu de cette bourbe horrible ». Telles sont les plaintes qui s'échappent avec effort de leurs gosiers que la vase remplit à demi, ne laissant pas à leur voix un libre passage.

Nous fîmes ainsi le tour du marais, et décrivîmes un grand arc entre la rive et l'étang, les yeux tournés vers ceux qui avalaient la fange. Nous arrivâmes au pied d'une tour sise à l'extrémité.

[1] V. 95. — La Fortune est mise par le poète au nombre des anges de la première création ; Dieu l'a commise au gouvernement des biens terrestres.

CHANT VIII.

Je continue mon récit[1] : avant d'être parvenus au pied de la haute tour, attirés par deux fanaux que nous avions vu placer sur son sommet, et qui se répandaient de si loin que l'œil pouvait à peine suivre leurs signes, nous avions dirigé nos regards vers la plate-forme qui la couronne. Interpellant mon guide, source féconde de tout savoir : « Que signifient, lui dis-je, ces feux qui se meuvent tour à tour ? Qu'exprime leur langage ? Et par qui sont faits ces signaux ? »

— « Vois-en déjà l'effet, me répondit-il, si les vapeurs des marais te permettent de le découvrir. Vois-tu voguer sur ces eaux bourbeuses l'objet que j'attends ? »

Jamais corde pincée par un archer ne lança dans les airs une flèche aussi légère, aussi rapide que ne parut rapide et légère la petite barque, sautillant sur les eaux, que je vis se diriger vers nous. Ce frêle esquif était conduit par un seul batelier, qui criait : « Te voilà donc arrivée, âme scélérate ? »

— « Phlegyas! Phlegyas![2] répondit mon maître, cette fois tu cries en vain ; tu ne nous tiendras que pendant que nous traverserons ce marais. »

A ces mots, Phlegyas parut tout frémissant de colère, comme un homme qui, apprenant qu'il s'est mépris grandement, se répand

[1] Vers 1. — Il faut traduire : je reprends mon récit, s'il est vrai que les sept premiers chants de l'Enfer étaient composés avant l'exil du poète, et que son manuscrit, déposé en lieu sûr, lors de la sentence qui confisqua ses biens, lui fut envoyé beaucoup plus tard chez Marcello di Malaspina, seigneur della Lunigiana.

[2] V. 19. — Phlegyas, roi de Lapithes, brûla le temple d'Apollon pour venger la mort de sa fille Coronis, et fut précipité dans le Tartare, où un rocher, suspendu sur sa tête, menace incessamment de l'écraser. — Phlegias personnifie ici l'orgueil comme Plutus avait personnifié l'avarice et Cerbère la gourmandise.

en plaintes. Mon guide sauta dans la barque et m'y fit entrer après lui. Quand elle m'eut reçu, alors seulement elle parut chargée, et la vieille nef, nous portant tous deux, sillonnait l'onde plus profondément qu'avec sa charge accoutumée.

Pendant qu'elle nous emportait rapidement sur ce canal de la mort, une ombre couverte de fange s'offrit à moi, et me dit : « Qui es-tu ! pourquoi viens-tu ici avant l'heure? »

Je lui répondis : « Je viens, mais je ne reste pas. Et toi, qui es-tu, ombre souillée? »

— « Tu vois bien, reprit-il, que je suis un de ceux qui pleurent. »

— « Ah ! m'écriai-je, esprit maudit, je te reconnais[1] sous ton immonde vêtement. Reste, reste en ces lieux avec tes pleurs et tes cuisants regrets. »

Il avança alors les deux mains pour saisir la barque; mais il fut repoussé par Virgile, qui lui dit rudement : « Arrière, misérable; demeure avec les chiens. » Puis il jeta ses bras autour de mon cou et me baisa avec effusion. « J'approuve ton indignation, me dit-il, bénies soient les entrailles qui t'ont porté! Ce personnage, tant qu'il a vécu, était l'orgueil même. Rien dans sa vie, pas un trait de bonté qui recommande sa mémoire. Aussi vois la fureur qui agite encore son ombre. Combien, là-haut, passent pour de grands rois, qui bientôt seront ici comme des pourceaux dans leurs bouges, laissant sur la terre des noms exécrés! »

— « Maître, lui dis-je, grande serait ma joie, si je pouvais le voir s'enfoncer dans ce cloaque, avant de quitter le lac empesté. »

— « Tu seras satisfait, me répondit Virgile. Avant que la rive se montre à tes yeux, tu jouiras à souhait de ce plaisir. »

En effet, je ne tardai pas à le voir se débattre entre les mains de ses compagnons immondes qui le navraient de coups. J'en bénis Dieu encore et l'en remercie ! Tous criaient : « A toi,

[1] V. 39. — Filippo Argenti degli Adunari, contemporain de Dante, qui le reconnaît. Ce Florentin était célèbre par son arrogance et sa dureté. On dit qu'il faisait ferrer d'argent son cheval.

Philippe Argenti ! » Ce Florentin colérique tournait sa rage contre lui-même, et se mordait à belles dents.

Nous laissâmes cet homme dont j'ai trop parlé. Tout à coup un bruit douloureux frappe mes oreilles. J'ouvre les yeux davantage, et je regarde fixement devant moi. Virgile me dit : « Mon fils, nous voici proche de *Dite*[1], la grande cité de l'Enfer, qui nous apparaît avec ses tristes habitants, avec son immense population. »

— « O mon maître, lui répondis-je, voilà sans doute ses mosquées qui s'élèvent dans la vallée, au dedans de son enceinte. Elles sont rouges, comme si elles sortaient d'une fournaise. »

— « C'est, reprit-il, le feu éternel, auquel elles sont en proie au dedans, qui projette sur elles ces rouges clartés. Ce feu dévore les basses régions où nous sommes descendus. »

Parvenus dans les fossés profonds qui entourent cette terre désolée, au pied des murailles qui paraissent de fer massif, nous arrivâmes, après avoir fait un grand circuit, dans un lieu où notre batelier cria d'une voix forte : « Sortez de cette barque, voici l'entrée ! »

Les portes étaient gardées par des milliers de Démons, anges précipités du ciel, qui disaient avec colère : « Quel est cet homme qui ose, vivant, paraître dans l'empire de la Mort? » Mais mon maître leur ayant fait signe qu'il voulait leur parler en secret, leur courroux parut s'apaiser un peu, et ils dirent : « Viens donc seul, et que ton compagnon se retire, lui qui a franchi si hardiment les limites de ce royaume. Qu'il s'en retourne seul par où il est venu, l'insensé ! Qu'il nous montre, s'il peut (car il faut que tu nous restes), que tu lui as frayé le chemin à travers ces régions ténébreuses. »

Pense, lecteur, quel fut mon désespoir, quand j'ouïs ces

[1] V. 68. — Dite, de Dis, synonyme de Pluton, chez les latins. — *Patet atri janua Ditis*. — C'est la forteresse des démons et là commence le feu éternel. (Virg.)

terribles paroles. Je crus que c'en était fait de moi et que jamais je ne retournerais sur la terre.

— « O mon guide! mon cher maître! vous qui m'avez déjà tant de fois raffermi le cœur, qui m'avez aplani les obstacles semés sur ma route, ne m'abandonnez pas dans ce trouble d'esprit, et s'il nous est défendu de passer outre, hâtons-nous de retrouver ensemble la trace de nos pas. »

A cette ardente invocation, mon guide répondit avec calme : « Ne crains rien ; nul ne peut nous refuser le passage que le Ciel nous accorde. Attends-moi dans ces lieux. Relève ton âme, et qu'elle renaisse à l'espoir, certaine que je ne saurais l'abandonner sur la plage infernale. »

Il s'en va, mon doux protecteur ! Il me laisse en proie à de cruelles anxiétés, l'esprit agité de sentiments qui se combattent. Je ne pouvais entendre les propositions qu'il leur fit ; mais il ne s'arrêta guère avec eux, et, presque aussitôt, ils rentrèrent en foule et à grande hâte dans l'enceinte de leur ville. Ils en fermèrent les portes sur le parlementaire qui demeura dehors, et revint vers moi à pas lents.

Ses yeux baissés vers la terre, sa contenance abattue, les soupirs échappés de sa poitrine, tout semblait dire : par qui me vois-je interdire l'accès de ces tristes demeures? « Tu me vois indigné, me dit-il, en m'abordant, mais ne t'en trouble point. Certes, je l'emporterai ; je saurai pénétrer dans cette forteresse, quoi qu'ils puissent faire pour en défendre l'entrée. Leur insolence n'est pas nouvelle. N'ont-ils pas déjà essayé de résister[1] près de la porte extérieure, qui ne s'est plus fermée, depuis qu'un bras divin l'a ouverte? Tu as lu la sombre inscription qui la surmonte. Déjà je vois s'élancer, déjà je vois franchir des pentes rapides et passer sans escorte, à travers les cercles Celui devant qui cédera la résistance de ces maudits. »

[1] V. 125. — Les démons voulurent barrer le passage à Jésus-Christ lui-même, lors de sa descente aux Enfers.

CHANT IX.

J'avais pâli d'effroi au départ de mon guide ; le sang me remonta au visage, quand je le vis revenir. Il s'arrêta et tendit l'oreille comme un homme qui écoute. L'œil, en effet, ne pouvait porter loin dans une atmosphère aussi noire et dans une brume aussi épaisse.

« En vérité (ce furent ses premiers mots), il nous faut vaincre, ou bien celle qui m'est apparue..... ô combien il me tarde de voir arriver le secours que j'attends ! »

Je vis bien à la manière dont il dit cela, finissant autrement qu'il n'avait commencé, que ses paroles n'étaient pas d'accord avec sa première pensée. Pourtant il ne m'avait pas rassuré, parce que je donnais à sa réticence un sens plus inquiétant qu'elle n'avait.

— « Arrive-t-il jamais, lui demandai-je, aux habitants du premier cercle dont toute la peine est la privation de l'espérance, de descendre aussi bas dans ces profondes cavernes? »

— « Cela est rare, me répondit-il, on ne fait guère parmi nous le voyage que j'ai entrepris pour toi. Une fois déjà, il est vrai, je me suis enfoncé dans ces abîmes à la voix d'une magicienne, de la cruelle Erichton[1], qui évoquait les âmes et les rendait à leur enveloppe mortelle. Il y avait peu de temps que mon âme était hors de sa prison charnelle, quand elle m'obligea de franchir cette enceinte, pour tirer une ombre de la Giudecca[2]. C'est de toutes les régions de l'Enfer la plus profonde, la plus ténébreuse, la plus

[1] V. 23. — Erichton, magicienne de Thessalie.

[2] V. 27. — Où Dante a-t-il vu que Erichton ait obligé Virgile, peu de temps après sa mort, à descendre aux Enfers pour en tirer une âme ? On trouve seulement dans Lucain (Phars. VI) qu'à la prière de Sextus, fils de Pompée, et peu de temps avant la bataille de Pharsale, Erichton évoqua une âme et lui fit prédire l'issue de la guerre.

éloignée des cieux qui environnent votre globe. Ainsi je connais le chemin ; rassure-toi. Quant à ce marais, d'où s'échappent des exhalaisons fétides, il enserre de tous côtés la cité maudite, où nous ne pouvons désormais entrer sans combattre. »

Il me tint encore d'autres discours, que mon esprit n'a point retenus, parce que mes yeux s'étaient portés vers la tour, dont la plate-forme paraissait ardente.

Tout à coup, je vis au sommet de cette tour se dresser trois Furies infernales, teintes de sang, femmes par le corps et tout l'extérieur, armées de serpents, qui leur ceignaient les reins, qui leur formaient une horrible chevelure, et qui se repliaient en nœuds effroyables sur leurs tempes.

Virgile, prompt à les reconnaître pour les servantes de la reine des pleurs éternels[1], me dit : « Regarde ; ce sont les fières Euménides. A gauche est Mégère ; dans celle qui se lamente à notre droite, reconnais Alecto. Tisiphone s'agite au milieu des trois. » Mon guide n'en dit pas davantage.

Cependant ces monstres, avec leurs ongles, déchiraient leurs poitrines ; ils se frappaient de leurs propres mains et poussaient de si hauts cris que, me rapprochant tout effrayé du poète, je me serrai contre lui. « A moi Méduse[2] ! disait chaque furie, en abaissant sur moi ses regards ; nous le changerons en pierre. Mal nous en prit de ne pas punir jadis Thésée de son invasion[3]. » — « Arrière, s'écria tout à coup mon guide ; tourne la tête et cache bien ton visage ; car si la Gorgone paraît et que tes yeux la rencontrent, c'en est fait de ton retour sur la terre. » — En disant ces mots, il me fit faire volte-face, et non content du bandeau que je m'étais fait avec les mains, il y appliqua les siennes.

O vous, hommes d'intelligence ! admirez ici les enseignements qui se cachent sous le voile de la poésie dans ce récit étrange.

[1] V. 44. — Proserpine.
[2] V. 52.— Méduse, Steno et Euryale sont les trois gorgones qu'il ne faut pas confondre avec les Euménides.
[3] V. 54. — Thésée accompagna son ami Pirithoüs aux Enfers, pour enlever Proserpine.

Un son épouvantable, courant sur les ondes agitées, et venant à nous avec fracas, fit trembler tout à coup les deux rives. Il bruissait comme l'ouragan impétueux, qui éclate au milieu des ardeurs de l'été, et se déchaîne contre une forêt qu'il secoue sans relâche ; il jonche la terre de débris, abat les fleurs et les fait voler au loin. Superbe, il s'élance en tourbillons de poussière. Troupeaux et bergers fuient devant lui. Alors mon guide me découvrant les yeux : « Porte-les à présent sur le lac antique où nous avons vogué tout à l'heure, à l'endroit où il est le plus couvert de vapeurs fumeuses. »

Comme on voit les grenouilles fuir sous l'onde aux approches de la couleuvre, leur ennemi, et se réfugier sur la terre, où elles vont toutes s'entasser, ainsi s'offrirent à ma vue des milliers d'âmes, dont les bandes rompues se dispersaient en désordre. Celui qu'ellés fuyaient avec tant de hâte passait le Styx à pied sec. De sa main gauche qu'il portait souvent en avant, il écartait de son visage les vapeurs grossières dont l'air était chargé, seul soin dont il parût occupé.

Reconnaissant en lui un envoyé du Ciel[1], je me tournai vers mon guide ; mais un signe de lui m'apprit qu'il fallait me taire et m'incliner profondément. Ah ! de quel courroux cet ange paraissait enflammé ! Arrivé à la porte, il la toucha de sa baguette, et elle s'ouvrit sans obstacle. Debout sur le seuil de la forteresse, il s'écria : « Esprits déchus et bannis du ciel ! Race abjecte ! Où puisez-vous tant d'arrogance ? Pourquoi regimber contre la volonté suprême, que rien ne saurait distraire de ses fins, et qui, déjà plusieurs fois, a rendu vos peines plus cuisantes ? Que vous sert-il de heurter de front les destins ? Votre Cerbère, ne l'oubliez pas, porte encore sur son cou pelé les marques de sa folle résistance[2]. »

Il dit, et reprit le chemin fangeux par où il était venu, sans nous adresser un seul mot, comme un homme préoccupé d'autre

[1] V. 85. — L'archange Michel.
[2] V. 99. — Hercule enchaîna Cerbère lorsqu'il descendit aux Enfers pour en tirer Alceste et la rendre à son époux Admète, roi de Phères, en Thessalie.

chose que de ce qui est devant ses yeux. Pour nous, rassurés par les paroles de l'ange, nous nous remîmes en marche, et nous entrâmes dans la cité, sans rencontrer d'obstacle. A peine y fus-je introduit, qu'impatient d'examiner l'intérieur de la forteresse, je jette les yeux autour de moi. Ma vue embrasse une vaste campagne, qu'habite la douleur sous mille formes de tourments et de tortures.

De même que près de la ville d'Arles[1], où le Rhône épand ses eaux, ou sous les murs de Pola, aux bords verdoyants du Carnaro, qui coule entre l'Italie et l'Istrie, et forme la limite des deux pays, la campagne est semée de tombeaux, offrant un aspect triste et varié, de même les champs qui s'offraient à ma vue étaient couverts de pierres tumulaires; mais combien la scène était ici plus lamentable !

Des flammes circulaient entre tous ces tombeaux et y entretenaient une combustion si vive que le fer n'est jamais plus rouge, à quelque chaleur qu'il soit porté. Il sortait des sépulcres, dont les pierres étaient soulevées, d'étranges bruits, de longues lamentations qui paraissaient venir de malheureux en proie à de vives souffrances.

— « Maître, dis-je à mon guide, quels sont les infortunés qui gémissent au fond de ces coffres de pierre, et dont les accents douloureux se font entendre? »

— « Ce sont, répondit-il, les hérésiarques, les chefs de parti et leurs nombreux adhérents. Chacune de ces tombes a plus d'hôtes que tu ne penses. Qui se ressemble s'y assemble. Ce dernier gîte réunit les esprits de même sorte. Il y a dans les feux qui dévorent ces monuments plusieurs degrés d'ardeur. »

En disant ces mots, il prit son chemin à droite, et nous passâmes entre ces malheureux torturés et les murs de la forteresse.

[1] V. 112. — Charlemagne, suivant la chronique, défit les Sarrasins près de la ville d'Arles. Le lendemain de la bataille, des tombeaux avaient surgi par miracle pour recevoir les morts de l'armée chrétienne. Ceux-ci avaient au front un signe qui les faisait reconnaître.

CHANT X.

Mon guide s'engagea dans un sentier étroit, qui longeait le mur d'enceinte. Il me frayait la route, et moi je marchais derrière.

Je repris le premier la parole : « O génie sublime, raison supérieure, qui dirigez à votre gré mes pas errants à travers ces espaces vides, veuillez me dire s'il m'est permis de voir ceux qui gisent au fond de ces tombeaux. Les pierres sont levées, et personne n'est commis à leur garde. »

Il me répondit : « Quand les âmes reviendront de la vallée de Josaphat[1], revêtues des corps qu'elles avaient sur la terre, c'est alors que ces tombes, ouvertes aujourd'hui, se refermeront pour toujours. Ici, dans cette partie du vaste cimetière, gît Epicure et tous ses sectateurs, qui ont dit de notre âme qu'elle mourait avec le corps. Quant à la demande que tu me fais, c'est d'ici-même, c'est du fond de ces tombeaux que sortira la réponse. Par là, un autre désir que tu as et que tu me caches, sera satisfait. »

— « Ah ! mon cher maître, lui repartis-je, mon cœur n'a rien de caché pour vous. Vous ne l'avez certes pas disposé à la défiance. Si je vous tais quelque chose, c'est pour parler moins. »

Tout à coup, une voix sortie du fond d'un sépulcre, fit entendre ces mots : « O toi, qui traverses vivant la cité ardente, et dont la parole est si courtoise, daigne t'arrêter ici quelques instants. Tu es un enfant de la Toscane ; je t'ai reconnu à ce pur langage qui distingue ma noble patrie. Ah ! peut-être, ai-je trop pesé sur elle ! »

En entendant ces étranges sons, j'éprouvai un sentiment de

[1] V. 11. — Vallée près de Jérusalem. Josaphat, en hébreu, signifie jugement du Seigneur.

terreur qui fit que je me serrai contre mon guide. Celui-ci me dit : « Qu'as-tu donc? Derrière toi, regarde ! s'est levé de sa tombe, Farinata [1], qui se montre à mi-corps ».

Déjà mes yeux s'étaient fixés sur cette ombre, qui dressait avec fierté sa tête et sa poitrine, comme indignée d'habiter le séjour ténébreux. Poussé par la forte main de mon guide, je franchis rapidement plusieurs tombeaux pour arriver jusqu'à cette ombre : « Tu peux lui parler, m'avait-il dit, mais soit bref et clair. »

Quand je fus au pied de cette tombe, l'ombre, après m'avoir envisagé, me demanda d'un air hautain quels étaient mes ancêtres. Empressé de lui complaire, je lui donnai sans déguisement les détails qui concernaient ma famille. Farinata fronça légèrement le sourcil. Puis il me dit : « Tes ancêtres m'ont fait une guerre acharnée, à moi, à mes prédécesseurs et à tout mon parti. Il m'a fallu les chasser deux fois de Florence, et les disperser. » — « S'ils furent chassés de Florence, lui répondis-je, ils surent chaque fois y rentrer. Dans cet art de proscrire, les vôtres n'étaient point assez habiles » [2].

Alors, à côté de l'ombre de Farinata, j'en vis s'allonger une autre [3] qui lui vint jusqu'au menton, s'étant, à ce qu'il me parut, soulevée sur ses genoux. Elle regarda autour de moi, comme pour voir si quelqu'un m'accompagnait. Trompée dans son

[1] V. 32. — Farinata degli Uberti était un des chefs du parti Gibelin à Florence.

[2] V. 51. — Dès 1248, les Gibelins ayant à leur tête Uberti avaient chassé les Guelfes de Florence, la nuit de la Chandeleur. En 1258, ils furent expulsés à leur tour par le parti Guelfe, auquel tenait la famille de Dante.

Le 4 septembre 1260, la victoire de Mont' Aperto, gagnée par une ruse de Farinata, rouvrit aux Gibelins les portes de leur ville, et les chefs du parti Guelfe furent exilés à leur tour. — En 1266, la victoire de Charles d'Anjou sur Manfred eut son contre-coup à Florence, d'où les Gibelins furent encore obligés de sortir, cédant à un mouvement populaire. Ils furent rappelés en 1273, et la paix fut signée entre eux et leur adversaire, en présence de Grégoire X et de Charles d'Anjou. Mais effrayés bientôt par les menaces de ce prince, ils émigrèrent une troisième fois et ne revinrent qu'en 1278, réconciliés cette fois par le pape, Nicolas III, qui força Guelfes et Gibelins de s'embrasser sur la place de Sainte-Marie-Nouvelle, et fit brûler toutes les sentences d'exil.

[3] V. 53. — Ludovico Cavalcante, un des principaux chefs du parti Guelfe; il passait pour sectateur d'Epicure.

espérance, elle me dit en pleurant : « Si ce voyage à travers les sombres régions de l'Enfer est une entreprise de ton génie hardi, où est mon fils ? et pourquoi ne t'a-t-il pas accompagné ? »

— « Je ne suis pas venu de moi-même, lui répondis-je, j'ai laissé ici près celui qui me fraye et aplanit la route, sublime esprit pour lequel votre Guido n'a peut-être pas eu assez d'estime. (J'avais reconnu mon interlocuteur, et trouvé son nom d'après ses paroles et le châtiment qu'il subissait [1], c'est ce qui m'avait fait ajouter ces derniers mots à ma réponse.) »

— « N'a pas eu, dis-tu. Est-ce qu'il ne vit plus? s'écria Cavalcante, en se dressant de toute sa hauteur. La douce lumière du jour ne réjouit-elle plus ses yeux ? »

Comme je tardai quelque peu à répondre, l'ombre, se méprenant sur mon hésitation, tomba à la renverse, et recouchée dans sa tombe, elle ne reparut plus.

L'autre cependant, pour qui je m'étais arrêté, demeurait là, superbe, hautaine, sans changer d'air ni d'attitude. « Si les miens, reprit-elle enfin, ont mal connu l'art de chasser leurs rivaux, c'est de quoi je souffre plus que d'être étendu sur cette couche. Mais avant que celle qui domine en ces lieux [2] ait cinquante fois [3] renouvelé sa face changeante, tu auras éprouvé toi-même tout ce qu'il y a de poignant dans cet art. Je t'en conjure, au nom de ce monde regretté où je ne suis plus (et puisses-tu continuer d'en jouir !), dis-moi pourquoi ce peuple, dans tous ses décrets, se montre aussi impitoyable envers les miens ? »

[1] V. 64. — Dante, ami de Guido Cavalcante, devait savoir mieux que tout autre qu'il était imbu des erreurs d'Epicure. — Guido Cavalcante, Guelfe comme son père, fut à la fois homme d'Etat, philosophe et poète. Dante étant Prieur en 1301, dut le comprendre, malgré l'amitié qui les unissait, dans la mesure qui éloignait de Florence les chefs des deux factions, les Blancs et les Noirs. Guido appartenait au parti des Blancs. Relégué dans un lieu insalubre, il y tomba malade et fut rappelé; mais il succomba bientôt, à Florence, au mal dont il avait puisé le germe dans l'exil. Guido était mort, sans doute, lorsque Dante écrivait cette partie de son poème ; mais à l'époque où il en place la scène, en 1300, il vivait encore, et le poète a pu parler ainsi, sans blesser la vérité.

[2] V. 80. — La lune ou Phœbé, qui se nommait Hécate aux Enfers, est prise par les mythologues pour Proserpine.

[3] V. 79. — L'exil de Dante ne se fit pas attendre quatre ans. La sentence qui le condamne est du 27 janvier 1302.

— « Faut-il vous l'apprendre ? lui répondis-je. C'est que le meurtre et le carnage ont rougi les eaux de l'Arbia[1]. Ce sang s'élève contre vous et crie vengeance. »

— « Ah ! me dit-il en secouant la tête, et avec un soupir, je ne fus pas seul à l'œuvre, et ce n'est pas sans raisons que nous nous portâmes à ces rigueurs. Mais j'étais seul, le jour où chacun consentait à la ruine de Florence[2]. Je ne craignis pas de la défendre seul et à front découvert. »

A mon tour, je priai ce malheureux au nom de la paix qui pouvait être rendue à ses descendants, de m'éclairer sur un point qui avait pu laisser quelque obscurité dans mon langage : « Il paraît, lui dis-je, par ce que je viens d'entendre, que vous prévoyez les événements que doit amener le cours du temps, mais que la connaissance du présent vous échappe ? »

— « Nous ressemblons, dit-il, aux hommes qui ont la vue mauvaise. L'astre du jour brille pour eux, seulement assez pour leur donner la perception des objets éloignés ; à mesure que les événements s'approchent, ils se dérobent à notre vue. Au moment où ils se réalisent, ils sont pour nous comme s'ils n'étaient pas. Nous ne savons de la vie humaine que ce qu'on nous en apprend. Juge par là de notre misère : à la fin du monde, lorsque les portes de l'avenir seront fermées, toute faculté de connaître sera éteinte en nous. »

Ces paroles me firent comprendre et regretter la faute que j'avais commise. — « Dites à Calvacante, m'écriai-je, à ce malheureux qu'une méprise a recouché dans sa tombe, dites-lui que son fils est encore au nombre des vivants, et que, si ma réponse a tardé au gré de son impatience, c'est que je ne croyais pas qu'il en eût besoin. J'avais l'esprit préoccupé du point que vous venez de m'éclaircir. »

Entendant alors la voix de mon maître, qui me rappelait, je

[1] V. 86. — La bataille de Mont'Aperto, gagnée par les Gibelins, s'était livrée sur les bords de l'Arbia.

[2] V. 92. — Les Gibelins tinrent conseil à Empoli, après la victoire de Mont'Aperto ; tous étaient d'avis qu'il fallait raser Florence, et la réduire à ses faubourgs. Farinata seul s'y opposa, et termina son discours en tirant son épée contre ceux qui ne seraient pas de son avis.

priai l'ombre avec instance de me dire quels étaient ses compagnons du tombeau. « Nous sommes ici, me répondit-il, plus de mille étendus dans la même couche, Frédéric II[1], le cardinal[2] et bien d'autres dont je tais les noms. »

En disant ces mots, l'ombre s'étant baissée et dérobée à mes yeux, je revins vers mon maître, le divin poète, l'esprit troublé des paroles menaçantes qui m'avaient été dites.

Virgile se remit en marche, et chemin faisant, il me dit : « D'où vient ce trouble ? Quel souci t'agite ? »

Je lui fis part de mes inquiétudes. « Conserve dans ta mémoire, me dit ce maître plein d'expérience, la prédiction fâcheuse qui t'a été faite. Voilà maintenant le but où tu dois viser, ajouta-t-il en levant le doigt. Lorsque tu seras en présence de celle dont les beaux yeux embrassent tout[3], tu sauras d'elle ce qui t'est réservé dans ce voyage de la vie, dont tu n'as pas encore atteint le terme. »

Mon guide, en achevant ces mots, prit à gauche. Nous quittâmes le mur d'enceinte, et nous avançâmes en pleine campagne, par un sentier aboutissant à une vallée profonde; les exhalaisons fétides de cette vallée remontaient jusqu'à nous.

CHANT XI.

Nous arrivâmes au bord d'une berge élevée qui dominait des lieux, théâtre de châtiments plus cruels encore. De grandes pierres en formaient l'enceinte circulaire. Là, repoussé par

[1] V. 119. — Frédéric II, empereur d'Allemagne, roi de Naples et de Sicile, de la maison de Souabe, soutint une longue lutte contre le Saint Siége. Il fut excommunié par Grégoire IX et Innocent IV. Il avait fait venir de Tunis à Nocera une colonie de Sarrasins. On l'a cru l'auteur du livre *de Tribus impostoribus*.

[2] V. 120. — Ottaviano degli Ubaldini. Ayant eu à se plaindre des Gibelins dont il avait servi la cause, il dit : « C'est pourtant pour eux que j'ai perdu mon âme, si j'en ai une. »

[3] V. 131. — Béatrix. — Elle remplacera Virgile auprès du Dante, à partir du 30e chant du Purgatoire.

l'excessive fétidité des exhalaisons qui s'élèvent du fond de l'abîme, nous cherchâmes un abri, serrés l'un contre l'autre, derrière la pierre soulevée d'un grand tombeau qui portait cette inscription : « Ci-gît le pape Anastase[1], par qui Photin fut entraîné dans la voie de l'erreur. »

— « Ne nous hâtons pas de descendre, dit mon guide. Il faut d'abord habituer un peu nos sens à ces vapeurs empestées, qui, ensuite, nous affecteront moins. » — « Trouvez donc, ô mon maître, lui répondis-je, quelque compensation à la perte de temps que ce retard va nous causer. » Il repartit : « Tu vois que j'y songe. »

Après quelques moments de silence, il reprit la parole en ces termes : « Mon fils, dans cette enceinte de pierres, il existe trois cercles[2], disposés par gradins, et s'enfonçant de plus en plus comme ceux que tu as déjà traversés. Ils sont peuplés d'âmes maudites. Pour qu'il te suffise de les passer en revue, fais attention aux causes et à la nature de leurs supplices.

« La malice des hommes, qui amasse la colère du Ciel, a toujours pour but un dommage, et tout dommage est causé à autrui par la violence ou la fraude ; mais parce que la fraude est proprement le mal de l'homme, fruit de sa nature corrompue, elle déplaît davantage à Dieu. Aussi les artisans de fraude sont-ils relégués plus bas, et assaillis de douleurs plus vives.

« Les violents sont au-dessus d'eux dans le premier cercle, qui les comprend tous, mais en trois ordres distincts, répondant aux trois aspects sous lesquels la violence doit être envisagée. Elle peut être dirigée contre Dieu, contre soi-même, et contre le prochain, c'est-à-dire, contre chacune de ces personnes prise en elle-même ou dans ce qui lui appartient. En voici une explication sensible.

« Le prochain souffre violence par le meurtre et les grièves

[1] V. 8. — Photin, prêtre de Thessalonique, tenait que le Saint-Esprit ne procède pas du Père, et que le Père est plus grand que le Fils. Il communiqua cette hérésie au pape Anastase II qui voulait faire consacrer son opinion par un concile, lorsqu'il mourut emporté par une dyssenterie.

[2] V. 17. — Ce sont les 7, 8 et 9e cercles de l'Enfer. Le 7e cercle a trois orbes, pour toutes les sortes de violence, le 8e a 10 fosses pour toutes les variétés de la fraude simple, le 9e a trois zones : la Caïna, l'Antenora et la Giudecca, pour la fraude accompagnée de trahison.

blessures, et dans ses biens, par le brigandage, l'incendie et la dévastation. C'est ce genre de crime qu'expient dans le premier orbe du 7e cercle, groupés et classés dans leur ordre, les meurtriers et tous ceux dont la main a frappé leurs semblables, tous les auteurs de dégâts et de pillage. L'homme peut aussi faire acte de violence sur lui-même, et disposer en furieux, non-seulement de sa personne, mais encore de ses propres biens. A lui le second orbe, pour y être affligé d'un repentir cuisant et stérile ; à lui et à tous les furieux de cette espèce, soit qu'ils aient eux-mêmes retranché leurs noms de la liste des vivants, soit que, joueurs effrénés, ils aient perdu leurs biens sur un coup de dé, et changé, en larmes, la joie qui était leur partage. Enfin Dieu souffre encore violence, lorsque l'Impie l'a nié au fond de son cœur, ou a blasphêmé son nom, ou a ravalé sa nature ou son infinie bonté. Resserrés dans l'orbe le plus petit et le plus bas, ces damnés sont rangés par bandes, où se confondent les habitants de Sodome et de Cahors[1] et tous ceux qui ont eu dans le cœur et sur les lèvres le mépris de la divinité.

« Quant à la fraude dont toute conscience est chargée, nous pouvons l'employer envers l'homme qui a mis en nous sa confiance ou envers celui qui n'a point fait appel à notre bonne foi. Dans ce dernier cas, il semble que la fraude ait brisé ce lien naturel d'amour qui doit unir les hommes. Elle trouve alors son châtiment dans le second de ces trois cercles, repaire des hypocrites, des flatteurs, de ceux qui jettent le sort, des filous, des hommes livrés à la simonie et à l'usure. C'est aussi le séjour des infâmes proxénètes, des escrocs et autre pareille ordure. L'autre espèce de fraude est celle qui fait oublier à la fois, et la bienveillance naturelle, et le sentiment plus fort qui s'y est joint sous la foi d'une amitié particulière. C'est le crime des traîtres. Plongés dans le dernier de ces trois cercles, sur qui pèse la ville de *Dite*, au centre de l'Univers, ils y sont livrés à des tortures éternelles. »

Virgile ayant cessé de parler : « Maître, lui dis-je, votre exposé lumineux m'a d'avance familiarisé avec le gouffre où nous allons

[1] V. 50. — Les Sodomites et les Usuriers sont coupables de violence envers Dieu. Les uns pèchent contre la nature, les autres contre l'art, en moissonnant où ils n'ont pas semé. — La ville de Cahors était pleine d'usuriers.

nous enfoncer. Vous avez bien marqué ses divisions, et classé les diverses populations qui l'habitent; mais, dites-moi, pourquoi n'est-ce pas aussi le séjour de ceux que nous avons vus dans le marais fangeux, que nous avons vus emportés par le vent ou battus par la pluie, ou se choquant avec d'outrageuses paroles [1]. Pourquoi, s'ils ont irrité Dieu, ne les a-t-il pas jetés dans les flammes de la cité ardente? Sinon, qu'était-il besoin de les traiter ainsi? »

— « Et moi, répondit Virgile, je demande pourquoi ton esprit se fourvoie ainsi et sort de ses habitudes? Il faut que ta pensée soit ailleurs. Il y a, disent les Ethiques [2] (l'as-tu donc oublié?), il y a trois affections de l'âme que le ciel condamne: l'incontinence, la malice et la bestialité furieuse. De ces trois mauvais penchants, c'est l'incontinence qui offense le moins la Majesté divine, et qui nous attire le moins de blâme [3]. Pénètre-toi bien de cette sentence et rappelle à ta mémoire quels sont ceux dont la peine s'accomplit dans les cercles supérieurs et hors de la ville maudite. Alors tu comprendras pourquoi ils ont été séparés de ces grands coupables, et pourquoi la justice divine moins courroucée a pour eux des coups moins rudes ».

A ces mots, je m'écriai : « O mon maître! ô vous qui savez si bien redresser toute vue qui s'égare, mes doutes reçoivent de vous des solutions si pleinement satisfaisantes, qu'avec vous j'aime presque autant douter que savoir. Veuillez, de grâce, revenir un peu sur ce que vous avez dit : Est-il vrai que l'usure offense la bonté divine? Ce point a besoin d'explication ».

— « La philosophie, me répondit-il, pour qui sait lire avec attention, remarque en plus d'un endroit que le monde physique procède à la fois de la suprême intelligence et de l'art. Si tu consultes avec soin ta physique [4], tu trouveras sans grande

[1] V. 72. — Ce sont les luxurieux, les gourmands et les avares.
[2] V. 80. — Les Ethiques d'Aristote.
[3] V. 84. — L'indulgence de Dante pour les plaisirs de l'amour pourrait suggérer ici quelques réflexions malignes, si les deux autres vices ne lui avaient pas été si entièrement étrangers.
[4] V. 101. — La physique de ton maître, Aristote.

recherche ni effort que l'art humain se modèle autant qu'il peut sur le divin architecte. Il le suit comme le disciple suit le maître. L'art des hommes est comme le petit-fils de Dieu; voilà, comme le fait entendre le commencement de la Genèse, les deux sources où l'homme doit puiser sa vie et sa fortune; et comme l'usurier n'use d'aucune d'elles, on peut dire qu'il méprise la nature et l'art qui la suit, puisqu'il place ailleurs son espérance.

« Mais il est temps de nous mettre en marche, suis-moi. Les Poissons[1] s'élèvent à l'horizon; le Chariot est au-dessus du point d'où part le vent Corus[2]; et c'est loin d'ici que le rocher s'abaisse. »

CHANT XII.

C'était vraiment un affreux précipice qui s'offrait à nous du haut de la berge, et rendu plus effrayant par les objets qui en remplissaient le fond.

Semblable à cette ruine formée par la chûte d'une roche sur un des flancs de l'Adige, lorsque, par un tremblement de terre, ou faute de soutien, elle s'est détachée de la montagne, en deçà de la ville de Trente[3]; son escarpement est tel, du sommet à la plaine, qu'à peine offre-t-elle un passage pour la descente; telle était la pente rapide qui courait à la fondrière offerte à nos regards.

Elle était gardée par le monstre de Crète, né de l'infâme artifice de Pasiphaé. Dès qu'il nous vit, il tourna ses dents contre lui-même, comme un homme en proie à un violent accès de fureur. « Monstre, s'écria Virgile, tu te trompes si tu crois voir le héros athénien qui te donna autrefois la mort. Eloigne-toi. Celui qui

[1] V. 113. — Les Poissons précèdent le Bélier. Le signe opposé au Bélier est le Lion vers qui est tournée, au moment de son coucher, la dernière étoile du Chariot. Ainsi, quand, au mois de mars, les Poissons apparaissent à l'Orient, et que le timon du Chariot s'abaisse à l'horizon dans la partie occidentale, c'est que le jour ne tardera pas à paraître.

[2] V. 114. — Le Corus est le vent du Nord-Ouest.

[3] V. 5. — Au Nord de Vérone, à 4 ou 5 milles de Roveredo.

m'accompagne n'a pas reçu de ta sœur Ariane des instructions pour te combattre. Il vient voir en vous, misérables damnés, l'effet des vengeances divines. »

Comme le taureau qui rompt ses liens, au moment où il a reçu le coup mortel, et qui saute çà et là, ne pouvant marcher, ainsi le Minotaure parut saisi de vertige à ces paroles de mon maître, qui me dit aussitôt : « Cours au passage, et descends vite, pendant que sa fureur le met hors de sens. »

Nous nous jetâmes dans la brèche ouverte devant nous, marchant sur des blocs épars, çà et là, qui cédaient souvent sous mes pieds comme sous une charge nouvelle.

Chemin faisant, Virgile me dit : « Tu penses peut-être à cette ruine gardée par le monstre dont j'ai maîtrisé la colère. Elle n'existait pas encore lors de ma première descente aux Enfers [1]. Mais, peu de temps après, au moment où (si mon calcul est juste) l'empire des morts allait voir paraître le conquérant glorieux [2], à qui le premier cercle rendrait sa riche proie, une telle commotion se fit sentir dans les profondeurs de la vallée, que je crus le monde prêt à retomber dans le chaos, par la sympathie des éléments dont la concorde a déjà plusieurs fois, dit-on, produit cet étrange effet [3]. C'est alors que l'antique roche, arrachée de sa base, vola en éclats ici et ailleurs. Maintenant, regarde au fond. Tu peux voir d'ici le fleuve de sang qui bouillonne, et reçoit tous ceux qui ont exercé des violences sur leurs semblables ».

O aveugle convoitise ! Folle colère, dont l'aiguillon vous pique si fort durant la vie mortelle, et qui nous livre pendant l'éternité à cette immersion effroyable !

Je vis une large fosse, creusée en arc autour de la plaine, comme l'avait dit mon guide. Entre le pied de la roche et cette

[1] V. 35. — Virgile, déjà dans les Limbes, alla tirer une âme de la Giudecca. — V. Chant IX — 27 et la note.

[2] V. 38. — Jésus-Christ, pendant que son corps était au tombeau, alla tirer des Limbes les âmes des saints patriarches, entachées du péché originel.

[3] V. 43. — C'était l'opinion d'Empédocle, que le monde ne subsiste que par la discorde des éléments.

fosse, étaient des centaures, qui couraient armés de flèches, comme au temps où ils allaient à la chasse, dans notre monde. Tous, à la vue des deux hommes qui descendent vers eux, s'arrêtent. Puis, trois se détachent de la troupe, et s'avancent, armés de leurs arcs et des meilleures flèches qu'ils ont pu choisir.

L'un d'eux nous menace de loin : « Qui que vous soyez, s'écrie-t-il, que prétendez-vous en descendant ici? A quel supplice êtes-vous condamnés ? Parlez du lieu où vous êtes, ou cette flèche...... »

— « Chiron t'accompagne, dit mon sage conducteur, c'est à Chiron que je répondrai. Tu sais que l'impatience de tes désirs t'a souvent coûté cher. Ce centaure, continua-t-il en se tournant vers moi, est Nessus, qui mourut pour la belle Déjanire, et se vengea lui-même après la mort. Au milieu des trois est le grand Chiron, qui éleva l'enfance d'Achille; il a les yeux abaissés sur son poitrail. Le troisième est Pholus, Pholus dont la colère eut de si furieux accès[1]. »

Des milliers de centaures circulaient autour de la fosse, et refoulaient à coup de flèches, dans le sang, les âmes qui tentaient de s'élever au-dessus du point qui leur avait été assigné pour leurs crimes. Comme nous nous rapprochions de ces agiles coureurs, Chiron prit une flèche et s'en servit pour séparer les touffes épaisses de sa barbe, il découvrit sa large bouche : « .... remarquez-vous, dit-il, à ses compagnons, celui qui est derrière et qui fait mouvoir ce qu'il touche ? Les pieds des morts ne laissent pas ces empreintes. »

En ce moment, Virgile arrivait près de Chiron et il touchait à son poitrail, où se fait la jonction des deux natures; il répondit à l'homme-cheval : « Mon compagnon est bien vivant; et je dois seul lui montrer la vallée ténébreuse. Croyez qu'il ne vient pas ici pour son plaisir, mais poussé par une volonté supérieure. Telle sainte de là-haut a interrompu son cantique pour venir le placer sous ma garde; ni lui ni moi ne sommes des malfaiteurs. Au nom de la beauté céleste, par qui je me fraie un chemin dans

[1] V. 72. — Pholus fut le centaure qui, aux noces de Pirithoüs, fut le ravisseur de la mariée, Hippodamie.

ces lieux sauvages, donne-nous, de grâce, un des tiens; nous serons en ses mains garants de la vérité de ce récit. Qu'il nous montre où il existe un gué, et qu'il porte en croupe mon compagnon sur l'autre rive; car ce n'est pas un esprit qui puisse fendre l'air. » Chiron, se tournant à droite, dit à Nessus : « Reviens ici et charge-toi de les conduire ensuite, en écartant les obstacles qu'une autre bande de centaures pourrait leur opposer. » Là-dessus, nous nous remettons en route, et, sous la protection de ce nouveau guide, je longe la fosse rouge de sang et bouillonnante, d'où s'élèvent des cris aigus.

Je vis d'abord des ombres qui étaient enfoncées jusqu'au-dessus des yeux. Le centaure me dit : « Ce sont les tyrans, qui se sont gorgés de sang et de pillage. Là s'expient les maux causés par des hommes sans pitié; là est Alexandre[1], là est Denys le tyran qui a donné de si mauvais jours à la Sicile. Cette tête, aux cheveux si noirs, est celle d'Ezzelin[2]. Dans cette autre qui est blonde, reconnais Obizzo d'Este[3], qu'étouffa son beau-fils. »

A ces paroles, je me tournai vers mon maître qui me dit : « Écoute et suis ton nouveau guide ; je ne viens qu'après lui ». Un peu plus loin, le centaure s'arrêta à regarder d'autres damnés, à qui les eaux sanglantes du lac ne venaient qu'à la bouche. Il me montra une ombre retirée seule à l'écart[4], et me dit : « Celui-ci

[1] V. 107. — Dante veut sans doute parler ici d'Alexandre de Phères, tyran de Thessalie, fameux par ses cruautés. Cependant, il faut remarquer l'omission d'Alexandre-le-Grand dans les Limbes où il a placé César. (V. VI. 123.)

[2] V. 110. — Ezzelin, tyran de Padoue; après une révolte des Padouans, il en fit brûler douze mille et dit à son chancelier qui lui montrait la liste des condamnés : « Va les présenter toi-même au diable à qui je fais présent de leurs âmes ». Vaincu enfin et fait prisonnier, il se laissa mourir de faim en 1260. Il avait régné à Vérone 24 ans.

[3] V. 11. — Obizzo d'Este, de la maison de Ferrare, fut fait, par le pape, marquis de la marche d'Ancône. Cruel et avare, il fut étouffé sous un oreiller par son beau-fils.

[4] V. 118. — Guy de Montfort, fils de Simon, qui détrôna Henri III, roi d'Angleterre et fut tué par Édouard, fils de ce dernier. Guy, pour venger la mort de son père, assassina le prince Henri, autre fils de Henri III. A son retour de Tunis, il l'attaqua dans l'église de Saint-Sylvestre, à Viterbe, au moment de l'élévation. Le corps d'Henri fut porté à Londres. On voit sur son tombeau une statue qui porte à la main droite une coupe d'or contenant son cœur embaumé et percé d'un couteau. Dans sa main gauche est un papier où sont écrits ces mots : « Je donne mon cœur à qui sera pour moi un bon parent, » *a chi m'è parente.*

perça jusque dans le sein même de Dieu, au pied des autels, le cœur d'un prince honoré encore sur les bords de la Tamise ».

Ensuite, j'en vis d'autres qui avaient toute la tête hors du fleuve, d'autres qui n'y entraient qu'à mi-corps. De ceux-là, j'en reconnus un grand nombre. Les eaux du lac baissaient à mesure que nous avancions, et bientôt le sang couvrait à peine les pieds de ces malheureux. C'est là que nous trouvâmes le passage.

« Tu le vois, dit le centaure, de ce côté le lac bouillonnant creuse de moins en moins son lit, à mesure que nous remontons ; et de l'autre côté sa profondeur augmente jusqu'à l'endroit où les tyrans subissent leurs peines. C'est là que le feu vengeur dévore Attila, fléau de Dieu sur la terre, qu'il atteint et brûle un Pyrrhus, un Sextus[1], qu'il s'attache à Rinier de Corneto, et à Rinier Pazzo[2], ces deux brigands fameux dont il pénètre les yeux pour en faire jaillir éternellement des larmes.

En disant ces mots, le centaure fit volte-face et repassa le gué.

CHANT XIII.

Avant que Nessus eût regagné l'autre rive, déjà nous étions entrés dans un bois qui n'offrait aucun chemin frayé. Il était planté d'arbres au feuillage noir, aux rameaux noueux et entrelacés. Point de fruits ; rien que des épines ou des baies vénéneuses. Les bêtes sauvages, qui fuient les lieux cultivés entre Cecina et Corneto[3] ont leurs repaires dans des fourrés moins âpres et moins épais.

[1] V. 135. — Sextus Pompée, chef des pirates de Cilicie.

[2] V. 137. — Rinier dé Corneto et Rinier da Pazzi, gentilshommes fameux par leurs brigandages. Ils infestaient les grands chemins.

[3] V. 9. — La Cecina, rivière qui se jette dans la mer de Toscane. — Corneto, petite ville du patrimoine de Saint-Pierre, à une lieue de la mer.

C'est là que résident les sales Harpies qui chassèrent les compagnons d'Énée des îles Strophades, en leur prédisant les maux qui les attendaient. Ces oiseaux à face humaine ont la tête et le cou formés comme les nôtres; mais ils ont de grandes ailes, des pattes crochues, et un ventre énorme, couvert de plumes. Perchées sur la cime des arbres, elles poussent des cris lamentables.

Mon bon maître dit : « Sache, avant d'aller plus loin, que tu es entré dans la seconde zone[1], dont tu ne sortiras que pour passer dans l'horrible plaine des Sablons[2]. Maintenant, regarde. Voici des choses qui feraient douter de mon récit ».

De tous côtés, j'entendais des accents douloureux, sans savoir d'où ils partaient ; car je ne voyais personne. Aussi m'arrêtai-je tout éperdu. Mon guide crut sans doute que je rapportais toutes ces voix dolentes à des gens qui se cachaient entre les arbres, à cause de nous. « Je lis dans ton cœur, me dit-il ; mais pour couper court à tes pensées, il suffirait d'une seule branche, arrachée d'un de ces arbustes. » Alors, j'étendis la main, et détachai un rameau d'un grand buisson, et en même temps du tronc épineux dont j'avais ôté cette branche, sortit un cri perçant. « Pourquoi me déchires-tu ? Pourquoi me rompre ainsi, répéta l'arbre tout saignant de sa blessure ? As-tu donc un cœur fermé à tout sentiment de pitié ? Ces troncs furent autrefois des hommes ; eussions-nous animé des serpents, ta main ne devrait pas être aussi barbare ».

Comme on voit un rameau de bois vert, embrasé d'un bout, suer de l'autre et gémir en laissant échapper l'eau qu'il contient, de même je voyais sortir à la fois de ce tronc des paroles et du sang. La branche que je tenais me tomba des mains, et je restai comme un homme frappé de stupeur.

— « Ame souffrante, répondit le sage Virgile, si ce mortel

[1] V. 17. — C'est le second orbe du 7e cercle, destiné à ceux qui ont usé de violence envers eux-mêmes, soit en se donnant la mort, soit en se ruinant par de folles dissipations.

[2] V. 19. — Où s'expie la violence envers Dieu.

vivant qui m'accompagne avait pu croire, sur la foi de mes vers[1], le châtiment que tu endures, il n'aurait pas porté sur toi une main cruelle. Mais il ne pouvait croire à cette merveille, qu'en faisant ce que je l'ai poussé à faire, à mon regret. Mais, dis-lui, pauvre blessé, qui tu étais sur la terre, afin qu'au moins, à titre de réparation, il te rappelle au souvenir des hommes parmi lesquels il doit retourner ».

— « O douces paroles ! répondit la voix du buisson ; elles me charment au point que je ne puis me taire. Qu'il me soit permis de m'épancher avec vous quelques instants.

« Je fus chancelier de l'empereur Frédéric[2], et maître de son cœur, que je savais ouvrir et fermer avec tant d'art qu'il semblait que j'en eusse la clé. Je la faisais tourner si doucement que j'écartais de sa confidence presque tous ceux qui l'approchaient. Dans ce poste glorieux que j'occupais auprès de l'empereur, je fus la victime de sa fidélité.

« L'Envie, cette prostituée des cours[3], qui jamais n'a détaché ses yeux impudents du palais de César, souffla ses poisons dans tous les cœurs. Elle les enflamma contre moi, et fit par eux monter son fiel jusqu'à l'Empereur lui-même, qui changea ma joie en tristesse, et mes honneurs en deuil. Poussé par la colère, et croyant par mon trépas fuir celle dont j'étais l'objet ; juste d'ailleurs, je fus injuste envers moi. Je vous le jure par les racines encore tendres[4] de ce bois qui m'étreint, non jamais je n'ai trahi ma foi envers mon Seigneur, à qui tout honneur soit rendu comme il le mérite ;

[1] V. 48. — Voir dans Virgile l'épisode de Polydore :
« *Quid miserum, Ænea, laceras ? jam parce sepulto.* »
(Énéide III.)

[2] V. 58. — Pierre des Vignes, chancelier de Frédéric II. Il fut accusé d'avoir livré les secrets de l'État au pape Innocent IV, et tomba dans la disgrâce de l'Empereur, qui lui fit crever les yeux. Retiré à Pise, il demanda un jour à son guide où ils étaient, et, apprenant qu'il longeait l'église de Saint-Paul, au bord de l'Arno, il se brisa la tête contre les murs de cette église, 1249. — Il avait joui d'un crédit sans bornes. On voyait, dit-on, à Naples, devant le palais, une statue de l'empereur Frédéric, et à côté celle de Pierre des Vignes; comme des solliciteurs adressaient leurs placets à l'Empereur, un billet dans la main de celui-ci portait : « Adressez-vous à Pierre des Vignes. »

[3] V. 64. — D'autres y voient la flatterie du courtisan, qui caresse le Prince afin de perdre le favori.

[4] V. 73. — Il n'y avait guère que 50 ans que Pierre des Vignes était mort, à l'époque de cette rencontre.

et, si quelqu'un de vous retourne dans le monde, qu'il veuille réhabiliter mon nom, et relever ma mémoire du coup que lui a porté l'Envie. »

Après avoir, quelque temps encore, prêté l'oreille, mon guide, n'entendant plus la voix, me dit : « Ne perdons pas un temps précieux ; parle, et si tu désires savoir de lui quelque chose de plus, questionne-le sans tarder ».

— « C'est à vous, lui répondis-je, à lui faire les demandes auxquelles vous croyez qu'il peut satisfaire. Pour moi, je me sens trop ému pour lui rien demander. »

Virgile reprit donc ainsi : « Accorde-nous, âme souffrante, accorde à mon compagnon, en retour de ce qu'il fera là-haut pour réaliser ton vœu, la grâce de m'instruire encore. Comment l'âme se trouve-t-elle ainsi chargée de cette noueuse enveloppe? Arrivera-t-il jamais qu'elle échappe à son étreinte? »

Un souffle se fit entendre, et l'air chassé de l'arbre avec force rendit des sons articulés, qui formèrent ces mots : « Écoutez tous deux ma réponse qui sera courte : aussitôt que l'âme furieuse a quitté le corps dont elle s'est elle-même séparée violemment, précipitée par Minos dans la septième cavité de l'Enfer, elle tombe dans cette forêt, non dans une place assignée d'avance, mais où le hasard l'a lancée. En quelque lieu qu'elle gisse, elle s'y implante comme un grain de blé. Elle pousse un rejeton qui devient un arbre. Les Harpies, en dévorant ses feuilles, la blessent et lui ouvrent des issues pour faire éclater sa douleur. Au dernier jour, nous irons comme les autres âmes, rejoindre nos corps, notre dépouille mortelle. Nous irons à eux, non pour nous en revêtir (l'homme qui s'en est privé de lui-même n'y a plus aucun droit), mais pour les traîner avec nous jusqu'aux troncs de la forêt sombre, où nos âmes seront de nouveau renfermées. A chacun de ces troncs, sera pendu[1] le corps qu'animait l'esprit qui l'habite. »

[1] V. 107. — Symbole du genre de suicide le plus usité au moyen-âge, la suspension. — Dante applique au coupable la peine que celui-ci s'est choisie lui-même.

Nous écoutions toujours, espérant que la voix sortie de l'arbre avait encore quelque chose à nous dire, lorsque nous fûmes frappés d'un bruit en sursaut, comme est frappée l'oreille du chasseur qui sent, à son poste, les approches du sanglier et de la chasse, aux cris de la meute et au froissement des branches.

Et voici venir deux hommes à notre gauche, fuyant à travers la forêt, et brisant tout sur leur passage. Ils étaient nus et tout déchirés. L'un deux, le plus avancé, criait : « Arrive donc, ô mort, viens vite ! » Et l'autre qui se voyait dépasser, s'écriait de son côté : « Quelle vitesse ! Lano ! tes pieds n'étaient pas aussi légers au combat del Toppo [1] ». Sans doute qu'alors l'haleine lui manqua, car il tomba au pied d'un buisson auquel il restait comme attaché ! Derrière eux venait une bande de chiennes noires, dont la forêt était pleine, et qui, s'attachant aux pas de ces hommes, leur couraient sus avec ardeur, comme des lévriers à qui l'on vient d'ôter la chaîne. Elles se jetèrent sur le malheureux tombé par terre, et l'ayant déchiré brin à brin avec les dents, elles emportèrent ses membres palpitants.

Mon guide me conduisit alors jusqu'au buisson qui avait abrité ce misérable, et qui, cassé en maints endroits, pleurait vainement par ses plaies sanglantes : « Jacques de Saint-André [2], disait-il, à quoi t'a-t-il servi de te faire un rempart de moi ? En quoi suis-je coupable de ta vie désordonnée ? »

Mon maître s'étant arrêté près du buisson : « O toi, lui dit-il, dont le sang, épanché par tant de blessures, exhale des plaintes si douloureuses, qui étais-tu dans le monde ? » Sa réponse nous parvint en ces termes : « Ames compatissantes, qui êtes venues

[1] V. 120. — Lano de Sienne, ayant follement dissipé son bien, essaya de refaire sa fortune à la guerre. Il se joignit à une expédition des Florentins contre Arezzo et fut entraîné dans leur déroute, à la prise del Toppo. Ne pouvant survivre à sa dernière espérance, il se jeta tête baissée dans les rangs ennemis, et trouva la mort qu'il cherchait.

[2] V. 133. — Jacopo da Sant'Andrea, gentilhomme padouan, se ruina par ses folies. Un jour, se promenant en gondole sur la Brenta, à Venise, avec ses amis qui chantaient et jouaient des instruments, il s'amusa, pour ne pas rester oisif, à jeter des sequins dans le fleuve. Une autre fois, attendant plusieurs jeunes gens dans sa ville, et les voyant venir, il fit mettre le feu aux cabanes de ses paysans pour leur faire honneur.

pour être témoins de cet affreux dégât, vous voyez toutes mes feuilles arrachées et dispersées au loin. Ah! veuillez les rassembler au pied de leur souche. Ma patrie fut cette ville[1], qui laissa l'ancien patronage de Mars pour celui de saint Jean-Baptiste, et qui s'est attiré par là le courroux d'une puissance ennemie dont elle aura toujours à souffrir; heureuse encore d'avoir conservé, sur un pont de l'Arno, quelques vestiges de son ancien patron! car autrement, en vain quelques citoyens, échappés au fer d'Attila, l'auraient-ils fait renaître de ses cendres, ses nouveaux fondateurs eussent fait un travail inutile. Quant à moi, le dirai-je? mes propres mains me dressèrent un gibet dans ma maison de Florence[2]. »

CHANT XIV.

Ému de compassion, je rassemblai les feuilles éparses, et les rendis à celui dont la voix s'était éteinte. Nous arrivâmes ensuite à la limite qui sépare la seconde zone de la troisième[3]. Là se découvrit à nos yeux un nouveau théâtre d'horreur, effroyable monument de la justice divine!

Nous avions traversé une lande sur laquelle on n'apercevait aucune trace de végétation. La forêt douloureuse, à qui la fosse de sang servait de ceinture, ceignait elle-même ce terrain désolé où nous ne posâmes les pieds qu'avec précaution. Le sol n'était

[1] V. 143. — Florence, ville romaine consacrée d'abord au dieu Mars. Il y avait une statue à laquelle, suivant une ancienne tradition, était attaché le destin de cette cité. Conservée par les chrétiens, jetée dans l'Arno par Attila, cette statue fut retrouvée, lorsque Charlemagne rebâtit Florence, et mise au-dessus d'un pilastre sur le Pont-Vieux. Elle y était encore au temps de Dante, et y resta jusqu'en 1337, où une forte crue de l'Arno l'atteignit et la fit tomber dans le fleuve.

[2] V. 151. — Ce Florentin qui s'est pendu dans sa maison, quel est-il? Les commentateurs hésitent entre messer Lotto degli Agli, que le remords d'avoir rendu une sentence injuste poussa au suicide, et un Rocco de' Mozzi qui finit lui-même par la corde une vie de dissipation et de folles prodigalités.

[3] V. 5. — Où s'expient les trois sortes de violences contre Dieu.

formé que de sable, d'un sable épais, qui rappelait celui que foula jadis l'armée de Caton [1] dans les déserts de la Lybie.

O Dieu vengeur! Combien vos châtiments doivent être redoutés de ceux qui lisent ici la relation de ce que mes yeux ont vu!

Je vis une multitude d'âmes nues qui déploraient leur misérable sort. Elles subissaient toutes, mais dans des conditions diverses, le même supplice. Les unes gisaient par terre, couchées sur le dos, d'autres étaient assises et se tenaient ramassées, d'autres, toujours debout, marchaient sans cesse [2]. Ces dernières qu'on voyait circuler étaient les plus nombreuses; moindre était la foule de celles qui restaient immobiles, mais leur douleur éclatait en plaintes plus vives.

Sur toute la plaine de sable, tombaient d'une chute lente et silencieuse, des langues de feu, semblables aux flocons de neige qui pleuvent dans les Alpes, lorsque les vents se taisent.

De même qu'autrefois, dans les brûlantes contrées de l'Inde, Alexandre vit une pluie de feu tomber sur son armée [3], pluie si ardente que pour mieux l'éteindre en ôtant aux vapeurs tout aliment étranger, il fit battre et fouler le sol par ses soldats, ainsi tombait incessamment une quantité de flammèches embrasées, au contact desquelles on voyait le sable prendre feu, comme l'amadou sur la pierre à fusil, ce qui doublait le mal de ces misérables.

Ils agitaient en tout sens leurs mains, sans paix ni trêve, pour secouer les flammes sans cesse renouvelées.

Je dis à mon guide : « Grand poète, dont la puissance partout invincible n'a échoué qu'en face des fiers démons qui se sont dressés contre nous à la porte de *Dite*, quel est ce grand qui

[1] V. 15. — Caton d'Utique se réfugia en Afrique, après la défaite de Pharsale, pour se joindre à Juba, roi de Numidie.

[2] V. 24. — Ces damnés aux diverses attitudes sont les blasphémateurs, les usuriers et les pédérastes.

[3] V. 31. — Ce fait, omis par les historiens, est mentionné dans une lettre d'Alexandre à Aristote.

paraît à peine touché de l'incendie? Couché sur le sable et tordu par la douleur, il affecte un air de mépris comme si la pluie de feu glissait sur lui sans l'atteindre. »

Il s'aperçut sans doute que ma question le concernait, car il s'écria : « Tel j'étais vivant, tel je suis ici parmi les morts. Que Jupiter amasse des foudres; qu'il fatigue, à les forger, l'ouvrier des mains duquel il prit, dans sa colère, celles dont les traits m'ont frappé; qu'il emploie et qu'il use tous les bras dont il dispose à faire retentir les noires fournaises de l'Etna; qu'il excite Vulcain en lui criant : à l'aide! à l'aide! comme il fit au fameux combat de Phlégra[1]; je le mets à pis faire, et sous les traits même de son tonnerre, j'empêcherai qu'il n'ait de moi pleine vengeance. »

Alors mon guide, donnant à sa voix une force que je ne connaissais pas encore, s'écria : « O Capanée! c'est dans la persistance de ton orgueil que consiste ton plus rude châtiment. La rage qui te possède, pouvait seule, mieux que tout autre supplice, te créer des tortures égales à ton impiété. »

Se tournant ensuite vers moi, il continua d'un ton radouci : « Il fut l'un des sept chefs qui assiégèrent la ville de Thèbes. Il fut, et paraît être encore le hardi contempteur de Dieu[2]. Mais, s'il ne tient nul compte de son créateur, c'est en lui-même, comme je viens de le dire, c'est dans son propre cœur qu'il trouve la peine de ses mépris. A présent, suis-moi et avance avec précaution. Garde-toi de poser encore le pied sur ces sables brûlants. Ne quitte point la lisière de la forêt ».

Nous marchâmes en silence jusqu'à ce qu'un ruisseau[3] vînt s'offrir à nos yeux. Il sortait de l'épaisseur de la forêt, et l'image de ses eaux rouges me fait encore frissonner.

Tel on voit, à Viterbe, le Bulicame[4] jaillir et se partager entre

[1] V. 59. — Phlégra, ville de Thessalie où se livra le combat des Dieux et des Géants.

[2] V. 70. — *Superûm contemptor et æqui.* (Horace.)

[3] V. 77. — Le Phlégéton.

[4] V. 79. — Le Bulicame, source d'eaux chaudes où se lavaient les prostituées, à Viterbe.

les quartiers voués à la débauche, tel ce ruisseau suivait la pente de son lit sur l'arène. Il était pavé au fond, et encaissé dans la pierre, qui en garnissait ainsi les bords. Je jugeai que là était la voie que nous devions suivre.

— « Regarde bien, me dit Virgile; parmi tous les objets que je t'ai fait voir, depuis que nous avons franchi la première porte, si largement ouverte à quiconque se présente, rien ne s'est offert à tes yeux de plus remarquable que ce ruisseau au-dessus duquel s'éteignent toutes les flammes tombées d'en haut. »

A ces paroles de mon guide, je m'écriai : « De grâce, veuillez satisfaire le désir ardent que vous avez fait naître. »

Il reprit en ces termes : « Il est au milieu de la mer une contrée désolée, nommée la Crète. Jadis un de ses rois la gouverna sagement, et y entretint la primitive innocence des hommes. Là s'élève une montagne dont les flancs arrosés par des sources vives, et couverts de beaux arbres, formaient des retraites aujourd'hui désertes ; c'est l'Ida que Cybèle choisit autrefois pour y déposer son fils nouveau-né. Jupiter y eut son berceau ; tu sais comment y fut cachée son enfance, et comment ses cris se perdaient au milieu de clameurs plus hautes [1]. On voit, dans le sein de la montagne, la statue d'un vieillard [2], qui a le dos tourné à Damiette, et qui regarde Rome placée devant lui comme un miroir. Sa tête est d'or pur. L'argent dont ses bras et sa poitrine sont formés, fait place au cuivre qui occupe les autres parties jusqu'au dessous du buste. De là jusques en bas, son corps n'est plus que fer, à l'exception du pied droit qui est d'argile, et sur lequel porte tout son poids. Chacun de ces métaux, excepté l'or, présente une fissure d'où s'échappent des larmes. Elles tombent goutte à goutte, et réunies sur un même point, elles percent la grotte ; puis elles enfoncent leurs eaux jusque dans cette vallée

[1] V. 102. — Les Corybantes, en frappant sur des cymbales, empêchaient que les cris de l'enfant ne parvînssent à Saturne.

[2] V. 103. — C'est la vision de Daniel, relative à Nabuchodonosor. — Dante s'en est servi en y ajoutant, et en lui donnant un autre sens. — Ici la statue à la tête d'or et aux pieds d'argile personnifie l'humanité qui progresse vers la vérité catholique, en s'éloignant de l'idolâtrie.

de l'Enfer, où elles forment plusieurs fleuves, l'Achéron, le Styx et le Phlégéton. Resserré ensuite dans ce canal étroit, leur cours se précipite jusqu'aux lieux les plus bas du sombre empire. Il prend alors le nom de Cocyte[1], vaste étang que je n'ai pas à te dépeindre, puisque tu ne tarderas point à le voir. »

Virgile se tut, et moi de lui dire : « Si ce cours d'eau dérive ainsi de notre monde, pourquoi nous apparaît-il seulement sur ces bords ? »

— « Ne sais-tu pas, me dit-il, que ce lieu est rond? A quelque profondeur que tu sois descendu, ayant toujours pris à gauche, tu n'as point encore parcouru tout le cercle. Ne t'étonne donc pas des objets nouveaux qui t'apparaîtront dans la suite de ce voyage. »

— « Maître, lui dis-je encore, où donc est le Phlégéton que vous dites être formé en partie des larmes du vieillard? Et le Léthé, dont vous ne me dites rien, où le trouverai-je? »

— « J'aime tes questions, répondit Virgile, et je m'empresse d'y répondre; mais à voir le bouillonnement de ces eaux rouges, tu aurais pu supprimer l'une des deux que tu m'adresses. Quant au Léthé[2], c'est au sortir de ces noires cavités qu'il s'offrira à tes regards. Les âmes vont se laver dans ses eaux, lorsque le repentir les a déchargées du poids de leurs fautes ». Puis il ajouta : « Il est temps de quitter la forêt. Ne crains pas de me suivre; mets avec confiance les pieds sur ces bords de pierre qui sont à l'abri des atteintes du feu, parce que les vapeurs enflammées s'éteignent en tombant sur eux. »

[1] V. 119. — Le Cocyte a ses étangs glacés pour les traîtres au neuvième et dernier cercle de l'Enfer.

[2] V. 136. — Le Léthé coule au sommet de la montagne du Purgatoire. — La contrition seule rend apte à boire ses eaux. Il faut ensuite, avant de s'élever aux sphères célestes, se plonger dans le fleuve Ennoë qui perpétue le souvenir des bonnes œuvres.

CHANT XV.

Nous voilà donc longeant sur les dalles de sa rive extérieure, ce fleuve d'où s'élevait une fumée assez épaisse pour étouffer les flammes qui pleuvaient sur ses eaux et sur ses bords.

Telles apparaissent, entre Cadsan [1] et Bruges, les digues élevées par les Flamands contre la mer, dont les flots battent ces rivages et menacent de les envahir; tels encore, on voit, dans le Padouan, maints ouvrages construits pour préserver les villes et les châteaux du débordement de la Brenta, avant que le soleil n'ait fait fondre les neiges de la Chiarentana [2]; telles étaient les rives de ce fleuve aux vapeurs fumeuses; mais l'auteur de ces digues les avait faites plus hautes et plus épaisses.

Déjà nous étions à une si grande distance de la forêt qu'à peine, en me retournant, aurais-je pu reconnaître sa position, lorsque nous rencontrâmes une troupe d'âmes, qui longeait la rive. Chacune de ces âmes nous regardait en passant comme sur la terre à la nouvelle lune, on s'observe de près pour se distinguer. Toutes avaient les yeux pointés sur nous, comme un vieux tailleur les a sur le chas de son aiguille.

Ainsi envisagé par cette longue file d'âmes, je fus reconnu par l'une d'elles, qui me prit par le bord de mon vêtement, et s'écria : « Quelle merveille ! » A la vue de son bras étendu vers moi, j'attachai mes yeux sur l'homme qui me retenait, et son visage brûlé, ses traits noircis par les flammes ne m'empêchèrent point de le reconnaître. Lui faisant de la main un geste ami, je lui répondis : « Quoi ! vous êtes ici, sir Brunetto ? »

— « O mon fils, reprit-il, ne trouve pas mauvais que Brunetto

[1] V. 4. — Cadsan, *Guizzante,* est une île au sud de l'île de Walcheren, à quelques lieues de Bruges.

[2] V. 9. — La Chiarentana, montagne dans les Alpes qui séparent l'Italie de l'Allemagne.

Latini[1] rétrograde un peu pour te suivre, et quitte quelques instants son rang parmi les ombres. »

— « C'est moi, lui dis-je, qui vous en prie autant qu'il est en moi ; et si vous voulez que je m'asseoie avec vous, je le ferai pourvu que mon guide y consente. »

— « Mon fils, ce troupeau d'âmes est condamné à marcher toujours. Qu'un de nous s'arrête un seul instant, il faudra qu'il gise dans les sables pendant cent ans, sans pouvoir écarter ces flammes. Va donc, et poursuis ta route ; je te suivrai de près, et j'irai ensuite reprendre parmi mes compagnons l'éternel concert de gémissements et de pleurs. »

Je n'osais pas quitter l'abri de la rive, ni descendre pour me mettre à son niveau ; mais je marchais la tête baissée, comme un homme qui s'incline par respect.

Il reprit ainsi la parole : « Quel hasard ou quel destin t'a fait passer, avant ta dernière heure, du monde des vivants en ces basses régions ? Et cet homme qui te montre la route, quel est-il ? »

— « Là-haut, lui répondis-je, dans cette vie qui se passe à la clarté du ciel, je m'étais perdu dans une vallée profonde, avant d'avoir rempli la mesure de mes jours. Hier matin, comme je rebroussais chemin, un protecteur s'offrit à moi dans cette vallée, c'est lui qui me ramène par ces sentiers à ma demeure natale[2]. »

— « Ah ! mon fils, reprit il, ton étoile, si je l'ai bien observée pendant ma vie, et si tu la suis fidèlement, doit te conduire à un port glorieux. Que n'ai-je pu éviter une mort si prompte ! En voyant mon élève si favorisé des cieux, j'aurais mis avec lui la

[1] V. 32. — Brunetto Latini, auteur du *Tesoretto* qu'il composa d'abord en français, pendant son séjour à Paris. L'original du *Trésor* existe à la Bibliothèque nationale. Dante fut son élève. Attaché au parti des Guelfes, Brunetto suivit toutes ses vicissitudes. Notaire à Florence, et condamné, dit-on, pour faux dans un acte public, il avait été forcé de s'expatrier. Il était versé dans les sciences physiques et mathématiques. Il parle ici de l'étoile de Dante comme s'il avait, à sa naissance, tiré son horoscope.

[2] V. 54. Dante doit retourner sur la terre et revoir ses foyers avant d'avoir accompli son pèlerinage, ce qui n'est ni exprimé, ni même indiqué à la fin du poème.

main à l'œuvre. Mais ce peuple ingrat, issu des montagnards qui descendirent jadis de Fiésole, esprits méchants et cœurs de pierre, tient encore des lieux qui furent son berceau. Il paiera tes bons services de son inimitié[1]. Mais quoi ! le doux figuier peut-il porter ses fruits au milieu des cormiers sauvages? On dit depuis longtemps dans le monde que les Florentins sont aveugles[2]. C'est une nation avare, envieuse et pleine d'orgueil ; apprends à connaître leurs vices pour t'en préserver. La fortune t'a réservé l'insigne honneur d'être placé entre deux partis qui auront également faim de toi ; mais pareille herbe n'est pas pour la dent du bouc. Que les bêtes de Fiésole fassent litière d'elles-mêmes, à la bonne heure ; mais si de leur fumier il peut sortir encore quelque plante, qu'ils ne touchent pas à celle qui peut nous rendre la sainte semence de ces Romains restés à Florence lorsqu'y affluèrent tant de malice et tant d'iniquités. »

— « O mon maître, lui répondis-je, si mes vœux avaient pu être exaucés, vous ne seriez pas encore séquestré du monde des vivants; car, je ne puis l'oublier, je retrouve gravée dans mon cœur la chère image, la figure douce et paternelle de celui qui m'enseignait comment l'homme s'immortalise. Il est bien juste que ma bouche fasse éclater ici, et tant que je vivrai, mes sentiments de gratitude. Quelle que soit ma destinée, je prends note de vos paroles, pour les comparer avec d'autres qui m'ont déjà été dites. Il est une sainte au Ciel[3] (puissé-je parvenir jusqu'à elle !), qui dissipera ce qu'elles ont d'obscur. Au surplus, et j'ai à cœur que vous le sachiez, pourvu que je sois en paix avec ma conscience, libre à la Fortune de faire de moi ce qu'elle voudra. Ces pronostics

[1] V. 64. — Dante se défend ici d'être un homme de parti, c'est un romain de vieille souche, étranger aux factions qui déchirent son pays. Il se plaint de Florence qui lui est ennemie. Florence a changé de mœurs depuis qu'une population rude et grossière est descendue de Fiésole pour s'y établir. — Fiésole, ville ancienne et bâtie sur une montagne, fut réunie par les Florentins, qui y envoyèrent une colonie de soldats recrutés dans les forêts voisines, *gente selvaggia*. Ceux-ci, ennuyés de leur nouvelle demeure, descendirent à Florence, et s'y mêlèrent aux habitants. A en croire Dante, cet élément étranger lui fut très-nuisible.

[2] V. 67. — Le sobriquet d'*aveugles* donné aux Florentins leur venait de ce qu'ayant eu à choisir entre deux présents qui leur étaient offerts par la ville de Pise, ils avaient préféré à deux portes de bronze, des colonnes de marbre qu'ils avaient reçues enveloppées d'un drap et qui se trouvèrent mutilées.

[3] V. 90. — Béatrix, que Dante verra dans le Purgatoire.

ne sont pas nouveaux pour mes oreilles. Tourne donc, ô roue inconstante, comme le manant retourne sa bêche; je m'attends à tout. »

Virgile, ayant tourné la tête, me regarda fixement et me dit : « Tu l'as entendu; note-le bien dans ta mémoire. » Cependant j'avançais toujours, suivant Brunetto dans sa marche, et chemin faisant, je lui demandai quels étaient ses compagnons les plus notables.

— « Il en est quelques-uns, me répondit-il, qu'il pourra t'être bon de connaître. Quant aux autres, il vaut mieux n'en rien dire. Le temps me manquerait pour t'en dérouler la longue liste. Qu'il te suffise de savoir, en somme, qu'ils furent tous de grands clercs, des lettrés de grand renom et qu'ils furent tous tachés de la même souillure.

« Voici Priscien[1], le grammairien, qui, dans cette bande coupable, se fait remarquer avec François Accurse[2], le jurisconsulte.

« Parmi eux encore, si la curiosité t'attire vers ces êtres incommodes, tu peux voir ce prélat[3] que le serviteur des serviteurs de Dieu transféra, et pour cause, des rives de l'Arno aux bords du Bacchiglione, où il laissa un corps usé par la débauche. Je t'en dirais davantage, s'il m'était permis d'aller plus loin ; mais il faut nous séparer et rompre cet entretien. Il s'élève de la plaine de sable un nouveau tourbillon de fumée, au sein duquel je vois une troupe d'hommes dont la société m'est interdite. Encore un mot : Je te recommande mon *Trésor*, ce livre par qui j'espère me survivre. »

Il se retourna, en achevant ces mots, et partit avec la rapidité des coureurs qui se disputent à Vérone[4] le prix de la course, en

[1] V. 140. — Priscien était un philosophe, qui vint de Cappadoce à Rome, au temps de Julien l'Apostat.

[2] V. 110. — François Accurse, le célèbre jurisconsulte, mort en 1229.

[3] V. 113. — Le Bacchiglione coule sous les murs de Vicence. Andrea de' Mozzi, évêque de Florence, fut transféré pour ses goûts antiphysiques à Vicence où il mourut de la goutte, *Ove lasciò i mal protesi nervi*. Ce vers n'a-t-il pas un sens plus satyrique et plus difficile à rendre ?

[4] V. 122. — Cette course du drap vert avait lieu à Vérone, le 1er dimanche de carême.

rase campagne. Il ressemblait à ces agiles champions du drap vert, et parmi eux, à celui qui doit toucher le but.

CHANT XVI.

J'étais déjà dans un lieu où se faisait entendre le retentissement de l'eau qui tombait dans le huitième cercle[1], avec un bruit pareil au bourdonnement d'un essaim d'abeilles. Tout à coup je vis se détacher d'une troupe de damnés qui passait sous la pluie ardente, trois ombres[2] qui se dirigeaient vers nous. « Arrête! s'écriaient-elles, toi dont l'habit nous rappelle notre cité perverse! »

Oh! que de plaies récentes et anciennes offraient leurs membres dévastés par le feu! Mon cœur saigne encore au souvenir seul de tant maux.

A ces cris, mon guide prêta l'oreille, et se tournant vers moi : « Faisons halte, me dit-il, ils sont de ceux envers qui nous devons nous montrer courtois; et même, sans le danger de ces lieux sillonnés sans cesse par la flamme, il serait mieux que tu les prévinsses. » Nous nous arrêtâmes, et ce trio désolé recommença ses lamentations. Ils nous joignirent bientôt, et se mirent à tourner en cercle autour de nous.

Tels on voyait autrefois dans le cirque, des athlètes, nus et dispos, se mesurer des yeux, pour mieux prendre leur avantage, avant d'en venir aux mains, tels ces malheureux levaient, en tournant, leurs visages sur moi. Leurs têtes se mouvaient de mon côté en sens inverse de leurs pieds agiles.

L'un des deux, élevant la voix, dit : « Si l'aspect de ces landes désertes te détourne de nous, et te fait dédaigner nos prières,

[1] V. 2. — C'est toujours le Phlégéton, qui, après avoir traversé le troisième orbe du septième cercle, tombe dans le huitième cercle, où il forme un lac de poix bouillante.

[2] V. 4. — Guido Guerra. — Tegghiajo Aldobrandi. — Jacopo Rusticucci.

qu'un autre sentiment touche ton âme : au nom de la renommée dont nous avons joui là-haut, dis-nous qui tu es, toi qui marches ainsi d'un pied sûr, et laisses une trace vivante dans notre Enfer. Celui qui me précède, et aux pas duquel je m'attache, n'est pas ce que sa nudité et sa chair en lambeaux pourraient te faire croire. Il fut le petit-fils de la vertueuse Gualdrade. Tu vois en lui Guido Guerra[1], homme de tête et de cœur, qui servit bien son pays de ses conseils et de son épée. Cet autre qui foule le sable derrière moi, c'est Tegghiajo Aldobrandi[2]. Sa voix ne fut pas écoutée comme elle aurait dû l'être. Et moi, qui suis associé à leurs tortures, moi Jacopo Rusticucci[3], j'ai trouvé, dans ma femme intraitable, la première cause de ma perte. »

Ces paroles m'émurent au point que, si j'avais pu me mettre à l'abri des flammes, je me serais jeté au milieu d'eux ; et je crois que mon guide ne m'aurait pas retenu. Oui, j'aurais embrassé ces chères ombres ; mon ardent désir ne céda qu'à la menace des feux qui m'auraient infailliblement consumé. « O mes amis, leur dis-je, ce n'est point du mépris, mais bien de la douleur, qu'a fait naître en moi la vue de votre misérable condition. Cette douleur, qui m'a saisi dès l'instant où quelques paroles de mon guide m'ont fait comprendre qui vous êtes, est à jamais ineffaçable. Votre patrie est aussi la mienne. Toujours je me plus à citer vos noms honorés et à faire l'éloge de vos mérites ainsi qu'à l'entendre. J'ai quitté le monde, pour me délivrer de ses amertumes, et, conduit ici par ce guide fidèle, je suis en quête des doux fruits qu'il m'a promis ; mais avant de les cueillir, il faut que je descende jusqu'au centre de la terre. »

[1] V. 37. — Gualdrade, était fille de Betluicione Berti, de la famille des Ravignani de Florence. L'empereur Othon IV, durant son séjour à Florence, avait été si frappé des mérites de la belle Gualdrade qu'il lui avait fait épouser Guido, l'un de ses barons. Gualdrade et Guido eurent deux fils, dont l'un, nommé Roger, fut le père de Guido Guerra. Celui-ci embrassa la cause des Guelfes et eut une grande grande part à la victoire remportée par Charles d'Anjou sur Manfred, en 1266.

[2] V. 41. — Tegghiajo Aldobrandi, de la famille des Adeniari. — Ses conseils et sa haute bravoure ne purent empêcher la défaite de Mont'Aperto, si funeste aux Guelfes de Florence (1260).

[3] V. 44. — Le vice honteux de Rusticucci est ici atténué par une sorte d'excuse qui manque aux deux autres : il avait une femme acariâtre.

— « Puisse ton âme garder longtemps son vêtement terrestre, reprit l'un d'eux (celui qui m'avait parlé d'abord) ; puisses-tu aussi te faire un nom qui te survive! Mais de grâce, dis-moi si notre belle cité continue à être le séjour de la courtoisie et de la valeur, ou si ces vertus en sont tout-à-fait exilées. Car voici Guillaume Borsière[1] nouveau venu qui fait partie de notre bande, dont les paroles sur ce sujet nous affligent. »

— « Malheureuse Florence ! m'écriai-je en relevant la tête, tes nouveaux hôtes et tes gains subits t'ont poussée à un tel excès d'orgueil et de dérèglement que déjà tu en pleures. »

A ce cri échappé du fond de mon âme, les trois ombres se regardèrent l'une l'autre d'un air qui voulait dire : cela est donc vrai ! Puis, elles me dirent toutes ensemble : « Heureux mortel qui peux ainsi, d'une parole aisée, satisfaire ceux qui s'adressent à toi ; veuille donc, lorsque, sorti de ces lieux sombres, tu seras rendu à la clarté des astres, et que tu aimeras à dire : j'ai visité l'Enfer, parler de nous à nos concitoyens. » En disant ces mots, ils rompirent le cercle, et ils s'enfuirent aussi rapidement que s'ils avaient des ailes. Dire *amen* exige plus de temps qu'ils n'en mirent à disparaître. Virgile jugea bon alors de partir.

Je le suivais, et nous marchions depuis peu de temps, lorsque le bruit des eaux se rapprocha tellement que nous aurions eu peine à nous entendre.

Comme ce fleuve qui prend sa source dans le mont Viso[2], sur le flanc gauche de l'Apennin, se dirige vers le Levant, et perd, à Forli, le nom d'Acquacheta qu'il avait sur la montagne, avant de se précipiter dans la plaine, et, parvenu au-dessus de San-

[1] V. 70. — Guillaume Borsière était un homme de plaisir dont on raconte un mot plaisant : Messer Grimaldi, Gênois riche et avare, le consulta un jour sur un sujet de peinture pour la salle d'une maison qu'il venait de faire bâtir. — Je voudrais, dit-il, quelque chose de neuf et qu'on n'ait jamais vu. — Faites-y peindre la Libéralité, lui répondit Borsière. — Boccace a puisé dans cette anecdote le sujet d'une de ses nouvelles (Décam. 1-8).

[2] V. 95. — Mont Viso, dans les Alpes, au-dessus de Montferrat ; nommé d'abord Acquacheta, puis Montone ; le fleuve qui sort de cette montagne se jette dans la mer Adriatique, près de Ravenne.

Benedetto[1], tombe avec fracas du haut des rochers dans un lieu disposé pour mille moines qui devraient le recevoir, ainsi bruissait à mes oreilles, qui n'auraient pu en soutenir le retentissement prolongé, cette eau noire[2] s'élançant d'une rive escarpée dans le ténébreux abîme.

J'étais ceint d'une corde[3] avec laquelle je faillis une fois prendre la panthère à la peau tachetée[4]. Mon guide m'ayant commandé de délier cette corde, j'obéis et la lui présentai roulée en un paquet. A peine l'eût-il reçue qu'il fit un demi tour à droite et que, tenant un bout de la corde, il jeta le paquet dans le gouffre à quelque distance du bord. Voyant qu'il la suivait de l'œil, je me disais : il faudra que la rareté du fait réponde aux moyens nouveaux employés par mon guide.

Ah! quelle doit être notre réserve auprès de ceux qui, non-seulement voient nos actions, mais lisent encore dans nos âmes notre pensée! — « L'objet que se crée ta fantaisie, me dit-il, moi je le connais et je l'attends. Il va bientôt paraître et se manifester à tes regards. »

Lorsque la vérité ressemble au mensonge, il vaut mieux la cacher autant qu'il se peut, que d'être exposé à rougir sans avoir failli; mais ici je ne puis me taire. Je te jure donc, lecteur, par ces vers d'un poëme[5] qui jouira peut-être de quelque faveur parmi les hommes, je te jure (veuille m'en croire), que je vis monter en nageant au travers d'un air sombre et épais, une figure[6] capable d'étonner le cœur le plus ferme. Elle s'élevait du fond du gouffre, semblable au matelot qui sort de la mer où il s'était plongé pour dégager l'ancre d'un écueil ou d'autres obstacles cachés sous l'onde. Il remonte en allongeant le corps et en ramenant à lui ses jarrets nerveux.

[1] V. 100. — L'abbaye de San-Benedetto est sise dans les Apennins, entre le Mugello et la Romagne.
[2] V. 104. — Le Phlégéton.
[3] V. 106. — Dante avait été, dit-on, du tiers ordre de Saint-François. — Il est certain qu'il voulut mourir sous l'habit de Cordelier.
[4] V. 108. — Enfer. Chant premier.
[5] V. 128. — Ce poëme est appelé ici par l'auteur une *Comédie*.
[6] V. 131. — Géryon, monstre à trois corps, tué par Hercule.

CHANT XVII.

« Voici le monstre à la queue acérée, qui franchit les monts, perce les murailles et les armures, et infecte de ses poisons le monde entier! » Après avoir salué par ces paroles l'horrible bête, mon guide lui fit signe de s'approcher du bord, au bout de la chaussée de marbre que nous avions suivie.

Il vint en effet, ce hideux archétype de la fraude, ou plutôt nous ne vîmes de lui que la tête et le buste, sa queue ne s'élevant pas à la hauteur du parapet. Il avait un visage d'homme, où semblaient respirer la droiture et la bonté; tout son corps avait d'ailleurs la forme d'un serpent. On voyait adaptés à ses aisselles comme deux bras velus et armés de griffes. Son dos, sa poitrine et ses deux flancs étaient peints de nœuds et de sinuosités[1]. Jamais les Tartares et les Turcs, si habiles à travailler la soie, n'ont croisé des fils de tant de couleurs. Jamais Arachné ne fila des toiles plus artistement ourdies.

Comme on voit des barques amarrées, dont une partie avance sur le rivage, tandis que l'autre plonge dans l'eau, comme on voit aussi dans les marais de la Germanie le castor accroupi se disposer à l'attaque, ainsi la poitrine du monstre s'appuyait au bord de la digue en pierre, qui entoure la plaine de sable; et sa queue, se déroulant dans l'espace, s'agitait et faisait vibrer les bords empoisonnés d'une fourche pareille à celle du scorpion.

— « Avançons un peu, me dit mon guide, et tournons à droite pour nous mettre à portée de la mauvaise bête qui s'étend là-bas. » Nous descendîmes de la digue, et nous fîmes dix pas sur son bord intérieur, pour mieux rester à l'abri des flammes. Quand nous fûmes près du monstre, portant ma vue au-delà, je vis une foule de gens assis[2] sur la bouillante arène, au penchant de l'abîme.

[1] V. 15. — Ces nœuds et ces sinuosités sont les emblèmes de la fraude.
[2] V. 36. — Les usuriers.

Virgile me dit alors : « Il ne faut pas que tu quittes cette zône avant d'avoir tout exploré, tout connu [1]. Va, et observe la condition de ces damnés. Mais avec eux point de longs discours : abrège l'entretien. Je veux, jusqu'à ton retour, obtenir de cette bête qu'elle nous prête ses fortes épaules. »

Je me dirigeai donc seul, en longeant l'extrémité du septième cercle, vers l'endroit où ces malheureux étaient assis. Des larmes arrachées par la souffrance jaillissaient de leurs yeux, ils se protégeaient avec leurs mains tantôt contre la pluie de feu, tantôt contre les ardeurs du sol bouillonnant sous leurs pieds. C'est ainsi que, pendant l'été, on voit les chiens, opposant leur museau et leurs pattes aux mille insectes qui les harcèlent, chercher à se préserver de leurs morsures.

J'en regardai plusieurs au visage, et je n'en reconnus aucun [2]. Mais je m'aperçus qu'au cou de chacun d'eux était suspendue une bourse. Chaque bourse était distinguée par sa couleur et par son blason. Jaloux de ce trésor, on eût dit qu'ils en repaissaient leurs yeux. M'étant approché d'eux pour mieux voir, je remarquai sur une bourse jaune l'image d'un lion d'azur [3]. Mes yeux se portant au-delà en virent une autre, d'un rouge éclatant, sur laquelle apparaissait une oie d'une blancheur parfaite [4]. Enfin, parmi ces malheureux, j'en vis un dont la bourse était d'un tissu blanc où l'on voyait une truie azurée et pleine [5].

Ce dernier me dit : « Que viens-tu faire ici ? va-t-en, et sache, puisque tu es encore vivant, qu'une place est réservée à ma gauche à Vitaliano [6] dont j'étais le voisin sur la terre, dans la ville de Padoue, notre patrie commune. J'ai les oreilles rebattues de ce

[1] V. 38. — Ils sont encore dans le 3e orbe du septième cercle.

[2] V. 54. — Le poète veut que leurs noms périssent, ajoutant cette peine à l'ignoble passion de l'usure.

[3] V. 59. — Les Gianfigliazzi de Florence portaient d'or au lion d'azur.

[4] V. 63. — Armes de' Ubriachi de Florence.

[5] V. 64. — Armes dei Scrovigni de Padoue.

[6] V. 68. — Il y a dans ce poème d'autres exemples d'hommes dont la damnation est prédite.

cri : « Arrive le jour où l'illustre cavalier, dont la bourse est blasonnée de trois becs [1], viendra se placer au milieu de nous. »

A ces mots, le malheureux, tordant sa bouche, tira la langue, semblable au bœuf qui lèche ses naseaux. Alors, craignant de déplaire à mon guide, en m'arrêtant trop longtemps au mépris de sa recommandation, je quittai ces âmes dolentes, et revins vers lui. Je le trouvai déjà monté sur la croupe du monstre : « A moi, s'ecria-t-il ; c'est ici que je verrai si tu as du cœur. Pour descendre plus bas, c'est la seule voie qui nous soit ouverte; monte et place-toi devant moi. Je veux, en m'interposant, te préserver des atteintes vénéneuses de la queue du monstre. »

Comme aux approches de son accès de fièvre quarte, le malade voit déjà le sang se retirer de ses ongles, la vue seule de l'ombre lui a rendu le frisson qu'il redoute; ainsi devins-je à cet appel de mon guide; mais provoqué en termes si vifs, j'eus bientôt cette honte salutaire qui double les forces du serviteur en présence d'un bon maître.

J'osai donc m'asseoir sur le dos du monstre. Je voulus lui dire : « ...... (mais la voix ne vint pas comme je l'avais cru) Tenez-moi fortement embrassé ! » Lui qui m'avait une autre fois secouru dans un grand péril, ne me fit pas défaut en cette occasion. A peine étais-je monté qu'il m'entoura de ses bras protecteurs. « Va maintenant, Géryon, s'écria-t-il, décris de grands cercles pour ralentir la descente; songe au fardeau inaccoutumé qui charge tes épaules. »

Le monstre quitta lentement le parapet, se retirant en arrière, comme la nacelle qui démarre peu à peu du rivage. Quand il se sentit libre dans l'espace, il vira soudainement de tête en queue, avec la prestesse d'une anguille, et fit, en s'allongeant, mouvoir ses bras, comme des rames destinées à fendre l'air.

Non, quand l'imprudent Phaéton lâcha les rênes de son char,

[1] V. 73. — Les commentateurs donnent le nom de cet usurier fameux, omis à dessein par Dante. C'est messer Giovanni Bujamonti.

et embrasa le ciel de feux dont la trace est encore visible[1], ni lorsque le jeune Icare, sentant fondre la cire de ses ailes, entendit son père s'écrier : « Tu fais fausse route » Icare ni Phaéton n'eurent pas plus d'effroi que je n'en éprouvai en me voyant suspendu dans l'air, hors de toute vue autre que celle du monstre.

Il va toujours nageant et décrivant de grands cercles. Il s'abaisse lentement, et je ne sens que je m'enfonce qu'au souffle du vent qui me frappe au visage et sous les pieds. Déjà j'entendais l'horrible mugissement du gouffre tournoyant au-dessous de nous. J'avançais la tête pour regarder au fond. C'est alors qu'à la vue des flammes, au bruit des sanglots et des pleurs, j'eus plus de peur encore du gouffre béant. Je me tins tout tremblant, et les genoux rapprochés sur mon étrange monture. Je m'aperçus aussi que je descendais en tournant ; j'en jugeai par les tortures diverses qni se révélaient à moi, et semblaient s'approcher de tous côtés, à mesure que je m'enfonçais.

Comme le faucon, après avoir été longtemps à l'essor, revient, sans avoir vu leurre ni oiseau, vers le chasseur qui lui crie : « Est-ce que tu descends ? » on le voit s'abattre fatigué, en faisant mille tours, lui qui s'était élancé avec tant d'ardeur ; il va, plein de dépit et d'un air méchant, se poser loin de son maître ; ainsi Géryon, descendu au fond du gouffre, se posa au pied de la roche abrupte ; et là, s'étant déchargé de son double fardeau, il partit aussi vite que la flèche fuit la corde lâchée par un archer.

CHANT XVIII.

Il est dans l'Enfer un lieu dit Malebolge[2], dont le sol a la couleur du fer et n'est formé que de pierre, comme la berge qui l'environne. Au centre s'ouvre la bouche infecte d'un puits large

[1] V. 108. — Est il vrai qu'il s'agisse ici de la voie lactée ? Les mythologues lui assignent une autre cause.

[2] V. 1. — Malebolge, les fosses maudites, de Bulga, Bougette, proprement sac de cuir de voyage.

et profond, que j'aurai plus tard à décrire[1]. L'espace compris entre ce puits et la berge est circulaire; dix tranchées pareillement circulaires en partagent le fond.

Comme on voit des fossés, creusés pour la défense des châteaux, former autour des murs plusieurs enceintes, et les rendre inaccessibles, tel était l'aspect de ces tranchées; et de même que, sur les fossés de ces forteresses, il existe des ponts depuis le seuil des portes jusqu'aux glacis extérieurs, ainsi du pied de la berge naissaient plusieurs saillies de rocher qui se prolongeaient jusqu'au puits, en traversant les fossés et leurs digues, et se réunissaient vers le point central.

C'est dans ce lieu que Géryon, secouant sa forte échine, nous avait jetés sur le roc. Virgile prit à gauche, et je marchai derrière lui. Je vis à droite la première fosse[2], où s'exerçaient de nouvelles tortures; j'y vis un nouveau genre de flagellation qui m'émut derechef à pitié. Les pécheurs étaient dans le fond, nus et marchant sur deux files; les nus, en deçà de la ligne du milieu, avaient le visage tourné de notre côté; au-delà de cette ligne, les autres allaient dans le même sens que nous, mais à pas plus pressés.

Ainsi les Romains, dans l'année du jubilé, ont trouvé moyen de faire passer la foule sur le pont en deux files : les uns ont le visage tourné vers le château et vont à Saint-Pierre[3]; les autres suivent le parapet opposé et reviennent vers la colline.

Quoiqu'entraînés dans des directions contraires, ces damnés étaient voués au même supplice. D'affreux démons, armés de fouets, les fustigeaient par derrière à coups redoublés. Ah! comme ils s'enfuyaient vite au premier coup sans attendre le second, ni le troisième!

[1] V. 6. — Voir au 31e chant de l'Enfer.

[2] V. 24. — Où sont fustigés les proxénètes et les séducteurs.

[3] V. 32. — Le vieux Saint-Pierre, bâti par Constantin, sur l'emplacement du cirque, où Néron livrait les chrétiens aux bêtes, a fait place, depuis Dante, à la nouvelle métropole qui fait l'admiration du monde chrétien. L'assiette des deux édifices étant la même, on retrouve ici le château et le Pont-Saint-Ange. — *Castello ponte.* Mais de quelle colline s'agit-il? Est-ce du mont Capitolin ou du mont Quirinal, tous deux sur la rive gauche du Tibre, mais assez éloignés du Pont Saint-Ange?

Mes regards tombèrent sur l'un d'eux, pendant que je continuais à marcher : « Voilà, dis-je aussitôt, un visage qui ne m'est pas étranger. » Je m'attachai donc à le considérer. Mon doux maître voulut bien s'arrêter, et permettre que je me tinsse quelque temps en arrière.

Le pauvre flagellé baissait la tête pour se cacher, mais il n'y réussit point : « O toi, lui dis-je, qui tiens les yeux fixés en terre! à ton air, si je ne m'abuse, je reconnais en toi Venetico Caccianimico[1]. Mais quel crime te vaut ces rudes étrivières? » Il me répondit : « Il m'en coûte de te le dire; mais cette parole accentuée[2] qui me rappelle le monde où j'ai vécu me force à parler : c'est moi dont l'entremise a jeté la belle Ghizola dans les bras du Marquis[3]. Oui, quoi qu'en dise la chronique peu fidèle, c'est moi qui fus le suborneur, et je ne suis pas le seul Bolonais qui pleure ici; moins nombreuses sont les populations répandues entre la Savena et le Reno[4], qui ont appris à dire *oui*[5] à la Bolonaise, que je n'ai de compatriotes en ce lieu. En preuve de ce que j'avance, rappelle-toi à quelle sordide avarice[6] mon pays a ouvert son sein. Comme il parlait ainsi, un démon le frappa d'un coup d'étrivière et lui dit : « Marche, rufien, il n'y a pas ici de femme à vendre. »

Je rejoignis mon guide, et après quelques pas, nous arrivâmes où le rocher de la berge fait saillie sur le fossé. Nous y montâmes rapidement, tournant à droite, et marchant sur cet éclat de roche qui nous éloignait de la première enceinte. A l'endroit où s'ouvre sous le roc un passage pour les malheureux flagellés, mon guide s'arrêta et me dit : « Demeure ici, et tourne-toi de manière à

[1] V. 50. — Caccianimico était de Bologne; il reçut le prix de ce marché infâme. Sa sœur Ghizola fut abusée par une promesse de mariage que lui fit le marquis Obizzo d'Est.

[2] V. 53. — Les vivants ont la parole claire, par opposition aux âmes des morts qui l'ont sourde et basse. Lorsque Virgile s'est offert à Dante dans la forêt sauvage . . . . per lungo silenzio parea fioco (1-63).

[3] V. 56. — Obizzo d'Est, marquis de Ferrare.

[4] V. 61. — Bologne est sise entre ces deux rivières.

[5] V. 61. — Sipa, pour si, *oui*. Le *si* des Italiens n'est-il pas une contraction de Sia, soit.

[6] V. 63. — L'avarice est la mère des industries infâmes.

rencontrer le visage de ces autres damnés, que tu n'as pu voir jusqu'à présent, parce qu'ils marchaient avec nous et dans la même direction. »

Du vieux pont où nous étions postés, nos regards suivaient l'autre file que nous avions alors en face et que poursuivait également le fouet vengeur. Mon bon maître, prévenant mes questions, me dit : « Vois-tu cette grande ombre qui vient à nous, et à qui il semble que la douleur n'arrache point de larmes ? Sur ses traits brille encore la majesté royale. C'est Jason, qui, par sa valeur et son génie, alla jusqu'à Iolchos, conquérir la Toison d'or. Ce chef des Argonautes, ayant relâché à Lemnos, où les femmes venaient de tuer sans pitié tous les habitants mâles de l'île[1], séduisit la jeune Hypsipyle par sa bonne mine et ses belles paroles. Elle qui avait su tromper toutes ses compagnes, trompée à son tour par ce héros, resta seule avec un gage de sa tendresse. Mais tant de perfidie a trouvé ici son châtiment, et Médée[2], sa juste vengeance. Avec lui courent, battus des mêmes verges, tous les parjures qui lui ressemblent. Mais voilà, sur les tortures de la première fosse et sur les hôtes qu'elle renferme, de quoi te suffire. »

Nous étions alors à l'endroit où l'étroite chaussée vient s'appuyer sur la digue de la seconde fosse[3], de manière à faire de cette digue le pilier d'un autre pont. De cet endroit nous pouvions entendre le bruit de gens qui, plongés dans cette seconde tranchée, soufflaient par la bouche avec force, et battaient leurs poitrines avec leurs mains. Les rives étaient chargées d'une croûte épaisse, formée par les exhalaisons fétides qui venaient d'en bas s'y condenser, et blessaient en même temps, la vue et l'odorat. Le fond en est si noir que pour distinguer les objets, il

[1] V. 90. — Les femmes de Lemnos tuèrent leurs maris au retour d'une expédition en Thrace, après avoir déjà, en leur absence, mis à mort tous les mâles de l'île, et juré de se passer d'hommes à l'avenir. Hypsipyle manqua seule à son serment, en faisant partir secrètement son père, roi de Lemnos. Elle souffrit à son tour du parjure de Jason qui la séduisit et l'abandonna.

[2] V. 96. — Médée, abandonnée aussi par Jason, s'en vengea en tuant les enfants qu'elle avait eus de lui.

[3] V. 101. — Où sont plongés dans la matière fécale, les flatteurs et les courtisanes.

nous fallut monter au point culminant du roc dont est formée la seconde arche.

Là nous regardâmes au-dessous de nous, et vîmes que le fossé était plein d'une matière noire, comme d'excréments humains, où des pécheurs étaient plongés; et pendant que mes yeux fouillaient dans cet horrible cloaque, j'y découvris un damné, dont la tête couverte d'ordures faisait douter s'il était laïque ou tonsuré. « D'où vient, s'écria-t-il, que ta curiosité s'attache plus à moi qu'aux autres immondes! »

— « C'est, lui répondis-je, que je t'ai vu autrefois, si j'ai bonne mémoire, dans un temps où tu avais les cheveux secs. Tu es Alexis Interminci de Lucques[1]; mon attention fixée sur toi n'a pas d'autre cause. »

Nous le vîmes ensuite se frapper la tête : « C'est la flatterie, disait-il, qui, coulant sans cesse de mes lèvres, a rempli pour moi jusqu'au bord cette sentine impure! »

Virgile me dit ensuite : « Avance un peu pour voir en face et observer à ton aise cette sale guenipe aux cheveux en désordre qui, tantôt accroupie, et tantôt debout, se gratte avec ses ongles infects. C'est Thaïs[2], la courtisane, qui répondit à ces mots de son amant : « Suis-je dans tes bonnes grâces? » — « J'ai un goût merveilleux pour vous. »

« Mon fils, continua mon guide, tes yeux doivent être rassasiés. Passons outre. »

CHANT XIX.

O Simon le magicien[3], ô vous, ses malheureux sectateurs, qui,

[1] V. 122. — Castruccio, le héros de Machiavel, était issu de cette famille des Interminci.

[2] V. 133. — Dans l'eunuque de Térence, Thrazon, chevalier romain, a envoyé en présent à Thaïs une nacelle et une esclave pour la servir. Au retour de Gnathon, qui a fait le message, Thrazon lui demanda si Thaïs lui a fait de grands remerciements. — « Oui, et d'immenses, répond le parasite. »
« Magnas vero agere gratias Thaïs mihi ?.. — Ingentes. (Act. II. 1.) »

[3] V. 1. — Simon le magicien voulut acheter des apôtres Pierre et Jean, le pouvoir de faire descendre le Saint-Esprit par l'imposition des mains (Act., cap. 8).

pour de l'or et de l'argent, corrompez les choses de Dieu, purs dons de sa bonté, vous, dont l'avarice s'expie au fond de la troisième tranchée[1], c'est pour vous que ma trompette à présent va retentir.

Déjà nous avions atteint l'arche de la fosse suivante; nous l'avions gravie jusqu'au point qui domine à plomb le milieu de cette cavité.

O sagesse du fabricateur souverain, qui a mis partout, au ciel, en la terre et dans les gouffres de l'Enfer, les marques d'un art merveilleux! comme tu fais à tous une juste mesure!

Je vis qu'au fond et sur les parois de la fosse la pierre brune était percée de trous ronds d'égale largeur. Ces ouvertures me rappelaient, par l'exacte parité de leurs dimensions, celles qui ont été faites aux fonts de baptême dans ma belle église de Saint-Jean[2], pour le service de ceux qui baptisent. Il est un de ces puits dont je brisai l'orifice, il y a quelques années, pour sauver un enfant en danger de s'y noyer. Que mes vers détrompent ceux qui chercheraient ailleurs la cause de ce dégât.

Hors de chaque trou sortaient les pieds d'un damné, dont on voyait seulement la moitié des jambes. Le reste était enfoncé dans la pierre. Tous avaient la plante des pieds dévorée par les flammes, et cette torture leur imprimait des mouvements qui auraient brisé les liens les plus solides.

Comme on voit la flamme qui s'est attachée à un corps gras, courir en un instant sur toute sa surface, de même leurs extrémités, depuis le talon jusqu'à la pointe du pied, étaient envahies par le feu vengeur.

— « O mon maître! m'écriai-je, qui est celui-ci qui se tord

[1] V. 6. — Les simoniaques la remplissent plantés la tête en bas dans des gaînes de pierre.

[2] V. 17. — Il y a, aux quatre angles de la fontaine qui jaillit au milieu du Baptistère à Florence, quatre trous ou petits puits, où descendent les prêtres pour être plus près de l'eau et baptiser plus commodément. Le convercle d'un de ces puits s'était sans doute refermé sur un enfant qui s'y était laissé choir, et Dante n'avait pu l'en retirer qu'en brisant l'orifice.

plus douloureusement que ses compagnons d'infortune [1], sous l'action d'une flamme plus intense? »

— « Je puis, répondit Virgile, te porter jusqu'à la rive qui est au bas du pont. Alors tu sauras de ce pécheur lui-même, si tu le désires, qui il est et quelles ont été ses fautes. »

— « Mon cher guide, lui répondis-je, tout ce qui vous plaît m'agrée. Vous êtes mon maître; vous savez que ma volonté ne diffère point de la vôtre; vous savez même ce qu'on voudrait vous taire. »

Nous allâmes du pont sur la digue de la quatrième tranchée, d'où, en tirant à gauche, nous descendîmes dans la fosse elle-même, dont le fond étroit est percé de trous. Mon bon maître qui me portait dans ses bras, ne me déposa qu'auprès de la gaîne où était enfermé le malheureux qui agitait ses jambes en signe de douleur.

« Qui que tu sois, lui dis-je, qui te montres à moi, renversé de haut en bas, et fiché comme un pieu dans le sol, instruis-moi de ton sort, si tu as quelque moyen de te faire entendre. »

J'étais comme le moine écoutant la confession d'un assassin enterré vif, qui l'appelle et le retient, pour retarder sa mort.

Du fond de la cavité sortirent ces mots :

« Est-ce toi déjà, Boniface [2]? est-ce toi qui déjà serais planté ici les pieds en l'air? La prophétie écrite sur toi m'a trompé de quelques années. Tu t'es donc bientôt dégoûté de ces trésors pour lesquels tu n'as pas craint d'enlever l'Épouse [3] par surprise afin de la soumettre ensuite à tes outrages? »

[1] V. 31. — Le pape Nicolas III.

[2] V. 53. — Le pape Boniface VIII, qui succéda à Célestin V, après avoir obtenu, dit-on, par artifice, l'abdication de ce pontife, ancien ermite, d'un esprit faible et crédule. Boniface VIII mourut en 1303, suivant la prophétie à laquelle Nicolas III fait allusion, la croyant en défaut parce qu'il se trompe sur l'homme qui arrive. Il prend pour Boniface Dante, dont le voyage en Enfer s'accomplit en 1300.

[3] V. 57. — L'Église représentée dans le Saint-Siége apostolique.

J'étais comme ceux qui, faute d'entendre le langage qu'on leur adresse, croient qu'on les joue, et ne savent que répondre. Virgile me dit alors : « Hâte-toi de le désabuser en lui disant que tu n'es pas celui qu'il pense. » Je fis ce qui m'était ordonné.

Au même instant, les pieds du damné s'agitèrent avec force. Un soupir profond et une voix plaintive se firent entendre : « Que me veux-tu donc ? Sache (si le désir de me connaître t'a pressé au point de t'amener sur cette rive), sache que j'ai revêtu le manteau papal. Issu des Orsini, je me suis bien montré le fils de l'Ourse, en dressant et avançant les miens avec ardeur [1]. Là haut, j'ai rempli mes coffres ; ici, je remplis cette gaîne de mon propre corps. D'autres y sont enfoncés davantage, et ma tête touche leurs pieds : ce sont ceux qui m'ont précédé dans les voies de la simonie. Moi aussi, je serai poussé plus avant, à l'arrivée de celui pour lequel je t'avais pris, lorsque je m'écriai : Est-ce toi, Boniface ?

« Mais il y a déjà plus de temps écoulé depuis le jour où commença mon supplice, qu'il n'en passera, lui, planté la tête en bas, dans cette position cruelle ; car, après lui, je vois venir du couchant un homme d'œuvres plus mauvaises, un pasteur indigne [2] qui, de sa tête renversée, doit nous couvrir tous les deux. Il sera un nouveau Jason [3], semblable à celui dont il est parlé au livre des Machabées, et le roi de France sera faible envers lui, comme l'autre roi le fut envers Jason. »

Peut-être cédai-je ici à un mouvement inconsidéré : « Ah ! lui dis-je, notre Sauveur exigea-t-il des trésors de saint Pierre, avant de lui remettre les clés ? Que lui demanda-t-il ? Rien que de le suivre. Et, quand Matthias fut élu par le sort pour remplacer le

[1] V. 71. — Nicolas III, de la famille des Orsini, s'occupa trop d'enrichir les siens, pendant les trois ans qu'il occupa le Saint-Siége (1277-1280) ; il obtint pour son neveu Orsino Bertoldo le comté de la Romagne.

[2] V. 83. — Bertrand de Got, archevêque de Bordeaux, fut élu pape en 1300, sous le nom de Clément V, par l'influence de Philippe le Bel, qui l'eut à sa dévotion, et en obtint tout ce qui concernait sa politique. Ce pape lui livra les Templiers et transféra le Saint-Siége à Avignon.

[3] V. 83. — Jason, frère du grand-prêtre Onias, acheta du roi Antiochus le gouvernement de la Judée, et tenta de substituer les coutumes grecques aux lois et aux institutions mosaïques. Il avait acheté aussi la grande prêtrise et dépossédé son frère.

disciple parjure, Pierre et ses compagnons ne lui demandèrent ni or ni argent. Demeure donc là; garde cette position que tu as bien méritée; garde bien ces richesses extorquées qui te rendirent si hardi que de vouloir t'allier à la maison de France[1]; et si je ne respectais en toi les saintes clés que tes mains ont portées, mes paroles seraient encore plus sévères; car votre avarice afflige la chrétienté, en opprimant les bons, et en exaltant les pervers. C'est à vous, pasteurs, que s'appliquait la vision de l'Évangéliste, lorsqu'il vit celle qui est assise sur les eaux, se prostituer aux rois[2]; celle qui naquit avec sept têtes, et qui fut ornée de dix cornes, tant que sa vertu lui mérita les bonnes grâces de son époux. Vous vous êtes fait un dieu d'or et d'argent. Quelle différence y a-t-il donc entre vous et les idolâtres, sinon qu'ils adorent une idole et que vous en adorez cent? Ah! Constantin, votre conversion a réjoui l'Église; mais que de maux enfantés par cette donation[3] qui a fait riche pour la première fois un pape!

Pendant que je parlais ainsi avec véhémence, les jambes de ce malheureux, sous l'aiguillon du remords ou de la colère, s'agitaient avec force. J'eus lieu de croire que mon zèle n'avait point déplu à mon guide, tant sa bouche ouverte pour recueillir mes paroles dictées par la vérité, exprimait de contentement. Il me prit donc entre ses bras, et, me serrant fortement contre sa poitrine, il remonta sur la digue par le même chemin qu'il avait suivi pour en descendre; et, sans se lasser de son fardeau, il ne s'arrêta qu'au haut de l'arche qui joint la quatrième à la cinquième digue[4] Là, il me déposa mollement sur l'âpre rocher dont ce pont était formé, et qui serait, même pour des chèvres, un pas difficile à franchir. De ce point élevé, une autre tranchée s'offrit à mes regards.

[1] V. 99. — Le pape Nicolas III fit proposer une de ses nièces au neveu du roi de Naples, Charles d'Anjou. Le frère de saint Louis répondit que, bien qu'il eût les pieds rouges, il n'était pas digne d'une alliance avec la maison de France.

[2] V. 107. — Ostendam tibi damnationem meretricis magnæ quæ sedet super aquas multas, cum quâ fornicati sunt reges terræ. (Apocalypse cap. 17.)

[3] V. 116. — La donation de Constantin, si contestée, comprenait Rome et tout l'Empire d'Occident qui auraient été concédés au pape Sylvestre.

[4] V. 129. — Sous ce pont, entre la quatrième et la cinquième digue, est la quatrième fosse où sont les sorciers et les devins.

CHANT XX.

Il faut chanter de nouvelles tortures, il faut faire un vingtième chant, continuer ce poème, dont le premier cantique est destiné aux âmes de l'Enfer.

Les yeux fixés sur la fosse[1], dont le fond était à découvert, attentif à tout observer dans cette vallée de désespoir et de larmes, je vis des gens qui, tout en pleurs marchaient en silence, du pas des processions qui, dans le monde, s'avancent en psalmodiant. M'étant baissé pour mieux les voir, je m'aperçus, chose étrange ! que chacun d'eux était tordu à l'endroit où finit le menton et où commence la poitrine. Leur visage se trouvait ainsi tourné du côté des reins ; ce qui les forçait de marcher en arrière, parce que le devant n'avait pas de guide. Se peut-il que la paralysie ait jamais disloqué ainsi des malheureux, et produit pareille inversion des membres ? Je ne l'ai pas vu et ne puis le croire.

Lecteur, si Dieu te fait la grâce de te rendre cette lecture profitable, juge toi-même, si je pus voir d'un œil sec notre figure, cette image du Créateur, si contrefaite en ces damnés, que les larmes tombant de leurs yeux, sillonnaient leur dos et tout le revers de leur corps.

Appuyé sur un bloc de rocher, je pleurais si abondamment que mon guide me dit : « Vas-tu aussi faire le sot comme les autres ? Ici vit la *piété* quand le cœur est mort à toute *pitié*[2]. Qu'y a-t-il de plus coupable que la compassion de l'homme opposée à la justice divine ? Lève, lève la tête et considère ce guerrier. La terre s'ouvrit pour l'engloutir, aux yeux des

[1] V. 1. — Dans cette quatrième tranchée, les sorciers et les devins marchent à reculons, et voient derrière eux la tête retournée.

[2] V. 28. — Le poète joue ici sur le double sens du mot *pieta*, *piété*, *pitié*, il a rarement de ces concetti, dont le moindre défaut est d'être intraduisibles.

Thébains qui lui criaient avec dérision : « Quelle chûte, Amphiaraüs[1]? Pourquoi quitter ainsi le combat? » Mais ce malheureux ne cessa de s'enfoncer, qu'il ne fût parvenu jusqu'à Minos, devant qui tous les pécheurs s'arrêtent. Observe que ses épaules occupent la place de sa poitrine. Pour avoir voulu percer trop avant dans l'avenir, il regarde ici en arrière et marche à reculons.

« Voici le devin Tirésias[2] qui, changea de figure et de sexe, et d'un autre coup de la même baguette qui l'avait métamorphosé en femme, força les deux serpents à lui rendre sa barbe et son aspect viril. Vois marcher, le dos en avant, et serrant le ventre de Tirésias, Aruns[3], l'ancien augure, qui habitait jadis une grotte taillée dans les monts Luni[4], où l'on scie le marbre blanc de Carrare. De cette retraite, Aruns pouvait jouir pleinement de la vue de la mer et des étoiles.

« Vois encore cette femme aux tresses flottantes, qui couvrent son sein. Remarque sa peau velue depuis la ceinture jusqu'aux pieds; c'est la célébre Manto qui, après avoir parcouru maintes contrées, s'arrêta aux lieux où je devais naître. Laisse-moi entrer ici dans quelques détails : Après la mort de son père, Manto voyant Thèbes, la ville de Bacchus asservie[5], s'en alla longtemps par le monde. Il est au pied des Alpes Tyroliennes, un lac profond qui borne la haute Italie du côté de l'Allemagne; c'est le lac Benaco[6] dont les eaux arrosent par mille ruisseaux tout le pays compris entre Garda, le Val Camonica et l'Apennin.

[1] V. 34. — Le devin Amphiaraüs, un des sept chefs que Polynice conduisit à la guerre de Thèbes, y alla, malgré lui, sachant par son art qu'il devait y périr. Sa femme Ériphyle, séduite par le don d'un collier, découvrit sa retraite, et il fut obligé de partir. Au milieu d'un combat livré pendant le siége, la terre s'entr'ouvrit et l'engloutit avec son char.

[2] V. 40. — Le devin Tirésias changea de sexe et ne reprit le sien qu'après avoir été femme pendant sept ans. Junon, pour le punir d'une réponse injurieuse à son sexe, le rendit aveugle, mais Jupiter l'en dédommagea en lui donnant les clartés de l'esprit.

[3] V. 46. — Lucain au 1er chant de la Pharsale, parle de cet Aruns, et lui fait prédire la victoire de César.

[4] V. 47. — Il ne reste plus rien de l'ancienne ville de Luni, mais le pays s'appelle encore Lunigiana.

[5] V. 59. — Créon se rendit maître de Thèbes après la mort d'Étéocle et de Polynice.

[6] V. 63. — C'est le lac Garda.

On voit au milieu du lac un endroit[1] où trois évêques pourraient, s'ils voulaient s'y rendre, donner la bénédiction pastorale; c'est la limite commune des diocèses de Trente, de Brescia et de Vérone. C'est là qu'est sise Peschiera, place forte bâtie sur la pente où la rive est la plus basse, belle frontière du côté de Brescia et de Bergame. Là se déchargent toutes les eaux que le lac de Benaco ne peut contenir, pour s'épandre en large fleuve, à travers les prés verdoyants. Aussitôt qu'elles ont pris leur cours, elles perdent leur nom de Benaco, et deviennent le Mincio, ainsi nommé jusqu'à Governo où le Pô les reçoit et les absorbe. Mais avant d'arriver là, elles ont rencontré une plaine, où elles se sont répandues, et ont formé un marais d'où s'élèvent en été des exhalaisons malsaines. La farouche Manto passa par ces lieux. Elle vit flotter au milieu des eaux stagnantes une terre sans culture et sans habitants. Comme elle fuyait tout commerce avec les humains, elle s'arrêta dans cet endroit avec sa suite, pour y faire ses opérations magiques. Elle y vécut et y laissa sa dépouille mortelle. Bientôt une multitude d'hommes, des campagnes d'alentour, vint dans ce lieu chercher la protection des marais qui l'environnent de toutes parts. Ils bâtirent sur les cendres de la magicienne, une ville qu'à cause d'elle, et parce qu'elle avait choisi cet emplacement, ils appelèrent Mantoue[2], sans consulter autrement le sort. Déjà cette ville avait été puissante et plus populeuse même qu'aujourd'hui, avant que Casalodi[3], trompé par les artifices de Pinamonte, se fût laissé supplanter par cet ambitieux. Telle est la vraie origine de ma patrie. Si tu entends faire quelque version différente, empêche le mensonge de prévaloir sur la vérité..... »

Virgile se tut, et je repris ainsi : « Maître, j'ai foi, foi entière

[1] V. 67. — Au milieu du lac est l'île Saint-Georges, où s'élevait une chapelle, limite commune des trois évêchés de Trente, Brescia et Vérone.

[2] V. 93. — Virgile attribue à Beanor, fils de Manto, la fondation de cette ville, à qui il donne le nom de sa mère.

« *Qui muros matrisque dedit tibi, Mantua nomen* »

(Virg.)

[3] V. 95. — Le comte Alberto di Casalodi, tyran de Mantoue, se laissa persuader par Pinamonte d'exiler les nobles. Pinamonte se mit alors à la tête du peuple, et se fit lui-même seigneur de Mantoue.

dans vos paroles, et toutes autres seraient pour moi, comme des charbons éteints, une lettre morte et sans valeur. Mais dites-moi, n'y a-t-il pas encore dans cette foule, qui s'avance, quelques personnages notables? Car, c'est à ceux-là seulement que mon esprit s'attache. »

— « Celui-ci, me dit-il, dont la longue barbe descend de ses joues sur ses brunes épaules[1], était augure dans le temps où la Grèce levée en masse, ne laissa derrière elle que les enfants mâles au berceau. C'est lui qui, en Aulide, donna le signal avec Calchas, de couper le premier câble. Reconnais en lui Eurypile, que j'ai chanté dans ma grande Épopée[2]. Tu connais ce passage, toi qui sais tout ce poème,

« Cet autre, au corps maigre, aux formes déliées, c'est Michel Scott[3] qui fut vraiment initié aux jeux importants de la magie. Voici Guido Bonatti[4]; voici Asdente[5] qui voudrait bien aujourd'hui n'avoir employé que le cuir et le carrelet. Il se repent, mais il est trop tard. Voilà les malheureuses sorcières qui préférèrent leur triste métier[6] au fuseau, à l'aiguille, à la navette, et qui composèrent des maléfices avec des herbes, à l'aide d'un miroir.

« Mais il est temps de quitter ce lieu. Déjà l'astre de la nuit, au front duquel apparaît Caïn avec son fagot d'épines[7], est aux

[1] V. 107. — *Suspensi Eurypilum scitatum oracula Phœbi*
Mittimus.... (Virg. 2.)

[2] V. 113. — Le texte porte : dans ma haute tragédie : Dante au chant qui précède a nommé son poème une comédie.

[3] V. 115. — Michel Scott, astrologue de l'empereur Frédéric II, avait prédit qu'il mourrait à Firenzuola, et qu'une pierre serait là cause de sa mort. Pour faire mentir cette prédiction, il s'abstint toute sa vie d'aller à Florence (Firenze), mais il mourut en effet dans une bourgade nommé Firenzuola. On raconte qu'étant dans une église, et la corde de la cloche s'étant rompue, une pierre se détacha de la voûte et lui fit à la tête une blessure dont il mourut.

[4] V. 118. — Bonatti, astrologue de Guido de Montefeltro à Forli. Toute sa science fut mise un jour en défaut par un paysan qui soutint contre lui qu'il ne pleuvrait pas : « C'est sûr, dit le paysan, car notre âne, en sortant de l'étable, a secoué les oreilles. »

[5] V. 118. — Asdente, cordonnier de Parme.

[6] V. 122. — Les sorcières du moyen-âge.

[7] V. 126. — Opinion populaire sur les taches de la lune. Dante y fait allusion au 2e chant du Paradis, en parlant de ces taches noires où les hommes croient voir Caïn portant un fagot d'épines.

confins des deux hémisphères, prêt à se baigner dans l'onde au-dessous de Séville[1]. Or la lune était hier dans son plein[2] et tu ne peux l'avoir oublié, toi qui as joui de sa favorable assistance dans les profondeurs de la forêt. »

Pendant qu'il parlait ainsi, nous ne laissions pas de marcher.

CHANT XXI.

Après d'autres propos qui ne méritent pas d'occuper une place dans ce poème[3], nous gagnâmes le pont jeté sur la cinquième tranchée. Parvenus au haut de l'arche, nous fîmes halte pour considérer cette autre région de Malebolge[4], nouveau théâtre de pleurs à jamais stériles. Il y régnait une obscurité profonde.

Comme on voit pendant l'hiver, dans l'arsenal de Venise[5], bouillir dans des chaudières la poix destinée à calfater les bâtiments qui ne peuvent plus tenir la mer; les ouvriers rivalisent de zèle, les uns renouvellent en partie les bois, les autres bouchent les flancs des vaisseaux fatigués par maints voyages; on les entend frapper, soit à la proue, soit à la poupe; tous sont occupés à façonner des rames, à tresser des cordages, à radouber le mât d'artimon ou le mât de misaine; ainsi bouillonnait au-dessous de nous, sans trace de feu et par une force divine, un fleuve de poix épaisse dont les éjections visqueuses couvraient les deux rives.

J'en voyais la surface liquide, sans que mes yeux pussent percer au-delà, ni voir autre chose que des bulles. Gonflée par l'ébullition, elle se soulevait toute entière et retombait de son poids. Ma vue y restait attachée, lorsque mon guide, m'attirant à lui du lieu où

[1] V. 126. — Sibilia, en latin Sibilla, Séville.

[2] V. 127. — La pleine lune était à l'opposite du soleil; celui-ci se lève quand la lune se couche. On était donc sur la terre au moment où le jour va paraître.

[3] V. 2. — Ce poème est encore appelé ici *comédie*, nouvelle justification du titre que porte l'épopée Dantesque.

[4] V. 4. — Les fripons qui ont volé dans les emplois publics: *Barattieri*, y sont plongés dans la poix bouillante.

[5] V. 7. — Dante avait vu sans doute Venise; mais il n'y alla comme ambassadeur du seigneur de Ravenne que dans la dernière année de sa vie, 1321.

j'étais, me dit : « Prends garde, prends garde. » Je me retournai aussitôt comme un homme impatient de voir l'objet qu'il doit fuir, et qui, saisi d'une peur soudaine, ne s'arrête pas à regarder.

Je vis un noir démon qui venait derrière nous, et qui montait en courant sur le pont où nous étions. Ah ! que son aspect était farouche, et qu'il paraissait terrible avec ses ailes ouvertes, et la légèreté de ses pieds ! Superbe, il s'avançait l'épaule haute et chargée d'un pécheur qu'il tenait avec force par l'extrémité des jambes. Arrivé sur le pont, il s'écria : « O Malebranche[1] ! Voici un des anciens de Santa Zita[2], tenez-le sous cette masse liquide pendant que je vais chercher un autre pécheur dans un pays qui en a riche provision, car on n'y voit que gens qui prennent de toutes mains, à l'exception de Buonturo[3], des gens qui savent de non faire oui pour de l'argent. »

En disant ces mots, il jeta son fardeau dans la fosse, et s'en retourna par la chaussée du pont, avec toute la vitesse du chien qu'on lâche à la poursuite d'un voleur.

Ce malheureux alla au fond, et revint bientôt à la surface du lac. Mais les démons qui étaient sous l'arche du pont lui crièrent : « Ne compte pas ici sur la sainte Image[4]. On nage ici tout autrement que dans le Serchio[5]. Si tu veux éviter nos harpons, ne t'élève pas au-dessus de la poix bouillante. » Alors ils le piquèrent avec les dents de leurs fourches, et lui dirent : « Danse ici à couvert, et happe quelque chose en cachette, si tu le peux. » Tels on voit des aides de cuisine, par l'ordre de leur chef, plonger

[1] V. 37. — *Malebranche*, griffes maudites.

[2] V. 38. — Martin Bottajo, chef de parti à Lucques, ville Guelfe, corrompue et vénale, dont la patrone était Santa Zita, et où était conservée la véritable image de J. C. On a cru reconnaître ici Bottajo, sur la mention qui est faite de Buonturo, son adversaire et son rival politique. Ce Bottajo eut un grand crédit à Lucques. Etant en ambassade auprès du pape Boniface VIII, celui-ci le prit un jour par le bras, et le secoua vivement : Prenez garde, lui dit-il, vous secouez la moitié de Lucques.

[3] V. 41. — On croit que Dante parle ici ironiquement, parce que Buonturo était le plus grand voleur de tous.

[4] V. 48. — Il y a une légende sur ce portrait de J. C. qui n'est autre chose que le Saint-Suaire fait par Nicodème; il fut porté de Jérusalem à Joppé par l'évêque Galfreddo, et de là envoyé à Lucques sur un vaisseau miraculeusement équipé.

[5] V. 49. — Le Serchio, rivière qui passe presque sous les murs de Lucques.

leurs crocs dans des chaudières pour repousser les viandes qui surnagent.

Mon bon maître me dit alors : « Ne laisse pas voir que tu es ici. Reste caché derrière cet éclat de roche, où tu peux trouver un abri, et quelque offense que je reçoive, ne t'effraie point ; car je connais tout cela : ce n'est pas la première fois que je me trouve à pareille lutte. »

Il franchit aussitôt la tête du pont, et mit le pied sur la sixième digue ; mais, c'est alors qu'il lui fallut montrer un front assuré. Comme on voit des chiens s'élancer avec fureur et courir sus au pauvre homme qui s'arrête pour mendier, ainsi sortirent de dessous le pont, non moins ardents ni moins agiles, des démons qui tournèrent leurs fourches contre mon guide. Il leur cria : « Point de violence ; avant de faire usage de vos harpons, qu'un de vous s'avance et m'entende ; il pourra ensuite, s'il le veut, me faire sentir la pointe de son croc. »

— « Vas-y Malacoda[1], lui dit son maître. » Tel fut le cri général ; aussitôt l'un d'eux se détache de la troupe pendant que les autres faisaient halte. Il marche vers mon guide en disant : « A quoi bon parlementer ? »

— « Malacoda, lui dit mon maître, crois-tu voir en moi, qui ai déjà franchi impunément tous vos remparts, un être destitué de la faveur céleste ? N'arrête point ma marche ; le Ciel veut que je fraye à un mortel ces routes sauvages. »

A ces mots qui rabattirent son orgueil, l'Esprit malin demeura interdit. Le croc dont il était armé s'échappa de ses mains. Il dit à ses compagnons : « Qu'on ne lui fasse point de mal. » Mon guide se retournant alors vers le pont où j'étais caché : « O toi, me dit-il, qui t'abrites derrière ces quartiers de roche, ose maintenant venir me joindre. » Sortant de ma retraite, je vins à lui en courant ; mais tous les démons s'ébranlèrent à la fois, et me firent craindre que le pacte ne fût pas fidèlement gardé. Semblable à ces soldats que je vis autrefois sortir du château de Caprona[2], sur

[1] V. 76. — Malacoda, queue maudite.

[2] V. 95. — Dante faisait partie de cette expédition des Florentins contre les Pisans. — 1288 — Caprona, ancien château, sur l'Arno, aux Pisans.

la foi d'une capitulation, et qui ne se virent pas sans crainte au milieu de tant d'ennemis, je me rapprochai tout effrayé de mon guide, sans détourner mes yeux de ces figures qui n'avaient rien de rassurant. Je les voyais abaisser leurs crocs. L'un disait : « Veux-tu que je le happe par derrière ? » — « Oui, répondait un autre ; si tu peux l'accrocher, ne le manque pas. » Un rapide mouvement du démon avec qui mon guide parlementait, et ces paroles dites avec force : « Arrière, Scarmiglion [1], arrière ! » arrêtèrent le harpon qui allait m'atteindre.

Il nous dit ensuite : « Vous ne pouvez aller plus avant, en suivant cette roche ; car la sixième arche qu'elle formait, s'est écroulée dans le ravin ; si vous voulez passer outre, il faut monter jusqu'à cette grotte. Il y a près d'ici une autre roche qui vous donnera passage. Hier [2], cinq heures plus tard que le moment où je parle, s'est accomplie la 1266e année depuis le jour où le rocher qui formait cette voie a été fracassé [3]. J'envoie de ce côté quelques-uns des miens pour surveiller ces damnés et les empêcher de se rafraîchir. Allez avec eux, et ne craignez de leur part aucune offense.

« Alichino [4], Calcabrina, et toi, Cagnazzo, prenez les devants, sous la conduite de Barbariccia, à qui je confie cette escouade. Libicocco vous suivra avec Draghignazzo, Graffiacane et Farfarello.

« Toi aussi Ciriatto, à la longue dent, et toi Rubicante le fou, vous irez avec eux pour compléter la dizaine. Parcourez les entours de la poix bouillante, et faites que ces deux hommes arrivent saufs à cette autre roche qui se continue au-dessus des tranchées. »

[1] V. 105. — Scarmiglione, l'échevelé.

[2] V. 105. — Hier vendredi-saint de l'an 1300, à 3 heures après-midi. L'ère chrétienne part du jour de l'incarnation, et non de la mort de J. C.; il n'y avait donc, en déduisant les années de la vie du Sauveur et le temps de la gestation (34 ans) que 1266 ans écoulés depuis la mort de Jésus-Christ jusqu'au moment du voyage en Enfer. Au moment où parle Virgile, le samedi-saint avait commencé, 10 heures du matin.

[3] V. 114. — Effet du tremblement de terre qui eut lieu à la mort de J. C.

[4] V. 118. — Alichino, ailes penchées. — Calcabrina qui foule la rosée. — Cagnazzo, méchant chien. — Barbariccia, barbe hérissée. — Libicocco, âpre désir. — Draghignazzo, affreux dragon. — Graffiacane, chien qui happe. — Farfarello l'éventé. — Ciriatto Sannuto, porc aux longs crocs. — Rubicante, l'enflammé.

— « Ah ! qu'est-ce que je vois, mon cher maître, m'écriai-je alors ? Marchons seuls et sans escorte, si vous savez le chemin ; car pour moi, je n'en demande pas. Voyez si vous êtes aussi clairvoyant que de coutume, voyez, ils grincent des dents ! Comme ils froncent les sourcils d'un air menaçant ! »

Virgile me répondit : « Chasse tes frayeurs, laisse-les gronder et grincer des dents à leur aise ; ce n'est pas à nous qu'ils en veulent, mais aux malheureux plongés dans la fosse ardente. »

A ces mots, les diables tournèrent à gauche, mais avant de se mettre en route, chacun d'eux avait fait signe à son chef en serrant la langue entre les dents ; et le chef de l'escouade avait fait une pétarade [1].

CHANT XXII.

J'ai vu parfois de la cavalerie qui déloge, ou qu'on passe en revue, ou qui s'ébranle pour l'attaque, ou qui tourne bride pour la retraite ; j'ai vu chez vous, peuple d'Arezzo, des courses et des cavalcades ; j'ai vu des tournois et des joûtes ; le tout s'exécutant au son des trompettes ou des cloches, au bruit des tambours, à des signaux donnés par les châteaux, à grand appareil d'instruments nationaux et étrangers [2], mais jamais fantassin ni cavalier, jamais vaisseau partant à un signal de la terre ou des astres, n'avaient jusque là frappé mes oreilles d'une aussi étrange musique.

Nous marchions avec les Dix. Quelle compagnie, grand Dieu ! que ces farouches damnés ! Mais à l'Eglise avec les saints, à la taverne avec les gloutons ; il faut s'y attendre. Toute mon attention était fixée sur le noir liquide, pour voir ce qu'il recélait

[1] V. 139. — Le geste de Barbariccia est ainsi décrit dans le texte : *Avea del cul fatto trombetta.*

[2] V. 9. — Le poète comprend ici tous les signaux bruyants, dont on faisait alors usage en Italie et à l'étranger.

dans son sein, pour distinguer quelques-uns de ceux que le feu y dévore.

Semblables aux dauphins qui élèvent leur dos au-dessus des ondes pour avertir les marins qu'ils aient à pourvoir au salut de leur vaisseau, tels se montraient par moments à la surface du lac, pour disparaître avec la promptitude de l'éclair, les dos de ces damnés avides de rafraîchissement. Comme on voit encore sortir des eaux du marécage les museaux d'une multitude de grenouilles qui tiennent cachés dans la vase leurs pieds et le reste de leur corps, tels étaient ces pécheurs se montrant de toutes parts, et rentrant dans la poix bouillante, dès que Barbariccia s'approchait d'eux.

J'en vis un[1]..... ô souvenir qui me fait encore frissonner d'horreur ! Je vis un de ces damnés nous attendre, comme il arrive qu'une grenouille reste en place, tandis que les autres détalent. Graffiacane, qui était le plus à portée de ce misérable, jeta son harpon dans ses cheveux collés par la poix et le tira ainsi sur la rive, noir comme une loutre.

A cette action de Graffiacane (car c'était lui, j'avais retenu son nom comme celui des autres, à mesure que Malacoda les avait appelés en formant l'escouade), ils s'écrièrent tous : « A toi, Rubicante ! fais-lui sentir tes ongles tranchants, et pique jusqu'au vif. »

— « O mon maître, m'écriai-je à mon tour, ne pourriez-vous par quelque moyen, savoir quel est ce malheureux qui vient de tomber aux mains de ses bourreaux. » Mon guide, s'approchant, lui demanda qui il était. « Je naquis, répondit-il, au royaume de Navarre. Ma mère qui m'avait eu d'un débauché, dissipateur de son bien, me plaça au service d'un Seigneur. Admis ensuite dans la maison du bon roi Thibaut, je fis de mon emploi un trafic honteux, que j'expie aujourd'hui par ces ardeurs cuisantes. »

En ce moment Ciriatto, de la bouche duquel sortait de chaque côté une défense, comme à un sanglier, attacha sur ce réprouvé une de ses dents. Tombé comme une souris au pouvoir de chats

[1] V. 32 — Ciampolo, le Navarrais, placé par sa mère au service d'un baron, gagna la faveur du roi Thibaut et en trafiqua honteusement.

féroces, ce misérable ne savait où fuir ; mais le chef de l'escouade le couvrit de ses bras, en criant : « Arrière, tenez-vous en repos, pendant que je l'ai sous ma fourche. »

Il se tourna ensuite vers mon guide, et lui dit : « Si tu désires savoir de lui encore quelque chose, hâte-toi, avant qu'on ne l'écharpe. »

— « Eh bien ! reprit Virgile, en s'adressant encore à ce pécheur : dis-moi quelque chose de tes compagnons d'infortune ; connais-tu parmi eux, quelque enfant de l'Italie ? »

— « J'en ai quitté un tout à l'heure, répondit le damné, qui a vécu non loin de là. Que ne suis-je encore avec lui sous cette croûte épaisse ; j'y serais du moins à l'abri des ongles et des fourches ! »

Ici Libicocco ne put maîtriser son impatience : « Nous l'avons trop souffert, » dit-il ; et il lui saisit le bras avec son harpon qui emporta un lambeau de chair. A son tour, Draghignazzo voulut le happer par les jambes, mais le chef des Dix le contint en promenant autour de lui des regards farouches.

Après qu'ils furent un peu apaisés, Virgile reprit son entretien avec celui qui venait d'être navré si cruellement et qui regardait encore sa blessure : « Apprends-moi, lui dit-il, quel est ce compagnon dont tu regrettes de t'être séparé, pour venir au bord du lac. »

— C'est frère Gomita [1], répondit le Navarrais. Vase d'iniquités et de fraude, ce juge de Gallure eut en son pouvoir les ennemis de son maître qui n'eurent qu'à se louer de lui. Après en avoir tiré beaucoup d'or, il les laissa partir sans obstacle, comme il le dit lui-même. Ce ne fut pas un fripon vulgaire, mais un grand prévaricateur. Michel Zanche [2], de Logodoro, converse avec lui,

[1] V. 81. — Frà Gomita commit des exactions de tout genre dans le district de Gallura, en Sardaigne. Les Pisans avaient conquis la Sardaigne sur les Sarrazins au commencement du 12ᵉ siècle. Nino Visconti, devenu Seigneur de Gallura, après avoir été chassé de Pise (1274), donna toute sa confiance à frère Gomita, qui en abusa au point de rendre la liberté à des prisonniers ennemis de son maître qui les avait confiés à sa garde. Ses rapines furent découvertes, et il fut pendu.

[2] V. 88. — Michel Zanche avait été sénéchal d'Enzio, bâtard de Frédéric II, dans le district de Logodoro, en Sardaigne. Enzio étant mort, il épousa sa veuve et devint seigneur de ce district.

et tous deux font de la Sardaigne l'objet de leur entretien continuel. Mais voyez-donc ! voyez ce démon hideux qui grince des dents; je vous en dirais davantage, mais je crains qu'il ne s'apprête à me déchirer. »

En effet, un des Dix était là le regardant de travers et se disposant à frapper. C'était Farfarello, à qui le chef de la troupe dit : « Eloigne-toi, maudit vautour[1]. » L'autre encore tout tremblant, continua ainsi : « Voulez-vous voir, désirez-vous entendre des Toscans ou des Lombards ; je puis en faire venir ; mais que ces maudites griffes se reposent un peu, et cessent de les menacer de leurs atteintes. Alors, assis en ce lieu même, je vous promets d'en faire venir sept pour un, en sifflant comme ont coutume de faire ceux d'entre nous qui remontent à la surface du lac. »

A ces paroles, Cagnazzo leva son muffle et secouant sa tête de dogue : « Amis, dit-il, voyez-vous la malice ! il ne songe qu'à nous échapper, à se replonger au fond. »

— « Grande malice, reprit l'autre, riche en fourberies de tout genre, qui consiste à me créer à moi-même de plus grands maux ! »

Alichino ne put se contenir, et, contre l'avis des autres, il lui dit : « Si tu te précipites, je ne te suivrai pas à toutes jambes, mais je volerai au-dessus du lac et saurai bien t'atteindre. Laissons-lui cette éminence et la rive pour rempart, et voyons s'il vaut seul mieux que nous tous. »

Lecteur, voici un combat d'un genre nouveau. Tous jetèrent les yeux sur l'autre rive, Alichino le premier, Alichino l'auteur du défi, et qui brûlait de se mettre à l'œuvre. Le Navarrais saisit ce moment. Se levant en pieds, il se dégagea des mains du chef de l'escouade et sauta dans la fosse ouverte devant lui. Grande fut la colère de tous, et surtout d'Alichino qui était la cause de ce désappointement, il s'élança et cria : « Je te tiens ! » mais il avait à tort compté sur ses ailes qui servirent mal sa vengeance.

Le Navarrais s'enfonça dans la masse liquide, et lui, se redressant, prit son essor au-dessus de l'étang. Ainsi l'on voit le canard

[1] V. 96. — Malvagio Uccello — tous les démons sont représentés ailés.

plonger sous l'onde à l'approche du faucon qui remonte en l'air plein de honte et de dépit.

Irrité de ce tour, Calcabrina le suivit de près dans son vol avec le désir de s'en prendre à lui, de ce que l'autre s'était échappé. En effet, le Navarrais ne reparaissant point, il tourna ses griffes contre Alichino et s'attacha à lui, au-dessus de l'étang. Mais lui, comme un ardent épervier, le saisit à son tour dans ses fortes serres, et tous deux tombèrent dans la fosse bouillante. L'extrême chaleur fit que tous deux lâchèrent prise ; mais ils ne pouvaient se soulever, la poix ayant collé leur ailes. Barbariccia, affligé avec le reste des siens, donna ordre à quatre d'entre eux de voler à l'autre bord, avec leurs crocs ; ce qu'ils firent à l'instant. Chacun s'abattit au lieu indiqué. Ils jetèrent des harpons à ces damnés qui, plongés dans la poix, étaient soumis à son action dévorante.

Nous les quittâmes au milieu de ce désordre.

CHANT XXIII.

Séparés de notre escorte, nous marchions seuls et en silence l'un derrière l'autre, comme les frères mineurs qu'on voit aller ainsi par les chemins. Cette lutte m'avait remis en mémoire la fable d'Esope du rat et de la grenouille[1]. Deux mots parfaitement synonymes[2] ne se ressemblent pas plus qu'un des deux récits ne ressemble à l'autre, si l'on en compare toute la suite avec attention ; et comme une pensée en fait naître une autre, il en surgit une dans mon esprit, qui redoubla mes frayeurs.

Je me dis : Ces démons voient qu'on s'est joué d'eux, et cette scène, dont ils souffrent à cause de nous, ne leur a valu que honte

[1] V. 6. — Calcabrina s'est attaché dans les airs à Alichino et mal lui en a pris, puisque tous deux sont tombés dans la poix bouillante; ainsi dans la fable, la grenouille attache le rat à une de ses pattes, et tous deux sont enlevés par le milan. Les entreprises du méchant tournent contre leur auteur.

[2] V. 7. — *Mo, issa,* mots du dialecte lombard ayant le même sens — *à présent — maintenant.*

et dommage. Si la colère se joint chez eux au mauvais vouloir, il vont s'acharner sur nous plus âprement que le chien ne s'attache au lièvre qu'il tient sous sa dent.

A cette pensée, mes cheveux se hérissent, et, toujours abrité derrière mon maître, l'oreille au guet, je m'écrie : « O mon cher guide, cachez-nous tous deux bien vite, et dérobez-nous à ces maudites griffes qui nous serrent de près, je crois déjà les sentir. Virgile me répondit : « Je lis dans ton âme, et ta forme intérieure m'apparaît aussi promptement que je réfléchirais ta face externe, si j'étais un miroir. Tes pensées se sont justement rencontrées et mêlées avec les miennes, si pareilles de traits et de tournures que j'ai pris d'elles toutes, un seul conseil. S'il existe sur cette rive droite une descente à la sixième tranchée, nous pourrons échapper à ces chasseurs que ton imagination te représente. »

Il avait à peine ouvert cet avis que je les aperçus, les ailes déployées et à peu de distance. Ils venaient, sans nul doute, s'emparer de nous. Au même instant, semblable à une mère qui, réveillée par le bruit et voyant des flammes autour d'elle, prend son fils dans ses bras, et fuit sans s'arrêter, si peu soucieuse d'elle-même qu'elle est restée presque nue, tel mon guide me saisit et m'enlève d'un effort soudain. Du haut de la digue, il se laisse couler en bas, couché sur le dos, le long du rocher qui ferme d'un côté l'autre ravin[1].

Jamais eau pressée dans un canal pour faire tourner la roue d'un moulin, et précipitant son cours à l'approche des aubes, ne s'est élancée avec plus de vitesse que mon maître n'en mit à courir sur cette voie glissante, me tenant sur sa poitrine, plutôt comme un fils que comme un compagnon. A peine ses pieds eurent-ils touché le fond, que voici les démons, qui paraissent au sommet de la côte ; mais alors mon guide n'avait plus de crainte, car la haute Providence, qui les a commis à la cinquième fosse, leur ôte le pouvoir d'en sortir.

[1] V. 45. — C'est la sixième tranchée du huitième cercle (*Malebolge*). Les hypocrites s'y traînent couverts de manteaux de plomb doré.

Nous trouvâmes dans ce fond des figures peintes d'hommes qui en faisaient le tour à pas extrêmement lents. Ils pleuraient et avaient l'air de gens fatigués qui succombent sous le faix. Chacun d'eux portait une chape avec un capuchon rabattu sur les yeux; et ces chapes étaient taillées sur celles dont usent les moines de Cologne[1].

Dorées en dehors, elles ont un éclat qui éblouit les yeux; mais en dedans, ce n'est que du plomb, et elles sont si lourdes que les casaques de l'empereur Frédéric[2] n'auraient paru que de paille au prix d'elles; ô manteau fatigant pour l'éternité!

Nous prîmes encore à gauche, marchant avec ces damnés et les écoutant pleurer; mais ils avançaient si lentement sous leurs charges pesantes qu'à chaque pas nous nous trouvions en nouvelle compagnie. « Ne pourriez-vous, dis-je à mon guide, en trouver un dont on connaisse le nom ou les actions. Jetez les yeux autour de vous, chemin faisant. »

A ces mots, prononcés dans l'idiome toscan, j'entendis quelqu'un crier derrière nous : « Marchez moins vite, vous qui parcourez ces lieux sombres. Vous aurez peut-être de moi ce que vous demandez. »

Mon guide se retourna et dit : « Attends-le, et marche ensuite, s'il se peut à son pas. »

Je m'arrêtai, et je vis deux pécheurs[3] sur le visage desquels se peignait le désir d'être avec moi; mais leur fardeau, et la gêne de leurs mouvements dans un chemin étroit, retardaient leur marche.

Quand ils furent près de nous, ils me regardèrent beaucoup du coin de l'œil et sans dire mot, puis, ramenant leurs yeux sur eux-

[1] V. 63. — Les moines de Cologne avaient des chapes mal faites et larges comme des sacs. Un pape voulut punir un de leurs abbés, qui lui avait demandé à porter une chape écarlate, avec ceinture, et de faire usage d'éperons et d'étriers dorés.

[2] V. 66. — S'il faut en croire certaines chroniques, Frédéric II faisait revêtir d'une casaque de plomb les criminels de lèse-majesté, qui étaient mis ensuite dans une chaudière, et le plomb fondait sur le corps de ces malheureux.

[3] V. 82. — Catalano et Loderingo, de l'ordre des Frères joyeux (Frati gaudenti).

mêmes, ils se dirent : « Cet homme paraît vivant, au mouvement de sa respiration. S'ils sont tous deux au nombre des morts, par quel privilége sont-ils dégagés du lourd vêtement qui nous couvre ? » S'adressant ensuite à moi : « Enfant de la Toscane, me dirent-ils, toi qui arrives au séjour de la triste hypocrisie, ne dédaigne pas de nous apprendre qui tu es. »

Je leur répondis : « Je suis né, j'ai grandi sur les bords de l'Arno, dans la grande ville[1] que ce beau fleuve arrose. Ce corps est celui avec lequel je suis venu au monde. Mais vous dont les joues sont baignées de larmes que vous arrache la douleur, qui êtes-vous ? Quelle est cette peine qui se manifeste en vous avec tant d'éclat ? »

— « Ah ! me répondit l'un d'eux, ces chapes de plomb sont si lourdes qu'il ne faut pas t'étonner si les plateaux de la balance crient sous le poids qui les charge ; Bolonais tous deux, nous avons appartenu à l'ordre des Frères joyeux[2]. Catalano était mon nom, et celui-ci s'appelait Loderingo. Magistrats élus par la ville de Florence, qui jusqu'alors n'en avait qu'un seul pour y maintenir l'ordre et la paix[3], nous agîmes de telle sorte qu'il y paraît encore autour du Gardingo. »

— « Mes frères, combien vos malheurs....... » Je m'interrompis à la vue d'un damné gisant par terre, et attaché sur une croix avec trois clous. Quand ce malheureux m'aperçut, il se tordit convulsivement et poussa dans sa barbe de profonds soupirs. Frère Catalano le remarquant, me dit : « Tu vois dans ce crucifié, le juif hypocrite[4] qui conseilla aux Pharisiens

[1] V. 95. — Dante a dit plus clairement dans son banquet qu'il était né à Florence.

[2] V. 104. — Les Frati gaudenti, ordre religieux, fondé depuis peu par Urbain IV ; on n'y admettait que des nobles cavaliers, sans autre vœu que de défendre les veuves et les orphelins, et d'obéir à l'Église. Ils n'étaient ni cloîtrés, ni soumis au célibat.

[3] V. 107. — Les Gibelins, maîtres à Florence depuis la victoire de Mont' Aperto (1260), furent obligés de compter avec le parti Guelfe après la défaite et la mort de Manfred (1266). On convint qu'il y aurait à l'avenir deux Podestats, l'un Guelfe et l'autre Gibelin, et l'on appela de Bologne Napoleone Catalano, et Loderingo des Andalos qui ne parurent d'abord animés que d'un esprit de concorde. Mais leur douceur hypocrite se changea bientôt en violences contre les Gibelins dont ils bannirent les chefs. Ils firent brûler et raser les maisons des Uberti qui étaient sises dans le Gardingo, rue de Florence, qui devint une place publique où l'on bâtit le palais des Prieurs.

[4] V. 115, et 121. — Caïphe. — Anne le grand prêtre.

d'immoler un homme pour le salut du peuple, un seul pour tous. Le voilà nu et placé en travers du chemin, afin qu'à chaque passant qui le foule aux pieds, il sache ce que pèse un homme. Et son beau-père n'est pas loin, subissant dans la même fosse le même supplice avec les anciens du Conseil dont l'avis fut une semence de maux pour les Juifs. »

Virgile considérait avec étonnement cet homme étendu par terre sur une croix infâme au séjour de l'exil éternel. Adressant ensuite la parole au frère : « De grâce, lui dit-il (s'il vous est permis de nous instruire), apprenez-nous s'il existe à droite quelque issue par où nous puissions nous tirer d'ici, sans que les mauvais anges viennent encore et nous éloignent de force de cet abîme. »

— « Cette issue existe, répondit Catalano, vous trouverez plus près d'ici que vous ne l'espérez, une roche qui part de la grande enceinte et traverse toutes les fosses maudites ; elle est rompue en cet endroit ; mais vous pourrez gravir la pente formée par ses débris épars sur la rive et qui font saillie sur la tranchée. »

Mon guide resta quelques instants le front baissé vers la terre, et dit ensuite : « Nous étions mal renseignés par celui qui jette là-bas son harpon sur les damnés. »

— « Jadis, à Bologne, reprit le frère, j'ai entendu imputer au diable bien des vices ; on le traitait de fourbe, on l'appelait le père du mensonge. »

Là-dessus mon maître un peu ému et le visage troublé, s'éloigna à grands pas ; et moi, laissant ces malheureux pliant sous le faix, je marchai derrière sur les traces précieuses de mon guide fidèle.

CHANT XXIV.

Vers ce temps de l'année nouvelle où le soleil trempe sa chevelure dans le Verseau [1], où les nuits reculent vers l'équinoxe, où la gelée blanche des champs ressemble à sa sœur, sauf qu'elle

[1] V. 2. — Au mois de janvier.

perd bientôt l'aspérité de son tranchant, le villageois sort de sa cabane, où son troupeau manque de nourriture ; il regarde et voit la campagne blanchissante et s'en afflige. Il rentre et se plaint de son sort, allant et venant comme un malheureux qui ne sait que faire ; mais, sorti de nouveau, il renaît à l'espérance en voyant le temps radouci et l'aspect de la nature bientôt et heureusement changé. Il prend son bâton et conduit ses brebis au pâturage, ainsi devins-je tout tremblant, lorsque je vis le front de mon maître se rembrunir ; ainsi fus-je bientôt rassuré en sentant le remède à côté du mal.

Nous étions en effet arrivés aux ruines du pont écroulé. Mon maître se tourna vers moi, avec ce doux regard que je lui avais vu lorsqu'il m'apparut au pied de la colline[1]. Après quelques instants de réflexion, il ouvrit les bras, et les yeux fixés sur les débris du pont qu'il lui fallait franchir, il me saisit d'une forte étreinte. Comme un ouvrier qui mesure son travail et voit toujours au-delà de ce qu'il fait ce qui lui reste à faire, tel Virgile, en m'élevant sur la cîme d'un roc, en avisait un plus haut et me disait : « Cramponne-toi à cette pierre ; mais éprouve auparavant si elle peut te porter. »

Ce chemin n'était pas fait pour les promeneurs aux manteaux de plomb. A grande peine, lui si léger, et moi, poussé par ses deux mains, pouvions-nous monter de roc en roc. La digue était heureusement moins élevée de ce côté que de l'autre, sans cela je ne sais ce qu'eût fait mon guide. Quant à moi, j'aurais succombé à la peine. Mais comme toute la région de Malebolge descend vers l'ouverture du puits de l'abîme, il s'ensuit que chaque tranchée ouverte en ce lieu, se creuse entre deux rives d'inégale hauteur. Nous parvînmes enfin au haut de ces ruines, et posâmes le pied sur la dernière pierre restée pendante ; mais j'étais si hors d'haleine, en arrivant, qu'un pas de plus m'aurait été impossible, et mon premier acte fut de m'asseoir.

— ... « Il faut, dit mon maître, secouer cette langueur. Ce n'est point en foulant la plume ou en dormant dans la mollesse que

[1] V. 21. – La veille au soir, lorsque les trois bêtes lui barraient le passage.

l'homme conquiert la renommée, la renommée sans laquelle il consume sa vie, et ne laisse dans le monde qu'une trace semblable à celle de la fumée dans l'air ou de l'écume sur les eaux. Lève-toi ; surmonte la fatigue par la force de l'esprit qui t'anime et qui sort vainqueur de toute lutte, maître du corps, s'il ne s'appesantit avec lui. Il nous reste encore bien d'autres pas à franchir, et ce n'est point assez d'avoir échappé à ces démons. Écoute mes paroles et sache en profiter. »

Je me levai alors comme si j'eusse repris haleine, et, affectant plus de force que je n'en avais : « Marchons, dis-je à mon guide; je suis fort et hardi. »

Nous commençâmes à gravir le pont[1] formé d'un rocher plus âpre, plus étroit et moins praticable que celui de la dernière tranchée. Il était aussi beaucoup plus escarpé. Je parlais, chemin faisant, pour ne point paraître faible de cœur, lorsque, de la fosse creusée au-dessous de nous[2], il s'éleva une voix confuse et inarticulée. Quoique parvenu au point culminant de l'arche, je ne pus saisir ce que disait ce damné; je compris seulement qu'il était ému de colère.

Je regardai en bas; mais la fosse était si ténébreuse que les yeux d'un vivant ne pouvaient plonger jusqu'au fond. Je m'écriai : « Mon cher maître, hâtons-nous de gagner l'autre bord, et descendons sur la digue, car d'ici, j'entends sans comprendre, je vois sans distinguer aucun objet. »

— « A toute demande raisonnable, me répondit-il, il n'est qu'une réponse : agir et se taire ; suis-moi ! »

Nous descendîmes le pont jusqu'à son point de jonction avec la huitième digue, et alors, le fond de la septième tranchée m'apparut à découvert. Quel spectacle ! un effroyable amas de serpents s'y agitait, si divers de formes que leur souvenir glace encore aujourd'hui mon sang dans mes veines.

[1] V. 61. — Pont jeté sur la 7e fosse circulaire, où sont, au milieu des serpents, les voleurs de toute sorte.

[2] V. 65. — C'est la 7e fosse de Malebolge; elle est remplie de serpents, et affectée aux voleurs qui y sont punis sous cette forme, ou mordus par eux.

Que la Lybie ne vante plus la monstrueuse fécondité de ses sables. S'ils produisent des Chélydres, des Jaculi, des Pharès, des Cenchres et des Amphésibènes[1], jamais dans toute l'Ethiopie, ni dans les pays au-delà de la mer Rouge, ne parurent autant de reptiles gonflés de venins subtils et mortels.

A travers cette légion d'ennemis affreux, courait une foule d'hommes nus et en grand effroi, cherchant vainement une issue pour les fuir, ou un talisman[2] pour se rendre invisibles. Ils avaient les mains liées derrière le dos avec des serpents qui, dardant la tête et la queue dans leurs reins, formaient par-devant un nœud sur leurs poitrines.

Tout à coup voici qu'un de ces reptiles s'approche d'un damné près du bord où nous étions, et le pique de son dard à l'endroit où le cou s'attache aux épaules. En moins de temps qu'il n'en faut pour tracer une barre ou un rond, nous vîmes le pécheur prendre feu, brûler et tomber en cendres. Mais à peine ces cendres eurent-elles couvert le sol, qu'elles se réunirent d'elles-mêmes et reformèrent le corps qui venait de se dissoudre. Ainsi, comme l'atteste la sagesse antique, meurt pour renaître aussitôt, le Phénix parvenu à l'âge de 500 ans, le phénix qui se nourrit, au lieu d'herbe et de grain, des pleurs de l'encens et de l'amomum[3] et qui compose de nard et de myrrhe son linceul. Ainsi encore tombe vaincu par une force inconnue l'homme que le démon renverse ou dont un autre mal enchaîne les sens; lorsqu'il se relève, il paraît encore tout éperdu, tant a été vive son angoisse, et il regarde autour de lui en soupirant ; tel s'était relevé et remis sur pied le damné réduit en cendres. O sévère jugement de Dieu, qui livre le pécheur à d'aussi terribles vengeances !

Mon guide lui demanda qui il était. — « Il y a peu de temps,

[1] V. 37. — Les serpents ainsi nommés dans le texte, sont des être fabuleux que distinguent certaines formes et des propriétés étranges.

[2] V. 93. — Le talisman qu'indique le texte, est l'héliotrope, pierre précieuse, qui, selon la croyance populaire, rendait invisible ceux qui le portaient.

[3] V. 110. — L'amome ou le cinnamomum est un petit arbre d'Ethiopie qui, dit-on, s'enflamme de lui-même.

répondit-il, que de la Toscane, mon pays, j'ai été précipité dans cette gorge affreuse. Je me suis plu dans une vie bestiale, comme une brute que j'étais, n'ayant rien de l'homme. Vanni Fucci [1] a vécu en bête et Pistoïa devait être sa tanière ! »

Je priai Virgile de l'inviter à rester en place et de lui demander quelle faute l'avait plongé dans cette région de l'enfer, car je l'avais connu autrefois : c'était un homme de sang et de querelles.

Le damné qui m'avait entendu, n'eut pas recours à la feinte, quoique la honte se peignît sur son visage, lorsque levant les yeux sur moi, il me dit : « Je souffre plus d'avoir été surpris par toi dans cet état misérable, que je n'ai souffert de la perte de la vie. Mais il faut satisfaire à ta demande : si j'ai été plongé dans cette partie basse, c'est que j'ai volé dans une sacristie, des ornements d'église, et que j'ai fait mettre en justice, des innocents à ma place. Mais ne jouis pas de la vue de mon châtiment. Je veux, pour le temps où tu auras quitté ces sombres demeures, te dévoiler l'avenir ; écoute-moi : Les Noirs sont chassés de Pistoie ; Florence change à la fois sa population et ses mœurs. Mars accourt du Val di Magra, enveloppé de nuages sombres qui portent la foudre dans leurs flancs, la foudre qui, perçant la nue, au milieu d'une tempête impétueuse et terrible, éclatera au fort du combat dans les champs de Picène [2], sur tous les Blancs. — Je te prédis ce désastre, pour que tu en sois, dès à présent, blessé au cœur.

[1] V. 125. — Vanni Fucci de Pistoie. Cet homme vola un jour les vases et ornements de l'église de Saint-Jacques, dans la sacristie, et les porta chez le notaire Vanni qui eut l'imprudence de recevoir le dangereux dépôt. Vanni Fucci, pour tirer d'affaire un de ses compagnons de débauches, accusé de ce vol, lui fit dire de dénoncer le notaire chez qui on retrouva les objets volés. — Vanni, le notaire, fut pendu sur ce faux indice.

[2] V. 148. In campo Piceno. — Les Noirs, bannis de Pistoie, y rentrèrent ainsi à force ouverte, et cette victoire gagnée par Marcello di Malaspina en 1301, eut un contre-coup à Florence, où les chefs du parti des Noirs, exilés

CHANT XXV.

En achevant ces mots, le voleur leva ses mains au ciel, avec un geste insultant : « Seigneur Dieu, s'écria-t-il, prends-les, je te fais la figue ! » Les serpents se dressèrent contre Vanni avec une promptitude, qui, je crois, me les fit aimer en ce moment ; l'un d'eux se roula autour de son cou, comme pour dire : pas un mot de plus ; un autre s'attacha à ses bras, et se repliant par devant, les lia si bien qu'il les mit hors d'état de se mouvoir.

Ah ! Pistoie ![1] ville perverse, que n'en viens-tu à te réduire toi-même en cendres, pour en finir, puisque tes enfants s'enfoncent de plus en plus dans le mal !

De tant d'ombres que j'ai vues en parcourant les cercles ténébreux de l'Enfer, pas une seule, pas même celle de Capanée[2] qui périt sous les murs de Thèbes, ne m'a montré une aussi orgueilleuse impiété.

Vanni s'enfuit sans ajouter un mot. En ce moment accourait de notre côté un centaure, qui s'écria, tout bouillant de colère : « Où est-il, où est-il ce pécheur endurci ?[3] »

La croupe du monstre, jusqu'à cette partie du corps où commence la forme humaine, était chargée, je crois, de plus de serpents qu'on n'en trouve dans notre Maremme[4]. On voyait,

sous le priorat de Dante, ne tardèrent pas à rentrer en chassant les Blancs, parmi lesquels Dante se trouvait. C'est donc son exil que Vanni lui prédit en lui annonçant la défaite des Blancs dans les champs de Picène.

[1] V. 10. — Suivant la tradition, Pistoie aurait été fondée par des soldats échappés au massacre de l'armée de Catilina.

[2] V. 15. — Capanée, qui n'est point nommé dans le texte, est un des sept chefs qui suivirent Polynice à la guerre de Thèbes. Il fut foudroyé par Jupiter pour son impiété.

[3] V. 18. — Le brigand Cacus est commis ici au châtiment des voleurs, c'est à Vanni Fucci qu'il s'adresse.

[4] V. 19. — La Maremme, marais du littoral de la Toscane.

porté sur ses épaules, au-dessous de la nuque, un dragon déployant ses grandes ailes et vomissant des flammes sur tous ceux qu'il rencontrait.

Mon maître me dit : « Tu vois Cacus, brigand fameux qui, de son repaire creusé sous le mont Aventin, fit souvent un lac de sang. Il est séparé de ses frères, les Centaures, et châtié à part, à cause de la fraude qui s'est mêlée à ses violences. Un grand troupeau paissait dans son voisinage, il osa le dérober ; mais la massue d'Hercule, en le frappant de mille coups, dont il ne sentit que les premiers, mit fin à ses brigandages.[1] »

Pendant que mon guide parlait ainsi, le centaure passa outre, et trois ombres, dont nous n'avions pas senti l'approche, se révélèrent à nous, du pied de la digue où nous étions, en criant : « Qui êtes-vous ? » Interrompus dans notre entretien, nous nous attachâmes à les considérer. Leurs visages m'étaient inconnus ; mais il arriva, ce qui se rencontre parfois, qu'un d'eux vint à en nommer un autre : « Et Cianfa,[2] dit-il, où est-il resté ? » Sur quoi regardant mon guide, pour le rendre attentif, je mis un doigt sur ma bouche.

Lecteur, si ce que je vais dire te semble passer toute créance, je n'en serai pas surpris ; car moi-même qui l'ai vu, c'est à peine si je l'accepte pour vrai.

J'avais les yeux fixés sur les trois damnés, lorsqu'un serpent[3] s'élança sur l'un d'eux[4], attachant sur lui par devant six pattes impures. Celles du milieu étreignirent son ventre. Avec celles de devant, il lui saisit les bras, et ses dents s'enfoncèrent dans les joues de ce misérable. Puis, attachant aux cuisses ses pattes de

[1] V. 43. — Virgile, Énéide, Ch. VIII.

[2] V. 43. — Cianfa de' Donati, nommé seulement et stigmatisé comme voleur ; il ne paraît pas en scène.

[3] V. 50. — Ce serpent n'est pas un damné. Il ne faut pas chercher quel personnage il représente.

[4] V. 50. — Agnello Brunelleschi, Florentin comme les deux autres. Ils occupaient des postes élevés dans la république, et paraissent avoir été souillés d'exactions plutôt que de vols privés. On ne sait rien de positif à leur égard.

derrière, il glissa sa queue entre elles, et la redressa le long des reins. Avec plus de ténacité que le lierre ne s'accroche à l'arbre, on vit l'horrible bête enter en quelque sorte ses membres sur ceux du pécheur. Semblables à deux morceaux de cire brûlante mis en contact, tous deux se sont pénétrés et ont confondu leurs couleurs. Ni le serpent ni l'homme n'a déjà plus son premier aspect : telle on voit une teinte jaunâtre courir sur le papier avant qu'il ne s'enflamme ; le blanc s'efface et ce n'est pas encore le noir.

Les deux autres regardaient et s'écriaient : « Oh Agnel, comme tu te changes! Ton corps est-il double ou simple! On ne peut plus le dire. » Déjà en effet les deux têtes de l'homme et du serpent n'en faisaient qu'une, lorsque s'offrirent à nous leurs traits sur une seule face, mêlés et confondus. Leurs quatre bras se réduisirent à deux, et, dans cet être complexe, les cuisses et les jambes, le ventre et la poitrine devinrent des membres sans modèle dans la nature. Rien ne subsistait en eux de leur forme primitive. Il y avait deux êtres, et pas un, dans ce monstre qui marchait à pas lents.

Mais voici que, semblable au lézard qui, dans les ardeurs de la canicule, sort de la haie qui l'abrite, et traverse le chemin comme un éclair, tel nous parut s'élancer vers les deux autres Esprits[1], un petit serpent[2], tout en feu, livide et gorgé d'un noir venin[3]. Il piqua de son dard l'un des deux[4], au nombril, par où l'homme tire sa première nourriture, et tomba étendu à ses pieds. L'homme piqué regarda le serpent sans dire mot, debout et ferme sur ses pieds, mais bâillant comme aux approches du sommeil ou d'un accès de fièvre. Le reptile et le damné se regardaient. La bouche de l'un et la plaie de l'autre, toutes deux fumantes, confondaient leurs émanations.

[1] V. 83. — Buoso et Puccio Sciancato.
[2] V. 83. — Guercio Cavalcante.
[3] V. 84. — Il y a dans le texte : noir comme un grain de poivre.
[4] V. 86 — Buoso degli Abbatti.

Que Lucain ne nous parle plus de Sabellus et de Nasidius [1], victimes d'un serpent de la Lybie, et qu'il écoute un plus étrange récit. Qu'Ovide ne nous parle plus de Cadmus [2] changé en dragon, ni d'Aréthuse métamorphosée en fontaine; quel que soit l'art du poète, je n'ai rien à lui envier, car jamais il ne nous a montré deux êtres se transformant l'un l'autre par l'échange des éléments dont chacun est composé.

Il s'opéra dans l'homme et dans le reptile, des changements correspondants : la queue de l'animal se fendit en fourche, et l'homme, rapprochant ses pieds, serra les jambes et les cuisses de manière à effacer bientôt leur point de jonction. Ce qui se perdait de ce côté, la queue du reptile le regagnait, et sa peau devenait plus souple, tandis que de l'autre part, elle se faisait rugueuse. Je vis les bras de l'homme se retirer et rentrer par les aisselles; je vis les pattes antérieures du serpent s'allonger d'autant et grandir : celles de derrière, en s'entrelaçant, lui formèrent le membre que l'on cache, tandis que celui du damné se changeait en deux pattes hideuses. De leurs corps fumants s'échappent des émanations qui leur font troquer leurs couleurs, qui attaquent et font tomber d'un côté le poil que de l'autre côté elles font naître.

L'un d'eux se leva en pieds et l'autre tomba sur le ventre [3], sans toutefois se quitter du regard, sans détourner leurs yeux, sous l'influence desquels s'opérait la double métamorphose. Le serpent se faisant homme, étendit sa gueule vers ses tempes, et ce qui se trouva de trop fournit des oreilles à ses joues amincies. Le reste de la gueule se forma en nez au milieu de son visage, et fournit encore aux lèvres la matière dont elles avaient besoin. Au

[1] V. 95. — Sabellus et Nasidius, ainsi nommés dans le texte d'après Lucain, étaient de l'armée de Caton d'Utique. La morsure d'un énorme serpent en Afrique, fit enfler leurs corps d'une manière extraordinaire, et causa leur mort. Sabellus fut saisi comme d'un feu ardent et réduit en cendres. Nasidius grossit tellement qu'on ne pouvait plus distinguer ses membres du tronc (Pharsale IX).

[2] V. 97. — Cadmus, fondateur de Thèbes, avait tué le dragon qui gardait la fontaine de Dircé. S'étant banni ensuite pour ne pas être témoin des malheurs prédits à sa race, il passa en Illyrie où il fut changé en serpent (Ovide. métam. Lib. III).

[3] V. 121. — L'homme qui se change en serpent est Buoso; le serpent qui prend la forme humaine est Guercio Cavalcante.

contraire, le reptile sentit sa bouche s'allonger et ses oreilles s'enfoncer par degrés dans sa tête, comme la limace fait rentrer ses cornes. Leurs langues subissent des changements analogues : celle qui, tout à l'heure, était unie et propre à former des sons articulés, se partage en deux; l'autre qui était ouverte en fourche se referme. La fumée qui s'exhalait de part et d'autre cesse en même temps. L'homme est debout, parle et crache sur le nouveau reptile qui fuit dans le ravin en sifflant. Puis il quitte cette bête, et se retournant vers la troisième ombre[1] : « A lui, maintenant de ramper, dit-il; je veux que Buoso se traîne comme je l'ai fait, dans ce creux sentier. »

Tels étaient les changements, les permutations de formes qui s'opéraient dans la septième tranchée; si je n'ai pu les orner des fleurs du langage, que la nouveauté me serve d'excuse.

Quoique j'eusse les yeux un peu éblouis, et l'esprit troublé par des objets aussi étranges, ces damnés ne purent si bien se cacher dans leur fuite, que je ne reconnusse dans l'un Puccio Sciancato, le seul des trois qui n'eût pas été transformé, et dans l'autre[2], le cavalier florentin qui fut tué dans tes murs, ô Gaville, et dont la mort t'a coûté bien des larmes.

CHANT XXVI.

Réjouis-toi, Florence, de ta grandeur! Si ta gloire vole sur terre et sur mer, si ton nom se propage dans l'Enfer même, sois fière. J'ai trouvé parmi les damnés, au nombre des voleurs, cinq de tes principaux citoyens; rencontre dont je rougis, et qui n'ajoutera pas à ton lustre. Mais, si la vérité apparaît dans nos songes, à l'heure qui précède le réveil, tu sauras dans peu de temps ce qu'on te souhaite à Prato[3] et ailleurs. Ces maux, s'ils étaient venus déjà,

[1] V. 140. — Puccio Sciancato.

[2] V. 151. — Francesco Guercio Cavalcante. Il fut tué par les gens de Gaville, indignés de ses déprédations, et sa mort, vengée par ses parents et amis, coûta beaucoup de sang à ce bourg situé dans le val d'Arno.

[3] V. 9. — Charles de Valois s'arrêta quelque temps à Prato, château voisin de Florence, avant d'entrer dans cette ville, où il avait été appelé par les Noirs,

n'auraient point éclaté trop tôt; qu'ils viennent donc, puisqu'ils sont inévitables; car plus je vieillis, plus j'en serai accablé.

Nous quittâmes la rive; et mon guide, remontant par les mêmes degrés que la roche nous avait offerts pour descendre, me tirait après lui; nous poursuivions la route solitaire entre des blocs et des saillies si aiguës que le pied avait souvent besoin de la main pour s'en dégager.

Je m'affligeai alors, et je m'afflige encore, lorsque je rappelle à mon esprit ce qui a frappé mes yeux à cette pensée, je le tiens plus en bride, et l'empêche de courir, sans être guidé par la vertu. Que mon génie me vienne d'une bonne étoile ou d'une grâce plus haute, je me garderai de me priver moi-même de ce don.

Comme dans la saison où le soleil, flambeau de la nature, nous fait jouir le plus longtemps de sa face radieuse, à l'heure où la mouche cède la place au moucheron, le villageois assis au haut de la colline, voit des milliers de vers luisants scintiller dans le vallon où il vient de labourer ou de vendanger, ainsi des flammes innombrables resplendirent à mes yeux dans la huitième tranchée[1] lorsqu'ils furent à portée d'en découvrir le fond.

De même encore qu'au départ d'Élie, emporté dans les airs sur un char de feu, et suivi des yeux par cet autre prophète[2], qui fut trop bien vengé par les ours, char et chevaux ne parurent bientôt plus à celui-ci qu'un nuage enflammé sans forme distincte, ainsi s'agitait et circulait dans le ravin chacune de ces flammes, qui recélaient sans montrer leur larcin, autant de pécheurs.

J'étais debout sur le pont, avançant la tête pour voir, et je serais tombé, sans heurt, infailliblement, si je n'avais saisi un quartier de roche.

pour y abattre la faction des Blancs (1301). — D'autres veulent qu'il s'agisse ici du Cardinal de Prato, qui, venu à Florence avec de pleins pouvoirs, en 1303, pour y ménager un accommodement entre les deux partis, sortit de la ville après l'avoir excommuniée, lorsqu'il vit les Noirs se refuser à toute concession envers les Blancs.

[1] V. 33. — Dans cette huitième tranchée de Malebolge (8e cercle) brûlent enveloppées chacune d'un vêtement de flammes, les âmes des fourbes, auteurs de machinations perfides.

[2] V. 34. — Le prophète Elisée, après avoir vu Elie s'élever dans les airs sur un char de feu, rencontra des enfants qui le raillèrent, parce qu'il était chauve. Dieu vengea son prophète, en les faisant manger par des ours (Les Rois, 14-2).

Mon guide me voyant si attentif, me dit : « Il y a des âmes dans ces feux et chacune s'enveloppe des feux mêmes qui la brûlent. »

— « Je m'en étais douté, lui répondis-je ; vos paroles m'en rendent certain. O mon maître ! Je voulais vous adresser une question : voici une flamme qui se partage à sa cime, et qui semble s'élever du bûcher où furent mis Etéocle et Polynice ; quel damné renferme-t-elle ? »

Je reçus de lui cette réponse : « Là sont châtiés Ulysse et Diomède[1], livrés ensemble à la vengeance divine, comme ils ont assouvi ensemble leurs fureurs. Ils pleurent dans cette flamme la fourbe de ce cheval fameux[2], entré dans Ilion par la même brèche d'où sortit l'illustre tige des Romains[3]. Là s'expie aussi l'artifice qui fait pleurer encore, après sa mort, Déidamie, délaissée par Achille[4] ; là s'expie le vol sacrilège du Palladium[5]. »

— « S'ils peuvent parler au sein de ces feux, dis-je à mon guide, de grâce, accordez à ma prière, à mes vives instances, que je puisse atteindre cette flamme bifide ; vous voyez le désir qui m'attire vers elle. »

— « Ton vœu, me dit-il, est louable, et j'y souscris volontiers ; mais retiens ta langue et laisse-moi parler, car j'ai compris ce que tu désires. Comme ils furent grecs, peut-être ton langage serait-il peu de leur goût. »

Lorsque la flamme ondoyante fut à portée de sa voix, Virgile

[1] V. 56. — Ulysse et Diomède, envoyés comme espions parmi les Troyens, pénétrèrent par ruse dans la tente de Rhésus, roi de Thrace, le tuèrent et emmenèrent ses chevaux (Iliade X).

[2] V. 59. — Le cheval de bois inventé par Ulysse, fabriqué par Epéus. Ulysse et Diomède y entrèrent avec beaucoup d'autres Grecs, et portèrent l'ennemi au sein de la place (Virg. Ch. 2).

[3] V. 60. — Enée.

[4] V. 62. — Achille caché dans l'île de Scyros par sa mère Thétis, qui voulait le soustraire aux menaces de l'oracle, y fut découvert par Ulysse, déguisé en marchand. Quoiqu'il eût épousé Déidamie, fille de Lycomède, roi de cette île, Achille se trahit à la vue des armes que lui montrait Ulysse, et rien ne put l'empêcher de le suivre.

[5] V. 83. — Ulysse et Diomède enlevèrent le Palladium du temple de Minerve, à Troie, afin de le remplacer par le cheval de bois qui devint funeste à cette ville.

jugeant le moment favorable, lui adressa ces paroles : « O vous que le même feu environne, si j'ai bien mérité de vous deux pendant ma vie terrestre, que j'aie fait peu ou beaucoup pour votre gloire dans mes vers héroïques [1], ne vous éloignez point. Que l'un de vous me dise, qu'il apprenne au monde qui l'a perdu, en quels lieux il a fini sa carrière. »

L'antique flamme dressait devant nous ses deux pointes. Je vis la plus grande [2] s'agiter et bruire comme un feu tourmenté par le vent. Vibrant çà et là son dard, elle laissa échapper comme d'une bouche humaine, ces paroles rapides :

« Quand j'ai quitté Circé, qui me retint plus d'un an près de Gaëte, ainsi nommée depuis du nom de la nourrice d'Enée [3], ni la douce image de mon fils, ni ma pieuse tendresse pour mon vieux père, ni mon amour pour ma chère Pénélope, que mon retour eût comblée de joie, n'arrêtèrent l'instinct qui me poussait à courir le monde, à observer les hommes, à connaître par expérience leurs vertus et leurs vices. J'osai me rembarquer et affronter la pleine mer sur un frêle vaisseau, avec ce peu de compagnons qui m'étaient restés fidèles. Parcourant cette mer entre ses deux rivages, je passai les îles qu'elle baigne de ses eaux; je vis la Sardaigne, et je m'avançai jusques aux côtes de l'Espagne et du Maroc. Moi et mes compagnons nous étions vieux et appesantis, lorsque nous arrivâmes à ce détroit [4] où Hercule posa des bornes pour défendre aux hommes d'aller plus loin. J'avais laissé Ceuta à ma gauche, et bientôt Séville, à ma droite, s'enfuit derrière nous.

« Compagnons! m'écriai-je alors, parvenus à travers mille dangers aux limites de l'Occident, refuserez-vous à ce peu qui vous reste du court espace de la *Veille des Sens* [5], l'exploration de ce

[1] V. 82. — L'Enéide.

[2] V. 85. — Ulysse.

[3] V. 93. — Circé qui retint Ulysse par ses arts magiques a laissé son nom à un promontoire de la Campanie, *promontorium Circæum*. Non loin de là s'élève Gaëte, *Cajeta*, ainsi nommée de la nourrice d'Enée qui mourut en Cilicie et y fut enterrée.

Tu quoque littoribus nostris, Æneia Nutrix,
Æternam moriens famam Cajeta dedisti :
(Enéide, Ch. VII.)

[4] V. 107. — Le détroit de Gibraltar.

[5] V. 115. — La vie est appelée par le poète philosophe : « la veille des sens », expression remarquable et qui n'a jamais été reproduite.

monde sans habitants qui existe derrière le soleil[1]; vous n'avez pas été faits pour vivre comme des brutes, mais pour suivre les sentiers de la vertu et de la science.

« Cette courte harangue rendit mes compagnons si ardents à continuer leur voyage que j'aurais eu peine ensuite à les retenir. Ayant la poupe tournée à l'Est, nous fîmes force de rames, dans notre vol insensé, et nous tirions toujours à gauche. Déjà la nuit voyait toutes les étoiles qui brillent à l'autre pôle[2], et le nôtre était si bas[3] qu'il ne s'élevait pas au-dessus du niveau de la mer.

« Cinq fois l'astre des nuits avait rallumé et éteint son flambeau, depuis que nous étions entrés dans le vaste Océan, lorsque surgit devant nous une montagne obscurcie par la distance, et telle qu'il me sembla n'en avoir jamais vu de plus haute. Nous nous réjouîmes; mais bientôt notre allégresse fut changée en deuil, car, de cette nouvelle terre sortit un ouragan qui vint fondre sur la proue du navire. La trombe le fit tourner trois fois sur lui-même avec les eaux. Assailli pour la quatrième fois, le vaisseau dressa en l'air sa poupe, et la proue plongea si avant dans le gouffre, que nous fûmes submergés par l'effet d'une volonté supérieure. La mer se referma sur nous pour jamais! »

CHANT XXVII.

La flamme s'était redressée, et ne s'agitait plus, n'ayant plus de sons à produire; elle s'éloignait de nous, après avoir pris congé du poète ; mais elle était suivie d'une autre[4], du sein de laquelle s'échappait une voix confuse. Nos yeux se portèrent à la pointe qu'elle dardait.

[1] V. 117. — Ce voyage d'Ulysse dans l'Océan Atlantique est une fiction du poète, conforme peut-être aux tendances de son siècle qui, déjà, pressentait les grandes découvertes réalisées 200 ans plus tard (1492). Le poète a rattaché ce magnifique épisode à l'objet de son poème, en faisant surgir aux yeux d'Ulysse une montagne sise dans l'autre hémisphère, et qui paraît bien être, quoiqu'il ne le dise pas, la montagne du Purgatoire.

[2] V. 127. — Ce sont les étoiles du pôle antarctique dont il est parlé au premier chant du Purgatoire.

[3] V. 128. — Le pôle arctique.

[4] V. 4. — Le comte Guido de Montefeltro.

Comme cet ouvrier[1] qui, dans les flancs du Taureau d'airain, œuvre de son art dont il fit justement la première épreuve, fit mugir le monstre de ses cris perçants, comme si l'airain amolli fût devenu sensible à la douleur, ainsi, privée d'issue, la voix affligée, qui se produisait au sein du foyer, se confondait avec le bruit du feu.

Mais bientôt les paroles se firent passage, et, parvenues au sommet de la flamme, elles lui imprimèrent un mouvement d'ondulation qui les rendit perceptibles à mes sens.

J'entendis ces mots adressés à Virgile : « O vous, enfant de la Lombardie, comme je l'ai reconnu tout à l'heure à votre langage[2], lorsque vous congédiâtes le malheureux qui me précède, quoique j'arrive un peu tard, ne me refusez pas quelques moments d'entretien, à moi qui ne refuse pas de m'arrêter, quand je brûle ! Si vous ne faites que d'arriver en ces régions ténébreuses, à jamais banni du doux pays latin où j'ai commis tous mes crimes, veuillez me répondre : la Romagne est-elle en paix ou en guerre ? car j'étais de ces montagnes[3] qui séparent Urbin de la chaîne où le Tibre prend sa source. »

J'écoutais encore, le cou tendu et la tête penchée, lorsque mon guide me dit : « Parle, à cette heure; celui-ci est un Latin. »

Ma réponse, que j'avais sur le bord des lèvres, ne se fit point attendre : « Ame souffrante, lui dis-je, ô toi que le feu dérobe à nos regards, ta Romagne est et fut toujours en guerre, soit qu'elle éclate, ou qu'elle couve au cœur de ses tyrans; mais au moment où je l'ai quittée, elle n'avait point tiré le glaive[4]. Ravenne con-

[1] V. 27. — L'athénien Pérille avait fondu pour Phaléris, tyran d'Agrigente, en Sicile, cet instrument de torture. Le taureau recevait dans ses cavités ardentes les victimes de la tyrannie ombrageuse de Phaléris qui s'en prit d'abord à l'ouvrier lui-même, et fit sur lui le premier essai de ce nouveau supplice (Pline, 34. — 8).

[2] V. 21. — Le texte rapporte les mots que Dante a dits à Ulysse, en le quittant (V. 3 de ce chant) « Va-t'en à présent; je ne te retiens plus. » — Les termes de cet adieu ont été omis par le traducteur.

[3] V. 29. — Le château de Montefeltro est situé sur le versant des Apennins, du côté d'Urbin.

[4] V. 39. — En 1300, époque du voyage en Enfer, les démêlés de Philippe-le-Bel avec le pape Boniface VIII n'avaient pas encore éclaté. Dante expose l'état de la Romagne et de ses villes principales : Forli, Rimini, Faënza, Imola et Césène.

serve l'état où elle est depuis longues années; l'aigle de Polenta [1] la couvre de ses grandes ailes qui étendent jusqu'à Cervia [2] leur ombre protectrice.

« Forli [3] qui s'est autrefois signalé par une résistance longue et sanglante aux Français, Forli qui a vu ses champs couverts de leurs cadavres, se retrouve sous la bannière du Lion vert[4]. Quant à Rimini, le vieux et le jeune dogue de Verrucchio, qui ont fait au malheureux Montagna un mauvais parti, continuent de déchirer ce pays à belles dents.

« Les villes qu'arrosent le Lamon et le Santerne, Faënza et Imola, sont soumises au lionceau porté dans un champ d'argent [5], qu'on voit, d'une saison à l'autre changer de parti. Cette autre ville, dont le Savio baigne les murs, Césène, jouit d'un gouvernement approprié à son assiette. Sise entre un mont et une plaine, elle se tient entre la liberté et la tyrannie [6]. Maintenant, pauvre torturé, dis-nous, de grâce, qui tu es. Laisse-toi toucher aussi et puisse ton nom se conserver dans la mémoire des hommes ! »

A ces mots, la flamme bruit avec force, comme agitée par un souffle qui fit ondoyer çà et là sa pointe, et s'exhala enfin de cette manière : « Si je croyais que ma réponse fût jamais reportée au monde par celui à qui je la fais, les mouvements de cette flamme qui donnent cours à mes paroles, cesseraient à l'instant. Mais, s'il est vrai, comme on le dit, que ces basses régions n'ont jamais rendu aucun de leurs habitants, je puis te répondre sans craindre

[1] V. 41.— Guido Novello da Polenta, seigneur de Ravenne, chez qui Dante trouva un asile et finit ses jours, portait parti d'or et d'azur à l'aigle parti d'or et d'argent. — Polenta est un petit château près de Brettinoro.

[2] V. 42. — Cervia, terre voisine de Ravenne, à 15 milles de la mer Adriatique.

[3] V. 43. — Forli, forum Julii, n'était pas encore au pape. Cette ville obéissait alors aux Ordelaffi qui avaient dans leurs armes un lion rampant de Sinople.

[4] V. 45. — *Sotto branche verdi*. — Guido de Montefeltro y était maître en 1282, et en fut chassé, malgré ses ruses de guerre par Jean de Pas, capitaine français (voir chant 32) que le pape Martin IV avait appelé en Romagne. Ce ne fut pas sans une résistance vive qui se manifesta une fois par un carnage des Français. Guido, après les avoir laissé pénétrer dans la ville, était revenu sur eux et les avait taillés en pièces.

[5] V. 51. — Manierdo Pagano da Fusiniana avait été laissé par son père sous la tutelle des Florentins, qui l'aimèrent toujours et le soutinrent. Il était guelfe avec eux, en Toscane, et les villes d'Imola et de Faënza le revoyaient gibelin. Les Pagani portaient d'argent au lion d'azur.

[6] V. 54. — Forme de gouvernement mixte, à Césène.

l'infâmie. Je fus homme de guerre [1] et ensuite cordelier. Je crus, en ceignant le cordon, faire amende de mes fautes, et mon attente eût été remplie, si le Souverain Pontife lui-même (Dieu l'en punisse) ne m'avait remis dans la mauvaise voie. Apprends comment j'y fus ramené et à quelle occasion : durant ma vie charnelle, tant que mon âme fut réunie au corps que j'avais reçu de ma mère, j'agissais moins en lion qu'en renard. Exercé à la fourbe et aux trames secrètes, je m'étais fait dans cet art une réputation qui déjà s'était répandue au loin. Parvenu à l'âge où tout homme devrait songer à plier les voiles et à rentrer dans le port, je pris en dégoût ce qui m'avait plu jusqu'alors. Je me repentis et fis une confession sincère qui aurait dû, hélas! me profiter. Le prince des nouveaux Pharisiens était alors à guerroyer, non pas contre les Infidèles, Sarrasins ou Juifs, mais près de Latran, à côté du Saint Siége. Ses ennemis étaient des chrétiens [2], et de ceux qui n'étaient point allés reprendre Saint-Jean d'Acre [3], ou commercer sur la terre du Soudan. Sans égard pour son caractère sacré, ni pour la dignité du Souverain Pontificat, sans respecter en moi ce cordon qui ne ceint que des flancs amaigris, il me fit appeler comme jadis l'empereur Constantin tira Sylvestre du mont Soracte pour en obtenir la guérison de sa lèpre [4]. Il eut recours à moi pour le guérir de la fièvre d'orgueil qui le dévorait. Il me demanda conseil; mais je me tus, le voyant ivre de fureur. Il insista et me dit : « Que pourrais-tu craindre? je t'absous et te rends quitte envers Dieu jusqu'à cette heure, si tu m'enseignes le moyen de renverser le château de Preneste [5]; tu sais qu'il m'appartient d'ouvrir ou fermer le Ciel par la puissance des deux clés, qu'a dédaignées mon prédécesseur [6]. » Alors je

[1] V. 67. — Guido de Montefeltro, vieux routier devenu moine, fut consulté par le pape Boniface VIII, qui ne craignit pas de l'absoudre d'avance d'un mauvais conseil qu'il hésitait à lui donner.

[2] V. 88. — Boniface VIII poursuivit à outrance les Colonna, illustre famille de Rome, qui lui était contraire.

[3] V. 89. — Saint-Jean d'Acre, l'ancienne Ptolémaïs, fut repris sur les croisés par Melek Salef, le 19 mai 1291.

[4] V. 91. — Ce miracle du pape Sylvestre ne s'appuie que sur la légende. On a prétendu, au contraire, que Constantin était mort de la lèpre.

[5] V. 102. — Preneste, aujourd'hui Palestrina, était défendu par un Colonna.

[6] V. 102. — Célestin V, à peine élevé au trône pontifical, en descendit par une abdication volontaire. Il eut pour successeur Boniface VIII.

réfléchis profondément, et je fus d'avis que le pire parti était de me taire. Je répondis donc : « Saint-Père dont la voix m'absout d'avance du péché que je vais commettre, je n'ai rien à vous refuser : promettre beaucoup et tenir peu, voilà ce qui rendra triomphant le Saint-Siége. »

« Après ma mort, saint François vint réclamer mon âme; mais elle lui fut disputée par un des anges de ténèbres, qui lui dit : « Elle n'est pas à toi ; ne me frustre pas de mon bien. Il faut que je l'emporte au séjour des maudits où elle sera châtiée pour avoir donné un conseil de fraude. Je le tiens aux cheveux depuis ce jour et il ne m'échappera point. A-t-il pu croire qu'il y eût pardon pour qui ne s'est point repenti ? Le repentir et la volonté de mal faire ne peuvent habiter ensemble ; ce sont choses contraires qui s'excluent. » Oh ! quelle douleur, quand, malgré ma résistance, je me sentis enlevé par ce démon qui me raillait en me disant : « Tu ne t'attendais pas à me trouver si bon logicien ? [1] »

« Il me transporta devant Minos, qui replia huit fois sa queue autour de ses reins, et dit en se mordant de rage : « Qu'il aille brûler avec les artisans de fraude ! » Voilà comment j'ai perdu mon âme, et pourquoi je marche, désolé, sous ce manteau de feu. »

Ayant achevé ces mots, la flamme s'éloigna en tordant et vibrant sa pointe en signe de douleur. Nous passâmes outre, Virgile et moi, et suivîmes la roche qui formait une arche nouvelle [2] au-dessus d'un autre ravin où s'expie le crime de ceux qui ont semé des divisions dans le monde.

CHANT XXVIII.

Qui pourrait jamais, même dans un récit dégagé de la rime, et repris à plusieurs fois, montrer dans un tableau complet le sang et les plaies qui s'étalèrent devant moi ? Non, il n'est pas

[1] V 123. — Le Diable, père du mensonge, est un sophiste, mais ici le Diable raisonne juste.

[2] V. 135. — La 9e tranchée de Malebolge.

de langue humaine qui pût y suffire. Notre parole est trop courte et notre esprit trop borné pour embrasser une pareille matière.

Qu'on rassemble cette foule innombrable d'hommes qui versèrent jadis leur sang dans la Pouille, sur cette terre fatale, où il se fit tant de carnage lors de l'invasion des Troyens, et pendant la longue guerre qui, suivant l'exact Tite-Live, donna une si ample moisson d'anneaux de chevaliers [1]; qu'on y joigne tous ceux qui furent taillés en pièces en résistant à Robert Guiscard [2], et ceux dont les ossements se recueillent encore à Ceperano [3] où les soldats de la Pouille manquèrent à leur devoir, et ceux qui périrent à Tagliacozzo [4], où le vieux Alard vainquit sans armes; qu'ainsi rassemblés, tous montrent leurs membres percés ou tronqués par le fer des batailles, ce spectacle n'égalera point l'horreur du tableau qui s'offrit à moi dans la neuvième fosse [5]. Semblable à l'ouverture pratiquée dans un tonneau qui a perdu quelques douves, tel m'apparut ouvert dans toute sa longueur, le corps d'un de ces damnés. Par cette fente sortaient ses entrailles, battant sur ses jambes. Je voyais aussi à découvert son cœur et ce que le corps humain renferme de plus immonde [6]. Pendant que j'avais la vue attachée sur lui, à son tour, il me regarda, et fouillant avec ses mains dans sa poitrine : « Vois, dit-il, comme je me déchire! Vois Mahomet pourfendu que précède en pleurant Ali, dont le visage est balafré depuis le menton jusqu'au haut du crâne;

[1] V. 11. — Les anneaux des chevaliers romains tués à la bataille de Cannes furent recueillis par les vainqueurs, qui en remplirent trois boisseaux et demi.

[2] V. 14. — Robert Guiscard, frère de Richard, duc de Normandie, fit la conquête de la Pouille, en 1070.

[2] V. 17. — La bataille de la Grandella, gagnée le 26 février 1266 par Charles d'Anjou, se donna dans les champs de Ceperano, à deux milles de Bénévent. Manfred commandait une troupe composée de gens du pays, dont la défection contribua surtout à la perte de la bataille.

[4] V. 17. — Le jeune Conradin, dernier rejeton de la maison de Souabe, y fut vaincu et pris le 24 août 1263. Le sire Alard de Saint-Valery, revenu depuis peu de la Terre-Sainte, ramena la victoire à Charles d'Anjou, en laissant croire que ce roi était tué, et en le faisant sortir tout à coup d'une embuscade avec l'élite de l'armée Guelfe.

[5] V. 21. — Dans la 9e tranchée de Malebolge sont les chefs de secte et de parti, mutilés ou balafrés.

[6] V. 27. — Dante est un peintre réaliste qui ne farde rien, mais le respect du texte ne peut aller jusqu'à traduire littéralement et pour des lecteurs français ce passage... c'l tristo sacco che merda fa di quel che si trangugia.

tous ces autres que tu vois aussi fendus de part en part, ils ont divisé les hommes, en semant parmi eux le scandale et le schisme.

« Là, derrière, est un diable qui nous frappe cruellement, et nous passe de nouveau par l'épée lorsque nous avons achevé le tour de la voie douloureuse, car nos blessures sont refermées quand nous reparaissons devant lui. Mais qui es-tu, toi qui ne cherches sans doute, en t'arrêtant sur cette roche, qu'à différer le supplice édicté contre toi, d'après tes aveux[1]? »

Virgile répondit pour nous deux : « La mort ne l'a pas encore en sa puissance, et il ne vient pas ici pour expier ses fautes. Mais il fallait que l'expérience achevât de l'instruire, et j'ai été choisi parmi les morts pour l'accompagner et le faire descendre de cercle en cercle au plus profond de l'Enfer. Ce que je dis est vrai comme il est vrai que je te parle. »

Plus de cent damnés, entendant ces paroles, en furent si émerveillés qu'ils s'arrêtèrent en foule dans la fosse, oubliant leurs souffrances pour me regarder.

« Dis à frère Dolcino [2], reprit Mahomet, toi qui bientôt peut-être reverras le soleil, dis-lui que, s'il ne veut pas avant peu grossir ma suite, il doit se munir de vivres, dans ses montagnes. Qu'il combatte la rigueur des neiges, qui seule peut donner la victoire aux Novarais, et il sera difficile de le réduire. »

Mahomet, en m'adressant ces derniers mots, avait déjà le pied levé pour partir. Il se tut et se remit en chemin.

Parmi ceux qui nous regardaient avec surprise, il en était un qu'une plaie profonde à la gorge, une oreille de moins et le nez rasé jusqu'à la hauteur des sourcils, faisaient remarquer. Il prit la parole, et tira de son gosier, rouge de sang, ces mots entrecoupés :

« O toi, me dit-il, qui n'es pas ici pour tes fautes, et que j'ai vu autrefois dans notre Italie, à moins qu'une trop grande ressem-

[1] V. 45. — Les pécheurs se confessent à Minos avant de recevoir leur sentence.

[2] V. 55. - Dolcino, moine de Novare, en Lombardie, prêcha au commencement du XIVe siècle, la communauté des biens et des femmes. Chassé de la ville de Trente avec une religieuse qu'il avait séduite, ce fanatique se retira sur des hauteurs couvertes de neige où il fut traqué pendant deux ans, et ne put être réduit que par la famine. Pris enfin, et conduit à Novare en 1305, il y fut brûlé vif avec la sœur Marguerite.

blance ne m'abuse, souviens-toi de Pietro da Medicina [1] ; si jamais tu es rendu au monde ; et si tu revois l'agréable plaine qui descend de Verceil à Mercabo, fais savoir aux deux meilleurs citoyens de Fano, le sort qui les attend [2], à moins que nos prévisions ici-bas ne soient vaines. Avertis messer Guido et Angiolello qu'ils seront arrachés de leur vaisseau et jetés à la mer, une pierre au cou, près de la Cattolica [3], par la trahison d'un tyran parjure. Jamais, entre les îles de Chypre et de Majorque, la piraterie des Grecs ou des barbares ne souilla d'un tel forfait l'empire de Neptune. Ce traître, qui ne voit que d'un œil, est le seigneur d'une terre [4] que ce damné qui m'accompagne voudrait n'avoir vu de ses jours. Il appellera Guido et Angiolello comme pour traiter avec eux, et lorsqu'ils seront en mer, il fera qu'ils n'aient plus rien à craindre du vent de Focara, ni des vœux à faire pour s'en garantir. »

Pietro se tut, et je lui dis à mon tour : « Si vous voulez que je vous rappelle au souvenir des hommes, désignez-moi le pécheur qui regrette amèrement le pays dont vous parlez ! »

— « Le voici ! s'écria Pietro, en me montrant un de ses compagnons, dont il ouvrit la bouche avec les mains ; c'est celui-ci, qui ne peut parler. Chassé de Rome, il s'en vint à Rimini trouver César qui flottait encore, et dont il dissipa les doutes en disant : « Celui qui est prêt perd toujours à attendre. »

Oh ! qu'il me paraissait alors éperdu de frayeur et affreux à voir, la langue coupée à la racine, ce Curion dont la parole avait été si hardie ! Un autre damné de cette bande, qui avait les deux

[1] V. 73. — On ne sait rien de ce Pietro, contemporain de Dante, sinon qu'il était de Médicina, ville du comté de Bologne, et qu'il remua toute la Romagne en remuant partout le peuple contre les gentilshommes, et en semant la division entre les seigneurs eux-mêmes.

[2] V. 77. — Malatestino, tyran de Rimini, appela auprès de lui, sous prétexte d'affaires importantes, les deux principaux citoyens de Fano, et donna l'ordre secret à ceux qui devaient les amener par mer, de les submerger à la hauteur de Cattolica, où lui-même feignit de les attendre. Guido del Cassero et Angiolello di Cagnano avaient ainsi péri lorsque Dante écrivait cette partie de l'Enfer ; mais la catastrophe n'avait pas encore eu lieu à l'époque supposée de son voyage.

[3] V. 80. — Cattolica, château voisin de Pesaro, sur le bord de l'Adriatique. La Focara, haute montagne, près de Cattolica.

[4] V. 86. — Curion, ami de César. Ce tribun, adversaire fougueux du patriciat et de Pompée, se rendit à Rimini, au-devant de César, pour le décider à passer le Rubicon.

mains coupées, leva en l'air ses moignons hideux. Je voyais le sang en dégoutter, et rougir sa face : « Et moi aussi, s'écria-t-il, je te demande un souvenir pour Mosca [1]. C'est moi, hélas ! qui ai dit : « Chose faite n'est plus à faire », mot funeste qui causa des maux sans nombre à la Toscane.... » — « Et l'extinction de ta race, ajoutai-je à l'instant. » — Atterré par cette nouvelle qui comblait la mesure de ses douleurs, Mosca s'éloigna comme un homme fou de chagrin.

Je demeurai là, regardant cette multitude, lorsque je vis ce que je n'oserais conter sur la foi de mon seul témoignage, si je n'avais pour moi ma conscience, cette bonne compagne qui affranchit l'âme, et qui est forte parce qu'elle se sent pure.

Je vis... (je crois le voir encore) un corps sans tête marcher comme faisaient tous ces misérables. Ce pécheur tenait par les cheveux sa tête séparée du tronc et suspendue comme une lanterne. Cette tête nous regardait et disait : « Hélas ! » Ce damné éclairait lui-même sa marche. Ils étaient deux en un et un en deux ; étrange mode d'existence que pourrait seul expliquer celui qui punit ainsi ! — Lorsqu'il fut arrivé au pied du pont, il leva sa tête de toute la hauteur de son bras pour mettre ses paroles à notre portée.

« Vois, dit-il, et plains le rigoureux supplice auquel je suis condamné, toi qui, plein de vie, viens visiter les morts. Vois s'il a jamais existé une peine pareille à la mienne. Ah ! porte là-haut de mes nouvelles. Je suis Bertram dal Bornio [2], celui qui donna de mauvais conseils au prince Jean. J'ai armé le père et le fils l'un contre l'autre. Que fit de plus Architophel [3], lorsque par ses

[1] V. 105. — Mosca de gli Uberti fut en partie la cause des divisions qui déchirèrent la république de Florence, en poussant au meurtre de Buondelmonte qui avait pris femme dans la famille guelfe des Donati, après avoir promis d'épouser une Amidei. Dans un conciliabule tenu à ce sujet, il avait conseillé de tuer sur le champ l'auteur de cette insulte, et il avait dit : « *Cosa fatta capo ha.* »

[2] V. 134. Bertrand de Born, seigneur de Hautefort, en Périgord, célèbre ménestrel et gouverneur de Jean-sans-Terre, fils d'Henri II roi d'Angleterre, excita le jeune prince à se révolter contre son père, qui s'était lassé de fournir à ses prodigalités. Le fils rebelle fut tué dans cette guerre impie. Il avait laissé par testament cent mille florins à la compagnie des Bardi de Florence, en y ajoutant dit-on, cette clause : « Je lègue mon âme au diable, qui paiera cette somme pour moi, si mon père ne veut la payer. »

[3] V. 136. — Rois, Liv. II, ch. XIV. V. 31.

méchants aiguillons, il excita Absalon contre son père? Pour avoir séparé des personnes unies par des liens aussi étroits, j'ai été moi-même scindé en deux parts. Je porte ma tête, arrachée de son principe[1] qui reste enfermé dans ce tronc. Ainsi s'observe en moi la juste loi du talion. »

CHANT XXIX.

La vue de cette foule et de tant de plaies vives avait empli mes yeux de larmes, et j'aurais voulu m'arrêter pour les épancher; mais Virgile me dit : « Qu'as-tu donc? pourquoi tes regards restent-ils ainsi attachés sur ces pauvres mutilés? Tu n'étais pas ainsi dans les autres fosses. N'espère pas pouvoir les compter, car ils remplissent un ravin qui a vingt-deux milles de tour[2]. La lune est déjà sous nos pieds[3]. Il nous reste peu de temps, et plus à voir que tu ne penses. »

— « Mon cher guide, lui répondis-je, si vous aviez observé ce qui captivait mon attention, peut-être m'auriez-vous permis de rester-là quelques moments encore. »

Virgile s'en allait déjà, moi par derrière, comme je commençais cette réponse, que je continuai ainsi : « Il m'a semblé que dans cette fosse où ma vue était si fixement attachée, je voyais quelqu'un de ma famille pleurer la faute qui trouve ici son châtiment. »

— « Il ne faut pas, reprit mon maître, que ton esprit se tourmente au sujet de cette âme. Qu'elle demeure où elle est, et que ton attention se porte vers d'autres objets. Tout à l'heure, j'ai vu ce damné te montrer du doigt avec un geste menaçant, et je l'en-

[1] V. 141. — Le cœur, regardé alors comme le principe de la vie.

[2] V. 9. — Voir aux chants suivants d'autres passages qui, rapprochés de celui-ci, peuvent faire juger des dimensions de l'Enfer.

[3] V. 10. — C'est-à-dire qu'il était midi sur la terre, et même un peu plus tard, puisqu'on était dans la pleine lune qui, alors, se trouve à l'opposite de la terre.

tendis nommer Geri del Bello [1]. Quoiqu'il fût au bas du pont, tes regards arrêtés sur le seigneur de Hautefort[2] ne tombèrent pas sur lui. Il partit sans avoir attiré ton attention. »

— « Géri, m'écriai-je, a péri d'une mort violente ; il attend encore qu'un parent épouse son injure et le venge. Mon inaction l'irrite, et voilà sans doute pourquoi il s'est éloigné sans me dire un seul mot. Cet appel muet a réveillé en moi la voix du sang. »

Nous continuâmes de parler ainsi, chemin faisant, jusqu'à cet endroit de la roche, d'où l'on a la première vue de la dixième tranchée[3]. Elle se serait montrée à nous jusqu'au fond, s'il y eût régné plus de clarté. Parvenus au-dessus du ravin qui forme la dernière enceinte de Malebolge, nous commencions à apercevoir les hôtes de ce cloître, lorsque des lamentations diverses vinrent m'assaillir et me percer des traits acérés de la pitié. Je me bouchai les oreilles avec les deux mains.

Comme gémiraient, entassés dans une même fosse, tous les malades que renferment de juillet à septembre[4] les hôpitaux de Valdichiana, de la Maremme et de la Sardaigne ; ainsi éclataient en plaintes, attaqués d'autant de maux, les damnés de ce repaire d'où sortait une odeur de chairs gâtées et de pourriture. Nous descendîmes le rocher, et, tournant à gauche, nous mîmes pied sur la rive de la dernière tranchée. J'eus alors une vue plus distincte du lieu où sont écroués les faussaires par l'infaillible Justice, à qui Dieu a commis sa vengeance.

[1] V. 27. Geri del Bello, parent de Dante, du côté maternel, appartient encore à la 9e tranchée, séjour des sectaires et des schismatiques. Le genre de sa mort le signale comme factieux et fauteur de troubles ; car il fut tué sur le seuil de sa maison par un des Sacchetti. Le meurtre ne fut vengé que plusieurs années après par Cione del Bello, neveu du mort. Dante connaissait sans doute cette représaille exercée au moment où il écrit, mais attendue encore à l'époque où il place son voyage en Enfer.

[2] V. 29. — Bertrand de Born, seigneur de Hautefort (altaforte), mentionné au chant précédent.

[3] V. 38. — Dans cette 10e tranchée de Malebolge, 8e cercle de l'Enfer, il y a des places différentes pour quatre sortes de faussaires, à qui diverses peines sont infligées, savoir : aux alchimistes, la lèpre ; à ceux qui ont commis des faux par supposition de personnes, la rage ; aux faux-monnayeurs, l'hydropisie ; aux imposteurs et calomniateurs, la fièvre étique ; ce chant est consacré aux alchimistes.

[4] V. 47. — C'est la saison des fièvres produites dans ces lieux par la mal'aria.

Lorsque jadis à Égine[1] tout le peuple fut atteint d'un mal contagieux, fruit d'un air empesté, que les animaux périrent tous jusqu'au moindre vermisseau, et que le monde antique, comme l'assurent les poètes, vit un peuple nouveau sortir d'une fourmilière; je ne crois pas qu'il ait régné là une plus grande tristesse que dans la ravine sombre où gisaient, par monceaux, des corps languissants et infects. Ils étaient couchés, l'un sur le ventre, l'autre sur le dos de son voisin. Tel se traînait sur les pieds et sur les mains dans ce douloureux sentier.

Nous avancions pas à pas et sans parler; nous regardions, nous écoutions ces malades qui ne pouvaient se tenir debout. J'en vis deux[2] assis dos à dos et adhérents, comme un vase tient au couvercle qui s'y adapte. Ils étaient couverts de pustules de la tête aux pieds. Jamais sous la main d'un valet attendu par son maître, ou par celui qui veille malgré lui, l'étrille n'eut un mouvement plus rapide que les ongles de ces deux lépreux n'étaient prompts à labourer leur corps. Ils obéissaient à une démangeaison furieuse et sans remède. Leurs chairs se pelaient sous leurs ongles tranchants, comme le scare[3] ou tout autre poisson à larges écailles, s'en dépouille sous le couteau qui les fait jaillir.

— « O toi qui t'écorches avec les doigts, dit mon maître à l'un d'eux, toi qui fais de tes mains parfois des tenailles, puissent tes ongles suffire éternellement à ce dur métier! mais dis-moi, si parmi les damnés de cette fosse, il se trouve quelque enfant de l'Italie. »

— « Nous sommes tous deux italiens, répondit en pleurant le lépreux interpellé, vous voyez le mal qui nous ronge; mais qui êtes-vous à votre tour pour nous questionner ainsi? »

— « J'accompagne un vivant, dit Virgile; je descends avec lui de roc en roc au fond de ces gouffres, et j'ai pour mission de lui montrer l'Enfer. »

[1] V. 59. — L'île d'Egine ayant été dépeuplée par la peste qui n'avait épargné que les fourmis, Eaque, roi sans sujets, obtint de Jupiter que ces insectes fussent changés en hommes. Ces nouveaux habitants furent appelés myrmidons de μυρμηξ, fourmi.

[2] V. 73. — Griffolino d'Arezzo et Capocchio de Sienne.

[3] V. 83. — La Scardova, poisson du genre des osseux.

A ces mots, se détachant l'un de l'autre, ils se tournèrent vers moi tout tremblants, et d'autres, qui m'avaient entendu, par ricochet, firent de même.

Mon bon maître se rapprocha de moi, et me dit que je pouvais leur parler à mon gré. Je parlai donc en ces termes : « Si grâces à moi, vos noms peuvent être préservés de l'oubli sur la terre, et s'y conserver pendant longues années, dites-moi qui vous êtes et quel pays vous habitez; que la honte d'un châtiment sale et dégoûtant ne vous fasse craindre de vous découvrir à moi. »

— « Ma patrie, répondit l'un d'eux[1], fut Arezzo où je fus brûlé vif par l'ordre d'Albert de Sienne, mais ce qui alors éleva mon bûcher n'est pas ce qui a causé ma damnation. J'avais dit un jour à ce jeune homme en plaisantant que je saurais m'élever dans les airs, et, lui qui avait beaucoup de curiosité et peu de sens, voulut que je lui enseignasse cet art. Parce que je ne pus en faire un Dédale, il me dénonça à son père qui me fit brûler pour cela seul; mais mon crime véritable est l'alchimie, à laquelle je me suis adonné sur la terre. C'est elle qui m'a fait plonger dans la plus basse des dix fosses de Malebolge, par Minos, juge infaillible. »

« O vanité de l'esprit, dis-je alors à mon guide; où jamais parut-elle mieux qu'à Sienne? Peuple léger[2], beaucoup plus léger que ne le sont les français eux-mêmes! »

Cette exclamation fit rompre le silence à l'autre lépreux : « Exceptes-en Stricca[3], dit-il, Stricca si modéré dans ses dépenses; exceptes-en Nicolo à qui Sienne doit le précieux emploi du girofle, Sienne, où germe aisément toute pareille semence; excepte enfin cette joyeuse bande avec laquelle Caccia d'Asciano dissipa

[1] V. 110. — Griffolino d'Arezzo. — L'évêque de Sienne condamna au feu comme sorcier Griffolino d'Arezzo, pour avoir promis à son fils Alberto de le faire voler avec des ailes. Griffolino n'avait voulu que s'amuser aux dépens de ce jeune homme à la tête légère. Il n'était pas sorcier mais alchimiste.

[2] V. 123. — Dante est-il l'écho de l'opinion vulgaire sur les français; ou bien se venge-t-il sur notre nation de l'occupation de Florence par Charles de Valois qui fut la cause de son exil?

[3] V. 125. — Stricca, Niccolo de' Salembeni, Caccia d'Asciano, l'Abbagliato, jeunes fous qui donnaient le ton à Sienne, et qui se ruinèrent par leurs prodigalités. Ils mirent, dit-on, en commun 200,000 florins qui furent dépensés en 20 mois. C'était à qui inventerait un raffinement de bonne chère. Caccia fondit, dans cette vie joyeuse, *la cortenna ricca*, les bois et les vignobles du château, domaine de ses pères.

ses vignes et ses hautes futaies, et à qui l'Abbagliato parut sage; si tu veux savoir qui te fournit ainsi des armes contre les Siennois, regarde-moi bien, mon visage te l'apprendra; tu verras que je suis l'ombre de Capocchio[1] qui se servit de l'alchimie pour altérer les métaux. Mieux que tout autre, si mes yeux ne m'abusent, tu dois savoir que je fus de ma nature, bon singe, habile contrefacteur. »

CHANT XXX.

Dans le temps que Junon, irritée contre Sémélé, s'en prenait à toute la race des Thébains, qui, plus d'une fois, éprouvèrent son courroux, cette déesse troubla l'esprit d'Athamas[1] au point que, voyant sa femme avec ses deux fils qu'elle tenait de chaque main : « Ils sont à moi ! s'écria-t-il; la lionne et les lionceaux seront pris au passage dans mes rêts. » Et ce fou sans pitié, saisissant Léarque, l'un des deux enfants, le fit pirouetter et le brisa contre un rocher. La malheureuse mère se jeta et périt dans les flots avec son autre fils.

Plus tard, lorsque la fortune, renversant de fond en comble une ville superbe, ôta au roi Priam le sceptre et la vie, la triste Hécube[2] emmenée captive après la mort de sa chère Polyxène qu'elle avait vu sacrifier, fut si navrée de douleur en reconnaissant sur le rivage le corps inanimé de son fils Polydore, qu'éperdue,

[1] V. 136. — Capocchio de Sienne, versé dans la physique et les sciences naturelles, s'occupa d'abord de cette partie de l'alchimie qui consiste à purifier les métaux; mais il fut conduit par l'amour du lucre à les falsifier, et il tomba ainsi dans l'alchimie sophistique, et mérita d'être rangé parmi les faussaires.

[2] V. 4. — Ino, femme d'Athamas, était fille de Cadmus, roi de Thèbes, et sœur de Sémélé. La jalouse Junon se vengea sur elle, en frappant son mari Athamas d'une folie furieuse, qui lui fit massacrer ses deux fils Léarque et Mélicerte sous les yeux de leur mère. Celle-ci allait, dans son désespoir, se précipiter dans la mer, lorsque Neptune la changea en fontaine. (Ovide-Métam.)

[3] V. 16. — La fureur d'Hécube contre Polymnester, assassin de son fils, qu'elle lui avait envoyé en Thrace, pour le soustraire à la vengeance des Grecs, s'exhala en imprécations et en cris sauvages. Elle fut métamorphosée en chienne.

hors de sens, elle se mit à pousser, comme une chienne, de rauques aboiements.

Mais jamais, à Thèbes ni à Troie, n'éclatèrent de telles fureurs, jamais hommes ni bêtes ne furent possédés d'autant de rage que j'en vis atteintes alors deux ombres[1] qui, pâles et nues, couraient en mordant tout ce qui s'offrait à elles, comme le pourceau qui se rue hors de sa bauge. L'une d'elles atteignit Capocchio, et l'ayant happé à la nuque, l'attira jusqu'à terre. Son ventre laboura le fond du ravin. L'homme d'Arezzo[2], resté près de là, me dit tout tremblant : « Ce furieux est Gianni Schicchi[3], qui est possédé de la rage. Il arrange ainsi ceux qu'il rencontre. »

— « Ah ! lui répondis-je, si l'autre ne s'attache pas à toi, de grâce, avant qu'il ne s'éloigne, dis-moi qui il est. »

Il me satisfit en ces termes : « Cette âme est celle de Myrrha, qui jadis fut souillée d'une flamme incestueuse. Entrée dans la couche de son père qu'elle sut abuser par de fausses apparences, elle jouit de sa ruse infâme comme ; Gianni, que tu viens de voir, osa se substituer à Buoso Donati, qui venait d'expirer, et dicter pour lui un testament en forme, qui lui valut la plus belle cavale du haras.

Après que ces deux enragés furent passés, mes yeux qui s'étaient attachés sur eux, se portèrent sur d'autres pécheurs aux corps difformes et contrefaits. J'en vis un[4], à qui il ne manquait, pour avoir la forme d'un luth, que d'avoir eu l'aîne coupée à l'endroit où le corps se partage en fourche. L'hydropisie, qui, par une étrange altération des humeurs, rend les membres si disproportionnés que le visage n'est plus en rapport avec le ventre, lui faisait tenir la bouche ouverte, comme, dans la fièvre étique, le

[1] V. 25. — Gianni Schicchi et Myrrha, coupables de faux par supposition de personne, et atteints de la rage.

[2] V. 31. — Griffolino.

[3] V. 32. — Gianni Schicchi, de la famille des Cavalcanti de Florence. Il fit avoir, par artifice, la riche succession de Buoso Donati à son ami Simon Donati, parent éloigné de Buoso. Celui-ci déjà mort, Gianni prit sa place dans son lit, et contrefit sa voix pour dicter un testament en faveur de Simon. Ce service lui valut une cavale de grand prix, *la donna della torma*. — Il semble que notre Regnard ait tiré de là l'idée de son légataire universel.

[4] V. 49. — Maître Adam, de Brescia. Voir la note sur le vers 61.

malade, que la soif dévore, porte ses lèvres en avant, l'une relevée, l'autre abaissée vers le menton.

— « O vous ! s'écria-t-il, qui, je ne sais par quel miracle, parcourez affranchis de toute peine ces régions de la douleur, donnez un regard et un moment d'attention à la misère de maître Adam[1]. Vivant, j'avais en abondance tout ce que je voulais, et maintenant, hélas ! je désire avec ardeur une goutte d'eau ! J'ai toujours devant les yeux ces filets argentés qui descendent des vertes collines du Casentin, et vont par de frais canaux sur des prés humides se verser dans l'Arno ; et ce n'est pas en vain, car cette image me dessèche plus que le mal empreint sur mon visage décharné. Le Ciel est juste dans sa rigueur : il a placé au lieu même où j'ai péché, ce qui excite le plus mes regrets et mes soupirs.

« Là est ce château de Romena, où je falsifiai la pièce d'or marquée au coin de saint Jean-Baptiste ; et pour cela, je fus brûlé vif. Mais si je voyais ici Guido, Alexandre et leur frère, qui furent mes instigateurs, je ne donnerais pas le plaisir que me causerait leur damnation, pour la fontaine de Branda[2]. L'un d'eux[3], si j'en crois les enragés qui circulent dans cette fosse, est déjà dans l'Enfer ; mais que m'importe, si mes membres sont enchaînés? Que ne suis-je encore assez dispos pour avancer seulement d'un pouce dans le cours d'un siècle ! Je me serais déjà mis en route pour l'aller trouver et, je serais en quête de lui au milieu de cette foule d'êtres disgraciés, quoique ce ravin ait onze milles[4] de tour, sur une largeur qui ne dépasse pas un demi-mille ; car c'est par leur faute que je me trouve en telle compagnie. Ce sont eux qui m'ont fait battre des florins avec trois carats d'alliage. »

Je lui dis à mon tour : « Apprends-moi, maître Adam, qui sont

[1] V. 61. — Maître Adam, de Brescia, atteint d'hydropisie châtiment des faux-monnayeurs. Cet habile ouvrier fut employé par les comtes de la Romena, château du Casentin, à falsifier le florin d'or de Florence, à l'effigie de Saint Jean-Baptiste, ayant un lys au revers. Il fut brûlé en face du château de Romena, repaire de ces faux-monnayeurs, au bout de la rue qui conduit à cette forteresse.

[2] V. 78. — Fonte Branda est une fontaine à Sienne, près de la porte de ce nom.

[3] V. 79. — L'un de ces trois frères était mort sans doute, lorsque Dante écrivait cette partie de l'Enfer. Le poëte le damne sans le désigner par son nom. Suivant les commentateurs, il s'appelait Aghinolfo.

[4] V. 86. — Comment cette 10e tranchée de Malebolge n'a-t-elle que la moitié du circuit de la précédente, 11 milles au lieu de 22 ? — V. XXIX, 9.

ces deux misérables[1], gisants à ta droite, serrés l'un contre l'autre, et tout fumants comme fume la main qu'on retire de l'eau, en hiver. »

— « Je les ai trouvés, répondit-il, lorsque j'ai été jeté dans ce gouffre, à cette place qu'ils n'ont pas quittée, et d'où je ne crois pas qu'ils doivent jamais sortir. L'une est cette menteuse qui accusa Joseph ; l'autre est Sinon, ce Grec funeste à la ville de Troie. Une fièvre aiguë leur fait exhaler ces vapeurs fétides. »

Choqué de s'entendre nommer avec tant de mépris, Sinon frappa de son poing le ventre durci de maître Adam, et le fit résonner comme un tambour ; à quoi celui-ci riposta par un coup non moins bien assuré au visage de l'agresseur : « Tiens, dit-il, et sache que, si je ne puis remuer les parties de ce corps infirme, il me reste un bras assez bon pour cet office. »

Alors commença entre eux ce dialogue :

Sinon : « Ce bras n'était pas aussi libre lorsque tu allais au bûcher; mais il te servait aussi bien et mieux encore pour battre monnaie. »

Maître Adam : « En cela tu dis vrai ; que n'as-tu dit aussi la vérité quand les Troyens t'adjuraient de lui rendre hommage? »

Sinon : « Si j'ai altéré la vérité, toi, tu as altéré la monnaie. Je suis ici pour une seule faute, j'ai failli une fois, et toi plus souvent qu'aucun autre damné. »

Maître Adam : « Souviens-toi, Grec parjure, de ce cheval, dont les flancs recélaient des embûches; sois puni par cela même que ta fourbe est connue du monde entier. »

Sinon : « Sois puni par la soif qui te fait tirer la langue, et par cette eau rance qui fait de ton ventre comme une barrière devant tes yeux. »

Maître Adam : « Il ne sort, comme toujours, de ta bouche que de mauvaises paroles. Si j'ai soif, et si mon corps est rempli d'eau, tu éprouves, toi, des ardeurs d'entrailles et des douleurs de tête cuisantes. Pour te faire boire à la source qui retint le beau Narcisse, il ne faudrait pas te prier longtemps. »

[1] V. 91. — La femme de Putiphar et le grec Sinon. On sait que Joseph, esclave d'un officier de Pharaon, laissa son manteau entre les mains de la femme de son maître, laquelle n'ayant pu le séduire, l'accusa d'avoir attenté à son honneur. — Sinon, faux transfuge, persuada de faire entrer dans la ville le cheval de Troie (Virg. Enéïde, Ch. II). L'imposture et la calomnie sont punies en leurs personnes de la fièvre étique.

J'écoutais avec attention ces paroles rapidement échangées, lorsque mon maître me dit : » Amuse-toi bien de leur querelle. Peu s'en faut que je ne t'en fasse une à mon tour. » A ces mots dits avec colère, je tournai vers lui mon visage enflammé de honte ; j'en rougis encore quand j'y pense.

Semblable à un homme qui souffre, en songe, quelque dommage; il désire que ce qu'il rêve soit un rêve, il aspire après un état qui est le sien, tel je me sentis sous la remontrance de Virgile. Je désirais faire ce que je faisais vraiment, sans le savoir : je m'excusais sans pouvoir parler.

« Assez de confusion, me dit mon guide; il en faudrait moins pour laver une plus grosse faute. Chasse la tristesse et s'il t'arrive encore de rencontrer des âmes livrées à de pareilles disputes, songe à qui t'assiste. Il est indigne d'un homme de prêter l'oreille à ce grossier langage. »

CHANT XXXI.

La même bouche dont la morsure avait teint de rougeur mes deux joues, distilla le baume sur la plaie; comme je l'ai ouï dire de la lance d'Achille[1], à lui transmise par son père, qui blessait, et guérissait le mal qu'elle avait causé.

Nous laissâmes derrière nous la dixième tranchée, et traversâmes la rive qui l'entoure, sans dire mot.

Là régnait un temps douteux qui n'était ni la nuit ni le jour. Aussi ma vue ne s'étendait guère devant moi; mais elle se porta soudain vers l'endroit d'où partait le son éclatant d'un cor, qui vint à nous en déchirant l'air et avec un bruit capable d'amortir celui du tonnerre. A Roncevaux, où Charlemagne perdit le fruit

[1] V. 4. — Pallas avait fait présent de cette lance à Pélée le jour de ses noces. De là vient son nom de Pélias. D'ailleurs Chiron l'avait faite d'une branche de chêne, coupée sur le mont Pélion.

de sa sainte entreprise, le cor de Roland, après la grande déroute, retentit d'une manière moins formidable[1].

Je levai la tête et regardai de ce côté; il me sembla voir beaucoup de tours élevées. « Qu'est ceci, dis-je à mon guide? En quelle terre sommes-nous? »

— « Tes yeux, me répondit Virgile, veulent percer trop loin dans les ténèbres, et de là vient que ton imagination s'égare. Si tu arrives près de ces objets, tu verras dans quelle illusion l'éloignement peut induire les sens. Presse donc un peu ta marche. »

Il me prit ensuite la main avec tendresse et me dit : « Je veux, avant d'aller plus loin, t'instruire sur ces choses, afin qu'elles te paraissent moins étranges : il n'y a point ici de tours; ce sont des géants dont le corps est enfoncé jusqu'à la ceinture dans le puits[2], autour de sa margelle. »

Comme, lorsque le brouillard se dissipe, l'œil distingue peu à peu les formes qu'un air chargé de vapeurs lui dérobait ; ainsi, à mesure que j'approchais du bord du puits, à travers la brume épaisse, l'illusion fuyait loin de moi ; mais je me sentais atteint par la peur. En effet, semblables aux tours dont est flanqué le château de Montereggione[3], et qui couronnent sa muraille d'enceinte, d'affreux géants s'élevaient à mi-corps, autour de la margelle du puits, comme des tours mouvantes, ces mêmes géants[4] que Jupiter a foudroyés et qu'il menace encore, quand il tonne.

[1] V. 18. Les Maures taillèrent en pièces l'arrière-garde de l'armée de Charlemagne, au défilé de Roncevaux, en Espagne. On entendit le cor de Roland à plusieurs lieues à la ronde.
(La Chanson de Roland — Thérould. — Traduite par M. Génin. 1850.)

[2] V. 32. — Le puits de l'abîme, où est plongé Satan. C'est le 9e et dernier cercle de l'Enfer, qui comprend la Caïna, l'Antenora, la Tolommea et la Giudecca, pour quiconque s'est rendu coupable de *trahison* envers les siens, envers son pays, envers ses hôtes et envers ses bienfaiteurs. Elles aboutissent au puits de l'abime, où Satan châtie lui-même le crime de lèse-majesté divine et humaine, la trahison envers Dieu et César, Judas et Brutus.

[3] V. 41. — Montereggione est un château-fort sis entre Straggia et Sienne.

[4] V. 44. — Dante, suivant son système, réunit ici les géants de la fable et de l'histoire sainte.

J'en pouvais déjà discerner un[1], à sa large face, à ses épaules, à sa poitrine qui laissait voir une grande partie de son ventre, et à ses longs bras pendants. Certes la Nature, en cessant de former de pareils êtres, a eu grande raison d'ôter à Mars d'aussi terribles instruments[2] ; et si elle ne se repent point de la création des éléphants et des baleines, en cela brillent davantage aux yeux des hommes attentifs, sa justice et sa profonde sagesse. Lorsqu'au mauvais vouloir et à la puissance de nuire se joignent les ressources de l'esprit, il n'y a plus de rempart contre le mal. Sa tête longue et grosse rappelait la pomme qui surmonte la basilique de Saint-Pierre à Rome[3], et tous ses membres étaient taillés sur cette mesure. Le bord du puits qui lui faisait une ceinture, cachait le bas de son corps ; mais ce qu'il montrait au dehors était si grand que trois Frisons[4] se fussent vantés en vain d'atteindre à sa chevelure, car, depuis l'endroit où s'agrafe le manteau[5] jusqu'à la ceinture, mes yeux mesuraient plus de trente palmes.

« Rafel mai amech zabè almiè[6]. » — A ces mots barbares sortis d'une bouche impropre à former de plus doux accents, mon guide osa lui dire : « Tais-toi, insensé ! sonne du cor et sers-t'en, lorsque la colère ou quelque autre passion te transporte, pour épancher ta bile ! Cherche, ô esprit de confusion, la courroie qui l'attache à ton cou. Vois comme il s'arrondit sur ta large poitrine. »

— « Il s'accuse lui-même, continua Virgile en se tournant

[1] V. 46. — Nembrod, petit-fils de Cham, entreprit de bâtir la tour de Babel, dont le sommet devait toucher au ciel, monument à la gloire des hommes, avant qu'ils se dispersassent sur la terre.(Genèse II.)— On attribue à Nembrod ou Bélus la fondation de Babylone.

[2] V. 51. — La Genèse qui fait mention des géants nés du commerce des anges avec les filles des hommes, permet d'inférer qu'ils ont péri dans le déluge, puisque Noé seul en a été préservé. La fable est plus explicite sur la destruction de ses géants.

[3] V. 59. — Il s'agit ici de l'ancienne basilique, bâtie par Constantin sur l'emplacement du cirque où les chrétiens étaient livrés aux bêtes. Elle fut reconstruite dans les XVe et XVIe siècles sur les dessins de Bramante, rectifiés par Michel-Ange à qui elle doit sa magnifique coupole.

[4] V. 64. — La haute taille des Frisons se distingue même parmi les Allemands.

[5] V. 66. — La partie inférieure du cou.

[6] V. 67. — Mots arabes suivant M. Lanci de Rome : « Esalto lo splendor mio nel abisso, siccome rifolgoro per lo mondo. » Si Nembrod parle un langage *a nullo noto*, il est plus probable que cette exclamation n'offre aucun sens.

vers moi. Ce géant est Nembrod dont la folle entreprise a fait perdre au monde sa précieuse unité de langage. Laissons-le, et ne perdons pas avec lui nos paroles. Toute langue humaine est pour lui ce qu'est pour nous la sienne que personne ne saurait comprendre. »

Nous le quittâmes donc en avançant vers la gauche. A la distance d'un trait d'arbalète, nous trouvâmes un autre géant[1], à la taille plus haute, à l'air plus féroce. Quel était l'ouvrier qui l'avait si bien garrotté, c'est ce que je ne saurais dire; mais ses deux bras étaient attachés l'un par devant, l'autre par derrière, par une chaîne qui, partant du cou, étreignait son corps, et en faisait cinq fois le tour, dans la partie seulement qui se montrait découverte.

— « Cet orgueilleux, me dit mon guide, voulut éprouver sa force contre Jupiter. Tu vois ce que lui a valu sa témérité. C'est Ephialte, un des Titans. Il se signala parmi eux lorsqu'ils jetèrent l'épouvante parmi les Dieux. Ces bras, qu'il faisait si bien mouvoir alors, ne remueront plus. »

— « Et Briarée[2], dis-je alors, où est-il? Je voudrais bien, s'il se peut, connaître par mes yeux cet immense géant. »

Virgile me répondit : « Tu verras près d'ici Antée, qui est libre et qui parle. C'est lui qui nous déposera au fond de cette sentine de tout mal. Quant à celui que tu es curieux de connaître, il est beaucoup plus loin[3], il est enchaîné et en tout pareil à Ephialte, sauf qu'il a un aspect plus féroce. »

En ce moment, Ephialte fit un effort soudain, et secoua sa chaîne, comme on voit une tour ébranlée par un violent tremble-

[1] V. 84. — Ephialte, un des Titans foudroyés par Jupiter.

[2] V. 98. — Briarée, aux cent bras, fils de Titan et de la Terre. Le poète l'a encore mis en scène au 12e chant du Purgatoire, où les âmes se purifient du péché d'orgueil. Suivant la Fable, Jupiter lui pardonna sa révolte, à cause du secours qu'il en avait reçu ensuite contre Junon, Pallas et Neptune.

[3] V. 103. — Dante n'a pas autrement mis en scène le géant Briarée.

ment de terre. Jamais je ne vis la mort aussi près de moi, et la seule peur m'aurait tué, si mes yeux ne s'étaient portés sur les cordes qui garrottaient le monstre. Nous avançâmes et nous parvînmes jusqu'à Antée[1] dont le corps, sans la tête, s'élevait de dix brasses au-dessus du gouffre.

— « O toi, lui dit Virgile, qui donnas la chasse aux lions d'Afrique, dans cette riche vallée[2] où Scipion vit fuir Annibal et devint l'héritier de sa gloire ! Toi, dont l'absence au combat des géants, tes frères, laisse encore douter si ton bras ne leur eût pas assuré la victoire ! ne refuse pas de nous faire descendre aux lieux où le Cocyte[3] est serré par le froid. Ne nous renvoie point à Titye ou à Typhon[4]. Celui qui m'accompagne peut satisfaire au vœu que forment ici toutes les ombres. Abaisse-toi donc, et ne ride pas ainsi ton front. Cet homme peut encore célébrer ton nom sur la terre ; car il vit, et peut se promettre une longue existence, à moins que Dieu ne lui fasse la grâce de le rappeler à lui avant le temps. »

A ces mots, Antée s'empresse de nous tendre les mains, ces mains dont jadis Hercule avait senti les fortes étreintes. Elles s'attachent à Virgile, qui se sentant saisir et enlever, me crie de faire en sorte qu'il puisse m'enlever à son tour. Aussitôt il me tire à lui, et nous ne formons ensemble qu'un seul faisceau.

Telle paraît la Garisenda[5] à ceux qui regardent cette tour du côté où elle penche, lorsqu'un nuage passe au-dessus d'elle en sens contraire à son inclinaison ; on se persuade qu'elle va fondre ; tel me parut Antée que je voyais sur le point de perdre l'équilibre, et

[1] V. 103. — Antée, fils de la Terre, qui lui rendait ses forces dès qu'il avait touché le sol. Hercule s'en étant aperçu après l'avoir terrassé plusieurs fois, l'étouffa dans ses bras. C'est dans les déserts de la Lybie qu'Antée chassait aux Lions et qu'il exerçait ses rapines.

[2] V. 115. — Dans la plaine de Zama, en Afrique.

[3] V. 123. — Le Cocyte soumet aux tortures du froid les quatre classes de damnés du 9e cercle.

[4] V. 124. — Titye et Typhon ne sont pas autrement mis en scène. Virgile semble ici leur préférer Antée comme moins féroce, moins impitoyable.

[5] V. 136. — La *Garisenda*, tour penchée à Bologne, ayant 130 pieds de hauteur. On l'appelait, au temps du commentateur Landino, la *Torre-Mozza*.

j'aurais, par moments, préféré descendre par un autre chemin; mais le géant nous déposa légèrement au fond du puits où sont engloutis Lucifer et Judas. Il resta peu de temps ainsi courbé, et se releva comme le mât d'un navire.

CHANT XXXII.

Que ne puis-je donner à mes vers la rauque âpreté qui convient à ce trou maudit, où viennent aboutir toutes les roches de l'Enfer! Je presserais le suc de ma pensée qui coulerait ici à pleins bords. N'ayant pas ce pouvoir, ce n'est pas sans crainte que, parvenu au centre de l'univers, au fond même de notre globe, j'entreprends d'en retracer le tableau, car ce n'est pas un jeu qu'une pareille tâche, ni l'œuvre d'un enfant qui bégaie encore. Mais si les murs de Thèbes s'élevèrent jadis aux accords d'Amphion [1], par la faveur des Muses, ne pourrai-je obtenir d'elles des chants qui ne rabaissent point mon sujet?

O vous, de tous les damnés la pire espèce, qui peuplez cette région si malaisée à peindre, mieux eût valu pour vous le sort des animaux qui broutent l'herbe des champs!

Quand nous fûmes au fond du sombre puits, sous les pieds du géant, et bien au-dessous de l'endroit où il se tenait lui-même, comme j'avais encore les yeux en haut regardant les parois élevées, j'entendis qu'on me disait: « Vois où tu passes; ne foule point aux pieds les têtes de tes malheureux frères! »

Je me retournai à ces mots et je vis devant moi, sous mes pieds, un lac de glace [2], dont les eaux paraissaient être du cristal.

Jamais, ni le Danube, en Autriche, ni le Tanaïs [3] qui coule

[1] V. 11. — Amphion, fils de Jupiter et d'Europe, inventa la musique avec Zélus son frère.

[2] V. 23. — Le Cocyte. — Dans l'Enfer payen, c'est le Phlégéton qui entoure le Tartare.

[3] V. 27. — Le Tanaïs, aujourd'hui le Don, prend sa source en Russie, près de Tumla et se jette dans la mer d'Azof.

sous un ciel si rigoureux, ne se couvrirent en hiver d'un manteau aussi épais. Deux montagnes s'écroulant sur ce lac, fussent même celles de Tabernick[1] et de Pietrapana, ne l'eussent pas fait craquer sur ses bords. Comme on voit, dans la saison où la villageoise glane encore dans ses rêves, des grenouilles se tenir, en coassant, la tête hors de l'eau ; ainsi apparaissaient une foule d'ombres livides et dolentes, plongées dans la glace jusqu'aux joues, où se peint la honte, et claquant des dents comme font les cigognes. Toutes avaient le visage baissé. Leurs bouches contractées, les pleurs amassés dans leurs yeux, attestaient le froid et la douleur dont elles étaient saisies.

Après avoir promené mes regards autour de moi, je les ramenai à mes pieds, et je vis deux têtes[2] si rapprochées l'une de l'autre, que leurs chevelures se confondaient. — « O vous, dont les poitrines se touchent, leur dis-je, qui êtes-vous ? » Ces misérables, tournant leurs têtes, levèrent les yeux vers moi. Les larmes qui les remplissaient sortirent par leurs paupières, et gelées au passage, elles en bouchèrent l'ouverture. Jamais cheville n'attacha plus étroitement deux pièces de bois l'une à l'autre. Irrités de cet obstacle, ils s'entrechoquèrent comme deux boucs.

Un de ces damnés [3], qui avait perdu les oreilles par le froid, et qui tenait la tête basse, me dit : « Qu'as-tu donc à nous tant regarder ? Si tu veux savoir quelles sont ces deux ombres[4], apprends qu'Alberto, leur père, et eux après lui, possédèrent la vallée qu'arrose le Bisenzio. Ils sont tous deux sortis du même sein, et dans toute la Caïna[5], tu ne trouveras pas un damné qui ait plus mérité d'être enfoncé dans ces glaces ; pas même le fils

[1] V. 28. — Tabernick, montagne très élevée de la Dalmatie. Pietrapana, montagne près de Lucques, en Toscane.

[2] V. 41. — Alessandro et Napoleone, fils d'Alberto de' Alberti, seigneur de la vallée de Falterone, où est la source du Bisenzio. Cette rivière passe entre Florence et Prato et tombe dans l'Arno à 6 milles au-dessus de Florence. Les deux fils d'Alberto, tyrans très redoutables à leurs voisins, en vinrent à se disputer la domination et ils s'entretuèrent.

[3] V. 52. — Camicione de'Pazzi.

[4] V. 55. — Voir la note 2.

[5] V. 58. — La Caïna, ainsi nommée de Caïn, le fratricide, reçoit les meurtriers, traîtres à leurs parents.

rebelle qu'Artus perça d'un seul coup[1] de part en part; pas même Focaccia[2], pas même celui dont la tête placée ici devant la mienne offusque ma vue et qui s'appelait Sassol Mascheroni[3]. Si tu es Toscan, tu dois à présent bien le connaître, et pour que tu ne me presses pas de nouvelles questions, sache qui je fus moi-même: tu vois en moi, Camicione de'Pazzi[4]; j'attends Carlino[5] dont la trahison pourra me servir d'excuse. »

J'en vis mille autres, au poil hérissé par le froid. J'en frissonne encore, et je frissonnerai toujours au souvenir de ces étangs glacés. Tandis que nous nous dirigions vers le centre, où tendent tous les corps graves, il arriva que, marchant d'un pas tremblant dans l'ombre éternelle, je heurtai fortement du pied (fut-ce à dessein, ou par hasard, ou par l'effet d'une volonté supérieure, je ne saurais le dire), je heurtai une des têtes qui hérissaient la route. Un cri et des pleurs se firent entendre : « Pourquoi m'écrases-tu? Viens-tu me faire expier plus cruellement encore la défaite de Mont'-Aperto[6]? »

[1] V. 62. — Le texte porte : dont la poitrine et l'ombre, *Ombra*, furent percées du même coup : allusion à la légende d'Artus, où l'on voit que sa lance fit dans la poitrine de son fils rebelle, un trou assez large pour laisser passer un rayon de soleil.

[2] V. 63. — Focaccia, de'Cancellieri de Pistoie. Pour venger son père d'un soufflet qu'il avait reçu d'un jeune parent, il alla trouver ce dernier, lui coupa la main, et s'en prit même au père de l'enfant qui était son oncle et le tua. De là guerre ouverte entre les Cancellieri; de là les factions des Blancs et des Noirs, dont les chefs exilés à Florence, en 1300, y attisèrent les dissensions dont Dante fut victime.

[3] V. 65. — Sassol Mascheroni, Florentin, tua un de ses neveux, pour s'emparer de ses biens.

[4] V. 68. — Alberto Camicione de' Pazzi assassina lâchement Ubertino, son parent.

[5] V. 69. — Carlino, de la famille de'Pazzi de Valdarno, vivait encore à l'époque supposée du voyage en Enfer (1300). Mais la manière dont le poëte l'annonce en le damnant par avance, montre qu'au moment où il écrivait cette partie de son poëme, Carlino n'existait plus; Camicione qui prédit son arrivée, ne dit pas qu'il aura place dans la Caïna, et, en effet, il fut traître, non envers les siens, mais envers sa patrie. Pendant une expédition des Florentins contre Pistoie, Carlino trahit la cause guelfe, en occupant, pour les Gibelins, le château de Piano di tre Vigne, en Valdarno, château qu'il rendit ensuite, moyennant une somme d'argent, par une seconde trahison envers son nouveau parti.

[6] V. 78. — Bocca de'Abbati fut une des causes de la défaite de Mont'-Aperto, qui rétablit les Gibelins à Florence en 1260. Vendu aux Gibelins, il s'approcha pendant le combat du porte-étendard et lui coupa la main. L'armée guelfe ne pouvant plus se rallier autour de son drapeau fut mise par Farinata degli Uberti, dans une déroute complète.

Je dis alors à mon guide : « Attendez un peu, il faut que je sois éclairci d'un doute au sujet de cet homme, vous aurez de moi, ensuite, autant de hâte que vous voudrez. »

Virgile s'arrêta, et moi, me tournant vers l'ombre qui blasphémait encore : « Qui es-tu, lui dis-je, toi qui te plains avec tant d'aigreur ? »

— « Qui es-tu toi-même ? répondit-il, toi qui traverses l'Antenora[1], en nous frappant au visage et si fort que, même d'un vivant, ces coups seraient trop rudes ? »

— « Vraiment, lui répliquai-je, c'est un vivant qui te parle, et il peut t'être agréable, si tu aimes la renommée, que j'insère aussi ton nom dans mes vers. »

Il repartit : « C'est le contraire que je désire, va-t'en, et ne me donne plus sujet de plainte ; tes flatteries viennent mal au milieu de ces glaces. »

Je le saisis alors par le chignon et je m'écriai : « Dis-moi ton nom, ou pas un de ces cheveux ne restera planté sur ta tête ! »

Mais il me répondit : « C'est en vain que tu me les arraches. Dusses-tu y mettre cent fois les mains, je ne veux ni te dire, ni te montrer qui je suis. »

Déjà mes doigts, entrés dans sa chevelure, en avaient tiré plusieurs touffes, malgré les hurlements de ce damné qui s'obstinait à tenir son visage baissé, lorsqu'un autre cria : « Qu'as-tu donc Bocca ? N'est-ce pas assez de grincer des dents, et faut-il encore que tu aboies, quel démon te possède ? »

— « Traître, lui dis-je, à présent, j'en sais assez. A ta confusion, le monde aura par moi de tes nouvelles ! »

— « Va-t'en, reprit encore Bocca, et raconte là-haut ce que tu veux ; mais si tu sors d'ici, n'oublie pas l'homme dont la langue a été si prompte. Il paie cher ici l'or qu'il a reçu des Français. Tu pourras dire : j'ai vu Buoso de Duera[2], aux lieux où le froid sévit

[1] V. 88. — Antenor, prince troyen, trahit sa patrie, en cachant Ulysse dans sa maison. Après le sac de Troie, il pénétra jusqu'au fond de l'Adriatique, et alla fonder la ville de Padoue. De là ce nom d'Antenora donné au lieu qui reçoit les traîtres envers leur pays.

[2] V. 119. — Buoso da Duera, de Crémone, fut chargé par les Gibelins de Florence de défendre un passage contre Guido de Montfort, qui conduisait l'armée française de Charles d'Anjou contre Manfred, 1226. — L'or des Français et la trahison de Buoso ouvrirent ce passage à l'ennemi.

contre les traîtres. Et si l'on te demande quels autres étaient avec lui, sache que tu as auprès de toi Beccheria[1], à qui Florence a coupé la gorge; un peu plus loin, je pense, est Gianni del Soldaniero[2], avec Ganelon[3] et Tribaldello[4] qui ouvrit de nuit les portes de Faenza. »

Nous avions quitté ce misérable, lorsque nous vîmes deux damnés[5] enfoncés dans la glace et dans le même trou, de manière que la tête de l'un servait de chapeau à l'autre. Comme un homme affamé fait brèche au pain qu'il entame, ainsi celui qui était au-dessus avait les dents attachées sur l'autre à l'endroit où le cervelet se joint à la nuque. Avec la même furie qui poussa autrefois Tydée[6] à broyer les tempes de Ménalippe, il lui rongeait le crâne et le fouillait en tout sens.

« O toi, lui dis-je, qui signales ainsi ta haine bestiale envers cet homme que tu dévores, dis-m'en la cause, et je te promets que, si tu te plains de lui avec raison, après avoir appris qui vous êtes et quel a été son crime, je t'en rendrai le change dans le monde où je dois retourner, à moins que cette langue, dont j'use en ce moment pour te parler, ne se sèche dans mon gosier. »

[1] V. 119. — Panse de Beccheria, de Padoue, abbé de Vallombreuse, était légat du pape à Florence, lorsqu'il fut accusé de haute trahison et décapité sur la place de St Apollinaire. Il avait machiné d'ôter le pouvoir aux Guelfes et de le faire passer aux mains des Gibelins.

[2] V. 121. — Giovanni del Soldaniero, florentin d'ancienne famille gibeline, trahit son parti en se joignant au peuple, pour chasser les Gibelins en 1266, alors que deux frères-joyeux (Frati godenti) étaient podestats à Florence. Ce transfuge, après avoir donné ce gage au parti guelfe, devint un de ses chefs.

[3] V. 122. — Ganelon, ambassadeur de Charlemagne auprès de Marsile roi d'Espagne, lui donna des informations qui perdirent les Français à Roncevaux. Les Maures les attendaient dans ce défilé, et la victoire qui était jusque-là du côté des chrétiens, se changea en une déroute sanglante, malgré les prouesses de Roland et d'Olivier.

(La chanson de Roland, poëme de Thérould — éd. 1850.)

[4] V. 122. — Tribaldello de Manfredi, citoyen de Faenza, en ouvrit les portes pendant la nuit, en 1282, à Jean de Pas, capitaine français, envoyé en Romagne par le pape Martin IV pour délivrer certaines villes de la domination de Guido de Montefeltro.

[5] V. 125. — Le comte Ugolin et l'archevêque Roger.

[6] V. 130. — Tydée, roi d'Etolie, un des sept chefs, ayant tué son ennemi Ménalippe, qui l'avait blessé au siège de Thèbes, dévora son crâne dans un transport de rage. (Stace. — Thébaïde, c. 7.)

CHANT XXXIII.

Ce pécheur ôta sa bouche de l'horrible mets, et l'essuyant aux cheveux de la tête qu'il avait entamée par derrière, il commença son récit en ces termes :

— « Tu veux, dit-il, que je renouvelle une douleur désespérée, car mon cœur se serre, et je me sens accablé rien que d'y songer, avant même que je parle. Mais si mes paroles peuvent être une semence qui engendre l'infamie au traître que je ronge, tu me verras en même temps parler et pleurer.

« J'ignore qui tu es; je ne sais comment tu as pénétré dans ces basses régions, mais il me semble bien, à t'entendre, que tu es florentin. Tu sauras que je fus le comte Ugolin[1], et que celui-ci était l'archevêque Roger. Maintenant je vais te dire pourquoi on

[1] V. 13. — Ugolin de la Gherardesca, né gibelin, était guelfe par ses alliances. Élu capitaine général de Pise pour résister à une ligue des Guelfes de la Toscane, il se rendit suspect. On l'accusa d'avoir cédé plusieurs châteaux aux florentins, et d'avoir exilé les chefs du parti gibelin pour servir ses vues ambitieuses. Une révolution gibeline se prépara dans la ville, et l'archevêque Roger degli Ubaldini se mit à la tête du mouvement. Ugolin affecta d'y rester étranger et se retira dans un château voisin. La révolution faite, l'autorité se trouva partagée entre le comte Ugolin et l'archevêque; mais un conflit s'étant élevé entre eux, l'archevêque parut céder, et Ugolin resta seul investi du pouvoir. Une sédition s'éleva bientôt contre lui, à l'occasion d'une disette; et le peuple excité par l'archevêque, le pressa si vivement qu'il tua de sa main, dans une émeute, Nino son propre neveu, et le neveu de l'archevêque Roger, qui s'était mis à la tête des insurgés. Ugolin se vit forcé de jeter le masque, et d'envoyer chercher un renfort de troupes guelfes. Ce fut alors que l'archevêque donna le signal de la lutte, en appelant au son du tocsin, les Gibelins du dedans et du dehors. Rappelés depuis peu de l'exil, les Guarlandi, les Sismondi, les Lanfranchi, les Orlandi accoururent. Le choc fut terrible. Ugolin, après s'être quelque temps défendu sur la place de l'Église Saint-Bastien, s'enferma dans le palais du peuple qui fut attaqué et livré aux flammes. Il se réfugia chez l'archevêque qui livra son hôte. Ugolin fut fait prisonnier avec deux fils et deux petits-fils. Il fut enfermé avec eux dans la tour de la place degli Anziani, par ordre de l'archevêque Roger, qui fit jeter les clés de la tour dans l'Arno. Ils y moururent de faim en 1284.

Ugolin est dans l'Antenora comme traître à son pays. L'archevêque, selon Dante, aurait trahi l'homme qui s'était remis entre ses mains, *fidando me di lui*. Sa place était donc dans la Tolommea, destinée aux coupables qui ont trahi leurs hôtes; mais il fallait le rapprocher d'Ugolin, qui est ici l'instrument de son supplice.

lui a donné un tel voisin. Te raconter comment je fus victime de ma confiance, et comment, par suite de ses mauvaises trames, je fus pris et mis à mort, je ne crois pas qu'il en soit besoin. Mais ce que tu ne peux avoir connu, jusqu'à quel point ma mort fut affreuse, il faut que tu l'entendes, et que tu saches s'il m'a fait du mal, le barbare.

« De la lucarne de mon cachot, dans la tour qui a pris de moi son nom de Tour de la Faim, et qui doit encore en recevoir d'autres, j'avais vu déjà plusieurs fois la lune commencer et finir son cours, quand je fis un rêve terrible qui me déchira le voile de l'avenir : il me sembla que cet homme, en seigneur et maître, chassait un loup et ses louveteaux vers la montagne[1] qui dérobe aux Pisans la vue de Lucques. Une meute le précédait, conduite par les Guarlandi, les Sismondi et les Lanfranchi, meute de chiennes maigres, ardentes et bien dressées. Le père et les fils s'arrêtaient bientôt épuisés de fatigue, et je voyais les chiennes acharnées enfoncer leurs dents aiguës dans leurs flancs.

« Lorsque je fus réveillé, un peu avant le jour, j'entendis mes fils qui étaient enfermés avec moi, pleurer en dormant et demander du pain. Tu as le cœur bien dur, si déjà tu ne frémis à la pensée du malheur que mon âme présageait; et si tu ne pleures pas, que te faut-il donc pour pleurer ?

« Nous étions tous debout, et l'heure s'approchait où, d'habitude, on nous apportait notre nourriture; chacun était dans la crainte, à cause de son rêve de la nuit. J'entendis clouer la porte au bas de l'horrible tour, et je regardai mes fils au visage, sans dire mot. Je ne pleurais pas, tant j'étais pétrifié; mais ils pleuraient eux, et mon petit Anselme me dit : « Père, comme vous nous regardez, qu'avez-vous ? » Cependant je ne pleurai pas, et je ne répondis pas, ni ce jour là ni la nuit d'après, jusqu'à ce que le soleil eut rendu au monde sa lumière. Lorsque, à la clarté des premiers rayons qui pénétrèrent dans le cachot, je lus sur le visage de mes quatre fils ma propre pâleur, de douleur je me mordis les mains, et eux croyant que je cédais au besoin de la faim, se levèrent à l'instant et dirent : « Père mangez de notre chair ; cela nous fera moins de mal. Ces misérables chairs dont il vous a plu de nous vêtir, vous pouvez nous en dépouiller. »

[1] V. 29. — Le mont Saint-Julien, monte Pisano.

« Je me calmai alors pour ne pas les attrister davantage. Ce second jour et le suivant nous restâmes tous muets. O terre! terre insensible! pourquoi n'as-tu pas ouvert ton sein pour nous recevoir?

« Le quatrième jour, Gaddo tomba étendu à mes pieds en me disant: « Mon père, ne pouvez-vous me secourir? » Il mourut là, et j'ai vu, comme je te vois, tomber un à un les trois autres, entre le cinquième et le sixième jour. N'y voyant plus déjà, j'allai de l'un à l'autre à tâtons. Pendant les trois jours qui suivirent leur mort, je les appelai par leurs noms, et puis la faim vint à bout de celui que la douleur n'avait pu abattre. »

Ayant achevé son récit, en jetant sur moi des regards farouches, le damné se remit à l'œuvre et enfonça dans le crâne de son ennemi, ses dents qui entrèrent jusqu'à l'os, comme celles d'un puissant dogue.

Ah Pise! qui fais honte à ce beau pays de la langue de *si*[1]; qu'à défaut de tes voisins trop lents à te punir, la Capraïa et la Gorgona[2] se lèvent et barrent l'embouchure de l'Arno! Et puissent les eaux de ce fleuve noyer tous ceux qui vivent dans tes murs! Fût-il vrai que le comte Ugolin eût, comme on l'en accusait, livré tes châteaux, devais-tu mettre ses fils à pareille torture? O nouvelle Thèbes![3] l'âge de ces enfants d'Uguccione, de Brigata et des deux autres, te répondait de leur innocence!

Nous passâmes outre et arrivâmes dans un lieu[4] où, d'autres pécheurs enfermés dans un âpre étui de glace, étaient couchés non plus sur le visage, mais à la renverse. Là, ce sont les pleurs eux-

[1] V. 80. — Langue d'*oil*, langue d'*oc*, langue de *si* — Les peuples de France et d'Italie se distinguaient entre eux par leur manière de dire *oui* et cette différence résumait celle de leurs idiômes.

[2] V. 82. — La Capraïa et la Gorgona, deux petites îles près de l'embouchure de l'Arno.

[3] V. 29. — Voir au commencement du 30e chant la note sur le vers 4.

[4] V. 91. — La Tolommea, séjour des damnés qui ont trahi leurs hôtes et leurs amis. On voit dans Josephe (Antiq. jud. 13-14) que Simon Machabée, qui tint la principauté des Juifs pendant huit ans, fut tué par trahison dans un banquet par son gendre Ptolomée. De là ce nom de *Tolommea*; à moins que Dante n'ait en vue, comme l'ont cru quelques commentateurs, Ptolomée, roi d'Égypte, qui fit assassiner Pompée, trompé par les apparences d'une réception cordiale.

mêmes qui empêchent de pleurer. La douleur ne trouvant pas, dans les yeux, l'issue qu'elle cherche, rentre en dedans et devient plus cuisante. Amassées au bord des yeux, les larmes s'y condensent et remplissent tout l'espace compris entre les paupières, en le fermant comme d'une visière. En ce moment, quoique la peau de mon visage, endurcie comme un calus par le froid, fût insensible aux impressions extérieures, je crus sentir un peu de vent.

— « Maître, dis-je à mon guide, d'où vient ce vent? Est-ce qu'ici-bas, il peut se former des vapeurs[1]? »

— « Tu seras bientôt, me répondit-il, dans un endroit où tes propres yeux satisferont à ta demande : ils verront la cause de cette agitation de l'air. »

Tout à coup, un des pécheurs[2] encroûtés de glace nous cria : « Ames inhumaines! à qui est échu en partage le dernier gouffre de l'Enfer, ôtez-moi la dure taie qui couvre mes yeux, afin que j'épanche un peu la douleur qui m'oppresse, avant que mes larmes ne se gèlent de nouveau au passage. »

Je lui répondis : « Dis-moi d'abord qui tu es, et si je ne te soulage, selon ton désir, je veux être englouti dans ces étangs glacés. »

— « Je suis, reprit le damné, frère Albéric; je suis l'homme aux fruits du funeste jardin. Par cette peine raffinée que j'endure, je reçois ici des dattes pour des figues. »

— « Quoi, lui dis-je, es-tu déjà mort? »

Il me répondit : « J'ignore en quel état mon corps se trouve, dans le monde d'en haut. Cette zone que tu parcours, la Tolommea[3], jouit d'un privilège, c'est de recevoir quelquefois les

[1] V. 105. — On croyait, au 13e siècle, que les vents provenaient de la résolution des vapeurs attirées par le soleil.

[2] V. 109. — Alberigo, de la famille des Manfredi de Faenza. Dans sa vieillesse, il se fit moine et entra dans l'ordre des frères joyeux, *Frati godenti*. Cruel même envers ses parents, il les réunit un jour dans un festin, feignant une réconciliation, et, sur un signal donné, au dessert : « *Servez les fruits*, » des hommes armés se jetèrent sur eux et les tuèrent. De là le proverbe : *ha avuto delle frutta di frate Alberigo.*

[3] V. 124. — Voir ci-dessus la note sur le vers 91.

âmes, avant qu'Atropos leur donne leur congé. J'ajouterai ceci, afin que tu me débarrasses plus volontiers de ces larmes cristallisées : aussitôt que l'âme s'est, comme l'a fait la mienne, rendue coupable d'une trahison, elle est chassée du corps qu'elle habitait[1] par un démon qui s'y installe et le gouverne, jusqu'à ce qu'il ait accompli son temps. Elle tombe dans cette froide citerne. Tu vois cette ombre[2] qui frissonne là derrière moi; il se peut qu'encore aujourd'hui son corps se meuve sur la terre. Tu dois le savoir si tu viens de là-haut. C'est l'âme de Branca d'Oria, tombée et recluse ici depuis plusieurs années. »

— « Pécheur, m'écriai-je, tu me trompes! Je sais que Branca d'Oria n'est pas mort. Il mange, boit, dort, s'habille, et fait tous les actes de la vie matérielle. »

— « A l'instant où Michel Zanche cessa de vivre, reprit Albéric, avant que son ombre fut arrivée dans la fosse à la poix bouillante, l'âme de Branca quitta son corps où elle fut remplacée par un démon; ainsi en advint-il au parent qu'il avait associé à sa trahison. Maintenant, je compte sur ta main secourable; remplis ta promesse et ouvre-moi les yeux. »

Il dit, et je ne cédai point à sa prière; félonie fut courtoisie, en cette occasion[3].

Ah! Génois, hommes de mœurs diverses et pleines de toutes sortes de vices, que n'êtes-vous balayés de la terre! J'ai trouvé un de vous dans l'Enfer, en compagnie de l'homme le plus pervers de la Romagne, un Génois sali par de telles œuvres que son âme était déjà plongée dans les glaces du Cocyte, lorsque son corps se montrait encore plein de vie dans le monde!

[1] V. 130. — La doctrine catholique de la prédestination semble autoriser cette fiction hardie du poète, qui paraît au premier abord entachée d'hérésie.

[2] V. 134. — Branca d'Oria, génois, gendre de Zanche, seigneur de Logodoro, en Sardaigne. Il fit tuer son beau-père dans un festin.

[3] V. 150. — C'était, dit-on, une vieille maxime de l'Église qu'il est permis de ne point garder la foi aux hérétiques. Cette maxime est du moins admissible envers les damnés; mais Dante vient de jurer à Alberigo qu'il brisera la glace qui couvre ses yeux; serment téméraire sans doute, puisque c'est aller contre la justice divine. Est-il bien justifié par ces mots : *E Cortesia fu lui esser villano ?*

CHANT XXXIV.

« *Vexilla regis prodeunt* : voici les étendards du roi de l'Enfer, me dit Virgile. Regarde en face de toi, si tu peux les distinguer. »

Comme, lorsque l'air est obscurci d'un brouillard épais, ou qu'il fait nuit dans notre hémisphère, nous apparaît de loin un moulin qui tourne au vent, telle était la machine qui s'offrit alors confusément à mes yeux. Il en venait un vent si fort, qu'à défaut d'autre abri, je me rangeai derrière mon guide.

Nous étions parvenus à l'endroit où[1], je ne puis le redire sans frayeur, les ombres plongées entièrement dans la glace, y étaient transparentes comme le brin de paille à travers le cristal. Les unes sont couchées, les autres se tiennent droites soit sur la tête soit sur les pieds. Une autre, courbée en arc, a la face baissée jusqu'aux pieds.

Nous avancions toujours, et quand mon maître jugea qu'il était temps de me faire voir l'ange déchu[2] qui était sorti si beau des mains du Créateur, il s'ôta de devant moi, et me fit arrêter, en disant : « Voilà Dité[3] : c'est ici qu'il faut t'armer de courage. »

Je demeurai sans voix et transi de peur. Ce que je devins en ce moment, ne me le demande pas, lecteur, car je renonce à le peindre ; tout ce que j'en dirais serait trop faible..... Je ne mourus point ; je ne restai point vivant. Figure-toi maintenant, et vois par la force de ton imagination, ce que je devins étant ainsi privé de vie et de mort.

Le Roi du sombre et douloureux Empire[4] sortait à mi-corps

[1] V. 11. — Cette partie la plus basse du 9e et dernier cercle est la *Giudecca*, tirant son nom de *Judas* et destinée à ceux qui ont trahi leurs maîtres et leurs bienfaiteurs.

[2] V. 18. — Lucifer, l'ange déchu.

[3] V. 20. — Pluton était appelé Dis chez les Latins, *patet atri janua Ditis* (Eneid. ch. II.)

[4] V. 28. — Le poète Gibelin fait de Satan un empereur : *Imperador del doloroso regno*. L'empire des Césars, subsistant en Allemagne, avait donné la plus haute expression du pouvoir monarchique.

de l'étang glacé. Il y a moins de différence entre ma taille et celle d'un géant, qu'entre un géant et les bras de l'archange rebelle. Juge par là du tronc par les membres, et de ce que devait être le monstre tout entier. Si sa beauté fut égale à sa laideur actuelle, c'est bien de lui que devaient procéder tous les maux.

Quelle surprise quand je vis sa tête à trois visages[1], dont un par devant était de couleur vermeille, et les deux autres, qui le touchaient de chaque côté, s'élevaient au milieu de chaque épaule, et se joignaient au haut du crâne. Celui de droite avait une teinte mêlée de blanc et de jaune, et la face gauche était noire, comme le sont les peuples voisins du haut Nil. Sous chacun de ces visages se déployaient deux grandes ailes, en rapport avec ce gigantesque oiseau. Jamais voiles de navire n'offrirent à mes yeux une telle envergure. Ces ailes étaient d'ailleurs sans plumes comme celles de la chauve-souris; et le monstre, en les agitant, faisait naître trois vents qui glaçaient tout le Cocyte.

Il pleurait par six yeux, et ses larmes mêlées d'une bave sanguinolente, dégouttaient sur trois mentons. Dans chaque bouche, il tenait un pécheur, qu'il broyait sous ses dents, comme fait la machine à broyer le chanvre. Il faisait ainsi trois victimes; et pour celle de devant, ce n'eût été rien d'être ainsi mordue, s'il ne l'eût, en même temps griffée de manière à ne lui laisser parfois sur l'échine aucun brin de chair.

— « Cette âme que tu vois la plus torturée des trois, dit le maître, est Judas Iscariote[2], qui a la tête dans la bouche de Satan, et les jambes s'agitant dehors. Les deux autres ont la tête en bas :

[1] V. 38. — Les trois visages de Satan représentaient l'humanité sous les traits des habitants des trois parties de l'ancien monde. La couleur de la peau signale évidemment l'Europe, l'Asie et l'Afrique, et nullement, comme quelques-uns l'ont pensé, la colère, l'avarice et la paresse.

[2] V. 62. — Judas n'eut qu'un faux repentir qui ne le préserva point du suicide. Vainement, après avoir fait arrêter son maître, voulut-il rendre aux prêtres les trente pièces d'or qu'il en avait reçues; vainement, à leur refus, jeta-t-il cet argent dans le temple, il était trop tard. Il avait commis un crime inexpiable ou du moins qui ne pouvait laisser place au repentir.

celui qui pend au mufle noir est Brutus[1]; vois comme il se tord sans dire mot; l'autre est Cassius, dont les membres sont si robustes[2]; mais la nuit reprend son manteau. C'est à présent l'heure de partir, puisque nous n'avons plus rien à voir. »

Alors, comme le voulut mon guide, je m'attachai fortement à son cou, et lui, choisissant le temps et le lieu favorables, lorsqu'il vit les grandes ailes de Satan bien ouvertes, il se prit au poil de ses côtes, et descendit le long de ses flancs entre les touffes velues et les parois de la glace. Parvenu à l'endroit où la cuisse s'arrondit, à l'emboîture des hanches, Virgile avec effort et angoisse, fit volte-face du côté où Satan avait les pieds[3]; puis, s'accrochant aux jambes velues du monstre, il me parut comme un homme qui grimpe, en sorte que je croyais retourner en Enfer.

« Tiens-toi bien, s'écria mon maître, haletant comme un homme épuisé de fatigue; c'est par ces degrés qu'il te faut sortir de cette sentine de tout mal. »

Enfin il déboucha hors de l'abîme par l'ouverture d'un rocher[4], et me déposant sur le bord, où je m'assis, il me fournit ainsi le passage que sa prudence avait frayé. Je levai les yeux, croyant retrouver Lucifer dans l'attitude où je l'avais laissé, mais je ne vis que ses jambes dressées en l'air[5],

[1] V. 65. — Brutus et Cassius sont punis d'une peine presque égale à celle de Judas. Dante, qui devait plus tard, séparant les deux pouvoirs, proclamer l'indépendance de l'autorité impériale (traité de monarchiâ) a dû châtier ici avec une égale rigueur les crimes de lèse-majesté divine et humaine.

[2] V. 67. — Cassius était maigre et robuste, en cela plus dangereux à César qu'Antoine dont l'embonpoint et les cheveux parfumés lui faisaient moins de peur. (Plutarq.)

[3] V. 79. — La gravitation était connue bien longtemps avant que Newton en trouvât la loi. Le phénomène décrit par le poète doit se produire au centre de la terre. Si un homme pouvait y pénétrer, sa tête devrait s'éloigner du point central où les pieds doivent toujours s'attacher. Cette culbute est étrange, mais conforme aux lois de la physique.

[4] V. 85. — Sorti du puits de l'abîme, il est encore dans les entrailles de la terre. Cette voie taillée dans le roc conduit à la surface du globe terrestre, sur l'autre hémisphère, au point antipode de la ville de Jérusalem.

[5] V. 90. — Dante, ayant fait volte-face, avait la tête tournée en sens inverse de celle de Satan.

et si j'eus alors l'âme perplexe, je le laisse à penser au vulgaire qui ne voit pas quel point je venais de franchir.

« Debout ! me dit mon guide ; la route est longue, le chemin malaisé, et déjà le jour tient le milieu entre la deuxième et la troisième heure[1]. »

Ce chemin n'était point l'avenue d'un palais, mais une grotte naturelle, au sol inégal, au jour faible et rare. Je me levai et dis à Virgile : « Maître, avant de m'éloigner de l'abîme, j'attends de vous quelques mots qui me tirent d'erreur. Où est l'étang glacé ? Ce grand corps, comment est-il ainsi renversé ? Comment le soleil a-t-il, en si peu de temps, passé de son coucher à son lever ? »

Il me répondit en ces termes : « Tu crois être encore en deçà du point central, où je m'attachais au corps velu du monstre qui traverse le monde de part en part. Tu fus de ce côté, en effet, tant que tu descendais avec moi le long de ses flancs ; mais tu t'es trouvé au-delà, du moment où je me suis retourné ; tu avais passé le point où sont attirés tous les corps graves. Tu es maintenant dans l'autre hémisphère, sous une voûte céleste opposée à celle qui couvre la terre habitable, et dont le sommet répond aux lieux où mourut l'homme qui naquit et vécut sans péché. Tes pieds sont posés sur un petit cercle opposé à celui de la Giudecca. Quand le jour finit là-bas, ici il commence à poindre ; et ce grand corps, dont le poil rude nous a servi d'échelle, est enfoncé ici comme au jour de sa chute[2].

[1] V. 96. — Entré dans l'Enfer le Vendredi-Saint, à la tombée de la nuit, Dante se trouvait le lendemain, vers la même heure, au centre de la terre. Il pouvait avoir mis deux heures à remonter à la surface. Il devait donc être environ huit heures du soir, c'est-à-dire huit heures du matin dans l'autre hémisphère; plus exactement entre la deuxième et la troisième heure du jour, *mezza terza*, à partir du lever du soleil au mois de mars.

[2] V. 120. — La seule trace qu'on trouve dans la Bible de la chute de l'archange rebelle est dans ce passage d'Isaïe : Comment es-tu tombé du ciel, Lucifer, qui paraissais le matin ? *Quomodo cecidisti de cælo, Lucifer qui mane oriebaris?* Il y est d'ailleurs souvent fait mention des anges, et il se peut que le serpent tentateur suppose la notion de l'archange déchu ; mais le récit de sa révolte et de son châtiment n'est pas dans les Livres Saints. Dante a pu, sur ce point, donner carrière à son imagination.

C'est de cette partie des cieux qu'il a été précipité. Frappée d'épouvante, la terre qui, au commencement, gisait de ce côté, mit entre elle et lui la vaste mer, et se retira sous notre ciel; tandis que, peut-être, celle qui apparaît ici, laissant dans sa fuite[1] un espace vide, s'est élevée en montagne. »

Il est là-bas un lieu[2] situé à une aussi grande distance de Belzébuth que celui-ci occupe d'espace dans sa tombe. Il ne se révèle que par le bruit d'un petit ruisseau, qui descend par une pente douce à travers la fente d'une roche creusée par le cours sinueux de son onde. Nous entrâmes, Virgile et moi, dans ce conduit souterrain qui devait nous ramener au séjour de la lumière; et nous montâmes, sans songer à nous reposer, lui devant, moi derrière, jusqu'à ce que je vis, par une ouverture ronde[3], une partie des merveilles du firmament.

Nous sortîmes enfin de cette gorge étroite et nous revîmes les étoiles.

[1] V. 126. — En quelque temps qu'aient été créés les anges, (Par. 29) Dante regardait leur création et leur chute comme postérieures à la création de la terre, puisqu'il nous montre celle-ci fuyant devant eux. *Terra vidit et fugit.*

[2] V. 128. — Le poète n'a point nommé ce lieu ni la voie souterraine taillée dans le roc, ni le ruisseau qui y serpente. Mais cette voie aboutit dans l'île où est située la montagne du Purgatoire.

[3] V. 139. — Ce soupirail est à quelque distance de la plage.

LE PURGATOIRE.

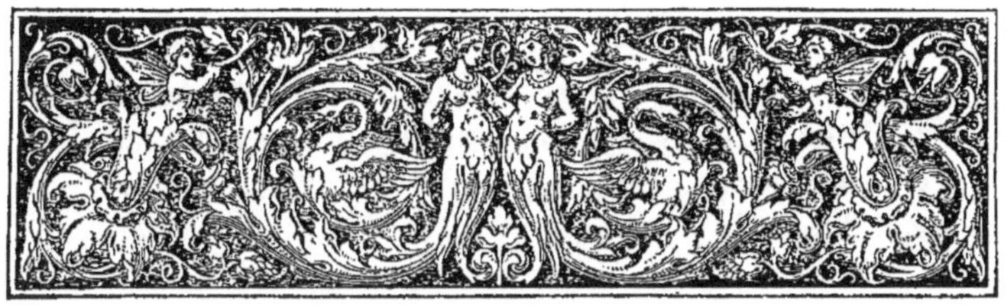

LE PURGATOIRE.

CHANT PREMIER.

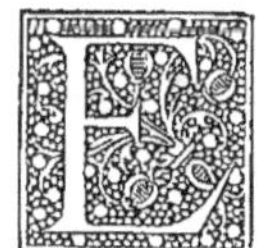

ECHAPPÉ aux écueils d'une mer si cruelle, ma barque voguera désormais à pleines voiles sur des eaux plus tranquilles. Je vais chanter un autre empire, séjour des âmes qui viennent s'y purifier, et se rendre dignes de prendre leur essor vers les cieux.

Saintes Muses, à qui j'appartiens, venez ici ranimer votre poète. Viens, ô Calliope ! réchauffer sa veine engourdie. Daigne mêler à ses accents cette voix puissante qu'entendirent pour leur malheur les filles de Piérus [1], punies de leur défi téméraire par une honteuse métamorphose.

A peine sorti de l'atmosphère pesante qui m'avait attristé les yeux et le cœur, je retrouvai avec délices les biens dont

[1] Les neuf filles de Piérus, roi de Thessalie, furent changées en pies par les Muses qu'elles avaient osé défier. C'est de là que les Muses ont tiré leurs noms de Piérides.

j'avais été privé, un ciel sans nuages, un air vif et pur, une douce lumière dont les nuances délicates se fondaient jusqu'à la première sphère[1], dans un océan d'azur. Le bel astre qui enflamme les cœurs, Vénus, brillait à l'Orient d'un éclat qui faisait pâlir la constellation où elle se trouvait alors.

Je me tournai à droite[2], et considérai le pôle austral. Je vis de ce côté quatre étoiles[3], que personne jusque là n'avait pu voir, si ce n'est nos premiers parents, pendant leur séjour au paradis terrestre. Le ciel semblait se réjouir de leur éclat, merveilleux spectacle, dont l'hémisphère boréal a été privé! J'avais peine à en détacher mes regards. Les ramenant enfin vers le pôle de l'Ourse[4], où le chariot ne se montrait plus, caché qu'il était par l'horizon, je vis près de moi un vieillard[5]. Il était seul. Le profond respect qu'un fils doit à son père n'égale point celui que sa vue commandait. Sa barbe longue et grisonnante se confondait avec ses cheveux, qui se partageaient par devant, et tombaient sur sa poitrine. Les quatre étoiles du pôle scintillaient sur sa face radieuse, et il m'apparaissait inondé de lumière, comme si le soleil eût alors dardé ses rayons sur lui.

— « Qui êtes-vous, dit-il, en agitant sa barbe vénérable? Parlez, ô vous que l'Enfer, avec son noir Achéron, n'a pu retenir dans ses prisons éternelles. Qui fut votre guide? A l'aide

[1] La lune est la première des sept sphères, dans le système de Ptolémée. Au printemps, le soleil se levant dans le Bélier, la planète de Vénus se trouve dans les Poissons, qui précèdent ce dernier signe.

[2] Tourné vers l'Orient, Dante avait le midi à sa droite.

[3] Il y a en effet quatre étoiles, appelées la Croix du Sud, au pôle antarctique. En figurant ainsi les vertus cardinales, avant la découverte du nouveau monde, Dante ne croyait pas deviner aussi juste. — Du paradis terrestre, placé par lui au sommet de la montagne du Purgatoire, Adam et Ève avaient pu voir ces étoiles ; mais on se demande comment, chassés de l'Eden, ils sont parvenus sur notre hémisphère. Il faut admettre qu'ils y furent conduits, à travers les mers par l'ange qui mène les âmes au Purgatoire, mais par un chemin inverse. (V. la note 9e du 28e Chant.)

[4] Le pôle boréal est invisible pour ceux à qui se montre le pôle opposé.

[5] Caton d'Utique, mort avant J.-C. avait pu être tiré des Limbes par le Sauveur avec ceux qui avaient vécu sans baptême et sans péché. Ces mots du poète : « O que votre corps sera glorieux au jour du jugement..... » prouvent qu'à ses yeux, la grande âme de Caton, malgré son suicide, est sauvée comme celle de Riphée et de Trajan.

de quel fanal êtes-vous sorti des épaisses ténèbres qui couvrent d'une nuit sans fin ces domaines de la mort? Ou quel est ce nouveau décret du ciel qui permet à des damnés[1] de parvenir au pied de cette montagne? »

Mon maître, alors me regarda, et à sa voix, sur un signe, qu'il me fit avec un geste rapide, je fléchis le genou en baissant les yeux.

« Ne croyez pas, dit-il ensuite au vieillard, que je sois venu de moi-même en ces lieux. C'est par l'ordre du ciel et à la prière d'une sainte, que j'ai consenti à guider la marche de ce pèlerin. Que s'il vous plaît d'en savoir davantage sur notre condition, votre volonté sera la mienne, et je vous dirai toute la vérité : cet homme n'a pas encore franchi les portes de la mort, mais il en a été si près par ses folies qu'un instant de plus l'aurait conduit à sa dernière heure, si je n'avais été envoyé vers lui pour le sauver. Et quelle voie de salut lui restait-il?[2] Nulle autre que celle où je me suis engagé avec lui. Je lui ai montré toute la race des damnés; et maintenant j'ai à lui faire voir les âmes qui, rangées ici sous vos lois, se purifient de leurs souillures.

« Le récit de nos courses m'entraînerait trop loin; mais croyez que, sans une vertu émanée d'en haut, je n'aurais pu l'amener ici pour vous voir et vous entendre. Qu'il soit donc le bienvenu auprès de vous, ce captif en quête de la liberté, bien si cher que pour elle, vous le savez, on peut renoncer à la vie. Oui, pour elle, pour cette liberté précieuse, la mort a quelquefois perdu son amertume. Utique a reçu votre dépouille mortelle. Qu'elle sera brillante au grand jour du jugement!

« Nous n'avons pas enfreint les décrets éternels, puisque c'est un vivant que j'accompagne, sans avoir été moi-même condamné

[1] Les deux pèlerins avaient le visage noirci par les vapeurs de l'Enfer. L'ange ne les avait point amenés dans sa barque. Caton devait les prendre pour des damnés fugitifs qui avaient repassé l'Achéron.

[2] Dante indique ici le vrai sujet de son poème, sa régénération par la revue des morts et par la considération de leur destinée.

par Minos[1]. J'appartiens aux Limbes, à ce même cercle, qui renferme votre chère Marcie[2]. Là encore, cette chaste épouse semble dire qu'elle est à vous, grande ombre, si vous ne la dédaignez pas. Pour l'amour d'elle, cédez à notre prière, et laissez-nous parcourir vos sept royaumes. Rendu aux basses régions qu'elle habite, (si elles sont dignes qu'on s'y entretienne de Caton), je lui dirai que je vous ai dû cette faveur. »

— « Tant qu'a duré ma vie terrestre, répondit Caton, Marcie m'a été bien chère. Jamais elle ne forma un vœu que je n'aie pris plaisir à l'exaucer. Retenue maintenant sur les sombres bords, elle n'a plus sur moi le même empire. Son image ne me touche plus ; loi nouvelle[3], qui m'a été imposée le jour où je passai des Limbes en ces lieux. Mais, s'il est vrai qu'une sainte du ciel t'ait commandé ce voyage, il n'est besoin d'un autre médiateur. Demande en son nom, et tu es sûr d'obtenir. Va donc, avec le compagnon qui t'a été donné, va lui ceindre les reins d'un jonc simple et sans nœuds[4]. Qu'une eau pure baigne son visage et le rende net et sans tache, car il ne faut pas qu'il paraisse l'œil terni par les vapeurs de l'Enfer, devant le ministre[5] qui a ici l'autorité suprême, et qui jouit de la gloire des saints. Cette île, dans sa partie la plus basse, que tu vois battue par les flots, est entourée d'un limon fertile, où croît une forêt de joncs. Nulle autre plante n'y pourrait subsister. Aux fortes secousses qui font parfois trembler la montagne[6],

[1] On n'arrive à Minos, qui prononce l'arrêt de condamnation, qu'après avoir passé l'Achéron. Les habitants des Limbes ne sont pas à proprement dire des damnés.

[2] Caton céda sa femme à son ami Hortensius pour qu'elle en eût des enfants, et la reprit après la mort du célèbre orateur. La loi romaine autorisait le divorce. Dante ne songe pas à blâmer cette action, si sévèrement jugée aujourd'hui dans la chaire chrétienne.

[3] Les tendres affections du cœur subsistent entre les saints ; mais il n'y a plus de lien d'amour entre ceux qui jouissent de la vue de Dieu, et ceux qui vivent sans espoir.

[4] Le jonc, symbole de la simplicité, remplace ici la corde, emblème de la fraude.

[5] C'est l'ange commis à la porte du Purgatoire, et qui tient les deux clés. (Voir Chant 9e.)

[6] La montagne du Purgatoire est dans une île de l'hémisphère occidental, à l'antipode de Jérusalem. La montagne tremble toutes les fois qu'une âme, ayant achevé son temps d'épreuve, s'élève en Paradis.

tout arbuste perdrait son feuillage. Il n'est pas de tronc qui n'en fût déraciné. Sachez que vous ne devez pas revenir par le même chemin[1]. Le soleil, qui se lève en ce moment, vous montrera celui que vous aurez à suivre. Abordez la montagne par son côté le moins escarpé. »

Il dit et disparut à nos yeux. J'étais resté le genou en terre. Je me relevai et me tins tout près de mon guide. Mes yeux, fixés sur les siens, semblaient l'interroger. — « Suis-moi, mon fils, me dit enfin Virgile; derrière nous s'abaisse le terrain, et commence la pente qui conduit à la plage. »

L'aube commençait à poindre, chassant devant elle les dernières ombres de la nuit. Déjà s'offrait à ma vue, dans le lointain, la face miroitante de la mer. Nous cheminions à travers la plaine solitaire, semblables au voyageur qui, s'étant égaré, marche et tient comme perdus tous les pas qu'il fait pour retrouver son chemin. Nous arrivâmes dans un lieu où la rosée couvre le sol. Elle y résiste plus longtemps au soleil, à cause de l'ombre qui retarde son évaporation. Mon maître s'inclinant toucha de ses mains l'herbe fraîche ; et moi, qui m'aperçus de son dessein, je lui tendis mes joues baignées de larmes. Il eut bientôt rendu à mon visage ses couleurs, qu'avaient offusquées les vapeurs infernales. Parvenu ensuite au bord de cette mer immense, que traversèrent tant d'âmes parties d'un point où nulle d'elles n'est jamais retournée, Virgile cueillit un jonc, dont il me ceignit les reins, suivant ce qui lui avait été dit; mais, ô merveille! du pied de la tige coupée par mon bon maître, il s'éleva soudain un jonc pareil à l'autre, et qui prit sa place[2].

[1] Il s'agit de leur retour, après qu'ils auront cueilli le jonc sur le rivage.
[2] *Uno avulso non deficit alter.* (Virg. Eneïde VI.)

CHANT II.

Le soleil venait de s'élancer de l'horizon dans la route qui le fait passer, à son plus haut point, au méridien de Jérusalem[1]. Au contraire la nuit sortait du Gange[2], en tenant la balance, qui tombe de ses mains, lorsque le soleil a franchi le signe du Bélier[3]. Déjà la belle aurore avait vu se faner ses joues délicates et vermeilles. Nous étions sur le rivage, comme ces gens qui rêvent à leur chemin, et dont l'esprit voyage pendant que leur corps demeure.

Comme on voit, vers le matin, la planète de Mars poindre à l'Occident sur la voûte céleste, et nager dans de rouges vapeurs[4], qui s'élèvent du sein des flots; ainsi m'apparut soudain (puissé-je un jour la revoir encore!) une clarté courant sur les eaux avec une telle vitesse qu'il n'est pas de vol aérien, si rapide qu'il soit, qui la puisse égaler.

Détournés un instant sur mon guide, comme pour l'interroger, mes yeux se reportèrent à l'horizon. D'abord, je vis le point grandir et scintiller de plus en plus. Quelque chose de blanc parut ensuite à l'entour, et peu à peu je distinguai une forme légère qui se dessinait au-dessous. Virgile suivait avec moi ce phénomène, sans dire mot. Mais aussitôt que la blanche auréole

[1] Le Purgatoire est sur le méridien de Jérusalem, son antipode. Il ne s'agit pas ici du premier méridien; chaque pays, chaque point du globe a le sien.

[2] Quand le soleil levant frappe la montagne du Purgatoire, on est entré dans la nuit, sur les bords du Gange, en le supposant à quelques degrés de Jérusalem, dont cette montagne est l'antipode.

[3] Les nuits égales aux jours, sous le signe du Bélier, dans l'équinoxe du printemps, deviennent ensuite plus courtes, c'est-à-dire que la balance penche en faveur des jours. Voilà pourquoi le poète représente la nuit la balance à la main.

[4] Le rouge pourpré de cette planète est expliqué par les circonstances mêmes où cette couleur se manifeste.

se fut convertie en ailes, reconnaissant le divin nocher, il s'écria : « A genoux ! Baisse la tête et joins les mains. Voici l'ange du Seigneur[1]. Tu verras bientôt d'autres anges commis à de pareils offices. Vois comme, dédaignant l'art vulgaire des humains, il vole à tire d'ailes sur ces mers lointaines, sans avoir besoin de rames ni de voiles. Vois comme elles fendent l'air, ces ailes brillantes, dressées vers les cieux. Le temps, qui dépouille le front de l'homme, ne les altère point. »

A mesure que l'ange approchait, sa face resplendissait davantage. Force me fut à la fin de baisser les yeux. J'étais à genoux. Le messager ailé poussa vers la rive une barque si légère que les eaux ne fléchissaient pas sous elle. Il se tenait à la poupe, avec un visage où respirait la béatitude. Des âmes assises dans la nacelle (j'en comptai plus de cent)[2] chantaient ensemble à l'unisson : *In exitu Israël.* Elles continuèrent jusqu'au dernier verset ce beau cantique. Puis, à un signe de croix de l'ange, elles s'élancèrent toutes sur la plage ; et celui-ci reprit son vol avec la même vitesse vers le lieu d'où il était venu, pendant que la troupe des âmes se tenait là toute effarouchée, regardant autour d'elle, comme, à l'aspect d'objets nouveaux, nos yeux interrogent tout ce qui les frappe.

Le soleil, après avoir chassé le Capricorne du milieu du ciel[3], dardait alors de toutes parts ses rayons vainqueurs.

Ces nouveaux arrivés dans l'île nous ayant aperçus nous dirent : « De grâce, indiquez-nous le chemin de la montagne, si vous le connaissez. »

[1] Cet ange qui conduit, par mer, les âmes destinées au Purgatoire, n'est pas nommé par le poète. Suivant certains commentateurs, c'est le libre arbitre éclairé par la grâce divine ; et la nacelle figure la volonté qui porte le libre arbitre.

[2] Les damnés bien plus nombreux entraient par milliers dans la barque de Caron (Enfer, Chant 3.)

[3] Au lever du soleil dans le bélier, le capricorne, 3e signe du zodiaque avant le bélier, est plus haut que le soleil de 90 degrés, chaque signe étant de 30 degrés. Il est donc à son plus haut point dans le ciel. A mesure qu'il descend, le soleil monte et semble le chasser devant lui. Cela veut dire que le soleil est levé ou qu'il est six heures du matin. Chez les Italiens le cadran embrasse 24 heures, dont la première répond à notre 6e heure du matin.

— « Vous croyez peut-être, répondit Virgile, que cette côte nous est familière; mais nous sommes des étrangers comme vous, venus ici naguères et par une autre route si âpre et si dure que toute montée nous sera désormais facile. »

Quand ces âmes s'aperçurent à ma respiration[1] que je vivais encore, grande fut leur surprise. Elles parurent saisies de frayeur.

Telle, à la vue du rameau que porte un messager de paix, s'agite la foule impatiente et curieuse : tous se hâtent, nul ne veut rester en arrière; telles se tournaient vers moi, les yeux attachés sur mes yeux, toutes ces âmes prédestinées. Elles oubliaient presque d'aller se retremper aux lieux où l'âme recouvre sa beauté première.

J'en vis une s'avancer en marquant un si vif désir de m'embrasser que je me sentis porté d'un mouvement pareil à lui ouvrir mes bras. Mais, ô vanité des apparences ! trois fois mes bras l'entourèrent pour l'embrasser, et trois fois je les ramenai vides sur ma poitrine[2]. Elle sourit en voyant ma surprise peinte, je crois, sur mon visage, et elle recula de quelques pas. Puis, comme je me portais vers elle pour la suivre, elle me dit doucement de rester en repos. Je la reconnus à sa voix, et la priai à mon tour de s'arrêter et de m'accorder quelques moments d'entretien.

— « Volontiers, me répondit-elle; car si je t'aimai sur la terre, mon âme dégagée ici de ses liens, ne t'est pas moins attachée. Mais que viens-tu faire en ces lieux ? »

— « Mon cher Casella[3], lui dis-je, je fais ce voyage pour retourner au monde des vivants, dont je suis encore. Et toi, d'où vient que tu as tardé si longtemps à venir ? »

— « On ne m'a point fait tort, reprit cette chère ombre; l'ange, qui reçoit les âmes dans sa nacelle, les passe quand et comme il lui plaît. S'il m'a écarté plusieurs fois, je n'ai pas à me

[1] Virgile, privé comme eux du souffle de la vie, n'aurait pas attiré leur attention.

[2] Ter frustra compensa manus effugit imago. (Enéide VI).

[3] Casella, musicien, ami de Dante, était mort depuis quelques années, années perdues pour son temps d'épreuve. C'est déjà une faveur pour les âmes destinées au Purgatoire de pouvoir y arriver. Le jubilé la procure à ceux pour qui les prières des vivants la demandent.

plaindre, car il est le ministre de la justice divine. Il est vrai que depuis trois mois[1], quiconque a voulu partir avec le céleste pilote a pu le faire sans obstacle. Aussi ai-je profité de cette faveur, moi qui me trouvais sur le rivage à l'endroit[2] où le Tibre mêle ses eaux à l'onde amère. C'est là, c'est à l'embouchure de ce fleuve, où se rassemblent incessamment les âmes qui ne sont pas entraînées vers l'Achéron, qu'un ange, aux ailes déployées, m'a regardé d'un œil favorable, et m'a reçu dans son esquif. »

— « Casella, lui dis-je encore, si ta nouvelle condition t'a laissé l'usage de ton art, si tu te rappelles ce chant d'amour, qui calmait si bien mes folles ardeurs, charmes-en de grâce mes oreilles; ne refuse pas ce rafraîchissement à mon âme souffrante, à mon corps brisé de fatigue. »

Alors, d'une voix dont rien n'égale l'exquise douceur (je crois l'entendre encore), il se mit à chanter la canzone qui commence ainsi[3] « *Amor che nella mente mi ragiona.* » Tel était le charme de cette mélodie que mon maître et moi, et toutes les âmes qui étaient là, nous paraissions n'avoir plus autre chose en pensée.

Nous marchions en silence, attentifs et captivés par l'habile chanteur. Tout à coup la voix du sévère Caton[4] se fit entendre : « Qu'est ceci, âmes négligentes, s'écria-t-il? A quoi vous arrêtez-vous? Courez donc à la montagne. Allez vous y purger des éléments grossiers qui vous dérobent la vue de Dieu. »

Comme on voit des colombes réunies en troupe serrée dans un champ d'ivraie ou de froment : elles se taisent et cessent leur note plaintive, ne songeant qu'à leur pâture; mais au moindre bruit, les voilà qui s'effarouchent et s'envolent toutes saisies d'une peur qui fait taire leur faim ; telles se montrèrent à moi ces âmes, que l'ange venait de jeter sur la plage, laissant là chants et

[1] Le 1er jubilé, institué par le pape Boniface VIII, s'ouvrit avec l'année 1300, le jour de Noël.

[2] Ostie, ville sise à l'embouchure du Tibre à 5 heures de Rome.

[3] Casella avait mis en musique plusieurs canzones de son ami. Celle qu'il chante ici a été commentée par Dante lui-même dans son ouvrage intitulé *le banquet.* (il Convito).

[4] Caton a pour mission de stimuler et de diriger les âmes débarquées sur la rive.

poésie. Elles coururent vers le côteau[1], semblables au voyageur qui marche sans savoir où ses pas le portent. — Et nous aussi nous hâtâmes notre marche.

CHANT III.

Dispersées à la voix du sévère Caton, les âmes avaient, dans leur fuite soudaine, tourné leurs pas vers la montagne. Quoique pressé aussi du saint aiguillon, je me serrai contre mon guide. Aurais-je pu, sans lui, prendre ma course? Qui m'eût aidé à gravir ces hauteurs inaccessibles? Lui-même semblait n'être pas sans remords[2]. Qu'il faut peu de chose pour troubler et poindre au vif la conscience dans une âme noble et pure !

Quand cette marche précipitée, qui ôte la grâce des mouvements, fut un peu ralentie, mon esprit absorbé jusque-là dans une seule pensée, reprit son essor sur les ailes du désir, et je me tournai vers ce mont sacré qui se dressait vers les hautes régions du ciel. Le disque rouge du soleil flamboyait derrière moi[3], et ses rayons, brisés par mon corps qui leur faisait obstacle, laissaient devant lui de longues ombres, lorsque, regardant à mes côtés pour m'assurer que mon guide ne m'avait point délaissé, je vis que de nos deux figures, la mienne seule projetait de l'ombre sur le sol.

Mon protecteur me dit : « Quelle est cette défiance? Peux-tu douter que je sois avec toi, toujours attentif à éclairer ta marche? Si tu ne vois point d'ombre devant moi, c'est que le corps qui la produisait ne me revêt plus de sa terrestre enveloppe. Transporté de Brindes à Naples, il est resté dans cette partie de l'Italie que

[1] Vers le pied de la montagne qu'elles doivent gravir en se purifiant de degré en degré.

[2] Il avait honte de s'être arrêté aux chants de Casella.

[3] Placé entre la montagne et la mer, Dante faisait d'abord face à l'Orient. Tourné maintenant vers la montagne, il a le soleil derrière lui.

la nuit couvre en ce moment de ses voiles[1]. Ainsi ne t'étonne pas de ce défaut d'ombre. Il en est des âmes comme des sphères célestes, qui sont toutes traversées par les rayons du soleil[2] sans se faire obstacle l'une à l'autre. Les âmes reçoivent ici, par la toute-puissance divine, des qualités semblables à celles du corps, qui les rendent sensibles aux impressions du chaud et du froid, ainsi qu'à toutes les souffrances[3] : étrange phénomène dont la cause ne nous a point été révélée ; ce serait folie de vouloir l'approfondir. Notre raison pourra-t-elle jamais sonder les profondeurs infinies de l'Être, dont la substance unique admet cependant trois personnes: Résignez-vous, mortels, à rester dans l'ignorance. Si l'esprit humain avait pu concevoir toutes les vérités, il n'était pas besoin que le Verbe s'incarnât dans le sein de Marie[4] ; et tels que tourmente, au seuil de l'Enfer, un désir sans espérance[5], ne seraient plus fatigués de ces vaines aspirations, qui feront à jamais le supplice d'un Aristote, d'un Platon et de beaucoup d'autres. »

Ici Virgile baissa la tête, comme pour cacher son trouble, et cessa de parler. Cependant nous étions parvenus au pied de la montagne. Là, nous nous trouvâmes en face d'une roche si escarpée, qu'elle eût défié les efforts des hommes les plus agiles.

Entre Lerici et Turbia[6], il existe des sentiers sauvages et abruptes; mais ils ne sont, au prix de cette roche, que des passages ouverts et d'une montée facile. Mon maître s'arrêta et dit : « Comment savoir de quel côté la roche s'abaisse, et où il devient

[1] Près de la grotte de Pausilippe, où s'élève un laurier, sur le tombeau de Virgile. Il fait nuit sur notre continent, lorsque le jour éclaire la partie opposée, qui est le Purgatoire.

[2] On croyait alors que les sphères célestes étaient diaphanes.

[3] C'est la doctrine des anciens platoniciens, adoptée par beaucoup de Pères de l'Eglise. Dieu, dit Saint-Thomas d'Aquin, peut donner aux âmes un autre corps, ou plutôt les revêtir d'une forme matérielle et transparente qui les rende sensibles jusqu'au jour de la résurrection.

[4] L'arbre de la science n'aurait pas été interdit au premier homme, point de défense, point de faute, point de rédemption.

[5] Les grands hommes, qui n'ont point connu la vérité chrétienne et qui sont retenus dans les Limbes.

[6] Châteaux bâtis des deux côtés de la rivière de Gênes. Turbia, près de Monaco.

possible d'atteindre sans ailes à son sommet? » — Il méditait, le front baissé, aux accès que la montagne pouvait offrir; et moi je promenais mes regards autour de la roche pendante, lorsque m'apparut, sur la gauche, une troupe d'âmes qui marchaient vers nous, mais avec tant de lenteur, qu'elles ne paraissaient pas se mouvoir[1].

— « Levez les yeux, dis-je à mon guide, et tournez-les de ce côté. Voici d'où nous viendra, si votre prudence est ici en défaut, le conseil dont nous avons besoin. »

Il me regarda alors et me dit avec assurance : « Aie bon espoir, mon fils; et, puisque ces âmes vont si lentement, allons à elles. »

Il y avait encore au moins mille pas entre elles et nous, c'est-à-dire autant d'espace qu'un bon frondeur en mesurerait d'un coup de pierre, lorsque je les vis se serrer toutes en même temps contre les dures parois du rocher. Elles s'y tenaient debout et pressées l'une contre l'autre. Ainsi s'arrête et regarde autour de lui le voyageur incertain de sa route.

— « O vous, s'écria Virgile, qu'une sainte mort a réservés à la béatitude céleste, au nom de cette gloire immortelle qui sera votre partage, dites-nous s'il existe dans la montagne quelque sentier qui en facilite l'accès? Épargnez-nous des recherches; le temps est cher à qui sait en profiter. »

Comme on voit sortir d'un parc de brebis, une d'abord, puis deux, puis trois de ces timides bêtes : les autres se tiennent derrière, la tête basse et le nez contre terre; ce que fait la première, le reste du troupeau le fait de même, marchant quand elle marche, s'arrêtant quand elle s'arrête; douces et paisibles créatures qui agissent d'instinct et sans savoir pourquoi; telle en ce moment s'avança vers moi une des saintes ouailles, guidant les autres qui vinrent toutes après elle. Quelle modestie sur leur front! Quelle noblesse dans leur démarche! Celles qui conduisaient la troupe remarquèrent que l'astre du jour me frappant à droite, j'avais le

[1] Les excommuniés qui ont différé, jusqu'à la mort, à se repentir; ce qu'exprime la lenteur de leur marche.

flanc gauche dans l'ombre, et que cette ombre, partant de moi, s'allongeait jusqu'à la montagne. A cette vue, elles s'arrêtèrent et reculèrent un peu. Toutes les autres reculèrent aussi, sans savoir la cause de ce mouvement rétrograde.

— « Je préviens vos questions, leur dit Virgile, par un seul mot : vous voyez auprès de moi, non pas une âme, mais un corps solide, un être vivant. Voilà pourquoi les rayons solaires sont brisés avant d'atteindre le sol. N'en soyez donc pas surpris; mais apprenez par là que, sans une faveur du ciel, celui que j'accompagne ne chercherait pas à franchir ces hautes murailles. »

A ces mots, les saintes âmes dirent, en nous indiquant par un geste la route à suivre : « Tournez de ce côté, et marchez devant. » Une d'elles s'adressant à moi : « Qui que tu sois, jette sur moi un coup d'œil et cherche en ta mémoire si tu ne m'as jamais vu sur la terre. » Je me retournai vers lui et le regardai fixement. C'était un homme de belle figure, aux cheveux blonds, à l'air noble et gracieux; mais il avait au-dessus d'un œil une balafre qui lui partageait le sourcil.

Comme je lui avouai que je n'avais de lui aucun souvenir : « Vois, me dit-il, vois ici la trace du coup qui m'a percé la poitrine. » Il sourit en me montrant sa blessure, et continua ainsi : « Je suis Manfred[1], petit-fils de l'impératrice Constance. Quand tu seras retourné parmi les vivants, n'oublie pas, je te prie, d'aller trouver ma fille, cette autre Constance, qui a donné le jour à deux puissants rois, l'honneur de la Sicile et de l'Aragon[2]. Si l'on dit que je suis damné, instruis-la de mon sort. Dis-lui qu'atteint de deux blessures mortelles, je recourus en pleurant à la bonté de l'Être qui pardonne. J'étais un pécheur souillé de crimes horribles; mais la bonté de Dieu est inépuisable; elle ouvre ses bras à tous ceux qui viennent s'y jeter.

[1] Manfred ou Mainfroy, bâtard de Frédéric II. Il fut roi de la Pouille et de la Sicile, qu'avait apportées en dot à l'empereur Henri VI Constance, fille de Roger, mère de Frédéric. On connaît les longues luttes du Saint-Siège avec la maison de Souabe, pour lui interdire l'Italie. Charles d'Anjou, appelé par le pape Clément IV, vainquit à Ceperano Manfred, qui périt dans la bataille en 1266. Les plus graves accusations pesaient sur l'hérétique excommunié. On l'accusait d'avoir étouffé son père, empoisonné son frère... Dante paraît admettre ces bruits, malgré ses tendances gibelines.

[2] Frédéric de Sicile et Jacques d'Aragon, fils de Pierre d'Aragon et de Constance. (Purg. 7. Paradis 18.)

Si le cardinal de Cosenza[1], légat du pape Clément, avait mieux lu dans le sein de Dieu, il n'eût point fait une telle guerre à mes restes, et mes os reposeraient encore à l'entrée du pont de Bénévent, protégés par la tour massive de Mora; tandis qu'aujourd'hui, jetés hors du royaume, épars sur les bords du Verde[2], où, par les ordres de ce pontife, ils ont été transportés à cierges éteints comme les restes d'un excommunié, ils sont exposés aux injures de l'air et à la fureur des vents.

« Mais tout ce que le prêtre a maudit n'est point tellement abattu qu'il ne puisse renaître au souffle de la divine miséricorde, tant que l'espérance fleurit encore sur sa tige, qui est la vie terrestre. Seulement quiconque est mort en état de rébellion contre la sainte Église, a eu beau se repentir au dernier moment, il faudra qu'il reste en dehors de la montagne trente fois autant de temps qu'a duré son obstination. Des prières efficaces peuvent seules abréger ce délai. Juge à présent du bien que tu peux me faire, en rapportant à ma bonne Constance ce que tu as vu, et l'interdit qui me retient sur cette plage, car on profite ici des bonnes œuvres du monde, où elle respire encore. »

CHANT IV.

Lorsqu'une vive sensation de plaisir ou de douleur affecte quelqu'une de nos facultés, l'âme se recueille et se porte là tout entière, et il semble alors que ses autres facultés aient perdu le pouvoir d'agir sur elle ; ce qui réfute une erreur grave[3], et ne permet pas d'admettre qu'il existe en nous plusieurs âmes s'allumant au même foyer ; aussi, lorsqu'un objet frappe nos yeux ou

[1] Cosenza, ville de Calabre. Son archevêque Pignatelli fit exhumer et jeter aux corbeaux le cadavre de Manfred. Le corps de l'excommunié avait été d'abord couvert d'un monceau de pierres jetées sur lui par les soldats de Charles d'Anjou.

[2] Le Verde est une rivière voisine d'Ascoli, dans l'Etat Romain.

[3] Erreur condamnée par le 8e concile général : « *Apparet quosdam in tantum impietatis venisse ut duas animas habere impudenter dogmatisent.* »

nos oreilles, si l'âme s'en émeut et s'y attache fortement, le temps fuit sans qu'on s'en aperçoive. C'est qu'autre chose est la faculté de voir et d'entendre, autre chose est cette puissance de réflexion, qui occupe l'âme tout entière. La première est libre, tandis que l'autre est comme enchaînée par l'objet qui l'attire.

Je connus bien la vérité de ceci lorsque je remarquai, à mon grand étonnement, que le soleil était monté de cinquante degrés[1] pendant que j'étais attentif à écouter Manfred. Je ne fis cette observation que quand les âmes qui nous suivaient s'écrièrent toutes ensemble : « Voilà le sentier que vous cherchez. »

Souvent on voit le villageois, dans la saison où le raisin brunit aux feux du soleil, boucher avec une poignée d'épines une petite ouverture qui donne accès à son enclos. Bien plus étroite encore était la sente ou pénétra mon guide, et moi après lui. Nous y entrâmes seuls, lorsque la troupe des âmes se fut retirée.

Pour aller à San-Leo[2], pour descendre à Noli[3], ou pour gravir au sommet du Bismantua[4], quelles que soient les difficultés de la marche, le voyageur n'a besoin que de ses pieds. Mais ici, pour m'élever sur une pente si raide, il m'eût fallu des ailes, et des ailes activées par le prompt désir, même à la suite d'un guide si attentif à guider mes pas et à soutenir mon espérance.

Nous suivions un chemin profondément taillé dans le roc. Resserrés entre les pans rompus de cette roche, nous ne pouvions avancer qu'à l'aide des pieds et des mains. Quand nous eûmes gagné le haut des blocs massifs qui forment le pied de la montagne: « Maître, dis-je à mon guide, quel chemin suivrons-nous maintenant? »

— « Surtout me répondit-il, ne te laisse pas entraîner en

[1] Une heure étant de 15 degrés, il s'était écoulé 3 heures 20 minutes pendant leur entretien, et ce temps ajouté à celui que Dante avait passé soit avec Casella, soit à gagner le lieu où était Manfred, peut comprendre un espace de cinq heures depuis le lever du soleil; c'est-à-dire qu'il était onze heures du matin, selon notre manière de compter, différente de celle des Italiens. Il reste une heure à notre pèlerin, pour gravir le roc où Virgile lui fera remarquer qu'il est midi.

[2] San-Leo, dans le duché d'Urbin.

[3] Noli, entre Finale et Savone, sur la côte de Gênes.

[4] Bismantua, montagne sur le territoire de Reggio, en Lombardie.

arrière. Suis-moi toujours et montons jusqu'à ce qu'il se présente à nous quelque autre guide mieux informé. »

La cime du mont s'élevait à perte de vue, et son flanc s'abaissait vers nous en ligne plus haute que celle qui va du milieu du cadran au centre[1]. Vaincu par la fatigue, je m'écriai : « O mon doux protecteur ! je ne puis plus vous suivre. Tournez les yeux et voyez mon épuisement. Il faut que je reste ici tout seul, si vous ne m'attendez. »

— « Encore un effort, me répondit Virgile, et hisse-toi, s'il se peut jusqu'à cet endroit. » (Il me montrait du doigt, un peu au-dessus de ma tête, un roc en saillie, qui entourait ce côté de la montagne.)

A ces mots, piqué comme d'un aiguillon, j'avançai ou plutôt je rampai derrière mon guide avec tant d'ardeur que je vis enfin sous mes pieds la roche circulaire, objet de mes désirs. Là, nous nous assîmes tous deux, tournés vers l'Orient, d'où nous étions partis.

Ma vue, abaissée d'abord sur la plage, se porta ensuite vers le soleil ; et je m'étonnai de voir que cet astre, bien que s'avançant vers son midi, nous frappait cependant à gauche[2]. Virgile s'aperçut que je suivais d'un air stupéfait le char du soleil, cheminant entre nous et la région boréale[3]. Il me dit : « Si ce globe

[1] Le mot Cadran est pris ici dans son sens étymologique et signifie un quart de cercle. — Cette ligne forme avec l'horizontale un angle de 45 degrés. L'escarpement de la route était plus considérable.

[2] Faisant face à l'Orient, Dante aurait à cette heure, (s'il avait été encore en Europe) reçu les rayons du soleil sur l'épaule droite. Ils frappent ici la partie gauche de son corps, et l'on va voir pourquoi.

[3] L'île du Purgatoire, à l'antipode de Jérusalem, devait être sise dans l'océan Atlantique austral, à dix degrés au-delà du tropique du Capricorne. De ce lieu, Dante voyait le soleil se lever et se coucher dans l'hémisphère boréal. Le Nord devenait son Midi. L'Européen tourné vers le Sud, voit le soleil s'avancer de gauche à droite. Le Hottentot se tourne vers le Nord, pour suivre la marche du soleil qui pour lui va de droite à gauche. Cette position inverse leur est commandée par celle du soleil qui, en parcourant l'Ecliptique, se trouve toujours entre eux. On conçoit dès lors que Dante, faisant face à l'Orient vers le milieu du jour, ait l'épaule gauche frappée du rayon solaire, tandis qu'en Europe, et dans la même position, il lui offrirait l'épaule droite. L'astronomie enseignait au poète ce que l'expérience a confirmé depuis la découverte du nouveau monde.

éclatant, flambeau des deux hémisphères, était à présent dans le signe des Gémeaux, tu le verrais ici roulant avec toute la sphère s'approcher plus encore du pôle de l'Ourse[1], à moins qu'il ne déviât de sa course accoutumée; étrange phénomène sans doute! Si tu veux en concevoir la cause, recueille ton esprit, et figure-toi la montagne de Sion et celle du Purgatoire assises toutes deux sur le globe terrestre, mais de telle sorte que, placées dans des hémisphères différents[2], elles ont un même horizon[3]. Imagine-toi ces deux hémisphères coupés entre les deux pôles par la ligne[4] que Phaéton, dans son fatal voyage, ne sut pas garder. Il faudra, songes-y bien, que de deux hommes placés sur chacune de ces montagnes, si l'un reçoit d'un côté les rayons du soleil, l'autre les reçoive du flanc opposé. »

— « Cela est évident, mon cher maître, lui répondis-je; il n'est rien de plus certain, et je vois clairement à présent ce que mon esprit n'avait point d'abord démêlé : c'est que le grand cercle, qui partage la sphère en deux, limite constante entre l'été et l'hiver[5], l'équateur, ainsi appelé par les astronomes, nous apparaît ici du côté du pôle de l'Ourse, alors que les Hébreux le voyaient dans les brûlantes régions du Sud[6]. Mais, veuillez de grâce me dire combien de temps nous avons à marcher encore. Ce mont s'élève dans les cieux à des hauteurs où mes yeux ne sauraient atteindre. »

— « Au moins, repartit Virgile, a-t-il cette propriété que, si toujours le premier accès est rude, plus on monte, moins son

[1] Les Gémeaux précèdent le signe du Cancer qui marque pour nous le solstice d'été. Le soleil est alors au plus près du pôle de l'Ourse.

[2] L'hémisphère boréal et l'hémisphère austral.

[3] C'est-à-dire qu'elles sont aux antipodes.

[4] L'équateur.

[5] Le soleil ne quittant jamais l'espace compris entre les tropiques, quand l'été règne d'un côté de l'équateur, de l'autre côté on est dans l'hiver. On peut donc dire que la ligne équatoriale tient toujours le milieu entre l'été et l'hiver.

[6] Pour les Hébreux, comme pour nous, le soleil qui n'atteint jamais le Zénith, se maintient dans la région du Sud. On le voyait ainsi en Égypte et dans la Chaldée, où l'on place le berceau de l'astronomie. Les points cardinaux ont reçu leurs noms à ce point de vue. Si l'astronomie était née parmi les Cafres, ce que nous appelons Nord, ils l'auraient appelé Midi.

âpreté se fait sentir. Ainsi, lorsque la pente s'adoucissant par degrés fléchira au point de te faire monter aussi légèrement que si tu te sentais emporté dans une barque au cours de l'eau, alors tu seras au terme du chemin. Attends jusque-là pour te reposer de tes fatigues. Ce que je dis est vrai, et je n'ai rien de plus à répondre. »

Il avait à peine achevé ces paroles, qu'une voix se fit entendre près de là et dit : « Peut-être qu'avant cela, tes genoux fléchiront et t'obligeront de t'asseoir. » Nous tournâmes la tête au son de cette voix, et nous vîmes à notre gauche une énorme pierre que Virgile ni moi n'avions d'abord aperçue, et derrière laquelle se tenaient tapies, à l'ombre, plusieurs âmes, dans l'attitude de personnes qui demeurent inactives[1]. Nous allâmes de ce côté et remarquâmes l'une de ces âmes qui était assise, la tête baissée entre ses genoux qu'elle tenait embrassés.

« O mon maître! dis-je alors, regardez cet homme qui montre plus d'apathie que si la Paresse même était sa sœur. » L'homme assis devint attentif. Il se tourna vers nous, et, jetant les yeux de côté, sans changer d'attitude, il dit : « A toi de monter, qui en as la force. » Cette phrase laconique m'apprit qui il était. Aussi m'avançai-je vers lui, quoique je n'eusse pas tout à fait repris haleine.

Quand je fus auprès de l'indolent, il releva un peu la tête, et laissa tomber ces mots : « As-tu vu comme le soleil frappe ton flanc gauche? » A la lenteur de ses mouvements, à la brièveté de ses paroles, un léger sourire vint sur mes lèvres : « Belacqua[2], lui dis-je, puisque je te trouve ici, je ne suis plus en peine de ton sort; mais pourquoi rester ainsi assis et immobile? Est-ce que tu attends une escorte? ou bien as-tu repris ici tes allures habituelles? »

— « Frère, me répondit-il, que me servirait-il de monter plus haut! L'ange qui garde la porte des lieux où s'expient les fautes humaines, ne m'y laisserait pas entrer. Il faut que je reste dehors

[1] La deuxième classe de pénitents, ceux qui ont attendu jusqu'à la mort pour se repentir.

[2] On ne sait rien de ce Belacqua, sinon qu'il était connu de Dante pour un paresseux.

jusqu'à ce que le cours des astres ait ramené pour moi autant d'années qu'en a compté ma vie mortelle[1]. Jusque là, pour avoir attendu à la mort à ressentir les salutaires atteintes du repentir, je ne puis être admis, à moins que la prière ne vienne à mon aide, une prière élancée d'un cœur droit et jouissant de la grâce divine. Toute autre serait sans valeur, n'étant pas agréée du Ciel. »

Virgile s'était remis en marche, et montant devant moi, il m'avait dit : « Viens à présent; tu vois que le soleil est parvenu ici au méridien[2]. Sur la terre, la nuit, qui couvre en ce moment de ses voiles les plus épais la montagne de Sion, s'avance et touche déjà du pied le Maroc. »

CHANT V.

J'avais quitté Belacqua et les âmes abritées sous le rocher. Je suivais pied à pied mon guide, lorsqu'un de ces pénitents s'écria en me montrant au doigt par derrière : « Voyez donc celui-ci ; les rayons le frappent à gauche et ne le traversent point. Ce défaut de transparence n'appartient qu'aux vivants[3]. » — Je tournai la tête à ces paroles, et je vis toutes ces âmes émerveillées fixer leurs regards sur ma personne, et sur le rayon qui rencontrait en moi un obstacle.

« Pourquoi, me dit Virgile, te laisses-tu distraire ainsi et retarder dans ta marche? Que t'importent les vains bruits qui se font autour de toi? Suis mes pas, et laisse-les dire. Sois ferme

[1] Épreuve moins longue que celle des excommuniés. Ceux-ci attendent à la porte du Purgatoire trente fois autant de temps qu'ils ont vécu dans l'excommunication. (V. Chant III.)

[2] Il est midi dans l'île du Purgatoire. Il est donc minuit à Jérusalem, et comme la différence de longitude entre Jérusalem et le Maroc est de 45 degrés ou 3 heures, il est au Maroc 9 heures du soir. Le poète a pu dire que la nuit y est commencée.

[3] Les âmes des morts sont revêtues de formes incorporelles et transparentes. L'Enfer où ne pénètre pas le soleil, n'avait point offert ce phénomène.

comme une tour, qui oppose un front inébranlable au souffle impétueux des vents. Car l'homme voit fuir devant lui le but qu'il se propose, lorsque ses pensées, naissant tumultueusement les unes des autres, manquent de consistance et se dissipent en fumée. » Que pouvais-je répondre, sinon : « Je suis maintenant tout à vous. » Ainsi, fis-je un peu confus, et le front couvert de cette rougeur qui rend quelquefois l'homme digne de pardon.

Cependant, devant nous, s'avançait à peu de distance une autre légion d'âmes pénitentes. Elles traversaient la côte en psalmodiant le miserere[1]. Elles encore, en remarquant le phénomène de la non transparence de ma personne, parurent frappées de terreur. A leur chant succéda tout à coup un sourd murmure d'étonnement[2]. Deux de ces esprits sortirent des rangs et accoururent vers nous : « Veuillez, dirent-ils, nous apprendre quelle est votre condition ? » Virgile leur répondit : « Retournez vers ceux qui vous ont envoyés, et dites-leur que l'homme que voici est véritablement d'os et de chair. Si, comme je l'imagine, ils se sont arrêtés à cause de l'ombre que son corps projette, cette réponse leur suffit. Qu'ils s'empressent de lui faire honneur, car il peut grandement les servir. »

Comme on voit, par une belle nuit d'été, des vapeurs enflammées traverser rapidement l'espace, ou le soleil, baissant au mois d'août, courir à travers les nuages ; tels et plus rapides encore, les deux messagers remontèrent au lieu où les attendaient les âmes. Et en même temps, je les vis toutes revenir à nous, comme un escadron lancé à toute bride.

« Nous allons, dit Virgile, être assiégés par une foule croissante, qui ne t'épargnera pas ses prières. Ecoute-les, mais chemin faisant et sans te laisser retarder. »

Elles s'approchaient toutes et s'écriaient : « O toi ! qui peux ainsi t'élever à la source du bonheur, avec le vêtement que tu as reçu en naissant du Créateur, nous te supplions de modérer le pas.

[1] L'un des psaumes pénitentiaux que Dante a traduits en vers dans sa vieillesse. Hors du monde sensible, le *Miserere* n'a plus de place qu'au Purgatoire.

[2] Le poète a exprimé ce mouvement de surprise d'une manière pittoresque et intraduisible : *Mutar lor canto in un O lungo e roco.*

Regarde s'il y a quelqu'un parmi nous, que tu n'aies jamais vu, afin d'en porter des nouvelles parmi les vivants. Mais hélas ! tu marches toujours et ne daignes pas t'arrêter un instant. Sache que nous avons tous péri de mort violente[1], et que c'est seulement au moment de quitter la vie, qu'éclairés par un divin rayon de la grâce, nous avons, en nous repentant et en pardonnant, mérité d'être pardonnés dans le ciel. Dieu s'est laissé fléchir, et nous a remplis de l'immense désir de le posséder. »

Je leur répondis : « En vain m'appliqué-je à considérer vos traits ; aucun de vous ne m'est connu. Mais, quoi que vous puissiez désirer, parlez, et s'il est en mon pouvoir, je le ferai au nom de cette paix, trésor de l'âme, pour laquelle je me suis mis en quête avec cet excellent guide. »

L'un d'eux[2] prit alors la parole en ces termes : « Nous n'avions pas besoin de serment pour être assurés, sur ta simple parole, de tes bons offices, à moins que la puissance ne trahisse en toi la volonté. J'oserai donc, moi qui le premier élève la voix parmi ces âmes, te demander des prières, si jamais tu revois le pays situé entre la Romagne et le royaume de Naples[3]. Fais prier pour moi, je t'en conjure, à Fano. Que Dieu y soit adoré, comme il veut l'être, pour les iniquités que j'ai commises. Natif de Fano, c'est dans le Padouan, cet antique refuge d'Antenor, où moi-même, je me croyais le plus en sûreté, c'est là que me furent portés, par les ordres du marquis d'Este, épris d'une haine implacable, les coups qui me firent perdre la vie dans des flots de sang. Atteint par ses émissaires à Oriaco[4], je m'enfuis dans les marais, et je m'embarrassai tellement dans les roseaux et dans la vase, que je tombai

[1] Troisième catégorie des âmes qui habitent l'antepurgatoire.

[2] Jacques del Cassero avait été podestat de Bologne et de Milan. On ignore pourquoi le duc de Ferrare Azzon III l'avait pris en haine et le fit assassiner.

[3] La marche d'Ancône, où est située la ville de Fano.

[4] Oriaco est un village du Padouan. La fondation de Padoue est attribuée à Antenor, prince Troyen, qui après la prise de Troie erra sur les mers et fut porté dans le golfe adriatique.

> « Antenor potuit mediis elapsus Achivis
> Illyricos penetrare sinus....
>
> (Virgile.)

Antenor avait reçu dans son palais Ulysse, lorsqu'il vint dérober le Palladium. Il avait aussi conseillé la paix. Son nom est passé à la postérité comme celui d'un traître.

sans défense contre les poignards. Ces lieux y furent arrosés de mon sang. Si je m'étais dirigé vers la Mira[1] j'aurais eu certainement la vie sauve, et je serais encore là où respirent les mortels. »

Après Jacopo del Cassero[2], un autre éleva la voix : « Puisses-tu, me dit-il, voir couronner le désir qui te pousse à gravir cette montagne ! Moi aussi j'ai un saint désir que je recommande à ta généreuse piété. Je suis Buonconte ; Montefeltro m'a vu naître. Il faut que Jeanne ou les miens ne songent pas à moi, et c'est ce qui me retient ici le front baissé, parmi ceux qui attendent. »

— « Je sais[3], lui dis-je, que tu as combattu à Campaldino ; mais quel bras ennemi, ou quel hasard t'a jeté si loin du champ de bataille, qu'on n'ait jamais su le lieu de ta sépulture ? »

Il me répondit : « Tu connais l'Archiano, cette rivière qui prend sa source dans l'Apennin, au-dessus de l'Hermitage[4], et qui va se jeter dans l'Arno après avoir baigné le pied du Casentin. Blessé à la gorge, et couvert de sang, je fuyais à pied, laissant derrière moi une trace qui rougissait la plaine. J'arrivai à l'endroit où cette rivière perd son nom ; et là, mes yeux se fermèrent ; ma voix s'éteignit. Là, je tombai en prononçant le nom de Marie, et je laissai sur la rive déserte ma dépouille mortelle. Ecoute maintenant ce qui advint, et transmets aux vivants ce récit véritable[5].

« Un des esprits bienheureux emporta mon âme aux cris de l'ange des Ténèbres qui éclatait en plaintes. Pourquoi, disait-il, es-tu venu me frustrer de mon bien ? Ce qu'il avait d'immortel m'échappe aujourd'hui pour une seule larme qu'il a versée ; mais

[1] La Mira, château sur la Brenta, à 5 ou 6 milles d'Oriaco. Ce fleuve aurait mis del Cassero à l'abri des sicaires qui le poursuivaient.

[2] Buonconte, mari de Jeanne, fils du comte Guido da Montefeltro, que Dante a placé en Enfer (27e chant). Buonconte fut tué à la bataille de Campaldino, gagnée le 13 juin 1289 par les Guelfes sur les Gibelins. Il était dans l'armée gibeline commandée par l'évêque d'Arezzo.

[3] Dante s'était trouvé à cette bataille où les Florentins Guelfes eurent la victoire.

[4] L'Eremo, couvent de Camaldules.

[5] Le corps de Buonconte ne s'étant jamais retrouvé, tout ce récit, annoncé comme véritable, est une pure fiction poétique.

l'autre partie de son être est à moi, et j'en veux disposer à mon tour[1].

« Tu as vu quelquefois d'humides vapeurs condensées dans les airs, se fondre et retomber en torrents, dès qu'elles avaient atteint les froides régions de l'atmosphère; tel mettant son génie malfaisant au service d'une volonté perverse, l'archange rebelle sut, par le pouvoir que lui donne sa nature, soulever des vapeurs et commander aux vents[2]. Bientôt (le jour venait de finir), toute la vallée se couvrit de nuages depuis le mont Pratomagno[3] jusqu'au sommet de l'Apennin. La voûte des cieux en fut tellement chargée que de leurs flancs jaillit tout à coup une pluie abondante. Tout ce que la terre ne put absorber courut dans des canaux qui, sans cesse élargis par ces eaux rapides, les portèrent vers l'Arno avec une force irrésistible. Au confluent des deux fleuves, et sur la rive de l'Archiano, gisait mon cadavre glacé. L'impétueux courant le saisit et l'entraîna dans l'Arno. Là, mes bras que j'avais, dans une dernière angoisse, serrés en croix contre ma poitrine, s'ouvrirent d'eux-mêmes, et le fleuve, après m'avoir ballotté entre ses rives, me fit un tombeau au fond de son lit sous la vase ramassée de toutes parts dans sa course. »

Après ce récit, une troisième voix se fit entendre : « Ah ! disait cette ombre plaintive, quand vous serez de retour sur la terre et reposé de ce long voyage, souvenez-vous de moi; pensez à la Pia[4], que Sienne vit naître, et qui a péri dans la Maremme. J'en atteste celui qui m'avait faite sienne, en me passant au doigt son anneau gage de sa foi. »

[1] Dieu permet aux démons d'agir à certain degré sur le monde matériel. (voir Albert le Grand, *de potentia dœmonorum.*)

[2] Omnis transformatio temporalium rerum, quœ fieri potest per aliquam virtutem naturalem, per dœmonem fieri potest. (St-Augustin de Civitate Dei.)

[3] Le mont Pratomagno, à 20 milles de Florence, sépare le val d'Arno du Cazentin.

[4] La Pia, de la noble famille des Tolomei. Son mari, messer Nello della Pietra, la conduisit, sur un soupçon d'adultère, dans un château qu'il possédait au milieu des Maremmes. Elle y succomba bientôt à l'insalubrité de l'air. Benvenuto d'Imola rapporte que son mari la fit jeter par une fenêtre. Cette version n'est pas contredite par le texte : Siena mi fe' : disfece mi Maremma.

CHANT VI

Quand on quitte le jeu, celui qui a perdu[1] est chagrin. Resté seul, il jette encore et inutilemeut les dés, tandis que son heureux adversaire attire sur ses pas la foule des assistants. Tous le suivent, le précèdent ou l'environnent ; tous se rappellent à son souvenir; et lui, marchant toujours, écoute l'un, donne un coup d'œil à l'autre; sa main répand quelques dons; ceux qui ont reçu s'éloignent, et il parvient ainsi à éclaircir la foule qui l'assiège : telle était mon attitude au milieu de cette légion d'âmes repenties à la dernière heure. Elle me serrait de près, et je ne pouvais m'en dégager qu'en tournant çà et là mon visage et en prodiguant les promesses.

Là, je vis ce juge d'Arezzo[2], sur qui Ghin di Tacco, impuni dans ses brigandages, vengea si cruellement d'iniques sentences. Je vis Tarlati[3], qui se noya dans l'Arno en poursuivant les ennemis de sa famille. Je vis encore Federigo Novello[4], victime de tristes représailles, qui me suppliait, les mains étendues, et Farinata, de Pise, tué dans une rixe, et dont la mort fit briller la constance magnanime de Marzucco, son malheureux père[5]. Je

[1] Le jeu de la Zara. On y emploie trois dés, l'un pour indiquer d'abord le point qui doit gagner, les deux autres, jetés alternativement jusqu'à ce que l'un des joueurs amène ce point.

[2] Bennicasa d'Arezzo, vice-podestat à Sienne, fut tué sur son siège, par Ghin de Tacco, qui osa le punir d'avoir condamné à mort son frère et son oncle. Ce Ghin était surnommé le *Brigand généreux*. Il a fourni à Boccace le sujet d'une de ses nouvelles. (*Décam.* 10. 2.)

[3] Les Tarlati et les Bostoli étaient deux familles rivales d'Arezzo. Les Bostoli eurent le dessous et furent chassés de la ville.

[4] Federigo, fils du comte Guido de Battifolle, fut tué par un Bostoli, surnommé Fornaïnolo.

[5] Marzucco di Scornigiani était entré, par suite d'un vœu, dans l'ordre de Saint-François. Il célébra lui-même le service funèbre de son fils, exhorta ses parents à ne pas venger sa mort, et baisa publiquement la main du meurtrier.

vis le comte Orso[1], assassiné par son oncle, et j'appris d'un autre, le fameux Pierre de la Brosse[2], qu'il avait été mis à mort non pour aucun crime qui eût mérité ce châtiment, mais par l'effet de l'envie et d'une perfide machination. Aussi, qu'elle songe à elle, cette reine que le Brabant donna à la France. Qu'elle craigne, tandis qu'elle peut encore l'éviter, d'aller en pire compagnie grossir le troupeau des boucs[3].

Délivré enfin de cette nuée d'ombres[4], qui m'adjuraient de faire prier pour elles, afin d'avancer le jour où elles seraient purifiées aux yeux de l'Éternel, je dis à Virgile : « O vous, qui êtes mon flambeau, vous avez dit quelque part en termes exprès, que les humains ne pouvaient par leurs prières changer les décrets du Ciel[5], et voici des âmes qui me conjurent de prier pour elles. Dois-je penser qu'elles se flattent d'une vaine espérance, ou que j'ai mal saisi le sens de vos paroles? »

— « Ce passage, me répondit-il, est très clair[6]; et cependant, à bien considérer toute chose avec un esprit sain, il est sûr que l'espérance de ces âmes a un fondement réel, car si chacune d'elles, en arrivant ici, doit une satisfaction à la justice divine, on ne peut pas dire que celle-ci fléchisse, parce que la dette est payée en un instant par l'ardente charité des fidèles. Quant à ma sentence, elle était vraie au moment où je l'ai écrite. La prière des mortels ne pouvait suppléer à la faiblesse de leurs mérites,

[1] Orso, fils du comte Napoleone di Cerbaja, fut tué par le comte Albert de Mangona, son oncle.

[2] Pierre de la Brosse, ministre et favori de Philippe-le-Hardi, après avoir été le barbier de saint Louis, fut pendu en 1276, soit pour avoir faussement imputé à la reine, Marie de Brabant, la mort du jeune Louis, issu du premier mariage de Philippe avec Isabelle d'Aragon, soit, comme Dante le fait entendre, sur la fausse dénonciation de la reine qui l'accusa d'avoir voulu lui faire violence. (Grangier.)

[3] Marie de Brabant vivait encore et avait mérité l'Enfer. Elle mourut en 1321, la même année que Dante.

[4] Les personnages cités ont tous été surpris par une mort violente et se sont repentis à la dernière heure.

[5] *Desine fata deûm flecti sperare precando.* (Virgile.)

[6] Les prières pour les morts ne fléchissent pas Dieu en tant qu'elles lui forcent la main. Elles donnent satisfaction à sa justice. La charité supplée aux mérites pour acquitter la dette du pécheur. Les prières ne pouvaient avoir cet effet avant Jésus-Christ. Le vers de Virgile exprimait donc une pensée juste.

alors qu'elle n'avait point de médiateur auprès de Dieu. Au surplus, en des matières si hautes, n'ouvre point ton esprit au doute, avant d'avoir entendu celle[1] par qui doit se manifester à ta raison la vérité suprême. Comprends-tu que c'est de Béatrix que je veux te parler ? Tu verras, à la cime de ce mont, sa face riante et inondée de la joie céleste. »

— « Cher guide lui dis-je, à mon tour, hâtons le pas. La route n'est plus aussi âpre qu'auparavant, et le temps presse, puisque déjà l'ombre de la montagne s'étend sur son versant oriental[2]. »

— « Nous pousserons aujourd'hui, répondit Virgile, notre voyage aussi loin qu'il se pourra ; mais les choses n'iront pas comme ton esprit les a conçues. Avant que tu sois parvenu là-haut, tu verras le retour de l'astre[3], qui a déjà mis cette immense roche entre lui et nous, de manière que ses rayons ne viennent plus se briser sur ta personne. Mais voici une âme qui, retirée seule à l'écart, regarde précisément de ce côté; sachons d'elle le moyen d'abréger notre route. »

Nous allâmes vers elle; c'était un enfant de l'Italie. Oh! que sa mine était haute et imposante! Que de noblesse et de gravité dans son regard! Il ne disait mot, et nous laissait avancer, nous regardant en face, à la manière d'un lion qui se repose. Virgile s'approcha, et le pria de nous indiquer le sentier le moins rude; mais au lieu de répondre à cette demande, il s'enquit à son tour de notre pays et de la vie que nous y avions menée. Virgile, pour le satisfaire, avait à peine prononcé le nom de Mantoue, qu'à ce mot l'ombre, jusque-là repliée sur elle-même, se leva précipitamment de son siège, en s'écriant : « Tu es de Mantoue!

[1] V. au 30e chant, l'apparition de Béatrix à qui Virgile cède la place. Elle s'offre à Dante sur les bords du Léthé, dans le Paradis terrestre, sis au sommet du Purgatoire. Elle le conduira jusqu'aux plus hautes régions du Paradis.

[2] Déjà le soleil baisse. La partie orientale où sont les voyageurs est dans l'ombre, et comme les rayons du jour, interceptés par la montagne, n'arrivent plus à Dante, son corps ne présente plus le phénomène signalé plus haut.

[3] Ce voyage en Purgatoire durera plusieurs jours. L'Enfer avait été parcouru en 24 heures.

et j'en suis aussi ; je suis Sordello [1] » et ils se jetèrent dans les bras l'un de l'autre.

O Italie! terre d'esclavage, réceptacle de tous les maux. Navire sans pilote au fort de la tempête, jadis reine des nations, maintenant bouge infâme! Voilà une ombre qui, au seul nom d'une ville italienne, son doux pays, se réjouit de voir un compatriote, et s'empresse de lui faire fête, alors que tes enfants, qui respirent aujourd'hui sur ton sein, s'y font une guerre impie et sans trêve, acharnés les uns contre les autres dans l'enceinte des mêmes murs et sous les mêmes toits. Malheureuse! parcours tes deux rivages, regarde autour de toi, et puis en toi-même, et vois s'il te reste une seule partie saine.

Cavale ombrageuse, à qui Justinien [2] fit sentir le mors! Qu'importe qu'il ait jadis rajusté tes rênes, si ta selle est vide aujourd'hui? Tes écarts en ont moins d'excuse. Ah! si tu connaissais les desseins de Dieu sur toi, tu ne refuserais pas de te soumettre à César, et de prêter tes reins indociles au cavalier qui seul peut te sauver!

Et vous, Albert d'Autriche [3], ne voyez-vous pas comme cet animal est devenu farouche pour n'avoir pas senti l'éperon, depuis que vous avez été appelé à le diriger? Et vous l'abandonnez lorsqu'il précipite ses bonds fougueux et sauvages! Vous le livrez à lui-même, au lieu de vous affermir en selle, et de le plier sous

[1] Sordello, poète provençal, né à Goito, près de Mantoue, fut attaché longtemps à Raymond Béranger, dernier comte de Provence, de la maison de Barcelone, dont le nom est cité à la fin du 6e chant du Paradis. On a de lui 34 pièces dont quelques-unes sont pleines d'énergie. Il florissait vers le milieu du XIIIe siècle. La place que Dante lui assigne dans l'Antepurgatoire, donne à penser qu'il périt de mort soudaine sans avoir pu se réconcilier avec Dieu.

Mais il a existé plusieurs personnages de ce nom. On connaît un Sordello, auteur d'un livre intitulé : *Le Trésor des Trésors*, savant très versé dans la physique et dans l'histoire. — Il n'est pas douteux qu'il ne s'agisse ici du poète. Cependant, Sismondi voit dans le Sordello mis ici en scène, un personnage de haut rang dont il n'indique pas la famille.

[2] Justinien, au VIe siècle, délivra l'Italie des Goths, par le bras de ses généraux Bélisaire et Narsès. Il y rétablit l'ordre par la réforme des lois romaines.

[3] Albert, premier fils de Rodolphe de Hapsbourg, qui fut la tige de la maison d'Autriche. Ces deux princes, trop occupés d'établir leur domination en Allemagne, négligèrent l'Italie. Rodolphe mourut en 1291 et Albert en 1308.

vos fortes étreintes ! Puisse le juste ciel faire tomber sur votre sang[1] une vengeance inouïe, éclatante, et capable d'effrayer votre successeur ! Car vous et votre père, vous avez vu le mal et vous l'avez souffert. Votre ambition tournée vers d'autres objets en deçà des Alpes, leur a sacrifié le jardin de l'Empire qui n'est plus que ruines. O incurie coupable ! Venez, barbare, en contempler les tristes effets. Venez voir les Montaigu et les Capulet[2], les Monaldi et les Filippeschi[3]. Là déjà, guerre ouverte ; ici d'ombrageux soupçons. Venez voir votre noblesse opprimée, qui vous montre ses plaies saignantes et Santafior[4] infestée par les bandits, et Rome, votre Rome en pleurs, qui dans son veuvage solitaire, vous appelle nuit et jour et crie : « O César ! Pourquoi m'as-tu délaissée ? » Venez voir la rare concorde, qui règne parmi ce peuple ; et si la pitié ne vous touche point, qu'au moins le soin de votre gloire vous fasse rougir de votre inaction.

Dieu juste[5] (pardonnez à ma hardiesse), après avoir donné votre vie pour nous dans ce monde, avez-vous les yeux tournés ailleurs ? Ou ne faut-il voir dans ces calamités qu'une transition qui se prépare, dans l'abîme de vos conseils, vers quelque bien placé au-dessus de toute prévision humaine ? Car l'Italie regorge de tyrans, et la gloire d'un Marcellus attend l'homme le plus vil, s'il a suivi le parti le plus heureux.

O ma Florence ! Cette invective ne saurait te déplaire. Elle ne peut s'appliquer à toi qui as des assemblées où l'on raisonne si bien[6]. Beaucoup de gens ont la justice dans le cœur, mais lente à se produire, comme l'arc dont le trait bien ajusté se fait attendre;

[1] Albert eut un fils, Frédéric le beau, duc d'Autriche, qui ne poursuivit pas en Italie les desseins de l'Empereur Henri VII. Dante avait vu commencer le cours de ses malheurs. Il fait ici, sans doute, allusion à la bataille de Morgat que Frédéric perdit en 1315, contre les Suisses. Dante a dû écrire ceci après l'année 1315, quoiqu'il soit censé visiter le Purgatoire en 1300. Sa prédiction ne peut s'étendre à la captivité de Frédéric, qui fut vaincu par Louis de Bavière à la bataille de Mühldorf, 1322, un an après la mort du poète.

[2] Les Montecchi et les Capuletti, familles gibelines et rivales de Vérone, immortalisées par Shakespeare, dans sa tragédie de Roméo et Juliette.

[3] Autres familles gibelines et rivales d'Orvieto.

[4] Santa fiora, comté près de Sienne.

[5] Jupiter crucifié !.... Sommo Giove per noi crucifisso, expression bizarre, mais qui n'a rien de blasphématoire. Jupiter veut dire ici le maître du monde. Le nom passe de l'idole à la divinité même.

[6] Ironie poignante et prolongée.

chez toi, ce mot est dans la bouche de tout le monde. Beaucoup se dérobent aux charges publiques ; mais toi tu cours au devant avec ardeur ; tes citoyens répondent sans être appelés et disent : « Nous sommes prêts à porter le fardeau ! »

Sois donc joyeuse et fière, car tu as raison de l'être. Ne possèdes-tu pas tous les biens, paix, richesse et droiture ? Oui, certes, et les faits sont là qui le prouvent. Jadis Athènes et Lacédémone ont vu établir dans leur sein une sage police ; mais leurs lois n'étaient rien au prix de tes règlements dont la trame est si déliée que, tissus au mois d'octobre, ils ne peuvent durer jusqu'à la mi-novembre[1]. Combien de fois, qu'il t'en souvienne, as-tu changé tes lois, ta monnaie, tes offices, tes usages, et renouvelé les membres de ta cité ?

Ouvre les yeux enfin, en repassant dans ton esprit toutes ces choses, et tu verras que tu ressembles au malade qui ne peut trouver le repos sur sa couche, et qui cherche, en se retournant, à donner le change à ses douleurs.

CHANT VII.

Après que les deux ombres se furent témoigné par des embrassements redoublés leur joie de cette rencontre, Sordello dit en faisant un pas en arrière : « Et vous, qui êtes-vous donc ? »

— Mon guide lui répondit en ces termes : « Avant qu'il fût donné aux âmes de s'élever jusqu'à Dieu par les rudes sentiers de cette montagne, les derniers honneurs avaient été rendus à ma cendre par Octave. Je suis Virgile, et si j'ai manqué le Ciel, ce fut moins par ma faute que pour n'avoir pas eu la foi. »

Comme à l'aspect soudain d'un objet merveilleux, notre esprit étonné ne sait s'il doit y croire ou non, et notre air semble dire : Est-ce bien réel ? tel parut en ce moment Sordello ; et puis, il se rapprocha humblement de Virgile, et embrassant ses genoux, les yeux baissés, et dans l'attitude du respect : « O vous, dit-il, gloire

[1] La république de Florence livrée au parti des Noirs, était une pure démocratie. Dante peut avec raison lui reprocher l'instabilité de ses lois.

des Latins, par qui notre langue a montré ce qu'elle pouvait dans sa perfection, honneur immortel du pays qui m'a vu naître ! Par quel mérite ou par quelle grâce êtes-vous en ces lieux ? Que votre voix, si je suis digne de l'entendre, m'éclaire. Venez-vous de l'enfer ? Quelle région y était votre partage ? »

— « Je les ai toutes parcourues, répondit Virgile. Je n'ai traversé tous les cercles que pour m'élever jusqu'ici. Une force divine m'a mis en mouvement et j'ai marché sous son égide. Ce n'est pas ce que j'ai fait, mais plutôt ce que j'ai omis de faire, qui m'interdit à jamais la vue de cette lumière increée à laquelle tu aspires, et qui m'a été révélée trop tard. Il est, dans les basses régions, un lieu envahi par les ténèbres. Les supplices n'y ont point d'accès. La douleur s'en exhale, non en cris aigus, mais en soupirs ; c'est là ma demeure ; j'y suis avec ces innocentes créatures[1] que la mort a piquées de son dard, avant que la tache du premier homme ait été effacée de leur front. J'y suis avec tous ceux à qui il n'a manqué que les trois saintes vertus cardinales[2] au cours d'une vie ornée d'ailleurs de toutes les autres, et pure de toute souillure. Mais où est le droit chemin qui conduit au Purgatoire ? Indique-nous le, si tu le connais, et s'il t'est permis de nous aplanir les voies. »

— « Je puis, repartit Sordello, vous servir de guide et vous mener aussi loin qu'il me sera donné à moi-même d'avancer, car nous ne sommes pas ici confinés dans de certaines limites ; il m'est permis de gravir la montagne[3] et d'en faire le tour. Seulement, il y a défense de monter pendant la nuit[4], et vous voyez comme le jour baisse ; c'est le moment de chercher un gîte. Or il existe ici près, à droite, un lieu qui sert de retraite à beaucoup d'âmes[5]. S'il vous convient que je vous conduise à elles, vous serez charmé de les connaître. »

[1] Le poète a mieux spécifié ici qu'au 4e chant de l'Enfer que les enfants morts sans baptême sont dans les Limbes.

[2] La Foi, l'Espérance et la Charité.

[3] L'Antepurgatoire ne contient à proprement dire qu'une sorte de pénitents, ceux de la dernière heure.

[4] Dieu élève à lui ces âmes par la force attractive du soleil, émanation de la lumière increée.

[5] C'est le vallon où sont réunis les rois et les princes qui attendent leur admission.

Virgile étonné s'écria : « On ne monte pas pendant la nuit ! qu'est-ce à dire ? Est-ce qu'on se sentirait arrêté, ou la force manquerait-elle à qui voudrait passer outre ? »

A ces mots, Sordello se baissant, traça du doigt une raie sur la terre, et dit : « Vous voyez cette ligne ; eh bien ! vous n'iriez point au-delà, après le coucher du soleil, sans avoir d'autre obstacle à vaincre que les ténèbres de la nuit. L'impuissance enchaîne ici la volonté. Quant à descendre, rien ne s'y oppose, alors même que l'astre du jour est caché sous l'horizon. Les âmes peuvent le faire ou circuler dans l'ombre autour de cette roche. »

Mon guide, émerveillé de ce qu'il entendait, dit alors : « Conduis-nous en ce lieu qui nous promet une retraite agréable. »

A peu de distance de là, je m'aperçus que la roche en cet endroit se creusait en forme de vallon : « C'est là qu'il faut aller, dit notre nouveau guide. Retirés dans ce pli de la montagne, nous y attendrons le jour. »

Un sentier tortueux serpentait sur la paroi intérieure du bassin qui s'offrait à nous. Nous le suivîmes, et parvînmes ainsi plus d'à moitié de la pente qui conduisait au fond du vallon. Quelle moisson de fleurs et d'herbes verdoyantes ! L'or pur et l'argent le plus fin, la pourpre et la céruse, les bois des Indes les plus polis et les plus brillants, le cœur même de l'émeraude, lorsqu'on vient à la rompre, ont moins d'éclat que l'émail de ces fleurs. Tout pâlirait devant elles, comme dans la gamme des couleurs une teinte est effacée par celle qui la suit. La nature, en y versant les trésors de sa palette, y avait ajouté mille parfums dont le mélange avait une exquise suavité.

Là, je vis des âmes, qu'on ne pouvait apercevoir en dehors du vallon. Assises sur l'herbe, au milieu des fleurs, elles chantaient : *Salve Regina*[1].

Sordello, qui nous avait menés en cet endroit, prit la parole et dit : « Ne demandez pas à être conduits parmi ces âmes, avant que le soleil soit tout à fait caché sous l'onde. Il vaut mieux que vous restiez sur cette pente, d'où vous verrez plus distinctement

[1] Le Salve Regina se chante à la dernière heure canonique, c'est-à-dire à la 12e. qui répond pour nous à 6 heures du soir.

leurs traits et leurs mouvements que si vous étiez confondus parmi elles au fond de cette obscure vallée.

« Celui que vous voyez assis au-dessus des autres et qui montre bien à son air (car il ne mêle point sa voix à celle des pieux chanteurs) qu'il a négligé la mission qu'il avait à remplir, c'est Rodolphe[1] le puissant empereur. L'Italie, dont il pouvait fermer les plaies, a succombé à ses maux. Un autre[2] viendra mais trop tard peut-être, pour l'arracher de la tombe.

« Cet autre[3], dont la vue paraît le consoler, tint sous ses lois le pays où la Moldau prend sa source, la Moldau qui mêle ses eaux à l'Elbe, avant de se jeter dans la mer. Ottocare fut son nom. Son enfance valut mieux que la virilité de Wenceslas[4] qui perdit les années de sa force dans l'oisiveté et l'intempérance.

« Voici Philippe le Camus[5], qui s'entretient avec son conseiller intime[6], à la figure si bienveillante. C'est ce même Philippe, qui a terni l'éclat des lys [7], et qui a trouvé la mort dans sa fuite. Voyez comme il se frappe la poitrine, et comme son compagnon, Henri de Navarre qui soutient d'une main l'une de ses joues, soupire à côté de lui. Tous deux, ils ont suscité le fléau de la France[8], Philippe-le-Bel, leur fils et gendre dont la vie impure

[1] Rodolphe de Hapsbourg, élu empereur en 1273, n'alla point se faire couronner à Rome. Il se contenta d'une lettre du pape Grégoire X portant : « De l'avis des Cardinaux nous vous nommons roi des Romains. »

[2] L'empereur Henri VII, comte de Luxembourg. Il descendit en Italie, appelé par les Gibelins, pour y rétablir les droits de l'empire : expédition malheureuse où il trouva la mort. (1213).

[3] Ottocare III, roi de Bohème et duc d'Autriche, fut vaincu en 1277 par Rodolphe de Hapsbourg qui rendit la couronne à son fils Wenceslas, en gardant pour lui l'Autriche.

[4] On ne voit rien dans l'histoire qui confirme ce blâme. Wenceslas, fils d'Ottocare, fut appelé le Saint. Mais il laissa un fils, qui ne régna qu'un an, auquel peut s'appliquer la censure du poète. L'erreur de Dante serait d'avoir confondu le fils avec le petit-fils.

[5] Philippe le Hardi, fils de Saint-Louis. Dante le maltraite ici, ainsi que Philippe le Bel, en haine de Charles de Valois, auteur de son exil.

[6] Jeanne, fille unique d'Henri, roi de Navarre, épousa en 1304 Philippe le Bel, fils de Philippe le Hardi. Celui-ci avait recherché l'amitié du père de sa bru.

[7] Après quelques succès en Catalogne, contre Pierre d'Aragon, Philippe le Hardi fut battu sur mer par Roger d'Oria. Il repassa les Pyrénées et mourut à Perpignan.

[8] Philippe le Bel, appelé par Dante *mal di Francia,* était frère de Charles de Valois, qui était venu à Florence pour y faire dominer le parti des Noirs. Dante fut alors banni avec les chefs du parti contraire.

et souillée de vices leur est connue De là vient l'extrême douleur qui les accable.

« Ce personnage robuste, qui marie sa voix à celle de son voisin, au nez imposant[1], c'est Pierre d'Aragon[2], qui ceignit ses reins de sagesse et de vertu. Que n'a-t-il eu pour successeur à la couronne, le jeune homme qui est derrière eux? Les vertus du père, portées sur le trône par don Alphonse, se seraient conservées dans un vase digne de lui. Malheureusement, ses autres fils lui ressemblèrent peu. Jacques et Frédéric possèdent les États paternels, mais la meilleure part de l'héritage ne leur est point échue. Rarement l'humaine probité renaît de la tige où elle a fleuri. Ainsi l'a voulu Celui qui la donne, afin qu'on ait recours à lui pour l'obtenir.

« Ce qui est vrai du roi d'Aragon ne l'est pas moins de Charles d'Anjou, qui chante avec lui. La Pouille et la Provence ne le savent que trop, pour leur malheur. La plante vaut mieux que sa graine; ainsi Constance[3] est plus fière de son époux que Béatrix et Marguerite[4] ne le sont des leurs.

« Voici maintenant un prince de mœurs simples et innocentes, Henri d'Angleterre[5], qui a été plus heureux dans sa lignée. Il

[1] Charles d'Anjou, investi par Urbain IV du royaume de Naples (1262).

[2] Pierre d'Aragon épousa Constance, fille de Manfred, qui lui apporta en dot ses droits sur le royaume de Naples et Sicile. Mais Charles d'Anjou s'étant établi à Naples, il ne lui resta que la Sicile Ses fils, Jacques et Frédéric gouvernèrent cette île et la désolèrent par leurs déprédations. L'aîné, don Alphonse, était mort jeune, et avait laissé la couronne d'Aragon à son frère Jacques. C'est à cet Alphonse que Dante fait ici allusion, en regrettant qu'il ne soit pas resté pour régir dignement les Etats de son vertueux père. On veut à tort qu'il s'agisse ici d'un quatrième fils nommé Pierre, à peine connu des historiens.

[3] Le sens de ce passage est que Pierre d'Aragon est autant au-dessus de sa postérité qu'il est lui-même supérieur à Charles d'Anjou, sa femme étant plus fière de lui que Béatrix ne le fut de son époux. Un homme aussi supérieur à ses descendants n'est-il pas malheureux dans sa race! — Dante revient sur Frédéric et Jacques, ces indignes fils de Pierre d'Aragon, au 19e chant du Paradis.

[4] Marguerite et Béatrix, filles de Raymond Béranger, comte de Provence. Ces deux sœurs épousèrent les deux frères, l'une saint Louis, et Béatrix, Charles d'Anjou.

[5] Henri, fils de Richard, comte de Cornouailles, après s'être révolté contre son frère Henri III, roi d'Angleterre, fut élu roi des Romains, et ne put se soutenir en Allemagne. Le prince Henri épousa Blanche, autre fille de Raymond Béranger (la quatrième fut mariée au roi d'Angleterre). — Il fut assassiné à Viterbe, à son retour de la Terre-Sainte, par Guy de Montfort, qui le poignarda dans l'église, au pied de l'autel.

est assis à part; et, plus bas, au fond de la vallée, est couchée une ombre qui regarde en haut. C'est Guillaume, marquis de Montferrat[1], dont les querelles avec Alexandrie ont coûté bien des pleurs à son pays, et à tout le Canavesan. »

CHANT VIII

A l'heure où le navigateur, sorti du port le matin, sent son cœur s'amollir et s'ouvrir aux regrets, en songeant aux amis à qui il a dit adieu ; à l'heure où le pèlerin, qui vient de se mettre en voyage, s'attendrit au son lointain de la cloche, qui semble pleurer le jour prêt à s'éteindre[1] ; dans ce moment solennel qui précède la nuit, n'entendant plus rien, je remarquai une ombre qui, s'étant levée, semblait, par un geste, demander qu'on l'écoutât. Elle joignit et leva les deux mains, le visage tourné vers l'Orient. Elle semblait dire : « O Dieu ! tout ce qui n'est pas vous n'est rien pour moi ! » Puis elle entonna l'hymne du soir : « *Te lucis ante*[2] », d'un cœur si fervent et d'une voix si mélodieuse que je tombai dans une sainte extase. Avec la même ferveur et la même beauté d'harmonie, les autres âmes continuèrent jusqu'au bout le chant sacré. Toutes avaient les yeux élevés vers les sphères célestes. C'est ici qu'il faut, d'un œil perçant, aller au fond des choses. Le voile qui cache la vérité n'est maintenant qu'une gaze légère, facile à pénétrer.

L'hymne achevée, toutes ces âmes d'élite restèrent en silence, comme si elles eussent été dans l'attente. Bientôt je vis paraître en haut des airs, et fondre rapidement vers nous, deux anges, portant deux épées flamboyantes aux pointes émoussées. Leurs

[1] Ce Guillaume, fait prisonnier par les Alexandriens révoltés, mourut en prison. Ses fils, pour venger sa mort, firent aux rebelles une guerre longue et sanglante.

[1] Il y a, dans le son de la cloche qui tinte vers le soir l'*Ave Maria*, quelque chose de triste, en harmonie avec l'état de l'âme, à la fin du jour.

[2] *Te lucis ante terminum ;* Ainsi commence l'hymne de saint Ambroise, qui se chante à complies à la dernière heure du jour romain (6 h. du soir).

robes vertes et nuancées comme les jeunes feuilles qui viennent de s'échapper des bourgeons, flottaient derrière eux, agitées par deux ailes de même couleur. L'un vint se poser au-dessus de l'endroit où nous étions, et l'autre prit terre au revers opposé du vallon, dont les hôtes se trouvèrent ainsi renfermés entre les deux messagers célestes. L'œil pouvait bien distinguer leurs têtes blondes, mais il se perdait dans les splendeurs de leurs faces, comme une force qu'amortit une tension excessive.

« Ces anges, dit Sordello, ont quitté leur place auprès de Marie. Ils viennent s'opposer au serpent[3] qui va venir dans cette vallée commise à leur garde. »

A cette annonce imprévue, ne sachant par où viendrait le monstre je regardai autour de moi, et, glacé de crainte, je me serrai contre mon fidèle protecteur.

« Descendons maintenant, ajouta Sordello. Allons nous mêler à ces grands personnages, allons jouir de leur entretien. Grande sera aussi leur surprise et leur joie de vous voir. »

En trois pas, je touchai le fond de cette cavée. Bientôt j'en vis un dont les yeux s'attachaient à moi, comme s'ils eussent voulu me reconnaître. Quoique déjà il fît un peu sombre, l'obscurité ne pouvait encore dérober à nos yeux et à nos mutuelles investigations les formes qu'elle avait dissimulées d'abord.

Il fit quelques pas vers moi ; j'allai à sa rencontre. Noble Juge, ô Nino[4] que j'eus de plaisir à voir que vous n'étiez point parmi les damnés.

Après que nous eûmes échangé des salutations polies : « Depuis quand, me demanda Nino, es-tu venu au pied de cette montagne, à travers les mers lointaines ? »

— « Oh ! lui dis-je, c'est par les soupiraux de l'Enfer, que j'ai pénétré dans ces lieux. Je suis arrivé ce matin, vivant encore, et me préparant, par ce voyage, à l'autre vie que vous êtes en voie d'acquérir. »

3 Le serpent, qui se glisse le soir parmi les âmes pénitentes, et que la sainte Vierge fait fuir devant ses anges, figure clairement les tentations de la fin du jour, qui sont écartées par la prière.

4 Nino, juge de Gallura, en Sardaigne, divisée alors en quatre districts ou judicatures. Il était de la famille des Visconti de Pise. Banni de cette ville, il vint à Florence, soutenir le parti Guelfe, auquel Dante se rattachait par ses ancêtres. Nino était neveu par sa mère du fameux Ugolin, comte de la Gherardesca.

A peine eus-je fait cette réponse, que Nino et Sordello lui-même, reculèrent de plusieurs pas, comme des gens frappés d'un subit étonnement. Le Mantouan se tourna vers Virgile, et Nino dit à une ombre assise près de là : « Lève-toi, Conrad[5], et viens voir une marque singulière de la faveur divine ! »

Puis reportant les yeux sur moi : « Au nom de la reconnaissance que tu dois à Dieu, me dit-il, à ce Dieu puissant qui cache son principe dans un abîme impénétrable, quand tu auras repassé les mers qui me séparent des vivants, dis à Jeanne, ma fille, qu'elle intercède pour moi sur la terre, où l'innocence ne prie pas en vain. Je ne crois pas que sa mère m'aime encore ; mais la malheureuse regrettera les bandeaux blancs, signes de son deuil, qu'elle a échangés contre les parures d'un second hymen. Son exemple apprendra ce que vaut et dure un amour de femme ; c'est un feu qui s'éteint dès que l'œil et la main cessent de l'entretenir. La vipère, qui est dans l'écusson des Milanais, donnera moins de lustre à ses funérailles que n'aurait fait le coq de Gallura pour décorer son tombeau. »

Pendant que Nino parlait ainsi, sur son front brillait ce feu tempéré, qui s'allume au cœur de l'homme droit, dans une sage mesure.

Cependant mes regards avides s'élançaient vers la voûte des cieux, là où les étoiles se meuvent avec plus de lenteur comme les parties de la roue, qui touchent le plus près à l'essieu.

— « Mon fils, me dit Virgile, que regardes-tu là-haut ? »

— « Voyez, lui répondis-je, ces trois flambeaux[6] qui semblent embraser le pôle. »

— « Ces feux, reprit mon guide, ont remplacé les quatre

[5] Béatrix d'Est, femme de Nino, qui portait un coq dans ses armes, s'était remariée avec Galeas Visconti de Milan, dont l'écusson porte une vipère. — Jeanne, fille de Nino et de Béatrix, épousa messir Ricardo de Canino de Trévise.

[6] Ces trois étoiles, qui n'existent pas au pôle austral, figurent les trois vertus théologales, la Foi, l'Espérance et la Charité, comme les quatre premières avaient figuré les vertus cardinales, la Prudence, la Justice, la Force et la Tempérance.

brillantes étoiles que tu voyais ce matin. Elles se sont couchées, les autres se lèvent. »

Sordello tirant à soi Virgile, pendant que je répondais à sa question, lui dit : « Voilà notre ennemi ! » et il lui montra du doigt le lieu qui devait attirer ses regards.

Le vallon était ouvert d'un côté. C'est par là que se glissait un serpent, le même peut-être qui fit accepter à Eve le fruit amer de l'arbre défendu. La bête maudite rampait dans l'herbe et parmi les fleurs.

Déjà, comme deux autours, les gardiens ailés avaient pris leur essor, je ne puis dire comment, n'ayant pas vu ce mouvement rapide ; mais, je les vis tous deux élancés vers le reptile ; et à l'instant, au seul bruit de leurs ailes, qui fendaient les airs, le serpent prit la fuite. Les anges élevant alors leur vol, retournèrent ensemble vers les cieux.

Cependant l'ombre, qu'avait appelée le juge Nino, n'avait cessé de me regarder pendant cette courte expédition. Elle prit alors la parole et me dit : « Puisse le flambeau qui te guide trouver en toi et dans la force de ta volonté assez d'aliments pour te conduire jusqu'au faîte où tu aspires ! Mais de grâce, dis-moi au vrai ce que tu sais de Valdi Magra et des terres voisines. Ces nouvelles m'intéressent, car j'y ai jadis joui d'un grand pouvoir. Tu vois en moi Conrad de Malaspina[7], non le chef antique de cette noble race, mais l'un de ses descendants. Mon amour pour les miens se purge ici de ses faiblesses. »

— « Jamais, lui répondis-je, je ne suis allé dans cette contrée ; mais est-il un lieu en Europe, un coin si reculé où son nom ne soit parvenu ? La gloire de votre maison vole incessamment de bouche en bouche, et se répand jusqu'à ceux qui n'ont pas encore visité ce domaine de vos ancêtres. Je vous le jure, par l'espoir que j'ai de parvenir là-haut, votre race n'a point dégénéré.

[7] Currado di Malaspina, seigneur de Lunigiana, partie de la Toscane, qu'arrose la rivière de Magra. Son fils Marcello reçut Dante avec distinction pendant son exil. Le poète acquitte ici envers lui la dette de l'hospitalité Il lui a même, dit-on, dédié le Purgatoire. Marcello avait pourtant commandé les Noirs de Pistoie vainqueurs des Blancs *in campo piceno* en 1301. (Voir Enfer 24.)

A elle appartient toujours le prix de la libéralité, la palme de la vaillance. L'habitude a si bien fortifié en elle la nature que, par un beau privilège en ces temps mauvais, seule elle marche dans le droit chemin, méprisant les voies iniques. »

— « Le ciel soit loué, reprit Malaspina ! Va maintenant à la grâce de Dieu. Avant que le soleil rentre sept fois[8] dans l'espace que le Bélier couvre et enfourche de ses quatre pieds, tu sauras mieux que par la renommée, si la bonne opinion que tu as de ma race est véritable. Elle te sera confirmée à tels signes qu'elle doit rester à jamais gravée dans ta mémoire, si les décrets de la Providence ne sont pas détournés de leur fin. »

CHANT IX.

Déjà l'amante de Tithon, sortant des bras de son vieil époux, commençait à blanchir les portes de l'Orient. Elle apparaissait le front paré des étoiles qui forment le Scorpion, cet animal qui darde sur nous le froid venin de sa queue meurtrière[1]. La nuit avait en deux pas accompli sa marche ascendante, et déjà ses ailes penchées la montraient parvenue aux trois quarts de sa course[2], lorsque, vaincu par le sommeil, et soumis encore au joug de la chair, fils d'Adam, je m'endormis sur l'herbe où j'étais assis avec mon guide, Sordello, et les deux âmes de Nino et de Conrad.

C'était l'heure où l'hirondelle matinale reprend sa note plaintive, écho de ses anciennes douleurs[3]. A ce moment, où notre âme,

[8] Dante dont le pèlerinage mystique se place en 1300, époque du 1er Jubilé, trouva un asile chez le marquis de Malaspina, en 1307.

[1] Le Scorpion qui ramène, au mois de novembre, la froidure et les longues nuits, fournit aux astrologues un présage funeste.

[2] Le poète veut exprimer, par la position des astres, que le jour n'est pas loin de reparaître. Mais sa démonstration astronomique offre des obscurités qui ont embarrassé les commentateurs.

[3] Procné fit manger à son époux Térée son propre fils Itys, pour le punir d'avoir attenté sur sa sœur Philomèle. Ils furent changés tous trois en oiseaux, dont les instincts se rapportent à ces événements : Procné en hirondelle, Térée en épervier et Philomèle en rossignol.

moins occupée de soins terrestres, semble dégagée de son enveloppe charnelle, et jouit de visions presque divines[1], je vis en songe un aigle déployant ses ailes d'or. Il paraissait immobile, planant dans l'espace, et prêt à fondre du haut des airs, aux mêmes lieux où, si je ne m'abusais, Ganymède fut jadis enlevé à ses compagnons, et porté jusqu'aux demeures célestes. Ce fier oiseau, me disais-je, n'a point abandonné le mont Ida. L'habitude l'y retient, et peut-être le dédain d'une proie saisie dans des régions inférieures. Tout à coup, je le vis tournoyer et s'abattre aussi rapide que la foudre. Je me sentis aussitôt dans les serres de l'aigle qui m'emporta jusqu'à la sphère du feu[2]. Là il me sembla que nous brûlions l'un et l'autre ; et cet embrasement imaginaire agit tellement sur mes sens qu'il me réveilla en sursaut.

Tel parut Achille à son réveil, lorsque, repris à Chiron, par sa mère en alarmes, il fut porté tout endormi dans l'île de Scyros[3], d'où il devait être un jour tiré par les Grecs ; en se rouvrant sous un ciel étranger, ses yeux se portèrent çà et là avec surprise, interrogeant les objets nouveaux qui s'offraient à eux ; tel je devins moi-même, après que le sommeil eût fui de ma face. Je pâlis comme un homme glacé d'épouvante. Je n'avais plus auprès de moi que mon fidèle gardien. Tourné vers la mer, je me trouvais en face de l'astre qui, depuis plus de deux heures, enflammait le ciel à l'Orient.

Virgile me dit : « Ne crains rien, et que ton âme se rassure. Nous sommes dans la bonne voie ; que ta vigueur augmente au lieu de s'abattre à la vue de ce Purgatoire où tu es enfin parvenu. Voici le rempart qui lui sert d'enceinte. Vois cet endroit où le rocher paraît fendu, c'est par là qu'on entre. Durant l'aube, qui précède la naissance du jour, une dame est entrée dans le vallon où tu dormais couché parmi les fleurs. Elle s'est fait connaître, et nous a dit : « Souffrez que Lucie[4] emporte cet homme qui dort

[1] On croyait à la vérité des songes qui avaient lieu aux approches du réveil.

[2] Les anciens admettaient une région du feu, au-dessus de l'air, immédiatement au-dessous de la lune.

[3] Téthys voulut soustraire Achille à la menace de l'oracle qui lui avait prédit une vie courte, mais glorieuse. Ulysse vint le chercher à la cour de Lycomède.

[4] Lucie, la grâce divine, une des trois dames qui ont pris Dante sous leur protection, au début de son voyage. Les deux autres sont Béatrix et la *donna gentile* que le poète ne nomme pas, la clémence divine.

pour l'aider à franchir la route périlleuse. » Puis, aux yeux de Sordello et de ses deux nobles compagnons, elle te souleva doucement, prit avec toi son essor, dès qu'il fit grand jour; et je m'élevai sur ses traces jusqu'en ces lieux où elle déposa son fardeau. Ses beaux yeux me firent remarquer ce passage, et la sainte est ensuite disparue avec les vapeurs du sommeil où tu étais plongé. »

Comme on voit un homme passer du doute à une situation d'esprit plus tranquille; ce qui causait sa peur est ce qui le rassure, après que la vérité lui est découverte; tel fut le changement qui se fit en moi. Mon guide me voyant hors d'inquiétude prit au travers du rempart, en se dirigeant vers la montagne, et moi, je me tins derrière.

Lecteur[1], tu vois où mon sujet m'entraîne. A mesure qu'il s'élève, il exige plus d'art. Si je fais de nouveaux efforts pour mener à bien une si haute entreprise, ne t'en étonne point.

Nous montâmes, et nous fûmes bientôt à l'endroit où il m'avait semblé voir une ouverture semblable à la brèche qui existe dans un mur. Là, je vis une porte à laquelle conduisaient trois marches de couleurs différentes. Elle avait un gardien qui ne disait mot, et, comme je regardais fixement, je le vis assis sur le degré supérieur : je ne pus soutenir son aspect, ni les éclairs de l'épée nue[2] qu'il portait à la main. Les rayons du soleil qu'elle renvoyait arrêtaient mes regards prompts à se diriger de ce côté.

Il rompit le silence, et dit : « Parlez du lieu où vous êtes : que voulez-vous ? Montés jusqu'ici sans escorte, craignez d'avoir à vous en repentir. »

— « C'est à la voix d'une sainte, lui répondit mon maître, d'une sainte qui connaît les choses du Ciel, que nous avons dirigé nos pas vers cette porte. Elle-même tout à l'heure nous l'a indiquée en nous disant : Allez de ce côté ».

— « Qu'elle protège donc votre marche, répliqua le portier du Purgatoire d'un ton plus doux; montez à présent ces degrés. »

[1] Cette apostrophe au lecteur rappelle la manière de Rousseau et de quelques philosophes du XVIIIe siècle.

[2] C'est le glaive de saint Paul, symbole de justice.

Nous nous approchâmes. La première marche était d'un marbre blanc si net et si poli que je m'y voyais tout entier comme dans un miroir. La seconde de couleur sombre, était formée d'une pierre calcinée et crevassée en long et en travers. La troisième, la plus élevée, était de porphyre. Elle me semblait aussi rouge que le sang qui jaillit de la veine en flots de pourpre. Elle servait de marchepied à l'ange du Seigneur, assis sur le seuil qui me parut être de diamant[1].

Je suivis sans résistance mon guide, qui me fit monter les trois degrés ; et, par son conseil, impatient d'obtenir du gardien céleste un accès libre, je me jetai dévotement à ses pieds sacrés, et j'implorai de sa bonté qu'il daignât m'ouvrir la porte commise à sa garde. J'avais commencé par me frapper trois fois la poitrine. L'ange, avec la pointe de son glaive, traça sept fois[2] sur mon front la lettre P, et il me dit : « Quand tu seras entré, fais en sorte de laver ces taches. » Ensuite il tira deux clés de dessous son vêtement de couleur de cendre[3]. De ces deux clés, l'une était d'or et l'autre d'argent[4]. Il essaya d'abord la clé d'argent, puis la clé d'or, et mon attente fut remplie.

— « Il suffit, me dit l'ange, que l'une de ces clés ne tourne pas bien dans la serrure, pour que l'entrée soit interdite[5]. Toutes deux n'ont pas la même valeur. Mais si l'une est plus précieuse. l'autre exige plus d'art et d'adresse dans la main qui s'en sert[6], car c'est elle qui fait jouer le ressort. Je tiens ces clés de saint Pierre, qui m'a dit en me les donnant : Dans le doute, il vaut mieux ouvrir la porte que la tenir fermée, pourvu qu'on s'humilie à tes pieds. »

Puis il poussa un des battants de la porte, en nous invitant à

[1] Le seuil de diamant est l'emblème de la force invincible de l'Eglise.

[2] Les sept péchés capitaux.

[3] Ce vêtement veut dire : *homo, pulvis es.*

[4] La clé d'argent est la doctrine du casuiste. La clé d'or est le pouvoir du prêtre qui délie ce qui était lié.

[5] Deux conditions sont nécessaires : la science du prêtre, et le pouvoir d'absoudre.

[6] La clé d'argent avec laquelle le confesseur ouvre l'âme du pécheur, et pénètre au fond de sa conscience.

entrer, avec défense de regarder derrière nous : « Quiconque, dit-il, jette un coup d'œil en arrière[1] est forcé de sortir. »

Lorsque les portes du royaume sacré roulèrent sur leurs gonds d'un métal épais et sonore, elles mugirent plus âprement que ne résonna jadis la roche tarpéïenne, lorsqu'en fut arraché Métellus, gardien du trésor de la République[2].

Tressaillant à ce bruit soudain, je me tournai de ce côté, et je crus bientôt entendre le chant du *Te Deum*[3], mêlé aux accords d'une douce musique. L'impression que faisait sur mes oreilles ce que j'entendais était celle que produit d'ordinaire le chant accompagné de l'orgue. Tantôt on entend les paroles, tantôt on ne les entend point.

CHANT X.

Nous avions franchi le seuil du Purgatoire, chaque jour moins fréquenté, parce que les âmes abusées par leurs appétits grossiers s'égarent en croyant suivre le droit chemin. Au même instant, j'entendis la porte se refermer. Si malgré la recommandation de l'ange, j'avais tourné la tête à ce bruit, ma faute aurait été sans excuse.

Nous montions par une ouverture taillée dans le roc, et qui se portait tantôt à droite et tantôt à gauche, comme la vague qui fuit et revient sur elle-même.

— « Ici, me dit Virgile, il faut être sur nos gardes, et suivre avec

[1] Regarder derrière soi, c'est le retour à l'erreur, ou la rechute.

[2] Les fortes portes du trésor, au Capitole, ouvertes par l'ordre de César malgré Métellus, rendirent un son moins éclatant :

« *Tunc rupes tarpeia sonat, magnoque reclusas*
Testatur stridore fores. . . . . (Luc. Pharsale 3).

[3] Le *Te Deum*, hymne d'action de grâces, fut improvisé par saint Ambroise et saint Augustin, lors de la conversion de ce dernier, en 387. Ambroise commença, Augustin répondit par le second verset, et ainsi de suite.

précaution ces parois sinueuses dont les détours pourraient gêner notre marche. »

Nous avançâmes à petits pas, et mîmes beaucoup de temps à sortir de cette gorge étroite, car la lune se couchait alors, et ne laissait plus voir qu'une partie de son orbe[1]. Parvenus enfin dans un espace libre et découvert, nous revîmes en face de nous l'escarpement de la montagne. Mon extrême fatigue et notre incertitude sur la route que nous devions suivre firent que nous nous arrêtâmes sur un terrain uni, moins battu que les voies du désert. Entre son bord extérieur coupé à pic, et la spirale massive qui s'élevait de l'autre côté, il pouvait exister trois longueurs d'homme, espace qui me parut partout le même, aussi loin que mes yeux pouvaient s'étendre à droite et à gauche et mesurer cette plateforme[2].

Avant de nous remettre en marche, un coup d'œil, jeté sur la paroi droite et sans issue qui ceignait la montagne, me fit voir qu'elle était de marbre blanc et ornée de sculptures qui eussent fait honte à Polyclète[3]. La nature elle-même, en les voyant, se serait avouée vaincue.

A nos yeux paraissait l'ange qui vint sur la terre, annonçant au monde cette paix implorée depuis des siècles, porteur du décret qui rouvrit le ciel après un si long interdit. Il y avait tant de vérité dans cette figure suave, qui respirait sous le marbre, qu'à sa pose et à son geste, on croyait l'entendre dire : « *Ave Maria* ». Auprès de l'ange en effet était représentée celle par qui furent ouvertes pour le genre humain les sources du divin amour. Sa contenance modeste répondait pour elle : « *Ecce ancilla*

[1] A la pleine lune, cette planète se couche quand le soleil se lève. Elle s'en rapproche ensuite de plus en plus. Or, il y avait quatre jours que la lune était dans son plein. Donc le soleil ne devait plus être séparé d'elle par toute l'étendue des cieux. Il avait atteint une assez grande élévation, lorsqu'elle se couchait. Il était levé depuis quelques heures. Dante avait employé partie de ce temps au sommeil et à monter l'escalier tortueux.

[2] La 1re terrasse, où se purge le péché d'orgueil.

[3] Polyclète d'Argos, habile sculpteur et rival de Phidias, au temps de Périclès. Plus modeste que ses émules, il inscrivait sur ses ouvrages *faciebat*.

L'ange Gabriel, exemple d'humilité tiré de la salutation angélique : *Ecce ancilla domini*.

domini » en paroles aussi distinctes, aussi bien gravées que l'objet dont la cire garde la fidèle empreinte.

Je me tenais à gauche de mon bon maître ; et comme il m'avertit de ne point concentrer mon attention sur le même point, je tournai le visage, et je vis à ma droite, à la suite de la vierge Marie, un autre bas relief dont je m'approchai en passant devant Virgile, pour être à portée de l'examiner.

On voyait, sculptés dans le marbre, un char et des bœufs traînant l'arche sainte, redoutable à quiconque usurpe le privilège d'y porter la main. Une troupe, répandue au-devant, formait un chœur en sept groupes ; et le témoignage de mes yeux, contredit par celui de mes oreilles, me laissait douter s'ils chantaient ou non. La fumée des encens était aussi rendue avec une vérité si frappante, que la vue et l'odorat étaient en désaccord sur la réalité de ces parfums. Le Psalmiste précédait humblement l'arche sainte. On le voyait dansant, la robe retroussée plus et moins qu'un roi dans cette occasion, tandis que vis-à-vis, et du faîte d'un grand palais, Michol contemplait cette scène d'un air dédaigneux et chagrin.

Je fis ensuite quelques pas vers d'autres figures sculptées dans le marbre après l'épouse de David, et que je désirais considérer de près.

Là était retracé un fait glorieux de la vie de Trajan, de cet empereur romain, dont la grande âme fut sauvée par une grâce singulière accordée à saint Grégoire[1]. Une pauvre veuve paraissait en larmes et tout éperdue de douleur, à la bride de son cheval. Autour du prince, on voyait se presser un gros de cavaliers impatients, et au-dessus de sa tête s'agitaient les aigles dans l'or des enseignes déployées au vent.

[1] Dante n'a employé ici qu'une partie de la légende rapportée par Jean le diacre : « Il se trouva que le meurtrier était le propre fils de l'empereur. « Trajan dit à la veuve : « Voulez-vous de moi pour remplacer votre fils ou « exigez-vous que le mien meure ? » La pauvre femme ouvrit son cœur « de mère au Prince qui s'abaissait ainsi jusqu'à elle. — Saint Grégoire ayant « lu et admiré ce trait de vertu toute chrétienne obtint par ses prières que « Dieu, pour sauver son âme, ressuscitât Trajan, mort depuis 500 ans. » — Voilà toute la légende que saint Thomas accepte et justifie au point de vue théologique. Elle ne dit pas où, comment, et combien de temps Trajan a vécu de la seconde vie. Les théologiens modernes la rejettent comme une fable impertinente et ridicule. Elle confirme pourtant plutôt qu'elle ne blesse leur maxime : Hors de l'Église point de salut. (Paradis 20.)

Mes yeux allaient de la pauvre femme à l'empereur, et entre eux paraissaient s'échanger ces paroles rapides :

— « Seigneur, venge le meurtre de mon fils ; tu vois ma douleur. »

— « Ayez seulement un peu de patience jusqu'à mon retour. »

— « Ah ! Seigneur, si tu ne reviens pas ! »

— « Un autre, à ma place, vous fera justice. »

— « Eh ! que te serviront les mérites d'autrui, si tu négliges de faire le bien toi-même ? »

— « Femme, consolez-vous ! L'empereur fera son devoir avant de quitter ce lieu. La pitié m'y retient, la justice l'ordonne[1]. »

Ce dialogue muet, ces paroles visibles[2], œuvre de celui qui n'a jamais rien vu de nouveau sous le ciel, étaient chose nouvelle pour nous, car on ne trouve rien de pareil sur la terre. Tant de beaux exemples d'humilité captivaient mon attention, je prenais plaisir à considérer ces ouvrages, à cause de l'art divin qui en rehaussait le prix, lorsque mon guide me dit à voix basse : « Voici des pénitents[3] qui nous mèneront vers les degrés supérieurs. Ils sont nombreux et viennent de ce côté ; mais avec quelle lenteur ! »

Ces mots de Virgile me tirèrent de ma contemplation, et mes yeux, avides de spectacles nouveaux, suivirent la direction des siens.

Lecteur, tu vas connaître de quelle manière Dieu nous fait payer nos dettes[4] ; mais que cette rigueur n'ébranle pas tes bons desseins. Qu'importe la nature des tourments ? pense à ce qui les suit. Pense qu'au pire, ils ne peuvent aller au-delà du jugement dernier.

— « O mon maître, lui dis-je, quelque chose se meut vers nous, sans forme humaine, à ce qu'il me semble....... un je ne sais quoi, qui échappe à ma vue confuse. »

[1] Il est évident qu'il y a là le sujet de plusieurs bas-reliefs.

[2] *Esto visibile parlar.*

[3] Les orgueilleux, qui marchent sous des blocs, et courbés vers la terre.

[4] Les peines du Purgatoire diffèrent moins de celles de l'Enfer par leur intensité que par leur durée. Elles laissent de l'espoir.

— « Telle est, me répondit-il, la triste condition de ces ombres. Elles sont tellement courbées et ramassées vers le sol, que mes yeux ont fait effort pour les reconnaître. Mais regarde fixement, et que ton œil les dépouille du vêtement de pierre qui les couvre. Déjà tu peux distinguer le genre de peine qu'elles endurent. »

Orgueilleux chrétien[1], qui vis sur la terre privé des yeux de l'âme, et qui marches avec assurance dans les sentiers de l'erreur, n'as-tu pas compris que l'homme est un ver rampant né pour s'élever sur les ailes du papillon, et pour voler de lui-même dans le sein de la justice divine ? D'où vient cette joie superbe qui t'enivre ? Bientôt tu ne seras qu'un insecte avorté, qu'une larve grossière, qui n'a pu se transformer en chrysalide.

Comme on voit quelquefois une figure grimaçante[2] qui, ramenant ses genoux contre sa poitrine, sert de support à un toit ou à un plancher ; l'illusion nous fait prendre une part réelle à sa peine imaginaire ; tels m'apparurent ces malheureux pénitents, lorsque je m'appliquai à les considérer. Ils étaient plus ou moins abattus, suivant que leurs dos avaient à supporter un fardeau plus ou moins lourd, et celui dont l'air annonçait le plus de patience semblait dire en gémissant : « Je n'en puis plus. »

CHANT XI.

« Notre père qui êtes aux cieux[3], premier ouvrage sorti de vos mains, et dont le séjour vous plaît davantage sans borner votre immensité ! Que votre nom soit sanctifié ! Et que grâces vous soient rendues, comme il est juste, par toute créature à qui se fait sentir votre bénigne influence[4] ! Que votre règne arrive, que ce jour de paix luise sur nous qui, de nous-mêmes, et quelle que soit l'industrie de nos efforts, ne pourrions trouver la lumière,

[1] Exclamation du poète qui interrompt encore son récit.
[2] Ornements grotesques de l'architecture gothique.
[3] Paraphrase du Pater ; il faut que l'orgueil s'abaisse à prier.
[4] L'amour divin, *dolce vapor*.

si elle ne venait frapper nos yeux. Que votre volonté soit faite sur la terre comme au ciel, où vos anges s'anéantissent devant vous, en chantant Hosanna. Ainsi soient absorbés en vous tous nos désirs ! Donnez-nous notre pain quotidien, cette manne[1] sans laquelle, engagé dans cet âpre désert, l'homme se fatigue en vain et recule à mesure qu'il croit avancer. Pardonnez-nous nos offenses, comme nous pardonnons le mal que nous avons souffert ; mais ne laissez agir que votre bonté, sans égard à nos mérites ; ne nous induisez pas en tentation ; que pourrait notre vertu, si prompte à faillir, contre l'antique ennemi du genre humain? Mais plutôt, délivrez-nous de ses embûches. O père bien-aimé, exaucez notre prière. Nous sommes, vous le savez, étrangers au vœu qui la termine[2] ; il regarde ceux que nous avons laissés derrière nous sur la terre. »

C'est ainsi que priaient pour elles et pour nous, ces ombres ployant sous des fardeaux semblables à ceux qu'on croit quelquefois porter en rêve. Chargées inégalement, elles se traînaient avec peine autour de la première terrasse, et se purgeaient ainsi des fumées de l'orgueil. S'il y a toujours place pour nous dans les prières de ces humbles pénitents, n'est-il pas bien juste qu'à notre tour, dans ce monde où les bons peuvent soulager, à force de prières et de bonnes œuvres, les âmes du Purgatoire, nous les aidions à laver les souillures qu'elles ont contractées dans leur passage sur la terre, et à s'élever, pures et légères, jusqu'aux sphères célestes ?

— « Puisse bientôt, leur dit Virgile, celui dont la miséricorde égale la justice, vous décharger de ce poids qui gêne votre essor ! Puisse-t-il déployer vos ailes au gré de vos désirs ! Mais veuillez de grâce nous apprendre où est le passage ouvert dans la montagne ; si, pour y arriver plus tôt, il faut prendre à droite ou à gauche, et quelle est, s'il y en a plusieurs, la montée la moins rapide ; car voici près de moi un enfant d'Adam, qui n'a pas

[1] Le poète ne parle ici que de la nourriture spirituelle. Dans l'oraison dominicale, l'homme nu et misérable demande à Dieu son pain de chaque jour. Le sens propre a bien aussi sa valeur.

[2] Les âmes du Purgatoire sont hors de la puissance du démon. Elles prient pour les vivants et ont besoin à leur tour de leurs prières.

encore dépouillé son vêtement charnel. Il monte avec peine. quelle que soit l'impatience de ses désirs. »

A ces paroles de mon guide, il fut fait une réponse qui sortit du milieu de ces pénitents courbés vers la terre, sans que je pusse distinguer d'où elle provenait. Quelqu'un dit : « Prenez à droite ; venez avec nous le long de ce roc escarpé, et vous trouverez le passage par où un vivant peut s'introduire. Ah ! si ma tête orgueilleuse n'était point affaissée sous ce bloc énorme, ce qui me force à tenir mon visage tourné vers le sol, je chercherais à voir ce compagnon vivant dont vous me parlez, et qui ne se nomme point, pour savoir si je le connais, et réveiller en lui quelque pitié pour ma souffrance. Je naquis chez les Latins, d'un illustre enfant de la Toscane, Guillaume Aldobrandesco. Je ne sais si ce nom a jamais frappé vos oreilles. Fier de mon antique origine et des faits glorieux de mes ancêtres, j'en vins à ce point d'arrogance que, sans penser à la mère commune des hommes, j'eus en mépris tous mes contemporains, quoique formé du même limon qu'eux. Il m'en coûta la vie dans les champs de Sienne, comme le savent les moindres habitants de cette contrée.

« Je suis cet Humbert[1] qu'a perdu son fol orgueil, funeste non seulement à lui, mais à tous les siens qu'il entraîna dans sa perte. Et ce même orgueil pèse encore ici sur moi. Ne l'ayant pas expié vivant, il faut qu'après ma mort[2], je satisfasse complètement à la justice divine. »

Comme je m'étais baissé pour mieux entendre, cheminant parmi ces esprits, un d'eux, (un autre que celui qui me parlait) essaya de se retourner sous le fardeau qui gênait sa marche. Il me vit, me reconnut, et jeta un long cri de surprise, pendant que, resté dans sa posture fatigante, il tenait les yeux fixés sur moi.

— « Eh ! n'es-tu pas, lui dis-je, Oderisi[3], l'honneur d'Agobbio,

[1] Humbert, fils de Guillaume Aldobrandesco, comte de Santafior, en Siennois.

[2] Sienne, gouvernée aristocratiquement par le parti gibelin, avait à souffrir de l'arrogance de ses maîtres. Humbert s'y rendit si odieux au 13e siècle, qu'il fut surpris et tué par les Siennois à Compagnatico, dans les Maremmes.

[3] Oderisi ou Oderigi, natif de Gubbio ou Agobbio, dans le duché d'Urbin. Il peignait avec des couleurs en détrempe, où entrait le vermillon, *minium*, des dessins appelés *miniatures*. Oderisi et Franco Bolognèse, son élève, furent contemporains de Dante.

maître fameux dans l'art qu'on appelle, à Paris, enluminure[1] ? »

— « Frère, me répondit-il, le pinceau de Franco Bolognèse a plus d'éclat que le mien. A lui maintenant toute la gloire, quoiqu'il m'en doive une partie. Jamais, tant que je vécus, je n'aurais fait un tel aveu, tant je brûlais d'exceller dans l'art auquel je m'étais voué tout entier. Ici doit s'expier mon orgueil. Encore, ne serais-je pas où tu me vois, si mes pas, dans le temps où ils pouvaient errer, ne s'étaient point tournés vers Dieu. O vanité de la gloire humaine ! Le génie ne conserve sa palme verdoyante, et ne jouit de son triomphe qu'autant qu'il est suivi de siècles barbares[2] !

« Cimabuë[3] a pu se croire sans rivaux dans la peinture ; et maintenant Giotto[3] est en tel crédit, que sa renommée obscurcit la gloire de son devancier. Ainsi des deux Guido[4], qui ont tant fait pour notre langue, le dernier venu surpasse son modèle, et déjà peut-être est né celui[5] qui doit leur ravir le prix du style. Le bruit du monde est semblable au vent, qui vient tantôt d'ici, tantôt de là, changeant de nom, selon les points d'où il souffle. Et toi-même, crois bien qu'avant mille ans, il n'en sera ni plus ni moins pour ta gloire, que tu sois mort vieux ou jeune, chargé de jours ou à la mamelle ; et pourtant, qu'est-ce qu'un

[1] Les miniatori s'appelaient en France *enlumineurs*. C'était le même art sous des noms différents; Dante qui était venu à Paris dans sa jeunesse, avec une mission de la République auprès de Philippe le Hardi, avait noté cette différence.

[2] La loi du progrès opère ces détrônements successifs et elle ne fléchit qu'à certains intervalles, qui sont comme les éclipses de la civilisation.

[3] Cimabuë, florentin, restaurateur de la peinture en Italie. Il eut, dit-on, pour maîtres des peintres grecs de l'école byzantine.— Mort en 1300. — Giotto, dont il reste quelques beaux tableaux, n'avait que 24 ans à l'époque où Dante place son voyage; mais, s'il est vrai que le Purgatoire ait été écrit chez Marcello Malaspina, en 1307, Giotto était alors dans la force de l'âge et du talent. Cimabuë avait, comme on sait, deviné le jeune pâtre de Vespignano.

[4] Guido Guinicelli, de Bologne, et Guido Cavalcante, florentin. Le premier, célèbre *rimeur* d'amour, avant le Dante, qui l'appelle son père et son maître (Purg. 26). L'autre, plus renommé encore comme poète et comme écrivain en langue vulgaire, était son meilleur ami. Il vivait encore à l'époque assignée à ce voyage, comme on le voit au 10e chant de l'Enfer. Il mourut au retour de l'exil qui l'avait frappé comme un des chefs du parti des Blancs. Ce passage paraît avoir été écrit après sa mort.

[5] On ne peut admettre que Dante parle ici de lui-même. Le lieu où il se trouve doit lui inspirer des pensées plus modestes.

espace de mille ans ? Moins en comparaison de l'éternité, que la durée d'un clin d'œil comparé au temps que met la huitième sphère[1] à tourner dans son orbite. Vois cette ombre, qui a si peu d'avance sur moi. Son nom, qui a rempli toute la Toscane, est à peine aujourd'hui dans quelques bouches, et pourtant c'était un guerrier fameux, seigneur de Sienne, vainqueur des Florentins[2], alors que Florence était aussi altière qu'elle est aujourd'hui vile et abjecte. Ah ! votre renommée est aussi changeante que l'herbe qui vient et passe, et que décolore ce même soleil qui l'avait fait naître et verdir[3]. »

Je lui dis alors : « Voilà des vérités qui me ramènent à l'humilité chrétienne. Tu rabats en moi des pensées ambitieuses. Mais qui est cet homme dont tu me parlais tout à l'heure ? »

— « C'est, reprit Oderisi, Salvani Provenzano[4]. Il paie ici la superbe domination qu'il a voulu exercer à Sienne. Il marche, il a toujours marché depuis sa mort, sans repos ni trêve, acquittant ainsi la dette de la présomption et de l'orgueil. »

— « Mais, dis-je encore, si pour avoir attendu jusqu'au dernier moment à se repentir[4], cet homme a dû rester au pied de la montagne, s'il n'a pu, durant un nombre d'années égal à celles qu'il a vécu, atteindre à ces hauteurs, à moins d'être aidé par de ferventes prières, par quelle faveur a-t-il été affranchi de la loi commune ? »

— « On l'a vu, répondit Oderisi, venir de lui-même se poster sur la place publique de Sienne, au temps de sa plus haute fortune,

[1] La huitième sphère est le ciel des étoiles fixes dont la révolution était regardée comme la plus longue. Les sept autres sont la Lune, Mercure, Vénus, le Soleil, Mars, Jupiter et Saturne. Au-dessus de la 8e sphère, il y a encore le Premier-mobile et l'Empyrée. (Paradis.)

[2] La rage florentine, la *rabbia fiorentina*, paraît prise ici comme nous disons la furie française, *furia francese*.

[3] Saisissante image du néant de la gloire !

[4] Salvani Provenzano faisait partie de l'armée gibeline de Sienne, qui vainquit les Florentins à Mont'Aperto, en 1260. Six ans après, un de ses amis ayant été fait prisonnier à la bataille de la Grandella, gagnée par Charles d'Anjou sur Manfred, Salvani quêta sa rançon sur la place publique de Sienne, à genoux près d'un tapis étendu pour recevoir l'argent qu'on y jetait Le nom de cet ami si chèrement racheté est resté inconnu.

[5] Salvani périt dans un combat les armes à la main, et sa tête mise au bout d'une lance fut promenée dans le camp du vainqueur, Charles d'Anjou. Il devait être au nombre des repentis de la dernière heure qui sont retenus dans l'ante-purgatoire.

et pour tirer de prison son ami, tombé aux mains du vainqueur, se soumettre à une chose qui fait frissonner..... Je n'en dis pas davantage, mais si mes paroles sont obscures, bientôt la conduite de tes concitoyens envers toi, te les rendront claires[1]. Ce qu'a fait alors Salvani l'a tiré des confins du Purgatoire. »

CHANT XII.

Comme une paire de bœufs attelés au même joug, nous marchions lentement, Oderisi et moi ; et je mesurais mes pas à sa pénible allure lorsqu'ils furent stimulés par ces paroles de mon guide : « Laisse-le derrière et avance ; chacun doit s'occuper ici de pousser comme il peut sa barque, et de mettre au vent toutes ses voiles. »

Je redressai aussitôt la tête et pris l'attitude du voyageur, quoique mes pensées continuassent de s'attacher au pauvre pénitent que je laissai courbé vers le sol. Hâtant le pas, je suivais de bon gré mon guide. Notre marche était légère et notre allure dégagée, lorsque Virgile me dit : « Baisse les yeux, et, pour alléger ta route, considère le sol que foulent tes pieds. »

Comme on voit des tombes au niveau du sol, sur lesquelles on a gravé[2] l'image de ceux qu'elles renferment, pour en conserver la mémoire ; on vient souvent y pleurer ; la douleur s'y réveille vive et poignante dans le cœur de ceux qu'y appelle un pieux souvenir ; telles se montraient à moi, mais représentées avec plus d'art, sur le pavé[3] de la terrasse où nous étions, des

[1] Dante, banni en 1301, erra longtemps de ville en ville, et fut obligé de tendre la main..... c'est-à-dire de demander l'hospitalité à divers seigneurs de l'Italie. Il mangea, comme il le dit ailleurs, le pain amer de l'exil, et monta le dur escalier de l'étranger.

[2] Ces mots *portan segnato* s'entendent mieux, ce semble, de figures gravées que d'inscriptions tumulaires.

[3] Les exemples d'humilité ornaient les parois de la montagne. Les types de l'orgueil sont sous leurs pieds.

figures d'un meilleur travail, occupant toute la route entre la montagne et l'abîme.

D'un côté, je voyais tomber du ciel, embrasé par la foudre, l'ange rebelle[1], qui fut la plus noble créature sortie des mains de Dieu, et de l'autre m'apparaissait, percé de traits vengeurs, l'immense Briarée, ce fils de la terre, qui gémit sous le poids de son cadavre glacé. Là brillait aussi la cour céleste, Apollon, Mars et Pallas, tous armés encore et entourant leur père après leur victoire sur les géants dont ils contemplaient les membres épars. Plus loin était Nemrod. Debout, au pied de la tour de Babel, il regardait avec confusion les peuples qui, dans la plaine de Sennaar, partagèrent son fol orgueil[2].

O Niobé[3] ! je te reconnus aussi, et, en voyant tes quatorze enfants étendus sans vie autour de toi, combien j'eus l'âme navrée ! — Je te reconnus, ô Saül[4] ! à la blessure que te fit ta propre épée, à ton cadavre gisant sur le mont Gelboé, qui fut privé depuis lors de pluie et de rosée ; — et toi aussi, malheureuse Arachné[5], à cette toile ourdie pour ton malheur, à tes membres effilés déjà comme ceux de l'insecte hideux qui te doit son nom et son être ; — et toi aussi Roboam[6], non pas à tes menaces (tu n'en fais plus ici), mais à ton épouvante, et au char qui te ramène à Jérusalem avant qu'un autre char ne t'emporte chassé de la Ville Sainte !

[1] Satan et Briarée — les géants foudroyés et Nemrod — Niobé et Saül — Arachné et Roboam — Alcméon et Sennachérib — Cyrus et Holopherne — La voie suivie par les pèlerins leur montrait gravés sur le sol ces faits de l'histoire sainte et de la fable. Le poète ne les mêle point, ne leur prête pas un même caractère de vérité. Il s'adresse à tous ses souvenirs pour varier ses renseignements. On l'accuse à tort d'un mélange que réprouvent la religion et le bon goût. — Les géants et Nemrod sont en Enfer (ch. 31e) avec les autres personnages cités ici, quoique le poète n'ait pas rangé nommément ceux-ci parmi les damnés. Il ne reproduit ici que leurs images, et à titre d'exemple.

[2] Les géants entassèrent Pélion et Ossa, et Nemrod éleva la tour de Babel.

[3] Niobé, mère de sept garçons et de sept filles, avait osé se préférer à Latone.

[4] Saül se tua sur le mont Gelboé pour échapper aux mains des Philistins vainqueurs. David appela sur cette montagne la malédiction de Dieu. « Qu'il n'y tombe jamais ni pluie ni rosée. » (Rois 2, 1.)

[5] Arachné, habile filandière, fut changée en araignée par Minerve, qu'elle avait osé défier.

[6] Roboam, fils de Salomon, causa par son insolence la séparation des dix tribus, qui formèrent le royaume d'Israël à part du royaume de Juda. Lorsqu'éclata cette révolte, il sauta sur son char et s'enfuit à Jérusalem.

Le sol montrait encore combien Alcméon fit payer cher à sa mère[1] le fatal collier dont elle avait été si vaine, et comment le superbe roi d'Assyrie, Sennachérib[2] fut assailli dans le temple même par ses deux fils, qui s'enfuirent en le laissant pour mort. Il étalait d'autres châtiments infligés à l'orgueil : Cyrus[3] défait par la reine Tomyris, qui semblait lui dire : « Tu as toujours eu soif de sang, et je t'en abreuve ; » puis Holopherne[4] sous le glaive d'une femme ; les Assyriens frappés d'épouvante, et les restes de l'armée échappés au carnage ; puis enfin la puissante ville de Priam réduite en cendres et devenue le repaire des bêtes fauves. Superbe Ilion[5] ! dans quel état d'abaissement et de misère tu es ici représentée ! Où est l'artiste assez habile, qui pourrait avec ses pinceaux ou son ciseau reproduire ces traits et ces ombres, dignes de l'admiration des critiques les plus délicats ? Dans ces scènes de carnage, les vivants se distinguaient des morts avec une vérité surprenante. Les témoins contemporains de ces faits ne les virent pas mieux que moi qui en contemplais l'image fidèle. Or donc, énorgueillissez-vous, fils d'Eve, et portez la tête haute pour ne pas voir, en baissant les yeux, dans quels sentiers vos pas s'égarent[6].

Cependant le soleil avait marché, et nous-mêmes avions fait autour de la montagne plus de chemin que ma préoccupation ne m'avait permis de m'en apercevoir, quand celui qui marchait

[1] C'est l'orgueilleuse vanité d'Eryphile qui est donnée ici en exemple. Elle trahit son époux Amphiaraüs pour un collier qui devint fatal à ses possesseurs; Alcméon, son fils, vengea sur elle la mort de son père, et devint maître du collier. Il en fit présent à Callirhoé qu'il avait épousée au moyen d'une promesse faite à Arsinoé. Les frères de celle-ci tuèrent son heureuse rivale.

[2] Sennachérib, roi de Syrie, vint avec toutes ses forces assiéger Jérusalem. Ce superbe conquérant vit toute son armée détruite en une nuit par l'ange exterminateur. Bientôt après, il fut tué lui-même dans un temple de Ninive par ses deux fils.

[3] Tomyris, reine des Scythes, pour venger la mort de son fils unique tué par Cyrus, attira ce prince dans un défilé où il périt avec toute son armée. Tomyris fit plonger la tête de son ennemi dans un vase plein de sang. « Abreuve-toi de sang, dit-elle, toi qui en as toujours été si avide. »

[4] Holopherne, général de Nabuchodonosor, fut tué dans son camp par Judith, qui lui coupa la tête pendant son sommeil.

[5] Le poète a personnifié dans Troie son superbe monarque :

« *Tot quondam populis terrisque superbum*
Regnatorem Asiæ. . . . . (Virg. Enéide 2.)

[6] Sur un sol jonché de ruines, monuments de l'orgueil de l'homme, qui devraient nous rendre modestes.

devant moi, toujours attentif, me dit : « Lève les yeux ; il n'est plus temps de te laisser ainsi arrêter dans ta marche. Vois-tu là-bas un ange qui se dispose à venir à nous, au moment où la sixième heure[1], fidèle servante du jour, revient après avoir fourni son relai ? Que ton attitude pieuse et pleine de respect l'invite à te faire monter d'un degré. Pense que ce jour ne rallumera plus son flambeau[2]. »

Je compris le sens de ces derniers mots. Mon guide m'avait tant de fois averti de ne pas perdre de temps, qu'habitué à ce conseil, mon esprit ne pouvait s'y tromper.

L'ange venait à nous, charmante créature, vêtue de blanc, la face radieuse, et scintillant comme l'étoile du matin. Il ouvrit les bras, déploya ses ailes, et nous dit : « Venez ; près d'ici est l'escalier que vous cherchez. Vous trouverez désormais la montée facile. »

Cet appel d'en haut nous est fait à tous. Hélas ! on n'y répond guère. O homme, né pour voler jusqu'aux Cieux, pourquoi ne faut-il qu'un souffle de vent pour t'abattre ?

L'ange nous conduisit jusqu'à une ouverture taillée dans le roc. Là, il secoua ses ailes sur mon front, et me promit toute sûreté dans le voyage.

Quand, au sortir de Florence, on prend à main droite pour monter à l'église de San-Miniato[3], qui s'élève à pic au-dessus du pont Rubaconte, et domine toute cette ville si bien gouvernée[4], on trouve devant soi, pour adoucir la pente, des degrés qui sont du temps où la République avait ses registres[5] et ses mesures[6]

[1] Il était plus de midi. Le jour romain commence au temps moyen du lever du soleil, qui répond en France à 6 heures du matin.

[2] Tes heures sont comptées dans un voyage que tu ne seras plus appelé à refaire.

[3] On peut juger encore aujourd'hui de la fidélité de cette description, en montant à San-Miniato.

[4] Le poète ne daigne pas ici nommer sa patrie ingrate. Il l'appelle ironiquement la « *bien gouvernée, la ben guidata* ».

[5] Un podestat de Florence ayant été accusé de malversation, deux de ses complices, Nicolas Acciajuoli et Baldo d'Aguglione envoyèrent chercher le registre de la chambre communale, le *quaderno*, et en déchirèrent un feuillet qui pouvait les compromettre.

[6] Un Durante Chiaramontesi, avait falsifié le boisseau.

à l'abri des faussaires ; telle s'abaisse en tournant la ligne qui tombe à plomb du cercle supérieur. Mais l'escalier est si étroit qu'il presse de ses parois celui qui s'y engage.

Nous entrions dans ce défilé, lorsque ces paroles du Sauveur : « *Beati pauperes spiritu* » éclatèrent près de nous[1], chantées par des voix d'une douceur inexprimable. Ah ! quelle différence entre ces abords et les bouches de l'Enfer ! on s'avance ici au milieu des chants, et là-bas à travers des lamentations furieuses.

Déjà nous montions les saints degrés, et je me sentais beaucoup plus léger que je ne l'étais tout à l'heure, cheminant de plain-pied sur la terrasse : « Qu'est ceci ? dis-je à mon guide ; de quel poids, viens-je d'être allégé, pour qu'en marchant je n'éprouve presque aucune fatigue ? »

Virgile me répondit : « Quand les lettres qui te restent sur le front, mais déjà presque effacées, auront toutes, comme l'une d'elles, entièrement disparu, tes pieds deviendront les esclaves de ta volonté meilleure. Dès lors, ils monteront, non seulement sans peine, mais avec un sentiment de bien-être et de plaisir. »

A ces mots, je fis comme ceux qui ayant quelque chose sur la tête marchent ainsi sans le savoir jusqu'à ce que certains signes le leur fassent soupçonner. Ils lèvent le bras pour s'en assurer. Ils cherchent et ils trouvent à l'aide du toucher qui fait pour eux l'office de la vue. Comme eux, je portai la main à mon front, et je reconnus que cette lettre P que l'ange aux deux clés m'y avait gravée sept fois n'avait plus que six empreintes. Ce geste machinal fit sourire mon guide.

CHANT XIII.

Nous étions parvenus au haut de cet escalier, second passage dans le roc de la montagne. Autour de ce mont, salutaire à qui

[1] L'ange ayant effacé d'un coup d'aile la lettre P sur le front de Dante, celui-ci, purgé du péché d'orgueil, est salué en partant de la béatitude promise aux humbles : « *heureux les pauvres d'esprit* ».

peut en gravir les hauteurs, règne une seconde corniche en forme de saillie, qui l'embrasse aussi, mais dans une courbe plus restreinte. Là, point de bas-reliefs ni de figures au trait. Tout est nu et d'une couleur livide[1], comme la pierre dont se composent en cet endroit le sol et les parois de la montagne.

« Si nous attendons quelqu'un pour éclairer notre marche, se disait le poète, je crains fort que nous ne soyons retardés dans le choix de la route à suivre. » — Alors il leva les yeux vers le soleil, regarda fixement cet astre, et tournant par le flanc droit[2], il se mit en route. « O douce clarté ! disait-il, c'est sur ta foi que j'aborde ces chemins non frayés. Tu es un guide sûr, qui ne peux nous mettre ici que dans la bonne voie ; comme, dans le monde que tu échauffes, et que tu éclaires, tes rayons devraient toujours nous servir de phare, si d'autres objets ne nous poussaient dans des directions contraires. »

Déjà, notre bon vouloir abrégeant la route, nous avions fait en peu de temps autant de pas qu'il en faut pour franchir la distance d'un mille[3], lorsque nous entendîmes, sans les voir[4], des esprits qui volaient vers nous, et nous invitaient avec des paroles courtoises au banquet du divin amour[5]. La première voix qui se fit entendre nous laissa en passant ces mots d'une sollicitude bienveillante : « Ils n'ont point de vin. » Elle les répéta derrière nous plusieurs fois, et, avant qu'elle se perdît dans l'éloignement, une autre voix fit retentir en passant ces paroles : « Je suis Oreste, » et l'esprit passa encore sans s'arrêter.

— « Oh ! qu'est-ceci, mon père, m'écriai-je ? » et comme je faisais cette question, une troisième voix jeta ces mots à mon oreille : « Aimez ceux qui vous font du mal. »

— « Sache, me répondit Virgile, qu'on se relève dans ce cercle

[1] Circonstances appropriées au séjour des envieux.

[2] Ils circulent de gauche à droite. Dante se trouve entre Virgile et la montagne.

[3] Le mille d'Italie est environ une demi-lieue de France.

[4] Nouveau genre d'enseignement fourni par des voix sous formes visibles.

[5] L'envie est un mal dont le remède est la charité : Marie aux noces de Cana. — Oreste, ami dévoué de Pylade. — Jésus-Christ et cette parole de l'Évangile : Aimez vos ennemis.

du péché d'envie. Voilà pourquoi le fouet qui sert ici aux épreuves a été tressé par l'amour, car le vice n'a de frein que dans la vertu contraire[1] ; vérité qui deviendra sensible pour toi, je pense, avant que ce chemin t'ait conduit où le pardon lève la faute. A présent, regarde en avant, et fixe les yeux de ce côté ; tu découvriras d'autres pénitents assis et adossés à la montagne. »

Je portai devant moi ma vue aiguisée par ces paroles, et je distinguai en effet des ombres couvertes de manteaux[2], dont la couleur se confondait avec celle de la pierre jaunâtre. Quand nous fûmes un peu plus près, je les entendis s'écrier : « Sainte Marie, priez pour nous. » Elles invoquèrent aussi l'archange Michel, l'apôtre saint Pierre et tous les saints.

Je vis ensuite... non je ne puis croire qu'il existe sur la terre un cœur assez dur pour ne pas être ému d'un tel spectacle ! Je vis, lorsque nous fûmes assez près pour bien saisir leur attitude et tous leurs mouvements, je vis d'abord (et la douleur fit jaillir de mes yeux un flot de larmes) que ces pauvres affligés portaient d'affreux cilices, qu'ils se soutenaient l'un l'autre, épaule contre épaule, et qu'ils s'appuyaient tous à la paroi du rocher, semblables à ces aveugles qu'on voit, manquant de tout, mendier aux portes des églises. Chacun porte la tête basse, et retombant sur le cou de son voisin, pour exciter davantage les cœurs à la pitié par le son des paroles qu'ils murmurent, et par la vue non moins émouvante de leurs misères. Comme eux, les pénitents que je voyais, ne jouissaient ni du soleil, ni du bienfait des clartés célestes, ayant les paupières percées par un fil d'archal, et cousues comme celles de l'épervier, dont on refrène ainsi l'ardeur sauvage.

Cependant j'avançais toujours, et, croyant faire tort à ces infortunés de les voir sans être vu[3], je me tournai vers le sage directeur de mes pensées. Il comprit cet appel muet à ses lumières. Aussi, sans attendre ma demande : « Tu peux leur parler, dit-il, mais sois bref et clair. »

[1] Dans l'Enfer, l'image des vertus n'est pas mise en contact avec les vices, parce que les âmes maudites ne tendent pas à la régénération.

[2] Les envieux, dont l'œil a été mauvais, sont ici aveugles.

[3] Il semble qu'on dérobe ainsi aux pénitents le moyen de s'excuser. Ce sentiment est juste et d'une exquise délicatesse.

Je me trouvais entre Virgile, qui suivait le bord libre et sans parapet de la terrasse, à quelques pas de l'abîme, et les ombres pénitentes, dont les paupières rapprochées et serrées par l'horrible suture, laissaient échapper des pleurs qui baignaient leurs joues. Me tournant vers elles, je leur dis : « Ames qui espérez, qui êtes sûres de voir un jour cette lumière increée, unique objet de vos aspirations ferventes, puisse la grâce divine purger bientôt votre conscience des vapeurs qui l'offusquent, et faire descendre en elle, dans tout leur éclat, les rayons de la raison épurée ! Mais de grâce, dites-moi, s'il est parmi vous quelque enfant de l'Italie ! son ombre pourrait profiter de ma venue. »

— « Mon frère, nous sommes tous les enfants de la cité sainte. Là est notre véritable patrie. Mais tu as voulu dire[1] » : « N'y a-t-il personne ici qui ait passé en Italie le temps de son pèlerinage ? »

Cette réponse me parut venir de plus loin que du sein des ombres à qui je m'étais adressé. M'étant avancé de quelques pas, j'en vis une, parmi beaucoup d'autres, qui avait l'air d'attendre quelque chose ; et ce qui me le fit croire, c'est qu'elle avançait le menton, comme le font en pareil cas les aveugles.

— « Ame souffrante, lui dis-je, qui t'abaisses pour t'élever, ne crains pas de te faire connaître à moi. Quel est ton nom ? Quel pays t'a vu naître ? »

— « C'est à Sienne, répondit-elle, que j'ai vécu, souillée de cette passion basse, dont j'ai à purifier mon âme, aussi bien que ces ombres. Nos larmes appellent l'instant où Dieu voudra bien se donner à nous. Je suis la Sapia[2], nom que je ne mérite guère, ayant été assez peu sage pour me réjouir plus du mal d'autrui que de mes propres succès. Ne crois pas que je t'en impose afin de surprendre ta pitié. Ecoute à quel fol excès m'a portée mon âme envieuse.

« J'étais au déclin de la vie, lorsque mes concitoyens tenant la campagne près de Colle, et prêts à se mesurer avec l'ennemi, j'adressai au ciel un vœu impie qui devait être exaucé. Les

[1] Le poète se reprend lui-même au point de vue du chrétien, et peut-être avec l'amertume de l'exilé.

[2] Sapia, savia, sage. Elle tire de son nom même la condamnation de sa conduite, réflexion naturelle et vraie ; comment a-t-on pu voir là un jeu de mots insipide ?

Siennois furent mis en déroute, et moi, voyant les périls de leur fuite et la poursuite acharnée des vainqueurs, je me sentis éprise d'une joie sans pareille. Dieu vengeur, m'écriai-je en levant au ciel un insolent regard, vos coups désormais ne peuvent plus m'atteindre[1]. Ainsi chante le merle, enhardi contre l'orage par un moment de calme.

« Je voulus, quand je sentis ma fin prochaine, me réconcilier avec Dieu, et mon repentir différé m'aurait laissé une plus longue dette à acquitter, si un saint ermite, Pierre Pettignano[2], que la charité mit en peine de moi, ne s'était souvenu de la Sapia dans ses prières. Mais toi qui parcours ces lieux en t'informant de notre sort, qui es-tu ? tu as, je pense, les yeux ouverts et tu respires[3] en parlant, si je ne m'abuse. »

— « Je dois aussi répondis-je, être privé ici de l'usage de mes yeux ; mais cette épreuve sera courte, car ils ont rarement péché par envie. Je redoute bien plus les maux du balcon inférieur où se purge le péché d'orgueil[4], et cette crainte agit tellement sur moi, qu'il me semble déjà plier sous le faix. »

— « Qui donc t'a conduit parmi nous, interrompit la Sapia ? Pourquoi es-tu monté jusqu'en ces lieux, si tu dois redescendre d'un degré ? »

— « Voici, repartis-je, mon guide qui se tient près de moi sans dire mot. Mais l'homme qui te parle est vivant, et ses

[1] On ne sait pourquoi la Sapia, noble dame de Sienne, a été exilée par ses concitoyens. Savante et envieuse, elle avait sans doute, par ses traits satyriques, soulevé des inimitiés. Reléguée à Colle où les Siennois furent défaits par les Florentins, elle avait vu le combat et s'était réjouie du malheur des siens. L'envie l'a conduite jusqu'à la haine et l'impiété. On doit présumer que la Sapia vivait un peu avant Dante. Sienne et Florence étaient rivales, et souvent en guerre, comme le prouve la bataille de Mont'Aperto, en 1260.

[2] Ce Pietro Pettignano était florentin. Il n'est connu que par ce témoignage d'affection donné à la Sapia qui avait peut-être, pendant son exil, visité sa solitude.

[3] La sagacité des aveugles peut leur faire juger qu'un homme respire à côté d'eux. On verra Dante reconnu plusieurs fois à ce signe pour un vivant par les âmes des morts ; ce qui est moins vraisemblable.

[4] Des hautes régions où il plane, l'homme de génie voit plutôt des inférieurs que des rivaux. Ce noble aveu du poète s'accorde bien avec ce qu'on rapporte ici de sa fierté naturelle et de son caractère ombrageux. Mais pourquoi redoute-t-il ici les épreuves qui attendent les orgueilleux, lorsqu'il vient d'être purifié de cette souillure ? C'est qu'il connaît sa faiblesse, et qu'il prévoit la rechûte.

pieds fouleront encore la terre, et si tu veux en tirer quelque service, âme d'élite, exprime ton désir. »

— « Oh ! dit-elle, qu'ai-je entendu ? un tel miracle atteste combien Dieu vous aime. Veuillez donc m'accorder quelquefois le secours de vos prières ; et de plus, au nom de vos plus chères espérances, je vous en conjure, si jamais vous revoyez la Toscane, songez à me réhabiliter parmi les miens[1]. Vous les trouverez chez ce peuple vain qui, pour avoir acquis le port de Talamon[2], se croit déjà maître de la mer. Il y aura plus de mécompte qu'à découvrir la source cachée de la Diana[3], et ses amiraux, qu'il a déjà nommés y perdront plus encore.

CHANT XIV.

« Quel est cet homme qui, sans congé de la mort, a pu s'élever sur notre montagne, et qui peut à son gré, ouvrir et fermer les yeux[4] ? »

— « J'ignore qui il est, mais ce qu'il y a de certain, c'est qu'il n'est pas seul. Parle-lui, toi qui es le plus à sa portée. Obtiens par un doux accueil qu'il satisfasse à ta demande. »

Ce colloque avait lieu entre deux ombres, qui, penchées l'une sur l'autre, à ma droite, s'entretenaient de moi. L'une d'elles[5],

[1] La Sapia ne demande pas une réparation d'honneur puisqu'elle vient de s'accuser elle-même ; mais elle ne veut pas qu'on croie qu'elle est damnée.

[2] C'est de ces mêmes Siennois que Dante a dit ailleurs : « *Or fu giammai gente vana come la Sanese ?* Fut-il jamais un peuple plus léger que celui de Sienne. (Enfer, 29).

Ils avaient acheté le petit port de Talamon et se croyaient déjà en état de rivaliser avec Gênes et Pise, qui envoyaient des vaisseaux dans les mers du Levant.

[3] Ils avaient appelé Diana, une prétendue rivière dont on soupçonnait l'existence souterraine, et qui ne s'est jamais trouvée. Ils dépensèrent de fortes sommes à des fouilles souvent répétées et toujours inutiles.

[4] C'est Guido del Duca qui parle à Rinieri dé Calboli. Il doit s'étonner qu'un homme marche les yeux ouverts dans un lieu habité par des aveugles qui ont les paupières cousues.

[5] Rinieri.

relevant la tête, me dit : « Ame privilégiée qui as pu, dans les liens même du corps où tu es retenue, prendre ta route vers les cieux, par charité, donne-nous la consolation de savoir d'où tu viens, et qui tu es. Plus cette entreprise, inouïe jusqu'à ce jour, offrait d'obstacles, plus nous avons sujet d'admirer en toi les effets de la grâce. »

Je répondis : « Il sort de Falterone[1] un ruisseau qui se répand à travers la Toscane, et qu'un cours de cent milles grossit sans le rassasier. Né sur les bords de ce fleuve[2], c'est de là que je suis venu. Vous dire qui je suis, serait temps et paroles perdus, car mon nom jusqu'à ce jour a fait peu de bruit[3]. »

— « Si mon esprit a bien saisi ta pensée, reprit l'ombre qui m'avait questionné la première, le fleuve dont tu parles est l'Arno. »

— « Mais pourquoi, dit l'autre aveugle, a-t-il omis de prononcer le nom de ce fleuve, comme s'il s'agissait de ces choses horribles qu'on n'ose pas nommer ? »

— « Je ne sais, répondit la première ombre, ce que signifie cette réticence ; mais chacun a bien le droit de s'écrier : Périsse le nom de cette vallée[4] avec le nom du fleuve qui l'arrose ! car depuis que, prenant sa source dans cette montagne, qui fut jadis violemment séparée de la Sicile[5], l'Arno commence à jaillir de l'une des crêtes de l'Apennin, jusqu'aux lieux où il se jette dans la mer, lui rendant ce qu'elle a perdu par l'évaporation nécessaire à l'entretien des rivières et des fleuves, tous ont horreur de la vertu, tous la fuient comme une vipère. D'où vient cette aversion ? De l'influence malfaisante du pays, ou des habitudes perverses de ses habitants ? A voir les changements profonds,

[1] La Falterone est une crête de l'Apennin à l'Est de la Toscane.

[2] Dante est né à Florence, « *alla gran' villa* » comme il l'a dit lui-même au 23e Chant de l'Enfer.

[3] En 1300, date de ce voyage dans l'autre monde, Dante avait commencé *l'Enfer*, non encore publié. Il n'était connu que par ses rimes d'amour.

[4] Le val d'Arno.

[5] La chaîne des Apennins paraît se continuer dans la Sicile; ce qui a fait croire que cette île avait fait primitivement partie de l'Italie, et qu'elle y tenait par le mont Péloro, aujourd'hui le cap Faro, sur le détroit de Messine.

qu'a subis leur nature, on croirait que Circé[1] les a troublés de sa baguette, et s'est chargée de les nourrir.

« Resserré d'abord dans un lit étroit, l'Arno ne voit sur ses bords que de sales pourceaux[2], à qui le gland vaut mieux que tout aliment destiné à l'homme. Plus bas, il trouve des roquets[3] grondeurs, qui jappent et font plus de bruit qu'ils n'ont de force. Il les voit et se détourne d'eux avec dédain ; mais, suivant toujours sa pente, il grossit dans sa marche, et plus s'élargit cette vallée maudite, plus il y a de ces chiens qui hurlent, transformés en loups[4]. Enfin, précipitant son cours, il traverse des lieux sombres et pleins de renards[5] si rusés qu'ils se rient de tous les pièges. Me tairai-je sur le reste en présence de ce Toscan qui m'écoute ? Non, mes paroles pourront lui servir, s'il se rappelle un jour ce qu'il m'est permis en ce moment de lui révéler. Je vois, chère ombre associée à mes épreuves[6], je vois Fulcieri, ton petit-fils[7], qui fait à ces loups, sur les rives de l'Arno, une chasse terrible. Il sème parmi eux l'épouvante. Il vend leur chair toute vive, et puis il les tue, comme on assomme le vieux bétail. Il en coûte à beaucoup la vie, à lui l'honneur. Il sort enfin, couvert de sang de cette forêt désolée, et la laisse telle que de mille ans d'ici, elle n'aura point réparé ses pertes. »

Comme on voit celui à qui on fait une peinture des maux qui doivent arriver, se troubler à la perspective de ces malheurs, de quelque part qu'ils puissent fondre sur lui ; telle parut à mes yeux

[1] Circé, fille du Soleil, changea en pourceaux les compagnons d'Ulysse, qui refusa le breuvage de cette magicienne.

[2] Les habitants grossiers du Casentin aux sources de l'Arno.

[3] Ceux d'Arezzo, voisins de la Chiana, qui tombe dans l'Arno.

[4] Les Florentins, d'une avarice insatiable, et de chiens se faisant loups, c'est-à-dire allant de mal en pis.

[5] Les Pisans. Le poète a suivi le cours de l'Arno depuis sa source jusqu'à son embouchure.

[6] Cette invective ne s'adresse pas à Dante. Guido del Duca avait repris son colloque avec son compagnon.

[7] Quoiqu'il y ait dans le texte, *nepote*, *neveu*, et que petit-fils se dise en italien *nepotino*, tous les traducteurs ont adopté le sens de la parenté directe qui ajoute ici à l'intérêt de la scène. Fulcieri neveu de Rinieri dé Calboli de Forli, fut podestat de Florence en 1302, et l'instrument de la réaction sanglante des Noirs contre les Blancs. Il succéda, selon toute apparence, à Cante Gabrielli, qui avait porté la sentence d'exil contre Dante le 27 janvier de la même année. Le poète était hors de Florence et des atteintes de Fulcieri, lorsque celui-ci y exerça ses fureurs.

l'autre ombre, qui s'était redressée pour écouter. Son trouble, son émotion à ces paroles prophétiques ne m'échappèrent point. Frappé tant de sa douleur que de ce qu'avait dit la première ombre, je fus curieux de savoir leurs noms. Je les priai de m'en instruire.

Celle qui m'avait parlé d'abord continua en ces termes : « Tu veux que je condescende à faire pour toi ce que tu me refuses[1] ; mais puisque Dieu a bien voulu manifester en toi toute la puissance de sa grâce, je ne compterai pas avec toi. Apprends donc que je suis Guido del Duca[2]. J'eus le cœur si enflammé d'envie que la vue seule d'un visage content suffisait pour me troubler le sang et me faire pâlir. Aussi dois-je ici recueillir ce que j'ai semé. O homme ! pourquoi ton cœur s'attache-t-il à des biens dont tu ne saurais jouir sans partage[3] ?

« Cette ombre, associée à mon sort, est Rinieri dé Calboli[4], honneur d'une maison déjà illustre, mais qui n'a point eu d'héritier de ses vertus ; et sa race n'est point la seule qui, dans cette contrée sise entre le Pô et l'Apennin, le Rheno et l'Adriatique[5], ait renoncé aux biens dont le bon et le beau sont la source, car dans ces mêmes régions, les mauvaises herbes ont crû en telle abondance, qu'à peine aujourd'hui, à force de culture, pourrait-on les extirper. Où est le bon Lizio[6] ? Que sont devenus les

[1] Dante venait de refuser, par modestie, de dire son nom.

[2] Sa famille était de Brettinore, château dans la Romagne, au-dessus de Forli. On ignore ce qui a fait ranger Guido del Duca parmi les envieux.

[3] Où il y a nécessairement interdiction ou partage, *divisorto o divieto.* Ceci sera expliqué dans le chant suivant.

[4] Aïeul du podestat sanguinaire de Florence, ce Rinieri doit avoir vécu au milieu du XIIIe siècle. Pourquoi se trouve-t-il ici parmi les envieux ? Les commentateurs ne le disent point. — Ce qui va suivre n'est pas un hors-d'œuvre. S'il y a dans la Romagne tant de seigneurs dégénérés, c'est à cause de la basse envie qu'ils se portent les uns aux autres. Le poète nous a déjà montré l'Envie, mère de l'Avarice, et de tous les maux qui affligent l'Italie :

Questi la Caccerà per ogni villa,
Fin che l'avrà rimessa nell'inferno
Là onde'nvidia prima dipartilla. (Enfer I.)

[5] La Romagne, où se trouvent les villes de Bologne, Faenza, Forli et Ravenne.

[6] Lizio da Valbona, homme de bien dont on vantait la sagesse. Il sut couvrir la faute de sa fille Catarina, en amenant son séducteur, qui était gentilhomme, à l'épouser. Boccace raconte son aventure et nomme l'amant. C'était le jeune Richard de' Manardi, de Brettinore.

Arrigo Manardi[1], les Pierre Traversaro[2], les Guido di Carpigna[3] ? Honte à vous, Romagnols[4] dont le sang s'est abâtardi lorsque, si près de vous, à Bologne, un forgeron[5] fait souche de noblesse, lorsque Faenza voit s'élever un Bernardino di Fosco, noble tige sortie de bas lieu.

« Ne sois pas surpris, enfant de la Toscane, si mon cœur se brise au souvenir de Guido da Prata[6], et d'Ugolin d'Azzo, ton compatriote ; quand je songe à Federigo Tignoso, et à tous les siens ; quand je vois ces deux nobles maisons des Traversari et des Anastagi qui brillaient à Ravenne, et qui ont perdu leur héritage de vertu ; lorsqu'enfin je pense à nos dames, à nos cavaliers, à leurs amours, et à leurs doux martyres[7], à cette fleur de courtoisie à laquelle a succédé une grossièreté brutale.

« Et toi, Brettinore, pourquoi es-tu encore debout après avoir perdu tes hôtes, avec tant d'honnêtes gens qui ont fui ces terres empestées ? Le comte de Bagnacaval[8] n'a pas de rejeton de sa

1 Arrigo Manardi était de Faenza, ou de Brettinore. Il semble qu'il appartienne plutôt à ce dernier lieu, s'il était de la famille des Manardi.

2 Pietro Traversaro, seigneur de Ravenne au temps de Frédéric, maria une de ses filles à Etienne, roi de Hongrie.

3 Guido di Carpigna, de Monfeltro.

4 Déjà la satyre du poète s'est exercée (Enfer 27) contre la Romagne, qui, sans doute ne comprenait pas alors Ravenne ; car Dante parle avec éloge de cette dernière ville, gouvernée par le seigneur da Polenta qui lui avait donné asile.

5 Le poète oppose à des familles dégénérées des illustrations nouvelles : Lambertaccio, de Bologne, forgeron élevé par son mérite, tige des Lambertacci. — Bernardino di Fosco, qui devint seigneur de Faenza, où il était né de basse condition.

6 Autres exemples de familles dégénérées de la Romagne : Prata est une petite ville entre Faenza et Ravenne. — Federigo Tignoso habitait Rimini. — Les Traversari et les Anastagi étaient deux nobles maisons de Ravenne. Le poète y joint Ugolin d'Azzo, degli Ubaldini, qui avait de riches possessions dans cette partie de la Toscane appelée Mugello.

7 A ce vers du texte :

« Le donne i cavalier, gli affanni e gli agi »

comparez le début de l'Orlando furioso :

« Le donne, i cavalieri, l'arme gli amori,
« Le Cortesie, l'audaci imprese io canto. »

l'imitation de l'Arioste est évidente.

8 Bagnacavallo, Castracaro, Conio, châteaux de la Romagne. — Les Pagani, et parmi eux Maynard, surnommé le Diable, étaient de Faenza. Ce Maynard ou *Demonio* était Guelfe ou Gibelin selon qu'il se trouvait en Toscane, ou dans la Romagne. — Ugolin de' Fantolini était aussi de Faenza. C'était un brave et loyal gentilhomme, qui n'avait plus d'espoir de lignée.

race ; tant mieux pour lui. Malheur à Castracaro qui se réjouit d'en avoir ! Malheur surtout à la maison de Conio, où pullule une pire engeance ! Que les Pagani assurent leur lignée pour le temps où ils auront perdu leur chef ; ils feront sagement ; mais, après le fameux Demonio, jamais cette famille ne recouvrera son lustre.

« O Ugolin Fantolini, tu n'as plus à craindre pour ton sang depuis que, borné dans son cours, il ne risque plus de passer dans les canaux impurs. — Mais, poursuis ta marche, enfant de la Toscane, et laisse-moi pleurer. J'aime mieux en ce moment pleurer que parler ; tant mon cœur s'est ému aux paroles que tu m'as dites. »

Comme nous savions que ces pauvres aveugles nous entendaient au moins marcher, leur silence était pour nous la preuve que nous étions dans le bon chemin. Nous avançâmes donc ; et nous étions seuls, après les avoir dépassés, lorsque nous fûmes frappés en face du bruit terrible d'une voix semblable aux éclats de la foudre.

Ces mots percèrent nos oreilles : « Qui pourra m'atteindre me tuera ! » Et cette voix, la voix de Caïn[1], s'enfuit, pareille au tonnerre qui s'éloigne après avoir déchiré la nue.

À peine étions-nous remis de cette surprise, qu'un fracas horrible vint de nouveau blesser notre ouïe, comme d'un second et soudain coup de tonnerre, et nous entendîmes une autre voix dire : « Je suis Aglaure[2], l'envieuse, qui fut changée en pierre. » Je fis alors un pas en arrière, et me serrai contre mon guide.

Bientôt, tout étant devenu calme, Virgile me dit : « Quel frein[3] pour contenir chacun dans les limites qui lui furent assignées ! Mais vous vous laissez emporter au premier vent. L'ennemi du genre humain vous attire à lui par ses amorces ; et

[1] Caïn dit, après le meurtre d'Abel : « *Omnis qui invenerit me occidet me.* » La réponse du Seigneur est remarquable : « *Omnis qui occiderit Caïn sextuplum punietur.* » N'y a-t-il pas là un argument biblique contre la peine de mort ? (Genèse 4.)

[2] Aglaure, fille de Cécrops, roi d'Athènes, fut jalouse du mariage de sa sœur avec Mercure. Cette noire jalousie, qui causa sa perte, était un châtiment de Minerve, dont elle avait profané les mystères.

[3] Les exemples sont un aiguillon ou un frein pour les vivants, et encore un moyen d'amendement pour les âmes du Purgatoire.

dès lors, plus de frein, plus de voix capable d'arrêter vos élans désordonnés. Le soleil vous appelle en roulant sur vos têtes, et en vous montrant ses beautés éternelles ; mais vos yeux demeurent attachés à la terre ; aussi êtes-vous châtiés par Celui à qui rien n'échappe. »

CHANT XV

Déjà le soleil, avancé dans sa carrière, n'était séparé du soir que par un intervalle de quelques heures[1], le même qui existe, au moment de l'équinoxe, entre la troisième heure après minuit et la naissance du jour. L'œil mesure cet intervalle, en voyant ce qui reste à la sphère céleste, toujours mobile, comme la folâtre enfance,[2] pour achever sa révolution nocturne. Donc, le jour baissait au lieu où je me trouvais, et il devait être minuit dans la contrée qui m'a vu naître.

Les rayons du soleil me frappaient droit au visage. Nous avions en effet tourné la montagne, et notre marche était dirigée vers le couchant[3].

Frappé d'une splendeur plus vive et qui me blessait de son éclat, surpris de ce phénomène dont j'ignorais la cause;[4] je levai les mains au-dessus de mes paupières, et je les y tins en forme d'abat-jour, pour défendre mes yeux de l'excessive clarté qui les inondait.

De même qu'un rayon qui tombe dans l'eau ou sur un miroir, en rejaillit à l'instant même, il remonte avec autant de vitesse

[1] Il était trois heures après-midi. Le soleil avait encore trois heures à rester sur l'horizon, et, comme la montagne du Purgatoire est l'antipode de Jérusalem, on devait être dans *cette dernière ville*, à trois heures du matin. L'Italie étant à 45 degrés à l'Occident de Jérusalem, le soleil y paraît trois heures plus tard. Il était donc alors minuit à Florence. Le poète se plaît à ces concordances astronomiques.

[2] *Si magna licet componere parvis*, en prenant à l'inverse le vers de Virgile.

[3] Les pèlerins ont toujours suivi le soleil, cet astre qui sert de guide à tous les mortels, *che mena dritto altrui per ogni calle*. (Enfer I).

[4] L'ange qui garde l'escalier de la 3e terrasse où l'on se purge de la colère.

qu'il est descendu ; et, pour juger combien sa descente a été rapide, il faut la comparer à celle d'une pierre ayant le même trajet à parcourir ; celle-ci, comme l'expérience le prouve[1], n'arrive que longtemps après ; telle, et plus prompte encore, avait été pour moi la réfraction de cette lumière, qui m'avait frappé au front. Aussi, par un mouvement aussi rapide, avais-je essayé d'y soustraire mes yeux.

« — O mon doux protecteur ! dis-je à mon guide ; quel est cet objet dont la splendeur me pénètre, quoi que je fasse pour m'en garantir ? Il paraît se diriger vers nous. »

— « Ne sois pas surpris, me répondit-il, si ta vue se trouble encore en présence des enfants de Dieu. C'est un messager céleste qui vient nous inviter à monter plus haut. Bientôt, loin d'être blessé de ses apparitions, tu en ressentiras les plus grandes joies dont ton âme soit capable. »

L'ange nous dit d'un air serein, lorsque nous fûmes près de lui : « Entrez dans ce passage. La montée est beaucoup moins rude que les précédentes[2]. »

Ces paroles à peine dites, nous étions déjà sur les degrés, et derrière nous des voix nous donnaient le salut d'adieu[3] par des chants suaves : « Heureux les miséricordieux ![4] Elu du Seigneur, jouis de ta victoire ! »

Nous montions seuls, Virgile et moi, et chemin faisant, je pensai à tirer profit de l'entretien de ce sage illustre. Je lui demandai ce qu'avait voulu dire Guido del Duca, lorsqu'il avait parlé de biens dont on ne saurait jouir sans partage ?

[1] Si l'on a pu relever dans ce poème quelques erreurs de physique, ici la science n'est point en défaut.

[2] En purgatoire, les obstacles s'aplanissent à mesure qu'on s'élève, comme dans l'Enfer, plus on s'enfonce, plus les voies sont impraticables.

[3] Il en a été de même à la sortie de la première terrasse. Purgé de l'orgueil, Dante a entendu derrière lui célébrer la vertu opposée : *Beati pauperes spiritu.* (Chant XVe.)

[4] *Beati misericordes, gaudete et exultate, quoniam merces vestra copiosa est in cœlo.* C'est un salut d'adieu qui vient encore de la deuxième terrasse. La miséricorde est la vertu opposée à l'envie. (Saint Mathieu, 5.)

— « Guido, me répondit-il, sait ce que lui vaut aujourd'hui l'Envie, son péché dominant. Il n'est donc pas étonnant qu'il nous en fasse honte à nous-mêmes, pour nous éviter les maux qui le suivent. Les hommes aspirent à des biens qui s'amoindrissent, en raison des parties prenantes, et voilà pourquoi l'Envie s'exhale en soupirs, du fond de leurs cœurs. Mais, s'ils aspiraient aux régions supérieures, ils ne seraient pas torturés par ce désir d'enlever à autrui ce qu'ils regardent comme une partie de leur bien, car, au séjour de la béatitude, le bien suprême échoit à chacun avec d'autant plus de largesse qu'il appartient à tous d'une manière plus intime[1]. La charité n'en est que plus ardente. »

— « Votre réponse, ô mon cher maître, dis-je alors, me laisse plus avide d'explications qu'auparavant. Elle n'a fait qu'augmenter les doutes qui agitent mon esprit. Comment se peut-il faire qu'un bien répandu en beaucoup de mains enrichisse plus ses nombreux possesseurs, que lorsqu'il se donne à un petit nombre? »

— « Ton esprit, me répondit-il, ne se reporte qu'aux choses terrestres. De là vient que la vraie lumière n'est que ténèbres pour ta vue infirme et grossière. Le souverain bien, qui existe en Dieu d'une manière infinie et ineffable, se répand dans toutes les âmes éprises du divin amour. Il y entre, comme le rayon pénètre dans un corps transparent, et plus il trouve d'ardeurs, plus il se prodigue pour alimenter leurs flammes. A mesure que la charité agrandit son cercle, la charité éternelle, d'où elle émane, devient plus abondante. Plus il existe là-haut de cœurs avides d'aimer, plus il y a de matière à leurs saintes ardeurs, plus aussi leurs cœurs sont brûlés de ces feux qu'ils se renvoient l'un à l'autre, réfléchis comme dans un miroir. Si cette explication ne satisfait pas ton intelligence, tu verras

[1] Le poète vient de dire des autres biens qu'ils s'amoindrissent en raison des parties prenantes. Le souvenir, bien au contraire, ne se divise pas en se communiquant à plusieurs. Plus il est à tous, plus il est à chacun. Ce n'est pas un bien partagé *un ben distributo,* comme Dante le dit improprement à son guide. Ici, distribuer, c'est donner tout à tous, c'est répandre d'une source intarissable.

Béatrix, et sa haute raison, en t'éclairant sur ce point, ne te laissera rien à désirer sur aucun autre. Tâche seulement que les cinq plaies[1], qui forment autant de stigmates sur ton front, en disparaissent bientôt comme les deux premières. C'est le repentir qui les cicatrise. »

Je voulais lui répondre que tous mes doutes étaient levés, lorsque je me vis arrivé sur la troisième plateforme. La curiosité enchaîna ma langue. Tout à coup, comme si une vision s'était offerte à mon âme ravie en extase, je crus voir plusieurs personnages dans un temple, et une femme debout sur le seuil, qui disait d'une voix douce[2] et avec la tendresse d'une mère : « Mon fils, pourquoi en avez-vous ainsi usé avec nous? Nous vous cherchions, votre père et moi, et nous étions en peine de vous. » Ici elle se tut, et cette première apparition s'évanouit.

Je vis ensuite une autre femme qui avait le visage baigné de larmes, de ces larmes que la douleur fait jaillir d'un cœur ému de colère. Elle disait : « Si tu es le maître dans cette ville, à qui les Dieux se disputèrent l'honneur de donner un nom, dans cette brillante Athènes, foyer des Beaux-Arts, venge-toi, ô Pisistrate, de l'audacieux qui a embrassé publiquement notre fille »; et Pisistrate, dont les traits respiraient la douceur et la bonté, lui répondait sans s'émouvoir : « Que ferons-nous, à qui nous fait du mal, si nous condamnons qui nous aime[3]? »

Je vis ensuite des hommes furieux, qui entouraient un jeune diacre[4], et lançaient contre lui des pierres, en s'excitant par des cris féroces à le tourmenter à l'envi. Frappé à mort, le

[1] Il lui reste à se purger de cinq péchés capitaux, la colère, la paresse, l'avarice, la gourmandise et la luxure.

[2] La sainte Vierge. — Jésus-Christ, conduit à Jérusalem à l'âge de douze ans, s'écarta de ses parents, qui repartirent sans lui. Marie, en le retrouvant dans le temple, lui témoigna son chagrin sans colère.

[3] Réponse d'autant plus belle, dit Valère Maxime, qu'elle sort de la bouche d'un tyran. L'insulte était flagrante. Un jeune homme, épris d'amour, avait embrassé publiquement la fille de Pisistrate.

[4] Saint Étienne, premier martyr. Les Juifs, qui le lapidèrent à Jérusalem, se bouchèrent les oreilles pour ne pas entendre sa prédication. Saül, qui prit le nom de Paul après sa conversion miraculeuse, avait autorisé par sa présence, la lapidation d'Étienne.

courageux martyr chancelait et penchait déjà vers la terre. Mais ses yeux toujours levés au ciel, semblaient l'ouvrir à son âme prête à s'y élancer, et porter au Très-Haut sa fervente prière qu'il daignât pardonner à ses bourreaux. Ils avaient, au milieu des tourments cette expression qui émeut les cœurs à la pitié.

Lorsque, sortie de son extase[1], mon âme se reprit à la réalité du monde extérieur, je reconnus qu'elle n'avait pas été abusée par de fausses apparences. Toutefois, j'étais comme un homme réveillé, qui se débat encore contre le sommeil; et mon guide s'en apercevant, me dit : « Qu'as-tu donc à t'agiter ainsi? et pourquoi, pendant l'espace d'une demi-lieue, as-tu marché les yeux troublés et les jambes si lourdes, comme si tu avais été vaincu par le vin ou par le sommeil? »

— « O mon protecteur, lui répondis-je, écoutez-moi et je vous dirai quels objets me sont apparus, lorsque les jambes m'ont tout à fait manqué. »

— « Eh! reprit-il alors, ton visage fût-il couvert de cent masques, ne pourrait me dérober la moindre de tes pensées. Tu as vu de beaux exemples de mansuétude, qui te laisseront sans excuse, si ton cœur ne goûte la paix céleste à ces eaux pures dont la source est dans le sein de l'Eternel. Quand je t'ai dit : qu'as-tu donc? je ne te considérais pas avec l'œil du corps, qui s'éteint avec lui, glacé lorsqu'il n'est plus qu'un froid cadavre. Je n'ai voulu par ces mots que rendre à tes pieds la force qui leur manquait. C'est ainsi qu'au moment de leur réveil, les paresseux ont besoin d'être stimulés à reprendre leur tâche. »

Nous cheminions, tournés vers le couchant, et, fixant nos yeux aussi loin qu'ils pouvaient s'étendre sur les derniers feux du jour, qui brillaient au bout de l'horizon. Nous vîmes peu à peu se former en face de nous un nuage de fumée[2], qui s'épaissit et nous

[1] Le poète varie ses moyens d'enseignement. Il emploie ici la vision, rêve sans réalité, mais non sans vérité.

[2] Le vice va lui apparaître dans sa réalité, en la personne de ceux qui ont péché par colère, et qui marchent enveloppés de fumée, sur la troisième terrasse du Purgatoire.

plongea dans une obscurité pareille à celle de la nuit. Force nous fut de subir ces vapeurs, qui, troublant la pureté de l'air, nous ôtèrent la vue de tous les objets.

CHANT XVI

L'Enfer avec ses sombres horreurs, avec sa nuit profonde, dont les ténèbres s'amoncellent sous un ciel sans astres et chargé d'épais nuages, n'avait pas tant offusqué mes yeux qu'ils ne furent blessés par cette fumée[1] qui les couvrit d'un voile plus grossier et plus rude encore. Aussi me fut-il impossible de les tenir ouverts. Mon guide s'approcha et m'offrit la main pour me diriger.

Comme on voit l'aveugle, marchant derrière son conducteur, s'attacher à lui pour ne pas s'égarer, et pour éviter tout heurt capable de lui causer dommage, ou de mettre sa vie en danger; ainsi me tenais-je à côté de Virgile, qui me disait, pendant que nous cheminions dans cette atmosphère déplaisante et sale : « Prends bien garde de te séparer de moi. »

Plusieurs voix se firent entendre. Elles demandaient la paix. Elles invoquaient la divine miséricorde en adorant l'agneau de Dieu[2] qui efface les péchés du monde. *Agnus Dei* était le début de leurs prières qu'elles chantaient toutes à l'unisson, gage de la concorde qui régnait entre toutes les ombres.

Je dis à Virgile : « Sont-ce des esprits que j'entends là? »

— « Oui vraiment, me répondit-il, tu vois comme ils se rachètent du péché de la colère. »

Alors une des voix s'adressant à moi : « Qui es-tu, me dit-

[1] Les fumées de la colère, châtiment symbolique.
[2] L'agneau de Dieu, type de douceur et de résignation.

elle, toi qui fends[1] la fumée qui nous enveloppe, et qui parles de nous, comme on parle aux lieux où les calendes marquent la division du temps[2]? »

D'après le conseil de mon maître qui voulait savoir si nous suivions le chemin qui mène aux régions supérieures, je lui répondis : « O vous! dont l'âme s'amende en ces lieux, afin de retourner pure à son créateur, vous entendrez des choses surprenantes[3], s'il vous plaît de me suivre. »

— « Je le ferai, repartit la voix, aussi loin qu'il m'est permis d'aller[4]. Si ce nuage de fumée nous empêche de nous voir, le son nous rapprochera à défaut de la vue. »

Je continuai en ces termes : « Vous voyez un homme qui, revêtu encore de ses langes mortels, est en marche vers les Cieux. Il a, pour venir ici, traversé l'Enfer et ses rudes angoisses. Au nom de la grâce que Dieu m'a faite de m'admettre à visiter la cour céleste, au moyen d'un pèlerinage si nouveau, dites-moi qui vous fûtes au séjour des vivants. Ne craignez pas de me l'apprendre, et dites-moi encore si je trouverai par ici l'endroit où s'ouvre la montagne. Je vous écouterai chemin faisant. »

— « Lombardo Marco[5] était mon nom, me répondit-il. J'ai connu le monde, et je m'y suis toujours montré jaloux de cet honneur, auquel aujourd'hui, personne ne vise[6]. Quant à toi, ce

[1] Dante est reconnu vivant à deux marques : 1° son corps traverse la fumée, ce que les âmes, purs esprits, ne font point; 2° sa parole est articulée et plus sonore.

[2] Le temps se mesure au Purgatoire par la révolution solaire; mais il ne se divise plus en calendes. Les calendes, chez les Romains, indiquaient le premier jour de chaque mois, et elles formaient comme un point fixe auquel se rapportaient la plupart des jours du mois précédent. Elles nous ont laissé le mot calendrier.

[3] Comme un vivant s'est mis en voyage pour l'autre monde.

[4] Les pénitents du 3e cercle ne vont pas au-delà de la fumée qui cesse elle-même avant l'escalier de la 4e terrasse. C'est la splendeur de l'ange commis à ce degré supérieur qui dissipe la fumée et repousse les âmes.

[5] Marco, gentilhomme vénitien, brave et plein d'honneur, mais excessivement emporté. Un de ses amis, Ricciardo da Cammino ayant fait une collecte à Trévise pour l'acquittement d'une taxe qu'il ne pouvait payer, Marco s'irrita de cette démarche. Il écrivit à son ami qu'il aimait mieux mourir en prison que d'être redevable à tant de gens. Lombardo est un surnom. Il a existé longtemps à Venise une famille da Ca Lombardo.

[6] Cette louange que Marco se donne à lui-même est une transition à l'objet qui est la matière principale de ce chant.

chemin te mène droit à l'escalier que tu cherches. Lorsque tu seras là-haut, prie Dieu de me pardonner mes emportements. »

A ces mots, je m'écriai : « Comptez que je le ferai ; je vous en donne ma parole; mais un doute pèse sur mon esprit, et j'ai besoin de vous le soumettre, car vos paroles ont redoublé mes perplexités; et, en les rapprochant d'une autre opinion recueillie ailleurs[1], je me trouve entre deux assertions contraires. Le monde est bien, comme vous le dites, destitué de toute vertu. La malice y abonde et pullule partout. Mais d'où vient donc cette corruption croissante? Indiquez-m'en, de grâce, la cause. Faites que je la voie, afin que je puisse la signaler à mon tour; car, suivant les uns, le mal s'engendre sur la terre, et suivant les autres, il émane du Ciel lui-même[2]. »

Marco, étouffant un profond soupir laissa échapper une exclamation de douleur. Il me tint ensuite ce discours : « Frère, le monde est aveugle, et tes doutes font bien voir d'où tu viens. Vous autres vivants, vous faites remonter jusqu'aux Cieux la cause de tout ce qui arrive, comme si rien ne se produisait dans l'univers que sous l'empire d'une nécessité fatale. Mais, s'il en était ainsi, vous seriez dépouillés du libre arbitre, et la loi qui départit la joie aux bons, les tortures aux méchants, ne serait plus une loi de justice[3]. Sans doute les Cieux vous laissent l'initiative de vos mouvements, au moins, de la plupart, mais, lors même que toujours ils vous feraient sentir leur influence, vous avez une lumière intérieure, qui vous fait discerner le bien et le mal; vous avez de plus le libre arbitre. Si elle sait résister aux premiers assauts des influences secrètes, la volonté de l'homme, nourrie aux saints pâturages, doit forcer tous les obstacles. Libres, vous relevez d'un pouvoir plus haut; vous appartenez à un être de plus excellente

[1] L'astrologie qui eut tant de vogue au moyen âge rapportait tout, même la moralité des actions humaines, à l'influence des Cieux. Dante fait ici allusion à cette doctrine, et non pas à ce que vient de lui dire Guido del Duca, comme l'ont dit certains commentateurs. Marco a posé au contraire le principe de libre arbitre par ces mots *qual valore aurai, al qual ha or ciascun disteso l'arco*, honneur auquel aujourd'hui personne ne vise.

[2] Le mal vient-il de Dieu ou des hommes? that is the question.

[3] L'impulsion première ou la grâce — la lumière intérieure ou la conscience — la volonté ou le libre arbitre : voilà toute la doctrine catholique. Quand le premier mouvement est mauvais, il vient du démon, à qui Dieu permet de tenter les hommes.

nature, à qui vous devez cette intelligence, mise par lui en dehors de l'influence des Cieux. Si donc, à présent, le monde se fourvoie, la cause en est en vous, habitants de ce monde; ne la cherchez point ailleurs. Toi qui m'entends, observe bien ce qui arrive.

« L'âme, contemplée d'abord en idée[1] par Dieu, sort de ses mains, simple et ignorante, comme l'enfant qui rit et pleure à la fois, dans ses jeux folâtres. Elle ne sait rien encore; mais elle cède à une douce loi, qui lui a été faite par son Créateur, en se tournant volontiers vers ce qui lui plaît. Elle se repaît d'abord des biens faux et périssables. Trompée par leur amorce, elle court après cette proie avec une ardeur qui veut être conduite en laisse ou contenue par le frein. De là est venue la nécessité d'une loi réprimante; de là le besoin d'un chef, qui sût au moins faire régner la justice, cette invincible tour de la Cité de Dieu. Il y a des lois, mais quand seront-elles observées? Jamais, hélas! tant que le chef du troupeau n'aura point les qualités requises[2], tant que les peuples, voyant leur conducteur mordre aux biens dont ils sont eux-mêmes avides, se gorgeront de cette pâture, et n'en chercheront point d'autres.

« Tu vois bien à présent que, si les hommes sont devenus si méchants, la faute en est à eux-mêmes, à leur mauvaise conduite, et non à la corruption de leur nature. Si Rome avait amendé le monde, devenu depuis si pervers, c'est qu'elle possédait deux phares brillants, placés sur chaque route, pour éclairer les voies du siècle et celles de Dieu. Mais un de ces flambeaux a absorbé l'autre. Le glaive a été joint au bâton pastoral[3], et, de cette union forcée, il ne peut résulter que

[1] Dieu voit en lui les êtres, avant qu'ils n'existent. C'est la pensée de Platon.

[2] Il rumine, mais il n'a pas les ongles fendus. « *Ruminar pùo ma non ha l'unghi efesse* » vers qu'on ne saurait traduire littéralement. Le Lévitique déclare impurs les animaux même ruminants, qui n'ont pas les ongles divisés, et il défend l'usage de leur chair. (Ch. XI, 2). Dante, ennemi des papes de son temps, et non du Saint-Siége, ne ménage ici ni la pensée, ni l'expression. Mais ces papes étaient Boniface VIII et Clément V, dont la politique avait causé à l'Italie tant de maux.

[3] Boniface VIII est le premier pape qui ait revendiqué ouvertement pour l'Église les deux pouvoirs. « Il faut, est-il dit dans la bulle *unam sanctam*, qu'un glaive soit soumis à l'autre, c'est-à-dire la puissance temporelle à la puissance spirituelle; autrement elles ne seraient point ordonnées, et elles doivent l'être, suivant l'apôtre. »

Ce même pape ajouta une seconde couronne à la tiare, et fit porter deux épées nues devant lui.

trouble et désaccord. Ne se craignant point, ils ne peuvent se contenir l'un par l'autre. Si tu en doutes, considère l'épi qui est sorti de ce grain. Par la semence, on juge de la plante.

« Avant que Frédéric[1] ait eu ses démêlés avec le Saint-Siége, l'honneur et la loyauté habitaient cette contrée qu'arrosent le Pô et l'Adige. Et maintenant, on peut y marcher longtemps sans y rencontrer un homme de bien. Ceux qui fuient le visage des bons et rougissent de s'en approcher peuvent traverser tout ce pays sans crainte.

« Il y reste pourtant trois vieillards, miroirs des vertus antiques, et dont la vie est la censure de l'âge présent. Puisse Dieu recevoir bientôt dans un monde meilleur (qui tarde à leur impatience), Currado da Palazzo[2], et le bon Gérard[3] et Guido da Castello[4] que les Français appellent le candide lombard ! Reconnais donc à ces fruits, le mauvais germe introduit dans l'Eglise par la confusion des deux Pouvoirs. La voilà tombée dans la fange, et souillée avec le troupeau qu'elle doit conduire ! »

— « Mon cher Marco, lui répondis-je, vous avez dit vrai, et je vois maintenant pourquoi les fils de Lévi[5] n'eurent point de part à l'héritage. Mais, quel est ce Gérard, qui est, dis-tu, resté

[1] L'empereur Frédéric II (mort en 1260) était roi de Naples et de Sicile par sa femme Constance. Sa puissance prépondérante en Italie suscita contre lui la ligue lombarde soutenue par les papes Innocent III et Grégoire IX. Les factions guelfe et gibeline prirent naissance au milieu de cette longue lutte dont les villes lombardes furent le principal théâtre. La confusion des pouvoirs, suite de cette rivalité de l'empire et du sacerdoce, amena une démoralisation profonde que le poète gibelin déplore ici avec amertume.

[2] Currado da Palazzo, gentilhomme de Brescia, vivait encore en 1300. Son courage brilla dans un combat où il était porte-étendard. Ayant eu les mains coupées d'un coup de sabre, il retint le drapeau entre ses bras et mourut vaillament sans vouloir s'en dessaisir.

[3] Gérard de Trévise, où il exerça plusieurs fois avec sagesse et bonté la première magistrature. Il était de la famille de Canino. Il eut pour fille Gaïa, plus connue par ses attraits et ses vertus que Gérard lui-même.

[4] Guido da Castello, ami de Dante comme les deux autres. Il était de Reggio en Lombardie, et grand fauteur des libertés municipales octroyées à ce pays par Othon-le-Grand et confirmées par Frédéric Barberousse.

[5] La tribu de Lévi n'eut point sa part dans la terre conquise. D'où il suit que l'autorité temporelle n'appartient pas aux ministres du Seigneur, suivant le droit féodal, qui place dans la terre le fondement du pouvoir : « Nulle terre sans seigneur. »

sur la terre, comme un débris d'une race meilleure, pour faire honte à la race perverse qui lui a succédé ? »

— « Tu me trompes assurément, ou tu me tentes, reprit Marco. Comment toi, enfant de la Toscane, dont tu parles la langue, ne sais-tu rien du bon Gérard ? Je ne lui connais pas d'autre nom ; mais sa fille Gaïa peut servir à te le signaler mieux. Adieu, il m'est interdit d'aller plus loin. Vois, à travers cette fumée qui s'éclaircit, percer quelques rayons de lumière[1] ; c'est pour moi le signal du départ, car il m'annonce la venue de l'ange[2] devant qui je dois disparaître. »

Il dit, et ne voulut plus m'écouter.

CHANT XVII.

Lecteur, si tu t'es jamais vu dans les Alpes, surpris par une brume épaisse, aussi difficile à percer que l'est pour la taupe[3] le voile que la nature a mis devant ses yeux, rappelle-toi comment, lorsque cette masse humide de vapeurs commence à s'éclaircir, le disque du soleil se dessine faiblement dans une demi-transparence. Tu pourras alors témoigner sous quel aspect reparut devant moi ce roi des astres qui se couchait alors, et quelle fut en moi l'impression du premier coup d'œil.

Je m'étais rapproché de mon guide, et nous marchions à pas égaux ; quand je me trouvai tout à fait hors de cette fumée, les

[1] Ce n'est pas ici le point du jour. Tout annonce au contraire les approches de la nuit.

[2] Dante a classé ici les péchés capitaux dans un ordre inverse de celui qu'il avait adopté pour l'Enfer. Il va dans sa marche du pire au moindre parce qu'il conduit l'âme pénitente par des épurations successives jusqu'aux Cieux. Ainsi, après l'orgueil, l'envie et la colère, c'est la paresse qui se purge, comme on va le voir, dans une station plus élevée. La luxure, considérée comme l'offense la moins détestable, sera ici le dernier des sept péchés capitaux ; et, dans l'Enfer, elle était la première de la série.

[3] Les yeux de la taupe sont à peine visibles. Il en existe une espèce qui est complètement aveugle.

rayons du soleil venaient de mourir sur les parties basses du rivage.

Puissante imagination, qui t'empares quelquefois de l'homme à son insu, et le ravis hors de lui-même avec tant de force que mille trompettes, retentissant à ses oreilles, ne l'émeuvent point[1], qu'est-ce donc qui t'émeut toi-même à défaut des sens ? Ton mobile est une lumière des cieux qui agit d'elle-même, ici-bas, ou en vertu d'une volonté supérieure !

Une première image se peignit dans mon cerveau et l'occupa si profondément qu'elle écartait l'impression de tout objet extérieur. Je voyais en esprit cette mère barbare[2], que les attentats de son époux armèrent contre son propre sang, et qui, sous sa nouvelle forme, se plaît à chanter ses douleurs.

Je crus voir ensuite un homme en croix[3], qui élevait un front superbe et ardent de courroux. Il conservait en mourant le même aspect, et avait pour témoin le grand roi Assuérus, Esther son épouse, et l'austère Mardochée qui toujours parla sans peur et vécut sans reproche.

Semblable à ces bulles légères que le manque d'eau fait rompre tout à coup, au moment de leur plus grande expansion, telle s'évanouissait à mes yeux cette apparition fantastique, lorsqu'ils furent frappés d'une autre vision. Je vis une jeune fille qui

[1] Ce qu'opérait la contention d'esprit chez Archimède. L'extase le produit en l'homme qui a une vision. Les visions des rêves nous viennent d'en haut : « Οναρ εκ Διος εστι. » (Homère.)

[2] Le poète a suivi Strabon, d'après lequel, contre l'opinion commune, ce n'est pas Philomèle, mais bien Procné qui fut changée en rossignol. D'une part, le courroux impie *empiezza*, ne saurait s'appliquer à Philomèle, qui ne s'est montrée ni barbare, ni dénaturée ; d'autre part l'oiseau qui *a cantar più si diletta*, c'est bien le rossignol.

Au Chant 9e, Dante a peint l'hirondelle et ses cris plaintifs *tristi lai*. Là, sans doute, il entend parler de Philomèle quoiqu'il ne la nomme pas. Mais comment avait-il pu s'y tromper. Avait-il oublié cette charmante comparaison de Virgile :

Qualis populea mœrens Philomela sub umbra.

[3] Aman, Amata, autres exemples des effets de la colère. — Aman, ministre d'Assuérus, voulut dans sa fureur contre les Juifs exterminer toute leur race. Il avait fait dresser une croix pour Mardochée, et cette croix fut l'instrument de son propre supplice.

Amata, femme du roi Latinus, se pendit dans son palais aux approches d'Enée vainqueur, pour ne pas voir l'hymen du prince troyen avec sa fille Lavinie, promise à Turnus.

Nec generum Œneam captiva videbo. (Enéide 12.)

éclatait en sanglots et s'écriait : « O reine ! pourquoi le désespoir a-t-il armé vos mains contre vous-même ? Vous avez perdu votre fille en mourant pour ne pas la perdre[1]. La voici devant vous, ô ma mère ! cette Lavinie à qui votre mort a causé plus de chagrin que la perte de l'objet de vos espérances[2]. »

Comme au rayonnement d'une clarté nouvelle sur le visage d'un homme qui a les yeux fermés, on le voit s'agiter, aux prises avec le sommeil, qui se rompt par degrés avant de se dissiper entièrement ; ainsi se ployèrent les ailes de mon imagination, frappée d'une lumière[3] plus vive que celle dont jouissent les mortels. Je me tournai pour voir où je me trouvais alors, quand ces mots parvinrent à mon oreille : « C'est ici que sont les degrés. » La voix d'où ils provenaient chassa de mon esprit toute autre pensée ; et un désir curieux s'alluma en moi (un de ces désirs qui ne s'arrêtent qu'en face de leur objet[4]) de voir celui qui m'avait ainsi parlé. Mais je sentais ma force en défaut, de même que nos yeux cèdent à la splendeur du soleil, qui nous dérobe sa face dans un abîme de lumière.

« Voici, me dit Virgile, un des saints esprits[5] qui se voilent de leurs propres clartés, invisibles à l'homme qu'ils conduisent dans la voie escarpée du Ciel, sans attendre ses prières. Ils agissent aussi spontanément que l'homme doit agir envers l'homme. En effet, quiconque, voyant son frère dans le besoin attend qu'il l'implore, cherche déjà dans sa malice un prétexte à son refus. Hâtons-nous donc de profiter d'une si grande faveur. Montons avant la venue des ténèbres[6], car, le moindre retard nous arrêterait ici jusqu'à la renaissance du jour. »

[1] C'était la perdre que de la voir passer aux bras du vainqueur.

[2] « J'ai plus regretté ma mère que mon amant. » Lavinie aimait-elle Turnus ? Le préférait-elle à l'époux que le ciel lui destinait ? Virgile semble le faire entendre, car la jeune fille rougit à l'éloge que sa mère fait de Turnus, et pleure avec elle :

Cui plurimus ignem,
Subjecit rubor.....

Dante donne à Lavinie plus de modestie ou d'indifférence.

[3] L'éclat de l'ange de la 4e plateforme, destinée aux paresseux.

[4] *Che mai non posa, se non si raffronta.* Image vive de l'impatience d'un désir au cœur de l'homme.

[5] Messagers de la grâce, de celle qui est tout à fait gratuite et spontanée.

[6] Le crépuscule qui suit le coucher du soleil n'arrête point les pèlerins. La nuit seule fait obstacle à leur marche.

Ayant ainsi parlé, mon guide me conduisit au pied de l'escalier, et, j'avais à peine touché la première marche que je crus sentir tout près de moi, comme un mouvement d'ailes qui me rafraîchit le visage, et porta ces mots à mon oreille : « Heureux les pacifiques[1], dont les cœurs sont sans fiel ! »

Déjà les derniers rayons qui précèdent la nuit passaient au-dessus de nos têtes[2], et les étoiles apparaissaient çà et là dans le ciel. O ma force ! pourquoi me délaisses-tu ? disais-je en moi-même, sentant que mes jambes me refusaient leur service. Nous avions alors franchi la dernière marche, et nous nous trouvâmes arrêtés soudainement comme le navire que le vent a poussé sur la plage. J'écoutai d'abord si quelque bruit ne se faisait pas dans ce nouveau cercle. Puis, me tournant vers mon guide, je lui dis : « Mon bon maître, apprenez-moi de quelle faute on se purifie sur cette plateforme. Puisque nos pieds sont enchaînés, il faut délier votre langue. »

— « L'amour du bien qui est demeuré stérile, me répondit-il, recouvre ici sa féconde chaleur. Ici la rame, qu'avaient épargnée des mains trop lentes[3], bat les flots à coups pressés. Mais, afin que tu le comprennes mieux, il est bon de remonter plus haut. Prête-moi toute ton attention. Notre halte forcée n'aura pas été sans profit pour toi.

« L'amour, mon fils, est la loi suprême de l'univers[4]. Il existe dans le Créateur aussi bien que dans la créature, émanant pour chacun des êtres, ou de sa propre nature, ou de sa volonté. L'amour, comme instinct naturel, a des mouvements toujours droits ; mais celui qui naît en nous de la volonté, peut errer, soit qu'il ait le mal pour objet, soit qu'il pèche par excès ou par manque de

[1] *Beati pacifici* (St-Mathieu) salut d'adieu qui a trait encore au vice de la colère, qui se purge sur la 3e plateforme.

[2] Quand le soleil est sous l'horizon, ses rayons vont de bas en haut frapper pendant quelque temps encore les lieux élevés. Les pèlerins ont pu monter l'escalier, et parvenir au 4e balcon, avant la nuit.

[3] La paresse y est corrigée par l'effort d'une course rapide.

[4] L'amour a pour objet le bien ou le mal. L'amour du mal s'appelle *orgueil, envie, colère.* Dans l'amour du bien, il peut y avoir défaut ou excès par *avarice, gourmandise et luxure.* Voilà toute la théorie des péchés capitaux, basée sur l'amour mal entendu ; belle synthèse empruntée par Dante à la théologie scolastique de son temps.

vigueur. Tant que celui-ci, bien dirigé, s'élève à la recherche des vrais biens, tant qu'il sait même s'attacher avec mesure aux choses terrestres, il n'en peut résulter de coupables plaisirs; mais il en est autrement lorsqu'il se tourne au mal, ou qu'il se porte au bien avec plus ou moins d'ardeur qu'il ne doit. Alors il mésuse de lui-même et contrarie les vues de son auteur. Ceci doit te faire comprendre comment l'amour, inné au cœur des mortels, y est le germe de toutes les vertus, comme de tout acte punissable.

« Or, comme d'une part l'amour, épris de son sujet ne saurait perdre de vue le bien de l'être en qui il réside; ce qui rend la haine de soi-même impossible; et, comme d'un autre côté, haïr Dieu est un sentiment aussi éloigné de notre nature, puisque l'amour qui est en nous ne saurait se concevoir séparé du Premier-Amour, existant par lui-même, et dont l'autre n'est qu'une émanation; il suit de là, si ma distinction est vraie, que le mal qu'on aime, ne saurait être que le mal du prochain. L'amour se pervertit ainsi de trois manières, dans ce monde de boue que tu habites : tel espère, par la chûte d'autrui, s'élever au premier rang, et pour cela seul, il brûle de voir abattu l'homme puissant qui lui fait ombrage. Il en est qui sèchent d'envie à l'idée seule que le succès d'un autre pourra leur coûter à eux-mêmes pouvoir, crédit, honneur et réputation. Leur âme s'en attriste et forme des vœux contraires. D'autres, que l'injure courrouce, paraissent dévorés de la soif de la vengeance. Tout leur soin est de porter dommage à l'offenseur.

« Ces trois formes de l'amour, qui a le mal pour objet, s'amendent par la pénitence, dans la triple enceinte que nous avons déjà franchie. Quant à l'autre amour, qui s'applique au bien, trop ou trop peu, sache que — ou il s'agit de ces biens dont la possession peut remplir notre âme; et ce but désiré où les hommes courent confusément, empressés et jaloux d'y atteindre[1], si le zèle vous a manqué pour le voir ou pour vous en emparer, c'est ici, sur la terrasse où nous sommes, que de salutaires souffrances achèvent l'œuvre du repentir; — ou bien, il s'agit de ces autres biens qui ne rendent pas l'homme heureux, parce que là n'est point le vrai bonheur, ni la source pure et féconde de tout ce qui est bon; et, si cette puissance d'aimer, qui est en nous, s'attache trop à leur

[1] Le bonheur moral.

poursuite, elle en doit compte à Dieu, dont la justice s'exerce dans trois cercles différents, au-dessus de nos têtes. Mais quel ordre a-t-elle suivi dans le classement de ces fautes[1], je te laisse à t'en enquérir toi-même. »

CHANT XVIII.

Après avoir achevé ce discours, le savant docteur me regarda fixement, comme s'il eût cherché à lire dans mes yeux si j'étais satisfait; et moi, dévoré de la soif d'apprendre, je me taisais d'un air qui trahissait ma pensée secrète. Peut-être, me disais-je, une indiscrète curiosité lui est-elle importune. Mais il s'aperçut du scrupule qui liait ma langue, et, avec la tendresse d'un père, il me parla le premier, afin de m'enhardir à parler moi-même.

Je repris donc en ces termes : « Ô maître! la raison qui brille en vous m'illumine, et rend clair à mes yeux tout ce qu'elle peut atteindre ou décrire[2]. Veuillez donc, puisque vous rapportez à l'amour toutes nos actions, bonnes ou mauvaises, me définir cet amour[3], et m'apprendre quelle est sa nature et son mode d'action. »

— « Tourne vers moi, dit-il, les yeux de l'intelligence, et tu verras clairement l'erreur de certaines gens qui sont aveugles et qui veulent conduire. — Notre âme que le Créateur a faite pour aimer, se porte vers ce qui lui plaît, dès que le sentiment du plaisir lui a donné l'éveil. Un objet la frappe : elle éprouve une sensation dont la réalité fait qu'elle s'y attache, et que rendue

[1] Cet ordre n'est pas celui du catéchisme, où les péchés capitaux sont maintenant ainsi classés : l'orgueil, l'envie, la luxure, la colère, la gourmandise et la paresse.

[2] La science peut au moins décrire les choses dont elle ne saisit pas le principe.

[3] Excellente analyse de l'amour, qui se résume en instincts primordiaux, émanant d'une vertu supérieure. — Dante complète sa théorie de l'amour, en y ajoutant la conscience et le libre arbitre. S'il disserte ici, c'est à la manière de Platon, en revêtant ses idées de la plus haute poésie.

attentive, elle se tourne vers l'objet perçu; et si alors elle se sent attirée vers lui, ce penchant est ce qu'on appelle proprement amour, instinct naturel qui naît en nous du plaisir. Eprise de cette image, notre âme ressemble à la flamme qui, mobile de sa nature, tend toujours à s'élever, comme pour vivre dans son élément propre. De même, ouverte une fois au désir qui est un mouvement de l'âme, celle-ci s'agite et ne se repose que dans la possession de l'objet aimé.

« Tu peux à présent juger à quelle distance de la vérité sont ceux qui parlent de l'amour sans le connaître, affirmant qu'il est toujours bon en soi, sans doute à cause des choses créées qui en sont la matière, et que Dieu a faites bonnes dès le commencement. Mais c'est par leur emploi qu'il les faut estimer. La meilleure cire ne produit pas toujours de bonnes empreintes. »

— « Sage docteur, dis-je alors à mon guide, je vous ai suivi attentivement; mais vos paroles, en m'apprenant ce que c'est que l'amour, ont engendré dans mon esprit de nouveaux doutes; car si l'amour a son mobile hors de nous, et si l'âme n'agit ici que sous l'impression des objets externes, qu'elle se conduise bien ou mal, elle n'a plus à en répondre. »

Virgile reprit en ces termes : « Je puis t'éclairer sur ce point autant qu'il est donné à la raison d'y pénétrer : au-delà, c'est l'œuvre de la Foi[1]. Tu ne dois compter que sur Béatrix. La substance qui est distincte de la matière, quoiqu'elle lui soit intimement unie, a en soi une vertu propre qui se reconnaît à l'œuvre. Elle ne se manifeste que par ses effets, comme la vie se révèle dans la plante par son feuillage. Voilà pourquoi l'homme ignore d'où lui viennent ses premières notions, comment elles arrivent à son intelligence et de quelle source émanent ses premiers appétits. Ils sont en lui, comme dans l'abeille est l'instinct qui la porte à faire du miel[2]; et ce premier exercice de la volonté ne mérite ni louange ni blâme.

[1] La raison démontre imparfaitement l'accord de la liberté humaine avec la force des instincts et des impressions extérieures. La foi seule résout ce problème. On voit ici clairement que Dante a personnifié la théologie en Béatrix.

[2] *Che sono in voi come studio in ape di far lo mele.*

« Or, quoique toutes nos volontés se rattachent à ces instincts primitifs, il existe en nous une lumière qui nous éclaire sur nos désirs, une force qui les soumet à notre assentiment ; et c'est par là que l'homme peut mériter ou démériter, selon qu'il cède à tous ses appétits bons ou mauvais, ou qu'il fait entre eux un choix sévère. Cette liberté innée n'a point échappé aux sages, qui ont approfondi notre nature. Ils en ont fait la base de la morale. Tu vois bien, dès lors, qu'à supposer fatales et nécessaires toutes les affections qui viennent assaillir ton cœur, tu as en toi-même le pouvoir de les réprimer; noble et puissante vertu que Béatrix appelle libre arbitre. Aie ceci en mémoire, si elle vient à t'en parler. »

Il était environ minuit[1]. La lune, qui alors commençait à se lever, brillait au firmament comme un seau enflammé[2], faisant pâlir les étoiles autour d'elle, et elle courait à travers le ciel[3], dans cette région[4] que le soleil enflamme de ses rayons naissants, alors que l'habitant de Rome le voit se coucher entre la Corse et la Sardaigne.

Mon guide, à qui Pietola[5] doit plus de renommée, pour avoir été son berceau, qu'aucune ville du Mantouan, avait déchargé mon esprit du poids qui l'oppressait. Pleinement satisfait de la manière dont il avait résolu mes doutes, je restais debout

[1] L'heure est ici marquée par la position de la lune. On sait qu'à la pleine lune, cette planète se lève à l'opposite du soleil et qu'elle s'en rapproche ensuite de manière à se lever chaque jour une heure plus tard. Or le voyage avait commencé avec la pleine lune, cinq jours auparavant. La lune devait donc se coucher cinq heures après le coucher du soleil, qui, dans l'équinoxe, a lieu à six heures du soir. On se trouvait donc vers le milieu de la nuit : « *Quasi a mezza notte.* »

[2] La lune est comparée par le poète à un seau. Les Italiens se servaient de seaux en cuivre, tels qu'on en voit encore aujourd'hui. Notre langue n'admet pas ces images vulgaires.

[3] La lune courait en sens inverse des étoiles. On sait que le mouvement sidéral est contraire au mouvement diurne, celui-ci s'exécutant, en apparence, d'Orient en Occident, et l'autre *vice versâ*.

[4] Le poète désigne ici le Scorpion sans le nommer. C'est le signe dans lequel le soleil se lève, lorsque les habitants de Rome voient cet astre se coucher entre la Corse et la Sardaigne En effet, lorsqu'on voit à Rome le soleil se coucher dans cette direction, l'on est au mois d'octobre, qui répond au signe du Scorpion.

[5] Virgile, quoiqu'il ait dit : « Mantua me genuit, » naquit dans un bourg voisin de Mantoue, à Andes aujourd'hui Pietola.

plongé dans cette vague rêverie qui précède le sommeil. Mais je fus tiré tout à coup de mon engourdissement par des gens[1] que je sentais derrière nous prêts à nous atteindre.

Tels qu'autrefois, agités d'une sainte fureur, les Thébains invoquaient Bacchus pendant la nuit, en se répandant en foule sur les bords de l'Ismène et de l'Asope[2] ; telle se pressait et courait tumultueusement dans le cercle où nous étions, cette bande que stimulait alors, à ce qu'il me parut, une volonté droite et un zèle pieux.

Ils furent bientôt à nous. Emportés tous ensemble d'un élan rapide, ils s'avançaient en foule, précédés de deux des leurs[3] qui s'écriaient en pleurant : « Marie[4], fuyant Hérode, se hâta de franchir les monts. — César, pour s'emparer d'Ilerda, prit Marseille et vola en Espagne. » — Ceux qui venaient après eux disaient : « Vite, vite ! ne perdons pas un instant. Que l'amour du bien nous presse, et rouvre pour nous les sources de la grâce divine ! »

« O vous[5], qui brûlez en ce moment d'une sainte ferveur, et qui peut-être expiez ainsi votre indifférence pour la vertu, et la rareté de vos bonnes œuvres, voici, (chose étrange et certaine toutefois) voici un vivant qui erre parmi les ombres. Il aspire à monter plus haut dès que le retour du soleil le lui permettra. Veuillez de grâce nous dire où est le passage qui doit exister près d'ici. »

A ces paroles de mon guide, une des ombres répondit: « Venez, et suivez nos pas ; ils vous conduiront à l'ouverture pratiquée dans la montagne. Mus par une force irrésistible, nous ne pouvons nous arrêter. Puisse notre châtiment, s'ils nous rend

[1] Ce sont les pénitents de la 4e terrasse qui expient leur paresse en courant toujours sans s'arrêter.

[2] Des fêtes nocturnes, appelées orgies, se célébraient à Thèbes en l'honneur de Bacchus, protecteur de cette ville. Les femmes, les Bacchantes y couraient échevelées, et avec de grands cris. — L'Ismène et l'Asope, fleuves de la Béotie.

[3] Le poète n'en désigne qu'un, l'abbé de Saint-Zénon.

[4] Exemples de louable célérité : La fuite en Egypte ; la course rapide de Jules César, de Rome à Marseille, et de Marseille en Espagne, lorsqu'à peine saisi du pouvoir, il courut dompter la révolte et écraser le parti de Pompée. Ilerda, aujourd'hui Lérida.

[5] C'est Virgile qui parle aux deux pénitents.

incivils, nous servir au moins d'excuse ! — Je fus abbé de Saint-Zénon[1], à Vérone, au temps de l'empereur Barberousse, si terrible aux Milanais, qu'ils s'en souviennent encore. Tel qui penche déjà vers la tombe[2] pleurera bientôt l'autorité qu'il s'est arrogée sur ce monastère, en y installant, au lieu du vrai pasteur, son fils, un bâtard, contrefait de corps et encore plus d'esprit. »

Ainsi parla cette ombre en passant rapidement. J'ignore si elle se tut ou si elle en dit davantage ; car déjà elle était loin de nous ; mais j'ouïs clairement ce peu de mots, et je me plus à les retenir.

Virgile, mon appui fidèle, me dit alors : « Tourne-toi de ce côté ; en voici deux[3], qui gourmandent la paresse en marchant derrière. »

— « Les lâches, s'écriaient-ils ; en vain la mer s'est-elle ouverte devant eux. Ils sont morts avant d'avoir vu le Jourdain, et pris possession de leur héritage. Qu'est-il advenu de ces Troyens, qui refusèrent de partager jusqu'au bout les travaux de leur chef ? Compagnons indignes du fils d'Anchise, ils se sont condamnés eux-mêmes à une vie sans gloire ! »

Lorsque cette légion de pénitents, s'éloignant de plus en plus, fut tout à fait hors de notre vue, je me sentis entraîné, de pensée en pensée, dans une mer de réflexions diverses. Je fermai les yeux, sous le charme de cette rêverie, qui me jeta bientôt dans un sommeil rempli de songes.

[1] L'abbaye de Saint-Zénon, à Vérone, était gouvernée, par don Albert ou don Gérard, au temps des guerres de l'empereur Barberousse, en Lombardie. Cet abbé avait sans doute une foi tiède et peu féconde en bonnes œuvres. Frédéric Ier, dit Barberousse, rasa Milan en 1162.

[2] On a reconnu dans le personnage à qui Dante prédit une fin prochaine, Albert della Scala, père d'Albouin et de Can della Scala, seigneurs de Vérone. La faiblesse de cet Albert pour son bâtard, qu'il fit abbé de Saint-Zénon, malgré son indignité, lui est sévèrement reprochée par le poète. Sa justice n'épargne pas le père de ses hôtes.

[3] Ces deux pénitents qui ne sont ici désignés ni nommés accusent de lâche inertie les Hébreux et les Troyens compagnons d'Enée. Les Hébreux avaient murmuré contre Moïse, et refusé de le suivre, en disant : Devons-nous aller plus loin quand Dieu nous délaisse ? *quò ascendemus ?* Dieu irrité jura que nul d'entre eux ne verrait la terre promise, excepté Caleb et Josué. (Deutéronome 1). — Ceux des Troyens qui perdirent courage et restèrent en Sicile auprès d'Aceste, n'eurent point de part à la glorieuse conquête du Latium. (Virgile Enéide 5.)

CHANT XIX.

A l'heure[1] où la chaleur du jour, vaincue en l'absence du soleil, par les froides influences de notre planète ou de Saturne, n'a plus d'action sur l'astre des nuits[2] ; à ce moment où le groupe d'étoiles que les géomanciens appellent *fortuna major*[3] leur apparaît[4] en Orient, dans une partie du ciel qui blanchit déjà aux approches de l'aube, j'eus un songe, et voici qu'une femme[5] s'offrit à mes yeux. Elle était bègue, louche et sans mains. Elle avait les jambes torses et le visage blême.

Je la considérais ; et de même que le soleil rend la chaleur aux membres engourdis par les froides vapeurs de la nuit, il arriva que, sous mon regard[6], en peu d'instants, la langue de cette femme se délia. Toutes ses difformités disparurent, et son visage se revêtit de couleurs chères à l'amour.

Dès que sa voix fut libre, elle se mit à chanter, et je me sentis ravi. Je n'aurais pu sans peine détacher d'elle ma pensée.

— « Vois, dit-elle, vois en moi la sirène[7] qui égare les marins

[1] Un peu avant l'aube : il faut remarquer que Dante, parvenu sur la 4e terrasse avant l'heure des ténèbres, l'a visitée pendant la nuit ; il s'y est enfin endormi, et un songe le prépare aux spectacles qui l'attendent dans les trois cercles supérieurs, où se purgent la gourmandise, l'avarice et la luxure.

[2] La fraîcheur de l'aube est due au refroidissement de la terre. A mesure que la terre perd sa chaleur acquise par la réverbération du soleil, elle cesse de la transmettre à la lune, son satellite.

[3] Le groupe de ces étoiles qui sont les dernières de la constellation du Verseau, et les premières du signe des Poissons paraît une heure avant le Bélier. On était donc à une heure du lever du soleil, qui se trouvait alors dans le Bélier.

[4] La géomancie est un art divinatoire, qui s'exerce à la naissance du jour, au moyen de points jetés au hasard sur le papier, et dont on observe la forme, après les avoir réunis par des lignes, eu égard aux constellations des Poissons et du Verseau.

[5] La volupté ou la fausse félicité, par opposition à la sagesse qui offre les vrais biens.

[6] L'imagination embellit le vice. Sa laideur s'efface devant l'œil fasciné qui s'y attache.

[7] Les sirènes, filles de l'Océan et d'Amphitrite, étaient de belles femmes dont le corps se terminait en queue de poisson. « *Desinit in piscem mulier formosa supernè* (*Horace*). » Elles séduisaient par leurs chants les marins qu'elles tiraient sous les eaux pour les dévorer. (Homère. Odys.)

au milieu des flots par la douceur de la mélodie que je fais entendre. Mes chants ont séduit Ulysse errant sur les mers, et l'ont écarté de sa route. Quiconque se livre à moi, me quitte rarement car je l'enivre de délices. »

Elle parlait encore, lorsqu'une autre femme, ayant le port d'une sainte, apparut soudain en face de la première comme pour la confondre : « O Virgile ! dit-elle sévèrement, fais-nous voir[1] qui elle est. » A ces mots, Virgile, sans détourner ses regards de la sainte créature, saisit l'autre à la poitrine, qu'il découvrit en déchirant ses vêtements, et nous montra son ventre entr'ouvert. Aux fétides exhalaisons qui en sortaient[2], je m'éveillai.

Mon guide, vers qui je me tournai d'abord me dit : « Je t'ai appelé trois fois au moins ; lève-toi et marche. Il existe un passage qu'il nous faut trouver. » Je fus aussitôt debout. Déjà les saillies de la montagne resplendissaient des feux du jour. Nous nous mîmes en route, frappés par derrière des rayons du soleil levant, et, comme je suivais mon maître, le front baissé, dans l'attitude d'un homme pensif et courbé sous le poids de ses méditations, j'ouïs ces paroles : « Venez de ce côté, par où l'on entre ; » douces paroles dites avec tant de bonté, et d'une voix si suave, que rien ici-bas ne saurait en donner l'idée.

Comme un beau cygne aux ailes déployées, l'ange qui nous parlait ainsi[3] nous guida vers les premiers degrés d'un escalier taillé dans le roc. Puis, agitant ses plumes argentées, il nous rafraîchit comme d'un coup d'éventail et nous dit : « Heureux ceux qui pleurent parce qu'ils seront consolés ! »

— « Qu'as-tu donc à regarder ainsi vers la terre, me dit

[1] C'est à Virgile, type de la raison et de la sagesse qu'il appartient de démasquer le vice.

[2] Pour donner horreur du faux, le poète rejette ici les fausses délicatesses du langage. L'art compris ainsi au moyen âge a retrouvé aujourd'hui de fervents adeptes dans l'école romantique.

[3] L'ange qui garde l'escalier du 5e balcon destiné aux avares. Il efface la lettre qui marquait au front de Dante le péché de la paresse (tiédeur aux bonnes œuvres) et lui annonce qu'il est purgé de cette faute en lui disant : *Beati qui lugent.* (Saint-Mathieu 5.) Le poète nous avait montré dans le chant précédent les paresseux pleurant leur négligence. « *E duo dinanzi gridavano piangendo.* »

20

mon maître, au moment où l'ange nous couvrait presque de ses ailes ? »

— « C'est, lui répondis-je, qu'une apparition nouvelle m'a rempli de crainte. Elle m'obsède et je ne puis en distraire ma pensée. »

— Il me répondit : « L'as-tu donc vue cette fée antique[1], dont les victimes peuplent seules toute la région[2] qui est au-dessus de nos têtes ? As-tu vu comment on peut se tirer de ses lacs ? — Que cela te suffise. Fuis, mon fils, fuis ce leurre empesté. Tourne les yeux vers un but plus noble, vers les sphères éternelles, qui tournent sous la main du roi de l'Univers. »

Tel on voit le faucon, qui d'abord baisse le cou, et regarde à ses pieds, se redresser au cri du chasseur, et prendre l'essor, alléché par l'appât qui lui est montré ; tel, et d'une pareille ardeur, franchissant toutes les marches creusées dans la pierre, je montai jusqu'au point où le mont s'élargit encore, et je débouchai sur le cinquième balcon, où je vis nombre de gens qui pleuraient, gisant la face contre terre[3]. Ils disaient avec le psalmiste : « *Mon âme s'est attachée au sol*[4], » et ils poussaient en même temps de tels soupirs qu'à peine pouvais-je distinguer leur paroles.

— « O vous, qui êtes les élus de Dieu, et dont les tourments sont doublement allégés par la justice et par l'espérance ! indiquez-nous les moyens de monter plus haut. »

— « Pour arriver le plus directement au passage que vous cherchez, il faut, si vous n'avez point à rester ici prosternés comme nous, avoir toujours à main droite le bord extérieur de la terrasse. »

Telle fut la demande de Virgile, et la réponse qui lui fut faite[5],

[1] On croyait au moyen âge qu'il existait de vieilles sorcières, sorte de vampires femelles, qui suçaient le sang des enfants. Le mot italien Striga répond assez à celui de goule, employé dans nos vieux fabliaux.

[2] Les faux biens qui sont l'objet de l'avarice, de la gourmandise et de la luxure, constituent le domaine de la volupté prise comme synonyme de l'amour des choses terrestres.

[3] Les avares se tiennent dans cette position, les pieds et les mains liés et immobiles.

[4] *Adhæsit pavimento anima mea* (Psaume CXVIII, 25).

[5] L'ombre qui a répondu ainsi la face contre terre, et sans voir les pèlerins est le pape Adrien V.

à quelques pas devant nous. Mais, dans cet échange de paroles, je vis bien ce qu'elles nous cachaient[1]. Je me tournai vers mon maître; mes yeux interrogèrent les siens, et il approuva d'un signe favorable le désir exprimé par mes regards.

Libre d'agir comme je voulais, je m'approchai, et me penchant vers cette ombre gisante, que ses paroles m'avaient fait d'abord remarquer entre les autres, je lui dis : « Ame pénitente, dont la douleur sincère hâte l'expiation sans laquelle on ne peut retourner à Dieu! faites un peu trêve pour moi au soin plus grave qui vous occupe. Qui étiez-vous sur la terre? Pourquoi avez-vous ainsi tous la face prosternée? Parlez, si vous voulez obtenir par moi quelque chose dans le monde que j'ai quitté plein de vie. »

Ce pénitent me satisfit en ces termes : « Tu sauras pourquoi nous tournons le dos au Ciel. Mais apprends d'abord que je fus un des successeurs de Saint-Pierre[2]. Le Lavagno, beau fleuve qui s'abîme entre Siestri et Chiavari, a fourni à ma race le titre qui pare son nom. J'ai revêtu le manteau papal. Je ne l'ai porté qu'un mois et quelques jours, et j'ai senti combien il pèse à qui veut le préserver de souillures; toute autre charge n'est que plume au prix de lui. Parvenu au faîte et devenu pontife romain, je me convertis (hélas bien tard!) en découvrant ce qu'il y a de vain et de trompeur dans la vie. Je vis que là encore ne se trouvait pas l'apaisement du cœur, quoique l'homme ne puisse s'élever plus haut dans cette vie mortelle. C'est ce qui me fit aspirer à l'autre, et m'enflamma du désir de la mériter; car, jusque-là, j'avais été un malheureux pécheur, séparé de Dieu par mon extrême avarice, vice honteux dont je porte ici, comme tu vois, la peine. Et cette peine, où se montrent les effets de l'avarice, afin d'épurer les âmes repentantes, elle est telle qu'aucun lieu du Purgatoire n'en a de plus amère. Comme nos yeux, attachés aux choses terrestres, ne s'élevèrent jamais plus haut, ainsi la justice divine leur dérobe ici l'aspect du Ciel. Et comme l'avarice éteignit notre amour naturel

[1] L'ombre ne s'est pas fait connaître.

[2] Ottobuono dal Fiesco, gentilhomme de Gênes, élevé au pontificat sous le nom d'Adrien V. Il y avait dans cette illustre famille de Fiesque des comtes de Lavagno. L'avarice de ce personnage, mort en 1276, avait précédé son élévation au pontificat — Siestri et Chiavari, villes de l'état de Gênes.

pour le bien, en nous mettant dans l'impossibilité d'agir, ainsi Dieu nous retient justement dans des liens, qui nous serrent les pieds et les mains. Etendus et immobiles, nous garderons cette attitude aussi longtemps que tel sera son bon plaisir. »

J'étais tombé à genoux[1], et je voulais lui répondre, mais, au premier son de ma voix, qui lui fit deviner, à la simple ouïe, l'humble position que j'avais prise, il me demanda par quelle raison je m'abaissais ainsi. Je lui répondis que c'était par la conscience du respect dû à sa dignité.

Il me dit alors : « Debout, mon frère ! tu n'as point à fléchir le genou devant moi, nous sommes tous les serviteurs du même maître[2]. Dans la résurrection les hommes et les femmes ne se marieront point[3]. Si tu as bien compris cette parole de l'Evangile, tu dois voir pourquoi je te rappelle ici à l'égalité. A présent laisse moi ! Ne t'arrête pas ici davantage; car en ta présence je fais trêve à mes larmes, nécessaires, comme tu l'as dit, pour hâter l'heure de ma délivrance. J'ai sur la terre une nièce, nommée Alagia[4], douée d'un bon naturel, si les exemples de ma race ne la gâtent point. Elle en est le seul reste, au monde des vivants. »

[1] Les fidèles ne s'approchent qu'à genoux du Saint-Père.

[2] Le serviteur des serviteurs de Dieu doit au moins avoir ceux-ci pour égaux dans l'autre monde. L'égalité après la mort existe entre les conditions comme entre les sexes, et l'infériorité de la femme cesse où il n'y a plus de mariage, qui la constitue en état de dépendance.

[3] *Cum enim à mortuis resurrexerint, neque nubent neque nubentur* (Saint-Marc, 12-15). Les Sadducéens avaient fait à Jésus-Christ cette objection contre la résurrection des morts : une femme a épousé successivement les sept frères. Duquel d'entre eux sera-t-elle l'épouse, au jour de la résurrection ? — Jésus-Christ leur répondit que les morts ressuscités ne se mariaient point.

Le poète a tiré de cette réponse une conséquence fort juste, une promesse d'égalité entre l'homme et la femme, dans la vie éternelle. Adrien veut donc faire entendre par sa citation que le pape et les fidèles sont égaux, après leur mort, vis-à-vis les uns des autres comme devant Dieu ; en d'autres termes que l'union du Pape et de l'Eglise est rompue dans l'autre vie.

[4] Louange délicate donnée par Dante à son protecteur Maroello di Malaspina, qui avait épousé cette dame. Maroello di Malaspina, seigneur de la Lunigiane, en Toscane, reçut Dante avec distinction, en 1307, cinq ans après sa condamnation à l'exil.

CHANT XX

Notre volonté lutte mal contre une volonté meilleure. Je dus faire céder au vœu de cette ombre un plaisir de curiosité, et je retirai de l'eau l'éponge non imbibée[1]. Je me remis en marche.

Mon guide m'entraînait le long des roches[2], comme on marche sur un mur étroit en se tenant aux créneaux. Cette voie était la seule restée libre ; car, sur le bord extérieur se pressaient en foule d'autres avares, dont les larmes, tombant goutte à goutte, les purgeaient de ce vice honteux qui infecte le monde entier.

Sois maudite, antique louve[3], plus rapace qu'aucune autre bête fauve, plus largement pourvue de pâture pour ta faim insatiable ! Cieux qui roulez sur nos têtes, s'il est vrai que vos mouvements influent sur les choses d'ici-bas[4], quand donc sera chassé ce monstre ? Quand viendra celui qui doit nous en délivrer ?

Nous marchions lentement, et comme j'avançais à petits pas, attentif au bruit des pleurs et des sanglots qui éclataient près de moi, et qui excitaient ma pitié, j'entendis par hasard un cri

1 La curiosité satisfaite est comme une éponge saturée d'eau.

2 Ils marchent appuyant le flanc gauche aux parois de la montagne. Le bord libre de la terrasse est à leur droite (Purg. 19) ; ils avaient le soleil levant derrière eux.

3 On voit ici que la louve, décrite au premier chant de l'Enfer, est bien l'avarice, qui fut en tout temps la cause principale des maux qui ont affligé la terre. Le poète invoque un libérateur, sans désigner personne ; nouvelle preuve peut-être que le morceau de l'Enfer, où il a désigné clairement *Can della Scala*, y a été inséré plus tard.

4 Les révolutions des peuples dépendent de la volonté humaine, et non du cours des astres, lesquels, suivant une doctrine admise au moyen âge, n'agissent que sur le monde matériel. Aussi Dante n'ose-t-il pas affirmer ici leur influence directe. Mais il a dit plus haut que nos premiers mouvements viennent souvent de Dieu, sans qu'il en coûte rien au libre arbitre. Fénelon a dit en ce sens : « *l'homme s'agite et Dieu le mène* ».

poussé dans les larmes[1], semblable à celui d'une femme en travail. Ces mots : « Douce Marie » furent suivis de ces autres : « Vous avez été pauvre, comme l'a fait voir le lieu où vous avez déposé le fruit béni de vos entrailles ! » — J'entendis ensuite : « O Fabricius ! la pauvreté vous a paru meilleure avec la vertu, que la richesse avec son cortège de vices. »

Charmé de ces ferventes aspirations, je poussai en avant, afin de reconnaître le pénitent de qui elles paraissaient émaner. Celui-ci glorifiait aussi la libéralité, et louait un saint évêque, Nicolas de Mira[2], de n'avoir pas épargné l'or pour préserver des jeunes filles du déshonneur.

« O vous qui parlez si bien, dis-je à cette ombre éplorée, qu'étiez-vous dans le monde, et pourquoi ces vertus ne trouvent-elles qu'en vous l'apologie qu'elle méritent ? Votre obligeance aura son prix, croyez-le, si je retourne sur la terre, pour y achever le pèlerinage de la vie, dont le cours est si rapide[3]. »

L'ombre me répondit : « Je cède à ton vœu, moins pour le secours que je puis attendre des vivants qu'à cause de la grâce singulière qui t'a été faite avant ton dernier jour.

« Je fus la tige de cette mauvaise plante qui jette une ombre sur toute la chrétienté, une ombre si pernicieuse qu'il n'en vient plus guère de bons fruits. Mais le mal cesserait bientôt, s'il ne tenait qu'à Douai, Gand, Lille et Bruges, qui brûlent d'en être les vengeurs. Moi aussi, je demande justice au souverain juge[4].

[1] Hugues-le-Grand, père de Hugues Capet. Entaché d'avarice, il vante la pauvreté, dont les deux types sont empruntés au monde chrétien et au monde payen : — La mère du Sauveur, né à Béthléem — Fabricius refusant les dons corrupteurs de Pyrrhus. — L'avarice et la prodigalité sont deux vices opposés, auxquels correspondent deux vertus opposées, la pauvreté et la libéralité. Celle-ci est mise en relief par un trait notable : Saint Nicolas de Mira, informé qu'un pauvre homme allait vendre et livrer à la débauche ses trois filles qu'il ne pouvait nourrir, fit jeter dans sa maison, par une fenêtre, plusieurs sacs d'écus qui servirent à les doter et à les marier.

[2] D'autres pénitents les célébraient aussi, mais à voix plus basse.

[3] Dante ne dit pas que sa vie approche de son terme ! Il n'a que 35 ans selon le temps où il place son poème. Tel n'est pas le sens de ces mots : « *Quella vita ch'al termine vola* » il fait une réflexion générale sur la rapidité de la vie.

[4] Ces villes que Philippe-le-Bel conquit en Flandre en 1299, il les perdit en 1302, par suite de la défaite de Courtray. Dante met ici sous la forme d'un vœu, selon son usage, une vengeance accomplie.

« Mon nom sur la terre était Hugues Capet[1]. Moi, le père des Philippe et des Louis, l'auteur de la nouvelle dynastie qui règne en France, je dois le jour à un boucher de Paris. Lorsque l'antique sang royal vint à tarir, et qu'un cloître eut reçu le dernier de ses princes, je me trouvai avoir en main les rênes de l'Etat.

« Elles y restèrent et me valurent bientôt tant de puissance et des amis si nombreux que la couronne vacante fut placée sur la tête de mon fils, et de là sur le front sacré de ses descendants.

« Avant que la Provence, cette grande dot échue aux princes de ma race[2], leur eut ôté toute retenue, c'étaient des hommes de peu de valeur, mais inoffensifs. Là commencèrent leurs rapines, à l'aide de la force et du mensonge. Après la Provence, et pour amende, ils s'emparèrent du Ponthieu, de la Normandie et de la

[1] Il y a ici plusieurs erreurs : 1° C'est de Hugues-le-Grand que Dante a voulu parler et non de Hugues Capet. Hugues-le-Grand, qu'on appelle aussi Hugues l'Abbé était déjà souverain de fait en France, à la mort du dernier roi carlovingien, 987. Mais le titre de roi n'appartint qu'à Hugues Capet, son fils. Il est vrai que celui-ci fit couronner son fils Robert, à Orléans; mais ce fut de son vivant, et pour lui assurer la couronne, qui n'était pas encore vacante. Les circonstances relevées par le poète ne s'appliquent donc pas à Hugues Capet, quoiqu'il le nomme : *chiamato fui di Ugo Ciapetta.* 2° Où Dante a-t-il vu que Hugues-le-Grand ou Hugues Capet était le fils d'un boucher ? « *figliuolo fui d'un beccajo di Parigi* ». Hugues-le-Grand, fils de Robert, qui défendit Paris contre les Normands, en 885, descendait de Robert-le-Fort, qui avait combattu ces mêmes Normands dans le pays entre Seine et Loire et avait été fait duc de France par l'empereur Charles-le-Chauve. On a beaucoup disputé sur ce Robert-le-Fort, tige de la dynastie capétienne. On semble admettre aujourd'hui que c'était un aventurier, comme on fait remonter les Plantagenet à Tertulle le Rustique, fils d'un paysan de l'Anjou, devenu sénéchal de cette contrée pour prix de ses exploits contre les Normands. (Lavallée, histoire des Français. 1-85). En admettant cette origine de Robert-le-Fort, il y aurait encore bien loin du petit-fils de l'aventurier saxon, au fils d'un boucher de Paris. Là n'est point la source du conte rapporté par Dante. C'était sans doute un de ces bruits populaires par lesquels le parti des Blancs, écrasé à Florence par Charles de Valois, se vengeait de la maison de France. 3° Louis V, dernier roi français de la race de Charlemagne, était marié depuis un an lorsqu'il mourut empoisonné, à Compiègne, à l'âge de 21 ans. Il n'était donc pas enfermé dans un cloître sous des habits de moine, *in panni bigi*, lorsque Hugues Capet monta sur le trône. Il se pourrait pourtant que Dante ait voulu parler de Charles de Lorraine, oncle de Louis V, et son héritier, qui contesta l'élection de Hugues, et qui, trahi par l'évêque de Laon, fut livré à son rival, et enfermé dans la tour de Laon où il mourut.

[2] Charles d'Anjou, Charles de Valois, Charles de Sicile et Philippe-le-Bel, sont ici sévèrement jugés par le chef de leur race. — Charles d'Anjou, frère de saint Louis, épousa Béatrix, fille de Raymond Bérenger, qui lui apporta en dot le comté de Provence.

Gascogne[1]. Puis, Charles d'Anjou passa en Italie, et pour amende il fit périr le jeune Conradin[2]; puis, et encore pour amende, il s'en prit à saint Thomas lui-même, et le rendit au Ciel[3] qui réclamait ce grand docteur.

« Peu de temps après, je vois un autre de mes descendants, Charles de Valois,[4] quittant la France pour se faire mieux connaître, lui et les siens, franchir les monts, seul et sans armes, sans autres armes que celles de Judas, et de celles-là faire un tel usage que Florence en est percée au cœur. Il n'en reste pas moins *sans terre*, mais non sans péché ni sans honte, profit d'autant plus fâcheux qu'il compte pour rien telles souillures.

« J'en vois un troisième, Charles de Sicile[5], fait prisonnier

[1] Dès l'année 1195, Alix, fille de Louis-le-Jeune, avait épousé Guillaume, comte de Ponthieu. Philippe-Auguste, frère de cette princesse, fit ajourner Jean-sans-Terre, son vassal, pour rendre compte du meurtre d'Artus de Bretagne, son neveu. Par arrêt de la cour des Pairs, Jean, roi d'Angleterre, fut privé de son duché de Normandie, qui fut réuni en 1202 à la couronne de France. La Guyenne lui revint aussi en vertu du même arrêt. Eléonore, après son divorce, obtenu par Louis-le-Jeune, avait porté ce duché à son second mari, Henri II, roi d'Angleterre; et Jean-sans-Terre, fils de celui-ci, dut en être privé en même temps que de la Normandie. La Guyenne fut en effet réunie à la couronne, sous les rois Philippe-Auguste, Louis VIII et saint Louis. Ces réunions ne furent pas alors définitives, mais Dante pouvait les croire telles, et taxer à ce sujet d'ambition la maison de France.

[2] Charles d'Anjou, investi du royaume de Naples par le pape Urbain IV, s'en mit en possession après avoir vaincu Manfred, bâtard de Frédéric II, en 1266. Le jeune Conradin, petit-fils de cet empereur, voulut revendiquer les droits de la maison de Souabe, et fut battu par Charles d'Anjou qui lui fit trancher la tête sur un échafaud, le 26 octobre 1268. Son cousin Frédéric d'Autriche eut le même sort.

[3] Saint Thomas d'Aquin, appelé par le pape Grégoire X au deuxième concile général de Lyon, mourut à Fossa-Nova, comme il s'y rendait. Villani (L. 9, c. 18) dit qu'il fut empoisonné par un médecin, son ami, émissaire de Charles d'Anjou. Dante, en haine de la maison de France, adopte cette version que rien d'ailleurs n'autorise. — Malgré ces graves accusations, Charles d'Anjou n'en est pas moins placé au Paradis, comme défenseur de l'Église (Par. 6). Il est remarquable que saint Louis, canonisé en 1279, par Boniface VIII, n'y a point sa place.

[4] Charles de Valois, fils de Philippe-le-Hardi et frère puîné du roi Philippe-le-Bel, fut appelé en Toscane pour la pacifier, par le pape Boniface VIII, qui lui fit épouser la fille de Beaudouin, empereur de Constantinople. Admis à Florence à condition de respecter les lois de cette république, il y exerça une dictature sanglante. Il y ruina le parti des Blancs, et Dante lui dut son exil. Il n'obtint d'ailleurs ni seigneurie ni états, et fut appelé Charles-sans-Terre; a quoi le poète fait allusion par ce trait mordant : « *non terra guadagna.* »

[5] Charles-le-Boiteux, fils de Charles d'Anjou, lui succéda au royaume de Naples et de Sicile. Pierre d'Aragon, qui avait épousé Constance, fille de Manfred, faisait valoir les droits de sa femme à ce royaume. Déjà les Vêpres

sur mer, ne quitter ses fers que pour vendre sa fille, et en trafiquer par mariage, comme les corsaires font marchandise de femmes esclaves. O avarice ! n'est-ce point là ton dernier effort ? Tu es entrée si avant dans mon sang, qu'en voici un assez ennemi de lui-même pour vendre la chair de sa chair !

« Voici de quoi faire paraître moins grands les maux passés et futurs : je vois les fleurs de lys entrer dans Anagni, et le Christ captif en la personne de son vicaire[1].

« Je vois le Sauveur exposé de nouveau à la dérision et aux outrages, abreuvé encore de vinaigre et de fiel, et mis à mort entre deux voleurs. Je vois un nouveau Pilate[2], qui non content de ces indignités porte, sans ordre du Saint-Siége, ses mains cupides sur les Templiers. O mon Dieu ! quand aurai-je la joie de voir votre vengeance ? Jusqu'à quand votre courroux, se fiant sur elle, la laissera-t-elle endormie dans votre sein ?

« La Vierge bienheureuse, épouse de l'Esprit-Saint, sa pauvreté que j'invoquais lorsque tu t'es tourné vers moi pour t'enquérir, tel est le sujet de nos prières pendant le jour ; mais,

Siciliennes lui avaient rendu la Sicile en 1282. Son amiral Doria vainquit sur mer en 1284, Charles II, en personne, le prit, et le conduisit à Messine devant la reine Constance, qui voulut bien l'épargner. Retourné à Naples, ce prince maria sa fille au marquis de Ferrare Azzon III, dont il reçut de grosses sommes pour couvrir cette mésalliance.

[1] On connaît les violents démêlés de Philippe-le-Bel avec Boniface VIII. Les décimes exigés du clergé par Philippe en furent la première cause. Le pape mit le royaume en interdit. Le roi, de son côté fit arrêter en France le légat, et envoya signifier au pape son appel au futur concile. Guillaume Nogaret, chargé de cet ordre, l'exécuta dans la ville d'Anagni, où se trouvait alors le Souverain Pontife.

Nogaret se présenta devant Boniface avec Sciarra Colonna qui était son ennemi personnel. Celui-ci, dit-on, donna un soufflet au Pape. D'autres disent que Boniface attendit fièrement Colonna sur son siége pontifical, et que nul ne porta la main sur lui. Ce qui est certain, c'est que le fougueux Boniface, âgé de plus de 80 ans, mourut quelques jours après (1303) dans des transports de fureur que rien n'avait pu calmer.

[2] Ce même Philippe-le-Bel fit arrêter le même jour, 13 octobre 1309, par toute la France, les Templiers accusés de se livrer à d'infâmes débauches, et de renier Jésus-Christ. Il furent condamnés sur leurs aveux arrachés par les tortures ; et 59 d'entre eux, et notamment leur grand-maître, Jacques Molay, et Guy, frère du dauphin d'Auvergne, furent brûlés en 1312, à Paris, sur le Pont-Neuf. Le pape Clément V, créature de Philippe-le-Bel, et résidant alors en France, avait étendu les informations par toute l'Europe. L'ordre fut aboli dans toute la chrétienté. On se demande encore aujourd'hui si la condamnation des Templiers ne fut pas un jugement inique. Dante, contemporain de l'événement, le croyait sans doute, puisqu'il compare à Pilate le juge qui a porté la sentence.

aussitôt que la nuit est venue, nos pensées prennent un autre tour; nos aspirations tendent vers des objets contraires. Alors, c'est de l'avarice que nous rappelons les exemples : nous disons les crimes de Pygmalion[1], que la soif de l'or rendit à la fois traître, voleur et fratricide. Nous parlons de Midas[2] et de la misère qui suivit sa folle demande, bien digne d'une éternelle risée. On blâme aussi l'avidité insensée d'Achan[3], son audace à soustraire une partie du butin et à braver la défense de Josué, qui semble encore ici s'attacher à lui. On accuse Ananie et Saphira[4], victimes de leur vil intérêt. On approuve le châtiment d'Héliodore[5], abattu sous le cheval invisible. Ce roi de Thrace

[1] Pygmalion, roi de Tyr et de Sidon, fit tuer son beau-frère Sichée, prêtre d'Hercule, pour s'emparer de ses richesses. Mais Didon, sa sœur, s'enfuit avec les trésors de son époux assassiné au pied des autels, et alla fonder sur la côte de Lybie, la ville de Carthage.

Impius ante aras, atque auri cæcus amore,
Clam ferro incautum superat... (Virg. Enéide. I.)

[2] Midas, roi de Phrygie, obtint de Bacchus que tout ce qu'il toucherait se changeât en or.

[3] Après la prise de Jéricho, Josué envoya contre la ville d'Haÿ quelques milliers d'Israélites qui lâchèrent pied, Dieu voulant ainsi les punir de ce que partie du butin fait au sac de Jéricho avait été gardée par un soldat malgré la défense du chef. Achan, fils de Zaris, de la tribu de Juda, confessa qu'il avait enfoui dans sa tente un manteau de pourpre, une verge d'or et 200 sicles d'argent. Il fut lapidé et jeté dans les flammes avec ses enfants et tout ce qui lui appartenait.

[4] Les apôtres, demeurés à Jérusalem, après la descente de l'Esprit-Saint, y confirmaient leurs prédications par des miracles. Les fidèles vendaient leurs biens, et leur en apportaient le prix pour être distribué suivant les besoins de chacun. Il n'y avait point de pauvres parmi eux. « *Erant illis omnia communia.* » Or, Ananias ayant, de concert avec sa femme Saphira, dissimulé partie du prix d'un champ qu'ils avaient vendu, en reçut des reproches de saint Pierre, et fut au même instant frappé de mort. Saphira vint ensuite, ignorant cette punition, et soutint son mensonge. — « Pourquoi tentez-vous Dieu, lui dit saint Pierre ? Voici les pas des hommes qui sont allés enterrer votre mari. » Saphira, effrayée, tomba morte aux pieds de l'apôtre.

[5] Héliodore envoyé à Jérusalem par Séleucus, roi de Syrie, pour y enlever les trésors amassés dans le temple, voulut tout prendre, même les sommes déclarées par Onias appartenir aux veuves et aux orphelins. Comme il était auprès du trésor, commandant à ses soldats de s'en emparer, ceux-ci, frappés de terreur, prirent la fuite. Un cavalier avait paru tout à coup armé de toutes pièces et monté sur un coursier qui lança des ruades à Héliodore. Deux jeunes gens inconnus survinrent, qui se mirent à le fustiger sans relâche. Héliodore tomba sur le pavé du temple, et fut emporté dans sa litière, privé de la vue et de la voix. Guéri par Dieu, à la prière du grand prêtre, il retourna vers Séleucus, et lui raconta ces grands prodiges. (Macchab. II.)

qui fût l'hôte parjure et l'assassin du jeune Polydore[1], Polymnestor est noté d'infamie dans toute l'étendue de cette zône. Enfin on s'écrie : « avare Crassus[2], toi qui as tant aimé l'or, dis-nous quel goût il a, tu dois le savoir. « — Nous parlons tantôt à voix haute, et tantôt à voix basse, suivant l'affection qui remplit nos cœurs, et qui excite ou arrête notre élan. Aussi, tout à l'heure, quoique tu n'aies entendu que moi, je n'étais pas seul à exalter les vertus qui nous sont rappelées par la clarté du jour ; mais aucun autre n'élevait la voix. »

L'ombre ayant cessé de parler, déjà nous étions loin d'elle et nous nous efforcions, selon notre pouvoir, d'achever ce qui nous restait de chemin à parcourir, lorsque je sentis trembler la montagne[3], comme fait une chose qui s'écroule, et je fus saisi de ce froid qui saisit un condamné marchant à la mort. Certes, l'île de Délos était agitée de moindres secousses avant que Latone y vînt enfanter les deux astres, flambeaux de l'univers.

Ensuite un immense cri tonna de toutes parts avec une telle force que mon maître se retourna vers moi et me dit : « Ne crains rien tant que je suis ton guide. » Tous disaient : « Gloire à Dieu au plus haut des Cieux ! » Je reconnus ces paroles, dès que la distance rapprochée me permit de les distinguer. Semblables aux bergers, qui ouïrent les premiers ce chant des anges, nous restâmes immobiles et incertains, jusqu'à ce que cessèrent, avec la fin de l'hymne, les secousses de la montagne.

[1] Priam, au commencement de la guerre de Troie, avait envoyé Polydore, son plus jeune fils, à Polymnestor, roi de Thrace, afin qu'il restât un rejeton du sang royal, si le sort des armes lui était contraire. Polymnestor, pour s'emparer des trésors, qui lui avaient été confiés avec l'enfant, tua son hôte aussitôt après la prise de Troie, et laissa le corps du jeune Polydore étendu sur le rivage sans sépulture.

> *....... Polydorum obtruncat, et auro*
> *Vi potitur. Quid non mortalia pectora cogis*
> *Auri sacra fames !* (Virg. Enéide III.)

[2] Crassus fut tué dans la guerre contre les Parthes, où les Romains essuyèrent, sous sa conduite, un épouvantable désastre. On rapporte que des soldats Parthes lui coupèrent la tête, et la portèrent à leur roi, qui fit fondre de l'or dans sa bouche, à peu près comme Tomyris fit boire du sang à Cyrus, après sa mort, afin que cet avare, connu du monde entier par son insatiable cupidité, pût enfin se repaître du métal qu'il avait convoité avec tant d'ardeur.

[3] Chaque secousse de la montagne annonce la délivrance d'une âme qui a fini son temps d'épreuve au Purgatoire. Ici, c'est le poète Stace qui a pris son essor, comme il sera dit au chant suivant.

Nous reprîmes ensuite notre pieux voyage. Nous regardions, chemin faisant, les ombres gisantes, qui, déjà, étaient rendues à leurs pleurs habituels. Jamais, si ma mémoire a gardé des impressions fidèles, je n'eus autant à lutter contre le désir d'être instruit d'une chose ignorée qu'en cet instant où mes pensées se heurtaient dans mon esprit. Je n'osais plus retarder notre marche par de nouvelles demandes, et ne pouvais de moi-même pénétrer les causes du phénomène. J'avançais timide et pensif.

CHANT XXI.

J'étais travaillé de cette soif naturelle aux hommes, et que peut seule apaiser l'eau vive, dont la samaritaine[1] était altérée, lorsqu'elle demanda la grâce d'y porter ses lèvres. Pressé par cet aiguillon, je marchais rapidement, frayant ma voie entre les ombres éparses, et m'apitoyant sur ces effets nécessaires de la souveraine justice lorsque voici venir, (de même que selon saint Luc, le Christ, après avoir brisé les portes du tombeau, apparut aux deux pèlerins d'Emmaüs[2],) voici, dis-je, apparaître une ombre[3], que nous ne savions pas être derrière nous.

[1] Jésus, en passant par Samarie, s'arrêta dans la ville de Sichar, auprès du puits de Jacob. Une femme vint y puiser, et il lui demanda à boire. — « Oubliez-vous, lui dit-elle, que les Juifs n'ont pas de commerce avec les Samaritains ? » — « Le temps est venu, répondit Jésus, que vous n'adorerez mon père ni sur cette montagne, ni à Jérusalem. Dieu est esprit, et ceux qui l'adorent doivent l'adorer en esprit et en vérité. Mais c'est plutôt à moi de vous donner de l'eau vive, une eau qui jaillira en vous jusque dans la vie éternelle. » — La samaritaine lui dit: « Seigneur, donnez-moi de cette eau, afin que je n'aie plus soif. » (St Jean, chap. 4.) — Dante avait soif aussi de la vérité La montagne avait tremblé dans sa base, et retenti du chant : *Gloria in excelsis*. Il désirait ardemment, comme il va le dire tout à l'heure, savoir la cause de ce phénomène.

[2] Le jour même de sa résurrection, Jésus accosta, sur le chemin de Jérusalem à Emmaüs, deux hommes qui n'étaient pas ses disciples, et qui se rendaient dans ce dernier bourg; l'un deux s'appelait Cléophas. Ils marchaient avec lui sans le reconnaître, et leurs yeux s'ouvrirent seulement après que le Christ eut béni et rompu le pain avec eux à Emmaüs.

[3] Stace. Il venait d'achever son temps d'épreuve au Purgatoire.

Elle cheminait à pied, regardant toute cette foule prosternée. Elle parla la première et dit : « Que la paix soit avec vous, mes frères ! » Nous nous retournâmes à l'instant, et Virgile lui rendit son salut par le signe d'usage, en ajoutant : « Puisses-tu jouir de cette paix, au sein de la vérité même, admis dans la cour sainte, dont je suis exclu pour toujours ! »

— « Si vous n'êtes pas de ceux que Dieu daigne appeler à lui, interrompit l'ombre, comment et pourquoi êtes-vous en marche? Qui vous a conduits si haut sur les degrés du Ciel ? »

Virgile reprit ainsi : « Voyez au front de cet homme les signes qu'y a gravés l'ange commis au seuil du Purgatoire. Vous ne douterez plus qu'il n'aît un jour sa place, avec les bons, dans le royaume du Ciel. Mais celle qui file jour et nuit[1] n'ayant pas encore achevé sa tâche, que Clotho lui livre à la naissance de chaque mortel, son âme, qui est sœur des deux nôtres[2], ne pouvait s'élever seule jusqu'à ces régions, parce qu'elle ne voit pas à notre manière[3]; voilà pourquoi j'ai été tiré de la bouche même de l'Enfer, et chargé de le guider, comme j'ai déjà fait, comme je le ferai encore, jusqu'où ma lumière pourra le conduire[4]. Mais, dites-moi de grâce : pourquoi la montagne a-t-elle reçu tout à l'heure de si fortes secousses? Pourquoi, du faîte à la base un cri général s'est-il fait entendre? »

Mon cher maître, par cette demande, rencontrait justement mon désir. Avec l'espoir de connaître, ma soif devint moins ardente.

L'ombre satisfit ainsi mon impatience : « Ce que vient d'éprouver la montagne sainte, n'arrive point sans ordre, dit-il, et ce n'est point un accident inusité. Ici, tout est pur et exempt

[1] Lachésis n'a pas encore filé tout ce qui est sur la quenouille de Clotho. Il n'est pas fait mention dans ce passage de la troisième Parque, Atropos, qui coupe le fil avec des ciseaux, suivant la fable. Ce qui veut dire : non seulement Dante n'est pas mort, mais il n'est pas au terme de la vie humaine. On a vû, au début du poème, qu'il est censé faire son voyage à 35 ans. « *Nel mezzo di cammin di nostra vita.* »

[2] Dante sait qu'il est de la famille des grands poètes. Déjà il avait pris rang parmi eux, au quatrième Chant de l'Enfer. Mais en se plaçant après Homère, Virgile, Horace, Ovide et Lucain, trouvés par lui dans les Limbes, il n'avait pas entendu mettre Stace au-dessous de lui.

[3] Les yeux du corps ne suffisent pas aux vivants pour les conduire au pays des âmes.

[4] Autant que la raison humaine peut discerner les choses du Ciel.

d'altération. Le Ciel retire à lui tout ce qui émane de lui[1]. Là seulement, on peut voir la cause d'un phénomène qui n'admet pas d'autre explication. En effet pluie, grêle, neige, rosée ou brume, aucun de ces effets naturels ne se produit au-dessus du seuil du Purgatoire, formé de trois degrés. Plus haut, le Ciel n'a point de nuages; l'air ne s'enflamme pas d'éclairs; Iris n'étonne plus par ses apparitions dans des régions diverses. Les vapeurs, dont se forme le tonnerre, ne s'élèvent point au-delà de cette limite. Elles s'arrêtent à la dernière de ces trois marches, où reposent les pieds de l'ange commis par saint Pierre.

« Si le sol tremble, ce n'est que plus bas et au pied de la montagne; mais sur ces hauteurs, les secousses qu'elle éprouve ne proviennent jamais d'une force cachée dans ses entrailles. Elle tremble toutes les fois qu'une âme se sent assez purgée de ses souillures pour s'élever d'elle-même. Un long cri d'allégresse l'accompagne lorsqu'elle prend son essor, et que cette âme soit vraiment purifiée, sa volonté seule le prouve. Pleinement affranchie, elle aspire à changer de gîte; elle se plaît dans cet acte de volonté libre Elle voulait tout d'abord jouir du souverain bien; mais l'appétit sensuel combattait ce désir. C'est que la justice divine met en lutte l'appétit et la volonté, dans le châtiment, comme ils l'avaient été dans la faute[2].

« J'ai été moi-même soumis plus de cinq cents ans[3] à ces douloureuses épreuves, et ce n'est que tout à l'heure que j'ai senti en moi une volonté libre, avec l'impatience d'une nouvelle patrie. De là les commotions qu'a ressenties la montagne; de là l'empressement des âmes pénitentes à faire monter leurs louanges jusqu'au trône de Dieu, afin de mériter d'y monter bientôt elles-mêmes. »

[1] Les âmes seules parmi les êtres créés sur la terre, sont des œuvres immédiates de Dieu, qui les rappelle à lui par des moyens surnaturels. Les causes physiques ordinaires n'ont plus d'action au-delà du seuil du Purgatoire. L'ange, qui garde cette porte, en a reçu les clés de saint Pierre. (Purgatoire 9).

[2] La volonté n'est plus retenue dans les liens de l'appétit ou de la concupiscence. Elle prend son essor vers les Cieux. Cet état de l'âme est amené par le châtiment qui est à la fois châtiment et cause de repentir.

[3] En 1300, époque assignée par Dante à son voyage, il y avait plus de 1200 ans que Stace était mort; car il n'a dû guère survivre à l'empereur Domitien, assassiné en l'an 96 de l'ère chrétienne. Il lui avait dédié son poème de l'*Achilléide* qu'il laissa inachevé. Par ces mots *Cinque cento anni e più*, le poète ne veut exprimer que le temps d'épreuves passé sur la cinquième terrasse avec les avares. (V. le Chant suivant.)

« Ainsi parla le nouvel élu ; et comme, plus la soif est grande, plus le plaisir de boire est exquis, je ne saurais bien dire de quel prix furent pour moi ces révélations.

« Je vois à présent, dit le sage Virgile, dans quels filets on est ici retenu. Je vois comment on s'en dégage, et pourquoi la montagne tremble, et à qui s'adressent vos félicitations. Mais dites-moi encore de grâce : qui étiez-vous, avant les longues années que vous avez passées dans cet exil ? »

Il reprit la parole en ces termes : « Je vécus dans le temps où Titus assiégea la ville sainte[1], et, avec l'aide de Dieu, vengea dans le sang des Juifs le sang du Sauveur vendu par Judas. J'étais alors renommé comme poète ; on me saluait de ce titre, plus beau et plus durable qu'aucun autre. Mais la foi ne m'éclairait pas encore. Il fallut que Rome, charmée de la douceur de mes chants, m'enlevât à Toulouse, ma ville natale[2]. Elle réservait à mon front la couronne de myrthe. Stace, dont le nom est encore dans la bouche des hommes, a chanté les malheurs de Thèbes et les exploits d'Achille[3] ; mais il est tombé en chemin, sous ce dernier fardeau. Je m'étais inspiré au foyer divin, qui a inspiré tant de nobles âmes, à la source féconde de la poésie, à cette Enéide qui fut ma mère et ma nourrice[4], et d'où je tirai mon peu de valeur. Aussi donnerais-je beaucoup pour avoir connu Virgile, pour avoir vécu de son temps. Oui, je consentirais à prolonger d'un an[5], à ce prix, le temps de mon exil. »

[1] Titus, fils de Vespasien, tint l'empire avant Domitien, son frère. Il prit d'assaut Jérusalem en l'an 70.

[2] Stace était né à Naples et non à Toulouse. Dante partage ici l'erreur de quelques auteurs qui ont confondu Statius Papinius, l'auteur de la Thébaïde, avec un autre Statius Surculus, natif de Toulouse, qui enseigna la rhétorique à Rome, au temps de Néron. Stace a dit lui-même dans ses *sylves* qu'il était né à Naples, mais ce poème n'a été découvert que cent ans après la mort de Dante.

[3] On n'a que deux chants de l'Achilléide, poème que Stace n'a pu achever.

[4] Stace a puisé à pleines mains dans l'Énéide ; mais il semble qu'il ait pris pour lui-même le conseil qu'il donne dans ses vers : « *Tu longè sequere, et vestigia semper adora.* » — Stace n'est qu'un faible imitateur. Dante, au contraire, quoiqu'il appelle Virgile son maître et qu'il lui fasse honneur de son style, (Enfer I.) Dante a montré dans son poème un génie vraiment créateur.

[5] Stace exprime ici un vœu assez étrange. Qu'au prix d'une prolongation de souffrances, il eût acheté le plaisir d'avoir vécu du temps de Virgile, soit !

A ces mots, Virgile se tourna vers moi en silence, et d'un air qui semblait me dire : tais-toi. Mais ce que veut l'esprit, nos sens ne le peuvent pas toujours. Le rire et les pleurs sont tellement inséparables de la passion qui les fait naître, que plus ses mouvements sont vrais, moins notre volonté a sur eux d'empire. Je souris, comme un homme qui veut faire entendre quelque chose de plus ; ce qui fit que l'ombre se tut, et me regarda dans les yeux, où se peignent le mieux les affections de l'âme.

« Au nom de ta haute entreprise, me dit-il, (et puisses-tu la conduire à bien !) pourquoi tout-à-l'heure as-tu souri à mes paroles, comme si un éclair eût passé sur ton austère visage ? »

Pressé ainsi entre deux volontés, dont l'une me faisait taire, et l'autre me sommait de parler, je soupirai et je fus compris de mon guide. — « Parle sans crainte, me dit-il, je lève le sceau que j'avais mis sur tes lèvres, tu peux satisfaire à sa demande. »

Aussitôt, je dis à l'ombre : — « O poète ! si vous êtes étonné de m'avoir vu sourire, vous le serez bien plus quand vous saurez que ce cher guide, qui dirige ma vue vers les hautes régions du Ciel, c'est Virgile lui-même, de qui peut-être vous avez appris à chanter les héros et les dieux. J'ai ri en entendant ce que vous disiez de lui en sa présence ; et si vous avez cru autre chose, en vérité vous vous êtes mépris. »

Stace allait se jeter aux pieds de mon maître, pour les embrasser, mais celui-ci le retint. — « Frère, lui dit-il, tu es une ombre et tu as devant toi une ombre[1]. » — L'autre qui, déjà s'était incliné, répondit en se redressant : « Virgile doit savoir maintenant combien je l'aime, moi qui, perdant de vue la vanité de notre substance, oubliais que les ombres ne sont que des apparences sans réalité. »

Mais il ne doit pas vouloir différer d'un moment sa jouissance de l'éternelle béatitude. Son âme épurée aspire à voir Dieu. Il ne peut, même par hypothèse, et pour quelque cause que ce soit, accepter la privation du souverain bien. Dans son admiration pour Virgile, Dante n'a-t il pas ici manqué aux exigences de son sujet et de sa doctrine ?

[1] Le texte est d'une simplicité exquise : « *frate, non far ; che tu se ombra e ombra vedi* ». Stace oublie que Virgile n'est comme lui qu'une ombre vaine qui n'offre point de prise à ses embrassements.

CHANT XXII.

Nous avions laissé derrière nous l'ange qui garde la sixième porte[1], et qui nous avait livré passage, après avoir, du bout de son aile, effacé l'un des stigmates qui marquaient notre front. Les âmes, qui aspirent au bonheur des justes, nous avaient dit pour adieu ces mots du divin maître : « Heureux ceux qui ont faim de la Justice[2] ! » Et elles avaient ajouté cette simple parole du Sauveur : « J'ai soif[3] ». Engagé dans cette gorge étroite, jamais je ne m'étais senti plus léger. Je montais sans effort, et je suivais facilement les deux ombres qui m'ouvraient la marche.

Virgile parla le premier, et dit : « L'amour qui naît de la vertu est toujours payé de retour. Sa sainte flamme se communique dès qu'elle se manifeste. Aussi, du jour où Juvénal[4], descendu dans les Limbes, m'eut appris quelle était votre affection pour moi, la mienne vous fut acquise au même instant. Cette sympathie, la plus forte que puisse inspirer un homme qu'on n'a jamais vu, va me rendre la montée moins longue. Pardonnez, c'est un ami, (qui abuse de ce nom, peut-être, en se donnant trop libre carrière,) c'est un ami qui vous demande encore quelques moments

[1] En quittant la cinquième terrasse, Dante est informé de ce qui l'attend sur la sixième, où se purge la gourmandise.

[2] Le texte porte seulement *Beati*. De quelle béatitude le poète a-t-il voulu parler ? Il emprunte sans doute encore au sermon de la montagne ce passage si bien approprié à la gourmandise : « *Beati qui esuriunt et sitiunt justitiam.* » (St Mathieu, 5.)

[3] Saint Jean (Chap. 9.)

[4] Juvénal, contemporain de Stace, a dit de lui dans sa septième satire, que les Romains couraient à ses lectures, qu'ils étaient charmés de la douceur de ses vers, et qu'on s'arrachait l'auteur de la Thébaïde.

. . . . . *Lætam fecit quum Statius urbem*
Promisitque diem.

Quoique postérieur à Jésus-Christ, Juvénal n'avait pas été comme Stace éclairé par la lumière de l'Evangile. Dante répare ici une omission du quatrième chant de l'Enfer, où le satirique latin n'est pas nommé parmi les habitants des Limbes.

d'entretien. Se peut-il, dites-moi, que l'avarice[1] ait trouvé accès chez un homme d'un si grand sens que le témoigne le fruit de vos veilles ? »

A ces mots, Stace ne put s'empêcher de sourire. Puis il répondit : « Toute parole de vous m'est chère, et celles-ci me prouvent que vous m'aimez. Trop souvent, en effet, trompé par les apparences, notre esprit se préoccupe à tort, parce que le vrai lui est caché. Vous avez pensé, je le vois, que j'avais vécu en avare sur la terre, et cela parce que j'étais avec ceux que vous avez vus tout à l'heure se purger de ce vice. Or, sachez que, loin d'avoir péché par avarice, je me suis jeté dans l'excès contraire, et que, pour cela, soumis aux mêmes épreuves que les avares, j'ai vu la lune remplir ici mille et mille fois son cours[2]. Et si je n'avais réformé ma vie, en comprenant mieux ce cri que vous arrache quelque part la méchanceté des hommes : « Soif maudite de l'or, pourquoi aiguises-tu l'ardente convoitise des mortels?[3] » sans cet avis salutaire, je subirais le châtiment des joûteurs qui s'épuisent dans un tournoi sans fin.

« Je m'aperçus alors que la main trop facile à s'ouvrir avait à répondre de ses largesses. Je sentis qu'à cette faute devait s'étendre aussi mon repentir. Combien, au dernier jour, ressusciteront la tête rase, faute de ce repentir que, dans leur ignorance d'avoir failli, ils n'auront eu ni durant leur vie, ni à l'heure du trépas ! Car, toute faute, sache-le, suppose un vice

[1] Sur la terrasse précédente étaient les avares, et Stace venait d'y finir son temps d'épreuve.

[2] Le poète ne dit pas que la lune ait été renouvelée mille fois, mais des milliers de fois, migliaja ; Stace est resté plus de cinq cents ans sur la cinquième plate-forme, où les prodigues sont confondus avec les avares (Ch. xxie). Il avait auparavant séjourné plus de quatre siècles avec les paresseux ou âmes tièdes de la quatrième station (Ch. xxiie). Ce qui manque aux douze cents ans écoulés depuis sa mort jusqu'au voyage de Dante, ne peut être que le temps où il a été retenu dans l'ante-purgatoire pour s'être tardivement repenti.

[3] . . . . . . *Quid non mortalia pectora cogis,*
Auri sacra fames ! (Enéide 3.)

Ce vers condamne l'amour des richesses quel qu'en soit le mobile. Le prodigue a des besoins insatiables comme l'avare. Stace doit à cette pensée de Virgile bien comprise, de s'être à temps repenti de sa prodigalité.

[4] On a vu les prodigues punis dans le même cercle de l'Enfer que les avares (Enfer vii). Ils courent les uns contre les autres, en poussant d'énormes pierres dont ils s'entrechoquent. Au jour de la résurrection, les avares paraîtront au jugement le poing fermé, et les prodigues les cheveux ras.

qui lui est opposé[1], et tous deux souffrent aux mêmes lieux une expiation commune; et moi, si j'ai été mêlé à ceux dont l'âme, souillée d'avarice, s'épure au sein du repentir, c'est en vertu de la même loi de justice, qui atteignait en moi le vice contraire. »

— « Il me semble, interrompit le chantre des Bucoliques, à en juger par votre invocation à Clio, dans la Thébaïde, qu'au moment où vous chantiez ces combats impies, qui offraient à Jocaste une double cause d'alarmes, la foi ne vous éclairait pas encore, la foi qui ne peut être suppléée par les bonnes œuvres. S'il en est ainsi, devant quel astre, à quelles clartés se sont dissipées les ténèbres qui offusquaient votre esprit? Qui vous a montré la barque du pêcheur, en vous faisant tourner de ce côté votre voile? »

Stace reprit ainsi : « C'est vous, mon cher maître, qui le premier m'avez enseigné les routes du Parnasse ; c'est aussi vous qui, le premier après Dieu, avez été mon fanal. Vous avez fait comme celui qui marche la nuit la torche en main, sans profit pour lui-même, parce qu'il la porte derrière lui ; mais il éclaire ceux qui le suivent ; tel a été pour moi ce chant prophétique[2], où vous annoncez une ère nouvelle, la Justice revenant sur la terre avec l'innocence des premiers âges, et le Ciel nous envoyant un nouveau fruit du divin amour. C'est donc à vous que je dois ma double palme de poète et de chrétien, mais à cette simple esquisse, pour la rendre plus sensible, j'ajouterai quelques couleurs.

« Déjà la vraie Foi germait par tout le monde, annoncée, semée en tous lieux par les messagers du royaume du Ciel. Les prédications s'accordaient avec ce que vous-même aviez prédit. Je visitai donc les chrétiens, et je trouvai en eux, après les avoir pratiqués longtemps, des hommes d'une sainteté si

[1] On pèche par excès ou par défaut. *Stat in medio virtus.* Aristote a dressé, dans sa morale, un tableau qui présente chaque vertu entre deux vices contraires. Dante, qui a tiré un grand parti de cette idée, nous montre ici la vraie générosité entre la prodigalité et l'avarice.

[2] Suivant saint Augustin, la Sybille de Cumes avait annoncé la venue de Jésus-Christ.

Magnus ab integro seclorum nascitur ordo.
Jam redit et virgo, redeunt saturnia regna :
Jam nova progenies cælo demittitur alto. (Virg. Eglog. IV.)

grande[1], que, quand arriva la persécution de Domitien, je compatis à leurs maux, mêlant mes larmes aux leurs, les secourant de tout mon pouvoir, admirant la pureté de leurs mœurs et y puisant enfin du mépris pour toutes les autres sectes.

« Avant que ma muse eût conduit les sept chefs sous les murs de Thèbes, j'avais déjà reçu les eaux du baptême, et j'étais chrétien, mais un chrétien que la peur forçait à se déguiser[2] et à faire longtemps encore profession extérieure du paganisme. Une âme aussi tiède méritait de s'arrêter sur la quatrième terrasse, où j'ai été en effet retenu plus de quatre siècles. — Vous donc, ô Virgile, qui m'avez aidé à soulever le voile qui me cachait le souverain bien, veuillez (puisque nous avons encore plus d'un degré à monter,) me dire où est notre cher Térence[3]. Et Cécilius[4], Plaute[5], Varron[6], que sont-ils devenus ? S'ils sont damnés, quelle est leur place dans l'Enfer ? »

— « Le premier cercle du noir Empire, répondit mon guide, les a reçus ainsi que moi, Perse[7] et beaucoup d'autres. Nous y sommes tous avec ce grec fameux[8], qui fut le nourrisson le plus aimé des Muses. Elevés aussi dans le giron des neuf sœurs, nous parlons souvent de la double cime, où elles ont établi leur séjour, et nous conversons avec d'autres poètes, avec Euripide, Anacréon,

[1] Pline le Jeune, dans sa lettre à l'empereur Trajan sur les chrétiens, rapporte qu'ils s'engageaient par serment, non à quelque crime, mais à ne commettre ni vol, ni rapine, ni adultère, à ne point manquer à leur promesse, à ne point nier un dépôt. (Lib. x. Epist. xcvii).

[2] Stace vivait au temps de la persécution de Domitien, qui éclata en l'année 93.

[3] Térence, né à Carthage, après la seconde guerre punique, fut, quoiqu'affranchi, l'ami de Scipion l'Africain et de Lœlius qui mirent, dit-on, la main à ses comédies imitées de Ménandre.

[4] Cécilius, poète comique latin, antérieur à Térence, fut contemporain d'Ennius, vers le temps de Caton l'Ancien. On a quelques fragments de ses pièces.

[5] Plaute, qui mourut 25 ans avant Térence, écrit avec moins de pureté, plus de force comique et d'originalité que lui. Il composa, dit-on, quelques-unes de ses comédies, étant dans une pauvreté qui l'obligeait à tourner la meule au service d'un boulanger.

[6] Varron, le plus docte des Romains, mourut à 90 ans, 25 ans au moins avant la naissance de Jésus-Christ. Philosophe, historien, agronome, il écrivit, assure-t-on, plus de cinq cents volumes, entre autres, un traité *de re rustica* que nous avons encore.

[7] Perse, poète satirique latin, mort sous Néron, à l'âge de vingt ans. On a de lui six satires qui lui donnent place entre Horace et Juvénal.

[8] Homère.

Simonide[1], Agathon[2] et plusieurs grecs, dont les fronts jadis ont ceint la couronne de laurier. On y voit aussi quelques-unes des femmes que vous avez célébrées; Antigone et sa sœur Ismène[3], aussi gémissante qu'autrefois, Déiphile, femme de Tydée, et Argia[4], qui épousa Polynice, ont place dans ces Limbes, près d'Hypsipyle[5], qui livra Thèbes en montrant la fontaine Langia, près de la fille de Tirésias[6], près de Thétys[7] et de la belle Déidamie[8] qu'entourent ses charmantes sœurs. »

Ainsi s'entretenaient les deux poètes. Sortis enfin de la gaîne étroite où les avait resserrés l'escalier taillé dans le roc, ils firent silence et regardèrent autour d'eux.

Déjà les heures, qui relayent le char du jour, lui avaient prêté quatre fois leur assistance. La cinquième, ayant laissé derrière elle ses quatre sœurs, était au timon qu'elle dirigeait vers le sommet de la voûte céleste[9], lorsque mon guide me dit : « Ayons toujours à droite le bord extérieur de la montagne, pendant que nous en ferons le tour, comme nous avons toujours fait jusqu'ici. »

[1] Anacréon, de Théos, en Ionie, Euripide, né dans un bourg de l'Attique, Simonide, de Céos, île de la mer Egée, fleurirent dans la Grèce de la 60e à la 100e Olympiade. Simonide avait chanté les victoires de Marathon et de Salamine. (72e Olympiade.) Anacréon vécut à la cour de Polycrate, tyran de Samos. Euripide avait composé 92 tragédies dont nous n'avons que 19.

[2] Agathon, contemporain et ami d'Euripide, poète comme lui. L'un des plus honnêtes hommes et des plus aimables de son temps. (Voy. d'Anacharsis Chap. 69.)

[3] Antigone et Ismène, filles d'Œdipe. Antigone, modèle de piété filiale, fut encore une sœur dévouée. Elle fut condamnée à mourir de faim, pour avoir donné la sépulture à son frère Polynice, contre la défense du roi Créon.

[4] Déiphile et Argia étaient filles d'Adraste, roi d'Argos, qui accueillit Polynice et se joignit à lui dans la guerre des sept chefs.

[5] Hypsipyle avait découvert cette fontaine par imprudence plutôt que par trahison. Aussi le poète ne l'a-t-il pas mise dans le cercle des traîtres. En lui assignant les Limbes, il a eu en vue son dévouement filial. Suivant la fable, Hypsipyle, fille de Thoas, roi de Lemnos, sauva son père du massacre général que les femmes de cette île avaient résolu de faire de leurs maris.

[6] Manto, fille du divin Tirésias ; (Enfer 20) à la prise de Thèbes par les Epigones, Manto fut faite prisonnière et envoyée à Delphes, où elle devint prêtresse d'Apollon. Elle passa ensuite en Italie et y fonda la ville de Mantoue.

[7] Thétys, mère d'Achille. On pourrait s'étonner de voir une déesse dans les Limbes, si le poète n'avait ailleurs commis à divers offices, dans l'Enfer, plusieurs personnages de la fable. Il admet que ces faux dieux ont existé sur la terre, et il les juge selon leurs mérites.

[8] Achille caché à Scyros, parmi les filles du roi Lycomède, eut de Déidamie l'une d'elles, ce fameux Pyrrhus ou Néoptolème, qui perça de son épée le vieux Priam, dans le sac de Troie.

[9] Entre 10 et 11 heures du matin, le jour commençant alors à 6 heures.

L'habitude fut ainsi notre boussole. Nous nous mîmes en marche avec moins de crainte, forts de l'assentiment de cette âme d'élite. Stace et Virgile allaient devant, et moi, je me tenais par derrière, attentif à leurs discours qui m'ouvraient le domaine de la poésie.

Mais bientôt leur entretien fut interrompu par la vue d'un arbre[1] planté au milieu du chemin, et couvert de fruits exquis, qui répandaient une odeur délicieuse. Au lieu de diminuer en montant, comme les branches du pin, ses rameaux affectaient une disposition inverse, larges en haut, et descendant en pointe. Cette forme tendait, je crois, à le rendre inaccessible. Du flanc escarpé de la montagne jaillissait une eau limpide qui se répandait sur les branches supérieures.

Comme les deux poètes s'approchaient de cet arbre, une voix, sortie du sein du feuillage, s'écria : « Ces beaux fruits ne sont pas pour vous ! » et elle continua en ces termes : « Aux noces de Cana, Marie songeait plus à ce qu'il ne manquât rien au festin, pour qu'il fît honneur à l'époux, qu'à se satisfaire elle-même[2]. Aussi est-elle aujourd'hui votre caution dans le Ciel. Jadis les dames romaines ne buvaient que de l'eau[3]. C'est en se gardant de l'intempérance que Daniel[4] acquit son grand savoir. Au siècle que son excellence fit nommer l'âge d'or, la faim donnait saveur au gland des forêts, et la soif changeait l'eau des ruisseaux en nectar. Jean-Baptiste ne se nourrit dans le désert que de sauterelles et de miel sauvage. Qu'il fut grand et glorieux, d'après ce que nous apprend de lui l'Evangile ![5] »

[1] Cet arbre, et celui qu'ils verront bientôt sur la même terrasse, annoncent l'arbre de la science ou l'arbre de vie, qu'ils trouveront sec, et qui reverdira sous leurs yeux à la cime du Purgatoire. (Ch. XXXII.) Les deux arbres chargés de fruits, qui apparaissent d'abord au poète voyageur, ne sont que les rejetons de l'arbre défendu à nos premiers parents. Ils sont ici des instruments de pénitence pour les gourmands.

[2] La mère de Jésus dit : « Ils n'ont point de vin. » (Saint Jean, II.)

[3] C'est Valère Maxime qui nous l'apprend : « *Vini usus olim romanis feminis ignotus fuit, ne scilicet in aliquod dedecus prolaberentur.* (Lib. II, Cap. I.)

[4] Daniel, élevé à la cour de Nabuchodonosor, refusa, de peur d'en être souillé, les mets de la table du roi, et le vin qu'on lui servait. Il fit voir au chef des eunuques, Malazas, qu'il pouvait ne vivre que de légumes et d'eau, et cependant rivaliser de santé et de force avec les jeunes princes du sang royal, qui étaient nourris plus délicatement. (Daniel, Cap. I.)

[5] *Et locustas et mel sylvestre edebat.* (Marc, I.)

CHANT XXIII.

Tandis que les yeux fixés sur le vert feuillage, je restais comme l'oiseleur, qui s'oublie auprès de ses lacs : « Mon fils, me dit celui qui était pour moi plus qu'un père, il faut passer outre et employer plus utilement le temps qui nous est donné. » Je tournai le visage et je me remis en même temps sur les traces de mes guides dont les beaux entretiens m'ôtaient la fatigue de la marche.

Mais voici que des pleurs mêlés de chant frappent mon oreille. Ce verset du psalmiste : « Seigneur, vous ouvrirez mes lèvres[1], » arrive à moi sur un ton qui me cause une sensation de plaisir et de douleur. — « O père bien-aimé ! m'écriai-je, qu'est-ce que j'entends. »

« Ce sont, répondit-il, des ombres qui, sans doute, vont priant et s'acquittant de leurs dettes. »

Tels on voit des pèlerins pensifs joindre en chemin des gens qui leur sont inconnus, et tourner la tête vers eux sans s'arrêter ; telle venait derrière nous, en nous gagnant de vitesse, une troupe d'âmes dévotes et silencieuses[2]. Ces ombres nous dépassaient et nous regardaient avec surprise. Chacune d'elles avait les yeux creux et éteints, la face blême et les membres si amaigris que la peau montrait la forme des os. Jamais, je crois, Erésichton[3] ne

[1] *Domine labia mea aperies, et os meum annuntiabit laudem tuam* (Ps. 50 v. 17).
Chant convenable, dans le sens propre, à des gens qui ont faim et qui ouvrent la bouche pour ne rien saisir.

[2] Les gourmands, qui font pénitence sur la sixième terrasse.

[3] Erésichton, roi de Thessalie, fut affligé par Cérès d'une faim insatiable, pour avoir porté la hache dans une forêt consacrée à cette déesse. Il vendit plusieurs fois sa fille Métra, qui, ayant reçu de Neptune le don de changer de forme, échappait ainsi à ses maîtres, et revenait chez son père pour être vendue de nouveau. Cette ressource ne suffit pas au monarque affamé, qui en vint à se dévorer lui-même.

parut aussi exténué, aussi desséché par la faim, lorsqu'il manqua le plus des moyens de l'assouvir.

Voici, pensai-je, le peuple qui vit la ruine de Jérusalem, et ces jours affreux où une mère affamée imprima sa dent sur les chairs palpitantes de son fils[1].

Les orbites de leurs yeux ressemblaient à des anneaux sans pierres. On trouve, dit-on, sur le visage de l'homme ces trois lettres qui forment son nom *omo* |o|o|[2], eh bien ! celle de ces lettres qui se distingue le moins, *l'm* est ici très apparente. Qui le croirait, la seule odeur d'un fruit, par le désir qu'elle faisait naître, et les eaux d'une source vive, je ne sais par quelle vertu, produisaient cette merveille[3].

Je me demandais avec étonnement pourquoi ces pécheurs étaient si affamés; car j'ignorais encore la cause de cette maigreur, qui leur rendait la peau sèche et rugueuse ; et voici que de leurs cavités profondes deux yeux se tournèrent vers moi. L'ombre[4] qui me regardait ainsi, me considéra fixement et jeta un cri : « Oh ! quelle est cette faveur du Ciel ! » — Jamais je ne l'eusse reconnu à son visage ; mais le son de sa voix me révéla ce que l'aspect du pénitent me dérobait. Emu de ces paroles, et rattachant mes souvenirs aux lèvres aujourd'hui si changées qui venaient de les prononcer, je reconnus Forese.

— « Ah ! dit-il, ne résiste pas à ma prière, à cause du mal qui me dessèche ni à cause de ma peau livide et décharnée. Mais sois

[1] Pendant le siège de Jérusalem, en l'an 70, la famine fut si grande qu'une femme, dont l'historien Josèphe nous a conservé le nom, Marie fille d'Eléazar mangea son propre fils, qu'elle avait elle-même égorgé. (*De bello judaïco.* Lib. 7, cap. 25.)

[2] Certains physionomistes ont prétendu que l'homme porte son nom *omo* gravé sur son visage. Dans cette figure |o|o| qui représente, disent-ils, la face humaine, on trouve les lettres *omo* ainsi construites : la lettre *m* se forme des sourcils, du nez et des os maxillaires de chaque joue. Les deux *o* sont les cavités des yeux. Le poète veut dire que s'il y a quelque chose de vrai dans cette assertion, on peut s'en assurer sur le visage de ces pécheurs, tant il est décharné.

[3] Ils maigrissent, non d'envie, puisqu'ils vont d'eux-mêmes et volontiers vers cet arbre, qui leur refuse ses fruits, mais de la privation qu'ils éprouvent, la beauté des fruits et des eaux irritant chez eux la faim et la soif.

[4] Forese, florentin, frère de Corso Donati et de la Piccarda. Dante les a séparés dans l'autre monde, en assignant à chacun des trois une place différente. Il va prédire la mort et la damnation de Corso, chef du parti des Noirs et son ennemi. Forese est en Purgatoire, et bientôt il nous montrera leur sœur, la Piccarda, parmi les âmes bienheureuses.

vrai en ce qui te touche : dis-moi quelles sont les deux ombres qui te servent d'escorte. Ne reste pas ainsi sans me parler. »

— « J'ai déjà pleuré, lui répondis-je, devant vos restes inanimés. Et, voyant aujourd'hui vos traits si défigurés, je n'ai pas un moindre sujet de larmes. Donc, au nom de Dieu, apprenez-moi quel vent a passé sur vous et vous a ainsi effeuillé. N'exigez pas que je parle dans l'étonnement qui m'a saisi. La langue est en défaut lorsque l'esprit est distrait ailleurs. »

Forese me satisfit en ces termes : « L'éternelle Providence a mis dans cet arbre, que tu viens de voir, une vertu débilitante qui m'exténue ainsi. Ceux que tu vois ainsi pleurer et chanter ont été les esclaves de leur ventre. Il est juste que la faim et la soif rompent ces liens honteux, et les purifient. Aussi leur appétit est-il sans cesse irrité par l'exquise odeur qu'exhalent ces fruits ; et l'eau jaillissante, qui rafraîchit ce vert feuillage, tente toujours leurs gosiers altérés, et non pas une fois seulement, au premier tour qu'ils font sur cette plate-forme[1]. Tel n'est pas le décret qui nous punit, je devrais dire qui nous console ; car nous allons de notre plein gré vers l'arbre. L'aiguillon qui nous pousse est le même qui porta le Christ à crier : « Eli ! Eli ![2] » lorsqu'il consommait avec joie son sacrifice, en nous rachetant au prix de son sang. »

Je lui dis : « Forese, il n'y a pas encore cinq ans que vous avez quitté le monde[3], et que vous êtes passé à une vie meilleure. Si le pouvoir de pécher a cessé en vous avant l'heure du repentir, avant d'avoir senti cette douleur salutaire, qui nous réconcilie avec Dieu, comment vous êtes-vous déjà élevé si haut sur la

[1] La pénitence de la gourmandise consiste dans la faim qui s'irrite en présence de l'arbre auquel ils reviennent toujours en parcourant sans cesse la 6e plate-forme.

[2] *Eli, Eli, lamma Sabacthani !* mon Dieu ! mon Dieu ! pourquoi m'avez-vous abandonné ! On croirait que ces paroles de Jésus-Christ sur la croix sont une plainte amère. Il faut les entendre dans le même sens que ces autres paroles du jardin des olives : « Si ce calice ne peut être détourné sans que je le boive, que votre volonté soit faite ! » c'est-à-dire : « Si ma mort est nécessaire au bien des hommes, quoi que je doive souffrir, ma volonté, conforme à la vôtre, accepte ce sacrifice. » — Ces mots du fils de l'homme qui succombe ne renferment ni plainte ni découragement. La chair souffre et gémit, mais l'esprit la domine encore au moment où il va la quitter.

[3] Ce Forese ne serait pas en Purgatoire s'il ne s'était pas repenti avant sa mort ; mais la maladie le ramenant forcément à la tempérance, avait diminué le mérite de son repentir.

montagne ? Je pensais vous rencontrer plus bas avec ceux qui attendent, et à qui Dieu impose l'équivalent du temps qu'ils ont perdu[1]. »

— « Si j'ai été appelé, répondit l'ombre, à boire ici le calice d'expiation et à jouir si tôt de sa douce amertume, c'est à ma Nella[2], c'est au torrent de pleurs qu'elle a versés que je le dois. Ses soupirs, ses prières ferventes m'ont tiré de la plage où l'on attend. Ils m'ont encore affranchi des stations intermédiaires. Tendre femme que j'ai tant aimée ! Elle a rendu son veuvage d'autant plus saint et plus agréable à Dieu, qu'elle a moins de compagnes dans la voie du bien ; car certes il y a plus de pudeur, même en Sardaigne, chez les femmes dissolues de la Barbagia[3], que dans l'infâme lieu où j'ai laissé la mienne.

« Te le dirai-je, ô mon frère ! un temps viendra, (qui n'est pas bien éloigné de l'heure présente) où il sera défendu en chaire, aux dames éhontées de Florence, de se montrer publiquement le sein découvert. Jamais femmes de barbares et de Sarrazins eurent-elles besoin, pour se vêtir avec décence, de censures spirituelles, ou d'autres moyens répressifs ? Ah ! si elles savaient, les malheureuses, ce que la prompte colère du Ciel leur prépare, déjà la crainte du châtiment leur ferait jeter des cris ; car ces maux fondront sur elles (si je ne me trompe dans ma prévision de l'avenir,) avant que l'enfant, qui s'apaise maintenant aux chants de sa nourrice, ait senti poindre sur ses joues le premier duvet.

« A présent, mon frère, ne me cache plus ce qui te concerne. Tu vois que cet essaim de pénitents paraît surpris autant que moi de ce que tu fais obstacle aux rayons du soleil. »

Ainsi interpellé de nouveau, je répondis : « Si vous repassez dans votre esprit l'emploi que nous avons fait ensemble de la vie,

[1] Ceux qui ont attendu à la mort à se repentir, doivent rester dans l'Ante-Purgatoire autant d'années qu'a duré leur vie mortelle. (Purg. Ch. IV.)

[2] Nella, diminutif de Giovanella. Elle abrégea, par ses prières, le temps que son mari devait passer dans les divers degrés du Purgatoire.

[3] La lubricité des femmes de la Sardaigne était proverbiale au XIIIe siècle. La population grossière de quelques parties de ses montagnes, surtout au lieu nommé la *Barbagia*, avait des mœurs dissolues que dépassaient encore les dames de Florence, s'il faut en croire Dante, amené à parler d'elles par la chasteté de Nella. Il reviendra sur ce sujet. Il prédit aux dames florentines un châtiment prochain, résultat d'événements qui doivent l'atteindre lui-même ; et cependant il ne veut pas voir en eux, pour ce qui le touche, un châtiment mérité !

sur la terre, ici-même encore ce souvenir vous sera pesant. Naguère[1], lorsque ce bel astre (et je montrais le soleil) brillait dans toute la largeur de son disque au firmament, l'homme qui marche devant moi me retira des sentiers de la vie terrestre et me conduisit vivant, parmi les vrais morts, à travers l'éternelle nuit. J'ai pu, grâce à son appui, m'élever du fond de l'abîme jusqu'en ces lieux. J'ai gravi, j'ai parcouru la montagne où se redressent les torts des humains. Je l'aurai pour guide, m'a-t-il dit, jusqu'à ce que je sois arrivé aux lieux qu'habite Béatrix[2]. C'est alors qu'il faudra me séparer de lui. »

Je montrai alors du doigt Virgile, et le nommai par son nom. « Cet autre, ajoutai-je, en lui désignant Stace, est l'âme qui a fait trembler tout à l'heure la montagne en se dégageant de ses liens. »

CHANT XXIV.

Dans cette rencontre avec Forese, pas un moment n'était perdu ni pour l'entretien ni pour la marche. Nous avancions aussi rapidement que vogue un vaisseau poussé par un bon vent ; et les ombres de ces morts que la mort semblait avoir touchées deux fois[3] nous regardaient de leurs yeux caves avec surprise. Elles admiraient que je fusse vivant.

— « Oui Forese, continuai-je ; c'est une âme[4] qui monte aux

[1] Il y a dans le texte *l'altr'jer*, avant-hier. Mais il faut entendre ici *naguère ;* car il s'est écoulé certainement plus de deux jours depuis que Dante a rencontré Virgile dans la forêt sauvage. (Enfer. I.)

[2] Virgile doit laisser Dante à la cime du mont, où est situé le Paradis terrestre. Il ne peut l'accompagner au delà.

[3] Comme s'il avaient pu mourir dans la mort même. Ils paraissaient plus morts que vifs à cause de leur maigreur : *cose rimorte.*

[4] Stace, qui s'était joint à Virgile, son modèle, et qui, pour jouir de sa société, prolonge volontairement son séjour en Purgatoire, y restera encore pour l'amour de Dante, après que celui-ci aura perdu son guide. Virgile disparaîtra en effet avant d'avoir franchi le Léthé qui arrose le Paradis terrestre ; et Stace achèvera de parcourir avec Dante et Béatrix les hautes régions du Purgatoire On ne verra point comment il s'en sépare ; mais au début du Paradis, le poète ne laisse plus en scène que Dante et Béatrix.

Le choix de Stace, personnage de transition entre Virgile et Béatrix, peut s'expliquer par cette double considération que, ainsi que Dante, il regarde Virgile comme son maître et que sa qualité de chrétien lui donne des affinités avec Béatrix.

Cieux, et dont l'essor est peut-être un peu retardé par un objet qui lui est cher. Mais où est votre sœur la Piccarda[1] ? Pourriez-vous me le dire ? et parmi tous ces pénitents qui me regardent, en avez-vous quelqu'un à me signaler ? »

— « Ma sœur, aussi belle que bonne (je ne saurais dire ce qu'elle fut le plus,) a reçu déjà la couronne des saintes. Elle est assise triomphante au milieu des chœurs célestes. »

Telle fut la réponse de Forese ; et il ajouta : « L'abstinence a tellement macéré nos visages que chacun doit permettre qu'on le nomme. Celui-ci, c'est Buonagiunta de Lucques[2] ; et cet autre qui vient après, plus exténué qu'aucun de ceux qui l'entourent, il a tenu dans ses mains les rênes de l'Eglise. C'est le pape Martin[3] qui naquit à Tours, et qui se purge ici par le jeûne de son goût pour les anguilles de Bolsène. »

Forese m'en montra beaucoup d'autres, et à mesure qu'il les nommait, j'observais leur contenance. Tous paraissaient contents, et, pas un, à l'appel de son nom, ne témoigna de déplaisir[4]. J'en vis plusieurs dont les dents aiguisées par la faim mâchaient à vide, Ubaldino della Pila[5] et l'archevêque Boniface[5], qui eut à conduire un troupeau nombreux. Je vis Marchese[5], dont le

[1] Il est naturel que Forese, rencontré par Dante, lui parle de sa sœur Piccarda et de son frère Corso Donati. Piccarda est avec les religieuses décloîtrées, dans la moindre des sphères célestes. (la Lune, Paradis 3).

[2] Buonagiunta degli Orbisani, poète lucquois, composa des sonnets et des chansons en rimes vulgaires. Il avait pu connaître Dante à Lucques, pendant le séjour que l'exilé fit dans cette ville.

[3] Ce pape n'est pas nommé dans le texte. On a reconnu en lui Martin IV, français, appelé d'abord Simon de Brie, parce qu'il était né dans un bourg de la Brie. C'est par erreur que Dante le dit natif de Tours. Il avait eu seulement la charge de trésorier de saint Martin de Tours. Il occupa le Saint-Siège de 1282 à 1285. Avant d'être pape, le trésorier de saint Martin avait aimé la table, et surtout les anguilles du lac de Bolsène, cuites dans du vin blanc. (*vernaccia*.)

[4] La véritable contrition ne connaît pas la fausse honte. Les âmes du Purgatoire diffèrent en ceci des damnés qu'on a vus rougir et se dérober aux regards de Dante.

[5] Ubaldino della Pila, père du cardinal della Pila. Cette famille tirait son nom d'une terre qu'elle possèdait dans le Mugello sur le territoire de Florence. — Boniface d'Imola, français de nation, archevêque de Ravenne. — Messer Marchese, marquis de' Rigogliosi, vécut à Forli, ville de la Romagne.

Dante avait dû entendre parler de ces fameux gourmands, qui vivaient de son temps, ou peu avant lui, dans des pays voisins de la Toscane. On cite une réponse plaisante du marquis de' Rigogliosi à son sommelier : — On dit partout que vous ne faites que boire ! — Que ne dit-on que j'ai toujours soif ?

gosier moins sec à Forli qu'en ce lieu d'épreuves, aurait alors calmé ses ardeurs, si, à force de boire, il n'avait rendu sa soif inextinguible.

Mais, de même qu'entre plusieurs objets, l'œil voit, juge et s'attache enfin à l'un d'eux avec préférence, revins-je à Buonagiunta de Lucques, celui de tous qui paraissait le mieux me connaître. Il murmurait quelques sons confus. Un nom comme celui de *Gentucca*[1] sortait avec peine de son gosier où la justice divine avait ouvert une plaie vive et cuisante.

— « O vous, lui dis-je, qui paraissez si avide de quelques moments d'entretien, faites que je vous entende. Parlez, hâtez-vous de nous satisfaire, ainsi tous deux à la fois. »

— « Elle est née, me répondit le poète de Lucques, mais elle n'a pas encore pris le voile des femmes[2], celle qui te rendra le séjour de ma ville agréable. Tu te plairas dans ses murs, quelque mal qu'on en puisse dire d'ailleurs. Emporte avec toi cette prédiction. Si tu as été trompé par mes paroles, l'événement ne tardera pas à te l'apprendre; mais dis-moi, de grâce, ne vois-je pas en toi l'auteur de cette canzone en rimes vulgaires : *femmes qui savez ce que c'est qu'amour*[3]. »

— « Vous voyez un homme, repris-je, qui, quand l'amour l'inspire, note ses impressions à mesure qu'elles se produisent en lui. Amour dicte, et sa voix intérieure trouve ainsi au dehors un interprète fidèle. »

— « O mon frère! s'écria Buonagiunta, je vois bien à présent pourquoi ni le Notajo[4], ni Guittone, ni moi n'avons pu atteindre à la perfection de ce nouveau langage dont la douceur m'enchante; c'est que votre plume suit de près et sans écart le

[1] Buonagiunta de Lucques, prédit à Dante que bientôt une jeune lucquoise captivera son cœur. Cette liaison formée dans l'exil n'est connue que par ce passage, et par une allusion de Béatrix qui lui reproche au XXXIe Chant du Purgatoire, de s'être attaché à une enfant, *pargoletta*. On ne sait rien de la *Gentucca*, sinon que c'était une dame de qualité et d'élégantes manières.

[2] Alors en Italie, les femmes mariées et les veuves ne pouvaient sortir que voilées.

[3] « *Donne ch'avete intelletto d'amore.* » C'est le début d'une canzone que Dante nous a conservée entière dans sa *vita nova*.

[4] Jacopo da Lentino, dit le Notajo, Guittone d'Arezzo et Buonagiunta de Lucques avaient été renommés comme rimeurs d'amour, en langue vulgaire. Dante les laissa derrière lui à une grande distance.

maître qui vous dicte; les nôtres n'ont pas toujours eu ce guide; et, plus on veut le dépasser, moins on devient capable de sentir la différence des deux styles. »

A ces mots, et, comme ayant assez dit, l'ombre se tut.

Tels on voit ces oiseaux du Nord[1] qui vont passer l'hiver aux lieux qu'arrose le Nil, se former quelquefois en bataillon, puis traverser le ciel par longues files, et accélérer leur vol; ainsi, tournant le visage, les pénitents qui étaient là rassemblés hâtèrent leur marche. Leur maigreur et l'impatience de leurs désirs les rendaient doublement légers. Alors, comme un homme qui, las de courir, laisse prendre les devants à ses compagnons, et marche au pas, afin de reprendre haleine, Forese laissa passer la troupe des âmes. Il resta en arrière et me dit : « Quand te reverrai-je ? »

— « J'ignore, lui répondis-je, ce qu'il me reste de temps à vivre; mais, si prompt que soit mon retour en ces lieux[2], ma volonté m'y précédera toujours; car le pays où je dois passer ma vie s'appauvrit de gens de bien de jour en jour. Il paraît voué à une ruine prochaine. »

— « Oh bien! reprit Forese, je vois le plus coupable de tous[3] attaché aux crins d'une bête farouche, et emporté vers la vallée ténébreuse où nulle faute n'est remise. Je vois l'animal bondir et redoubler de vitesse à chaque pas, jusqu'à ce qu'il abandonne le corps de cet homme meurtri honteusement mutilé. Regarde ces brillantes sphères, ajouta-t-il en levant les yeux au ciel, avant qu'elles aient achevé plusieurs fois leur tour, ce qu'il y a d'obscur dans mes paroles, s'éclaircira pour toi. Je te laisse,

[1] Les grues passent du Nord au Midi par une émigration annuelle.

[2] Dante s'est déjà fait prédire qu'il serait au moins sauvé de l'Enfer. Il avait plus de 40 ans lorsqu'il écrivit cette partie du Purgatoire, évidemment postérieure à 1308, date de la mort de Corso Donati.

[3] Buonagiunta continue à prédire ce que Dante sait fort bien. Mais Dante se venge ainsi d'un ennemi implacable à qui il doit tous ses malheurs. Corso Donati, chef du parti des Noirs, qui avait triomphé à Florence, à l'aide de Charles de Valois, (1301) devint suspect au peuple, après qu'il eut épousé la fille d'Uguccione della Faggiuola, seigneur de Pise et gibelin. Serré de près dans une émeute, il tomba de cheval et resta engagé par le pied dans un des étriers. Il fut tué par la populace (1308). On lui imputait toute sorte de crimes, et Dante a pu le damner sans heurter le sentiment public.

le temps est trop cher dans ce lieu d'épreuves, pour que j'en perde, en mesurant mon pas sur le tien. »

On voit quelquefois un cavalier sortir au galop des rangs d'une troupe à cheval qui s'avance en bon ordre et s'élancer dans la plaine pour avoir l'honneur du premier choc ; tel prit congé de moi Forese, s'éloignant à grands pas ; et je restai seul sur la route avec Virgile et Stace, ces deux maîtres en poésie.

Lorsque l'ombre fut assez loin de nous pour que mes yeux fussent obligés de suivre sa trace, comme ma pensée s'attachait à ses paroles, tout à coup s'offrit à moi un second arbre, aux rameaux verts et chargés de fruits. Il nous surprenait, à peu de distance, au détour de la plate-forme où nous avancions toujours. Sous l'arbre étaient nombre de gens, qui tendaient les mains vers les branches avec des cris et je ne sais quelles prières, comme les enfants qui demandent vainement un objet qui les tente, criant et suppliant sans avoir de réponse, irrités par la vue de l'objet qu'on leur montre au-dessus d'eux pour exciter leur convoitise.

Ces gens s'éloignèrent de l'arbre, comme las d'y prétendre, et nous arrivâmes à notre tour auprès de ces beaux fruits qui se refusent à tant de prières et de larmes.

— « Passez et n'approchez pas, dit une voix[1] qui me parut sortir d'entre les branches. L'arbre que vous cherchez et qui perdit Ève n'est point ici, mais dans une région plus haute[2]. Celui-ci n'en est qu'un rejeton. »

A ces mots, nous nous serrâmes les deux poètes et moi, pour passer du côté où s'élève la montagne.

— « Souvenez-vous, continuait la voix, de l'ivresse des Centaures[3], de ces enfants de la nue qui, dans leur fureur aveugle, osèrent opposer à Thésée leurs doubles poitrines. Souvenez-vous de ces Hébreux dont la soif impatiente éclaira Gédéon sur leur

[1] Il y a deux arbres sur cette 6e terrasse, et de chacun d'eux sort une voix articulée. Le poète ne dit pas à qui ces voix appartiennent.

[2] L'arbre de la science ou de la vie est dans le Paradis terrestre, au sommet de la montagne. (Chant XXXIIe)

[3] Aux noces de Pirithoüs et d'Hippodamie, en Thessalie, les Centaures s'enivrèrent et voulurent enlever la mariée. Thésée, ami de Pirithoüs, combattit ces monstres et les vainquit.

mollesse et qui furent jugés indignes de descendre avec lui aux plaines de Madian[1]. »

Nous passâmes ainsi, appuyés au mont dont nous longions la paroi escarpée. Les excès de l'intempérance, suivis autrefois de justes misères, nous étaient signalés par maints exemples[2]. Ayant ensuite repris le large, nous fîmes plus d'un mille dans la voie déserte, chacun de nous livré à une contemplation muette, lorsqu'une voix[3] se fit entendre : « A quoi pensez-vous ainsi, vous trois, qui venez de ce côté ? » A ce bruit soudain, je tressaillis, comme font les bêtes ombrageuses qui ont peur.

Je levai la tête pour savoir qui avait parlé. Le verre en fusion est moins brillant, les métaux sont moins rouges dans la fournaise que la forme divine qui s'offrait à mes regards. — « Tournez de ce côté, ajouta l'ange, si vous voulez monter plus haut. C'est le chemin pour quiconque aspire au séjour de la paix. »

Ebloui à cet aspect, je restai en arrière de mes maîtres, et me tournai comme un homme qui, privé de la vue, se dirige et s'oriente au bruit qu'il entend. Tel, au mois de mai, un peu avant l'aube, s'élève du sein des plantes et des fleurs, tout imprégné de leurs parfums, un air frais qui réjouit l'atmosphère ; telle se fit sentir à moi la bouffée de vent qui me frappa au milieu du front. L'ange l'avait produite en secouant ses ailes, et il s'en exhalait une odeur divine d'ambroisie. — « Heureux, disait l'ange, ceux en qui les clartés vives de la grâce dissipent les fumées de la gourmandise, et qui n'ont faim qu'avec mesure ! »

1 Gédéon, par l'ordre de Dieu, trouva le moyen de séparer de ses troupes les soldats efféminés. Comme l'armée était en marche, on arriva, dans la plus forte chaleur du jour, près de la fontaine d'Arad. Les uns prirent dans le creux de leurs mains de l'eau qu'ils lapèrent debout, à la manière des chiens. Les autres fléchirent le genou et burent à même de la fontaine. Ces derniers, dont la mollesse avait été reconnue à cette épreuve, furent écartés par Gédéon qui alla sans eux combattre les Madianites.

2 Suivant son procédé ordinaire, le poète expose, dans une réalité saisissante le vice qu'il veut stigmatiser, et cette mise en scène est précédée et suivie d'exemples empruntés tant à la fable qu'à l'histoire, pour faire contraster le vice et la vertu contraire.

3 Ici, c'est la voix de l'ange commis au 7e escalier. Il efface du front du Dante le P, stigmate de la gourmandise, et il achève à ce qu'il semble, les paroles commencées par l'ange sur la 6e plate-forme, c'est-à-dire la paraphrase du passage de saint Mathieu :

« *Beati qui esuriunt et sitiunt justitiam, quoniam ipsi saturabuntur.* »

CHANT XXV.

C'était l'heure[1], où rien ne devait plus arrêter notre marche; car le Taureau étant parvenu au point qu'occupe le soleil à midi, cet astre, alors dans le Bélier, était incliné vers le couchant, comme dans l'autre hémisphère, la position inverse du Scorpion annonçait qu'il était passé minuit. Aussi, à l'exemple du voyageur qui suit son chemin sans se laisser arrêter, quelque objet qui s'offre à lui, lorsque le besoin de ses affaires le presse, nous nous jetâmes aussitôt dans le passage indiqué par l'ange, et montâmes, l'un devant l'autre, un escalier étroit, qui ne pouvait admettre deux personnes de front.

Tel on voit, dans un nid de cigognes, un des petits lever une aile, et puis l'abaisser, comme voulant et n'osant prendre l'essor; ainsi sentais-je naître et mourir en moi la volonté de questionner mes guides. J'allais jusqu'à faire le mouvement d'un homme qui se dispose à parler. Malgré la célérité de notre marche, Virgile, qui voyait mon extrême désir, me dit : « Parle, décoche enfin le trait qui est si près de partir. »

Je lui fis alors ma question avec assurance : « Comment peuvent-ils maigrir ainsi ceux qui, pour exister, n'ont pas besoin de nourriture? »

— « Ce phénomène, me répondit-il, troublerait moins ta pensée, si tu t'étais rappelé le tison de Méléagre[2], tu sais qu'à

[1] Il était, sur la montagne du Purgatoire, deux heures après-midi. (La 8e heure du jour chez les Italiens.) La position du Taureau au méridien indique cette heure, lorsque le soleil est dans le Bélier; car le Bélier précède le Taureau de 30 degrés ou deux heures. Le signe opposé au Taureau étant le Scorpion, celui-ci devait marquer deux heures du matin dans l'hémisphère occidental.

[2] Méléagre se consumait à mesure que le tison fatal brûlait, sans être mis en contact avec lui. Ainsi les âmes des gourmands souffrent la faim et maigrissent, quoique privées des organes de nos besoins physiques.

A la naissance de Méléagre, les Parques avaient jeté dans la chambre le tison enflammé, duquel dépendait la vie du nouveau-né. Althée, sa mère, se hâta de l'éteindre et d'enfermer ce présent funeste. Mais, plus tard, lorsque le

mesure que l'un brûlait, l'autre se consumait en même temps ; et si tu t'étais souvenu que, dans un miroir, l'image suit tous les mouvements de l'objet qui s'y reflète[1], ton esprit plus docile aurait accepté ce qui le choque. Mais, pour le mettre au repos, voici Stace, qui voudra bien, à ma prière, te donner à cet égard toute satisfaction, et guérir les infirmités de ton esprit. »

Stace ne fut point sourd à cet appel : « O Virgile, excuse-moi, dit-il, si j'élève la voix en ta présence, pour lui dévoiler le mystère des vengeances célestes. Je ne puis me refuser à ta demande. »

Puis il me tint ce discours : « Écoute, mon fils, et que mes paroles entrent bien dans ton esprit, pour t'éclairer sur la cause de ce phénomène. Il est une partie du sang que n'absorbent point nos veines altérées, sang parfait et qui est pour elles comme ces mets qu'on enlève de la table, un aliment superflu[2]. Il puise dans le cœur une vertu qui le rend apte à donner la forme à tous les membres, et c'est à cette fin encore qu'il se répand et court dans les veines. Epuré dans ce creuset, il descend plus bas, en un lieu que je m'abtiens de nommer[3], et c'est de là qu'il s'épanche dans le vase où la nature a préparé un autre sang, et à tous deux un commun réceptacle, merveilleusement disposé pour que l'agent et le patient concourent à la même œuvre.

« La semence, jointe au sang de la femme[4], commence à opérer,

jeune prince eut tué dans une chasse le sanglier de Calydon, il en offrit la hure à la belle Atalante, qui lui avait porté le premier coup. Ses oncles disputèrent cet honneur à la jeune fille, et furent tués par Méléagre. Althée, pour venger la mort de ses frères, mit au feu le tison qui lui avait été donné par les Parques, et causa ainsi la mort de son fils.

Cette allégorie, si belle et si claire, a quelque rapport avec l'idée de *la peau de chagrin,* qu'un romancier moderne a mise en œuvre avec talent et popularisée en France.

[1] Le miroir ne fait pas l'image. Les organes matériels ne font pas les sensations dont l'homme est affecté.

[2] Les mets enlevés de la table sont superflus pour l'entretien du corps. Il est une partie du sang inutile à la conservation de l'homme, mais nécessaire à sa reproduction.

[3] Les testicules et l'utérus.

[4] La femme donne la matière, le môle, qui reçoit la forme et la vie de l'homme. Celle-ci a une vertu formatrice, *virtus informativa,* qu'elle a puisée dans le cœur même de l'homme, et qui agit sur le fœtus pour l'organiser, pour le faire végéter et sentir. Il reçoit ainsi, par transmission d'un principe matériel, l'âme végétative, et Dieu y ajoute ensuite par infusion, dès que le cerveau est formé, l'âme raisonnable qui attire à elle et confond dans une seule âme toutes les facultés sensibles du nouvel être. — Cette théorie

en se coagulant; ensuite, pourvue de la matière dont elle a besoin, elle l'imprègne, et lui donne vie. Dès lors le principe actif qui réside en elle s'est fait âme, âme purement végétative, comme celle d'une plante, sauf que celle-ci a déjà tout son développement, tandis que l'autre n'en est qu'à sa première phase.

« Par l'action continue de ce principe, l'embryon se meut et commence à sentir, à exister, à peu près comme les polypes. La vertu qui agit en lui, travaille à le munir d'organes, pour l'exercice des facultés dont elle lui a donné le germe. Puisée, comme je l'ai dit, au cœur même de celui qui a engendré, elle se resserre ou se dilate, suivant les desseins de la nature, pour former tous les membres.

« L'animal est formé; mais tu ne vois pas encore comment il se fait homme. C'est là le point où s'est fourvoyé jadis un docteur[1] plus savant que toi. Ne trouvant pas dans l'homme un organe spécial pour l'intelligence, Averroës tenait que celle-ci n'appartenait point à l'âme. Il l'en distinguait, rabaissant ainsi l'âme d'un degré. Ouvre ton cœur à la vérité qui vient à toi, et sache que, du moment où la formation du cerveau est parfaite dans le fœtus, le premier moteur se tourne vers lui, satisfait de l'art déployé jusque là par la nature, et qu'il lui souffle un esprit nouveau, un esprit qui a la vertu d'attirer à lui, d'absorber dans sa substance toutes les forces actives qu'il y trouve, pour n'en faire qu'une seule âme, douée de vie, de sentiment et de réflexion.

« Un exemple diminuera ta surprise ; vois comment la chaleur du ciel, en s'unissant aux larmes de la vigne, s'absorbe dans le jus de la grappe, pour se convertir en vin[2].

empruntée par Dante à saint Thomas, tend à expliquer comment l'âme, après qu'elle est séparée du corps, conserve la vertu qui maintient la forme et la sensibilité de l'homme, abstraction faite de ses organes matériels, en d'autres termes, comment les ombres des morts peuvent être affectées des mêmes sensations que les vivants, comment elles peuvent être exténuées par le jeûne, alors que, n'ayant pas de corps, elles n'ont pas besoin de nourriture.

[1] Averroës croyait l'âme matérielle, et en distinguait la pensée et l'intelligence qui, suivant lui, n'était pas dans l'homme une substance distincte et *sui generis*. Il la regardait comme une émanation de la raison universelle, comme un rayon jailli du grand foyer de la lumière.

Averroës, médecin arabe, florissait à Cordoue vers la fin du XIIe siècle. Il commenta Aristote. On l'accuse d'avoir dit : *Moriatur anima mea morte philosophorum.*

[2] C'est par un phénomène semblable que l'âme absorbe et s'assimile toutes les facultés sensibles.

« Maintenant, apprends que cette âme, lorsque Lachésis a vidé son fuseau, quitte son enveloppe charnelle ; qu'elle conserve virtuellement toutes ses facultés, tout ce qu'il y avait d'humain et de divin en elle ; et que, si ses autres puissances paraissent endormies, la mémoire, l'intelligence et la volonté acquièrent alors plus de vivacité dans leurs actes. Elle va d'elle-même, sans repos ni relâche, jusqu'à ce qu'elle aborde à l'un des rivages de l'autre monde ; alors seulement, elle connaît la demeure qui lui est assignée par la justice divine ; et dès qu'elle s'y est établie, elle sent rayonner autour d'elle cette force d'expansion, qui donnait la forme au vêtement corporel dont elle était pourvue.

« Comme l'air, lorsqu'il est chargé de vapeurs pluvieuses, prend les diverses couleurs du rayon qui, étranger à sa substance, se reflète en lui[1]; de même l'âme se reflète virtuellement sur l'air qui l'environne, et qui prend la forme qu'elle lui impose; et ensuite cette forme nouvelle s'attache à l'âme et la suit partout, comme nous voyons la flamme suivre le feu, partout où la mène son inconstance. Et, parce que cette forme émane de l'esprit et ne doit rien à la matière, elle est appelée ombre. Ainsi se produisent ensuite tous les organes des sens, et jusqu'à l'appareil de la vue ; ainsi pouvons-nous, dans le royaume des morts, parler et rire, éclater en larmes et en soupirs, comme tu l'as vu faire aux pénitents de la montagne. Les ombres se modifient sous l'impression des désirs ou des autres passions qui affectent l'âme, et voilà la cause du phénomène qui a causé ta surprise[2]. »

Déjà nous étions parvenus au lieu où s'accomplit la dernière épreuve[3]. Nous tournâmes à droite, et la vue d'un autre genre d'épurations nous rendit attentifs.

[1] La forme aérienne du corps, lorsque l'âme en est séparée, est à celle-ci ce que les couleurs de l'arc-en-ciel sont au nuage qui les reçoit, ce que la flamme est au feu qu'elle environne.

[2] La forme sans la substance, la sensibilité sans organes, l'âme tirant d'elle-même la figure de l'homme et ses sensations, voilà une métaphysique subtile, dernier effort de la scolastique, et qui toutefois ne peut être combattue que par le sens intime. Elle irait jusqu'à justifier la croyance aux revenants et aux fantômes.

[3] Le feu purifie sur la 7e terrasse, les pécheurs entachés de luxure.

Là, le flanc escarpé du mont lance la flamme au dehors, et, du bord extérieur s'élève un vent violent qui la replie sur elle-même, et la repousse loin de lui. Ceci nous obligeait à marcher un à un du côté ouvert, et sur la lisière de la terrasse[1], moi, craignant d'une part l'atteinte des flammes, et de l'autre une chûte profonde. Virgile disait : « C'est ici qu'il faut aller bride en main, et commander à tes yeux. Un écart est aussi facile qu'il serait dangereux. »

J'ouïs alors, du sein de ces feux ardents, chanter l'hymne qui commence ainsi : « *Dieu, dont la clémence infinie*[2] »... et je n'en fus pas moins prompt à me retourner. Je vis des ombres marchant au travers des flammes. Elles attirèrent mon attention, et je les suivis, observant tour à tour leurs pas et les miens.

Après avoir achevé l'hymne, chacun s'écriait à l'exemple de la Vierge : « Je n'ai point connu d'homme ![3] » Et puis, toutes recommençaient l'hymne à voix basse. A la fin de cette reprise, elles criaient encore : « Diane courut au bois où étaient ses nymphes, et chassa du milieu d'elles Calisto[3] qui avait sacrifié à Vénus. » — Ensuite elles se remettaient à chanter, et l'hymne était suivi de louanges pour la chasteté des femmes, pour la continence des maris, qui avaient vécu dans la vertu et suivant les saintes lois du mariage.

C'est ainsi que ces pénitents emploient, je pense, tout le temps pendant lequel ils subissent l'épreuve du feu. C'est au moyen de cet appareil et de ce dur régime que la dernière plaie se referme, et qu'ils deviennent tout à fait purs.

[1] Pour la première fois, ils suivent le bord extérieur, pour éviter les feux croisés qui envahissent la plate-forme.

[2] « *Summe deus clementiæ.* » Commencement de l'hymne qui se chante aux matines du samedi. Il y a dans cet hymne un vers qui se rapporte à la luxure : « *Luxu remoto pessimo.* »

[3] La Sainte Vierge. — Calisto. — L'ange Gabriel ayant annoncé à Marie qu'elle concevrait et qu'elle enfanterait un fils, Marie lui dit : Comment cela se fera-t-il ? car je n'ai pas connu d'homme. « *Quomodo fiet istud? Quoniam virum non cognosco.* (Luc, Cap. I.)

CHANT XXVI.

Tandis que, marchant ainsi à la file, nous longions le bord de la plate-forme, mon bon maître me disait souvent : « Prends garde, et que mes avertissements te profitent. »

J'avais le flanc droit exposé au soleil, qui déjà rayonnait dans tout l'Occident, et blanchissait l'azur de cette partie de la voûte céleste. Dans l'ombre que je projetais, les flammes qui ondoyaient à ma gauche, paraissaient plus rouges[1] ; ce qui fut remarqué d'une troupe d'âmes[2]. Je les vis, préoccupées, chemin faisant, de ce signe étrange. Elles prirent de là occasion de parler de moi, et dirent : « Ce n'est point là l'image, le simulacre d'un corps ». Puis quelques-unes vinrent le plus près de nous qu'elles purent, ayant toujours soin de ne pas se mettre hors de l'atteinte des flammes.

— « O toi[3], qui, plutôt sans doute par respect que pour t'être laissé devancer, marches en arrière des deux autres, au nom de ces feux et de l'ardente soif qu'ils me causent, réponds-moi ; réponds à toutes ces âmes altérées aussi et plus avides de t'entendre que l'Indien et l'Ethiopien ne le sont de boire à une source fraîche et limpide. D'où vient, dis-moi, que tu fais de ton corps un rempart au soleil, comme si la mort ne t'avait pas encore surpris dans son filet ? »

A ces paroles d'un pénitent, j'allais répondre et me faire connaître, lorsque je fus distrait par un autre spectacle aussi nouveau pour moi. J'aperçus dans la voie ardente (et je demeurai interdit à cette vue,) une seconde troupe[4] qui s'avançait vers la

[1] Dante était entre le soleil et la montagne, et voici un nouvel effet de l'ombre, c'est la couleur particulière des flammes, que son corps dérobe aux rayons solaires. On trouve ici dans le poète l'œil exercé du physicien.

[2] Les pénitents qui se purgent du péché de bestialité.

[3] Dante est abordé par Guido Guinicelli.

[4] Les Sodomites. Voici dans une situation analogue, une différence caractéristique entre les damnés et les âmes du Purgatoire. Celles-ci se rencontrent et s'embrassent dans la charité d'un commun repentir. On a vu les avares et les prodigues parcourir aussi en sens opposé le même cercle, mais se choquer avec fureur. (Enfer, Ch. VII.)

première ; et je vis des deux côtés chaque ombre se hâter, échanger rapidement un baiser, joyeuse de cette courte reconnaissance et sans s'arrêter.

Telles on voit quelquefois, dans un champ couvert de leurs noirs bataillons, des fourmis s'arrêter deux à deux, s'observer, s'enquérir peut-être des routes qu'elles ont parcourues et de leur butin[1].

Après s'être fait ainsi bon accueil, les deux troupes de pénitents se séparèrent ; mais elles n'avaient pas encore fait un pas que des cris bruyants et répétés frappèrent mes oreilles : « Sodome et Gomorrhe[2] ! » s'écriaient les nouveaux venus. — « Infâme Pasiphaë[3] ! disaient les autres. Elle entra dans la vache d'airain pour tromper le taureau au profit de sa luxure ! »

Ensuite, comme des grues qu'on voit voler dans des directions opposées, et qui semblent fuir le soleil en s'élançant vers les monts Riphées[4], ou le souffle glacé des vents en tirant vers les sables d'Afrique, les deux classes de pénitents se croisèrent, pour marcher en sens contraire. Ils reprirent en pleurant le chant, et chacun le faisait suivre du cri qui convenait mieux à l'état de son âme.

Alors se rapprochèrent de moi, avec un nouvel empressement, ceux qui d'abord s'étaient montrés le plus curieux. Ils semblaient disposés à écouter avec attention.

Touché d'un désir, dont j'avais vu deux fois l'expression, je les satisfis en ces termes : « Ames qui espérez[5], qui attendez votre délivrance, quelqu'en soit le jour, avec la paix du Seigneur ! ne croyez pas que j'aie quitté la vie, en restituant à la terre, neuf ou

[1] Horace a aussi une comparaison charmante, tirée des fourmis, mais il y manque ce dernier trait.

[2] La première de ces deux villes, consumées par le feu du ciel, a donné son nom au vice qui reçoit ici les flétrissures du poète florentin. « *Vocaruntque Loth et dixerunt ei : ubi sunt viri qui introierunt ad te nocte ? educ illos huc ut cognoscamus eos.* (Genèse 19-6).

[3] Pasiphaë, type de la bestialité dans le monde payen. Vénus, pour la punir de ce que le Soleil, son père, avait découvert ses amours avec le dieu Mars, lui inspira une passion monstrueuse pour un taureau, dont elle eut le Minotaure. Pasiphaë, femme de Minos, est aussi la mère de Phèdre, qui épousa Thésée, et brûla d'une passion incestueuse pour Hippolyte. Dante indique le moyen qu'elle pratiqua pour assouvir sa luxure. Où a-t-il puisé ce détail étrange ?

[4] Les monts Riphées en Scythie.

[5] Dante parle ainsi aux âmes souillées de bestialité.

usé, le vêtement qui me venait d'elle. Non, ces membres que vous voyez sont réels ; je suis ici avec moi-même, avec mon sang et mes articulations. Si je gravis ces hauteurs, c'est pour que mes yeux, trop longtemps aveuglés, s'ouvrent à la lumière[1]. Si je les parcours en corps et en âme, je dois cette faveur aux mérites d'une sainte qui me protège dans le Ciel. Mais, dites-moi, (et puisse être bientôt accompli votre vœu le plus cher ! puissiez-vous être admis au foyer même de l'amour divin, dans la sphère la plus vaste des cieux !)[2] apprenez-moi qui vous êtes, et quelle est cette foule qui vous suit, afin que vous aussi ayez place dans mes vers. »

Le rustre, qui descend de ses forêts et qui entre en ville, ne montre pas, dans son admiration muette, un plus grand trouble d'esprit que n'en firent paraître ces ombres pendant que je parlais. Mais la stupeur a peu de prise sur les cœurs élevés. Dès que fut passé ce premier étonnement : « Qu'heureuse est ta destinée ! reprit l'ombre[3] qui m'avait parlé d'abord. Elle te dispose à réformer ta vie en te laissant explorer nos régions où l'on se purifie. Ceux que tu viens de voir, formant une troupe séparée de la nôtre, ont péché comme César, qui mérita que ses soldats l'appelassent leur reine, et déshonorassent ainsi son triomphe[4]. Par ce nom de Sodome, qu'ils proclament, ils s'accusent eux-mêmes, et leur confusion ajoute au salutaire effet du feu qui les brûle.

« Notre souillure à nous est celle des hermaphrodites[5]. Au

[1] Le but de la *Divine Comédie* est ici bien marqué. C'est la régénération du poète.

[2] L'Empyrée. Au-delà des sept planètes sont le ciel des étoiles fixes, le premier mobile, et l'Empyrée où Dieu réside.

[3] Guido Guinicelli.

[4] César avait souillé sa jeunesse à la cour de Nicomède, roi de Bithynie. Suétone rapporte que ses soldats chantaient à la suite de son char, lorsqu'il triompha des Gaules :

Gallias Cæsar subegit, Nicomedes Cæsarem.
Ecce nunc Cæsar triumphat, qui subegit Gallias,
Nicomedes non triumphat qui subegit Cæsarem.

Suétone dit encore qu'un jour, dans une assemblée nombreuse, où se trouvaient César et Pompée, un certain Octavius, connu pour l'intempérance de sa langue, salua Pompée du titre de roi, et donna le nom de reine à Jules César.

[5] Par hermaphrodisme, le poète entend ici le péché de bestialité. Landino dit que, d'après les lois, tout hermaphrodite doit déclarer de quel sexe il entend user, et s'y tenir. Mais il ne peut être question ici d'un vice qui dépend d'une organisation aussi rare, si tant est qu'elle existe. Ces mots répétés plusieurs fois en quelques vers, *bestie, s'imbestio, imbestiate,* ne laissent pas de doute sur la nature du péché que Dante appelle improprement hermaphrodisme.

mépris des lois humaines, nous avons vécu comme des brutes, livrés aux appétits sensuels. Aussi le nom de Pasiphaë, qui se fit bête sous l'enveloppe d'une bête, pour assouvir sa passion, révèle-t-il l'infamie de chacun de nous, par sa propre bouche, lorsqu'après avoir rencontré l'autre bande, nous nous séparons.

« Tu connais maintenant nos actes, nos habitudes coupables. Quant aux noms de ces pécheurs, si tu désires en être instruit, je n'ai ni le temps ni les moyens de te satisfaire; mais je contenterai ton envie en ce qui me touche. Je suis Guido Guinicelli [1], et si déjà je me purifie, en ce lieu d'espérance, c'est que mon repentir n'a point attendu ma dernière heure. »

Tous les sentiments qui émurent jadis les deux fils d'Hypsipyle [2] en retrouvant leur mère que menaçait le courroux du roi Lycurgue, je les éprouvai, mais avec moins de force sans doute, lorsque j'entendis Guido se nommer lui-même, Guido, mon père et mon maître dans les rimes d'amour, Guido, le maître de mes rivaux et de mes vainqueurs [3] dans cette poésie pleine de grâce et de douceur.

Je marchais longtemps tout pensif, sans dire mot ni rien entendre, et regardant toujours cette ombre dont je ne pouvais, à cause des flammes, m'approcher davantage. Lorsque j'eus rassasié mes yeux du plaisir de la voir, je m'empressai de me mettre tout à son service, et je le fis avec cet accent du cœur, qui se fait croire tout d'abord.

Guido me répondit : « Ces paroles me touchent et font sur

[1] Ce Guinicelli est un des deux Guido, dont il est parlé au chant XIe, et qui, par leurs écrits en langue vulgaire, avaient obtenu la palme du style. C'était un poète de Bologne renommé parmi les rimeurs d'amour, un peu antérieur à Dante.

[2] Les deux fils d'Hypsipyle, séparés depuis longtemps de leur mère, la retrouvèrent au moment où Lycurgue, roi de Némée, allait la punir d'avoir, par sa négligence, causé la mort de son fils Archémore, dont il lui avait confié la garde. Hypsipyle, reconnue par ses deux fils, leur dut son salut. — Elle-même avait sauvé son père Thoas, roi de Lemnos, des mains des femmes de cette île, qui avaient juré de mettre à mort tous les mâles du pays. Dans sa fuite, elle avait été prise par des pirates, qui l'avaient vendue au roi Lycurgue; et un jour qu'elle avait déposé le royal nourrisson dans un bois, pour mener Adraste, un des sept chefs, à la fontaine Langia, l'enfant demeuré seul, avait été piqué d'un serpent. — Hypsipyle fut d'abord séduite et abandonnée par Jason.

[3] Dante reconnaît qu'il y a de meilleurs rimeurs d'amour que lui. Il place Guido, son maître, au premier rang.

moi une impression profonde qui ne saurait être effacée ni altérée par le fleuve d'oubli[1]. Mais si comme j'aime à le croire, ces démonstrations sont sincères, dis-moi d'où vient cette affection tendre, qui se révèle ainsi dans tes paroles et dans tes regards. »

— « Elle est née, lui dis-je, des gracieuses rimes qui doivent illustrer votre plume, tant que durera le moderne idiome de l'Italie[2]. »

— « Frère, reprit Guido, en me montrant du doigt une ombre qui nous précédait, en voici un, qui dans la langue, mère de cet idiome, fut un meilleur artisan de poésie. Par ses romans en prose et par ses vers d'amour, il a conquis le premier rang. Laisse dire l'ignorance, qui lui préfère aujourd'hui le poète de Limoges, Gérault de Berneuil[3]. Ce jugement se fonde moins sur la vérité que sur l'opinion. La sottise décide et s'entête avant que l'art ou la raison ait pu se faire entendre. Ainsi avait été surfaite autrefois la valeur de Guittone d'Arezzo[4] : il fut prôné longtemps, et son nom vola de bouche en bouche ; mais la vérité, par la voix du plus grand nombre, a fini par triompher. « Ecoute à présent ma prière : si la faveur qui t'a conduit ici va jusqu'à t'ouvrir les célestes parvis, où règne le Sauveur du monde, dis pour moi un *Pater noster* au pied de son trône, en le réduisant aux besoins qui nous restent dans ce Purgatoire[5]

[1] Guido, après un temps d'épreuve, doit être plongé dans le Léthé par Mathilde. (Purg. 31.) Les eaux de ce fleuve n'effacent que le souvenir des fautes.

[2] La postérité n'a point ratifié ce jugement. Les vers de Guido Guinicelli ont duré moins que la langue italienne.

[3] Guido à son tour cède la palme du genre au poète Arnaud Daniel, qui a écrit en vers et en prose, dans l'idiome provençal, d'où est né, comme chacun sait, la langue italienne. — Arnault Daniel, né à Tarascon, vivait au XIIe siècle, sous Philippe-Auguste, et fut le plus célèbre des troubadours. Vanté par Dante qui lui a fait en même temps l'injure de le mettre en scène, et l'honneur de lui faire parler sa propre langue, il a reçu aussi les éloges de Pétrarque, qui l'appelle un grand maître d'amour. (Petr. il trionfo d'amore, 4.)

[4] Gérault de Berneil, ou de Bertueil, surnommé le poète de Limoges. Dante protestait avec raison contre la vogue dont il jouissait de son temps ; car il déchut bientôt au point que Pétrarque l'a omis dans *son triomphe de l'amour*, où il a donné place à Guittone d'Arezzo, poète médiocre et jaloux. Voici, dit-il, Guittone d'Arezzo, qui semble irrité de ne pas être le premier poète de son temps. « *Che di non esser primo par ch'ira aggia.* » (Ibid.)

[5] Plusieurs parties de l'oraison dominicale, telles que « *ne nous induisez pas en tentation, délivrez-nous du mal,* » ne sont point applicables aux âmes du Purgatoire. On a vu les orgueilleux, au chant XIe, faire une magnifique paraphrase du *Pater noster*. Les pénitents peuvent donc prier pour eux-mêmes, mais les prières d'autrui leur sont d'un puissant secours.

où l'on ne pèche plus, où les tentations du démon ne sont plus à craindre. »

Ayant ainsi parlé, Guido, pour faire place sans doute à une ombre qui venait après lui, disparut à travers la flamme, comme le poisson qui descend rapidement au fond de l'eau. Je fis quelques pas au devant du pénitent que Guido m'avait montré du doigt[1], et je lui dis que mon désir de connaître son nom était garant du gracieux accueil que je lui réservais. Il me dit alors en provençal[2] : « Cette demande est si courtoise que je ne puis ni ne veux me cacher à celui qui me l'adresse. Je suis Arnault Daniel, qui vais pleurant et chantant, triste au souvenir de ma folie qui a passé comme un songe[3], et plein de joie à la pensée de la béatitude qui m'attend. A mon tour, je vous en prie, par la puissante vertu qui vous guide, quand vous serez au haut de ces degrés, souvenez-vous d'alléger mes souffrances. »

En disant ces mots, il s'enfonça dans la flamme où se purifient les souillures de la chair.

CHANT XXVII.

Le soleil était dans le ciel comme au moment où il darde ses premiers rayons sur les Saints-Lieux, arrosés du sang de son auteur, alors que l'Ebre se jette dans la mer sous la Balance, et que le Gange a ses eaux embrasées par les ardeurs du midi. Donc,

[1] Arnault Daniel.

[2] Dante montre ici qu'il avait étudié la langue des troubadours, et qu'au besoin il eût été capable de composer dans cet idiome. En changeant de langage, il garde son rythme et sa division par tercets, forme que la poésie italienne avait déjà empruntée au provençal.

On a critiqué cette bigarrure de style. Mais comment refuser à la fille de parler quelques instants la langue maternelle ?

[3] Voici un trait de mœurs curieux : Arnault Daniel, dit-on, faisait dire des messes pour obtenir les bonnes grâces de sa maitresse.

le jour finissait sur la montagne du Purgatoire[1], lorsque nous apparut un ange à la face radieuse.

Debout au bord du chemin, et hors de la portée des flammes, il chantait : « Heureux ceux qui ont le cœur pur ![2] » Sa voix était vive et pénétrante, plus qu'aucune voix humaine, et il ajouta : « Saintes âmes, il faut passer par ce feu[3] ; il faut que vous sentiez la morsure, avant que vous soyez admises là où des chants se font entendre. Entrez-y donc, et ne soyez pas sourdes à cet appel. »

A ces paroles de l'ange, que j'entendis trop bien, étant arrivé près de lui, je devins pâle et semblable à un homme déjà couvert de son linceul. Je tendais les mains jointes en me penchant vers le feu. Je le regardais et me représentais vivement les malheureux que j'avais vus autrefois brûler vifs[4]. Alors mes deux guides se tournèrent de mon côté, et Virgile me dit : « Mon fils, ces flammes peuvent torturer, mais elles ne donnent pas la mort[5]. Pense, pense à l'appui que je t'ai prêté jusqu'à cette heure, et qui, sur le dos même de Géryon, ne t'a point manqué[6]. Plus près de Dieu, maintenant, ferais-je moins pour toi ? Quand même tu res-

[1] Quand le soleil se lève à Jérusalem, sous le signe de la Balance, à l'équinoxe d'automne, il se couche en Espagne, et paraît se coucher dans les eaux de l'Ebre. A l'heure où le jour paraît à Jérusalem, il est déjà midi sur les bords du Gange. Sur la montagne du Purgatoire, antipode de Jérusalem, le soleil est alors dans le Bélier (Equinoxe du printemps). Le soleil s'y couche à l'heure même où il se lève dans la ville sainte. Si donc le jour naissait à Jérusalem, il finissait sur la montagne du Purgatoire. Le poète exprime ici par la situation du soleil dans notre monde habité, l'heure qu'il était dans l'autre monde qu'il visite.

[2] Il y a deux anges sur la 7e terrasse, les paroles de l'un sont relatives au genre de faute qui s'y expie, *beati mundo corde quoniam ipsi deum videbunt.* (Math. 5.) — La voix de l'autre, entendue plus loin, annonce le paradis terrestre : *Venite, benedicti patris mei ; possidete paratum vobis regnum a constitutione mundi.* (Math. 25.)

[3] Dante prenant une part anticipée aux épreuves du Purgatoire, (ce qu'il n'avait fait aux stations précédentes,) confesse par là que l'amour sensuel a eu trop d'empire sur lui et qu'il a bien des faiblesses à racheter.

[4] Le supplice du feu, fréquent au moyen âge, était surtout le châtiment des hérétiques. Dante lui-même, lorsqu'il écrivait ceci, avait été condamné à l'exil, et à être brûlé vif, s'il enfreignait son ban. La sentence prononcée contre lui par Cante Gabrielli est du 27 janvier 1302.

[5] Les flammes du Purgatoire, faites pour des âmes, pour des ombres, n'ont point d'action dissolvante sur les organes matériels. Dante doit craindre surtout de mourir avant d'avoir visité le Paradis d'où ses fautes le tiendront éloigné pendant quelque temps. Virgile a donc raison de le rassurer contre la mort.

[6] Enfer. Chant XVIIe.

terais mille ans au sein de ce foyer, ses ardeurs (sois-en bien sûr) ne sauraient faire tomber un seul cheveu de ta tête. Crains-tu de ma part quelque surprise? Approche et soumets à l'action du feu le bord de ton vêtement. Ne crois ensuite qu'après l'avoir touché toi-même. Assez, assez de lâches frayeurs. Sois désormais sans crainte. Tourne-toi de ce côté et passe avec confiance. »

Il dit : et moi je restais en place, malgré l'aiguillon de ma conscience.

Virgile, voyant ma persistance, reprit aussitôt le visage un peu troublé : « Mais vois donc, ô mon fils bien-aimé ! ceci est la seule barrière qui te sépare de Béatrix. »

A ce nom toujours présent et vivant dans ma pensée, je sentis fléchir mon obstination, et comme jadis, au nom de Thisbé[1], Pyrame, au pied du mûrier dont il rougit les fruits de son sang, rouvrit les yeux et regarda son amante ; ainsi me tournai-je vers mon sage guide, qui me dit en secouant la tête : « Eh bien ! voulons-nous rester ici ? » — Puis il sourit, et, comme on sourit à l'enfant dont l'entêtement s'est laissé vaincre à la vue d'un fruit, il entra le premier dans la flamme[2] en priant Stace, qui jusqu'alors avait fait route entre nous deux, de se tenir par derrière. Je l'y suivis et me trouvai bientôt au sein d'un tel embrasement que je me serais jeté n'importe où, même dans du verre bouillant, pour me rafraîchir. Virgile, tendre père, occupé de raffermir mon courage, me parlait chemin faisant de Béatrix. « Déjà, disait-il, je crois voir étinceler ses beaux yeux. »

Guidés par une voix, qui chantait au-delà des flammes, et qui

[1] *Ad nomen Thysbes oculos jam morte gravatos*
Pyramus erexit... (Ovid. 4.)

Thysbée, arrivé la première au rendez-vous, prit la fuite à la vue d'une lionne qui venait à elle, la gueule ensanglantée. En fuyant, elle laissa tomber son voile, que la lionne déchira et teignit de son sang. Pyrame vint ensuite, et voyant le voile de sa maîtresse, il crut qu'elle avait été dévorée par une bête féroce. Dans son désespoir, il se perça de son épée. Thysbé, revenue sur ses pas peu de temps après, retira le fer du corps de son amant et s'en frappa pour ne pas lui survivre. Leur sang rougit les fruits du mûrier, sous lequel cette scène s'était passée.

[2] Stace est invulnérable, puisque son temps de Purgatoire est fini. Mais Virgile qui appartient aux Limbes, n'est-il pas comme Dante, exposé à souffrir ici l'action du feu ? Non, car la peine des Limbes est la privation de la vue de Dieu. Il n'y a point d'épreuves pour ceux qui n'ont point d'espoir.

tenait nos oreilles captives, nous sortîmes enfin de la voie ardente, et nous nous trouvâmes au pied de la montée. Là, du sein d'une vive clarté que mes yeux trop faibles ne purent soutenir, éclatèrent tout à coup ces paroles : « Venez à moi, ô vous que mon père a bénis. » — Et la voix continua ainsi : « Le soleil s'en va et la nuit approche. Ne vous laissez point arrêter, et hâtez le pas, tandis qu'à l'occident les ténèbres ne couvrent pas encore l'horizon. »

Je suivais la voie droite et escarpée des degrés taillés dans le roc, faisant face à l'orient, et brisant derrière moi les rayons de l'astre du jour fatigué de sa course. A peine avions-nous monté quelques marches, que mon ombre perdit sa forme et s'évanouit. A ce signe nous reconnûmes[1], mon guide et moi, que le soleil venait de se coucher ; et avant que, sur tous les points de l'immense horizon, le ciel eût pris un aspect uniforme, par l'entière distribution des ombres de la nuit, chacun de nous fit son lit de la marche sur laquelle il se trouvait alors ; car telle est la nature de cette montagne que, si nous montions encore avec plaisir, la puissance de le faire nous manquait.

Telles on voit des chèvres, lorsqu'elles sont repues, devenir douces et tranquilles ; elles que leur pétulance indocile avait emportées sur les cîmes les plus hautes, pour y chercher leur pâture, alors elles se tiennent tapies à l'ombre, à l'heure où le soleil est le plus ardent, sous les yeux du gardien qui veille sur elles, appuyé sur sa houlette.

Tel encore on voit un berger passer en silence toute la nuit dans un parc auprès de son troupeau, qu'il y a renfermé pour être à l'abri des animaux carnassiers.

Telle était la position que tous trois, comme la chèvre et les bergers, nous occupions resserrés entre les parois du sombre passage, où, quoiqu'il ne pénétrât presque rien du dehors, je pouvais entrevoir quelques étoiles[2]. Elles me paraissaient plus grandes et plus brillantes que de coutume.

[1] Après le coucher du soleil, il n'y a plus d'ombre, quoiqu'il fasse encore jour.

[2] Le poète a déjà dit qu'on ne monte plus après le coucher du soleil. C'est que les âmes aspirant à la lumière incréée, dont le soleil est l'image, s'il vient à leur manquer, elles perdent en même temps la force attractive, qui les mettait en mouvement.

Pendant que j'étais ainsi songeant, et les yeux tournés vers ces étoiles, le sommeil s'empara de moi[1], le sommeil, messager divin, qui souvent annonce les choses qui ne sont pas encore.

A l'heure[2], je pense, où Vénus paraissait à l'orient et commençait à verser sur la montagne cette clarté brillante, qui semble puisée au foyer de l'amour, une femme jeune et belle m'apparut en songe. Elle marchait dans la campagne en cueillant des fleurs, et chantait ainsi : « Vous qui voulez me connaître, sachez que mon nom est Lia[3]. Je cherche dans ces lieux de quoi composer la guirlande que je veux tresser de mes mains ; et pendant que je travaille ici à me parer, afin d'être embellie devant le miroir mystique, ma sœur Rachel, assise tout le jour en face de lui n'en détourne point sa vue. Sa joie est de s'y voir ; elle y attache ses beaux yeux avec autant d'ardeur, que j'en mets à orner ma personne. Sa vie est toute contemplative, et moi je me plais dans l'action. »

Déjà les ténèbres fuyaient de toutes parts devant ces premières lueurs, qui précédent la lumière du jour, et qui réjouissent de plus en plus le voyageur, à mesure que de gîte en gîte, il se

[1] Il faut se représenter un escalier étroit, taillé dans le roc, à ciel découvert.

[2] Un peu avant l'aube. — C'est la 4e nuit depuis que Dante a débouché des soupiraux de l'Enfer au bas de la montagne du Purgatoire. Il y est entré à la naissance de l'aurore. Il y a passé quatre jours marqués dans les chants 2, 9, 19 et 27e. Déjà il avait passé 24 heures dans la forêt sauvage, depuis la nuit tombante du jeudi saint jusqu'à la nuit tombante du vendredi, et encore 36 heures dans les entrailles de la terre, depuis le vendredi soir jusqu'au matin du dimanche de Pâques En tout six jours et six nuits. Le temps n'est plus compté dans le Paradis terrestre, ni dans les régions du Paradis céleste.

[3] Le poète a fait de Lia et de Rachel les deux types de la vie active et contemplative, personnifiées en Marthe et Marie, dans la nouvelle Loi. Lia l'exprime clairement par ce vers : « *Lei lo vedere e me l'oprare appaga.* » Toutes deux marquent le trait essentiel qui distingue les deux Eden, le Paradis terrestre et le séjour de l'éternelle béatitude. Dans l'Eden, l'homme a pour objet de ses expériences et de son industrie, la nature physique, qu'il travaille à embellir, afin d'ajouter à son bien-être matériel. Dans le Ciel au contraire, il vit de l'esprit en face de l'essence divine. Rachel eut les prédilections de Jacob, comme Marie, sœur de Marthe, mérita celles de Jésus-Christ. Rachel, longtemps stérile et oisive sous la tente du patriarche, fait contraste avec l'existence occupée de sa sœur, déjà mère de quatre enfants, avant la naissance de Joseph. Lia est affligée de mauvais yeux, Rachel est attrayante et d'une beauté idéale. De ces divers traits, fournis par la Genèse, Dante a pu former les poétiques figures de la vie active et de la vie contemplative.

rapproche de son foyer, lorsque, avec les ombres de la nuit, s'évanouit mon songe. A l'exemple de mes maîtres déjà debout, je me levai, et Virgile me dit : « Voici le jour où tu pourras te rassasier de ces beaux fruits[1] pour lesquels s'agitent les hommes, à la recherche de l'arbre qui les porte. »

Ces paroles furent le salut matinal de mon guide, et comme l'étrenne de ma journée. En fut-il jamais de meilleure ? Elles m'enflammaient d'un désir plus vif encore d'atteindre le faîte. Je sentais à chaque pas croître mes ailes, et plus rapide était mon essor.

Quand nous fûmes au haut de l'escalier, ayant le pied sur la dernière marche[2], Virgile arrêta quelque temps ses yeux sur moi, et me dit : « Mon fils tu as vu le feu éternel ; tu as traversé les flammes, qui n'ont qu'une durée bornée. Au point où nous sommes parvenus, je ne saurais plus, quant à moi, rien discerner au delà. Après avoir été attiré jusqu'en ces lieux par la raison et l'intelligence, va maintenant comme il te plaît hors des routes escarpées où l'art humain te venait en aide. Ce soleil, qui resplendit sur ton front, ces herbes, ces fleurs, ces jeunes plantes que le sol produit de lui-même, s'offrent à toi dans leur magnificence. Tu peux ou t'asseoir, ou errer à ton gré dans ces beaux lieux, jusqu'à l'arrivée de la Sainte bienheureuse qui, en pleurant, m'a envoyé vers toi. N'attends pas que je t'instruise davantage du geste et de la voix. Te voilà libre, et en possession d'une volonté que la raison éclaire. Il y aurait faute à ne pas t'en servir. Je te

[1] Il faut entendre ceci dans le sens figuré. Dante verra tout à l'heure, au Paradis terrestre, l'arbre de vie reverdir, et se couvrir de fruits ; mais il n'est pas dit qu'il en mange. Les véritables fruits de la science sont les vérités dont il aura sous les yeux les frappants symboles. Il pourra dire alors : *Mon âme savourait cette nourriture divine par qui notre faim, toujours satisfaite, se ravive toujours :*

« *L'anima mea gustava di quel cibo*
« *Che saziando di se, di se assetta.* (Purg. 31.)

[2] Le Paradis terrestre, qui couronne la montagne du Purgatoire, est déjà le commencement de la Béatitude, et l'accès en est interdit au poète payen. Il lui a été donné de parcourir les régions moyennes du Purgatoire, quoiqu'il n'ait point de place parmi ceux qui espèrent. Mais la raison humaine a touché ici sa dernière limite, et c'est à la théologie, à Béatrix à reculer la borne où s'arrête Virgile.

remets en mains le sceptre et la couronne ; sois désormais ton seigneur et ton maître[1].

CHANT XXVIII.

A l'aspect de la forêt divine dont les arbres verts et touffus amortissaient les feux du soleil levant, je me sentis le désir de la parcourir au dedans et au dehors ; et quittant, sans plus tarder, le bord de ce plateau, je m'avançais à pas lents dans la campagne, au milieu des senteurs exquises qui s'exhalaient du sol.

L'air doucement agité, et toujours dans le même sens, me frappait au visage, comme aurait pu le faire un vent agréable ; et il se faisait sentir au tremblement des feuilles sur les branches, qui toutes étaient courbées du côté où le mont sacré projetait ses premières ombres ; mais elles ne pliaient pas tellement que les oiseaux ne pussent s'y tenir, et déployer sous la feuillée toutes les richesses de leurs gosiers. Ces chanteurs ailés, saluant le jour, faisaient éclater leur joie par mille chants divers, auxquels servaient d'accompagnement les bruits du feuillage[2]. Ainsi résonne la forêt de pins qui s'étend sur le rivage de Chiassi, près de Ravenne, lorsque déchaîné par Eole, le siroco[3] court, de branche en branche, avec un bruit harmonieux.

Déjà l'antique forêt m'avait reçu dans son sein, et je m'y étais,

[1] Ce n'est pas qu'il n'ait encore besoin de guides ; car Béatrix et saint Bernard lui en serviront jusqu'au sein de la gloire céleste. Mais il est affranchi du joug des appétits sensuels. Son esprit épuré n'est plus dans les liens de la chair. Sa volonté, que la raison éclaire, commande aux instincts aveugles. En un mot, il est maître de lui-même. C'est cette royauté que Virgile consacre par ces belles paroles : *io te sopra te corono e mitrio.* — Il y a peut-être un double sens dans ce passage où Dante semble faire entendre aussi que désormais il marchera seul comme poète, et hors des voies que ses devanciers et Virgile lui-même avaient tracées.

[2] Le mouvement de l'air, dans une direction constante, et le bruit de la forêt sont des phénomènes qui vont être expliqués.

[3] Le vent du midi, le *notus des Latins*, s'appelle dans l'Italie moderne siroco.

pas à pas, enfoncé si avant que je n'aurais pu reconnaître par quelle voie j'y étais entré, lorsque j'eus le chemin barré par un courant d'eau vive[1]. Les herbes, qu'il baignait à mes pieds étant inclinées de droite à gauche, marquaient la direction de son cours, et, quoiqu'il coulât sous d'épais ombrages, dans des lieux inaccessibles aux deux flambeaux du jour et de la nuit, la pureté, la transparence des eaux, comparées à celles de notre globe, même les plus limpides, eussent fait paraître celles-ci chargées d'éléments grossiers.

Retenu sur la rive, j'eus bientôt franchi des yeux l'obstacle qui arrêtait mes pas; et comme j'admirais les tiges verdoyantes d'une foule d'arbustes plantés sur l'autre bord, une femme s'offrit à moi, par une de ces apparitions soudaines, qui nous jettent dans la surprise, et qui absorbent dans un objet unique toutes nos pensées.

Cette femme était seule. Elle marchait en chantant, et choisissait les plus belles fleurs parmi celles dont la terre était partout émaillée sur son passage.

« Dame de Beauté[2], m'écriai-je, ô vous qu'amour échauffe de son feu divin, si j'en juge à votre air, (et le visage découvre ordinairement le fond du cœur :) de grâce, veuillez vous approcher de la rive, afin que je puisse comprendre ce que vous

[1] Le Léthé.

[2] Mathilde, nommée au 33e chant « *prega Matilda che'l ti dica.* » — Elle cueille des fleurs de l'autre côté du Léthé. Elle précède Béatrix, et c'est elle qui fera passer à Dante ce fleuve que Virgile ne doit pas franchir.

Mathilde est la sainte commise au paradis terrestre, comme chaque station du Purgatoire a son ange spécial. Son office consiste à faire boire aux âmes, qui ont achevé leur temps d'épreuve, les eaux du Léthé et de l'Eunoë.

On s'accorde à reconnaître en elle la comtesse Mathilde, célèbre au moyen-âge par la donation qu'elle fit au Saint-Siége, sous le pontificat de Grégoire VII, de ses états comprenant la Toscane, Ferrare, beaucoup d'autres seigneuries, et presque tout ce qui est appelé aujourd'hui le patrimoine de Saint Pierre. Elle était par sa mère Béatrix, petite-fille de l'empereur Conrad II, de la maison de Franconie, et c'est de Boniface, marquis de Toscane, dont elle était la fille et l'unique héritière, qu'elle tenait ses riches possessions en Italie. — Elle mourut en 1115, après avoir été mariée deux fois. Mais, comme si la bienfaitrice de l'Eglise n'avait dû être l'épouse que de Jésus-Christ, on a prétendu que Mathilde avait été seulement fiancée à Godefroy, fils d'un duc de la Basse Lorraine, et qu'en épousant ensuite le jeune Guelfe de Bavière, elle avait fait vœu de continence, vœu religieusement gardé. — Dante paraît avoir adopté cette tradition sur Mathilde, qu'il peint timide et candide, en la comparant à une jeune fille, qui fait son entrée au bal.

chantez, en ces lieux où tout me rappelle, à votre vue, la jeune Proserpine[1], au temps qu'elle perdit ses fleurs, et fut perdue elle-même pour sa mère inconsolable. »

Comme on voit une jeune fille, au bal, tourner sur elle-même presque sans quitter le sol, et oser à peine mettre un pied devant l'autre en dansant; telle, et dans l'attitude d'une vierge qui baisse pudiquement les yeux, se tourna vers moi, du sein des mille fleurs qui doraient le tapis de verdure, la noble Dame à qui j'avais adressé ma prière. Elle exauça mon vœu, et s'approcha de manière à me faire entendre, avec sa douce voix, le sens des paroles qu'elle chantait.

Parvenue au bord du ruisseau, sur l'herbe humide qui le couvre, elle me fit la grâce de lever ses beaux yeux. Non, jamais, entre les cils de Vénus elle-même, ne jaillirent d'aussi vives étincelles, lorsque son fils la blessa du plus subtil de ses traits[2]. Debout, sur l'autre rive, elle souriait et avait les mains pleines de fleurs brillantes que la terre produit d'elle-même dans ce jardin aérien. Trois pas au plus nous séparaient, mais j'en voulais à ce ruisseau de ne pas s'ouvrir pour me livrer passage. Il m'était aussi odieux que l'Hellespont le fut jadis au jeune Léandre[3], indigné de voir toujours, entre Sestos et Abydos, ces flots qui furent depuis traversés par Xercès[4], cette mer où vient encore se briser l'orgueil de l'homme.

La Dame inconnue commença ainsi : « Etrangers, soyez les bienvenus. Vous éprouvez peut-être à me voir la face riante,

[1] Proserpine, fille de Cérès, cueillait des fleurs dans les campagnes de Sicile, lorsqu'elle fut ravie par Pluton, et entraînée dans les Enfers. En se débattant contre son ravisseur, elle laissa tomber les fleurs qu'elle portait dans un pli de sa robe.

« *Collecti flores tunicis cecidere remissis* (Ovid. 5). »

[2] L'amour en badinant avec sa mère, la blessa par mégarde d'un de ses traits, dont la pointe sortait de son carquois. Ainsi naquit la passion de Vénus pour Adonis :

Namque Pharetratus dum dat puer oscula matri,
Inscius extanti destrinxit arundine pectus. (Ovide 10).

[3] La fable d'Héro et Léandre est connue de tout le monde. On sait que Léandre venait d'Abydos à Sestos pour voir sa maîtresse, et passait ainsi d'Asie en Europe, en traversant l'Hellespont à la nage.

[4] Xercès ayant résolu de se rendre en Grèce par la Thrace, fit, dit-on, battre de verges l'Hellespont pour le punir d'avoir rompu un pont de vaisseaux qu'il y avait fait disposer.

dans ces lieux où fut placé le berceau du genre humain[1], un étonnement mêlé de défiance ; mais ces paroles du Psalmiste : « *Vous m'avez, Seigneur, donné un avant-goût des joies futures*[2] », doivent éclairer votre esprit, et n'y laisser aucun nuage. Et toi, qui vas devant, toi qui as désiré me voir de plus près et m'entendre, si tu veux savoir quelque chose de plus, demande avec assurance ; car je suis venue en hâte et tout exprès pour te satisfaire. »

— « Eh bien ! lui dis-je, ces eaux, cette forêt retentissante que l'air agite sans cesse, dans une région qu'on m'a dit être à l'abri des pluies et des vents[3], contredisent les nouvelles notions que j'ai reçues. »

Elle me répondit par ce discours : « Ce qui cause ta surprise a sa raison que je te ferai connaître, en purgeant ton esprit de ce qui l'offusque. L'être parfait, qui se complait en lui seul, fit l'homme bon et capable de bien, et il le plaça dans ce lieu de délices, gage d'une paix qui doit durer toujours. Mais par sa faute, il n'y séjourna guère[4]. Par sa faute, à jamais regrettée, il changea en pleurs et en angoisses les joies pures et les jeux innocents qui étaient son partage. C'est pour lui cependant; c'est afin que les vapeurs humides et les exhalaisons terrestres[5] qui, attirées par la chaleur du soleil, troublent les régions inférieures, ne lui fissent pas la guerre, que Dieu a élevé si haut cette montagne, et qu'il l'a affranchie des orages, à partir du point où une porte en défend l'accès.

[1] La Genèse place le paradis terrestre en Asie, vers les sources du Tigre et de l'Euphrate. Il faut admettre que Dieu, après la désobéissance du premier homme, a transporté l'Eden dans l'autre hémisphère, pour le rendre inaccessible aux mortels, et le mettre sur la route des Cieux.

[2] On ne rit point dans le Purgatoire, lieu d'épreuve et de souffrance ; mais au sommet de la montagne, et au-delà du fleuve qui efface le souvenir des fautes, en un mot dans le paradis terrestre, on goûte quelque chose des joies du Ciel. C'est ce que fait entendre ce verset rappelé par Mathilde :

Quia delectasti me, Domine, in factura tua.

Vous m'avez, Seigneur, réjoui de vos œuvres. (Psal. 91, 5.)

[3] Stace lui a dit que les intempéries du ciel cessent au-dessus du seuil du Purgatoire (V. chant 21).

[4] Selon les Talmudistes, Adam et Eve ne seraient restés que sept heures, de l'aube à midi dans l'état d'innocence, et en possession du paradis terrestre.

[5] La science moderne est moins affirmative sur la formation des météores. Il est sûr au moins qu'il y a plus de sérénité, qu'elle qu'en soit la cause, dans les hautes régions de l'atmosphère.

« Or, comme l'air, en suivant la première impulsion, qu'il a reçue du Créateur, est emporté dans un mouvement circulaire, qui ne s'interrompt pas, à moins qu'il ne rencontre quelque obstacle, il arrive qu'à cette hauteur de la montagne, qui plonge dans l'espace libre, il résonne[1] sous l'impression de la force qui le pousse, et fait retentir les profondeurs de la forêt. Il arrive qu'ébranlées sur leurs tiges, les plantes imprègnent l'air de leur poussière féconde, et que celui-ci la semant autour de lui, dans sa course rapide, l'autre hémisphère, selon que les terres y sont propres, et le ciel favorable, s'enrichit d'arbres divers qui croissent en divers lieux; et voilà pourquoi (ne t'en étonne plus à l'avenir), certaines plantes y naissent quelquefois sans germe apparent[2].

« Sache d'ailleurs que l'Auteur des choses a rassemblé dans ces fertiles champs toutes les semences, et qu'il y croît tels fruits qui ne se cueillent point là-bas[3].

« Il n'en est point de ces eaux comme d'un fleuve qui croît ou décroît, selon que sa source est plus ou moins alimentée de vapeurs que le froid condense et fait retomber en pluie. Elles émanent d'une fontaine réelle et indéfectible[4], dont les pertes se réparent par la volonté de Dieu, à mesure qu'elle s'épanche en deux canaux, qui ont la vertu, l'un d'effacer en l'homme le souvenir de ses fautes, l'autre de lui rafraîchir la mémoire du bien qu'il fait. Le premier, que voici, se nomme Léthé. Eunoë est le nom de l'autre qui coule ailleurs. La fontaine sainte perd son effet sur quiconque n'a point goûté de ces eaux diverses, qui ont une saveur exquise et incomparable.

[1] Mathilde explique ici pourquoi l'air est toujours mû dans le même sens, au paradis terrestre, et pourquoi la forêt résonne avec bruit. L'air dont rien n'arrête la marche, suit le mouvement que Dieu lui a imprimé dès le commencement; et comme il est vif et pur, *aër vivo*, il est plus sonore, quand il vient à frapper les arbres de la forêt. Chacun de nous a observé en effet que la sonorité des lieux dépend beaucoup de la pureté de l'air.

[2] La dispersion des germes voiturés par l'air et par les eaux, est aujourd'hui élémentaire en botanique. Mais on a dû longtemps s'étonner de voir des plantes naître dans des lieux qui n'en avaient jamais porté.

[3] « *Produxit dominus Deus de humo omne lignum pulchrum visu, et ad vescendum suave.* » (Genèse 2).

« Beaucoup de ces plantes rares, dit Mathilde, manquent au monde que vous habitez. »

[4] Cette source primordiale est au cœur de la Rose, dans l'Empyrée; (Paradis 30) un rayon de cette source forme le point lumineux, qui brille au 9e cercle, dans le sanctuaire des anges; et de la même source dérivent encore les deux fleuves qui arrosent le Purgatoire : Léthé, oubli — Eunoë, bon esprit.

« J'ajouterai ceci, quoique j'en aie dit assez pour que ta soif d'apprendre soit maintenant satisfaite. Mais, si je veux bien, par quelques développements faire plus que je n'ai promis, mes paroles, je pense, n'en auront pas moins de prix pour toi.

« Tu sais ce que les anciens poètes ont raconté de l'âge d'or et du bonheur de l'homme dans cet état primitif. Eh bien! peut-être sur le Parnasse avaient-ils rêvé l'Eden[1] ? C'est ici que parut dans son innocence la tige du genre humain, ici règne un printemps éternel ; ici abonde sans culture toute espèce de fleurs et de fruits. Ces eaux sont le nectar si vanté parmi les mortels. »

A ces mots, je me retournai vers les deux poètes[2], qui étaient restés derrière moi, et je vis que cette interprétation les avait fait sourire. Puis je reportai les yeux sur la Dame inconnue.

CHANT XXIX.

La Sainte, en finissant de parler, avait, toute éprise d'amour, chanté ce vers du Psalmiste : « Heureux ceux dont les péchés sont pardonnés ! »[3] Et, comme jadis les nymphes erraient seules sous les ombrages, ou fuyant le soleil, ou aspirant à jouir de son aspect ; ainsi la noble Dame se mit à marcher le long de la rive, en remontant le cours de l'eau, et moi, me réglant sur elle, j'allais à petits pas.

[1] Tout ce que les poètes ont dit de l'âge d'or est vrai du paradis terrestre. *Ver erat æternum.....* (Ovide).

[2] Stace et Virgile sont encore avec Dante, au sommet de la montagne, mais en deçà du Léthé. Virgile, quoiqu'il ait pris congé, ne disparaîtra que devant Béatrix au 30e chant. Stace ira plus loin. On ne le perd de vue qu'à la fin du dernier chant, après qu'il s'est régénéré avec Dante dans les eaux de l'Eunoë. Le poète finit la seconde partie de son poëme avec Stace, et dans la 3e, il n'est plus question de lui. Il faut supposer qu'il a pris, à part et par d'autres chemins, son essor vers les Cieux.

[3] *Beati quorum remissæ sunt iniquitates, et quorum tecta sunt peccata* (Ps. 31.)

C'est le salut de bienvenue aux âmes purifiées qui ont satisfait complètement à la justice divine.

Nous n'avions pas fait ainsi cinquante pas l'un et l'autre, qu'un détour de la rivière changea notre direction, et je me trouvai faire face à l'orient; nous marchâmes quelque temps encore, puis celle que mes yeux ne quittaient point se tourna vers moi et me dit : « Frère[1], regarde, et prête l'oreille. »

A l'instant une vive clarté brilla de toutes parts dans la forêt, et en perça les profondeurs comme eût fait un éclair. Mais un éclair passe aussi vite qu'il vient. Voyant au contraire ces feux persister et resplendir de plus en plus, je me disais en moi-même : Quelle est cette merveille? Il s'y joignait une douce mélodie, qui courait dans l'air lumineux. Combien alors Eve me parut coupable[2] ! Ah! pensai-je dans un pieux transport, faut-il que là où le ciel et la terre obéissaient à leur auteur, la femme seule, créature de la veille, ait prétendu tout connaître et percer tous les voiles! Si, plus soumise, elle avait gardé le bandeau que Dieu avait mis sur ses yeux, j'aurais, en naissant et pendant de longues années[3], goûté ces ineffables délices!

Tandis que, savourant cet avant-goût de l'éternelle Béatitude, je cheminais, l'âme partagée entre le sentiment des jouissances présentes et le désir d'en goûter de plus vives encore, tout à coup, devant nous, sous le vert feuillage, l'air parut tout en feu, et les sons mélodieux, qui avaient frappé mon oreille, éclatèrent dans un chant clair et distinct :

« O saintes muses! si, dans mes veilles j'ai enduré la faim et le froid à votre service[4], force m'est aujourd'hui de vous demander mon salaire. Que le Pinde m'ouvre ses sources les plus abon-

[1] Les pénitents du Purgatoire s'appellent frères entre eux, et Mathilde, quelque supérieure qu'elle soit en sainteté, doit se dire la sœur de Dante, appelé au bonheur des Elus ; mais ce mot n'est jamais employé dans l'Enfer.

[2] Les merveilles qui vont suivre ne s'appliquent pas à la constitution primitive du paradis terrestre, et l'on ne saurait dire que la faute d'Eve en ait privé ses descendants. Les regrets du poète ne peuvent donc s'appliquer qu'aux beautés naturelles de ce lieu, plein d'harmonie et de clartés.

[3] Combien de temps l'homme, sujet à la mort, aurait-il habité le paradis terrestre, si Adam et Ève n'avaient point péché ? L'aurait-il quitté pour s'élever au Ciel en corps et en ame ? Dans le silence de la Genèse, quelques pères de l'Eglise, et notamment Saint Augustin, *de civitate Dei*, ont agité sur cette matière des questions curieuses. Dante se borne à dire qu'il avait joui longtemps *lunga fiata* des délices de l'Eden.

[4] On sait que la Divine Comédie a été composée presque toute dans l'exil et la pauvreté.

dantes. Qu'Uranie[1], avec ses doctes sœurs, m'aide à mettre en vers des choses difficiles à concevoir ! »

M'étant avancé de quelques pas, je crus voir sept arbres d'or ; mais la grande distance qui était encore entre nous, mettait une fausse image devant mes yeux ; car, dès que je fus assez rapproché pour que l'objet perçu, qui trompe communément nos sens, ne pût rien me dérober de sa forme, ces mêmes sens, où la raison puise la matière de ses jugements[2], me firent distinguer sept candélabres[3], et reconnaître que les voix chantaient *hozanna!* Sur chacun de ces candélabres, s'élevait une flamme plus brillante que ne l'est à minuit le disque de la lune, parvenue au milieu de sa révolution mensuelle[4].

Muet de surprise, je me retournai vers mon guide, et Virgile me répondit par un regard où se peignait un égal étonnement. Je reportai ensuite ma vue sur ces hautes figures. Elles venaient à nous avec plus de lenteur que ne marche la jeune épousée en revenant de l'autel. La Sainte me criait de l'autre côté : « Ton âme est-elle si fortement éprise de ces vives clartés qu'elle ne puisse s'en distraire, et observer ce qui les suit ? »

Je vis alors qu'à la lueur de ces flambeaux, et comme sous leur conduite, s'avançait par derrière une troupe, dont les vêtements étaient d'une blancheur éclatante[5], et dont rien sur la terre ne saurait donner une idée. La surface de l'eau était resplendissante, et je voyais, en marchant, mon flanc gauche s'y réfléchir comme dans un miroir.

Lorsque je fus en cet endroit de la rive, où le cortège n'était plus séparé de moi que par la largeur du courant, je m'arrêtai pour mieux l'observer, et je vis des flammes qui s'avançaient en lais-

[1] Il invoque surtout Uranie, muse de l'astronomie, au moment où il va chanter les choses célestes.

[2] Il y a dans le texte : la vertu qui fournit à la raison matière à s'exercer : « *Virtu ch'a raggion discorso ammanna.* » Cette vertu doit s'entendre, ce semble, des facultés sensibles, et non de l'intelligence comme plusieurs l'ont compris ; car il y aurait pléonasme ou non sens à dire que l'intelligence alimente la raison.

[3] Les sept candélabres sont les sept dons du Saint-Esprit.

[4] Le milieu du mois lunaire, *mezzo mese*, est le temps de la pleine lune.

[5] Les personnages vêtus de blanc sont les patriarches, les prophètes, et tous ceux qui, sous l'ancienne loi, ont espéré en la venue de Jésus-Christ.

sant derrière elles des lignes qu'on aurait crues tirées au pinceau, et qui, tracées dans l'air, où elles gardaient leurs formes distinctes, y figuraient sept bandes de diverses couleurs[1], semblables à celles dont le soleil fait son arc, et Phébé sa ceinture[2]. Comme des enseignes déployées, elles fuyaient par derrière à perte de vue, et entre les bandes extrêmes, il y avait bien, à mon avis, dix pas de distance.

Sous ce riche pavillon, s'avançaient, deux à deux, vingt-quatre vieillards[3] couronnés de fleurs de lys, et chantant tous à la fois : « Vous êtes bénie entre les filles d'Adam ![4] Qu'à jamais soient bénies les beautés qui brillent en vous ! »

Après que le saint cortège eût ainsi défilé sur l'herbe fleurie, qui tapissait en face de moi l'autre rive, voici venir, comme on voit les astres se succéder au firmament, quatre animaux[5] portant chacun une couronne de vert feuillage, et pourvus chacun de six ailes, dont les plumes étaient couvertes d'yeux. Tels devaient être ceux d'Argus[6] avant qu'ils fussent fermés à la lumière.

[1] Les sept flammes à longue queue représentent les sept sacrements de l'Eglise.

[2] La ceinture de la lune est un effet singulier, qui résulte quelquefois de sa position entre des nuages.

[3] Les vingt-quatre vieillards sont dans l'Apocalypse, et figurent, suivant l'interprétation commune, les vingt-quatre livres de l'Ancien Testament.

[4] Ces paroles de la salutation angélique : « Vous êtes bénie entre toutes les femmes » ne s'adressent pas à Mathilde, qui n'est pas l'objet de cette pompe triomphale. Elles célèbrent la Sainte Vierge.

[5] Ce sont les quatre évangélistes. On connaît les attributs mystiques, l'homme de Saint Mathieu, le lion de Saint Marc, le bœuf de Saint Luc et l'aigle de Saint Jean. Ces attributs marquent, dit-on, le caractère particulier de chacun des Evangiles : Saint Mathieu a décrit surtout l'humanité de Jésus-Christ et Saint Jean a sondé les abîmes de la divinité. Il est moins facile de saisir le rapport qui existe entre la prédication du Sauveur, objet principal du récit de Saint Luc, et le bœuf qui lui est assigné, entre la *résurrection* que Saint Marc a en vue, et le lion qui accompagne toujours cet évangéliste. Faut-il dire avec certains commentateurs que le mugissement du bœuf retentit au loin comme la divine parole annoncée par l'apôtre, et que le lion appartient à Saint Marc, parce que la lionne, suivant une ancienne tradition populaire, ressuscite ses lionceaux par ses rugissements le troisième jour ? — En appliquant aux évangélistes les quatre animaux de l'Apocalypse, il reste à expliquer d'une manière plausible comment le lion et le bœuf appartiennent à Saint Marc et à Saint Luc.

[6] Argus aux cent yeux fut endormi par la flûte de Mercure, qui le tua pendant qu'il gardait la vache Io, aimée de Jupiter. La jalouse Junon le métamorphosa en paon, pour prix de ce service.

Lecteur, il faudrait plus de vers, je le sens, pour te les dépeindre ; mais je suis forcé d'en être avare, pressé que je suis par une autre tâche, et jaloux de l'accomplir. Lis Ezéchiel qui décrit avec détail ce qu'il a vu. Ces animaux lui sont apparus venant du Septentrion, et portés par les vents sur des nuages enflammés. Le texte sacré te les fera voir tels qu'ils s'offrirent à mes regards [1], sauf quant au nombre de leurs ailes [2]. En cela surtout, je diffère du prophète, et je m'accorde avec Saint Jean.

Les quatre animaux laissaient entre eux un espace, au milieu duquel paraissait un char triomphal, porté sur deux roues [3], et traîné par un griffon [4], qui déployait ses deux ailes, de manière à serrer la bande du milieu, et à en laisser trois de chaque côté, sans toucher à aucune d'elles. Ces ailes, dressées en l'air, se prolongeaient hors de la portée de la vue. Aigle, il avait des membres d'or ; lion, il en avait d'autres mélangés de blanc et de rouge [5]. Moins superbe fut autrefois jadis, le char dont Rome honora le triomphe de Scipion [6] et d'Auguste. Que dis-je? le char du soleil

[1] La vision des quatre animaux était dans Ezéchiel, avant de passer dans l'Apocalypse. Ezéchiel donne quatre ailes à chacun d'eux, et Saint Jean leur en prête six, mais, dans Ezéchiel chaque animal est quadruple, au moins quant à la face, aux ailes et aux mains, tandis qu'il est simple dans Saint Jean. Ezéchiel a vu près d'eux une roue immense, à quatre cercles concentriques *quasi sit rota in medio rotæ.* Chaque cercle était semé d'yeux. Saint Jean, qui omet la roue, a donné ces yeux aux quatre animaux, qui en sont couverts de toutes parts.

On peut remarquer que, dans cette double vision du prophète ancien et de l'apôtre, ce n'est pas le nombre trois qui domine.

[2] Dante a emprunté à Saint Jean les six ailes et les yeux qui les couvrent. Landino, son commentateur explique son choix du nombre six en remarquant qu'à la naissance de Jésus-Christ, six âges s'étaient écoulés depuis la création du monde et que l'ère chrétienne commence le 7e, qui durera jusqu'au jugement final.

[3] Le char porté sur deux roues est l'église nouvelle, qui repose sur l'Ancien et le Nouveau Testament.

[4] Le griffon, qui tient du lion et de l'aigle, représente la double nature de Jésus-Christ. Il marche au milieu des sept sacrements dont se forme l'institution chrétienne, à savoir sous celle des bandes colorées, qui occupe la ligne médiane, et qui figure l'eucharistie.

[5] Le griffon, en tant que lion, représente l'humanité de Jésus-Christ dont la chair et le sang sont figurés par les teintes blanches et vermeilles.

[6] Scipion l'Africain reçut les honneurs du triomphe, après avoir vaincu Annibal à Zama.

lui-même, lorsque lancé hors de sa route, il fut embrasé[1] par Jupiter, à la voix de la terre suppliante, aurait pâli devant ce char aux éblouissantes clartés.

A sa droite, trois jeunes filles[2] dansaient en rond. L'une avait le visage si enflammé qu'à peine, au milieu du feu, aurait-on pu l'en distinguer. A voir l'autre, on aurait pu dire que son beau corps n'était formé que d'émeraudes, et la troisième avait la blancheur de la neige nouvellement tombée. Celle-ci et la première conduisaient tour à tour la ronde. Celle dont le visage était si rouge, indiquait par son chant les mouvements lents ou accélérés de la danse.

Il y avait près de la roue gauche du char quatre femmes vêtues de pourpre[3], dont l'une, remarquable par ses trois yeux scintillant comme des étoiles, précédait et dirigeait à son gré ses trois compagnes.

Ce train pompeux continua sa marche, et je vis ensuite deux vieillards[4], différents de costume, mais ayant tous deux l'air noble et la contenance assurée. Tout dans l'un signalait un disciple du grand Hippocrate, dont la nature fit don à l'homme, objet de sa prédilection parmi les êtres animés. L'autre paraissait chargé d'un office contraire ; car il portait une épée nue[5], dont la pointe, malgré la distance, me causa un mouvement d'effroi.

Ils étaient suivis de quatre personnages, d'humble apparence, et derrière ces grands apôtres, marchait seul un vieillard, à la

[1] Phaëton, fils d'Apollon, voulut conduire son char, et le dirigea si mal que c'en eût été fait de la terre et de ses habitants, si Jupiter ne l'eût foudroyé (Ovid).

[2] Des trois vertus théologales, l'Espérance vient la dernière. La Foi et la Charité conduisent tour à tour, mais la Charité seule donne l'impulsion. Cette doctrine catholique est fondée sur une profonde connaissance de l'homme. L'amour est le mobile des bonnes actions.

[3] Les quatre vertus cardinales, dont l'une, la Prudence, voit le passé, le présent et l'avenir. Les trois autres sont la Justice, la Force et la Tempérance

[4] Saint Luc et Saint Paul. — Luc, syrien de nation, exerça la médecine à Antioche, vécut dans le célibat et mourut en Bithynie à l'âge de 84 ans Il a écrit, outre l'Evangile qui porte son nom, les actes des Apôtres.

Saint Paul, qui s'appelait Saul avant sa conversion, fut décapité à Rome sous Néron.

[5] Ce type traditionnel est fort ancien. Saint Paul est représenté portant une épée nue, soit parce que la parole est un glaive, soit comme ayant péri par l'épée, et en signe de son martyre.

figure vive et animée, quoiqu'il fut endormi[1], et comme absorbé dans une vision.

Tous sept[2] étaient habillés comme ceux de la première troupe. Ils n'en différaient qu'en ce qu'au lieu d'être couronnés de lys, ils avaient la tête ceinte de roses, et d'autres fleurs d'un rouge si éclatant[3] qu'à distance leurs fronts paraissaient entourés de flammes.

Lorsque le char fut parvenu vis-à-vis de l'endroit où je me trouvais, un coup de tonnerre se fit entendre, et le saint cortège parut avoir défense d'aller plus loin, car tout s'arrêta en même temps depuis les bannières de l'avant-garde.

CHANT XXX.

Là donc s'arrêtèrent les sept candélabres, qui sont pour la première sphère comme les sept étoiles de notre Chariot[4]; mais ils n'ont point de lever ni de coucher, et leur éclat n'est jamais obscurci que par le péché. Ils servaient de fanaux à tout le cortège, comme le Chariot dirige, sur notre hémisphère, le pilote cinglant vers le port.

En ce moment les saints personnages qui venaient les premiers

[1] On représente Saint Jean couché par terre, et endormi dans l'île de Patmos, où il eut sa vision de l'Apocalypse.

[2] Les sept vieillards qui suivent le char, sont, outre Saint Luc et Saint Paul, les quatre auteurs des épîtres canoniques, Saint Jacques, Saint Pierre, Saint Jean et Saint Jude, et enfin Saint Jean l'Apocalyptique, qui marche seul et le dernier. Chose singulière, Saint Jean remplit dans ce cortège un triple personnage, comme évangéliste, comme auteur des trois épitres qu'on a sous son nom, et comme révélateur inspiré de l'Apocalypse.

[3] Les couleurs blanche, verte et rouge, symboles de la Foi, de l'Espérance, et de la Charité, ont été données avec raison par le poète aux personnages qui figurent ici l'ancien testament, les évangélistes et les apôtres.

[4] La grande Ourse ou le Chariot, est formée de sept étoiles, *septemtruones*, d'où est venu le mot Septentrion. Le poète lui compare les sept candélabres qui sont, dit-il, le Chariot du premier ciel ou de la lune. Il suppose que les habitants de cette planète, la première des neuf sphères, voient briller les sept candélabres, comme une constellation qui ne se lève et ne se couche jamais.

après les candélabres, et en avant du griffon, se tournèrent vers le char où semblait se concentrer toute leur joie, et l'un d'eux[1] se mit à chanter en s'ecriant par trois fois, comme un messager céleste : « Descends du Liban, ô ma bien-aimée ! » Tous les autres répétèrent ce cri après lui.

De même que, réveillés par la trompette du jugement dernier, on verra les élus s'élancer hors de leurs tombeaux, après avoir repris leur vêtement charnel ; ainsi, à la voix du sage vieillard, se levèrent tout à coup au nombre de plus de cent, sur le char où ils avaient place, des anges, messagers du Dieu vivant, ministres des joies éternelles. Tous disaient : « Béni soit celui qui vient au nom du Seigneur ![2] » et jetant de toutes parts une moisson de fleurs, ils chantaient ce vers de Virgile : « Versez, versez les lys à pleines mains ![3] »

J'ai vu quelquefois, à la naissance du jour, alors que des teintes rosées se répandent par tout l'Orient, et que la sérénité règne dans les autres parties du ciel, j'ai vu surgir la face du soleil voilée par des vapeurs qui en tempéraient l'éclat et qui permettaient de soutenir longtemps son aspect. Telle m'apparut, dans un nuage de fleurs qui, jetées par la main des anges, s'élevaient dans les airs et retombaient en pluie brillante, une femme debout sur le char[4]. Elle portait un voile blanc, retenu sur sa tête par une couronne de feuilles d'olivier. Un riche manteau vert, une robe couleur de flamme, complétaient sa parure.

A la vue de celle, dont la présence avait, longtemps aupa-

[1] « *Veni de Libano sponsa mea.* » (Cantique des Cantiques). — Cette épouse mystique est l'Église, représentée par le char que traine le griffon. Celui qui la célèbre ainsi est le 19e des 24 vieillards, qui figurent les 24 livres de l'Ancien Testament, où le Cantique des cantiques, attribué à Salomon, vient en effet au 19e rang, si les *Rois*, les *Paralipomènes* et les *douze petits Prophètes* ne sont pris ensemble que pour trois de ces livres.

[2] *Benedictus qui venit in nomine domini* (Mathieu. 21).
L'ovation faite à Jésus-Christ, à son entrée à Jérusalem, s'adresse ici à Béatrix, une des plus grandes saintes du ciel, car elle est assise auprès de Rachel au 3e gradin de l'Empyrée. On verra plus loin comment les anges concourent à orner le triomphe des élus dans le Paradis.

[3] Dante mêle à ce salut angélique un souvenir de poésie profane « *Manibus date lilia plenis.* » Virgile, au sixième livre de l'Énéide, jette ces fleurs sur la tombe du jeune Marcellus, fils d'Octavie, sœur d'Auguste.

[4] Béatrix apparaît sous les couleurs de la Foi, de l'Espérance et de la Charité. Sa couronne d'olivier est le symbole de la paix éternelle.

ravant, charmé mon âme, je ne fus point frappé de stupeur, et je ne tremblais point d'abord. Par une secrète vertu émanée d'elle, avant que nos yeux se fussent rencontrés, l'amour dont j'avais eu autrefois le cœur atteint[1], reprit sur moi son empire. A peine me sentis-je frappé au visage de ce rayon céleste, qui m'avait, dès mon enfance[2], traversé de part en part, que, d'un mouvement pareil à celui de l'enfant qui court à sa mère, pour lui confier sa peur ou son chagrin, je tournai la tête à gauche, du côté où était Virgile, en m'écriant : « Ah ! tout mon sang est troublé dans mes veines ; de mes feux mal éteints, je reconnais la trace[3]. »

Mais Virgile n'était plus avec nous[4]. Ce père si tendre, à qui la Sainte m'avait donné pour me sauver au bord de l'abîme, Virgile nous avait quittés.

J'en ressentis une telle douleur que l'Eden lui-même, et tant de biens que la faute d'Ève, notre mère commune, lui fit perdre, ne purent empêcher que mes larmes, à peine essuyées sur mes joues, ne coulassent encore.

— « Dante ![5] si Virgile te laisse, ne pleure pas, ne pleure pas encore ! Il te faut pleurer pour une blessure plus vive ! » En entendant mon nom, (que force m'est d'enregistrer ici,) je me retournai aussitôt ; et tel qu'on voit un amiral aller de la proue à la poupe, sur un vaisseau de haut bord, et encourager chacun à faire son devoir ; telle s'offrit à mes yeux debout à la paroi gauche

[1] Dante brûla d'une flamme aussi pure qu'ardente, pour Béatrix, fille de Folco Portinari, qui mourut à l'âge de 24 ans, le 9 Juin 1290.

[2] Il n'avait guère que 9 ans lorsque, l'ayant vue chez son père, dans une fête donnée au mois de mai 1274, il fut ravi de la beauté de cette enfant, qui fit sur lui une impression ineffaçable.

[3] Conosco i segni dell'antica fiamma.
Ce vers est la traduction littérale de celui que Virgile a mis dans la bouche de Didon : « Agnosco veteris vestigia flammæ. » (Enéide 4).
Racine a traduit aussi ce vers dans son Andromaque, et l'on a cru pouvoir ici en faire usage.

[4] Virgile disparaît à la vue de Béatrix, comme la raison humaine s'efface au flambeau de la foi.

[5] Le poète fait ici par humilité ce qu'Homère et Virgile n'avaient osé faire. Il se nomme en toutes lettres dans son poème. C'est une sorte de pénitence publique, où ses fautes lui sont amèrement reprochées. Voilà un acte de contrition bien habile. On sait au surplus combien les artistes du moyen-âge étaient ingénieux à glisser, à incruster leurs noms dans leurs ouvrages.

du char[1], la Dame qui m'avait apparu d'abord dans la forêt sauvage, et dont les yeux, perçant le nuage de fleurs qui l'entourait, étaient dirigés sur moi. Le voile fixé sur sa tête par la guirlande de feuilles d'olivier, s'abaissait autour d'elle, et l'empêchait de paraître à découvert.

Cependant, avec la majesté d'une reine, et d'un ton d'ironie poignante, comme l'orateur qui réserve toute sa véhémence pour la fin de son discours, elle continua ainsi : « Regarde-moi bien. Je suis, oui, je suis Béatrix. Comment as-tu daigné enfin gravir cette montagne? Ne savais-tu pas que c'était ici le séjour du bonheur?[2] »

Je baissai mes yeux, qui se portèrent d'abord sur le cristal des eaux[3] ; mais à la vue de mon image, rougissant de moi-même, je les ramenai sur le bord. Comme une mère offensée, qui s'arme envers son fils d'une dignité sévère, elle m'avait fait sentir ce que la compassion peut avoir quelquefois d'amer, pour celui qui la cause.

Elle se tut ; et les anges entonnèrent aussitôt le psaume[4] : « Seigneur, j'ai espéré en vous. » Mais ils cessèrent leur chant après ce verset : « Vous avez affermi mes pieds sur une base large et solide. »

De même que, sur l'Apennin, la neige qui, amassée entre les grands arbres, s'était durcie au souffle glacé des vents d'Esclavonie[5], se fond et distille goutte à goutte, comme la cire en présence du feu, à l'heure où la terre, sans ombre, lui fait sentir ses chaudes émanations; ainsi étais-je resté sans jeter une larme ni un soupir,

[1] Béatrix est dans le char, et se montre à la partie gauche d'abord, puis au côté droit. Les deux roues figurent l'ancienne et la nouvelle loi. N'est-ce pas pour faire entendre que Dante est également coupable aux yeux de l'une et de l'autre.

[2] C'est-à-dire pourquoi as-tu tardé si longtemps à chercher le bonheur.

[3] Le Léthé, qui sépare Dante du char de Béatrix.

[4] « *In te Domine speravi.* » C'est le commencement du psaume 30e dont le 9e verset se termine ainsi : « *Statuisti in loco spatioso pedes meos.* » Les anges intercèdent pour Dante, en exprimant en son nom, des sentiments de confiance en la miséricorde de Dieu.

[5] En Italie, le vent du Nord-Est souffle de l'Esclavonie, qui est l'ancienne Illyrie.

avant d'entendre ces voix qui se marient dans un concert éternel, avec les accords des sphères célestes[1].

Mais quand j'eus entendu ce chœur d'anges exprimer sa compassion pour ma misère, par un chant qui semblait dire à la Sainte : « Pourquoi le frappes-tu si rudement ? » alors je sentis mon cœur s'amollir. Des larmes jaillirent de mes yeux, et du fond de ma poitrine s'échappèrent des sanglots.

Béatrix étant passée à la partie droite du char, reprit ainsi la parole, en s'adressant aux purs esprits[2] qui s'y pressaient en foule : « Habitants des Cieux ! vos yeux toujours ouverts au sein des clartés éternelles, observent les voies du siècle, sans que la nuit ou le sommeil puisse rien vous en dérober. Si donc j'étends un peu ma réponse, je le ferai, non pour vous, mais pour cet homme, qui pleure là-bas sur l'autre rive, et afin d'exciter en lui une douleur égale à sa faute.

« Si dans sa *vita nuova*[3], il s'est élevé spéculativement si haut qu'il aurait, en réalisant ses idées, fourni le modèle de toutes les vertus, qu'il n'en rapporte point la cause à l'influence des sphères célestes qui dirigent chaque semence vers une fin, suivant le concours des astres[4] ; mais que plutôt il rende gloire à l'auteur de toutes grâces, de ces grâces précieuses dont les réservoirs sont placés au-dessus de la vue des hommes. Mais plus un sol est vigoureux, plus à défaut de culture, il se couvre de mauvaises herbes qui le dénaturent et le rendent sauvage.

[1] L'harmonie des sphères est produite par le chant des élus. (v. Paradis). Dante ne paraît pas avoir adopté le sentiment de Pythagore, qui la faisait résulter de leur mouvement dans l'espace.

[2] Il y a beaucoup d'art dans ce discours qui s'adresse toujours à Dante, ou directement ou par voie détournée. Quelle force ! Quel pathétique ! Il attaque son cœur avec toutes les armes que l'ironie poignante et le reproche aiguisé par la louange du passé pourraient fournir, dans une occasion pareille, à l'orateur le plus habile.

[3] C'est du livre intitulé *vita nuova*, la vie nouvelle, que Béatrix entend parler ici, et non d'un changement de vie, dans son auteur, à l'époque où il fut composé ; car Dante ne fit alors que modifier la direction de ses études. Il n'avait pas à réformer sa vie, jusque-là pure et recueillie dans une passion toute platonique.

[4] Le génie des hommes est un don de Dieu, sous l'influence des astres, qui dépendent eux-mêmes d'une volonté supérieure. Cette doctrine bien comprise est exclusive de la fatalité, et n'a rien de commun avec l'Astrologie, qui fut la maladie du moyen-âge. Dante n'en fut pas atteint.

« Cet homme, à présent déchu, mes premiers regards l'avaient charmé. Quoique enfant, je l'avais conduit par la main, et soutenu pendant quelque temps dans la droite voie ; mais je fus enlevé à la terre, au moment de franchir le seuil de la jeunesse ; et dès lors, son cœur se détourna de moi, pour s'attacher à d'autres objets[1].

« Dégagée des liens terrestres, Béatrix avait dû croître en beauté, en vertu. Cependant elle perdit à ses yeux, et lui devint moins chère. C'est alors qu'il changea de route, et que, le voyant s'égarer à la poursuite d'images décevantes[2] qui promettent le bonheur et sont impuissantes à le réaliser, je tentai vainement de le ramener au bien. Grâces à mes prières, il reçut en songe et par d'autres voies, de fréquentes et salutaires inspirations dont il ne tint compte; et enfin, il tomba si bas que, tous les moyens de salut étant épuisés, il ne restait plus qu'à lui faire voir les âmes maudites, au lieu de leurs supplices[3]. Je descendis à cette fin dans le vestibule de l'Enfer, et je m'adressai tout en larmes au poète qui l'a escorté dans son voyage et conduit jusqu'ici. Quant à passer outre, et à boire l'eau du Léthé, les décrets éternels seraient violés, s'il jouissait de cette faveur avant d'avoir payé son passage en larmes de repentir. »

CHANT XXXI.

Béatrix, après m'avoir, par ces coups obliques, fait sentir le glaive de sa parole incisive, ne tarda pas à enfoncer la pointe, et

[1] Cette fougue de jeunesse, avouée par Dante, qui se fait ici accuser sans ménagement par Béatrix, durera jusqu'à son mariage avec Gemma Donati. Boccace dit que sa famille le pressa de se marier ; ce qu'il fit, selon Manetti, quelques années après la mort de Beatrix : « *non multò post.* »

[2] L'idée première de la *Divine Comédie* est la régénération du poète, par le spectacle du châtiment des damnés, des épreuves des Pénitents, et de là gloire des Elus.

[3] Le paradis terrestre offrant comme un avant-goût du bonheur céleste, il faut, avant d'y entrer, s'être purgé des fautes par la confession et le repentir. Il faut avoir bu les eaux du Léthé, qui fait oublier au pécheur ses égarements. On en sort pour s'élancer dans les hautes sphères, après avoir goûté celles de l'Eunoë, qui donne la vive intelligence des choses célestes.

à m'attaquer de face par cette vive apostrophe : « Dis, dis si ces reproches sont vrais. Confesse tes torts, et qu'au moins l'aveu du coupable s'attache à de si grandes fautes. »

Eperdu, je tentai vainement de former quelques sons. Ma voix s'éteignit dans mon gosier, avant d'en avoir franchi les barrières. Elle attendit quelques instants, puis elle reprit : « Eh bien ! à quoi penses-tu ? réponds-moi donc ; et puisque ces eaux n'ont pas encore aboli en toi la mémoire du mal[1], ai-je dit la vérité ? » Un *oui* sortit de ma bouche, mais si faible, si étouffé par la honte et par la peur, qu'il fallut ici voir pour entendre, et suivre le mouvement de mes lèvres.

Comme on voit quelquefois la corde et l'arc d'une arbalète trop tendue, se rompre au moment où le coup part, et le trait amorti, voler avec moins de force vers le but ; tel se brisa mon cœur sous le poids qui l'oppressait. Ainsi éclatèrent tout à coup mes larmes et mes sanglots, qui entrecoupèrent ma voix et retinrent son essor.

— « Comment, continua Béatrix, alors que tes désirs élancés vers moi te portaient à aimer le vrai bien, où toute créature aspire, comment ce noble élan s'est-il refroidi ? Quelles barrières as-tu rencontrées sur ta route qui aient pu t'ôter l'espoir de passer au-delà ? et qu'y avait-il dans les autres objets qui t'ont séduit, quel bien-être, quelles facilités ou quels avantages t'offrait leur possession pour leur attirer tes hommages ? »

Soupirant amèrement, à peine trouvai-je assez de voix pour répondre. Quelques mots, péniblement formés, arrivèrent enfin sur mes lèvres, et se firent passage à travers mes larmes : « Les choses présentes et visibles, lui dis-je, le monde avec ses faux plaisirs, m'ont jeté hors du droit chemin, après que vous eûtes caché votre visage, qui était mon flambeau. »

— « Le souverain juge, repartit la Sainte, n'avait pas besoin de

[1] Voilà l'effet du Léthé, qui est d'effacer la mémoire du mal, le *memorie triste*.

cet aveu[1], et ta faute, niée ou passée sous silence, n'en aurait pas moins été connue de lui. Mais si le pécheur s'accuse lui-même, cet aveu, échappé de sa bouche, est comme la pierre du rémouleur qui, tournant à rebours, émousse le tranchant du glaive.

« Je veux toutefois te faire rougir davantage de tes égarements, et te rendre désormais plus fort contre la voix enchanteresse des sirènes[2]. Fais trêve à tes larmes, et écoute-moi. Tu sentiras que du coup, qui m'a dépouillée de ma vie charnelle, devaient sortir pour toi d'autres enseignements ; car mes os, qui gisent à présent sous la terre, furent autrefois des membres délicats et gracieux. Jamais l'art ni la nature n'offrirent à tes yeux rien de pareil[3] ; et si cette joie suprême, que te causait ma beauté, faillit en toi par ma mort, qu'y avait-il ensuite, parmi les choses mortelles, qui dût exciter tes ardeurs ? Au premier trait dirigé contre ta vertu par les vanités du siècle, tu devais t'envoler et t'attacher à moi, qui n'étais plus sous leur empire, sans attendre qu'une enfant[4], ou quelque objet aussi vain, aussi frivole, s'opposant à ton essor te portât de nouveaux coups. Un petit oiseau, sans expérience, peut s'exposer deux ou trois fois aux traits du chasseur ; mais c'est en vain que le filet se déploie, ou que la flèche vole contre ceux qui ont déjà fatigué leurs ailes. »

Semblable aux enfants qui, rouges de honte, muets, les yeux baissés vers la terre, écoutent leur maître, et, reconnaissant leurs fautes, donnent des signes de repentir; tel j'étais en présence de la Sainte, qui me dit encore : « L'ouïe et la vue doivent concourir à rendre ta douleur plus cuisante. Lève *la barbe,* et regarde-moi. »

Comme on voit les racines chevelues d'un chêne robuste, céder

[1] Vraie doctrine de la confession, qui est puisée dans la nature même de l'homme. On ne revient au bien qu'en voyant le mal tel qu'il est, et on ne peut le voir sans le haïr, sans le dénoncer. L'aveu n'est que le signe de l'état intérieur de l'âme, la suite nécessaire de sa conversion.

[2] L'amour des femmes a été son écueil, puisqu'il a péché en écoutant les sirènes...... « *redento le sirene.* »

[3] Béatrix, embellie dans le ciel, peut reconnaître sans vanité qu'elle était belle sur la terre, afin d'ôter à Dante toute excuse.

[4] Ce reproche d'avoir aimé une enfant, *pargoletta,* lui rappelle peut-être sa liaison avec la Gentucca, de Lucques, dont il est parlé au 24e chant du Purgatoire.

aux efforts de l'aquilon[1] ou du vent qui souffle de la terre d'Afrique[2], avec moins de résistance encore, je redressai la tête à ce commandement qui, sous le mot dont elle s'était servie, renfermait un poignant sarcasme[3].

Ma vue se porta en avant, et je remarquai que les anges avaient cessé de se montrer dans le char. Mes regards, encore mal assurés, virent Béatrix tournée vers le Griffon, qui réunit en lui une double nature, et je trouvai que l'ancienne Béatrix le cédait autant à la nouvelle (bien que celle-ci m'apparût voilée et séparée de moi par le fleuve;) qu'elle surpassait jadis les beautés les plus rares du monde où elle vivait. Le remords me fit sentir alors si vivement ses piqûres brûlantes, que tout ce que j'avais le plus aimé, hors d'elle, me devint le plus odieux. Atteint au cœur par l'aiguillon du repentir, je tombai par terre, et ce que je devins alors, celle-là seule le sait et peut le dire qui excita en moi ces salutaires mouvements.

Lorsque je repris mes sens, la Dame que j'avais vue seule d'abord, Mathilde, était au-dessus de moi et disait : « Tiens-moi bien, et ne me lâche point ! »

Elle m'avait traîné dans le fleuve, où j'étais plongé jusqu'aux épaules, et elle me tirait après elle, glissant légèrement sur l'eau, comme la navette sur le métier du tisserand. Je touchais presque à la rive fortunée, lorsque j'ouïs ces mots du Psalmiste : « *Asperges me hyssopo* »[4] prononcés d'une voix si douce que, loin de pouvoir la décrire, ma mémoire peut à peine se la retracer.

Alors la noble Dame ouvrit les bras, et, les passant autour de ma tête, elle m'enfonça dans le fleuve assez pour que je pusse m'abreuver de ses eaux[5]. Puis elle m'en retira, et me présenta,

1 Les italiens appellent *nostrale,* ou propre à leur contrée, le vent du nord, qui leur vient des Alpes ou des Apennins.

2 Le vent du midi leur arrive d'Afrique, appelée ici *Terre d'Iarbas.*

3 Il y a quelque chose de cette raillerie dans notre fabuliste.
« Si le ciel t'eût, dit-il, donné par excellence
Autant de jugement que de barbe au menton. » (Lafontaine 3, 5)

4 *Asperges me hyssopo et mundabor. Lavabis me, et super nivem dealbabor.* (Ps. 50.)

5 Il faut que l'ablution soit complète, et que le pénitent boive à même du fleuve.

au sortir de l'onde, aux quatre belles danseuses[1], qui, m'ouvrant leur cercle, me firent un berceau de leurs bras. Elles chantaient ainsi : « Tu vois en nous les suivantes de Béatrix. Nymphes en ces lieux, étoiles dans le ciel, avant que cette âme céleste eût été donnée à la terre, nous avions été commises pour la servir. Nous te conduirons devant elle; mais, pour soutenir l'éclat éblouissant de ses yeux, il faudra que les tiens soient aiguisés par ces trois femmes[2], aux regards plus perçants que les nôtres, qui sont de l'autre côté du char. »

Tout en chantant ainsi, elles m'entraînaient avec elles; et, s'arrêtant devant le poitrail du Griffon, en face de Béatrix, qui se tenait debout et tournée vers nous, elles me dirent : « A présent, contente ton désir. Nous t'avons placé devant la forge ardente, où jadis Amour trempa les flèches dont tu as senti l'atteinte. »

Mes yeux, en rencontrant les yeux brillants de Béatrix[3], qui les tenait fixement attachés sur le Griffon[4], étincelèrent de mille désirs enflammés ; car là, comme dans un miroir qui réfléchit les vives splendeurs du soleil, se reflétait la bête mystérieuse, offrant tour à tour les merveilles de sa double nature.

Lecteur, conçois quelle dut être ma surprise, en voyant l'objet rester le même, et son image changer ainsi de forme. Frappée de stupeur et pleine de joie, mon âme savourait cette nourriture divine, par qui notre faim, toujours satisfaite, se ravive toujours[5].

Cependant, les trois autres femmes qui s'annonçaient à leur

[1] Ce sont les quatre vertus cardinales, dont il a été parlé au chant 29ᵉ. Le poète ne les considère pas ici comme des êtres abstraits. Il en fait des substances réelles, des anges que Dieu a envoyés à Béatrix, pour la servir durant sa vie mortelle.

[2] Ces trois femmes décrites au 29ᵉ chant sont les trois vertus théologales, la foi, l'espérance et la charité.

[3] Elle n'a pas encore levé son voile; car, tout à l'heure, elle sera priée de découvrir son visage :

Fa noi grazia che disvele
A lui la bocca tua.

[4] Dante regarde Béatrix, qui regarde le Griffon, figure de Jésus-Christ. La merveille consiste en ce que le griffon reste le même, tandis que son image se dédoublait dans les yeux de Béatrix comme dans un miroir.

[5] L'anima mia gustava di quel cibo
Che saziando di se, di se assetta.

Belle image du plaisir toujours nouveau qui naît de la vision béatifique, et dont le poète a ici l'avant-goût.

air, à la noblesse de leur port, pour des créatures de premier ordre, s'avançaient en pressant leurs pas cadencés, et en chantant avec des voix angéliques : « O Béatrix, tourne tes saints regards vers l'ami fidèle qui a fait tant de chemin pour te voir ! et, par la grâce de Dieu, fais-nous la faveur de découvrir ton visage, afin qu'il contemple ta seconde beauté [1]. »

O splendide rayon de la lumière éternelle ! quel est le poète, pâli de veilles sur le Parnasse, ou abreuvé des eaux de l'Hippocrène, qui ne fatiguât vainement son génie, et ne reconnût son impuissance à vous dépeindre, étincelant sur le fond rembruni de la voûte céleste, alors que, perçant tous les voiles, vous remplîtes l'air de votre pur éclat [2] !

CHANT XXXII.

Attachés sur le bel objet dont ils avaient été sevrés depuis dix ans [3], mes yeux s'en repaissaient si avidement qu'ils absorbaient en eux toute autre action des sens. Le doux sourire de la Sainte leur faisait sentir comme autrefois sa puissance attractive, et les séparait des corps environnants comme par un double mur [4]. Mais, à la voix d'une des nymphes qui escortaient le char, force me fut de tourner à gauche. Elle me disait : « Tu regardes trop fixement. »

Il m'arriva alors ce qu'on éprouve, lorsqu'on vient d'avoir le soleil dans les yeux. Je restais quelques instants ébloui et comme aveuglé. Dès que mon organe visuel eut repris la mesure qui convient aux petites choses [5] (qu'était-ce, en effet, au prix du

[1] Quelle ne doit pas être cette beauté, acquise dans le Ciel, lorsque, déjà sur la terre, Béatrix était la plus belle des femmes !

[2] Le poète exprime par cette exclamation que Béatrix a enfin levé son voile.

[3] Béatrix était morte le 9 juin 1290, et le voyage de Dante s'accomplit au mois de mars 1300. L'année commençait alors à l'équinoxe de printemps.

[4] Ses yeux, dirigés devant lui, ne fléchissaient ni d'un côté ni d'autre.

[5] Les figures du cortège n'étaient rien, comparées à Béatrix et au char triomphal, que Dante appelle ici un soleil. Dans le mouvement de conversion qui s'exécuta ensuite, il y eut un moment où la tête du cortège dut se trouver en face du char.

grand objet dont j'avais été forcé de me détacher?) je vis que le glorieux cortège s'était tourné à droite, et qu'il se tenait en face du soleil, ainsi que les sept flammes qui le précédaient.

Comme on voit des soldats se mouvoir avec leur drapeau, sous leurs boucliers, et faire un demi-tour avant que le corps entier n'opère son mouvement de retraite; ainsi la tête de l'armée céleste fit volte et nous dépassa, avant que l'avant-train du char ait fléchi et changé de position. Puis, les sept dames ayant repris leur place de chaque côté des roues, le char sacré se remit en marche [1], tiré par le Griffon, mais avec si peu d'effort [2] que pas une de ses plumes n'en fut dérangée. Stace [3] et moi nous tournâmes avec celle des deux roues qui décrivit le plus petit cercle, et nous la suivîmes avec la noble Dame qui m'avait fait passer le fleuve.

Engagé dans la forêt que la ruse du serpent et la crédulité de la femme ont changée en désert, je réglais mon pas sur le chant des anges. Nous avions fait autant de chemin qu'une flèche lancée trois fois en droite ligne peut en parcourir, lorsque Béatrix descendit du char, et j'entendis en même temps le nom d'Adam murmuré par tous. Tous ensuite entourèrent un arbre [4] dont les rameaux dépouillés de fleurs et de feuilles offraient une structure singulière, car ils s'élargissaient à mesure qu'ils montaient, et leur sommet était si haut qu'on l'eût admiré même dans les forêts de l'Inde.

« Béni soit le Griffon dont le bec épargne cet arbre au tronc robuste, au fruit délicieux, quoiqu'il ait produit chez l'homme des fruits si amers! » — A ce cri, poussé par le cercle des assistants, l'animal à la double nature répondit : « Ainsi doit se conserver le germe de tout bien, le principe de toute justice. » — Et, en disant ces mots, il se tourna vers le timon du char, formé du

[1] Le char se dirige vers l'arbre desséché de la science pour le faire reverdir.

[2] Le triomphateur s'avance comme un Dieu-homme. Il n'est point porté, mais il porte, sans toutefois être soumis au joug.

[3] Stace accompagne Dante pour avoir sa part des saintes ablutions; mais il n'est pas son guide ni son protecteur, en présence de Mathilde et de Béatrix.

[4] L'arbre de vie fut séché le jour où Adam, contre la défense de Dieu, mangea de ses fruits. Sa forme, qui est celle d'un cône renversé, offre une belle image de la science qui part des notions les plus simples pour embrasser l'universalité des choses.

bois de cet arbre, l'attira jusqu'au pied du tronc desséché, et l'y attacha par un lien solide[1].

De même que, sur la terre, dans la saison où l'astre du jour nous envoie ses vives clartés, mêlées à celles qui émanent du signe des poissons[2], on voit les plantes gonflées par la sève reprendre une vie nouvelle, et se parer des couleurs propres à chaque espèce, avant que le soleil attèle ses coursiers sous une autre constellation ; tel, par un prodige soudain, l'arbre rajeuni se couvrit de fleurs, dont les teintes, moins sombres que celles de la violette, sans avoir l'éclat de la rose, contrastaient avec sa nudité première.

Alors, un saint cantique s'éleva dans les airs, hymne inconnu aux hommes, que je ne compris point, et dont mon oreille ne put soutenir jusqu'au bout la mélodie pénétrante.

Si je pouvais retracer en vers, comment, au son de la flûte, s'assoupirent les cent yeux d'Argus, de ce dur gardien, à qui trop de vigilance coûta cher, je voudrais ici, comme le peintre qui travaille sur un modèle, me représenter moi-même comme cédant peu à peu au sommeil[3], mais j'en laisse la tâche à de plus habiles, et je passe au moment de mon réveil. Une vive splendeur déchira soudain le voile épaissi sur mes yeux, et ce cri[4] frappa mes oreilles : « Lève-toi, que fais-tu donc ? »

Comme, à la voix de celui qui brisa de plus fortes chaînes, fut rompu le sommeil des trois disciples conduits sur le Thabor[5], pour y voir fleurir l'arbre de vie, cet arbre qui porte ses fruits dans le Ciel, où les anges s'en nourrissent dans un banquet sans fin; comme, en rouvrant les yeux, ils cherchèrent Moïse et Elie,

[1] Jésus-Christ est venu regreffer l'arbre antique de la science. C'est dans le paradis terrestre, où cet arbre fut placé d'abord, que le poète a mis en action, d'une manière saisissante, la merveille de sa régénération.

[2] Au mois de février, précurseur du printemps, la nature se réveille et la terre commence à se parer de fleurs.

[3] Il est difficile de poser devant soi-même, et de se peindre au moment où l'on s'endort. Dante a raison de laisser cette tâche au peintre habile qui pourra représenter, sur modèle, les effets de l'assoupissement.

[4] Dante est réveillé par Mathilde, qui l'accompagne depuis qu'il a passé le fleuve.

[5] Pierre, Jacques et Jean, conduits par Jésus sur le Thabor, s'y endormirent, et furent témoins à leur réveil, de la transfiguration de leur maître : « *Petrus vero, et qui cum illo erant, gravati erant somno, et evigilantes viderunt majestatem ejus, et duos viros qui stabant cum illo.* (Luc, 9.)

qui avaient disparu, et virent leur maître transfiguré devant eux; tel je me réveillai en sursaut, et, voyant penchée sur moi la Sainte, qui avait accompagné mes pas le long du fleuve, je m'écriai tout troublé : « Où est Béatrix ? »

— « Ne la vois-tu pas, me répondit-elle, au pied de l'arbre rajeuni, assise sur ses racines[1], à l'ombre de son nouveau feuillage. Vois autour d'elle une partie de la céleste phalange, et les autres s'élever, à la suite du Griffon, dans les airs, qui retentissent de chants plus suaves et plus sublimes? »

Si quelques mots furent ajoutés à ces paroles, je l'ignore; car déjà ma vue s'était portée avec mon âme tout entière sur celle qui avait captivé mon attention.

Assise par terre et seule, comme si elle eût été placée là et commise à la garde du char par l'animal étrange qui l'avait lié au tronc de l'arbre, Béatrix était entourée des sept nymphes[2], qui lui faisaient un rempart, et qui toutes avaient en main ces lampes[3], qui sont à l'abri du souffle des vents.

— « Tu passeras ici quelque temps[4], me dit-elle, comme un étranger hors de la cité sainte. Puis tu vivras à jamais avec moi, dans cette Rome nouvelle, où tu seras concitoyen du Christ. Aie donc les yeux fixés sur l'arche qui nous trace la bonne voie. Tu raconteras un jour ce que tu as vu[5], pour l'instruction du monde où tu dois retourner, et qui se gouverne si mal. »

[1] La théologie, — la science divine, est personnifiée en Béatrix. Le mystère est consommé ; Jésus-Christ monte au ciel, et lui laisse le dépôt de la vérité chrétienne.

[2] Les sept nymphes qui entourent Béatrix ont été décrites plus haut : ce sont les vertus cardinales et théologales. Il faut remarquer que Béatrix, ou la théologie, n'est pas confondue avec la foi qui est une des vertus cardinales, et qui peut exister sans la science.

[3] Ces lampes sont un souvenir de la parole des vierges sages et des vierges folles.

[4] Il y a dans le texte : tu seras ici peu de temps, « *qui sarai tu poco tempo silvano.* » *Qui*, c'est-à-dire au Purgatoire, puisqu'ils sont encore sur la montagne. *Silvano*, c'est-à-dire comme un étranger. Les Florentins appelaient ainsi ceux qui n'habitaient point leur ville, et qui menaient dans les bois voisins une vie rustique et sauvage. Au 6e Chant de l'Enfer, Dante appelle les étrangers qui étaient venus s'établir à Florence *la parte selvaggia*.

[5] Le récit du poète voyageur devient un enseignement, une mission. Il se fera dire ailleurs par son aïeul Cacciaguida, qu'il doit ne rien taire et parler sans ménagement.

Elle dit, et moi qui, prosterné à ses pieds, attendais ses commandements, je dirigeai mon esprit et mes regards vers l'objet qui m'était indiqué.

Jamais du sein de la nue épaisse ne jaillit avec plus de force, jamais des hautes régions de l'air ne descendit avec plus de rapidité le feu du ciel à travers la pluie, que ne fondit alors, sous mes yeux étonnés, un aigle[1], volant à tire d'ailes. Le roi des airs donna tête baissée au milieu de l'arbre, abattant les fleurs et les jeunes feuilles, sans épargner même les branches ni le char, qu'il frappa de toute sa force. Je vis celui-ci plier comme un navire en détresse, assailli tantôt à la proue, tantôt à la poupe par le choc impétueux des vagues.

Je vis ensuite un renard se glisser[2] furtivement dans le fond de l'arche nouvelle. Cette bête était maigre et paraissait mal nourrie. Elle s'enfuit de toute la vitesse de ses jambes décharnées, à la voix de Béatrix, ma souveraine, qui lui reprocha ses basses turpitudes. Mais bientôt je revis l'aigle s'élancer du point où il était d'abord. Cette fois, il entra dans l'arche, et il y laissa de ses plumes. Et au même instant une voix plaintive[3], avec cet accent qui part d'un cœur affligé, se fit entendre dans le Ciel : « O ma barque! te voilà bien mal chargée ! »

Ensuite il me parut que la terre s'ouvrait entre les deux roues, et j'en vis sortir un dragon[4], qui enfonça dans le char sa queue acérée, et la retirant à lui comme fait la guêpe qui retire son dard, emporta une pièce du fond ; puis il s'en alla content. Ce qui resta du char, les deux roues, et le timon lui-même, en moins de temps qu'il n'en faut pour exhaler un soupir, se couvrirent

[1] Dans cette personnification des maux qui ont affligé l'Eglise, l'aigle représente l'Empire romain qui, par la main de Néron, Dioclétien et autres, fit essuyer aux premiers chrétiens de violentes persécutions.

[2] Le renard est le symbole de l'hérésie, subtile et captieuse, toujours affamée, parce qu'elle se nourrit de vains sophismes.

[3] On doit reconnaître saint Pierre à sa barque traditionnelle. Simon Pierre, à qui Jésus-Christ avait dit: « Venez, je vous ferai pêcheur d'hommes » (Matth. 4) est le pilote que le Seigneur a chargé du gouvernail.

[4] Mahomet enleva au christianisme de vastes contrées, telles que l'Asie-Mineure et l'Egypte. Ne peut-on pas dire que le Coran, mélange bizarre de l'Ancien et du Nouveau Testament, tient le milieu entre ces deux lois qui sont, comme on l'a dit, figurées par les deux roues du char ?

des plumes de l'aigle[1], comme une bonne terre se revêt du grain qu'on y a semé. Peut-être le fier oiseau s'était-il dépouillé à bonne et sainte intention. Quoi qu'il en soit, le véhicule ainsi transformé produisit sept têtes[2], une à chaque angle, et trois au timon. Celles-ci présentaient, comme les bœufs, leurs fronts armés de deux cornes, et celles qui avaient surgi aux quatre angles n'en avaient qu'une. Jamais l'œil de l'homme ne vit chose pareille.

Sur le char était assise, inébranlable comme un roc, une prostituée[3] au sein découvert, jetant autour d'elle des regards impudents; je vis debout à côté d'elle un géant, comme pour empêcher qu'on ne la lui ravît, et quelquefois ils s'entrebaisaient. Puis tout à coup ayant surpris un coup d'œil de sa maîtresse, qui s'adressait à moi, cet amant féroce la saisit, et la fouetta de la tête aux pieds. Et puis, ivre de jalousie et de colère, le géant délia le char et le traîna dans la forêt[4], dont l'épaisseur me servit de rempart contre cette louve impure et le nouveau monstre qui venait de s'offrir à moi.

[1] Le char, qui se couvre des plumes de l'aigle, figure l'Eglise enrichie par la donation de Constantin. Dante ne méconnaît pas ici l'ordre des temps. Il envisage les derniers effets de cette donation. Mahomet avait fondé et propagé par le fer, sa religion, longtemps avant que le Saint-Siège fît servir la donation de Constantin à l'établissement du pouvoir temporel.

[2] Ce que le poète exprime ici sous une forme symbolique, il l'a déjà dit ouvertement, et il le répétera plus loin sans figure, dans son indignation contre le Saint-Siège. (Voir Enfer 19 et 27, Purgatoire 20, et Paradis 19, 27 et 30.) Les sept têtes de la bête sont les péchés capitaux, dont trois, l'orgueil, l'envie et l'avarice, armés d'un double aiguillon, sont les plus malfaisants.

Qui croirait que certains commentateurs ont vu dans les sept têtes et dans les dix cornes, les sacrements et les dix commandements de l'Eglise ?

[3] Dante veut stigmatiser ici le pape Boniface VIII, qui courtisa d'abord Philippe-le-Bel, en appelant en Italie avec de magnifiques promesses, son frère, Charles de Valois, et qui essuya ensuite les outrages et les violences du roi français.

« *Ostendam tibi damnationem meretricis magnæ quæ sedet super aquas multas, cum quâ fornicati sunt reges terræ.* » (Apocal. 17.)

[4] Clément V, pape français, élu par l'influence de Philippe-le-Bel, fut pressé par celui-ci de transférer le Saint-Siège à Avignon. Cinq papes y résidèrent après lui jusqu'à Grégoire XI (1305-1371).

CHANT XXXIII.

A cette vue, les sept Dames, baignées de pleurs, chantèrent avec le Psalmiste : « Grand Dieu ! vos ennemis ont pollué votre temple [1] ». Trois avaient commencé ; les quatre autres dirent le verset suivant, et elles alternèrent ainsi, rangées autour de Béatrix qui, pâle, abattue, et presque aussi défaite que la mère du Sauveur au pied de la croix, les écoutait en poussant de profonds soupirs. Mais, après que les saintes vierges eurent cessé leur chant, à son tour, elle se leva ; ses joues se colorèrent d'un feu divin, et elle dit : « Mes sœurs bien-aimées, rappelez-vous ces paroles du maître : « Dans peu de temps, vous ne me verrez plus, et peu de temps après, vous me reverrez [2]. » Ensuite elle rompit le cercle de ses compagnes, et les ayant placées toutes en tête, elle se mit en marche, après avoir fait signe à Stace et à moi de la suivre.

Nous avançâmes dans cet ordre, et son pied n'avait pas touché dix fois la terre que, tournant ses regards vers moi, elle me dit d'un air serein : « Hâte le pas et ne crains pas d'avancer, afin que si je te parle, tu sois à portée de m'entendre. »

Lorsque je fus auprès d'elle, à distance convenable : « Frère, dit-elle, à présent que nous marchons de compagnie, craindras-tu de m'interroger ? »

Alors, comme ceux à qui le respect pour leurs supérieurs enchaîne la langue, et dont la parole vient mourir sur leurs lèvres, je voulus répondre, et ne pus former que des sons entre-

[1] Le commencement du psaume 70e, cité textuellement par le poète, est : *Deus venerunt gentes*. Le traducteur y a substitué les mots suivants du psaume qui paraissent plus applicables à la situation :
« *Polluerunt sanctum templum tuum.* »

[2] *Modicum et jam non videbitis me ; et iterum modicum et videbitis me.* (Saint-Jean 16.) - De même que Jésus-Christ, prêt à quitter la vie, annonça à ses disciples sa prochaine résurrection ; ainsi Béatrix prédit que l'Eglise retrouvera bientôt son chef qui s'est retiré d'elle.

coupés. « Sainte femme ! vous connaissez mes besoins..... et vous savez ce qui convient à ma faiblesse. »

— « Je veux, me répondit-elle, que tu secoues désormais la peur et la honte. Cesse de parler ainsi comme un homme qui rêve. L'arche nouvelle, que tu as vu briser par le Dragon, elle fut, elle n'est plus[1] ; mais, sache que le coupable est sous la main de Dieu, qui ne se laisse point dérober sa vengeance[2]. Et cet aigle qui, pour avoir laissé de ses plumes dans le char, en a fait d'abord un monstre hideux, et ensuite une proie offerte au plus hardi, il ne sera pas longtemps sans héritier[3] ; car je vois, et je l'annonce parce que je le sais de science certaine, déjà je vois les astres, dont rien ne peut déranger le cours, amener le jour où, d'un nombre fatal[4], formé dans le sein de Dieu, sortira ce par quoi[5] le monde sera délivré de l'infâme et du géant, son complice.

[1] Il applique au char brisé de l'Eglise ce qui est dit de la bête aux sept têtes dans l'Apocalypse (17) « *Bestia quam vidisti fuit et non est.* » Le dragon qui a percé de son dard le fond de l'arche (chant 32e), que ce soit Satan, Mahomet ou Boniface VIII, est puni dans l'Enfer de son crime inexpiable.

[2] Il y avait à Florence une vieille coutume qui permettait au meurtrier de désarmer les parents de sa victime. S'il avait pu, malgré la garde exacte que ceux-ci faisaient pendant neuf jours, déposer des aliments, une *soupe*, sur la tombe du mort, la famille avait perdu son droit à la vengeanee. Dante fait ici allusion à cette coutume par ces mots intraduisibles : *Vendetta di Dio non teme suppe.*

[3] Les empereurs d'Allemagne se disent héritiers de César, comme successeurs de Charlemagne, qui a rétabli l'empire d'Occident. On a vu plus haut (chant 32e), que l'aigle figure l'empire romain, et que, par sa donation à l'Eglise, Constantin lui avait, à bonne intention, préparé de grands maux. Ils seront bientôt réparés, dit Béatrix, par un héritier de cet empereur, par un chef dont le titre *D V X* correspond à un nombre fatal formé des trois chiffres *D V X*.

[4] Il est inutile de chercher une date dans ces chiffres qui, dans l'ordre où ils sont présentés par le poète, et avec le caractère romain qu'il faut leur donner pour qu'ils puissent former le mot *Dux*, ne sauraient constituer un nombre quelconque ni par conséquent donner une date. — Le nombre 515 est dans le texte ; mais à quoi peut-il se rapporter ?

[5] Quel est ce personnage ? On a cru reconnaître en lui Can Grande della Scala, prince de Vérone, qui, nommé par l'empereur Henri VII, son vicaire général en Lombardie, soutint avec gloire le parti gibelin, après la mort de ce dernier, et mourut jeune, en 1309, au moment où l'Italie avait les yeux tournés sur lui, comme sur un libérateur. Dante, qui devait beaucoup à ce prince, son généreux hôte, a fait son éloge en plusieurs endroits de son poème. Il le désigne clairement au début de l'Enfer, comme appelé à délivrer l'Italie de ses oppresseurs. De plus, le Purgatoire fut, dit-on, achevé par Dante à Vérone où il résida de 1308 à 1313. Toutes ces raisons ont fait croire qu'ici encore c'est Can della Scala que le poète a en vue. — Mais il est plus probable qu'il entend

« Ces paroles sont obscures. Comme celles du sphinx [1] ou comme les anciens oracles de Thémis[2], elles ont peut-être laissé des nuages dans ton esprit ; mais voici d'autres Naïades[3], qui en seront les interprètes, sans avoir rien à craindre de leur témérité : les faits viendront bientôt délier le nœud serré de cette énigme.

« Prends note de mes paroles, et rapporte-les telles que tu les a recueillies de ma bouche, à ceux qui vivent encore sur la terre, mais d'une vie qui est un acheminement vers la mort[4]. Dis-leur, quand ta plume retracera ce fidèle récit, aie bien soin de leur dire dans quel état tu as vu l'arbre de la science, dévasté deux fois

parler de l'empereur Henri VII qui, dès l'année 1310, avait franchi les Alpes, pour aller se faire couronner à Rome. Dante croyait alors, avec tous les Gibelins, au succès d'une expédition dont rien ne faisait prévoir l'issue malheureuse. Henri VII étant mort à Buonconvento en 1313, il faut admettre que Dante avait, avant cette époque, écrit ce passage, qui termine le Purgatoire, et qu'il n'a pas cru devoir le retoucher, après que l'événement eut trompé son attente.

[1] Le sphinx avait un visage de femme, le corps du lion et des ailes. Suivant Hésiode, il devait le jour à la Chimère. On connaît l'énigme qu'il proposait aux voyageurs sur le mont Cithéron : « Quel est l'animal qui a quatre pieds le matin, deux à midi, et trois le soir ? » Œdipe lui répondit que c'était l'homme considéré dans les trois phases de son existence, comme enfant, adulte et vieillard. Le mot de sphinx, appliqué aujourd'hui improprement à ceux qui devinent les énigmes, est pris ici dans sa véritable signification.

[2] Le plus ancien oracle de la Grèce était celui de Thémis, fille du Ciel et de la Terre, plus connue comme déesse de la Justice. Cet oracle fut consulté par Deucalion et Pyrrha, échappés au déluge, qui apprirent de lui le moyen de renouveler le genre humain.

[3] Les Naïades, nymphes du mont Cithéron, ou, suivant d'autres, nourrices d'Apollon, expliquaient les oracles dans un antre de la Béotie. Thémis, pour punir leur indiscrète audace, leur envoya un renard, qui ravagea les environs de Thèbes.

Carmina Naïades non intellecta priorum
Solvunt ingeniis ; et præcipitata jacebat,
Immemor ambagum, vates obscura, suarum.
Scilicet alma Themis nec talia liquit inulta.
Protinus Aoniis immissa est bellua Thebis.
Cessit et exitio multis, pecori que, sibique
Ruricolæ pavere feram. (Ovid. mét. VII)

Sans ce passage d'Ovide, les vers de Dante, où il parle de Thémis et des Naïades, seraient une énigme indéchiffrable. Des allusions aussi concises font le désespoir du traducteur. Comment dire en français que les faits seront bientôt les Naïades, qui dénoueront cette énigme sans dommage pour les troupeaux et les moissons. *Sanza danno di pecore e di bradi.*

[4] Vivre, c'est courir à la mort. Il dit cela de la vie terrestre par opposition à la vie éternelle.

sous tes yeux[1]. Quiconque y porte une main cupide ou violente commet un attentat[2] contre Dieu lui-même, qui l'a créé saint et inviolable, et s'en est réservé l'usage. Aussi, pour avoir goûté de son fruit, le premier homme a-t-il attendu plus de cinq mille ans[3], que l'Homme-Dieu, punissant sur lui-même les fautes de sa créature, vînt mettre un terme à ses souffrances, et apaiser l'ardeur de ses désirs.

« Tu dois bien voir à présent, à moins que ton esprit ne sommeille, que si cet arbre est si élevé et se déploie de plus en plus vers sa cime, il y a une haute raison de ce phénomène ; et, sans les vaines pensées où ton âme est plongée tout entière comme dans les eaux pétrifiantes de l'Elsa[4], sans l'ivresse des plaisirs qui a terni sa candeur, comme jadis le sang de Pyrame noircit le sang de la mûre[5], à d'aussi grands signes tu comprendrais l'interdit que Dieu a jeté sur cet arbre, et tu aurais la conscience de sa justice[6] ; mais comme je vois les vapeurs qui offusquent ton intelligence endurcie et comme pétrifiée par le péché, je veux, qu'ébloui des vives clartés de ma parole, tu l'emportes, sinon écrite, au moins gravée[7] dans ton cœur, afin qu'elle te serve de témoignage, comme au pèlerin son bourdon entouré de palmes[8]. »

Je lui répondis un peu rassuré : « L'empreinte qui s'obtient à

[1] Depuis sa renaissance, l'arbre de vie a reçu deux atteintes dangereuses : Dante a vu l'aigle fondre sur lui en abattant ses feuilles et ses fleurs. Il a vu le géant délier le char, et le séparer du tronc, auquel il avait été rattaché par le Griffon.

[2] Quiconque poursuit la science, hors des voies de Dieu, blasphème de fait *bestemmia di fatto*.

[3] D'après notre chronologie qui rapporte la naissance de J.-C. à l'an 4004 du monde, Dante a commis ici une erreur.

[4] L'Elsa, rivière de la Toscane, qui se décharge dans l'Arno. Ses eaux couvrent d'un tartre épais les objets qu'on y plonge.

[5] V. la note 7e du chant 28.

[6] Dieu, comme premier principe est le dispensateur de la science. L'homme qui prétend s'en emparer de *lui-même* agit contre la défense de Dieu, en transgressant les lois de sa propre nature. Il se fourvoie et sera puni par la vanité de ses efforts, tant qu'il n'aura pas reconnu que sa raison relève de la raison universelle ou du Verbe.

[7] La figure vaudra mieux pour Dante que la lettre qu'il ne comprend pas. Il rapportera sur la terre l'image saisissante du char lié par le Griffon à l'arbre de la science.

[8] Le bourdon couronné de palmes annonce que le pèlerin est revenu de la Terre Sainte, où il croît beaucoup de palmiers.

l'aide de la cire, n'est pas plus nette, plus immuable que celle que vous avez laissée dans mon cerveau. Mais pourquoi votre parole trompe-t-elle mes désirs? Pourquoi prend-elle un essor si élevé, d'autant moins saisissable, que je fais plus d'efforts pour l'atteindre? »

— « C'est, reprit-elle, afin que tu reconnaisses combien est infirme l'école que tu as suivie[1], en voyant combien sa doctrine boite, et reste en arrière de mes enseignements. C'est afin que tu mesures la distance qui sépare les voies de l'homme des voies de Dieu. La terre n'est pas plus éloignée du neuvième ciel. »

Je lui dis alors : « Je ne sache pas m'être jamais éloigné de vous. Je n'en ai ni souvenir, ni remords. »

— « Si tu l'as oublié, me répondit Béatrix en souriant, tu te souviens au moins d'avoir bu des eaux du Léthé, et de cet oubli même, il résulte aussi clairement que la fumée trahit la présence du feu, la preuve que tu n'as pu sans péché, tourner ta pensée vers d'autres objets[2]. Au reste, j'userai désormais avec toi de paroles moins couvertes[3], et mon langage sera aussi clair que le permettra la faiblesse de tes organes. »

Le soleil brillait de son plus grand éclat[4], et sa course paraissait plus lente. Il avait touché le cercle du méridien, qui change suivant ses divers aspects. En ce moment, les sept Dames s'arrêtèrent comme s'arrête une troupe armée derrière le guide à qui s'est offert, chemin faisant, quelque objet nouveau. Elles se trouvaient aux limites d'un ombrage épais[5], tel qu'on en voit

[1] Aristote, placé dans les Limbes au premier rang des philosophes, est appelé par Dante le maître de la science : maestro.

[2] Il ne leur parle ici que de ses études et de la faiblesse de leur direction. Elles étaient répréhensibles devant Dieu, puisque les eaux du Léthé en ont effacé le souvenir de son esprit.

[3] Béatrix doit l'initier à la théologie, dont elle est la personnification, en lui faisant parcourir le Paradis : elle lui fera voir saint Thomas, l'ange de l'Ecole.

[4] Il est midi. Quatre jours et demi se sont écoulés depuis que Dante a débouché des soupiraux de l'Enfer au bas de la montagne du Purgatoire. (Chant 28. — Note 12.)

[5] Le Léthé et L'Eunoë dérivent en cet endroit d'une même source, qui émane elle-même de l'Empyrée. (Paradis 30.)

dans les Alpes, où des arbres aux rameaux noirs et aux vertes feuilles projettent leur ombre sur des ruisseaux glacés.

Je crus voir jaillir devant elles, d'une même source, le Tigre et l'Euphrate, qui ne s'écartaient qu'avec peine comme deux amis lents à se séparer.

— « O vous ! m'écriai-je, qui êtes la gloire et le flambeau du genre humain, quelle est cette eau, qui émane d'une source unique, et qui se partage ainsi dans son cours ? »

— « Tu le sauras par Mathilde[1]; prie-la de t'en instruire. »

Telle fut la réponse qu'obtint ma prière; et Mathilde, comme si elle avait eu à se justifier envers moi, se hâta de dire : « Je lui ai expliqué cela, et bien d'autres choses, qui, j'en suis sûre, n'ont pu être effacées de son souvenir par les eaux du Léthé. »

— « Peut-être, reprit Béatrix, qu'une préoccupation plus forte, en le privant, comme il arrive souvent, de la mémoire, a fermé son esprit aux impressions de ses yeux. Mais voici le fleuve Eunoë. Conduis-le sur ses bords, Mathilde, et ravive dans ses eaux, suivant ta coutume, sa force évanouie[2]. »

De même qu'un esprit généreux accepte sans marchander la volonté d'autrui, et la fait sienne, aussitôt qu'elle lui est manifestée par un signe, ainsi la belle Mathilde se mit en marche, dès que je fus auprès d'elle. Elle dit à Stace[3] avec une dignité gracieuse : « Viens avec lui. »

Lecteur, si j'avais plus d'espace, je chanterais les délices de cette eau que j'ai goûtée, et dont on ne se lasserait jamais. Mais,

[1] Mathilde est ici nommée dans le texte pour la première fois. (Voir la note 4 du 28e chant). Le traducteur ne pouvait faire attendre aussi longtemps son nom à l'impatience du lecteur français.

[2] L'Eunoë, déjà nommé au 28e chant a une vertu que son nom seul exprime. Il avive l'intelligence, et la dispose à prendre son essor vers les cieux.

[3] Stace a bu aussi les eaux du Léthé, quoique son ablution ne soit pas décrite, comme celle de Dante au 31e chant.

j'ai rempli le cadre destiné à cette seconde partie de mon voyage[1]. Soumis au joug de l'art, je ne saurais franchir ses limites, et je n'ajouterai rien, si ce n'est que je sortis de l'onde, régénéré, pur, semblable à la jeune plante qui vient de se couvrir de feuilles nouvelles, et disposé à monter aux étoiles[2].

[1] Dante appelle cette seconde partie de son voyage *seconda cantica*. Il avait donc partagé son poème en trois cantiques, quoique peut-être il n'ait pas donné ce titre à chacune de ses parties. La Divine Comédie est un vaste édifice bâti sur un plan rigoureux. Le poème entier se compose de cent chants dont 34 sont affectés à l'Enfer, 33 au Purgatoire, 33 au Paradis. Le grand artiste s'est imposé des règles dont il ne saurait s'écarter.

[2] On a remarqué que les trois cantiques de la Divine Comédie finissent par le même mot *Stelle*. Peut-être l'auteur a-t-il voulu marquer ainsi les principales divisions de son ouvrage, de manière à les faire reconnaître indépendamment du titre qu'il avait donné à chacune d'elles.

LE PARADIS.

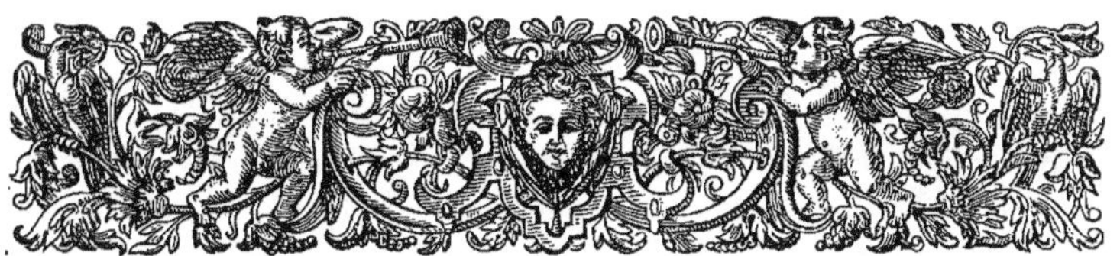

LE PARADIS.

CHANT PREMIER.

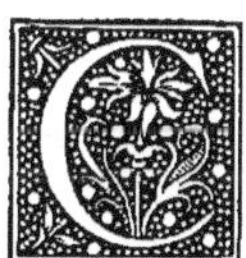

ELUI par qui se meuvent tous les êtres[1] remplit l'univers de sa gloire; mais elle resplendit, suivant les lieux, à des degrés divers. C'est au Ciel que brillent ses plus vives clartés. J'y suis monté, et j'y ai vu des choses que l'homme redescendu sur la terre ne saurait redire[2], parce qu'en s'approchant de la source de ses désirs, l'âme s'y plonge et s'y abîme de telle sorte que la mémoire lui manque au retour. Toutefois, ce que j'ai recueilli dans le royaume des Saints (si j'ai pu m'y faire un trésor), sera désormais la matière de mes chants.

Docte Apollon, seconde ces derniers travaux. Fais de moi un vase plein du feu poétique. Ton laurier que j'aime sollicite pour

[1] Boèce, au 6e siècle, avait dit de Dieu :
« *Stabilisque manens dat cuncta moveri.* » (de consol. phil. 3).

[2] Saint Paul, ravi jusqu'au 3e ciel, entendit dans le paradis des choses qu'il n'est pas permis à l'homme de répéter : « *Audivit arcana verba quæ non licet homini loqui.* » (Corinth. 2).

moi cette faveur. Des deux cîmes du Parnasse, l'une m'avait suffi jusqu'à ce jour[1]; mais je sens que j'ai besoin, à présent, de la double colline, pour l'entreprise qui me reste à conduire à fin. Echauffe mon sein, et inspire-lui cette sainte fureur qui t'animait, lorsque tu fis expier à Marsyas[2], déchiré par tes mains, sa rivalité sacrilège.

Ah! prête-moi ta force divine, afin que cette image de la béatitude céleste, qui est restée gravée dans mon esprit, puisse être produite au dehors et révélée aux hommes. Alors tu me verras m'approcher de l'arbre qui t'est cher; et, grâces à toi, grâces à mon sujet qui m'en rendra digne, j'oserai me couronner de ce laurier, si rarement cueilli pour orner le triomphe de César, ou le front du poète, (honte à ceux qui le dédaignent!)[3] de ce laurier qui devrait, ô père de la poésie, te remplir de joie, lorsqu'un cœur généreux s'en montre avide! Une grande flamme peut naître d'une étincelle. D'autres après moi, peut-être, t'invoqueront en plus beaux vers, et verront leurs vœux exaucés[4].

L'astre du jour s'élance par plusieurs portes sur l'horizon. Mais lorsqu'il entre par celle où l'on voit quatre cercles de la sphère coupés en triple croix[5], lorsqu'il se lève dans le Bélier, il marche sous une constellation plus favorable, et le monde, soumis comme la cire à son influence, reçoit mieux l'empreinte qui lui convient.

[1] Les anciens avaient aussi leur double étude de la terre et du ciel, figurée par les deux cîmes du Parnasse. Bacchus, invoqué sur le Cithéron, donnait aux hommes les joies terrestres. Apollon, qui habitait l'Hélicon, initiait les esprits d'élite aux secrets de la haute poésie. Dante quittant la terre, le Cithéron, moins élevé que l'autre cîme, ne suffit plus aux élans de sa pensée.

[2] Le satyre Marsyas fut écorché tout vif par Apollon, qu'il s'était vanté de surpasser dans l'art de la musique. L'horreur de son supplice est ici adoucie par ce vers pittoresque, malheureusement intraduisible :

.... Quando Marsia traesti.
Della vagina delle membra sue.

[3] Dante a soif de gloire. Il aspire au laurier que les poètes, ces rois de la pensée, partagent avec les maîtres de la terre.

[4] Il y a dans le texte : « Afin que Cirrha réponde. » D'une caverne située près de Cirrha, ville de la Phocide, sortaient des oracles qui l'avaient fait consacrer à Apollon.

[5] Ces quatre cercles, dont on peut voir le jeu sur la sphère armillaire, sont l'horizon, le zodiaque, le cercle équinoxial et le colure des équinoxes. La figure ici décrite résulte de leurs intersections au mois de mars sous le signe du Bélier.

Le soleil venait de franchir cette voie. C'était l'heure du matin, aux lieux où j'étais[1], et dans l'autre hémisphère, il était soir. Une partie du globe, celle où je me trouvais encore, était blanchie par l'aube, tandis que l'autre était plongée dans les ténèbres. En ce moment Béatrix, tournant la tête à gauche[2], leva les yeux vers le ciel. Jamais aigle n'attacha sur l'astre du jour un regard aussi ferme.

Comme on voit un rayon lumineux se doubler par la réflexion, qui semble en faire naître un autre aussi impatient de remonter vers les cieux, que le voyageur l'est de retourner au lieu d'où il est parti, ainsi le mouvement de Béatrix eut en moi son contre-coup[3]. Il porta mes yeux plus assurés sur le brillant flambeau de l'univers. C'est que, dans l'Eden[4], que Dieu avait créé pour être la demeure du genre humain, nos facultés ont un plus large essor qu'ici-bas. Je vis, sans pouvoir longtemps en soutenir l'éclat, je vis le disque du soleil étinceler et resplendir, comme le fer qui sort bouillant de la fournaise. Soudain, sa vive clarté parut s'accroître. Il me sembla qu'à la lueur du jour s'ajoutait une autre lumière[5], comme si la main puissante du Créateur avait doté les cieux d'un autre soleil. Béatrix debout ne cessait de contempler l'astre radieux, et moi j'en avais détaché mes yeux pour les reporter sur elle.

A son aspect, il se fit en moi ce qu'éprouva Glaucus pour avoir goûté d'une herbe, qui changea sa nature en celle des dieux de

1. Le dernier chant du Purgatoire a laissé Dante au Paradis terrestre, vers l'heure de midi. Dans la 3e partie du poème, la scène s'ouvre au point du jour, et Dante est encore sur la terre à la cîme du Purgatoire. Il s'élèvera bientôt dans la région du feu, voisine de la lune : mais il n'a point, en ce moment, quitté l'Eden, où il a dû, quoique le poète l'ait passé sous silence, achever la journée commencée, et passer la nuit.

2. Il faut se figurer Béatrix à notre antipode, et tournée vers l'Orient. Il est clair qu'à l'équinoxe du printemps, époque où nous voyons le soleil se lever à notre droite, dans la région orientale, elle doit le voir à sa gauche, dans l'autre hémisphère, où cet astre suit, de l'équinoxe au solstice, une marche inverse.

3. Effet sympathique exprimé par une comparaison assez difficile à saisir. Dante fait instinctivement ce qu'il voit faire à Béatrix. Ses yeux vont d'elle au soleil qu'elle regarde, comme le rayon se réfléchit dans un miroir.

4. Ainsi, nul doute qu'ils sont encore tous deux dans le paradis terrestre, où la vue de l'homme est assez forte pour soutenir quelques instants l'aspect du soleil.

5. La lumière est doublée comme s'il y avait deux soleils; mais l'astre du jour brille toujours seul dans les cieux, ce surcroît de clarté vient de la région du feu.

la mer. Il n'y a pas de mot qui puisse bien exprimer cette faculté de l'homme de s'absorber[1] dans une autre créature; mais pour ceux à qui la grâce divine en réserve l'expérience, l'exemple du pêcheur sicilien peut suffire. Etait-ce de moi-même que je m'étais fait ce que je me sentais être? O amour divin, qui gouvernes les cieux, toi qui as éclairé mon âme, parle, dis ce que tu sais.

Quand l'astre, que tu fais rouler éternellement sur nos têtes, avec une harmonie céleste[2], dont tu règles si bien les accords, tenait captivés mes yeux et mes oreilles, le ciel me parut embrasé de ses feux[3], dans un espace aussi vaste qu'un lac immense, formé par des pluies abondantes, ou par les eaux grossies d'un fleuve. Piqué par l'aiguillon du plus violent désir que je ressentis de ma vie, je souhaitai de connaître la cause de ce bruit nouveau pour moi, et de cette éblouissante clarté.

Elle, qui lisait dans mon cœur beaucoup mieux que moi-même, et qui me voyait l'esprit tourmenté, voulut me satisfaire en prévenant ainsi mes questions. — « L'erreur de tes sens, me dit-elle, offusque ton intelligence, et t'empêche de voir ce qui autrement serait pour toi manifeste. Tu n'es plus sur la terre[4] comme tu le crois. La foudre est moins prompte à fuir le lieu où elle se forme, que tu ne l'as été à t'élever jusqu'ici. »

Ces quelques mots, qu'elle dit en souriant firent cesser mon premier doute; mais ils jetèrent mon esprit dans de nouvelles perplexités : « Je passe, m'écriai-je, de surprise en surprise. J'admire maintenant comment je puis m'élever au-dessus de ces corps plus légers que moi[5]. »

[1] Il était tout en Béatrix, dont il avait pour ainsi dire emprunté la nature comme l'exprime ce mot du poète : transumanar. Le pêcheur Glaucus changea ainsi de nature et devint Dieu marin, après avoir mangé d'une herbe dont il avait remarqué la vertu sur des poissons mis à sec, et qui d'eux-mêmes s'étaient replongés dans les flots de l'Eubée, après avoir goûté de cette herbe.

[2] Ce passage éclaircit ce qu'avait laissé de douteux un endroit du Purgatoire. Il est certain à présent que Dante admet que les sphères rendent des sons harmonieux en roulant dans l'espace.

[3] Les anciens croyaient qu'il existait un rayon de feu au delà de notre hémisphère, entre le globe terrestre et la lune. Le poète adopte cette opinion comme on va le voir.

[4] Le moment de cette ascension n'est pas indiqué d'une manière précise.

[5] L'air et le feu.

Béatrix poussa un pieux soupir, et me regardant comme une mère contemple son fils en délire[1], elle me tint ce grave discours :

— « Toutes les choses créées sont enchaînées dans un ordre où se manifeste la ressemblance de l'univers avec Dieu, ce type éternel des lois auxquelles est soumis le monde visible ; et c'est ici que les créatures supérieures reconnaissent la trace ou la vive empreinte du Tout-Puissant.

« Mais dans cette chaîne des êtres, soumis à des conditions diverses, chacun suivant sa nature, est plus ou moins rapproché de son principe. Aussi les voit-on sur le vaste océan de la vie, aborder à des ports différents, poussés par les instincts divers qu'ils ont reçus du Créateur, et qui tantôt portent le feu vers la lune[2], tantôt donnent l'impulsion au cœur, ou condensent les molécules terrestres en une masse solide, instincts qui s'attachent, comme des traits inévitables, non seulement aux êtres privés de raison, mais à toute créature intelligente et sensible.

« Or, la Providence a voulu, dans son infinie sagesse, qu'au plus haut des cieux, dans la sphère qui tourne avec la plus grande rapidité[2], on jouisse à jamais et sans trouble de la lumière, qui lui est propre. Et c'est là, c'est à ce terme marqué par les décrets célestes, que l'âme est poussée par la grâce divine, toujours attentive à nous diriger vers un but fortuné et désirable.

« A la vérité, de même que la forme ne répond pas toujours aux intentions de l'artiste parce que celui-ci agit sur la matière, instrument rebelle ; de même, il arrive parfois que la créature, regimbant sous l'aiguillon qui la presse, use de sa liberté pour s'écarter de la direction qu'elle a reçue. C'est ainsi qu'on peut voir le feu, après s'être élancé d'abord jusqu'aux nues, en tomber ensuite, attiré sur la terre par des vapeurs grossières qui lui offrent une fausse pâture.

« Tu ne dois pas plus être étonné de monter, que tu n'es sur-

[1] Cette comparaison, comme la plupart de celles de Dante, n'est qu'une image formée d'un seul trait et saisissante.

[2] L'Empyrée, foyer de la lumière incréée (v. chant 33e).

pris de voir un ruisseau descendre de la montagne. La merveille serait que, libre de toute entrave, tu fusses resté fixé dans les régions basses, comme ce serait merveille de voir une flamme vive enchaînée au sol[1]. »

Ici la Sainte se tut, et reporta ses regards vers le ciel.

CHANT II.

O vous qui, jusqu'à cette heure, avez suivi mon vaisseau sur un frêle esquif, curieux d'entendre les chants que je sème sur ma route, retournez vers les rivages d'où vous êtes partis. Ne vous hasardez pas sur la haute mer, où vous pourriez, en perdant ma trace, vous perdre vous-mêmes. Car je vais prendre le large, et naviguer sur des eaux inexplorées. Minerve enfle ma voile. Apollon sera mon pilote et les Muses m'indiqueront l'étoile polaire.

Mais vous, âmes rares, qui avez aspiré de bonne heure au pain des anges, à cette nourriture divine dont l'homme vit ici et ne se rassasie jamais, c'est à vous de pousser votre nef en pleine mer. Vous le pouvez en vous plaçant dans mon sillage, avant que les eaux fendues par ma proue ne se referment. Vous allez être plus émerveillés que ne le furent les Argonautes[2], lorsque, abordés à Colchos, ces fameux navigateurs virent Jason leur chef semer les dents du dragon.

[1] L'âme tend à s'élever vers les cieux par un instinct divin que combattent les appétits grossiers. Mais ce qu'il fallait expliquer, c'est qu'un homme vivant puisse s'élever au-dessus de corps plus légers que lui. La réponse de Béatrix est-elle bien satisfaisante ?

[2] La toison d'or, objet du voyage des Argonautes, était gardée par des taureaux vomissant des flammes, et par un dragon dont les dents furent semées par Jason, après qu'il eut triomphé de ces obstacles. Quelques mythologues disent que les dents semées par Jason provenaient du dragon tué par Cadmus en Béotie, et qu'elles avaient été données par Minerve à Aétès, roi de Colchide. Le poète qui, dans son pèlerinage, aspire au pain des anges, se compare à Jason Bifolco, moins à Jason conquérant la toison d'or, qu'à Jason fertilisant le sol.

Excités par la soif du royaume de Dieu innée dans l'homme et inextinguible, nous étions emportés avec une rapidité presque égale à celle du mouvement du ciel. Béatrix regardait en haut, et mes yeux ne la quittaient pas. En moins de temps qu'il n'en faut pour poser sur l'arc un trait qui vole chassé par la corde, je m'élevai dans une région, où un phénomène merveilleux attira mes regards, et celle à qui mes moindres mouvements ne pouvaient échapper, me dit en tournant vers moi son beau visage, où brillait une joie sereine : « Elève à Dieu ton âme reconnaissante. Sa grâce nous a fait entrer dans la première sphère[1]. »

Il me semblait que nous étions couverts d'un nuage transparent et poli, quoique épais et solide, pareil à un diamant frappé des feux du soleil. Cette substance inaltérable nous reçut dans son sein, comme l'eau reçoit, sans se diviser, un rayon de lumière. J'étais un corps. Deux corps ne peuvent se pénétrer, sans qu'une de leurs dimensions n'en admette une autre, chose qui ne peut ici-bas se concevoir, et qui devrait nous enflammer d'un plus vif désir d'arriver jusqu'à l'Etre en qui se manifeste le mystère de l'union de Dieu avec la nature humaine. Là se découvrira, non par démonstration, mais avec l'évidence des premiers principes que tout homme est forcé d'admettre, ce que nous croyons aujourd'hui par la foi.

Béatrix ayant dit ce peu de mots : « Madame, répondis-je, je rends grâce de toutes les forces de mon âme au Dieu tout-puissant, qui m'a tiré du séjour des mortels. Mais, dites-moi, qu'est-ce que ces points obscurs qui, de la terre, paraissent comme des taches dans la lune? Les hommes croient y voir Caïn portant un fagot d'épines[2]. »

Elle sourit quelques instants et reprit en ces termes : « Si les hommes se trompent sur les choses inaccessibles à leurs sens, cela désormais ne doit pas te surprendre; car tu vois ici combien

[1] Cette première sphère est la lune, où ils se sont élevés, après avoir traversé la région du feu.

[2] Voir une autre allusion à cette croyance populaire au 20e chant de l'Enfer.

la raison, lorsqu'elle prend les sens pour seul guide, est faible à leur suite et caduque. Mais avant de t'expliquer ce phénomène, je veux savoir ce que tu en penses. »

— « Il me semble, lui dis-je, que les corps célestes offrent cette variété d'apparences, selon qu'ils sont denses ou rares. »

— « Erreur ! me répondit-elle ; tu sentiras que tu es dans le faux, si tu prêtes une oreille attentive à ma réfutation. La huitième sphère[1] est parsemée d'une multitude d'étoiles, flambeaux d'aspects divers, qui diffèrent entre eux par la quantité et la qualité. Si la disparité de ces corps provenait seulement de ce qu'ils sont denses ou rares, il est clair qu'une seule vertu existerait en eux tous, avec une influence plus ou moins grande, ou égale, car des vertus diverses émanent de principes différents, et ces principes, ton hypothèse les supprime, hormis un seul.

« D'ailleurs, si ces parties obscures n'étaient que les endroits où le corps lunaire est raréfié, il faudrait de deux choses l'une : ou qu'il y eût là d'outre en outre une perte de substance, ou que la planète offrît dans sa masse quelque différence réelle ou spécifique, comme les parties molles et solides se distinguent dans les

[1] La 8e sphère est celle des étoiles fixes, au-delà de laquelle il n'y a plus que le *premier mobile* et l'Empyrée. Les sept premières sont les planètes, comprenant le soleil, suivant le système de Ptolémée, qui met la terre, comme un point fixe, au centre de la création et fait rouler autour d'elle la Lune, Mercure, Vénus, le Soleil, Mars, Jupiter et Saturne. Dante a suivi cet ordre.

On expliquait les taches de la lune en supposant des différences de densité dans certaines parties du corps lunaire. Dante réfute victorieusement cette explication par les lois de la physique ; mais, au lieu de demander à la science la cause vraie ou plausible de ce phénomène, il en donne une raison théologique excellente pour la foi, peu satisfaisante pour l'esprit : « Dieu, dit-il, a transmis de sphère en sphère des vertus diverses aux différentes parties des corps célestes. « *Virtu diversa fa diversa lega.* »

Milton, dans son *Paradis perdu*, a donné d'autres explications physiques des taches de la lune : « Ce sont, dit-il, des amas de vapeurs non purgées encore, ni assimilées à la substance de cette planète, qui est alimentée par l'air, comme celui-ci l'est par la mer, et ainsi de suite, l'élément le plus grossier nourrissant toujours le plus pur (Chant 5, vers 4 et 5 et suiv.).

Milton dit ailleurs que ces taches sont des nuages qui se résolvent en pluie, pour féconder le sol de la lune, et nourrir ses habitants (Chant 8, vers 145).

La physique nous enseigne aujourd'hui que la surface de la lune est parsemée de montagnes très hautes, leurs ombres projetées sur les plaines y forment des taches noires, qui varient de longueur avec la position du soleil.

corps organisés, s'il y avait perte de substance, on le verrait bien dans les éclipses de soleil. Les parties claires et transparentes de la lune donneraient passage au rayon lumineux ; ce qui n'a pas lieu comme l'expérience le prouve. Si au contraire (examinons encore ce point, pour ne laisser aucun refuge à ton erreur), si la partie raréfiée n'est pas un vide existant d'outre en outre, c'est qu'elle rencontre une limite, c'est-à-dire un corps dense lui faisant obstacle, et alors le rayon solaire ayant pénétré jusque-là doit rebondir, et sa clarté doit être réfléchie, comme on voit la couleur des objets réflétée par un verre que revêt une couche de plomb.

« Diras-tu que le rayon paraît là plus obscur que sur les autres points du disque réflecteur, parce qu'il se réfracte à une plus grande profondeur ?

« L'expérience, si tu as recours à cette vive et féconde source de tous les arts, lèvera dans ton esprit cette dernière objection.

« Place deux miroirs à certaine distance, et qu'un troisième plus éloigné soit mis entre les deux premiers, de manière à frapper aussi ta vue. Tourne-toi de ce côté, et qu'une lampe suspendue derrière toi, rayonne sur ces miroirs, de sorte que tous trois la réfléchissent et te la renvoient, tu verras alors que si, du point le plus éloigné, il t'arrive une moindre quantité de lumière, la splendeur du rayon n'en est pas moins la même.

« Maintenant que te voilà dépouillé de tes fausses idées, comme la cîme d'un mont frappé d'un soleil ardent se dépouille de son vêtement de neige et de froidure, je veux que la vérité entre dans ton âme avec des clartés si vives que tu sois ébloui et tremblant à son aspect.

« Au-dessous de l'Empyrée, le plus reculé des cieux, séjour immobile de la béatitude et de la paix éternelle, il est une sphère[1] qui roule dans l'espace, et dont la vertu donne l'être et la vie à tout ce qui est renfermé dans son orbite. Au-dessous est le huitième ciel que tant d'astres illuminent, et qui distribue cette vie à des êtres distincts de lui et qu'il environne. Les autres sphères ayant en soi des propriétés spéciales, les font servir à leurs fins, et les effets deviennent des causes. Ainsi sont pour

[1] C'est la 9e sphère, appelée le Premier Mobile.

ainsi dire échelonnés, comme tu le vois, ces organes de l'univers. Chacun emprunte au degré supérieur, et donne au degré qui le suit.

« Regarde-moi bien, et vois comme je pars de là pour atteindre la vérité que tu cherches. Tu pourras ensuite marcher seul, et suivre le gué.

« Il faut que les sphères célestes, comme le marteau sous la main du forgeron, reçoivent leurs mouvements et tiennent leurs vertus des célestes esprits. Le huitième ciel, où brillent les étoiles fixes, est mû par la Suprême Intelligence. Il en perçoit l'image. Elle lui imprime un sceau divin; et de même que l'âme humaine, sous sa périssable enveloppe, se coule dans nos membres, et y répand des vertus appropriées à leurs divers modes d'action ; par une merveille semblable, le grand Être, qui se meut dans son immense unité, multiplie et verse dans les astres les trésors de sa bonté. Il émane de lui des vertus diverses, qui s'attachent diversement aux précieux globes qu'elles vivifient. Elles y entrent comme la vie s'implante au cœur de l'homme. Radieuses de leur nature, comme le foyer dont elles jaillissent, ces vertus se mêlent à la substance des sphères, et y brillent comme la joie éclate dans les yeux des mortels. De là viennent, et non du contraste des parties denses et rares, les différences de clarté qui s'observent dans les corps célestes. Voilà le principe essentiel qui produit, suivant qu'il a plu à la Bonté Suprême, le clair et l'obscur. »

CHANT III.

L'astre charmant, qui avait autrefois enflammé mon cœur[1], Béatrix, m'ayant ainsi, par sa vive dialectique, découvert la vérité, guéri de mon erreur et de mes doutes, je voulais me

[1] Béatrix n'est pas, quoi qu'on ait pu dire, une froide personnification de la Théologie. Il est certain que Dante aima dès son enfance la fille de Folco Portinari. Ses premières poésies, comme on le voit dans la *Vita nuova*, n'eurent d'autre objet que cette jeune vierge, qui mourut à Florence à 24 ans, peu de temps après son père. Les circonstances de sa vie, qui ont trait à l'amour du

confesser vaincu. Je redressai la tête afin de rendre mon aveu plus distinct, lorsqu'une vision m'apparut et captiva mes regards avec tant de force que toute pensée d'aveu sortit de mon esprit.

Comme, en nous mirant dans un miroir poli et transparent, ou dans des eaux claires et tranquilles, dont le lit est peu profond, nous voyons nos images affaiblies qui se distinguent aussi peu que la perle au front mat et blanc d'une jeune fille; telles s'offrirent à moi les figures[1] de plusieurs personnes qui semblaient prêtes à parler, ce qui me jeta dans une erreur contraire[2] à celle de Narcisse, amoureux d'une Naïade; car dès que je les aperçus, je les pris pour des images reflétées par quelque miroir Je tournai les yeux pour savoir d'où elles venaient. Mais je ne vis rien, et je reportai ma vue sur le visage radieux de mon aimable guide. Ses regards étincelaient. Elle me dit en souriant : « Ne t'étonne pas de me voir sourire à chacune de tes méprises. Tu juges des choses comme un enfant, qui ne marche pas encore d'un pied ferme dans la voie de la vérité et que son faible jugement égare dans le vide. Ce que tu prends pour de vaines images est réel. Ce sont des religieuses à qui a été assignée la dernière place[3], parce qu'elles ont manqué à leur vœu. Ecoute-les donc, et crois leurs paroles qui ne sauraient te tromper; car elles émanent de la vraie lumière, qui fait ici leur joie et leur récompense. »

Je m'adressai à l'une de ces femmes, qui me paraissait la plus disposée à me répondre, et je lui parlai comme un homme qui, épris d'un trop violent désir, s'embarrasse dans l'expression de sa pensée : « Ame prédestinée, lui dis-je, vous qui, au sein de

poète, ont été décrites par lui avec trop de détails, pour n'être qu'un jeu de son imagination. Comment douter de son existence, lorsqu'elle même, au 30e chant du Purgatoire, parle du temps qu'elle a vécu sur la terre, du jour qui a dégagé son âme de son enveloppe charnelle, « *quando di carne a spirito era salita* », — de son corps mis au cercueil, « *mia carne sepolta* », — de ses os épars sur la terre, « *le belle membra in ch'io rinchiusa fu et che son terra sparte* ». Aucun doute n'est possible après des textes aussi formels.

[1] Les pâles clartés de la lune donnent aux Bienheureux qui y résident, des formes indécises comme sont les reflets produits par un verre transparent ou par une eau profonde.

[2] Narcisse avait pris son image pour un corps réel, et Dante prend ici le corps pour l'image, croyant voir dans un miroir les figures reflétées de personnes placées derrière lui.

[3] Suivant le système de Ptolémée, la lune est la sphère la plus éloignée de l'Empyrée, source de la lumière éternelle. Là sont reléguées *rilegate*, les âmes des Elus qui ont la moindre place au royaume des cieux.

la vie bienheureuse, ressentez des douceurs qu'il faut avoir goûtées pour les comprendre, soyez assez bonne pour me dire votre nom et pour m'apprendre, vous et vos compagnes, quel est votre sort. »

— « Ce désir est trop juste, me répondit-elle, pour qu'il soit repoussé. La charité qui nous anime est comme l'amour divin, qui veut transformer, s'assimiler en lui toute la cour sainte. Elle n'exclut personne.

« J'ai été dans le monde une fille de Sainte Claire. Regarde-moi bien, et rappelle tes souveuirs. Ce que j'ai de plus en beauté ne t'empêchera pas de reconnaître en moi la Piccarda[1]. Elevée comme ces femmes qui m'entourent au rang des Bienheureux, j'ai été envoyée dans cette planète, la moins rapide des sphères célestes[2] où, le désir de plaire à l'Esprit Saint étant la seule passion qui enflamme nos cœurs, nos sentiments suffisent à notre bonheur, au degré où nous les recevons de sa grâce. Cette condition, qui parait être bien inférieure, est devenue la nôtre, parce que nous avons manqué à notre vœu, rendu vain en partie par notre faiblesse. »

— « Il brille en vous, repris-je, un je ne sais quoi de divin, qui change votre aspect, et trouble les anciens souvenirs. Voilà pourquoi la mémoire m'a fait défaut. Mais aidée par ce qu'elle vient d'entendre elle retrouve maintenant aisément[3] vos traits. Mais dites-moi : heureuse dans ce lieu, ne désirez-vous pas vous élever plus haut, pour mieux voir Dieu, ou pour l'aimer davantage ? »

A ces mots, elles sourirent toutes entr'elles, et la Piccarda,

[1] Aussi belle que bonne, suivant l'expression de Forese (Purg 24), la Piccarda n'osa résister à Corso Donati, son autre frère, qui la tira de son couvent, et la rendit à la vie séculière. On ne sait dans quelle circonstance et à quelle fin. On voit seulement par les paroles que Dante lui prête ici qu'elle avait cédé à la violence, et que sa vie hors du cloître avait été sans tache.

[2] Dans le système qui fait de la terre le centre de l'univers, la lune, qui est la planète la plus voisine de notre globe, doit aussi se mouvoir plus lentement pour suivre du Levant au Couchant les autres astres dans leurs révolutions diverses.

[3] « Il m'est plus aisé de vous reconnaître. » Il y a dans le texte : « raffigurar m'è piu latino. » Le grec était plus difficile à entendre que le latin pour des italiens nourris dans cette dernière langue. De là cette expression bizarre de *latin*, synonime de *facile*, expression intraduisible.

d'un air joyeux et paraissant enflammée d'amour autant qu'on l'est au plus haut des cieux, me répondit ainsi : « Frère, nos désirs sont calmés par une vertu qui nous dispose à ne vouloir que ce que nous avons, sans aspirer à rien de plus. Ils sont réglés par la charité. Si nous désirions des demeures plus élevées, nous serions en désaccord avec la volonté suprême, qui nous a assigné celle-ci pour notre séjour ; et ce désaccord, comme tu le verras, est inconnu dans les sphères célestes, incompatible avec la charité qui doit y règner, si tu en scrutes la nature intime. Il est au contraire de l'essence du bonheur de se tenir dans les limites des divins décrets. Il faut que notre volonté ne fasse qu'une avec celle de Dieu. Aussi, l'ordre dans lequel nous sommes rangés sur les degrés de l'échelle mystique, plaît au royaume des Saints, comme au Roi des cieux lui-même, qui nous fait vouloir ce qu'il veut[1], et sa volonté est la paix de nos âmes, vaste océan où se verse incessamment ce qu'elle crée, ou ce qu'elle fait par les mains de la nature. »

Eclairé par ce discours, je connus bien alors que le Paradis est partout, dans les diverses régions du ciel, quoique le souverain bien ne se prodigue pas à tous les Elus, avec la même largesse[2]. Mais, semblable à un homme, dont l'appétit satisfait d'un mets, s'aiguise pour un autre, je remerciai en demandant et du geste et de la voix ; je voulus savoir de la sainte femme, quelle œuvre de religion elle avait laissée comme une toile inachevée.

— « Celle qui l'a fondée, me dit-elle, doit à sa perfection et à ses rares mérites une place plus haute dans le ciel. A son exemple, de pieuses filles prennent sur la terre l'habit et le voile, pour veiller et dormir jusqu'à la mort avec l'époux ; car il accepte, ce divin maître, tous les vœux qu'inspire à la charité le désir de lui plaire. J'ai, dès mes jeunes ans, fui le monde pour m'attacher à ce guide sûr. J'ai revêtu son habit austère, et j'ai fait vœu de suivre en tout temps sa voie. Arrachée du cloître, ma douce

[1] « Il y a différentes demeures dans la maison de mon Père. » (Saint Jean.) Les Élus jouissent de la part qui leur est faite par la justice et la bonté de Dieu. C'est cette jouissance pure et paisible qui caractérise le Paradis.

[2] Sainte Claire fut la première supérieure d'un ordre religieux de filles, fondé par saint François d'Assise, vers l'an 1212. Elle était elle-même de cette ville, où fut bâti le premier couvent de l'institut, du vivant de saint François. Elle donna son nom à son ordre.

retraite, par des hommes plus instruits au mal qu'à bien faire, je ne dois pas dire quelle a été ma vie depuis lors, Dieu la connaît.

« Il en est de même de la bienheureuse que tu vois à ma droite[1], et en qui se reflète la clarté de notre sphère. Elle peut s'appliquer ce que je dis ici de moi-même. Religieuse aussi, elle se vit dépouiller du saint voile qui lui ceignait le front. Elle rentra dans le monde à son grand regret de manquer ainsi à l'observance de sa règle, mais elle garda toujours le voile dans son cœur. C'est la grande Constance, la femme de Henri, second empereur de la maison de Souabe, la mère de Frédéric, troisième et dernier prince de cette maison, qui ait possédé l'Empire. »

Ayant dit ces mots, elle se mit à entonner l'*Ave Maria*. Elle s'éloignait en chantant, et finit par disparaître comme un objet qui tombe, et va sans être vu au fond de l'eau. Je la suivis des yeux autant qu'il fut possible, et l'ayant perdue de vue, je reportai toute mon attention sur Béatrix, objet plus cher de mes désirs. Mais il jaillissait de son visage des éclairs si enflammés, que je n'en pus d'abord supporter les étincelles, ce qui amortit un peu mon impatience de l'interroger.

CHANT IV.

Placé entre deux mets à égale distance de lui, et flattant également son goût, tout homme, libre de choisir, mourrait de faim avant de se décider pour l'un ou pour l'autre[2]. Entre deux loups

[1] Constance, fille de Roger, roi de Pouille et de Sicile, avait été religieuse à Palerme. Roger étant mort sans enfants mâles, Tancrède, un des princes normands, lui succéda au trône ; mais, comme il montrait peu de soumission au Saint-Siége, le pape Célestin III voulut faire revivre les droits de Constance, héritière légitime de Roger. Par ses ordres, l'évêque de Palerme alla lui-même la tirer du cloître, et le pape lui fit épouser en 1186, Henri VI, fils de l'empereur Barberousse.

[2] Voilà justement l'âne de Buridan, si connu dans l'école. Cette plaisante image des perplexités où jette la controverse, est ici ennoblie par le poète, qui semble l'avoir eue en vue lorsqu'il écrivait ces vers. Dante avait pu lire les ouvrages de Buridan, et même l'entendre, s'il est vrai qu'il vint à Paris, dans sa vieillesse. Buridan, reçu recteur de l'Académie de Paris, y avait professé avec éclat la scolastique avant 1320.

avides, qui le glaceraient d'une égale épouvante, un agneau resterait immobile; un limier entre deux cerfs, l'attirant également, ne pourrait que rester en place.

Si donc je demeurais en silence, au milieu des doutes qui partageaient mon esprit, il en devait être ainsi; je ne m'en loue ni ne m'en blâme. Je me taisais, mais mon désir se peignait ardent sur mon visage. Il parlait plus haut et plus distinctement que n'eût fait le discours.

— « Je vois, me dit Béatrix, (à l'exemple de Daniel, lorsque ce divin interprète expliqua le songe de Nabuchodonosor, et désarma sa colère injuste)[1], je vois que tu es travaillé d'un double désir, et de pensées qui se heurtent, sans pouvoir trouver d'issue.

« Tu argumentes ainsi contre ce qui vient de frapper ta vue. Comment, si la volonté n'a point failli, le fait d'une violence extérieure ôterait-il quelque chose à nos mérites? Faut-il admettre avec Platon (ce que semble confirmer ici le témoignage de mes yeux) que les âmes retournent vers les astres d'où elles sont sorties[2]? Voilà les questions qui se posent dans ton esprit, et te préoccupent au même degré. Je veux te les résoudre, m'attachant d'abord à la dernière, comme plus dangereuse pour la foi.

« Sache qu'à l'exception de Marie, tous les bienheureux ont leur place dans le même ciel, qui n'est pas autre pour les Séraphins, même les plus proches de Dieu, ni pour Moïse, ni pour

[1] Béatrix est ici comparée à Daniel. Comme lui, elle résout des doutes, et révèle de hautes vérités. On connaît le songe de la statue à la tête d'or et aux pieds d'argile; mais on ne sait pas assez que Nabuchodonosor, pour éprouver ses mages, avait feint d'oublier son rêve. Ils ne purent le lui rappeler, et le roi, irrité de leur ignorance ou de leur imposture, ordonna qu'ils fussent mis à mort. Daniel, non seulement rapporta le songe, mais l'expliqua d'une manière si satisfaisante qu'il fut nommé premier ministre. — Dante a puisé, dans ce récit de la Bible, une de ses plus belles conceptions (V. l'Enfer. C. 14e).

[2] Platon, dans le Timée, dit que l'Être Suprême, ayant semé des âmes dans les planètes, chargea les génies préposés à l'administration des astres, de les revêtir successivement de corps mortels. « Formez en particulier des êtres qui commandent aux autres animaux, et vous soient soumis. Qu'ils naissent par vos ordres, qu'ils croissent par vos bienfaits, et qu'après leur mort ils se réunissent à vous, et partagent votre bonheur. » — Les justes, ajoute Platon, continuant d'exposer la doctrine de Timée, iront dans le sein des astres jouir d'une félicité inaltérable (Voyage d'Anacharsis. Tom V). Il faut faire attention à ces mots du poète : *Qui si mostraron.* Constance et la Piccarda lui sont apparues dans la lune, mais leur résidence est ailleurs, dans l'Empyrée, séjour de tous les Élus.

Samuel, ni pour Jean-Baptiste ou Jean l'Evangéliste, que pour les âmes des Elus, qui viennent de t'apparaître. La durée de leur être est la même pour tous. Tous embellissent l'Empyrée, le plus élevé des cieux, où leurs délices ne diffèrent qu'en ce qu'ils ressentent plus ou moins le souffle du divin amour.

« Ceux que tu as vus[1] se sont montrés ici, non pour indiquer que cette planète leur est échue en partage, mais pour rendre, par le degré qu'elle occupe entre les sphères célestes, leur condition plus sensible.

« C'est en effet le langage qu'il faut vous parler, à vous qui ne savez rien transmettre à votre intelligence que par le canal des sens ; et voilà pourquoi les Saintes-Ecritures s'accommodent à votre faiblesse, donnant à Dieu des organes matériels quoiqu'elles entendent bien qu'il est un pur esprit. Voilà pourquoi l'Eglise vous représente sous des traits humains les archanges Gabriel et Michel, et cet ange qui rendit la vue au vieux Tobie[2].

« Ce que Timée nous expose sur la nature et la condition des âmes, à supposer que les paroles que lui prête Platon traduisent bien sa pensée, ne se rapporte pas à ce qui se voit dans cette planète ; car il dit (et tu as ici la preuve du contraire) que les âmes retournent à leurs étoiles, chacune à celle d'où elle est tombée, lorsque la nature a voulu former un homme.

« Mais peut-être que les paroles de ce philosophe ont un autre sens, une portée différente et digne d'une attention sérieuse. S'il entend qu'à ces astres[5] doive remonter l'honneur ou le blâme d'une influence bonne ou mauvaise, il se peut qu'à certain égard il ait touché juste. Mais, de ce principe mal compris, est née

[1] L'ange Raphaël indiqua au jeune Tobie le moyen de guérir la cécité de son père, en frottant ses yeux avec le fiel d'un poisson... *Tunc sumens Tobias de felle piscis, linivit oculos patris sui, statimque visum recepit.* (Tobie XI.)

[2] L'influence des astres sur notre monde physique et moral, admise généralement au moyen-âge, a donné lieu aux erreurs de l'astrologie judiciaire ; mais cette notion n'avait rien en soi de contraire à la foi catholique, puisque les vertus des corps célestes, comme Dante l'explique en maints passages, émanaient de la vertu du Très-Haut. Les païens, au lieu d'y voir des causes secondes, avaient attribué aux planètes un pouvoir propre, de là le polythéisme. — On ne saurait non plus accuser cette doctrine de renverser le fondement de la morale : les influences des astres, bonnes ou mauvaises, ne détruisent pas la liberté humaine. Dante se garde bien de leur rapporter l'honneur ou le blâme de nos actions. Il dit : *l'onor dell' influenzia e'l biasmo.*

jadis l'erreur de presque tout le genre humain, qui, prenant les astres pour des dieux, les a adorés sous les noms de Jupiter, de Mercure et de Mars.

« Quant à l'autre question, le doute est moins dangereux dans ses conséquences qui ne peuvent dans aucun cas te séparer de Béatrix[1]; car, loin d'être entaché du vice d'hérésie, l'opinion, qui trouve à redire à la justice qui nous est faite, suppose au moins la foi en Dieu, source de toute justice. Toutefois, comme cette vérité n'est pas au-dessus de l'intelligence humaine, je veux encore satisfaire ton désir, en te la rendant palpable.

« Si la violence consiste à contraindre celui qui ne s'y prête en aucune manière, ni Constance, ni Piccarda, n'ont pu s'excuser sur la violence. En effet, la volonté ne cède point, si elle ne veut céder ; elle est comme la flamme qui se tord mille fois et reparaît toujours sous la main qui cherche à l'étouffer. Mais pour peu qu'elle fléchisse, elle obéit à la force[2], et c'est ce qu'ont fait ces femmes vouées à la vie monastique, ayant pu retourner dans leurs saints asiles. Si leur volonté avait été aussi forte et aussi entière que celle de saint Laurent sur son brasier, ou celle de Mutius, tenant sa main, pour la punir, au-dessus des flammes, elles auraient repris d'elles-mêmes le chemin du cloître, d'où elles avaient été tirées malgré elles ; mais les exemples d'une telle force de volonté sont trop rares.

« Ceci réfute, si tu m'as bien compris, l'objection que t'a suggérée le sort de ces deux femmes, et qui t'aurait tourmenté plusieurs fois encore, sans cette explication. Mais je m'aperçois qu'une autre difficulté traverse ton esprit. Réduit à tes seules forces, tu t'arrêterais fatigué avant de franchir ce nouveau pas.

« Je t'ai assuré qu'une âme bienheureuse ne pouvait mentir, étant à la source même de l'éternelle vérité ; et la Piccarda t'a dit aussi que Constance, fidèle à son vœu, conserva toujours le voile

[1] Béatrix a existé : elle est bien la jeune fille que Dante a aimée; mais il a plu au poète de personnifier en elle la théologie dogmatique et morale.

[2] Obéir à la force implique une sorte de consentement, lorsqu'au lieu de résister, on cède à l'impulsion de la volonté. La volonté plie alors. Elle suit : *segue la forza.*

[3] Pourquoi, suivant la belle expression du poète, Mutius Scévola fut-il sévère à sa main : *alla sua man severo?* Pour la punir d'avoir trahi son dessein, en frappant le secrétaire, au lieu du Roi.

dans son cœur[1]. Véridiques toutes deux, comment sommes-nous en apparente contradiction ?

« Observe bien, mon frère, que pour fuir un péril, on fait souvent malgré soi ce qu'on devrait s'interdire. Alcméon[2] n'a-t-il pas jadis, obéissant à l'ombre de son père, Amphiaraüs, versé le sang de sa propre mère ? Pour ne pas manquer de pitié envers l'un, il fut pour l'autre impitoyable. Alors, songes-y bien, la force fait agir, mais la volonté s'y joint, et le mal commis est sans excuse. Absolument parlant, notre volonté ne consent pas à la faute ; mais nous y consentons en tant que nous craignons, si nous faisons un pas en arrière, qu'il nous arrive plus grand mal. Or, pour ce qui regarde Constance, elle n'a eu, suivant la Piccarda que la volonté générale d'observer son vœu, et suivant moi, elle devait le vouloir d'une manière spéciale et efficace, deux choses qui sont vraies en même temps ! »

Ainsi jaillit jusqu'à mes lèvres l'eau sainte de la vérité. Je bus à la coupe qu'alimente la source éternelle du vrai. Mon double désir était satisfait.

— « O vous ! lui dis-je, sainte femme aimée de Dieu, principe de tout amour, vous dont les paroles échauffent et avivent mon cœur ! je ne sens pas en moi d'assez riches trésors de tendresse pour vous rendre bien pour bien. Que l'être bon, qui voit tout et peut tout, daigne se charger d'acquitter ma dette. Je vois bien que l'esprit humain, affamé de science, n'est jamais rassasié que de la vérité suprême, hors de laquelle il n'y a rien de vrai sous les cieux. Parvenu jusqu'à la cîme du mont, il s'y repose, comme l'aigle dans son aire, et sans doute il peut y atteindre, autrement

[1] Si Constance, tirée du cloître, a toujours gardé le voile dans son cœur, comment a-t-elle failli à son vœu ? En se réduisant à une profession tout intérieure, elle a en quelque sorte accepté la situation irrégulière que la contrainte lui avait faite. Elle a commis une faute par la crainte d'un plus grand mal.

[2] Alcméon aussi, pour ne pas être en faute vis-à-vis de son père, qui lui ordonnait un meurtre, commit un crime en tuant sa mère. Eryphile avait découvert à Polynice, pour un collier d'or, le lieu où son mari Amphiaraüs s'était retiré, pour ne pas aller au siège de Thèbes. Il fut alors obligé de se joindre aux autres chefs, et périt sous les murs de Thèbes, englouti dans le sein de la terre avec son char. Le devin Amphiaraüs, sachant le sort qui l'attendait, avait donné à son fils, en partant, l'ordre de punir par la mort sa déloyale épouse.

le désir de connaître, qui est en nous, serait frustré de sa fin. Ce désir fait naître le doute[1], qui croît au pied de la montagne, et qui tend par sa nature à s'élever toujours, de cîme en cîme, jusqu'à ce qu'il en ait atteint le sommet. C'est ce qui me porte et m'encourage, ombre sainte, à vous adresser respectueusement une autre demande, afin d'éclaircir un point qui reste obscur à mes yeux. Veuillez me dire si l'homme qui a rompu son vœu, a le moyen de satisfaire à la justice divine, par des œuvres équivalentes. »

Comme j'achevais ces mots, Béatrix jeta sur moi des regards étincelants d'amour, et brillants d'un éclat si divin que, sentant ma force m'abandonner, je baissai les yeux tout éperdu.

CHANT V.

— « Si mes regards, embrasés d'un amour tel qu'on n'en voit pas sur la terre, ont des flammes que tes faibles yeux ne peuvent supporter, ne sois pas surpris de cette ardeur ; elle a pour cause le don de vue parfaite qui nous distingue[2]. Par là, nous approuvons le souverain bien, et nos cœurs s'élancent vers lui. Je lis dans ton âme ; j'y vois briller un rayon de la lumière increéée, qu'on ne peut voir sans l'aimer toujours. Et que sont les autres objets de vos affections terrestres, qu'un vestige effacé de cette lumière épandue sur notre globe ? Tu veux savoir si l'on peut se racheter d'un vœu rompu par d'autres services, qui mettent l'âme en sûreté de conscience. »

Ces paroles de Béatrix, par lesquelles j'ouvre ce nouveau chant, commencèrent un discours qu'elle continua dans son zèle

[1] Ce doute, qui naît comme un scion auprès de la vérité, ce doute qui devient ainsi le germe d'une vérité plus haute, n'a-t-il pas quelque affinité avec le doute de Descartes, d'où part ce philosophe, pour arriver à la certitude.

[2] Par ce don de vue parfaite, Béatrix avait connu la pensée de Dante, avant qu'elle ne lui fût manifestée. Elle répond à sa question ; mais elle aurait pu la prévenir.

inspiré, comme un homme qui parle sans s'interrompre : « Dieu, en créant les hommes, ne leur a fait dans sa magnificence, aucun don, ni plus grand, ni plus conforme à sa bonté, ni plus précieux à ses propres yeux, que le don du libre arbitre, attribut exclusif de toutes les créatures intelligentes. Or, tu peux estimer, sur ce pied, la haute valeur d'un vœu consenti par l'homme et approuvé par Dieu. En effet, dans ce pacte entre Dieu et l'homme, celui-ci a immolé son libre arbitre[1], victime précieuse, et offerte par ses propres mains, que peut-il donc être donné en échange ? En pensant faire un bon usage de ce qui n'est plus à toi, puisque tu l'as offert, c'est comme si tu voulais, par un bon emploi, légitimer un bien mal acquis.

« Te voilà éclairé sur le point capital ; mais, comme en cette matière, l'Eglise accorde des dispenses, ce qui paraît contraire à la doctrine que je viens de t'exposer, attends un peu, et fais comme le convive qui reste quelque temps à table, après avoir pris un aliment dur à digérer. Ouvre l'oreille aux vérités que je te révèle ; que mes paroles arrivent à ton esprit, et s'y arrêtent. Avoir appris sans retenir ne fait pas la science[2].

« Le sacrifice du libre arbitre, que comporte un vœu quelconque, se compose de deux choses essentielles, savoir : de la matière même du sacrifice, et du *pacte* qui nous oblige. Quant à celui-ci, rien n'en saurait délier que l'exécution même. C'est de lui qu'il est parlé ci-dessus, en termes si précis. Aussi chez les Hébreux, quoique certaines choses vouées au Seigneur, pussent être remplacées par d'autres, comme tu dois l'avoir lu[3], une offrande n'en était pas moins nécessaire à l'accomplissement du vœu.

« A l'égard de ce qui fait *la matière* du sacrifice, l'objet peut être de ceux qui admettent sans péché des équivalents. Mais qu'on

[1] Faire un vœu, c'est aliéner en quelque point sa liberté, en faire le sacrifice, l'immoler à Dieu, comme a dit le poète. Manquer à son vœu, c'est reprendre un bien donné ; mauvaise acquisition, que ne légitime point le bon usage. Constance et la Piccarda ne sont donc point entièrement disculpées par leur bonne conduite à la sortie du cloître.

[2] *Nil scimus, nisi quod memoria tenemus.* (Cicéron.)

[3] Celui qui a voué sa maison ou son champ au Seigneur pourra les racheter au prix de l'estimation, et en payant un cinquième en sus. (Lévit, 27.)

Dante nous apprend que l'usage de l'Eglise était de demander six pour quatre, c'est-à-dire moitié en sus de la valeur de la chose promise.

se garde bien de substituer à son gré un fardeau à l'autre, sans la permission de celui qui porte les deux clés[1]. Lui seul peut autoriser ces échanges, dont la première condition (si tu ne veux faire une chose vaine) est que la chose substituée surpasse de moitié la première. Si donc un objet pèse tant qu'il doive toujours emporter la balance, il est clair que rien ne saurait être offert en sa place.

« Mortels, ne vous jouez pas d'un vœu. Soyez-y fidèles ; mais ne vous engagez pas en aveugles, comme fit Jephté[2] par son imprudente offrande ; malheureux père, qui devait plutôt rétracter son vœu et dire : « J'ai péché », que d'aggraver une première faute, en exécutant sa promesse ! Non moins insensé, le chef de toute la Grèce, qui fit pleurer à Iphigénie le sacrifice de sa beauté, et la rendit un objet de pitié pour tous ceux qui ont ouï parler d'un culte aussi barbare.

[1] En tout cas, le pape, chef de l'Eglise, a un plein pouvoir d'appréciation. Il en était autrement dans l'ancienne loi, qui spécifiait plusieurs sortes de vœux, dont on ne pouvait se racheter. Si l'on donnait alors autre chose que la chose vouée, toutes deux étaient consacrées au Seigneur, « *et ipsum quod mutatum est, et illud pro quo mutatum est, conservatum est Domino.* »

[2] L'ancienne loi, prise à la lettre, semble avoir commandé le sacrifice de la fille de Jephté. Si elle n'avait été que vouée au Seigneur, elle aurait pu être rachetée par 30 sicles d'argent.

« *Homo qui votum fecerit et spoponderit Domino animam suam, sub estimatione dabit pretium. Si fuerit mulier, dabit trigenta siclos argenti.* » Mais elle avait été consacrée au Seigneur d'après la loi de Moïse, elle devait mourir. « *Morte morietur.* » Voici le passage du Lévitique : « *Omne quod Domino conservatur sive homo fuerit, sive animal, sive ager, non vendetur, nec redimi poterit. Quidquid semel erit conservatum, sanctum sanctorum erit Domino, et omnis consecratio quæ offertur ab homine non redimetur ; sed morte morietur.* » (Lévitique, 17).

Suivant quelques interprètes, le vœu de Jephté consistait à consacrer sa fille au service du Tabernacle dans une perpétuelle virginité. Mais cette version, contraire à la tradition reçue, est repoussée par le texte sacré : « Le premier que je verrai sortir de ma maison, et venir à ma rencontre, lorsque je reviendrai vainqueur des Annamites, je l'offrirai en holocauste au Seigneur. » — « *Eum holocaustum offeram Domino.* » Or on sait ce qu'il faut entendre par holocauste ; c'est une entière consommation de l'hostie. Les rites sont décrits soigneusement au Lévitique. Il est vrai que parmi ces rites, on ne trouve rien d'applicable aux victimes humaines ; mais le principe est posé dans le passage cité plus haut. Tout ce qui est consacré au Seigneur, homme, bête ou champ, ne peut être vendu ni racheté. Tout objet consacré sera mis à mort : « *Morte morietur.* »

Dante condamne ici Jephté doublement coupable d'avoir fait un pareil vœu, et de l'avoir accompli, comme Fénelon, depuis, a réprouvé, dans son touchant épisode d'Idoménée, les sacrifices humains, commandés par la religion du serment dans l'antiquité païenne. Tous deux jugeaient la question au point de vue chrétien.

« Vous chrétiens, soyez plus graves, sans voler, comme la plume à tout vent, sans croire qu'il n'est point de tache qui ne se lave. Vous avez, pour assurer votre salut, les Saintes Ecritures et l'Evangile, avec le pasteur de l'Eglise pour guide. Que ces secours vous suffisent; contre l'aiguillon de la concupiscence, montrez-vous des hommes, et non des brutes si privées de raison, que le juif maudit puisse rire de vous au milieu de vous[1]. Ne faites pas comme l'agneau qui, dans sa simplicité, bondit loin de sa mère, et se prive de son lait, se faisant tort à lui-même par caprice, et de gaîté de cœur. »

Ainsi parla Béatrix. Après ce discours, je la vis, tout enflammée de désirs, se tourner vers la région du ciel, qui s'éclaire des premiers feux du jour. Radieuse de bonheur, elle se transfigurait[2]. Je n'osai troubler cette extase, en lui adressant les nouvelles questions qui se pressaient dans mon esprit.

Aussi rapides qu'une flèche qui touche le but, avant que l'arc ait cessé de vibrer, nous fûmes lancés dans la seconde sphère[3], où ma sainte compagne rayonna d'une telle joie, en entrant dans ce séjour lumineux, qu'elle le rendit plus lumineux encore. Si l'astre changea d'aspect, et parut sourire à son abord, que devins-je, moi qui suis, dans ma condition mortelle, sujet à des changements si divers!

Comme on voit des poissons, glissant sous les eaux claires et paisibles d'un vivier, courir à tout ce qui vient du dehors, et leur paraît être une pâture : telle je vis s'avancer en foule vers nous des lumières splendides, et du sein de chacune sortait ce cri : « Voici l'homme qui accroîtra les feux de notre amour[4]. » Et, à mesure que ces clartés s'approchaient, je reconnus que

[1] Les Juifs, au moyen-âge, se moquaient des chrétiens, qui croyaient se racheter de leur débauche par quelque vœu de pèlerinage, ou de fondation pieuse.

[2] On verra toujours Béatrix changer d'aspect et s'embellir en s'élevant d'une sphère à l'autre jusqu'à l'Empyrée.

[3] Cette seconde sphère est la planète de Mercure, habitée par ceux qui ont poursuivi les honneurs et la gloire, sans s'attacher assez au vrai bien; leur forme déliée s'efface dans des flots de lumière.

[4] La charité des Elus s'étend aux hommes restés sur la terre. Dante, si favorisé du ciel, devait être plus aimé de ces bienheureux à cause de la grâce divine, dont il est l'objet.

chacune d'elles était le rayonnement d'une âme, en qui brillait et débordait la joie céleste.

Lecteur, si je m'arrêtais ici, laissant mon récit commencé, quel besoin anxieux n'éprouverais-tu pas d'en savoir davantage? Juge par là quel fut mon désir d'apprendre de ces âmes, dès que je pus les distinguer, quelle était leur condition dans cette autre demeure.

— « O toi que la grâce favorise, puisqu'il t'est donné de voir ces degrés du trône éternel, et de contempler la splendeur du triomphe, avant la fin du combat, sache que la lumière divine, qui est partout répandue à travers les cieux, nous pénètre et nous échauffe; tu peux donc, à ce flambeau, t'éclairer auprès de nous autant que tu le désires. »

A ces paroles, qui m'étaient adressées par un des pieux esprits[1], Béatrix ajouta vivement : « Parle, parle avec assurance; ouvre l'oreille, et crois-le comme il faut croire les Saints du ciel. »

— « Je vois bien, dis-je, en me tournant vers l'esprit lumineux d'où était sortie la voix, je vois bien, âme glorieuse, que tu te baignes dans ta propre lumière, et que celle-ci émane de tes yeux, puisqu'au moment où ils brillent, elle resplendit davantage : mais je ne sais qui tu es, ni pourquoi tu habites la planète de Mercure, dont les feux pâlissent devant la splendeur du roi des astres. »

L'âme sainte parut à ces mots s'embraser d'une nouvelle ardeur. Telle que le soleil, dont la face disparaît dans un océan de feu, lorsque la chaleur du jour a dissipé les vapeurs qui dessinaient son globe, en le rendant moins radieux, la forme déliée que j'avais bien distinguée s'effaça dans son auréole devenue plus brillante. Une sainte joie l'avait ainsi voilée de sa splendeur même. Elle me répondit comme on le verra dans le chant suivant.

[1] L'Empereur Justinien.

CHANT VI.

« Après qu'à la voix de Constantin, l'aigle eut repris son essor vers les contrées d'où il était parti jadis avec le prince troyen, conquérant du Latium et de Lavinie; l'oiseau divin arrêta son vol aux confins de l'Europe, et demeura plus de deux siècles[1] non loin des monts fameux[2] qui avaient été son premier séjour. Là, couvrant de ses ailes sacrées les maîtres du monde, il tint l'empire, et le fit passer de main en main jusque dans les miennes[3]. Je fus un des Césars ; tu vois en moi Justinien[4], dont Dieu a voulu se servir pour retrancher des lois un luxe inutile.

« Avant que j'eusse mis la main à cette œuvre, je ne voyais en Jésus-Christ qu'une seule nature[5]. Mon âme se reposait dans cette croyance, et j'aurais gardé mon erreur, si le saint Pape Agapet, venu de Rome dans la capitale de l'Empire, n'avait rectifié ma foi, en m'enseignant la vraie doctrine. Je crus à ses paroles, dont la vérité m'apparaît aujourd'hui aussi clairement qu'il est évident pour toi qu'entre deux propositions contraires, l'une doit être fausse et l'autre vraie. Ramené ainsi dans les

[1] Constantin transféra l'Empire à Byzance, où il fit son entrée en 324, et Justinien demeura seul maître de l'Empire, après la mort de Justin, en 527. Il y a donc entre ces deux époques un intervalle de plus de deux siècles, si l'on prend pour point de départ l'entrée de l'Empereur à Byzance, et non la dédicace de Constantinople, nouveau siège de l'Empire, laquelle n'eut lieu qu'en 330.

[2] Byzance, ville d'Europe, à l'extrémité de la Thrace, n'était séparée que par le Bosphore de la Bythinie en Asie Mineure. La Bythinie touche à la Mysie qui renferme la Troade. Là se trouvent le mont Ida et le mont Olympe, chantés par Homère.

[3] De Constantin à Justinien, on compte quinze empereurs dans un espace de 221 ans.

[4] Le code de Justinien résume dans un seul corps de lois, les codes Grégorien, Théodosien et Hermogénien. Dans le Digeste, on trouve, classés en 50 livres, des extraits des décisions et avis de jurisconsultes, qui étaient épars dans un nombre considérable de volumes. Tribonien eut la plus grande part à ces travaux, ainsi qu'à la rédaction des Novelles et des Institutes.

[5] C'est l'hérésie d'Eutychès, qui méconnaissait la double nature de Jésus-Christ. Cette opinion fut condamnée au 2e concile de Constantinople, lorsque déjà Justinien en avait reconnu l'erreur, éclairé par le pape Agapet, qui était venu de Rome, en 536, pour défendre auprès de l'Empereur, Théodat, roi des Goths.

sentiers de l'Eglise, je conçus la pensée (Dieu me fit la grâce de me l'inspirer[1]) d'entreprendre la réforme des lois, et je m'y appliquai tout entier.

« J'avais remis à Bélisaire[2] le commandement de mes armées, et la droite du Très-Haut fut toujours avec lui comme pour montrer que je devais me reposer sur lui des soins de la guerre.

« Ici devait se borner ma réponse à la première question. Mais le sujet m'entraîne, et j'ajouterai quelques développements pour te faire voir comme ils attaquent l'étendard sacré de l'Empire, ceux qui s'emparent de l'aigle pour eux-mêmes, et ceux qui lui font une guerre ouverte[3].

« Admire quelle a été la vertu de cette enseigne glorieuse si digne de nos respects, depuis le jour où le jeune Pallas[4] lui prépara par sa mort la conquête du monde.

« Tu sais que, pendant plus de trois siècles[5], elle flotta sur les murs d'Albe, qui la perdit enfin, après avoir opposé trois de ses guerriers à trois guerriers de Rome naissante. Tu sais que, sous les sept rois, qui tinrent le sceptre entre l'enlèvement des Sabines et la mort tragique de Lucrèce, elle ne cessa de conduire les Romains à la victoire, et de leur asservir les peuples qui les entouraient. Tu sais quels illustres capitaines la déployèrent contre Brennus le gaulois, et contre Pyrrhus roi d'Epire[6], et

[1] Justinien en rapporte, en effet, la gloire à Dieu dans des lettres placées en tête de ses compilations. Celle qui précède les Institutes, est mise sous l'invocation de Jésus-Christ. Le code commence par un titre sur la Très Sainte Trinité, et sur la foi catholique.

[2] Bélisaire reprit sur Gélimer en 534, Carthage, occupée depuis 100 ans par les Barbares. Il vainquit plusieurs fois les Goths d'Italie, et chassa de Rome leur roi Totila. En Orient, il remporta de grandes victoires sur les Perses.

[3] Dante, supérieur aux factions qui déchiraient l'Italie, n'était ni guelfe, ni gibelin. Il reconnaissait deux pouvoirs institués par Dieu pour le gouvernement du monde : l'Empire et la Papauté.

[4] La mort de Pallas, fils d'Evandre, fut vengée par Enée, vainqueur de Turnus, et hâta la conquête du Latium. Rome fut bâtie ensuite aux mêmes lieux où Evandre, venu de l'Arcadie, avait fondé sur le mont Palatin, la ville de Pallantée.

[5] On compte 14 rois d'Albe, avant la fondation de Rome.

[6] Après la bataille d'Allia, gagnée par Brennus sur les Romains, c'en était fait de Rome, si Camille, rappelé de l'exil et nommé dictateur, n'avait taillé en pièces l'armée des Gaulois.

Pyrrhus, appelé en Italie par les Tarentins, s'avança jusqu'aux portes de Rome; mais il fut vaincu par Manius Curius, qui le força de retourner en Epire.

contre cent chefs de nations belliqueuses, dont la défaite valut à Torquatus, à Cincinnatus de glorieux surnoms, et aux Décius, aux Fabius[1] une gloire immortelle. Lorsqu'une armée d'Africains, parvenue jusqu'aux sources du Pô, dans les Alpes, franchit ces monts à la suite d'Annibal, Rome leur opposa son aigle invincible, qui confondit leur orgueil. On le vit ensuite voler, avec Scipion, avec Pompée jeune encore, à de nouveaux triomphes; et puis, fondant sur cette colline, au pied de laquelle tu es né, châtier Fiésole[2].

« A l'approche des temps marqués, où la paix devait être donnée au monde, à l'image de celle qui règne dans les cieux, Rome elle-même remit l'aigle avec l'Empire[3] aux mains de César.

« Quel fut alors son essor depuis le Var jusqu'au Rhin, c'est à l'Isère, à la Saône, à la Seine, qui en furent les témoins à le dire. C'est aux vallées, qui portent leurs eaux dans le Rhône, à publier sa gloire. Son vol, depuis le moment où il s'élança de Ravenne et passa le Rubicon, fut si rapide qu'il n'est point de plume, ni de langue humaine, capable de le suivre.

« Il court en Espagne avec César. Un revirement soudain le porte à Durazzo, puis dans les champs de Pharsale, où il frappe un coup qui retentit jusqu'aux rivages brûlants du Nil. Il revoit Antandros[4], et le Simoïs d'où il était parti. Il revoit le tombeau

[1] On sait que le Capitole fut sauvé d'une surprise nocturne par le cri des oies. Manlius Torquatus culbuta les Gaulois qui allaient s'en emparer. Cincinnatus, tiré de la charrue pour être élevé à la dictature, vainquit les Eques. Décius, dans la guerre du Latium se dévoua aux dieux mânes, et se jeta au milieu des ennemis pour assurer aux Romains la victoire. Fabius eut la gloire d'arrêter Annibal.

[2] Le poète se borne à une simple allusion : « L'aigle plane terrible sur cette colline au pied de laquelle tu es né. » — Ce texte a besoin d'être éclairci par l'histoire : Florence, patrie de Dante, est bâtie au pied d'une montagne, où s'élevait l'ancienne Fiésole. Catilina, cerné dans cette position, comme il se préparait à passer dans la Gaule Transalpine, voulut s'ouvrir un passage et livra bataille à Petrenis, lieutenant du consul Antonius. On connaît sa défaite et sa mort.

[3] César a pour lui les desseins de Dieu, et le vœu du peuple romain. Il faut rapprocher cette apologie de la damnation de Brutus, qu'on a vu plongé dans la Giudecca. (Enfer, 34.)

[4] Antandros, ville de la grande Phrygie, voisine de la Troade.

d'Hector[1], et malheur à Ptolomée[2], vers lequel il se retourne à tire d'ailes ! De l'Egypte il tombe, comme la foudre, sur Juba, roi de Numidie[3]. Rappelé en Espagne par la trompette guerrière, il reparaît terrible aux fils de Pompée.

« Ce qu'il fit ensuite avec le jeune Octave, Brutus et Cassius le savent, eux qui en rugissent de douleur au fond de l'Enfer[4]. Modène et Pérouse[5] le savent et en gémissent. Lasse de le fuir en vain, la triste Cléopâtre, qui en pleure encore, ne put lui échapper que par une mort prompte et cruelle[6]. Avec Octave, il vola jusqu'aux bords de la mer Rouge. Avec Octave, il donna la paix au monde, et fit fermer le temple de Janus.

« Mais voici qu'aux mains de Tibère, cette enseigne triomphante, sous laquelle avaient été faites déjà, et devaient s'accomplir de si grandes choses dans le royaume temporel qui lui appartient, s'amoindrit et perd son lustre, aux yeux de quiconque sait voir et sentir[7] ; car il ne tint qu'à cet empereur d'être l'instrument de la justice divine, et l'exécuteur glorieux de ses vengeances. Or, admire ici ce que je vais ajouter : Dieu avait

[1] De Pharsale, César alla par mer en Egypte à la poursuite de Pompée. Il côtoya la Thrace et l'Asie-Mineure. Lucain rapporte en beaux vers que, non content de saluer en passant les lieux illustrés par le chantre d'Ilion, César voulut fouler cette terre sacrée, et que, comme il marchait dans les hautes herbes, après avoir traversé, sans le savoir, le lit du Xanthe desséché, un pâtre lui cria de respecter les cendres d'Hector. « *Hectoreas non respicis aras !* » (Pharsale, 9-24).

[2] Ptolomée, frère de Cléopâtre, avait envoyé à César la tête de Pompée ; mais à l'arrivée du dictateur à Alexandrie, il lui dressa des embûches, et périt victime de cette seconde perfidie ; il se noya dans le Nil.

[3] Après la défaite de Tapsos, Juba se donna la mort. Des deux fils de Pompée, l'un fut défait et tué en Espagne, dans une bataille où César courut lui-même le plus grand danger. L'autre, nommé Sextus, arma des pirates, et se rendit maître de la Sicile. Un traité de paix avec Auguste et Antoine lui donna la Sicile ; mais ayant repris les armes, il fut vaincu et mis à mort par les ordres d'Antoine.

[4] Dante n'a pas un regret pour les vaincus de Philippe ; mais il a épargné le vaincu de Pharsale. S'il damne Brutus et Cassius, il se tait sur Pompée, qu'on ne trouve pas dans les Limbes, avec les grands personnages antérieurs à Jésus-Christ.

[5] Avant la bataille d'Actium, avant même le second triumvirat, Marc-Antoine et son frère Lucius avaient été défaits avec un grand carnage par Octave, l'un à Modène, l'autre près de Pérouse.

[6] Cléopâtre, poursuivie par Octave, après la bataille d'Actium se donna la mort en se faisant piquer au bras par un aspic.

[7] Jésus-Christ étant mort sous Tibère, cet empereur ne devait pas laisser à Titus l'honneur de châtier la ville déicide.

vengé sur son fils l'antique faute d'Adam et l'aigle romaine vole ensuite avec Titus pour venger Dieu de ses vengeurs[1].

« C'est encore sous ses fortes ailes que Charlemagne repousse les Lombards acharnés sur la sainte Eglise, et parvient à la délivrer de cette meute furieuse[2].

« Tu vois mainrenant ce qu'il faut penser de ceux que j'accusais tout à l'heure. Tu peux bien juger de leurs fautes, qui sont la cause de tous vos malheurs. L'aigle impériale, signe de la puissance publique, est attaquée doublement, et par ceux qui lui opposent les lys, et par ceux qui prétendent l'avoir pour eux seuls ; en sorte qu'on ne pourrait bien dire de quel côté sont les plus grands torts. Qu'ils cessent, les Gibelins, d'abriter leurs factions sous ce noble drapeau[3]; qui se sépare de la justice ne saurait marcher avec lui. Mais aussi que ce nouveau Charles[4], ne cherche point à l'abattre avec ses Guelfes ! Qu'il craigne des serres, qui ont déchiré des lions plus forts que lui. Souvent on a vu des fils pleurer pour les fautes de leurs pères. Que le fils de Charles d'Anjou ne se flatte pas que Dieu échange contre ses lys les armes du saint Empire.

« Dans cette planète sont réunies les âmes généreuses de ceux qui ont déployé leur activité pour acquérir des honneurs et de la gloire. En aspirant à ce but, sur la terre, on s'écarte du vrai bien, et l'âme a nécessairement des aspirations moins hautes vers le foyer du divin amour ; mais ici il est un plaisir qui fait partie du bonheur des Elus, celui de comparer le salaire aux services et de reconnaître que la récompense n'est pas moindre ni plus grande que le mérite[5]. Aussi nos âmes, tempérées par la vue de l'éternelle justice, ne se ravalent jamais jusqu'à ressentir

[1] Pensée aussi haute que juste : les Juifs avaient vengé Dieu de la faute d'Adam, mais par un crime horrible et digne lui-même des vengeances célestes.

[2] Charlemagne, héritier de l'Empire, qu'il a rétabli 325 ans après la mort d'Augustule, devait clore ce magnifique tableau, où le vol de l'aigle trace, par une image soutenue, les différentes phases de la puissance romaine.

[3] L'impartialité de Dante se révèle surtout lorsqu'il gourmande les Gibelins vers qui sa théorie du pouvoir le faisait pencher.

[4] Charles II, dit le Boîteux, succéda à la couronne de Naples que son père avait reçue par investiture du pape, au préjudice des droits de l'Empereur.

[5] La jalousie des honneurs, qui tourmente les hommes sur la terre, se change dans le ciel en un plaisir sans trouble qui naît du juste rapport qu'on aperçoit entre le mérite et le salaire.

la basse et inique envie. De la diversité des voix naissent les doux accords. Il en est de même des sphères, qui sont pour les bienheureux comme les degrés de l'échelle musicale, où se produit une harmonie divine.

« Vois ici, parmi les âmes qui brillent dans cette perle des cieux[1], l'âme de Roméo[2], dont les grands et beaux services furent mal récompensés. Mal en prit aux Provençaux d'avoir tramé sa perte ; et, en vérité, qui tourne à mal le bien qu'on lui fait, est en mauvaise voie. Le comte Raymond Bérenger eut quatre filles, qui furent toutes mariées à des rois, et ce fut Roméo, un étranger de bas lieu, qui lui procura cet insigne honneur. Appelé ensuite, sur de faux rapports, à rendre compte de son office, ce ministre intègre établit que la fortune de son maître avait plus que doublé dans ses mains. Puis il s'en alla, pauvre et vieux ; et, si l'on savait tout ce qu'il lui fallait de courage pour tendre la main, et soutenir sa vie au jour le jour, le monde qui l'a en grande estime le louerait bien davantage. »

CHANT VII.

« Hosanna[3] ! Dieu des armées ! Dieu saint et resplendissant au-dessus des splendeurs de ces royaumes fortunés ! »

Ainsi chanta, en reprenant son mouvement circulaire, l'âme de

[1] Mercure.

[2] Ce Roméo paraît être Roméo de Villeneuve, qui fut ministre, connétable et grand sénéchal de Raymond Bérenger, comte de Provence. L'histoire n'en parle pas tout à fait comme la légende adoptée par notre poète. Il est certain que, par son entremise habile, les quatre filles de Raymond furent mariées à des rois, savoir, Marguerite de Provence à saint Louis, Eléonore à Henri III, roi d'Angleterre, Sanche, à Richard, son frère, élu empereur en 1256, et Béatrix, la quatrième, à Charles d'Anjou. Mais les historiens ne disent rien du commencement ni de la fin de cette faveur. On sait seulement qu'il mourut en Provence en 1250, seigneur de 22 villes ou bourgs ; ce qui est peu d'accord avec l'état de pauvreté que Dante lui prête dans les beaux vers qui terminent ce sixième chant.

[3] Ce chant commence par trois vers latins, qui ne paraissent appartenir à aucun hymne connu. *Hosanna,* interjection hébraïque ; *salvum fac. Sabaoth,* armées, Dieu des armées, un des dix noms que les Hébreux donnaient à l'Eternel ; *Malaoth,* royaumes.

Justinien, sur laquelle s'était répandue une double lumière[1]. Elle se joignit aux autres âmes, et toutes se mirent à danser, emportées soudain loin de moi, et se voilant sous une pluie de rapides étincelles.

J'avais des doutes encore[2], et je m'excitais à parler. Osons les dire, pensai-je, à ma sainte protectrice ; disons, disons hardiment nos doutes à celle dont la douce voix rafraîchit mon âme ; mais retenu par le respect profond que son nom seul, et la vertu de ces deux syllabes *Bice*[3] impriment à tout mon être, je laissai retomber ma tête, comme un homme qui cède au sommeil. Béatrix ne me souffrit pas longtemps dans cette attitude. Elle me gratifia d'un de ces sourires[4] qui rendraient un homme heureux au milieu des flammes. Puis elle me tint ce discours : « A mon avis, me dit-elle (et je suis sûre de ne pas me tromper), tu cherches dans ton esprit comment il se peut faire que l'instrument d'une juste vengeance ait été puni lui-même avec justice. Mais, j'aurai bientôt dissipé ce nuage. Ecoute seulement, et reçois comme un don ces paroles qui ont un grand sens.

« Celui qui n'est pas né de la femme, Adam, se damna lui-même et toute sa race, pour n'avoir pu souffrir un frein salutaire, imposé par le Créateur à sa volonté ; mal immense qui fut pour le genre humain, durant un long cours de siècles, une cause d'infirmité et d'erreur, jusqu'à ce qu'il plût à Dieu d'envoyer au monde son Verbe ; et le Verbe unit alors à sa divine personne, par un pur acte de son éternelle volonté, cette nature humaine, qui s'était éloignée de son Créateur.

« Maintenant relève la tête et fais attention à ceci : tant que l'homme fut attaché à son auteur, il garda sa nature propre, que Dieu avait faite simple et bonne. Mais elle déchut et devint mauvaise, lorsqu'il se bannit lui-même du paradis terrestre, ayant quitté la voie droite pour le chemin de l'erreur et de la mort. Si

[1] En Justinien, rayonnent l'amour et la charité dont Dieu et Dante sont les objets ; double cause de splendeur.

[2] Ces doutes lui venaient d'une parole de Justinien, rapportée dans le chant précédent : « Tibère aurait dû châtier les Juifs, et venger Dieu de ses vengeurs, tirer vengeance de la vengeance, *far vendetta della vendetta.* »

[3] Bice, abréviation de Béatrix.

[4] Les martyrs ont connu dans les supplices ce sourire ineffable de la beauté éternelle.

donc le supplice de la croix, souffert par le Fils de l'Homme, est considéré, par rapport à la nature humaine quc celui-ci avait revêtue, il n'y eut jamais de châtiment plus mérité[1] ; comme, eu égard à la personne qui le souffrit, dans les liens de sa nature mortelle, il n'y eut jamais de châtiment plus inique. De là vient que le même fait a pu, sous un double aspect, plaire aux Juifs et agréer à Dieu[2], ébranler la terre jusqu'en ses fondements, et ouvrir la porte du Ciel.

« Maintenant, quand tu entendras dire que d'une juste vengeance, il a été fait justice devant un autre tribunal, tu ne devras plus être choqué de cette apparente contradiction. Mais je suis le cours de tes pensées, je vois que ton esprit s'y embarrasse, et qu'il est pressé dans un défilé dont il lui tarde de sortir. Tu dis : Je comprends cela ; mais pourquoi Dieu a-t-il voulu employer ce moyen pour notre rédemption ? C'est ce qui m'est caché.

« Et ce qui est caché à bien d'autres, mon frère. Ce décret reste impénétrable à quiconque n'a pas trempé son âme dans les feux du divin amour. Mais, puisque le signe du salut qui se voit partout est si peu compris, je veux te dire au vrai pourquoi il était plus digne de Dieu que l'homme fût sauvé de cette manière[3].

« La bonté suprême, qui chasse loin d'elle toute envie[4], brûle

[1] La nature humaine, en Dieu qui a daigné s'en revêtir, comprend le corps et l'âme, essentiellement distincts de la nature divine. Ce corps et cette âme ont réellement et justement souffert un châtiment encouru en la personne du premier homme par l'humanité tout entière.

[2] Le supplice de la croix fut agréable à Dieu et aux Juifs. « *A Dio e'a Giudei piacque una morte.* » Cette proposition hardie est justifiée par le poète théologien, dont le raisonnement se réduit à ceci : les Juifs, instruments de la justice de Dieu, ont été ses vengeurs ; mais, instruments de leur propre iniquité, les vengeurs de Dieu avaient encouru la vengeance céleste.

[3] L'homme, étant hors d'état de satisfaire par lui-même, Dieu pouvait le racheter, ou par un pur don de sa grâce, en lui remettant son péché, ou en l'expiant lui-même pour en opérer la remise Il a choisi ce dernier moyen plus généreux et plus conforme à sa bonté, puisque par la surabondance des mérites, il rendit l'homme capable de se relever ensuite de ses nouvelles chutes.

Ce mode de rédemption avait une autre vertu, omise par le poète, une vertu préservatrice d'une force merveilleuse. Le sacrifice touche plus le cœur que le don. Quoi de plus émouvant pour un être sensible que de voir la nature humaine souffrir en Dieu, et s'immoler volontairement pour expier le péché de l'homme ! Quoi de plus propre à le préserver des rechutes ! La remise en pur don, par un acte de la Toute-Puissance, aurait été moins efficace.

[4] L'amour est exclusif de l'envie, comme la grâce exclut la dureté de cœur. Dante au 2e chant de l'Enfer a dit de Lucie, prise par les commentateurs pour la Grâce illuminante : « *Lucia nemica di ciascun crudele.* » Nous trouvons ici une antithèse du même genre : « *La divina Bontà che da se sperne ogni livore.* »

sans cesse au-dedans, et fait jaillir, comme des étincelles, les admirables beautés qui sont dans le sein de Dieu. Ce qui émane d'elle, sans intermédiaire, n'a point de fin ; où elle a mis son sceau, l'empreinte est ineffaçable. Ce qui émane d'elle est libre, n'étant pas sujet à l'influence des causes secondes ; et comme ces produits immédiats ont avec elle plus de conformité, ils lui plaisent aussi davantage. L'amour divin, qui pénètre tout de ses rayons, se prend avec plus d'ardeur à ce qui lui offre des affinités plus intimes.

« Créature de Dieu, l'homme jouit de tous ces avantages, et si un seul lui manque, il déchoit de sa noblesse. Le péché seul peut causer cette dégradation, le péché qui le rend esclave, et lui fait perdre sa ressemblance avec le souverain bien, en le dépouillant de sa lumière. Et vainement l'homme déchu cherche-t-il à recouvrer sa dignité ; jamais il ne le pourra, si l'abîme creusé par ses fautes n'est comblé par la juste peine due à ses faux plaisirs.

« Le jour où toute la race humaine fut atteinte par le péché d'Adam, l'homme fut à la fois dégradé de ses prérogatives, et chassé de l'Eden, sans autre moyen de se rétablir, songes-y bien, quelque perçante que soit ta vue, qu'en passant par l'une de ces voies, ou la remise pleine et entière que Dieu lui accorderait par un don de sa grâce, ou l'expiation du coupable, satisfaisant par lui-même à la justice céleste.

« Plonge à présent tes regards aussi avant qu'il t'est possible dans les profondeurs de l'éternelle sagesse, et que ton esprit s'attache à mes paroles. Borné par sa nature, l'homme était à jamais incapable de satisfaire, ne pouvant égaler l'obéissance à la désobéissance, et descendre par l'une aussi bas qu'il avait voulu s'élever par l'autre ; et c'est pour cela qu'il ne fut pas admis à expier par lui-même ses égarements. Il était donc nécessaire que Dieu le rétablît par les moyens qui lui sont propres, dans les conditions de sa vie primitive, en prenant l'une de ces deux voies, ou toutes deux ensemble. Mais parce que l'ouvrier se complaît d'autant plus dans son œuvre qu'elle est une expression plus parfaite de son cœur, la bonté divine, qui couvre la nature de ses ailes fécondes, se plut à ouvrir les voies dont elle dispose à votre réhabilitation. Elle entra dans ces voies, et jamais entre la naissance et la fin du monde, entre le premier jour et la dernière nuit, on n'a vu ni on ne verra un plus magnifique développement du divin amour; car Dieu se donnant lui-même, pour rendre l'homme capable de se relever, fut plus généreux à son égard que s'il avait agi seul en lui remettant ses fautes. Et, pour que notre expiation fût acceptable, il fallait que le fils de Dieu s'humiliât dans l'incarnation.

« Je veux maintenant, pour te satisfaire pleinement, revenir sur quelques points, afin que tu voies ces choses d'une vue aussi nette que moi-même. Tu dis : « Je vois l'air s'altérer, ainsi que le feu, la terre et l'eau, et toutes leurs combinaisons, qui sont corruptibles et peu durables. Pourtant ce sont là des choses créées, et qui, comme telles, devraient être exemptes de corruption, si Béatrix m'a dit vrai tout à l'heure. »

« Mon frère, on peut bien dire des anges et de la région pure, où tu t'es élevé, qu'ils ont été créés, parce qu'ils ont reçu leur être tout entier du Créateur. Mais quant aux éléments et à leurs composés si variés, ils reçoivent leur forme d'une vertu émanant des sphères qui roulent autour d'eux. Leur matière seule a été créée, comme l'a été la vertu céleste qui leur donne la forme. L'âme des bêtes et des plantes, composée de plusieurs puissances, tire aussi des étoiles l'étincelle de la vie et du mouvement. Mais notre vie à nous est l'œuvre immédiate de la bonté suprême qui remplit l'homme du besoin de l'aimer, et devient l'objet constant de ses désirs.

« Maintenant si tu te rappelles comment nos premiers parents ont reçu de Dieu lui-même leur enveloppe charnelle, tu auras un argument de plus en faveur de la résurrection des corps[1]. »

[1] Les œuvres immédiates de Dieu n'auront pas de fin. Les anges et les sphères sont éternels. L'âme humaine est libre et immortelle. Le corps de l'homme, formé d'argile par Dieu lui-même, ne saurait périr à jamais ; d'où se tire un argument en faveur de la résurrection des corps. Il en est autrement des combinaisons de la matière, telles que les animaux, l'âme des bêtes, des plantes, etc... qui, n'émanant pas directement de Dieu, sont corruptibles et sujettes à la dissolution. Dieu a créé la matière dont ces êtres se composent ; mais leur agrégation, soumise à l'influence des causes secondes, vient des astres, qui ont reçu du Créateur une vertu spéciale, la *virtu informante*.

Cette doctrine de Dante, empruntée en partie à la philosophie d'Aristote, semble admettre l'éternité de la matière, en ce sens qu'elle n'aura pas de fin, étant comme les astres une œuvre immédiate de Dieu. Si telle a été la pensée du poète, est-elle contraire à la foi ? Au point de vue catholique, la fin du monde n'implique pas l'anéantissement de la matière.

CHANT VIII.

Dans le monde païen, les hommes croyaient, au péril de leurs âmes, que la belle Vénus, du haut de la troisième sphère, dont elle dirigeait la marche, dardait sur la terre les feux de l'amour profane[1]. Aussi ne voit-on dans l'antiquité qu'hommages rendus, que sacrifices offerts, que vœux adressés, non seulement à cette fausse divinité, mais encore à Dioné[2], à Cupidon, que les mortels adoraient comme sa mère et son fils, disant de ce dernier qu'il avait reposé sur le sein de Didon[3]; et cette Vénus, par laquelle j'ouvre ce nouveau chant, avait donné son nom à l'étoile brillante, qui tantôt précède le soleil, et tantôt le suit[4].

Je me trouvais dans cette planète, sans avoir senti que je m'y élevais. Je ne pus en douter quand je vis ma sainte compagne transfigurée encore et embellie. De même qu'une étincelle est visible dans la flamme, et que, dans un chant à deux voix, dont l'une fait une tenue, l'autre s'en distingue en parcourant l'échelle musicale, ainsi s'offrirent à moi dans le foyer lumineux où j'étais, d'autres foyers ardents[5], qui tournoyaient et couraient avec plus ou moins de vitesse, en raison, à ce qu'il me parut, du degré de leur éternelle clarté. Si rapides que soient les vents, lorsque du sein glacé de la nue, visibles ou inaperçus, ils fondent sur la terre et la balayent de leur souffle, il n'est personne qui ne les eût

[1] La planète de Vénus n'est plus le séjour d'une déesse, inspirant à la terre des feux impudiques. Elle appartient aux intelligences célestes, qui forment dans l'Empyrée, le premier chœur de la 3e hiérarchie, sous le nom de *Principautés*. Les influences qui en émanent, sont celles d'un amour épuré.

[2] Vénus était fille de Jupiter et de Dioné.

[3] Voir au 1er chant de l'Enéide, Didon caressant l'Amour sous les traits d'Ascagne.

[4] Quand Vénus se lève avant le soleil, elle est visible dès le matin et se nomme Lucifer. Lorsqu'elle se lève après lui, elle n'est visible que le soir après son coucher, et elle paraît au couchant sous le nom de Vesper.

[5] Les Elus de la 3e sphère sont des âmes tendres, qu'a épurées l'amour divin : Cunissa, Foulques de Marseille, la courtisane Raab.

trouvés lents, à voir ces vives splendeurs venir à nous en se détournant de leur course tracée par le ciel des Séraphins[1]. Aux premiers rangs, et dans tout le cortège, on chantait *hosanna!* chant suave, dont mon oreille a toujours depuis gardé l'impression, avec le regret de ne plus l'entendre.

L'une de ces âmes splendides[2] s'approcha de nous, puis, élevant seule la voix : « Nous sommes tous, dit-elle, disposés à te complaire. Use de nous sans réserve. Nous sommes unis aux Principautés[3] que tu invoquais jadis sur la terre, par ce début de ta canzone : « *O vous qui, par votre intelligence, faites mouvoir le troisième ciel!* »[4]. Emportés d'un mouvement pareil dans la même orbite, et altérés d'une soif égale, nous sommes si pleins d'amour que, pour te plaire, nous ferons halte quelques instants sans déplaisir. »

[1] Le ciel des Séraphins n'est autre que l'Empyrée, où ils tiennent le premier rang dans la hiérarchie céleste. Les âmes qui apparaissent ici dans la planète de Vénus ont, comme tous les Elus, leur place dans l'Empyrée, non pas avec les Séraphins, mais avec les Principautés. Toutes les sphères reçoivent leur mouvement du 9e ciel, ou Premier Mobile; mais celui-ci n'agit lui-même que sous l'influence de la *lumière incréée*, qui a son foyer dans l'Empyrée. Les planètes ont donc un mouvement de rotation dans le sens du Premier Mobile. Mais les Bienheureux qui les habitent, jouissent d'un mouvement propre et libre.

[2] Charles Martel, roi de Hongrie. Il était fils de Charles-le-Boiteux, qui tenait de son père Charles d'Anjou le royaume de Naples et de Sicile et le comté de Provence. Ces états passèrent à Robert, son frère puîné, à la mort de Charles-le-Boiteux. Elevé par sa femme au trône de Hongrie, Charles Martel avait laissé deux fils qui ne soutinrent pas leurs droits contre leur oncle.

[3] Les intelligences célestes, qui dirigent le 3e ciel, sont bien les Principautés et non les Trônes, comme le prétend à tort le commentateur Vellutini. Outre ces paroles du texte, *principi celesti*, on voit au 28e chant que les Principautés, *Principati*, formant dans l'Empyrée le premier chœur de la 3e hiérarchie, y occupent le 7e rang, qui répond à la 3e sphère, ou à la planète de Vénus. Il est vrai que, dans ce même chant, il est dit que les Trônes complètent le premier ternaire; ce qui a fait croire à Vellutini que Vénus, la 3e sphère, appartenait aux intelligences qu'on appelle *Trônes;* mais il s'agit au 28e chant des hiérarchies célestes, qui correspondent dans un *ordre inverse* avec les sphères. Les hiérarchies, partant du sein de Dieu, se comptent par ternaires de haut en bas depuis les Séraphins jusqu'aux Anges. Ainsi les Séraphins, les Chérubins et les Trônes forment la première hiérarchie, et les Trônes y complètent le premier ternaire. Les sphères au contraire, tendant vers Dieu, se comptent de bas en haut depuis la lune jusqu'au Premier Mobile, ou 9e ciel. Dès lors, et par l'effet de cette corrélation *inverse*, les Trônes, placés au 3e rang, dans les hiérarchies, correspondent à la 7e sphère, Saturne, et non à la planète de Vénus. (V. 28e Chant.)

[4] Cette canzone nous a été conservée dans le *convivio amoroso*, ouvrage inachevé de Dante. Brûlant d'une flamme pure pour Béatrix, il y invoquait les intelligences préposées au 3e ciel, d'où émanent les influences du pur amour.

Après que mes yeux eurent consulté avec respect leur souveraine, et qu'ils se furent assurés de son approbation, ils se reportèrent sur l'âme radieuse qui m'avait fait une offre si obligeante : « Ah ! dites-moi qui vous êtes, m'écriai-je, d'une voix empreinte d'une vive émotion. »

Comme je la vis grandir et s'enflammer à ces paroles ! Aux joies qui l'inondaient, parut s'ajouter une joie nouvelle. Rendue ainsi plus brillante, elle me dit : « J'ai demeuré peu de temps sur la terre. Si j'y avais fait un plus long séjour, beaucoup de maux qui lui arriveront lui auraient été épargnés. Je suis caché sous une auréole de joie et de gloire. Comme le ver qui disparaît sous la soie qui l'enveloppe, je me dérobe ainsi à tes regards. Tu m'as beaucoup aimé[1], et non sans cause, car si j'étais resté dans le monde, tu aurais vu mon amitié pour toi fleurir et porter des fruits abondants.

« Toute la rive gauche du Rhône[2], depuis l'endroit où ce fleuve a reçu les eaux de la Sorgue, toute cette partie de l'Italie, comprise entre Bari, Gaëte et Crotone, depuis l'endroit où le Tronto et le Verde se jettent dans la mer, s'attendaient à me voir un jour leur seigneur. Déjà la couronne brillait sur mon front. Je régnai sur cette contrée[3] qu'arrose le Danube, après avoir quitté l'Allemagne. Et cette île qui voit, entre les deux promontoires de Pelore et de Pachino[4], s'échapper de ses mines de soufre et non des entrailles du géant Typhon, des vapeurs moins dangereuses pour le détroit fameux où elles se répandent que le souffle de l'Eurus[5], la Sicile, aurait encore été sous mon sceptre,

[1] Dante avait pu voir Charles Martel à la cour du roi de Naples, où il alla deux fois comme ambassadeur. Il eut une autre occasion de connaître ce prince, pendant le séjour qu'il fit à Florence, où il était allé attendre son père, Charles-le-Boiteux, revenant de France.

[2] La Provence et la Pouille. Le Tronto, après avoir reçu le Verde, débouche dans l'Adriatique entre les Etats de l'Eglise et le royaume de Naples.

[3] La Hongrie.

[4] L'ancienne Trinacrie avait à l'ouest le cap Lilybée, à l'est et au sud les promontoires de Pelore et de Pachynus aujourd'hui les caps de Faro et de Passaro.

[5] Les vents qui rendent si dangereux le détroit de Messine, donnèrent lieu à la fable de Carybde et de Scylla. Dante préfère ici la vérité nue à la fiction, contre l'usage des poètes.

attendant des rois de ma race, issus de Charles d'Anjou et de l'empereur Rodolphe[1], si les vices du gouvernement, qui toujours excitent les sujets à la révolte, n'avaient fait pousser naguère à Palerme un cri de mort contre les Français[2].

« Ah ! si mon frère savait prévoir, il fuirait l'avare pauvreté des Catalans comme une cause de dommage et de ruine. Et en vérité il est temps que Robert pourvoie lui-même, ou par d'autres, à ce que le navire déjà si chargé ne le soit pas davantage. Il faudrait à ce prince avare, issu d'un prince libéral, des soldats qui ne missent pas tous leurs soins à remplir leurs coffres[3]. »

— « Monseigneur, lui répondis-je, vous voyez je pense aussi bien que je la sens moi-même la joie que vos paroles versent dans mon âme, cette joie céleste, qui est le principe et la fin de tous les plaisirs. Il m'est doux de penser que vous en observez tous les mouvements, et que vous la voyez à découvert, en contemplant Dieu d'où elle émane. Née en moi de vos paroles, que cette joie s'augmente par la solution d'un doute[4] qu'elles ont fait poindre en mon esprit. Comment d'une bonne semence peut-il naître un mauvais fruit ? »

Il reprit alors en ces termes : « Si je puis te montrer une vérité, tu auras en face de toi l'objet que tu cherches, auquel tu tournes à présent le dos. L'être parfait, qui meut et maintient les sphères où il t'est permis de monter, leur a donné sa providence

[1] Charles Martel, roi de Hongrie, était petit-fils de Charles d'Anjou, et gendre de l'empereur Rodolphe Ier, comte de Hapsbourg, dont il avait épousé la fille Constance. Ses enfants, à la mort de Charles II de la maison d'Anjou, étaient appelés à régner sur la Sicile.

[2] Charles Martel exprime ici assez confusément que, sans les Vêpres Siciliennes, et sans l'usurpation de Robert, sa race régnerait encore en Sicile.
Le massacre des Vêpres Siciliennes eut lieu à Palerme, le mardi de Pâques de l'année 1282, au profit de Pierre d'Arragon, qui avait épousé Constance, fille de Manfred. Celle-ci avait des droits au royaume de Naples et Sicile, que son père avait perdus avec la vie, à la bataille de Bénévent, où Charles d'Anjou demeura vainqueur. Les Vêpres Siciliennes coûtèrent la Sicile à Charles d'Anjou et vengèrent le meurtre juridique de l'infortuné Conradin.

[3] Robert, retenu comme otage en Catalogne, s'y était lié avec des seigneurs, qui le suivirent lorsqu'il revint à Naples. La jalousie s'attacha à ces étrangers, et l'on se plaignit de leurs rapines.

[4] Robert est fils avare d'un père libéral. « *La sua natura che di larga parca discese.* » C'est bien à tort que quelques-uns ont traduit : devenu avare de libéral qu'il était; car le poète se demande ensuite pourquoi les enfants ressemblent peu à leurs pères, et il consacre le reste du chant à la solution de cette question.

comme une vertu attachée à ces grands corps ; et cette providence a un double objet dans la pensée divine, qui est parfaite, les êtres eux-mêmes et leur conservation. Aussi voyons-nous tout ce qui sort des mains du Créateur tendre sûrement à une fin prévue, comme une flèche, élancée de l'arc, fend les airs et vole droit au but. Ainsi tous les êtres ont leurs lois. S'il en était autrement, ces globes que tu visites, et qui roulent dans les cieux, au lieu d'ordre et d'harmonie, ne produiraient que confusion et ruines ; ce qui ne saurait être sans qu'il y eût faiblesse des intelligences commises à la direction de ces astres[1], faiblesse de la première cause qui aurait failli à son œuvre. Veux-tu que je mette cette vérité plus en lumière ? »

— « Non, lui dis-je ; car je comprends que la nature ne peut se manquer à elle-même dans ses besoins. »

— « Or, dis-moi, reprit-il en poursuivant son idée, est-il vrai qu'il n'y aurait rien de pire pour les hommes sur la terre, que de n'y pas vivre en société? »

— « Assurément, lui répondis-je, et la raison s'en montre à moi sans que je la demande. »

— « Et peut-il y avoir une société, continua-t-il, où il n'y a pas des conditions de vie, et des professions différentes?[2] Non, si votre maître Aristote a dit vrai dans ses écrits. »

Après m'avoir amené là, il conclut ainsi : « Donc, il est nécessaire que les effets si divers, qui se produisent dans le monde, aient des causes différentes, qui font naître ici un Solon, là un Xercès, ailleurs un Melchisédech, et cet autre, à qui son vol dans les airs coûta la vie d'un fils aimé[3]. Cette force de la nature, qui

[1] Sous l'influence des diverses planètes, les hommes naissent avec des aptitudes différentes, sans que la liberté humaine en souffre aucune atteinte. Dante avait adopté cette erreur de l'astrologie du moyen-âge, erreur qui se réduit au surplus à rapporter à des causes secondes des variétés de nature et d'instincts que produisent les lois éternelles du Créateur.

[2] Toute société est fondée sur un échange de services ; ce qui suppose des aptitudes diverses.

[3] Solon, Xercès, Melchisédech et Dédale sont ici les types du législateur, du guerrier, du prêtre et de l'artisan. Solon donna des lois aux Athéniens ; Xercès gouverna la puissante monarchie des Perses ; Melchisédech, prêtre-roi de Salem, alla au-devant d'Abraham vainqueur, et le bénit en offrant au Seigneur le pain et le vin ; Dédale, après avoir bâti le fameux labyrinthe de Crète, y fut renfermé par Minos ; mais il s'attacha des ailes aux épaules et s'échappa avec son fils à travers les airs.

donne l'empreinte à la matière, comme à une cire docile, produit ses effets, sans égard au lieu où son action s'exerce.

« Esaü et Jacob, conçus en même temps, diffèrent d'humeur au sein de leur mère[1]. Romulus est de si basse naissance qu'il se réclame du dieu Mars[2]. Dans la reproduction des êtres, celui qui engendre, et celui qui est engendré, se ressembleraient en tout si leurs affinités ne cédaient à une loi providentielle.

« Tu as maintenant en face de toi, ce à quoi tu tournais le dos tout à l'heure. Mais pour te marquer combien ta présence me plaît, j'ajouterai ceci, comme un corollaire de ma pensée : lorsque la nature se trouve en désaccord avec la fortune, comme un germe tombé hors du sol qui lui est propre, elle est frappée de stérilité. Si les hommes savaient discerner leurs aptitudes, et respecter cette base posée par la nature elle-même, le monde en vaudrait mieux. Mais vous tournez vers l'Eglise tel qui était né pour ceindre l'épée. Celui-ci était propre à la chaire, et vous en faites un roi. C'est ainsi que vos pas sont hors de la vraie route[3]. »

CHANT IX.

Belle Clémence[4], après que votre père Charles Martel se fut fait connaître à moi, il me dit comment la perfidie de Robert, son

[1] Ces deux jumeaux se battent dans le sein de leur mère. Ils naissent avec des complexions différentes, qui feront de l'un un chasseur, de l'autre un homme vivant sous la tente, et attaché à la culture de la terre. D'eux enfin sortirent deux peuples ennemis. Ainsi, premiers instincts, complexion physique, genre de vie et postérité, tout diffère entre ces deux fruits d'une même génération. (Genèse 25.)

[2] On sait que Romulus naquit d'une vestale. Rhéa Sylvia, au lieu de s'en prendre au dieu Mars, aurait nommé l'auteur de sa faute, s'il n'avait été d'une trop basse condition.

[3] Une seule pensée relative à Robert de Naples : « comment d'une bonne semence est-il sorti un mauvais fruit », a fourni à Dante ce beau et poétique développement.

[4] Le poëte s'entretenait avec Charles Martel. Sa pensée se porte naturellement sur la fille de ce dernier à qui il s'adresse tout à coup, par une apostrophe d'autant plus saisissante, qu'elle nous ramène sur la terre, où cette princesse vivait encore alors, car elle épousa Louis-le-Hutin, roi de France, en 1315, et ne mourut qu'en 1328.

frère, devait dépouiller sa race[1]. « Ne m'en demande pas plus, ajouta-t-il ; laisse les années s'écouler[2], et sache seulement que les maux de l'Italie pourront coûter cher à leurs auteurs. »

En cessant de parler, cette âme bienheureuse s'était tournée vers l'éternel foyer, qui alimente sa lumière, aspirant à ce bien suprême, qui est un trésor si précieux pour tous les êtres. Hommes aveugles et abusés ! race impie et indigne d'un pareil bien ! vos cœurs s'en détournent, et vos têtes se dressent bien haut dans leur vanité !

En ce moment, un autre objet frappa mes regards[3]. C'était encore une de ces lampes vivantes, qui, dardant ses rayons de mon côté, semblait disposée à me complaire.

Béatrix, les yeux toujours attachés sur moi, voyait quel était mon désir. Sûr de son approbation, je dis à l'esprit lumineux qui venait de m'apparaître : « Flambeau céleste, si ma pensée se reflète à votre foyer, daignez m'en donner une preuve en accomplissant le souhait que je forme en cet instant[4]. »

Alors de ce brillant phare, objet nouveau pour moi, sortirent, au lieu des chants qui s'en exhalaient d'abord, ces paroles, servant de réponse à ma demande : « Il est en Italie, dans ta perverse Italie, un lieu[5] sis entre le Rialto et les sources de la Brenta, et de la Piave. C'est une montagne peu élevée, d'où sortit jadis un brandon ardent, qui dévasta tout le pays. Le terrible Ezzelin et moi, nous sommes sortis de la même tige. Cunissa était mon

[1] A la mort de Charles-le-Boiteux, la couronne de Naples appartenait à l'un des fils de Charles Martel, mais Robert, frère puîné de celui-ci, l'usurpa sur ses neveux.

[2] Ce Robert, monté sur le trône en 1309, n'avait essuyé que des défaites, au moment où Dante écrivait cette partie de son poème (1314). Il avait été battu par Frédéric de Sicile, et par le vicomte de Milan. Le poète, qui poursuit en lui le défenseur du parti des Noirs, a pu, jugeant de l'avenir par le passé, lui faire prédire par Charles Martel d'autres malheurs ; mais cette prophétie est vague. Robert garda son trône usurpé, et mourut 22 ans après Dante.

[3] Cunissa, sœur d'Ezzelin, tyran de Padoue.

[4] Divers passages exposent clairement à cet égard la doctrine du poète, qui peut se résumer ainsi : tout est réfléchi en Dieu. Les esprits célestes, appelés Trônes, sont les miroirs du Très-Haut. Les Elus, en les regardant, voient Dieu et en Dieu les pensées et les actions des hommes. — Ceci ne s'applique pas seulement aux habitants de la 3e sphère. C'est un avantage commun à tous les Elus.

[5] Le château de Romano, où naquit Ezzelin, était situé dans l'ancien état vénitien. Il est parlé de cet Ezzelin au douzième chant de l'Enfer.

nom. Si je brille dans cette planète de Vénus, c'est que j'ai vécu sur la terre, soumise à son influence. Tel est mon sort; et, ce qui pourra choquer vos idées vulgaires, indulgente ici pour moi-même, je ne regrette pas le sentiment qui l'a causé.

« Vois cette âme qui resplendit près de moi, riche et magnifique joyau du troisième ciel, c'est Foulques de Marseille, qui a laissé après lui une grande renommée[1]. Déjà mort depuis un siècle, quatre siècles s'écouleront encore avant qu'il ne périsse dans votre mémoire[2]. Juge si l'homme doit se rendre excellent, pour obtenir sur la terre une seconde vie. C'est à quoi ne songe pas cette foule grossière, qui s'agite entre le Tagliamento et l'Adige, dure encore et impénitente sous la verge qui la frappe. Mais l'heure approche où ses bandes, sorties de Padoue, pour faire irruption dans Vicence, teindront de leur sang la rivière qui baigne ses murs, et porteront la peine de leur injustice[3].

« A Trévise, où le Cagnano et le Sile confondent leurs eaux, tel[4] qui aujourd'hui domine et va la tête haute, ne voit pas le réseau déjà tendu pour le surprendre. Feltre aussi pleure le manque de foi de son évêque[5] parjure, si impie que jamais la

[1] Foulques, poète provençal, né à Gênes et mort évêque à Marseille en 1321. Il avait habité longtemps cette dernière ville, où l'avait accueilli le Baral, qui y tenait le premier rang. Il se rendit célèbre par ses rimes d'amour, adressées à la femme de son protecteur, Adalgise, qui fut pour ce troubadour l'objet d'une passion idéale, comme Béatrix et Laure le furent depuis pour Dante et Pétrarque. A la mort de cette dame, il se jeta dans un cloître, d'où il fut tiré ensuite pour être élevé sur le siège épiscopal de Marseille. — Foulques de Marseille a pris ce nom du lieu où il a résidé et composé ses poésies. Pétrarque lui reproche d'avoir fait tort à Gênes, sa ville natale.

« Folchetto, che a Marsilia il nome ha dato
« Ed a Genova tolto. » (*Trionfo d'Amore, 4.*)

[2] Selon Venturi, Dante annonce ici qu'à partir de l'an 1300, époque fictive de son voyage dans l'autre monde, Foulques vivra encore dans la mémoire des hommes 500 ans; ce qui, en ajoutant les années écoulées depuis sa mort, (1231), prolongerait sa renommée d'un siècle. Quel que soit le sens qu'on adopte, il faut remarquer que Dante a eu le coup d'œil assez juste, en limitant ainsi la seconde vie du poète provençal. Le nom de Foulques est à peine connu aujourd'hui.

[3] Allusion à un fait contemporain. Les Padouans ayant à leur tête Jacques de Carrare, venaient d'être repoussés de Vicence et défaits par Can de la Scala, Seigneur de Vérone, dans un combat sanglant livré sur les bords du Bacchiglione (1314).

[4] Ricciardo da Camino, seigneur de Trévise, fut assassiné par des conspirateurs, comme il jouait aux échecs. Trévise est située au confluent des deux fleuves Sile et Cagnano.

[5] Alexandre, évêque de Feltre, livra au marquis d'Azzon, gouverneur de Ferrare pour le Saint-Siége, des Ferrarais rebelles envers le pape, qui s'étaient remis entre ses mains sur sa parole. Ces malheureux furent décapités.

tour de la Maltha[1] ne s'est ouverte pour un pareil crime. Ce prêtre officieux, pour donner des gages au cruel Azzon, sera prodigue du sang Ferrarais. Pour recevoir ce sang, il faudrait un trop grand vase, et l'on se fatiguerait à le peser à l'once. De tels dons seront bien conformes aux mœurs d'un tel pays. Crois à la vérité de mes paroles, ajoute Cunissa. Là-haut sont des miroirs, que vous appelez Trônes[2], où Dieu se réfléchit à nous, comme souverain juge, et j'y vois clairement ce que je t'annonce. »

Elle se tut, et il me sembla qu'elle dirigeait ailleurs sa pensée; car elle avait repris sa place dans le cercle des esprits lumineux. Alors resplendit à mes yeux l'autre joyau[3], dont elle m'avait parlé. Il brillait comme un fin rubis, où se projettent les feux du soleil; car là-haut, une vive splendeur naît de la joie, comme chez nous le rire. Où la joie manque, la face de l'homme, ombre de son âme, s'assombrit.

— « Esprit bienheureux! m'écriai-je; vous voyez tout en Dieu, à qui rien n'échappe. Ainsi l'homme n'a pas une volonté qui puisse être ignorée de vous. Comment donc, parmi les voix des anges, qui, se couvrant de leurs ailes, vous charment incessamment de leurs cantiques, n'entends-je pas la vôtre, répondant à ma pensée? Si je lisais dans votre cœur, comme vous lisez dans le mien, mes paroles n'attendraient pas votre demande. »

Alors cette âme radieuse me parla ainsi : « Tu connais ce bassin[4] célèbre, le plus vaste de ceux où se versent les eaux de l'Océan qui environne la terre; ce bassin, qui se dirige vers l'Orient, entre des rivages si divers, et qui, dans son cours opposé au soleil, s'étend d'un bout de l'horizon à l'autre. C'est sur son

[1] Les prêtres, coupables de crimes irrémissibles, subissaient une prison perpétuelle dans la tour de Maltha, sise à l'endroit où une petite rivière de ce nom se jette dans le lac de Bolsène, à quelques lieues de Viterbe. On y voit encore aujourd'hui un château appelé Malta.

[2] Les Trônes, 3e chœur de la 1re hiérarchie, sont ainsi nommés comme sièges de la justice divine.

[3] Foulques de Marseille.

[4] La Méditerranée, vaste bassin qui s'étend d'un bout de l'horizon à l'autre, depuis le détroit de Gibraltar, jusqu'aux rivages de la Syrie. En admettant que ce bassin ait un cours, on peut dire que ses eaux retrouvent au méridien, dans l'archipel de Grèce, par exemple, les mêmes lieux qu'au détroit de Gibraltar elles avaient à l'horizon. On ne peut entendre autrement ce passage :

« Tanto sen'va che fa meridiano
« Là dove l'orizzonte pria far suole. »

littoral que j'ai pris naissance[1] entre l'Ebro et la Macra, la Macra qui, dans un court espace, sépare le territoire de Gênes de la Toscane.

« Sous le même ciel, presque à même distance du couchant et de l'aurore, sont situées Bougie l'africaine, et Gènes, ma ville natale, qui a vu jadis son port regorger de sang[2]. Là, j'ai reçu mon nom de Foulques, auquel peut-être s'est attaché quelque lustre. Cette planète de Vénus retrouve en moi et perçoit à son tour les feux qu'elle m'avait inspirés[3], car j'ai brûlé des feux de l'amour jusqu'aux dernières limites de l'âge d'aimer. Ni la fille de Bélus[4], non moins coupable envers Créüse qu'envers son époux Sichée, ni la belle Phyllis[5], amante délaissée de Démophoon, ni le vaillant Alcide, au temps où la jeune Iole[6] maîtrisait son cœur, ne ressentirent jamais des ardeurs pareilles aux miennes. Et pourtant, ici le repentir est inconnu. On n'éprouve que de la joie. On se réjouit, non de la faute dont le souvenir est effacé, mais de la force divine qui a pourvu aux faiblesses du cœur, et qui les a réglées. On admire l'art suprême qui donne à de vives passions un si beau lustre. L'amour terrestre, en s'élevant jusqu'aux régions célestes, s'épure, et laisse discerner le vrai bien.

« Mais je lis dans ton esprit toutes les pensées que ces lieux te suggèrent. Ce besoin de connaître sera pleinement satisfait; écoute encore : tu veux savoir quelle est cette lumière qui scintille près de moi, comme un rayon dans une eau limpide. Apprends qu'ici réside sereine et paisible la courtisane Raab[7],

[1] C'est donc bien à Gênes et non à Marseille, que Foulques est né, quoiqu'il ait pris son surnom de cette dernière ville.

[2] Gênes fut prise et saccagée par les Sarrazins en 936.

[3] La lumière des Elus augmente l'éclat des planètes où ils résident, mais ne leur vient pas d'elles. Ils la tiennent de Dieu par émanation directe.

[4] Didon, infidèle à la mémoire de Sichée, rendit Enée infidèle à la mémoire de Créüse. La passion de Didon pour ce prince troyen la réduisit au désespoir lorsqu'elle s'en vit abandonnée, et elle se donna la mort.

[5] C'est Phyllis, fille du roi de la Thrace, où était le mont Rhodope. Elle aima Démophoon, fils de Thésée et de Phèdre, qui, à son retour de l'expédition de Troie, avait été jeté par une tempête sur les côtes de la Thrace. Démophoon fit ensuite un voyage en Crète, et comme il tardait à revenir, Phyllis se crut abandonnée et se pendit de désespoir. Elle fut métamorphosée en amandier.

[6] Hercule brûla d'une telle passion pour Iole, qu'il oublia toute prudence, et accepta de la jalouse Déjanire la fatale tunique, imprégnée du sang du centaure Nessus. L'amour fut ainsi cause de sa mort.

[7] Raab est au premier rang des âmes bienheureuses, qui, après s'être livrées sur la terre aux amours sensuels, habitent la planète de Vénus. On connaît le

Raab à qui le plus haut rang a été assigné dans l'ordre des Elus du troisième ciel. Elle était aussi en tête du glorieux cortège du Christ ressuscité. Elle fut enlevée dans cette sphère où vient aboutir, comme l'aiguille sur un cadran, l'ombre formée par votre globe[1]. Il était bien juste qu'elle devînt dans quelque partie des cieux, un trophée vivant de la grande victoire remportée par Celui qui a étendu les bras sur la croix, elle qui avait aidé à la première victoire de Josué, en Chanaan, sur cette terre sainte qui semble oubliée aujourd'hui du père des fidèles[2].

« C'est dans ta Florence, où se reconnaît, aux jalousies qui la divisent, l'œuvre de Caïn qui, le premier, se détacha de son Créateur ; oui, c'est dans ta ville où la fleur de lys est devenue la marque d'une monnaie maudite[3], que les brebis ont été dispersées par la puissance de l'or, depuis que le pasteur s'est changé en loup dévorant. L'amour des florins a fait abandonner l'Evangile et les Pères. On n'étudie plus que les Décrétales[4], étude profitable à ceux qui s'y livrent, comme il y paraît bien à leurs franges. Voilà ce qui absorbe aujourd'hui le Pape et les Cardinaux de la Sainte Eglise. Leurs pensées sont bien loin de Nazareth, et de l'humble

service rendu par la prostituée Raab à l'armée de Josué. Elle cacha dans sa maison les espions de ce général, et contribua ainsi à la prise de Jéricho.

On a vu dans Raab une figure de l'Eglise ou de la gentilité sauvée par la foi. Elle avait reconnu le Dieu d'Israël. « *Dominus enim Deus vester.* » (Josué, cap. 2.) Saint Paul avait dit d'elle : « *Fide Raab meretrix non periit cum incredulis.* » (Hébr. 11-31) ; c'est à ce point de vue sans doute que Dante lui donne ici le premier rang.

[1] La fin de l'ombre de la terre arrive jusqu'au ciel de Vénus, suivant ce que dit Ptolémée dans l'Almageste.

[2] La dernière croisade est celle de saint Louis, mort de la peste à Tunis, en 1270. Dante, écrivant ceci en 1314, pouvait se plaindre que, depuis 40 ans, le Saint-Siége avait perdu de vue la délivrance du tombeau de Jésus-Christ.

[3] Le florin d'or, à l'effigie de saint Jean-Baptiste, et portant au revers une fleur de lys, fut frappé à Florence en 1252, 16 ans avant la conquête de Naples par Charles d'Anjou. Dante l'appelle ici une monnaie maudite, non pas à cause de ses lys, qui n'étaient pas un signe de sujétion française, mais à cause de la cupidité qui s'était emparée des Florentins.

[4] La collection d'Isidore Mercator comprend un grand nombre de Décrétales attribuées aux papes des trois premiers siècles de l'Eglise, lesquelles ne se trouvent pas dans la collection de Denys-le-Petit. Elles étendaient l'autorité du Saint-Siége, et Dante se plaint que leur étude faisait négliger celle des Saints Pères, sans se douter que leur authenticité dût être un jour mise en doute. C'est au 16e siècle qu'Erasme et d'autres avec lui soutinrent qu'elles étaient l'œuvre d'un adroit faussaire.

Peut-être n'y a-t-il dans ce passage qu'une allusion au pape Boniface VIII, auteur des Sixtines.

retraite où descendit l'Ange Gabriel. Mais le Vatican et Rome entière, consacrés en tant de lieux par la cendre des Martyrs qui ont combattu à la suite de saint Pierre, seront bientôt délivrés de ce pontife adultère[1]. »

CHANT X.

Absorbé dans la contemplation de son Verbe, Dieu manifeste sa puissance ineffable, en produisant avec l'Esprit Saint, qui procède éternellement du Père et du Fils, toutes les choses visibles et invisibles; et l'ordre qu'il a établi dans l'univers est si beau, qu'on ne peut en observer les merveilles, sans goûter quelque chose de l'essence divine[2].

Lève donc la tête, lecteur. Porte avec moi tes regards au firmament jusqu'au point de rencontre des deux mouvements opposés[3] qui emportent les corps célestes; et là, commence à saisir le plan

[1] Dante prédit ici après coup la mort de Boniface VIII, arrivée en 1303. Ce pape, en favorisant le triomphe du parti des Noirs, à Florence, avait ruiné son crédit et causé son exil.

[2] Prêt à monter dans le soleil, Dante marque la situation de cet astre par rapport à la terre, à l'équinoxe du printemps. *Cœli enarrant gloriam Dei.* Le poète ouvre ce dixième chant, en exposant en beaux vers le concours des trois personnes de la Trinité, à l'œuvre de la Création.

[3] Ce point de rencontre est marqué par la coïncidence de l'Ecliptique avec l'Equateur à l'équinoxe du printemps. Il y a deux mouvements apparents opposés dans le ciel, celui des étoiles, mouvement général qui se fait d'Orient en Occident, et celui des planètes, qui comprennent le soleil dans le système de Ptolémée. Ce dernier, appelé mouvement propre et annuel, a lieu d'Occident en Orient. En effet, le soleil paraît se rapprocher successivement des étoiles situées à son Orient, et ce mouvement est environ d'un degré par jour. En outre, ces mouvements emportent les étoiles et les planètes, dans deux cercles non parallèles, dont l'un perpendiculaire aux pôles, s'appelle Equateur, et l'autre qui le coupe obliquement, est l'Ecliptique. Voilà pourquoi les étoiles se lèvent et se couchent constamment aux mêmes points de l'horizon, tandis que le soleil change tous les jours les points de son lever et de son coucher. Les étoiles et le soleil, se mouvant en sens contraire dans les deux cercles qu'on vient d'indiquer, la ligne Ecliptique doit couper deux fois celle de l'Equateur; et celle-ci étant prise à égale distance des pôles, la rencontre se fait à deux points opposés, sous les signes du Bélier et de la Balance. Ce sont les deux Equinoxes. — Il s'agit ici de la rencontre qui a lieu sous le signe du Bélier.

du grand architecte, qui se complaît dans son œuvre, sans jamais en détacher ses yeux[1]. Vois comme de ce point part la ligne oblique[2], où se meuvent les planètes, si nécessaires à notre monde qui invoque leur assistance. Si la route qu'elles suivent n'était pas oblique, les vertus du Ciel feraient défaut à notre globe, et toute force vitale serait amortie ; de même que, si elles fléchissaient de la ligne droite, plus ou moins que Dieu l'a voulu, le moindre écart causerait de graves désordres au-dessus et au-dessous d'elles.

Maintenant, lecteur, avant de passer outre, si tu veux goûter le plaisir avant d'éprouver la fatigue, médite un peu sur ces grands objets offerts à ta pensée.... J'ai découvert la source. A toi d'y puiser seul et sans aide. Moi, je reviens à mon sujet qui me rappelle et auquel je me dois tout entier.

Ce puissant agent de la nature, par qui le ciel imprègne la terre de sa vertu fécondante, le soleil dont la lumière nous mesure le temps, se trouvait dans cette partie des cieux que je viens de décrire[3], où il monte en traçant un orbe de plus en plus vaste et paraissant chaque jour plus tôt sur l'horizon.

Comment y étais-je monté ? (car je m'y trouvais alors); je m'étais élevé dans cet astre, sans m'en apercevoir, comme on est frappé d'une pensée soudaine, sans l'avoir sentie venir. Et Béatrix, la sainte femme, qui s'embellit par des transfigurations si rapides qu'on ne peut saisir l'instant où elles s'accomplissent, déjà brillante par elle-même, quelle devait être sa splendeur ! Ce qu'elle devint, non par sa couleur propre, mais par l'effet de la lumière, dans le soleil où j'entrai, j'appellerais en vain, pour le dire, le génie, l'art ou l'expérience ; rien n'en saurait donner une idée. Mais on peut me croire, en aspirant à la voir un jour. Et si notre imagination ne peut s'élever à cette hauteur, qu'on ne s'en étonne pas. L'œil de l'homme a-t-il jamais percé au-delà du soleil?

Là donc résidaient les Elus du quatrième ciel[4], rassasiés d'une

[1] *Et vidit quod esset bonum.* (Genèse 1).

[2] L'Ecliptique, à partir du Bélier. — L'autre ligne est l'Equateur.

[3] Dans le Bélier. A partir de là, les jours, devenus plus longs que les nuits, augmentent toujours jusqu'au solstice d'été.

[4] La 4e sphère, le soleil, est le séjour des grands Docteurs de l'Eglise. Elle répond aux *Puissances*, qui forment le 6e chant des célestes hiérarchies, au 9e ciel (v. 28e chant). Dieu qui se montre à tous les Elus, se manifeste surtout aux Théologiens, dans l'auguste mystère de la Sainte-Trinité.

joie sans fin à la vue du Père engendrant le Fils, et produisant d'un souffle le divin amour.

Alors Béatrix me dit : « Rends hommage au soleil des Anges[1]; rends-lui grâce de la faveur qui t'appelle à contempler ici son image sensible. »

Jamais homme ne se sentit plus de piété au cœur, ni plus de gratitude, ni plus d'impatience de se donner à Dieu tout entier, que je n'en éprouvai à ces paroles. Mon âme s'élança vers lui avec une ardeur qui me fit oublier Béatrix. Mais loin d'être mécontente, elle sourit, et de ses yeux pétillants d'allégresse jaillit une vive splendeur qui tira mon âme de son extase, en divisant son attention sur plusieurs objets.

Je vis des clartés plus vives que le soleil lui-même nous entourer d'une ceinture. Placés au centre, nous étions éblouis de leur aspect, plus ravis encore des chants qui se produisaient dans leur sein. Telle on voit quelquefois la fille de Latone[2] former autour d'elle un cercle de lumière, qui se découpe sur l'atmosphère chargée de vapeurs.

Il y a dans la cour céleste, d'où je suis revenu, maintes choses rares et précieuses, qu'on ne peut en ôter, ni porter ailleurs. Le chant de ces esprits était de ce genre[3]. Quiconque n'a point d'ailes pour voler jusqu'à eux ne le connaîtra jamais.

Après que les sphères ardentes eurent tourné trois fois autour de nous en chantant, comme font les étoiles qui avoisinent les pôles[4], elles s'arrêtèrent, semblables à des danseuses qui, sans quitter la ronde, restent quelque temps en place et en silence, en attendant la reprise du joyeux refrain; et du sein d'une d'elles[5]

[1] Dieu, soleil des Anges, a créé le soleil des hommes, qui est son image sensible.

[2] Béatrix, en qui Dante a personnifié la théologie, efface l'éclat des théologiens qui l'entourent, comme la lune se distingue du cercle lumineux qui se forme quelquefois autour d'elle, dans une atmosphère chargée de vapeurs.

[3] La théologie a une partie transcendante. Les saints docteurs en faisaient la matière de leurs chants, accessibles seulement à quelques esprits d'élite.

[4] La terre tournant sur elle-même, les habitants des pôles voient toujours, décrivant un cercle au-dessus de leurs têtes, certaines étoiles, qui n'ont pour eux ni lever ni coucher.

[5] Saint Thomas d'Aquin.

sortirent ces paroles : « La Grâce est le foyer du véritable amour, et plus on aime, plus aussi la grâce augmente. Si donc elle brille en toi d'un si vif éclat que tu aies pu, par son moyen, gravir l'échelle que doit remonter quiconque en est descendu[1], je ne suis pas plus libre de refuser à tes lèvres altérées la coupe dont elles sont avides que les fleuves ne sont libres de ne pas se rendre à la mer.

« Tu veux savoir qui nous sommes, nous qui admirons ta belle compagne, répandus comme une guirlande de fleurs autour de la Sainte qui t'a ouvert les cieux.

« J'ai fait partie du troupeau de saint Dominique et je l'ai suivi dans ces pâturages, où les brebis s'engraissent, à moins qu'elles n'aient le vertige[2]. Mon voisin le plus proche à droite, fut mon frère et mon maître. Vois en lui le grand Albert de Cologne[3], et en moi Thomas d'Aquin[4]. Quant aux autres, si tu veux les connaître, suis-moi du regard tandis que je parle et que je parcours le cercle des Bienheureux.

« Cet autre dont la joie s'épanouit en flots de lumière, c'est Gratien[5], qui a tant éclairé le droit canonique et le droit civil qu'il a trouvé place en Paradis. Celui qui vient après est Pierre

[1] Saint Paul a été ravi de son vivant au 9e ciel. L'Eglise ne cite guère d'autre exemple d'hommes qui aient vu les demeures célestes avant leur mort. Ce passage doit s'entendre figurément en ce sens que quiconque s'est élevé une fois par la méditation aux choses divines, doit en conserver le goût avec le besoin d'en jouir encore.

[2] On voit dans le chant suivant que les Dominicains commençaient à rechercher les hauts emplois de l'Eglise, ce qu'exprime le poète, en suivant sa comparaison des brebis gourmandes, qui se répandent çà et là pour trouver de nouvelles herbes, et reviennent au bercail vides de lait.

[3] Albert de Cologne, ainsi nommé dans le texte, quoiqu'il soit né à Lawingen, en Souabe, est plus connu sous le nom du Grand-Albert. Il était de la maison des comtes de Bolstalten. Il prit l'habit de Dominicain, et fut ensuite évêque de Ratisbonne. Il avait longtemps enseigné la philosophie scolastique à Cologne, où il revint mourir en 1280. Sa science était si profonde qu'il fut accusé de magie. On se pressa tellement à ses leçons, à Paris, où il fit quelque séjour, qu'il fut obligé de les donner en plein air, sur une place qui s'appela, dit-on, à cause de lui, la place Maubert (Maison Albert). Saint Thomas d'Aquin avait été un de ses clercs.

[4] Thomas, né en 1224, dans la petite ville d'Aquin, en Campanie, mourut en 1274 et fut canonisé en 1323 par le pape Jean XXII. Dominicain et docteur à l'Université de Paris, il y professa la théologie, et mérita par son grand ouvrage (la somme de saint Thomas) d'être appelé l'ange de l'école. Dante, au 20e Chant du Purgatoire, a osé accuser de sa mort Charles d'Anjou.

[5] Gratien était au 12e siècle un bénédictin du monastère de Saint-Félix, à Bologne. Ses travaux furent considérables *in utroque jure* : Il est l'auteur du livre qu'on appelle le *Décret*, ou *Concordantia discordantium canonum.*

Lombard[1], le maître des sentences. Il offrit humblement son livre, comme le denier de la veuve à la Sainte Eglise[2]. Le cinquième et le plus splendide, fut un esprit si enflammé d'amour[3], que là-bas dans votre monde, on s'enquiert avidement de son sort. Cette vive lumière est celle d'un homme qui fut rempli d'un profond savoir, et comme le vrai est vrai, il est certain que nul ne s'est élevé après lui, qui l'ait surpassé en sagesse.

« Voici Denis l'Aréopagite[4], qui, du séjour terrestre étant encore dans les liens de la chair, a le mieux discerné la nature des Anges, et le ministère qu'ils remplissent auprès de Dieu. Voici, dans cette lumière moins éclatante, Orose[5] défenseur des églises chrétiennes, dont Augustin a mis à profit la science.

« Or donc, si tu m'as suivi des yeux de l'esprit, dans cette revue des splendeurs vivantes qui nous entourent, j'en suis à la huitième et tu es avide de la connaître.

« Sache que là réside et jouit du vrai bien l'âme sainte de Boèce[6], qui fait bien voir le néant des choses humaines à ceux

[1] Pierre Lombard, dit le maître des sentences, parce qu'il était né en Lombardie, et parce qu'il a composé un recueil de sentences en quatre livres, occupa le siège épiscopal de Paris, depuis l'année 1159 jusqu'à sa mort 1164. Son mérite était si grand, qu'un fils de Louis-le-Gros se désista en sa faveur de toute prétention à ce siège, quoiqu'il fût archidiacre de Paris.

[2] Allusion à ce passage du livre de Pierre Lombard : « *Cupientes aliquid de tenuitate nostra cum paupercula in gazophylacium domini mittere.* »

[3] Salomon fut si adonné aux femmes dans sa vieillesse que malgré le don de sagesse qu'il avait reçu de Dieu, on est en doute sur son salut. Dante expliquera au 13e chant que Salomon est présenté ici par saint Thomas d'Aquin comme le plus sage des hommes, hormis Adam et Jésus-Christ ; et qu'il est vraiment sans pareil, mais parmi les Rois.

[4] On a de saint Denis l'Aréopagite, qui fut converti par la prédication de saint Paul, à Athènes, plusieurs ouvrages en grec, traduits en latin sous ces titres : *de cœlesti hierarchia, de nominibus divinis.* Il fut évêque d'Athènes, et premier évêque de Paris. Cependant, on a prétendu que saint Denis, de Paris, l'apôtre qui souffrit le martyre, et porta sa tête dans ses mains n'est pas le même que Denis l'Aréopagite.

[5] Paul Orose, prêtre de Terragone, en Espagne, au ve siècle, fut disciple de saint Augustin. Il écrivit, pour la défense de la religion chrétienne, une histoire en sept livres depuis le commencement du monde jusqu'en l'année 416. Il s'agit bien ici d'Orose, dont l'ouvrage servit à saint Augustin, pour son livre de la Cité de Dieu, et non de saint Ambroise, comme le prétend un commentateur. Dante n'aurait pas entouré d'une aussi petite auréole, *picciolletta luce,* l'illustre évêque de Milan.

[6] Boèce, premier ministre de Théodoric, roi des Goths, fut accusé d'entretenir des intelligences avec l'empereur Justin. Condamné pour trahison, sur de faux rapports, il fut décapité en l'année 524. Il avait composé en prison un ouvrage en cinq livres, *de consolatione philosophiæ.* Volpi dit qu'on voyait un autel consacré à saint Boèce, dans le couvent de Santa-Maria in Cield'auro, à Pavie.

qui veulent le consulter. Son corps gît sur la terre dans le couvent de Santa-Maria in Cield'auro, et son âme, à travers l'exil et le martyre, a trouvé enfin la paix céleste. Vois ensuite rayonner dans le même cercle d'autres esprits pleins d'une sainte ardeur, l'évêque Isidore[1], le vénérable Bède[2], et ce Richard de Saint-Victor[3], qui parut au-dessus de l'homme dans l'investigation des choses divines.

« Le dernier, après lequel tes yeux reviennent sur moi, leur point de départ, cet esprit d'élite, à qui, dans ses graves pensées, la mort parut trop lente, c'est Séguier[4]. Enseignant la dialectique à Paris, dans la rue du Fouare[4], pour prix des vérités qu'il exposait, il recueillit l'envie. »

A l'heure des matines, lorsque l'horloge du couvent appelle la religieuse à saluer son divin époux, pour en être aimée davantage, toute la machine se met en branle et du jeu des rouages, pesant l'un sur l'autre, il résulte une sonnerie si harmonieuse que la vierge sent son cœur, déjà bien disposé, se gonfler d'amour. Ainsi je vis les âmes radieuses qui nous entouraient, se mouvoir et former des concerts. Leurs voix s'accordaient et se répondaient avec une suavité qu'on ne connaîtra jamais qu'au séjour du bonheur éternel.

[1] Saint Isidore, évêque de Séville, fut une des plus grandes lumières de l'église d'Espagne, au 7e siècle, mort en 626. On a de lui les livres d'Origène, une chronique, des commentaires sur les livres historiques de l'Ancien Testament.

[2] Bède, savant prêtre anglais, avait été moine jusqu'à l'âge de 30 ans. Il ne sortit jamais de l'Angleterre, malgré les vives instances du pape Sergius Ier qui voulait l'attirer à Rome. Il composa entre autres ouvrages des commentaires sur les épîtres de saint Paul. — Mort en 735. — C'est de Dieu lui-même qu'il aurait reçu le nom de *Vénérable*, gravé, dit-on, par un ange, sur son tombeau.

[3] Richard, originaire d'Ecosse, chanoine régulier de Saint-Victor, à Paris, fut très versé dans la théologie mystique.

[4] Grangier, qui dans sa traduction en vers de la Divine Comédie, traduit Sigieri par Séguier, savait sans doute qu'un savant de ce nom avait enseigné la dialectique à Paris, rue du Fouare, *nel vico degli strami*. Il est certain, dit Sainte-Foix, dans ses Essais sur Paris, que l'Université avait ses écoles dans la rue du Fouare, ainsi appelée parce que les écoliers n'étaient assis dans les classes que sur de la paille (fouerre, feurre). Il ne paraît pas d'ailleurs que ce Séguier ait aucun rapport avec la famille parlementaire des Séguier, dont le premier, Gérard Séguier, vint s'établir à Paris sous Louis XI. (Moréri).

CHANT XI.

O soins insensés des mortels![1] Par quels faux raisonnements, bornant vous-mêmes votre essor, volez-vous si bas et terre à terre? Les uns s'adonnent au droit, les autres à la médecine. Ceux-ci poursuivent le sacerdoce; ceux-là règnent par la force et l'astuce. Ici des fripons, là des gens qui courent après les emplois; ailleurs des voluptueux plongés dans les plaisirs charnels, ou livrés à la paresse. Ainsi se passe la vie des hommes; tels ils vivaient sur la terre, alors qu'affranchi de ces chaînes, j'étais monté avec Béatrix dans le ciel, où j'avais été si glorieusement accueilli.

Après que les âmes eurent achevé leur ronde, revenues chacune au point qu'elle occupait dans le cercle, toutes s'arrêtèrent et se tinrent fixes comme le cierge sur son chandelier. Alors un des esprits, celui qui m'avait parlé d'abord[2] avec un sourire qui le rendit plus radieux, reprit ainsi le discours : « Du rayon divin qui me fait resplendir, remontant au foyer de la lumière éternelle, j'y vois clairement tes pensées[3] et ce qui les fait naître. Dans ce que j'ai dit tout à l'heure[4], deux choses t'embarrassent. Tu désires que j'y revienne pour en développer le sens, et te faire comprendre quels sont ces pâturages où les brebis s'engraissent, à moins qu'elles ne soient prises de vertige et pourquoi j'ai dit d'un homme que nul ne s'est élevé depuis, qui l'ait égalé en sagesse.

« La Providence, qui régit le monde, et dont la sagesse est pour tous les êtres créés, un abîme sans fond, a voulu que l'Eglise, épouse de Jésus-Christ, qui scella ce mariage de son sang précieux par un grand cri jeté sur le Calvaire[5], suivît son bien-aimé d'un pas sûr et d'un cœur fidèle. C'est pourquoi elle a suscité

[1] *O miseras hominum mentes, ô pectora cœca.* (Lucrèce).

[2] Saint Thomas d'Aquin. La charité qui le fait parler augmente son éclat.

[3] On a vu dans le 9e chant comment les Bienheureux voient en Dieu, où tout vient se réfléchir, les pensées des hommes.

[4] Voir le chant précédent.

[5] Jésus ayant jeté un grand cri, rendit l'esprit (S. Mathieu). Ce cri est le *oui* prononcé par le fiancé de l'Eglise sur la croix devenue son lit nuptial. Venturi complète par ce dernier trait le sublime commentaire donné par Dante à cette pensée connue que l'Eglise est l'épouse de Jésus-Christ.

deux hommes, deux guides qu'elle a mis à ses côtés, l'un tout de feu, et brûlant d'ardeur séraphique, l'autre, miroir de sagesse, resplendissant de la lumière des Chérubins[1]. Parler de François, c'est louer en même temps Dominique, puisque leurs œuvres, empreintes de charité et de science, tendirent au même but. C'est du premier que je veux d'abord t'entretenir.

« Entre le Tupino et le Chiasi, rivière qui descend de l'ermitage de Saint-Ubald[2], il existe sur le flanc des Apennins une côte fertile, où Pérouse reçoit par sa porte du soleil[3] des chaleurs excessives et des froids rigoureux. Derrière, apparaissent Nocère et Gualdo, qui gémissent sous son joug[4]. C'est de là, du pied même de cette côte qu'a surgi un soleil comparable à celui au sein duquel nous nous trouvons, alors qu'il vous paraît sortir du Gange[5]. Aussi n'est-ce pas Assise qu'il faut appeler ce lieu ;à proprement parler son nom est Orient[6]. Cet astre n'était pas loin de son lever, lorsque déjà sa puissante vertu commençait à agir ; la terre en ressentit la bénigne influence. On vit un jeune homme encourir la disgrâce de son père pour une femme exclue de partout et déplaisante comme la mort. Bientôt, devant l'autorité spirituelle et en présence de son père, on le vit s'unir à sa maîtresse par un lien d'amour qui se resserra chaque jour davantage[7].

[1] Saint Dominique et saint François d'Assise, comme types de la science et de la charité, sont les deux colonnes de l'Eglise ; mais François est avec les Séraphins au 1er degré de la hiérarchie céleste, correspondant à la 9e sphère, ou Premier Mobile. Saint Dominique appartient au chœur des Chérubins, qui n'occupe que le second rang dans la sainte hiérarchie et répond au 8e ciel des étoiles fixes. (Parad. 28.) Ainsi la charité est mise au-dessus de la science.

[2] Sur le territoire d'Agobbio.

[3] Pérouse avait du côté d'Assise une porte nommée *la porta sole*.

[4] Nocère et Gualdo, assujettis par Pérouse, lui payaient de lourds impôts. Ne faut-il pas plutôt entendre que ces deux villes avaient beaucoup à souffrir des vents et de l'inclémence du ciel. Les commentateurs sont partagés.

[5] C'est aux portes du Gange qu'on plaçait les portes de l'Orient. Le soleil se levait dans la mer des Indes et se couchait dans l'Océan.

[6] Le poète, en changeant le nom d'Assise en celui d'Orient, joue évidemment sur le mot *Ascesi*, qui exprime une idée d'ascension, d'élévation. Les habitants d'Assise, en Ombrie, étaient en effet, élevés sur une montagne, *Ascesi*. Dante a peu de ces concetti intraduisibles.

[7] Pietro Bernardone, riche et avare, cita son fils devant l'évêque ; et, lui reprochant de ne prendre souci de sa fortune, il demanda qu'il lui fît abandon de ce qu'il possédait, et de ce qui devait lui revenir. François y consentit, et se dépouilla même devant son père des habits qu'il portait, en signe de sa renonciation au monde. C'est maintenant, ajouta-t-il, que je pourrai dire avec plus de vérité : Notre Père qui êtes dans les cieux.

Le jeune François épousa en forme la pauvreté, comme on vit depuis Catherine de Sienne se fiancer devant l'Eglise à Jésus-Christ.

« Veuve de son premier époux, depuis onze siècles et plus[1], cette femme avait jusque-là vécu obscurément méprisée et délaissée. Vainement César, ce conquérant, l'effroi de la terre, l'avait-il trouvée sans peur au son de sa voix, dans la cabane d'Amyclas[2]. Vainement avait-elle porté la constance et la force d'un cœur invincible jusqu'à monter avec Jésus-Christ sur la croix, au pied de laquelle Marie était restée, rien n'avait pu lui gagner les cœurs.

« Mais pourquoi te laisser en suspens davantage? Ces deux amants, pour le déclarer enfin sans détour, sont François et la Pauvreté[3], couple tendrement uni, dont la concorde, l'air joyeux et les doux regards faisaient naître l'amour et l'admiration, et inspiraient de pieuses pensées.

« Le vénérable Bernard[4] se déchaussa le premier pour les suivre, pressé d'atteindre à cette heureuse paix de l'âme, et hâtant sa course trop lente au gré de ses désirs. O richesse ignorée! O bien solide et véritable! Egidius aussi et Sylvestre[5] se font moines

[1] François d'Assise fonda un ordre religieux vers l'année 1206. Sa naissance peut donc remonter à l'an 1170, et l'ère chrétienne, datant de l'incarnation, il y avait 1137 ans, écoulés depuis la mort de Jésus-Christ. La Pauvreté était donc veuve du Sauveur, suivant la belle image du poète, depuis onze siècles et plus, lorsqu'elle fut épousée de nouveau par François. La supputation est exacte.

[2] Amyclas, réveillé pendant la nuit par César, l'admit sans crainte à son pauvre foyer, et consentit à le passer dans sa barque, d'Apollonie à Brindes où il allait seul presser le départ du reste de son armée, avant de livrer la bataille de Pharsale. — Rassuré par sa pauvreté, dit Lucain, il sait que sa cabane est à l'abri du pillage.

Securus belli, prædam civilibus armis
Scit non esse casam. (Pharsale v.)

Brébeuf a traduit ainsi ce passage :

César, qui fait trembler partout les potentats,
Vient frapper à sa porte, et ne l'étonne pas.

C'est à cet Amyclas, que Plutarque ne nomme pas, que César dit, au milieu de la tempête : « Tu portes César et sa fortune. »

[3] Admirable personnification de la pauvreté, courageuse et constante, quoique toujours rebutée. Ce trait du poète est sublime. L'Homme-Dieu se dévoue et meurt pauvre, comme il avait vécu, sacrifice qui l'emporte infiniment sur les douleurs de la Vierge-Mère. Il n'y a là, quoi qu'en ait dit un commentateur moderne, ni recherche prétentieuse, ni impiété.

[4] Ce Bernard n'est pas l'illustre abbé de Clairvaux, mort en 1153, avant la naissance de saint François. C'était un des principaux citoyens d'Assise, qui résolut de quitter le monde, à l'exemple de saint François. Il prit le froc, et alla prêcher dans la Romagne et dans la Marche d'Ancône.

[5] Egidius, ou le frère Gilles, fut le troisième disciple de saint François. Sylvestre est aussi au nombre de ses premiers adhérents.

déchaussés à la suite de l'époux, parce que l'épouse a touché leurs cœurs. Il part accompagné de sa dame[1], c'est un père, c'est un maître au milieu de ses disciples que ceint déjà l'humble cordon[2], et sans baisser les yeux par fausse honte, sans rougir de sa naissance, ni de son extérieur qui le fait paraître méprisable, le fils de Piétro Bernardone[3] se présente au pape Innocent avec une assurance toute royale. Il lui soumet sa règle austère, et en obtient la bulle d'institution de son Ordre[4].

« Après que l'humble troupeau se fut accru, le digne Archimandrite dont la vie admirable[5] serait mieux célébrée dans le chœur des Anges, se vit décoré d'une seconde couronne. François dut au pape Honorius, inspiré par l'Esprit-Saint, toutes les prérogatives du sacerdoce[6]. Puis il alla, poussé par la soif du martyre, prêcher l'Evangile au Soudan[7], annonça aux infidèles Jésus-Christ et les Apôtres. Mais, las de perdre son temps au milieu de cette race trop dure à convertir, il revint en Italie, où l'attendait une meilleure moisson.

« Là, retiré sur un roc sauvage[8], entre le Tibre et l'Arno, il

[1] C'est-à-dire en compagnie de la pauvreté qu'il avait solennellement épousée.

[2] Le mot du texte est *capestro*, licou. Le cordon de saint François qui appelait son corps un âne, est pris ici dans une acception particulière. Ce n'est pas une ceinture.

[3] Pietro Bernardone, père de saint François, était un simple marchand de laines.

[4] L'Ordre des Franciscains fut approuvé par Innocent III, dans le Concile général de Latran en 1215. Il se divise en plusieurs branches, les Mineurs, les Saintes-Claires et le Tiers-Ordre, ou religieux de la pénitence. Les frères Mineurs se subdivisèrent en Conventuels, Observantins, Récollets, Capucins, compris tous sous la dénomination de Cordeliers.

Les Franciscains s'appelèrent d'abord les pauvres Mineurs, par opposition aux pauvres de Lyon, ainsi nommés par les Vaudois, au 12e siècle.

[5] La vie de saint François d'Assise a été écrite par saint Bonaventure, le docteur séraphique appartenant à son ordre.

[6] Le pape Honoré III confirma le nouvel institut en 1223, et permit aux frères Mineurs de recevoir les ordres. Bonaventure fut prêtre et cardinal.

[7] Les Croisés assiégeaient Damiette. François s'étant rendu au camp des assiégeants, se fit prendre par les assiégés et conduire au sultan d'Egypte, Méleddin, qu'il essaya vainement de convertir. Il tourna ensuite ses vues sur le Maroc; mais étant tombé malade en Espagne, il y envoya pour lui le frère Gilles, et quatre moines qui, chassés plusieurs fois, et revenant toujours, furent condamnés à mort. L'empereur leur trancha lui-même la tête, suivant l'usage du pays.

[8] On montre encore sur le mont d'Alvernia, en Toscane, le rocher où le saint s'était retiré.

reçut du Sauveur lui-même, les divins stigmates, qui mirent le dernier sceau à sa mission[1], jusqu'à ce qu'il plût à Celui qui l'avait gratifié de cette faveur insigne de l'attirer à lui deux ans après, et de grandir selon ses mérites l'homme qui s'était fait petit. Il laissa pour héritage à ses frères, sa chère compagne qu'il avait tant aimée, et leur recommanda[2] de l'aimer aussi fidèlement. Puis cette belle âme brisant son enveloppe mortelle, reprit son vol vers sa céleste patrie, et François ne voulut d'autre cortège à sa bière que la pauvreté.

« Juge maintenant quel a dû être le digne collègue[3] d'un pareil homme, chargé de conduire en haute mer la barque du pêcheur, et de l'y maintenir sans la laisser dévier. Tu peux comprendre qu'en suivant Dominique, en s'attachant à ce guide qui fut notre chef[4], on navigue bien chargé et sans péril. Mais son troupeau est devenu si avide de nouveaux pâturages que force lui est de se répandre en divers lieux, et plus les brebis vagabondes s'éloignent de leur pasteur, plus elles reviennent vides de lait. Il en est bien qui, sentant le danger, se serrent contre lui de peur que mal ne leur arrive, mais qu'ils sont en petit nombre, ces disciples dociles ! Il faut peu d'étoffe pour leurs frocs.

« Maintenant, si mes paroles ne sont pas impuissantes, si tu m'as prêté une oreille attentive, si tu repasses dans ton esprit ce que je viens de te dire, ton doute sera, ce me semble, éclairci. Tu verras où saigne la plaie, et tu comprendras quel était le sens de ma censure, lorsque je parlais de ces pâturages, *où les brebis s'engraissent, à moins qu'elles ne soient prises de vertige.* »

[1] Jésus-Christ apparut en songe à saint François et lui laissa aux pieds et aux mains les stigmates, c'est-à-dire l'empreinte des trous des clous. On le voit ainsi représenté dans maints tableaux.

[2] La règle de saint François porte que les frères n'auront rien en propre, et ne recevront point d'argent ; qu'ils vivront du travail de leurs mains et d'aumônes. Par son testament, il défendit à ses disciples de demander au pape aucun privilège, ni aucune explication de sa règle.

[3] Saint Dominique, fondateur d'un autre institut, travailla comme saint François à l'affermissement de l'Église. C'est en ce sens qu'il est appelé son collègue.

[4] Il ne faut pas oublier que c'est saint Thomas d'Aquin qui parle, et qu'il avait été Dominicain. Il censure ici les religieux de son Ordre, comme on verra, dans le chant suivant, le Franciscain Bonaventure s'élever avec sévérité contre le relâchement de la règle de saint François.

CHANT XII.

A peine Thomas eut-il achevé ces mots que ses bienheureux compagnons se remirent à circuler autour de nous. Mais, avant qu'ils eussent fait un tour entier, un autre cercle d'Elus les avait environnés, et s'était mis, en suivant leurs mouvements, à l'unisson de leurs chants. Formés par des voix suaves, ces chants étaient autant au-dessus de nos mélodies humaines, au-dessus de notre art musical, que la lumière directe l'emporte en éclat sur celle qui nous arrive par réflexion.

Comme on voit, sur un ordre donné par Junon à sa prompte messagère, se dessiner dans la nue deux arcs parallèles, aux mêmes couleurs; le plus grand émane de l'arc intérieur comme l'Echo naquit jadis d'une nymphe consumée d'amour, vapeur légère absorbée par le soleil[1], et tous deux annoncent au monde, en signe de l'alliance faite par Dieu avec Noé[2], que la terre est pour jamais à l'abri d'un nouveau déluge; ainsi tournaient, comme deux guirlandes de roses, ainsi se répandaient dans leurs cercles concentriques, les âmes immortelles des Elus qui nous entouraient.

Quand ces âmes eurent quelque temps dansé, chanté, scintillé en se renvoyant l'une à l'autre leurs lumières, elles arrêtèrent toutes ensemble et en même temps leurs mouvements vifs et gracieux, comme nos yeux, attachés à l'objet qui leur plaît, par un accord nécessaire, abaissent et relèvent leurs cils. Et du sein de l'une d'elles[3], placée dans le second cercle, sortit une voix, vers laquelle je me tournai soudain, comme la boussole dirige vers le pôle nord la pointe de son aiguille.

— « Je me sens, disait-elle, inspirée par l'amour divin qui

[1] Ce luxe de comparaisons entées l'une sur l'autre et resserrées en six vers, causent moins de plaisir que de fatigue.

[2] *Arcum meum ponam in nubibus, et erit signum fœderis inter me et terram.* (Genèse 9.)

[3] Saint Bonaventure. — En le plaçant derrière saint Thomas, Dante a-t-il entendu le mettre dans un rang inférieur ? Si l'on compare les douze docteurs du second cercle avec les douze du cercle inférieur, la différence n'est point frappante.

m'illumine. Il me presse de faire pour Dominique ce qu'en son nom tout à l'heure on a si bien fait pour mon maître François. Il est bien juste qu'où l'un paraît, l'autre en même temps se montre. Ensemble ils ont combattu, ensemble il faut qu'ils soient célébrés.

« L'armée du Christ, remise sur pied à si cher prix, marchait peu nombreuse sous la sainte bannière. Lente et incertaine, elle avait besoin d'être raffermie, lorsque le grand monarque, dont le règne est éternel, daigna, par un acte de pure grâce et non à cause de ses mérites, pourvoir à la situation critique de son Eglise. L'époux assista l'épouse de deux champions, et leur ordonna de parler et d'agir[1] pour ramener son peuple égaré.

« Dans cette contrée, où le doux zéphir[2] ouvre les jeunes feuilles, dont se revêt l'Europe, non loin des rivages battus par le flot des mers du couchant, derrière lesquelles, franchissant parfois[3] des espaces immenses, le soleil se cache durant de longues heures aux yeux des mortels, là s'élève l'heureuse Calahorra[4], fière de porter les armes de Castille, sous la protection du Lion, qui tantôt supporte et tantôt surmonte un castel.

« Elle vit naître l'amoureux chevalier de la foi[5], ce saint athlète qui s'arma pour la défendre, doux envers les siens, terrible aux adversaires du Christ. A peine sortie des mains du Créateur, son âme, pleine du Dieu vivant, prophétisa dans le sein de sa

[1] Les frères Prêcheurs de Saint-Dominique et les frères Mineurs de Saint-François devaient assurer à l'Eglise deux biens, la prédication et l'exemple des vertus chrétiennes.

[2] L'Espagne, sise à l'Ouest de l'Europe, est considérée ici comme la patrie du Zéphir, vent de l'Occident.

[3] Le soleil se couche dans l'Océan Atlantique, et c'est en hiver qu'il se dérobe à nous par la fuite la plus longue, *per la lunga foga*.

[4] Calahorra, l'ancienne Calaguerris des Romains, ville d'Espagne, sise sur l'Ebre, dans la vieille Castille. Les armes de la Castille sont un écu en quartier, qui a d'une part un lion surmonté d'un château, et de l'autre un château surmonté d'un lion.

[5] Lorsque Dante écrivait ce panégyrique, il n'y avait guère plus de 60 ans que saint Dominique avait été canonisé, 1235. Il avait la gloire, aux yeux de l'Eglise, d'avoir extirpé l'hérésie des Albigeois. Tout était encore plein de son nom, et de l'utilité d'un Ordre qui venait, disait-on, de sauver le catholicisme.

Dominique de Guzman, gentilhomme espagnol, né en 1170, était archidiacre et se trouvait à Toulouse, lorsque Simon de Montfort fut mis à la tête d'une croisade contre Raymond, comte de Toulouse, fauteur des Albigeois. Il prêcha contre ces hérétiques avec tant de zèle qu'après la victoire de Simon de Montfort, en 1213, le pape lui donna la charge d'Inquisiteur en Languedoc. Les

mère[1], Bientôt s'accomplirent sur les fonts baptismaux, entre lui et la Foi, les saintes fiançailles, où ils se promirent en dot, et se garantirent leur salut mutuel[2].

« Sa marraine, qui avait vu en songe les fruits merveilleux qui devaient naître de cet arbre et de ses nombreux rameaux[3], fut inspirée, afin de montrer au monde ce qu'il était, de l'appeler du nom[4] de celui à qui il appartenait tout entier. Il fut nommé Dominique, c'est-à-dire homme du Seigneur, choisi par le divin jardinier, pour travailler à sa terre; choisi, dis-je, et envoyé par le Christ, à telles enseignes que son premier désir fut d'accomplir, le premier conseil de l'Evangile[5]. Plusieurs fois sa nourrice le trouva éveillé, à genoux par terre, dans un silence qui semblait dire : je ne suis venu au monde que pour m'humilier.

« Heureux Félix, et vous Jeanne, pleine de grâces, (s'il est vrai que Jeanne ait en hébreu cette signification[6]) ; vous qui fûtes ses père et mère[7], c'est bien à juste titre que vous avez porté ces noms !

Albigeois furent réduits par le fer, qui vint en aide aux prédications de Dominique. Leur secte fut noyée dans le sang.

C'est au milieu de ces luttes acharnées que Dominique fonda son Ordre, tendant à la conversion des hérétiques avec le concours du bras séculier. L'Inquisition, s'il n'en est pas le fondateur, lui fut livrée par le Saint-Siège, et les fonctions du Saint-Office ont toujours été entre les mains des Dominicains. La charge de maître du Sacré-Palais, qui comprenait l'interprétation de l'Ecriture, et la censure des livres, fut aussi créée pour lui, et toujours exercée depuis par les religieux de son Ordre, auprès du Saint-Siège. Il mourut en 1221, justement un siècle avant Dante. Par une dérogation aux usages de l'Eglise, il fut canonisé 14 ans seulement après sa mort.

[1] C'est la partie merveilleuse dans la vie du saint : la mère de Dominique songea pendant sa grossesse qu'elle mettait au monde un chien blanc et noir, qui portait dans sa gueule un flambeau allumé. On sait que l'habit religieux des Dominicains est mêlé de blanc et de noir.

[2] Dante se répète ici, mais avec une variante admirable. Il nous montre dans ce mariage mystique, Dominique et la Foi se garantissant mutuellement leur salut. Quel magnifique éloge du saint docteur.

[3] Autre merveille de la légende. Sa marraine l'avait vu en songe, portant une étoile au front et une autre à la nuque. L'Orient et l'Occident resplendissaient de cette double clarté.

[4] *Domenico*, nom possessif suivant le texte, comme royal est le nom possessif de roi.

[5] *Si vis perfectus esse, vade et vende omnia quæ habes, et da pauperibus et sequere me.* (S. Mathieu.) — On dit que Dominique, écolier, vendit jusqu'à ses livres pour faire l'aumône.

[6] Dante ne savait donc pas l'hébreu. On lit dans un index des noms de langue étrangère qui se trouvent dans la Bible : *Johannes gratiosus, pius, misericors.*

[7] Dominique eut pour père Félix de Guzman, et sa mère se nommait Jeanne d'Aça.

« Insensible à la gloire mondaine de la science, qui fait courir aujourd'hui[1] aux leçons d'un Ostiense et d'un Taddeo, Dominique, par pur amour de la vérité, sainte manne, dont il était avide, se rendit en peu de temps un grand docteur[2] et devint ouvrier de cette vigne, qui se flétrit bientôt, lorsqu'une main malfaisante la cultive.

« S'adressant ensuite au Saint-Siége, autrefois plus secourable aux pauvres, (que la faute en retombe non sur lui, mais sur le pontife indigne qui l'occupe en ce moment[3]), il dédaigna ses faveurs les plus enviées. Il ne demanda ni des dispenses pour restituer la moitié ou le tiers du bien mal acquis[4], ni des promesses de bénéfices, ni les décimes, qui sont le trésor des pauvres[5]; mais il demanda la mission glorieuse de combattre pour la vérité contre l'erreur pour la foi, semence précieuse qui a produit les vingt-quatre Elus qui t'entourent[6].

« On le vit ensuite, fort de sa doctrine et de son zèle, soldat du Saint-Office, s'élancer comme un torrent gonflé, et battre les racines de l'hérésie, d'autant plus impétueux qu'il rencontrait de plus grands obstacles. C'est de ce torrent que sont nés maints ruisseaux[7] qui arrosent le monde catholique, et rendent partout sa végétation plus forte et plus belle.

[1] Ostiense, le Décrétaliste, et Thaddée, médecin florentin, contemporains de Dante, avaient de nombreux disciples, qui ne suivaient leurs leçons que dans des vues de lucre.

[2] Dominique étudia fort jeune la théologie à Palencia, où était la plus célèbre école de la Castille.

[3] Ce pape qui a forligné, *che traligna,* c'était Boniface VIII, qui occupait en 1300 le siège pontifical.

[4] Deux ou trois pour six, c'est-à-dire le tiers ou la moitié.

[5] Les vers latins, jetés par Dante au milieu de son poème, sont des passages des livres saints ou des Pères, qui étaient dans la bouche de tout le monde, et avaient reçu en quelque sorte une consécration populaire. — *Non decimas quæ sunt pauperum Dei* sont sans doute une citation de ce genre.

[6] Les douze docteurs qui forment le second cercle autour de Dante et de Béatrix, sont nommés dans ce chant. Ce sont Bonaventure, Illuminat, Augustin, Hugues de Saint-Victor, Pierre Comestor, Pierre l'Espagnol, Nathan, Chrysostôme, Anselme de Cantorbéry, Donat, Raban et Joachim le Calabrais. — Les douze autres, compris dans le cercle intérieur, avaient été aussi désignés nominativement dans le chant 10e, sous les noms de Thomas d'Aquin, Albert de Cologne, Gratien, Pierre Lombard, Salomon, Denis l'Aréopagite, Orose, Boèce, Isidore, Bède, Richard de Saint-Victor et Séguier.

Il faut remarquer que saint François d'Assise ne figure point parmi ces 24 personnages, mais qu'il s'y trouve trois de ses disciples. Sa place est dans l'Empyrée, au sein de la rose mystique avec les Séraphins.

[7] Si Dante a voulu parler des tribunaux du Saint-Office, répandus dans l'univers catholique, l'histoire n'a point ratifié cet éloge. La France n'a jamais admis l'Inquisition.

« Si tel fut Dominique, l'une des roues de ce char, dans lequel l'Eglise soutint sa guerre défensive, et vida en champ clos ses querelles intestines[1], tu peux juger de ce que valait François, l'autre roue du même char, François pour qui, tout à l'heure avant mon arrivée, Thomas a eu des paroles si courtoises. Mais hélas! la voie qu'il a tracée dans la carrière est aujourd'hui abandonnée[2].

« La liqueur évaporée n'a laissé que la lie au fond du vase; et ceux dont il avait fait une famille de frères, marchant pied à pied sur ses traces, ont fait aujourd'hui volte-face, et vont à rebours des vestiges laissés par le maître. Aussi, telle semence, telle moisson, l'on s'en apercevra, lorsque l'ivraie aura crû si abondante que les greniers seront insuffisants pour la recueillir.

« Il est vrai qu'en feuilletant le catalogue, on trouverait encore à la gloire de cet Ordre, tels noms dont on pourrait dire : « Ils sont encore ce qu'ils étaient. » Mais ce n'est ni de Casal[3], ni d'Acqua Sparta que lui viendra cet honneur, puisqu'en ces lieux on voit la règle de l'institut relâchée ici par tel qui l'élude, forcée là jusqu'à la rigueur par tel autre qui en méconnaît l'esprit.

« Tu vois en moi Bonaventure, natif de Bagnoreggio. Elevé aux plus hauts emplois, j'ai toujours négligé les soins temporels[4].

« Ici brillent Illuminat et Augustin[5], pauvres moines déchaussés, qui ceignirent les premiers le cordon pour devenir les amis de Dieu. Viennent ensuite Hugues de Saint-Victor[6], et

[1] L'Eglise militante, au 13e siècle, a vaincu l'hérésie et l'orgueil des grands par le glaive de la parole et par l'exemple de la pauvreté.

[2] Bonaventure revient à saint François et aux moines de son Ordre, qu'il accuse, quoique Franciscain, de s'être écartés de la règle primitive.

[3] Casal, ville du Piémont, dans le Montferrat. — Acqua Sparta du comté de Lodi, dans l'Etat Romain. — Les généraux de l'Ordre, auxquels s'applique le blâme du poète, sont d'après les anciens commentateurs, Fra Ubertino et Fra Matteo.

[4] Bagnoreggio ou Bagnarca, petite ville de Toscane. Bonaventure avait été général de l'Ordre des Franciscains avant d'être cardinal et évêque. Ses nombreux écrits ont un caractère particulier, qui l'ont fait appeler le docteur séraphique. Il avait enseigné la théologie. Il mourut en 1274, à Lyon, où il venait d'arriver pour prendre part au 2e Concile général.

[5] Illuminat et Augustin, deux frères mineurs, premiers disciples de saint François.

[6] Hugues, prieur de l'abbaye de Saint-Victor, près Paris, mort en 1142. Il a laissé entre autres ouvrages, un traité des Sacrements.

Pierre Comestor,[1] et Pierre l'Espagnol[2] qui s'est illustré par ses dix livres sur la dialectique. Voici le prophète Nathan[3], voici Chrysostôme de Bysance[4], Anselme de Cantorbéry[5] et Donat le grammairien[6], qui daigna mettre la main au premier instrument de nos connaissances. Là tu peux voir Raban[7], et dans la lumière qui scintille près de moi, reconnaître l'âme de Joachim le Calabrais[8], de ce saint abbé, qui posséda l'esprit prophétique.

« Le généreux zèle de saint Thomas et ses belles paroles en

1 Pierre Comestor, ou le mangeur, *mangiadore*, né à Troyes, en Champagne, fut chancelier de l'Université de Paris. Il se retira ensuite dans l'abbaye de Saint-Victor, où il composa son histoire scolastique. Il y mourut en 1198. Son épitaphe, conservée jusqu'en ces derniers temps, est pleine de jeux de mots qui la rendent curieuse :

Petrus eram quem petra tegit, dictus que comestor
Nunc comedor. Vivus docui, nec cesso docere
Mortuus, ut dicat qui me videt incineratum :
Quod sumus iste fuit, erimus quandoque quod hic est.

2 Pierre l'Espagnol n'est connu aujourd'hui que comme auteur de cet ouvrage.

3 Les prophètes étaient des interprètes de l'ancienne loi, qui avaient plus d'autorité que les docteurs. Qu'on ne s'étonne donc pas de trouver ici Nathan, et qu'on se souvienne que, par la mort de Jésus-Christ, le Paradis a été ouvert aux anciens patriarches.

4 Saint Chrysostôme, patriarche de Constantinople, auteur des homélies sur les quatre Evangiles.

5 Saint Anselme, archevêque de Cantorbéry, avait été abbé du Bec en Normandie, après y avoir pris l'habit de bénédictin en 1060. Il était d'Aoste, en Piémont. Il résista avec une constance inflexible aux rois d'Angleterre, Guillaume le Roux et Henri Ier, sur la question relative aux investitures des bénéfices.

Les œuvres de saint Anselme sont en grande estime dans l'Eglise.

6 Donat le grammairien vint à Rome au 4e siècle, et fut le précurseur de saint Jérôme. Il est l'auteur d'une grammaire, et l'on a de lui des commentaires sur Térence et sur Virgile Mais les vies de ces deux poètes lui ont été attribuées à tort.

7 Raban, grand théologien et le meilleur poète de son temps, avait étudié à Tours, sous le célèbre Alcuin ; mais il était né en Allemagne, quoiqu'on l'ait cru à tort anglais d'origine. Voué, à l'âge de dix ans à l'ordre de saint Benoit, dans l'abbaye de Fulde, il en fut ensuite abbé en 822. Elu archevêque de Mayence en 845, il célébra plusieurs conciles, et eut part à toutes les grandes affaires du temps. Mort en 856.

8 Joachim, né en Calabre, religieux de l'ordre de Citeaux, fut abbé fondateur de la congrégation de Flore : *Monasterii Florensis*. Après avoir commenté plusieurs prophètes et l'Apocalypse, il écrivit à son tour des prophéties sur les papes, mais cet ouvrage, qui existe sous son nom, s'est vérifié d'une manière si extraordinaire, après sa mort, arrivée en 1202, que plusieurs l'ont regardé comme l'œuvre d'un imposteur. Dante, qui présente ici Joachim comme doué de l'esprit prophétique, paraît n'avoir eu aucun doute sur l'authenticité de son livre.

l'honneur de François, mon maître, ont rappelé le sien à ma mémoire, et je me suis empressé de venir avec mes compagnons, louer Dominique, ce grand paladin de l'Eglise. »

CHANT XIII.

Qu'on se figure, pour bien comprendre ce que je vis alors, et pour s'en faire une image qui se grave dans l'esprit comme sur la pierre, qu'on se figure quinze étoiles choisies dans le firmament parmi celles dont l'éclat perce les couches les plus épaisses de l'air ; qu'on se représente les sept étoiles du chariot qui roule nuit et jour dans le ciel, sans jamais quitter notre hémisphère[1] ; qu'on en prenne deux autres au front de la petite Ourse[2], dont la queue touche au pôle, à la pointe même de l'axe autour duquel se meut la première sphère[3]; que de ces vingt-quatre étoiles on forme par la pensée deux constellations figurant chacune la couronne d'Ariane[4], qui lui fut enlevée, lorsqu'elle sentait le froid de la mort ; qu'on se les imagine, rayonnant toutes l'une sur l'autre, et chaque bande tournant rapidement en sens contraire[5], et l'on pourra se former une idée de ce chœur d'âmes bienheureuses qui dansaient autour de nous, et formaient un double cercle, dont j'étais le centre ; faible image d'un mouvement qui surpasse au-

[1] A la différence des autres étoiles qui se lèvent et se couchent, celles du chariot, ou grande Ourse, à cause de leur position polaire, ne descendent jamais sous notre horizon.

[2] Cette constellation n'est pas ainsi nommée dans le texte. Le poète la compare à un cornet, dont le pavillon a deux étoiles brillantes, et qui touche au pôle par l'autre extrémité. Le nom populaire de la petite Ourse, au moyen-âge, n'était-il pas le cornet ? (*il corno*).

[3] La lune, qui tourne autour de la terre sur un axe parallèle à celui de notre globe.

[4] Ariane, abandonnée par Thésée dans l'île de Naxos, fut sauvée de son désespoir par Bacchus, qui changea la couronne de cette princesse en constellation. (Ovid. mét. 8.)

[5] Les deux couronnes d'âmes lumineuses se meuvent en sens inverse. Les commentateurs ont ainsi entendu ce vers : « *Che l'uno andasse al primo, e l'altro a poi.* » On peut même dire que, tournant sur elles-mêmes, à mesure qu'elles avancent, elles exécutent chacune deux mouvements contraires ; ce qui doit augmenter leurs feux.

tant nos allures habituelles, que la huitième sphère[1] surpasse en vitesse le cours de la Chiana[2]. Là ce n'est point Bacchus qu'on célèbre en criant : Io Pœan ! Les chants s'adressent à Dieu, aux trois personnes qui sont en lui, à la double nature de la personne divine qui a revêtu l'humanité[3].

Les chants et la danse prirent fin, et ces âmes radieuses, se félicitant de passer d'un pieux office à un autre, s'arrêtèrent en cercle devant nous. Puis, l'une d'elles rompit le silence observé par tout le chœur. C'était le même Thomas, qui m'avait raconté la vie admirable du Bienheureux François, le pauvre de Dieu[4].

— « Voici déjà, me dit-il, un nœud délié[5]. J'ai battu la gerbe, et tu en as recueilli le grain. Je puis encore, stimulé par le divin amour, extraire de l'autre gerbe le froment qu'elle contient.

« Ta pensée se porte d'une part sur celui dont a été formée la belle gourmande[6], à qui le monde entier doit sa chute, et d'autre part sur le nouvel Adam, sur le grand Réparateur dont les mérites, pesés avec les fautes passées et futures des hommes, ont fait et feront toujours pencher la balance. Tu te dis : dans cette poitrine d'où a été tirée une côte précieuse, dans ce cœur qu'un coup de lance a percé, Dieu qui les a formés tous deux a mis tous les trésors de lumière, que comporte la nature humaine. Comment donc admettre ce qui a été dit tout à l'heure ? Comment entendre sans surprise qu'un homme, autre qu'eux, n'eut jamais son pareil en sagesse ?

[1] Le ciel des étoiles fixes. Ptolémée, que Dante suit toujours, le fait tourner comme les sept sphères autour de notre globe, et avec d'autant plus de rapidité qu'à cause de son éloignement de la terre, il a un plus grand cercle à parcourir.

[2] La Chiana est une rivière dont les eaux lentes et quelquefois stagnantes traversent les territoires d'Arezzo et de Sienne.

[3] Ces hautes matières conviennent aux théologiens et doivent être le sujet de leurs chants.

[4] Voir au chant 11e, le mariage mystique de François d'Assise avec la Pauvreté.

[5] A la première question de Dante : quels sont ces pâturages où les brebis s'engraissent, à moins qu'elles ne soient saisies de vertige ? il a été répondu par saint Thomas : ce sont les ordres religieux des Franciscains et des Frères Prêcheurs. Le même saint Thomas va répondre à la seconde question : quel est le Bienheureux de la 5e sphère que nul n'a égalé en sagesse ? c'est Salomon.

[6] Eve.

« Prête l'oreille à ma réponse[1], et tu verras que ta pensée s'accorde avec mon dire, que nous sommes tous deux dans le vrai, comme le point dans le cercle dont il occupe le centre.

« Tout dans l'univers, ce qui meurt et ce qui ne peut mourir n'est que le reflet de l'idée modèle qu'engendre le Tout-Puissant par un immense amour. En effet, cette lumière vivante, qui émane du grand foyer, qui s'y confond avec l'amour dans une indivisible Trinité, projette sur les neuf chœurs des Anges, sans jamais cesser d'être une, le faisceau de ses rayons, qui s'y reflètent comme sur des miroirs. Puis elle descend aux puissances secondaires, opérant à chaque degré, avec moins de vertu, jusqu'à ne produire enfin que des effets caducs et *contingents*. J'entends par ce mot toutes les générations produites avec ou sans germe, par l'action féconde et le mouvement des cieux.

« Or, la matière de ces êtres n'est pas homogène. Les forces qui les meuvent sont aussi de nature diverse. Comme la cire, elles reproduisent le type idéal avec plus ou moins de fidélité. Aussi voit-on l'arbre produire des fruits de qualités différentes, comme ses espèces ; aussi, les hommes naissent-ils avec des talents divers ; ce qui n'aurait pas lieu, si la matière étant bien disposée, les cieux agissaient sur elle à leur plus haute puissance. L'empreinte aurait alors tout son relief; mais la nature la donne toujours imparfaite, semblable dans ses œuvres à l'artiste exercé dont la main tremble[3].

« Donc si la lumière increée, mue par le divin amour, se porte avec sa vertu suprême en quelque lieu que ce soit, là doit se manifester sa perfection même. C'est ainsi que la terre, l'argile

[1] Adam et Jésus-Christ, nouvel Adam, sont hors de toute comparaison. — Cependant Salomon a été sans pareil, en ce qu'il a demandé le don de la sagesse, pour être un roi digne de ce nom. C'est comme roi et en ce sens qu'il n'a point d'égal.

Cette solution, assez difficile à saisir au milieu d'une métaphysique ardue, repose sur un mot de la phrase qui avait embarrassé Dante. Dans cette phrase : nul ne s'est élevé aussi haut en sagesse, le mot *surse* (s'est élevé) devait lui faire comprendre qu'il s'agissait d'un roi.

[2] On a longtemps admis des créations sans germe comme celle des insectes nés, disait-on, de la pourriture.

[3] Dante, pour expliquer l'état de perfection dans lequel sont nés Adam et Jésus-Christ, complète ici l'exposé de sa doctrine sur la génération des êtres. Il l'a indiquée plusieurs fois ailleurs. — Voir sur les 9 chœurs angéliques le 28e chant.

grossière, fut élevée dans le premier homme à la perfection de l'organisme animal. C'est ainsi que la Vierge a enfanté.

« Certes, jamais homme ne fut ou ne sera qui vaille ces deux personnages, j'approuve à cet égard ton sentiment. Mais si je m'arrêtais là, tu me dirais aussitôt : comment donc se peut-il faire qu'un homme, autre qu'Adam et Jésus ait été sans pareil? Pour dissiper ce nuage, pense à ce que fut celui que je t'ai fait voir. Rappelle-toi quelle promesse lui avait été faite, et entre les choses qu'il pouvait demander, quelle fut la raison de son choix[1].

« Tu as bien compris sans doute qu'il s'agit ici de Salomon. Or, tu sais qu'il fut roi, et qu'il demanda la sagesse, pour être véritablement roi, et non pour savoir le nombre des intelligences qui font mouvoir les cieux[2], pour savoir si le nécessaire avec le contingent produit le nécessaire[3], ou si c'est proprement *être* que d'imprimer le premier mouvement[4], ou si l'on peut faire d'un demi-cercle un triangle qui n'ait pas un angle droit[5].

« Or, en rapprochant ceci de ce que j'ai dit, la sagesse royale de cette sagesse sans pareille qui, dans ma pensée, se rapportait au monarque, en saisissant bien ces mots dont je me suis servi : nul ne *s'est élevé*, tu verras que mes paroles n'avaient trait qu'aux rois, dont le nombre est grand, bien que les bons soient rares. Expliquées ainsi, elles n'ont rien qui contredise l'idée que tu as de notre premier père et de notre bien-aimé Sauveur.

« Tire de là cet enseignement qu'il faut toujours marcher bride

1 Le Seigneur apparut en songe à Salomon, et lui dit : « Demande ce que tu voudras, et je te l'accorderai...» Salomon répondit : « Donnez à votre serviteur un cœur docile, afin qu'il puisse juger votre peuple, et discerner le bien d'avec le mal. » Et le Seigneur dit à Salomon : « Parce que tu as demandé la sagesse, et non de grands biens et de longs jours, j'ai accédé à ton désir, en te donnant l'intelligence et la droiture de cœur, à ce point que nul n'aura été et ne sera jamais semblable à toi... *Ut nullus ante te similis tui fuerit, nec post te surrecturus sit.* Je t'ai donné par surcroît les richesses et la gloire. Jamais roi ne t'égalera dans les siècles à venir.... *Ut nemo fuerit similis tui cunctis retro diebus.* » (Reg. 3, 3.)

2 Les moteurs célestes sont les purs esprits qui sont innombrables.

3 On demande, en logique, si de deux prémisses, dont l'une est générale et l'autre particulière et contingente, on peut tirer une conséquence nécessaire.

4 Le poète a inséré ici la formule scolastique : *si est dare primum motum esse*; formule entendue par les commentateurs en ces deux sens : si c'est proprement *être* que d'imprimer le premier mouvement; ou bien, s'il faut admettre (*si dandum est*) qu'il y ait un premier mouvement.

5 C'est le problème de la quadrature du cercle.

en main, et être moins prompt à dire oui ou non, sans avoir vu ; car le dernier degré de la sottise est d'affirmer ou nier en toute rencontre et sans discernement, comme s'il n'arrivait pas souvent que le flot de l'opinion nous porte à l'erreur, et qu'ensuite la passion enchaîne la raison de l'homme. C'est pour lui plus que peine perdue (car il ne revient pas tel qu'il était parti) lorsqu'il a quitté la rive à la recherche de la vérité, comme un pêcheur mal instruit de son art.

« Le monde en offre cent exemples : Parménide, Mélissus, Brissus[1], et tant d'autres qui allèrent devant eux, sans savoir où, comme firent Sabellus[2], Arius[3], et maints hérésiarques insensés, qui, par rapport aux Ecritures furent comme ces lames d'épée qui renvoient des visages difformes[4].

« Ah ! qu'on se garde encore de juger trop vite, et d'imiter le villageois qui compte déjà ses gerbes avant que le blé soit mûr. J'ai vu le buisson, âpre et nu pendant l'hiver, reverdir ensuite et se couronner de roses. J'ai vu le vaisseau cingler droit et rapide en haute mer, et après une longue traversée périr enfin à l'entrée du port[5].

1 Anciens philosophes réfutés par Aristote ; Parménide d'Elée soutenait que la première génération des hommes était venue du soleil, et qu'en cet astre étaient les deux premiers principes de la nature, le chaud et le froid. — Mélissus était de Samos. Il soutenait que l'univers était plein et infini, et que n'y ayant pas de vide, le mouvement n'y était qu'apparent.— Brissus, moins connu, est pourtant cité par Aristote. (Lib. I. *Posteriorum analyticorum, 9.*) Diogène Laerce, dans ses vies des philosophes, ne fait pas mention de Brissus.

2 Sabellus, au 3e siècle, niait qu'il y eût en Dieu trois personnes distinctes. Il confondait le Père, le Fils et le Saint-Esprit dans une seule et même personne, ce qui toutefois n'excluait pas à son sens la Trinité. Saint Epiphane dit qu'il avait puisé cette erreur dans l'Evangile apocryphe des Egyptiens, où Jésus-Christ est introduit enseignant à ses Apôtres que le Père et le Fils ne sont qu'une personne.

3 Arius, prêtre d'Alexandrie, sous l'empereur Constantin, introduisit dans l'Eglise une hérésie, qui faillit envahir le monde chrétien. Condamné par plusieurs Conciles pour avoir nié la consubstantialité du Verbe, il persista à soutenir que le Fils n'était point égal au Père, n'ayant pas toujours existé. C'était nier la divinité de Jésus-Christ. Il mourut en 336.

4 On connaît cet effet de la réflexion produite par une lame d'épée, elle renvoie tortus et difformes les visages de ceux qui s'y mirent. L'hérésiarque ressemble doublement à une épée, soit parce qu'il mutile les Saintes Ecritures, en tronquant les textes, soit parce qu'il en est un miroir infidèle.

5 Toute cette morale, exprimée d'ailleurs en beaux vers, vient de ce que Dante a pu croire, sur un mot équivoque, que saint Thomas d'Aquin avait élevé Salomon pour sa sagesse au-dessus d'Adam et de Jésus-Christ. — Ici vraiment la liaison des idées est difficile à saisir.

« Que dame Berthe et maître Martin[1] n'aillent pas croire, pour avoir vu tel voler le bien d'autrui, tel autre porter à Dieu son offrande, qu'ils auront pour eux les yeux du Souverain Juge ; car de ces deux hommes, l'un peut se relever, et l'autre se perdre. »

CHANT XIV.

Dans un vase arrondi, l'eau se porte du centre à la circonférence ou de la circonférence au centre, lorsqu'elle est poussée du dedans ou du dehors. Cet effet revint à ma mémoire par sa similitude avec ce dont je fus alors témoin[2] ; car la voix du Bienheureux Thomas ayant cessé de se faire entendre, celle de Béatrix s'éleva aussitôt au centre de la couronne dont le saint était un des fleurons. Elle parla ainsi aux Elus qui nous entouraient :

— « L'homme qui est à mes côtés, dit-elle, quoiqu'il ne le dise pas, et qu'il n'y pense pas encore[3], a besoin d'être édifié sur un autre point. Esprits lumineux, dites-lui si vous devez conserver à jamais vos auréoles, telles qu'elles sont aujourd'hui ; et s'il en doit être ainsi, expliquez comment, lorsque vous aurez repris avec vos corps la qualité d'êtres visibles, la vue pourra vous atteindre au milieu de clartés aussi éblouissantes[4]. »

Comme on voit, dans la joie qui préside à une ronde, les éclats de voix et les gestes animés des danseurs, poussés et tirés en

[1] Ces noms du peuple ne s'appliquent à personne. Le peuple damne ou sauve les gens, du premier moment qu'il les voit agir en bien ou en mal. Cependant le pharisien, malgré ses aumônes, fut rejeté devant le Seigneur, et le publicain s'en alla justifié. (Luc, 28)

[2] C'est la même eau qui va et vient dans le vase ; c'est aussi la même voix, la voix humaine qui semble revenir au point d'où elle est partie, dans un cercle où deux personnes se répondent, l'une placée au centre, et l'autre à la circonférence. Dante est placé au milieu du cercle avec Béatrix.

[3] Les saints lisent dans la pensée des hommes, et l'on a vu par quel procédé (Purg. 9), ils connaissent même les pensées à naître qu'ils voient en Dieu, comme il sera dit au chant 15e.

[4] Il semble qu'il y ait ici, en effet, une impossibilité physique. La forme d'un corps se perd au sein d'une splendeur trop vive. Comment, après la résurrection qui doit rendre les saints visibles, les Elus, habitants du soleil, pourront-ils être vus et discernés sous le vêtement de lumière qu'ils doivent conserver ? Salomon va résoudre cette difficulté.

même temps, redoubler avec le plaisir ; tels, à ces paroles de Béatrix, épris d'une joie nouvelle et empressés de lui plaire, les saints qui l'entouraient s'agitèrent davantage dans leur double cercle avec des accents plus mélodieux.

On se plaint de ce qu'il faut mourir et quitter le monde pour l'autre vie. Ah ! c'est qu'on n'a pas vu, c'est qu'on n'a pas goûté le baume rafraîchissant de la rosée céleste !

Un Dieu en trois personnes, dont une est double elle-même[1], ces nombres, un, deux, trois, dont chacun est égal à chacun des deux autres, cette puissance toujours vivante et triomphante, que rien ne limite, et qui comprend tout ; tel était le sujet de leur chant, qui fut répété trois fois par chacun d'eux, cantique d'une mélodie exquise, et qui suffirait à la récompense des justes.

Dans le cercle le plus rapproché de nous, au sein de la plus vive de ces clartés mouvantes, une voix se fit entendre[2] aussi modeste que celle de l'ange qui apparut à Marie, et j'ouïs cette réponse :

— « Aussi longtemps que durera le Paradis, nous serons revêtus de cette auréole qui est le rayonnement de notre pieux amour. L'amour de Dieu n'existe en nous que par la grâce, et toujours au delà de nos mérites. D'après lui se mesure la vision céleste, d'où naît la sainte ardeur qui produit la clarté de nos auréoles. Au jour de la résurrection, quand l'âme aura repris son enveloppe charnelle, l'homme rendu à sa nature complexe, en sera plus agréable à son auteur qui, dès lors, lui versera plus largement, et par un pur don de sa grâce, les trésors de cette lumière, sans laquelle nous ne pouvons avoir la vue de Dieu. De là une vision plus nette qui avivera la sainte ardeur des Elus ; et de cette ardeur naîtra un rayonnement plus vif et plus intense. Mais de même que le charbon, lorsqu'il donne la flamme, en domine l'éclat par sa vive incandescence ; ainsi paraîtra sous l'auréole, qui déjà nous illumine, ainsi s'en distinguera notre

[1] La seconde personne de la Trinité est double, Jésus-Christ Dieu et homme.

[2] C'est bien Salomon qui répond à Béatrix, et non Pierre Lombard, quoique ce dernier appartienne aussi au plus petit des deux cercles. Le sage Salomon n'est pas moins propre que le *maître des sentences* à résoudre des questions difficiles. Il est désigné au 10e chant comme jetant le plus d'éclat parmi ces clartés mouvantes. *La quinta luce che tra noi più bella*. Celui à qui Dante attribue ici la lumière la plus vive, *la luce più dia*, ne saurait être que Salomon.

corps glorieux, cette chair que la terre aujourd'hui recouvre ; et nous ne serons pas accablés de tant de splendeur, parce que nos organes seront aptes à supporter tout ce qui peut accroître nos délices. »

Tous à l'instant répondirent Amen, et ce mot jeté vivement et avec ferveur me fit voir qu'ils aspiraient au jour de la résurrection des morts ; désir qu'ils formaient moins pour eux peut-être[1] que pour leurs pères, leurs mères, et tous ceux qu'ils avaient aimés dans le monde, avant d'être élevés à l'éternelle béatitude.

En ce moment, voici que, derrière les deux cercles lumineux, parut se former une clarté égale et uniforme, semblable à celle qui se répand à l'horizon, au point du jour. De même qu'à l'heure du crépuscule, il apparaît dans le ciel des objets nouveaux, dont les formes peu distinctes font hésiter sur leur réalité, il me sembla que je voyais poindre[2] de nouvelles substances éthérées[3], qui venaient, en dehors des deux premiers cercles, nous entourer d'une autre ceinture.

O véritable splendeur de l'Esprit-Saint ! Il rayonna tout à coup d'un éclat si vif et si pur que mes yeux furent contraints de se baisser; mais bientôt s'offrit à moi Béatrix belle et riante. Il me faut renoncer à peindre son image, comme tant d'autres que je n'ai pu fixer dans mon esprit.

Et je puisai dans sa vue la force de relever mon front, et je me vis seul avec ma sainte compagne dans une autre sphère plus

[1] Chacun des Elus est content de la place qu'il occupe dans le ciel. Il n'a point de vœu à former pour lui-même ; mais il peut désirer pour ses amis la fin du Purgatoire, état moyen qui ne subsistera plus après le jugement final.

[2] Le poète décrit ses impressions à son arrivée dans la planète de Mars ; mais on ne voit pas comment il y a été transporté. Il dira seulement tout à l'heure : *Vidimi translato a più salute*. Dans une vision, l'esprit passe d'un objet à l'autre sans intermédiaire, et avec la rapidité de la pensée.

[3] Les nouvelles substances dont il est parlé ici, sont-ce des Anges ou des Saints ? Si ce sont des Anges, comme l'ont entendu la plupart des commentateurs, faut-il croire avec eux qu'ils appartiennent à l'ordre des Dominations ? Il est vrai que Dante n'a pas encore vu d'Anges au Paradis; mais les âmes des Elus sont des *substances*, et elles apparaissent à Dante sous des formes nouvelles. Pourquoi chercher un autre sens à ces mots *novelle sussistenze ?* Aucune description d'Anges ne distingue ce 14e chant des précédents ; et la croix merveilleuse, comme on va le voir, ne porte que des âmes de Bienheureux. Au surplus, ces Anges seraient étrangers à l'ordre des Dominations; car la

élevée que le soleil[1]. En effet, j'avais été transporté dans une région plus haute. Je m'en aperçus au sourire enflammé de l'astre, qui me parut plus rouge[2] que ne sont ordinairement les planètes.

De cette voix intérieure, qui parle de même à tous les hommes, j'offris à Dieu mon cœur en holocauste, pour la nouvelle grâce qu'il m'avait faite ; et, avant d'avoir exhalé ainsi toute mon âme, je reconnus que mon sacrifice était agréé par l'Eternel ; car au même instant, deux rayons m'apparurent plus rouges que des rubis. « Soleil[3] des mondes ! m'écriai-je, c'est toi qui leur donnes ce lustre ! »

Comme on voit les cieux blanchir d'un pôle à l'autre, dans cette voie où s'épanche plus ou moins de lumière; sujet de longue dispute pour les savants qui la connaissent sous le nom de voie lactée[4] ; tels étaient ces rayons semés d'étoiles. Ils partageaient

5e sphère, où le poète est parvenu, Mars, répond au 5e des chœurs angéliques, dont se compose dans l'Empyrée la hiérarchie céleste, c'est-à-dire aux *Vertus* (v. Paradis 8 et 28.) — C'est Jupiter, 6e sphère, qui répond aux Dominations.

Mais qu'il y ait ou non des Anges dans la planète de Mars, le rapport de cette station, destinée aux Elus qui ont combattu pour la Foi, avec le 5e des chœurs angéliques, où la force, qui fait les héros, brille sous le nom de *Vertus*, dans l'acception latine de ce mot, n'en est pas moins incontestable ; et l'on peut remarquer là-dessus que Dante a fondé toute la machine de son Paradis sur la nomenclature et la classification des Anges donnée par Denys l'Aréopagite. Les noms anciens des planètes offrant quelques rapports avec ceux des chœurs célestes, il a profité de cette corrélation. Les demeures des Elus sont graduées selon leurs mérites de sphère en sphère, comme les Anges sont échelonnés de chœur en chœur, suivant leur nature, en s'élevant de la terre à Dieu. Ainsi, neuf stations d'Elus, du premier au neuvième ciel, neuf chœurs d'Anges. A Vénus répondent les Principautés, au Soleil les Puissances, à Mars les Vertus, à Jupiter les Dominations. On peut suivre ainsi et vérifier le plan du Paradis. On verra quel parti ingénieux Dante a su tirer d'une seule idée empruntée à Denys l'Aréopagite, quoiqu'elle ne se prête pas toujours aisément à la distribution de son sujet.

1 La planète de Mars est la 5e sphère, à partir de la terre, point central et immobile dans le système de Ptolémée.

2 Ce rouge de feu, dont brille la planète de Mars, lui avait valu chez les Grecs le nom de Πυρόεις.

3 Dieu, source de toute lumière, reçoit ici le nom du soleil Ἥλιος.

4 Le télescope dans la main d'Herschell a fait connaître la constitution de la voie lactée. On sait aujourd'hui qu'elle est le résultat d'une simple illusion d'optique due à l'éloignement d'astres innombrables, qui sont séparés les uns des autres et de nous par des distances immenses, et dont la lumière confondue n'arrive à nos yeux qu'affaiblie et privée de tout son éclat.

toute la sphère où nous étions, de manière à former le signe vénéré que produisent deux lignes se coupant à angles droits.

Ici ma mémoire est plus forte que mon génie descriptif. Sur cette croix resplendissait le Christ[1]. Je ne saurais trouver un objet de comparaison pour la décrire ; mais quiconque prend la croix, et suit le Christ, impatient de combattre pour la Foi[2], verra un jour flamboyer dans ce même lieu le Christ Rédempteur[3]. Alors il m'excusera d'avoir failli à ma peinture.

Des feux couraient sur l'arbre sacré, de la cîme au pied et d'un bras à l'autre. Lorsqu'ils venaient à se confondre ou à se croiser, ils jetaient de fortes étincelles, semblables à ces atômes légers qu'on voit, changeant d'aspect sans cesse, droits ou crochus, rapides ou lents, grands ou petits, s'agiter dans un rayon de lumière, quand parfois le jour vient percer l'ombre des lieux où l'art de l'homme s'est fait un abri[4].

De même que sur un luth[5] ou sur une harpe, accordés avec une parfaite justesse, il se forme des sons qui plaisent à l'oreille, alors que la note lui échappe ; ainsi se produisait sur la croix, et semblait jaillir d'un torrent de clartés, une mélodie enchanteresse, accompagnant un hymne que je n'entendais pas[6], chant de triomphe, comme j'en pus juger par ces paroles, qui m'arrivaient distinctes : « Ressuscite, et parais en vainqueur[7] ! » Mais j'étais

[1] Cette croix toute scintillante d'étoiles, porte réellement le Christ, glorieux sans doute, mais sous quelle forme ? Le poète, qui, au dernier chant, essaiera d'en esquisser quelques traits, n'ose ici le dépeindre.

[2] Mars est donc bien le séjour des braves, qui ont pris les armes pour la défense de la Foi. On remarquera tout à l'heure parmi eux Godefroy de Bouillon et Cacciaguida, trisaïeul de Dante, mort à la croisade.

[3] Le nom sacré du Christ est répété trois fois en six vers, comme pour suppléer à une description impossible.

[4] On connait cet effet d'un rayon qui pénètre dans une chambre obscure. Le poète n'a ici en vue que l'ombre, de quelque manière que l'industrie humaine s'en procure, sans désigner un lieu particulier.

[5] Le mot *giga* du texte est le nom ancien que les Italiens donnaient au violon. On a cru pouvoir traduire ici violon par luth, instrument à cordes, au moyen d'une substitution, qui n'altère point la pensée du poète.

[6] Il entendait mais sans comprendre. Déjà le poète a fait voir ailleurs, quelle que soit la hauteur de sa pensée, qu'il conçoit un autre langage, surhumain, transcendant, et propre aux habitants des cieux.

[7] Les Elus de la 5e sphère ont combattu et sont morts pour la Foi, comme Jésus-Christ a combattu et souffert la mort pour la vérité. Ils rendent hommage à leur divin modèle. Sa résurrection est le gage de leur victoire. « *Risurgi e vinci.* »

comme un homme qui entend des mots sans les comprendre. J'étais ivre d'amour ; jamais spectacle, jamais chose au monde ne m'avait captivé jusque-là ni enchaîné par d'aussi doux liens.

Peut-être s'étonnera-t-on que j'ose préférer ce plaisir, si grand qu'il puisse être, au plaisir de contempler les beaux yeux[1], où s'apaisent mes désirs. Mais si l'on considère que ces types vivants de toute beauté acquièrent plus de vertu en passant dans une région plus haute, et que mes regards ne s'étaient pas encore tournés vers Béatrix, ce reproche que je me fais ici pour m'excuser aura peut-être lui-même son excuse, et l'on verra que j'ai dit vrai tout à l'heure ; car je ne parlais pas des joies du pur amour qui grandissent toujours à mesure qu'on s'élève[2].

CHANT XV.

L'amour véritable se traduit toujours en actes de bonté comme la convoitise n'engendre que malveillance. Par bonté pour moi, l'instrument du salut des hommes interrompit ses doux accords, et sous la main du grand artiste qui monte et détend cette lyre divine, il fit silence.

[1] Les yeux de Béatrix.

[2] Ce passage, qui a exercé les commentateurs, me paraît offrir un sens assez clair : Dante avait dit en parlant de la croix mélodieuse, qu'il n'avait rien vu de plus beau jusqu'alors. Il explique ensuite sa pensée : — je n'avais pas encore jeté les yeux sur Béatrix, ayant été fasciné tout d'abord par la vue de cette croix merveilleuse. Dante s'accuse pour s'excuser ; et en effet il avoue qu'il a été captivé par d'autres objets qui l'ont distrait de sa maîtresse ; mais tous les spectacles devenant plus ravissants dans les hautes régions du ciel, les premières choses qu'il a vues dans la planète de Mars, ont eu pour lui des charmes irrésistibles ; voilà son excuse. Sa faute, si cette fascination lui est imputable, est en même temps ce qui le disculpe à l'égard de Béatrix. Au surplus, il ne lui a point préféré la croix mélodieuse ; car préférer, c'est comparer, et il n'avait pas encore vu Béatrix.

L'amour pur, qui se personnifie en elle, reste en dehors de l'admiration exprimée par Dante, et les paroles de celui-ci ne s'y réfèrent point « *il piacer santo non è qui dischiuso.* » La beauté de Béatrix augmentant aussi de sphère en sphère, il est certain qu'elle eût conservé à ses yeux, s'il l'eût alors regardée, sa supériorité sur les objets qui l'entourent.

Les concetti qui, suivant quelques auteurs, déparent la fin de ce chant, appartiennent à ceux qui n'en ont pas bien pénétré le sens. La pensée du poète est toujours nette et juste On ne peut lui reprocher que la recherche d'une trop grande concision.

Comment les saints seraient-ils sourds à nos justes prières[1], lorsque là se turent, d'un commun accord, pour me donner le désir de m'adresser à elles, les âmes qui scintillaient sur la croix? Amour infini ! quiconque te délaisse pour s'attacher aux choses périssables, se prépare des regrets sans fin !

Comme on voit, dans le calme d'une belle nuit, courir à travers les cieux un sillon de lumière, l'œil, qui le suit avec surprise, prendrait ce feu pour une étoile qui change de place, si l'endroit d'où il part laissait au ciel un astre de moins, et si lui-même n'avait pas une durée si courte; ainsi je vis du bras de la croix, foyer de clartés, jaillir une étincelle[2], qui courut jusqu'au pied de l'arbre, sans quitter cette ligne radieuse, où elle apparaissait comme le feu sous l'albâtre[3].

Telle jadis, aux Champs Elyséens, s'offrit à la vue de son fils[4] l'ombre radieuse d'Anchise, chantée par le plus grand de nos poètes.

— « O mon sang ! ô merveilleux effet de la grâce ! à qui fut-il jamais donné de voir deux fois, comme toi, la porte du ciel ouverte ? »[5]

A ces paroles, mes regards s'attachèrent au point brillant d'où elles jaillissaient. Je les reportai ensuite sur ma sainte compagne ; et là encore, je fus ravi et confondu, car ses yeux brillaient d'un feu si doux, qu'enivré de leur divin sourire, je croyais jouir de mon salut et toucher au fond des joies du Paradis[6].

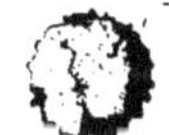

[1] L'invocation des saints avait-elle été attaquée avant Luther ? Soutenait-on déjà qu'il était inutile de recourir à leur entremise ? On croirait que Dante fait ici allusion à quelque erreur de ce genre, et qu'il combat l'opinion qui fut condamnée deux siècles plus tard par le Concile de Trente.

[2] L'âme de Cacciaguida.

[3] La flamme donne une clarté plus douce, lorsqu'elle est renfermée dans un vase d'albâtre. — Pour la justesse de la comparaison, il faut admettre que l'âme scintillante court à travers la croix elle-même « *per la lista radial trascorse.* »

[4] Enée visitant les Enfers avec la Sybille, rencontra son père Anchise, aux Champs-Elysées.

[5] Dante est salué en latin par son trisaïeul qui, au XIe siècle, ne parlait pas encore l'idiome formé du provençal, qui s'appela depuis la langue vulgaire, et devint l'italien. Cette bigarrure du langage ne choquera point ceux qui recherchent aujourd'hui la vérité du costume et la couleur locale. Si l'on admet ici des vers latins, comment s'étonner de les voir mesurés et rimés comme le reste, puisqu'ils forment un tercet qui s'agence pour la rime avec celui qui précède et celui qui suit ?

[6] Un sourire qui rend heureux au milieu des flammes (chant XV), un sourire où se résument toutes les joies du Paradis, quel doit-il être ? Il faut re-

L'âme bienheureuse avait continué de parler. Charmé de la voir et de l'entendre, j'écoutais..... mais son langage avait une profondeur où je ne pouvais la suivre ; non qu'elle voulût se rendre obscure, mais force était qu'elle me le parût, à cette hauteur de pensée qui dépasse les bornes de l'esprit humain [1]. Ce premier élan amorti, quittant par degrés les régions inaccessibles, elle se mit au niveau de ma faible intelligence, et les premiers mots que je compris furent ceux-ci : « Sois béni, Dieu unique en trois personnes, pour avoir été si bon envers ma race. »

Et elle poursuivit en ces termes : « Il y a longtemps, mon fils, que j'avais lu dans le grand livre, où tout s'écrit en caractères ineffaçables, ton arrivée en ces lieux. Je vois aujourd'hui ma douce attente remplie, grâces à Celle qui t'a donné la main pour voler jusqu'aux sphères célestes. Tu crois que tes pensées me sont connues, parce qu'elles émanent de la première cause, comme de l'unité se déduisent les autres nombres, et tu juges dès lors superflu de me demander qui je suis, et pourquoi je montre à ta vue plus de joie qu'aucun autre de ces splendides esprits.

« Il est bien vrai que nous tous, grands et petits, au royaume des cieux, nous contemplons l'éternel miroir, où se peint la pensée de l'homme, avant qu'elle ne soit éclose ; mais afin d'augmenter la douce soif de charité que je ressens [2], et que fait naître en moi la vue continuelle de Dieu, source d'amour, parle, parle avec assurance. Que j'entende ta voix exprimer un désir auquel j'ai déjà ma réponse prête. »

Je me tournai vers Béatrix. Elle m'entendit avant que j'ou-

marquer que Dante le place, non sur la bouche de Béatrix, mais dans ses yeux, où se reflète l'amour divin.

[1] Comme le mystère de la rédemption, la prescience divine, autant qu'elle est compatible avec le libre arbitre, est une matière transcendante, où la raison et le langage de l'homme ne peuvent atteindre. Or, il va être question de la prescience ou prédestination ; comme dans le chant qui précède, la croix radieuse portait l'âme à méditer sur la rédemption. Nouvelle difficulté pour le poète qui, cette fois encore, entend sans comprendre. C'est sa manière d'annoncer qu'il va aborder un sujet qui réclame toute l'attention du lecteur.

[2] Cacciaguida voit en Dieu, comme dans un miroir, les pensées à *naître* de son petit-fils. Les anciens avaient aussi leur livre du destin ; mais dans Virgile, Anchise ne songe pas à se faire dire par Enée ce qu'il sait déjà, pour l'aimer davantage et pour augmenter sa joie par la charité. Cette idée toute catholique n'appartient qu'au poète chrétien.

vrisse la bouche, et j'eus d'elle un signe, un sourire qui aiguisa ma curiosité.

Je dis alors au saint qui m'avait prévenu : « Vous et tous les Elus, vous possédez à un égal degré l'amour et l'intelligence, qui vous ont été mesurés dans la balance éternelle. En effet Dieu, qui vous les a donnés comme le soleil donne sa chaleur et sa lumière, les confond en lui dans une égalité si parfaite qu'on ne trouve rien à lui comparer. Mais il n'en est pas de même des mortels. Chez eux, par une raison que vous apercevez ici clairement [1], le cœur et l'esprit ne sont pas exactement balancés. Mortel, je sens en moi que cette disproportion existe. Aussi ne puis-je vous remercier que du cœur de vos bontés paternelles. O perle vivante, si précieusement enchâssée, de grâce veuillez me dire quel est votre nom ? »

— « Je suis, me répondit cette âme bienheureuse, la tige d'où tu es sorti, et je salue en toi le rejeton chéri que j'attendais. L'homme, qui a donné son nom à ta branche, un de ceux qui expient le péché d'orgueil, sur la première terrasse du Purgatoire, était mon fils. Il fut ton bisaïeul [2]. Il y a plus de cent ans qu'il chemine autour de la montagne, courbé sous un lourd fardeau [3]. Il est bien juste que tu abrèges sa peine par de bonnes œuvres.

[1] Les Élus voient clairement en Dieu la raison de cette disparité qui existe sur la terre entre le cœur et l'esprit.

[2] Dante reconnaît ainsi Cacciaguida pour son trisaïeul, et il donne sur ses ancêtres des détails précieux qu'on ne trouve point ailleurs. On voit que dans sa famille il y eut trois branches formées de Cacciaguida, dont il descend, et de ses deux frères Moronto et Eliseo ; que Cacciaguida, ainsi nommé au baptême, épousa une dame née sur les bords du Pô ; qu'il en eut un fils qui changea son nom de famille ou son surnom en celui que portent aujourd'hui ses descendants ; et que lui-même, sous l'empereur Conrad, qui l'avait fait chevalier, mourut en combattant les infidèles.

Suivant les biographes, qui ont complété ces notions, les ancêtres de Dante auraient été d'abord nommés *Frangipani* pour avoir distribué du pain aux Florentins dans une disette, puis *Elisei*, comme l'indique le nom d'Eliseo, frère de Cacciaguida, et enfin *Alighieri* du nom de la femme de ce dernier, qui s'appelait, dit-on, Aldigeria, et qui était de Parme ou de Ferrare. — Cet empereur Conrad est Conrad III, duc de Franconie, qui conduisit en 1147, avec Louis le Jeune, roi de France, la croisade prêchée par Saint-Bernard. Cette croisade fut malheureuse, et Cacciaguida périt sans doute dans un des combats qui furent livrés en Syrie en 1148.

[3] Ce fils de Cacciaguida, bisaïeul de Dante, n'est pas mentionné au Xe chant du Purgatoire. Son père étant mort en 1148, il y a en effet à l'époque du poème plus de cent ans qu'il a lui-même cessé de vivre, et qu'il expie au Purgatoire, courbé sous un manteau de pierre, le péché d'orgueil.

« De mon temps, Florence, bornée à sa vieille enceinte, où la cloche de Santa-Maria sonne encore aujourd'hui la troisième et la neuvième heure[1], jouissait d'une paix profonde, due à la pureté, à la simplicité de ses mœurs. Les dames ne portaient pas encore de chaînettes ni de couronnes ; point de bas faisant chaussures, point de ceintures attirant plus les yeux que celles qui les portent. Le père, à la naissance de sa fille, ne craignait pas encore le manque de temps pour la marier, et l'excès de la dot à fournir. On ne voyait pas de maisons vides d'enfants. Sardanapale n'était pas encore venu montrer ce qui peut se faire dans un lieu secret[2].

« Le mont Uccellatojo, sis à vos portes, n'avait pas encore effacé le Montemalo de Rome[3]. Vaincu par celui-ci, lorsqu'il commençait à grandir, il le sera encore à l'heure de sa décadence.

« J'ai vu Bellincion Berti[4] aller par la ville avec une ceinture de cuir dont l'agrafe était en os, et sa femme quitter son miroir, sans avoir de fard au visage. J'ai vu Nerli et Vecchio[5] en simple justaucorps de buffle, et leurs épouses modestes, le fuseau en main, charger de lin leurs quenouilles. Heureuses femmes ! elles étaient au moins assurées de leur sépulture[6]. Aucune d'elles

[1] Il y a dans le texte *terza e nona*. N'est-ce pas le temps où la cloche appelle les fidèles à la messe et aux vêpres ? Tierce et nones répondent à la 3e et à la 9e heure canonique, c'est-à-dire à 9 heures du matin et à 3 heures après-midi, le jour commençant pour l'église romaine à 6 heures du matin. Or la grand'messe et les vêpres se chantent généralement à ces heures-là.

[2] Ce vers constate l'infamie des goûts florentins dès le commencement du XIVe siècle.

[3] Des monts Uccellatojo et Montemalo, l'on découvre les beaux édifices de Florence et de Rome. Ils sont comparés ici moins en eux-mêmes qu'à raison des villes qu'ils dominent. Florence, par la richesse de ses palais, était devenue la rivale de Rome.

[4] Ce Bellincione Berti, de la maison des Ravignani, est le père de la vertueuse Gualdrade, dont il est fait mention au 16e chant de l'Enfer.

[5] Nerli et Vecchio, nobles florentins du 12e siècle.

[6] Les Noirs ayant prévalu à Florence, en 1302, à l'aide de Charles de Valois, y exercèrent d'horribles vengeances, auxquelles il est fait allusion en plusieurs endroits de ce poème. (Purg. 14e). Les Français appuyant le parti vainqueur, étaient aux yeux de Dante, responsables du sang versé ; et peut-être a-t-il en vue dans ce passage tant de veuves qu'avait faites à Florence la fureur des guerres civiles, comme il vient de faire entendre que d'autres meurent dans l'exil, et sont enterrées loin de leurs familles. Cependant les commentateurs s'accordent à voir ici un blâme jeté sur la conduite des Florentins qui abandonnaient alors leurs femmes pour aller trafiquer en France.

n'avait encore à reprocher à la France la solitude de son lit. L'une veillait au berceau de son enfant, et lui parlait cette langue si douce qui fait la première joie des pères et des mères. L'autre en faisant tourner son rouet, au milieu de la famille, devisait avec elle des temps anciens, des Troyens, de Rome, de Fiésole[1]. C'eût été merveille d'y voir une Cianghella[2] et une Lapo Salterello, comme ce serait merveille aujourd'hui d'y trouver une Cornélie, un Cincinnatus.

« Telle était la vie calme et digne des Florentins. C'est dans leur ville, séjour alors agréable et cher à ses loyaux habitants, que la Vierge Marie me fit naître, invoquée par ma mère dans les douleurs de l'enfantement. Votre antique baptistère me vit recevoir avec le titre de chrétien, le nom de Cacciaguida. J'eus deux frères, Morento et Elisio. Je pris femme dans la vallée du Pô, chez les Alighieri, d'où est venu ton surnom. Je m'attachai ensuite à l'empereur Conrad, qui pour mes bons services, me créa chevalier ; et je marchai à sa suite contre les Sarrasins, race impie qui ravage vos terres et menace la chrétienté par la faute de son pasteur. C'est là que la main d'un mécréant m'arracha de ce monde, qui perd tant d'âmes par ses trompeuses amorces, et que j'ai conquis, avec la palme du martyre[3], la paix éternelle. »

CHANT XVI.

Chétive noblesse du sang ! Je ne m'étonnerai plus qu'on se fasse gloire de toi sur la terre, où les âmes sont tièdes à la vertu, puisque, dans le ciel même, où les désirs ne tendent qu'au vrai

[1] Fiésole, dont les habitants descendirent aux bords de l'Arno pour y fonder la ville de Florence, tirait son origine des Romains qui y envoyèrent une colonie (V. Enfer XV).

[2] Le poète stigmatise ici deux de ses contemporains, une veuve dissolue, et un avocat avide. En leur opposant la mère des Gracques et Cincinnatus, il montre assez quels étaient les vices de la Cianghella et de Lapo Salterello.

[3] Quoique mort les armes à la main et en défendant sa vie, Cacciaguida n'en était pas moins martyr. C'était le privilège de ceux qui mouraient à la croisade.

bien, je me suis glorifié de mes aïeux[1]. Tu es un manteau qui se raccourcit bientôt, rogné par les ciseaux du temps, si l'on n'y coud chaque jour quelque pièce d'étoffe neuve.

— « O vous !... (je dis *vous* à l'ombre de mon aïeul, dans une forme de langage que la Rome de César souffrit la première, et qui est moins en usage parmi ses enfants ; ce qui fit rire Béatrix, arrêtée à quelque distance, comme jadis la suivante de la princesse Ginevra, toussa au bruit du premier baiser donné par Lancelot à sa maîtresse[3]).

« O vous qui êtes mon père, dis-je en reprenant la parole, vous en qui je puise toute mon assurance, vous qui me grandissez et m'élevez au-dessus de moi-même ! Votre vue apporte par tant de canaux la joie dans mon âme, qu'elle se transforme et devient elle-même toute joie, pouvant soutenir, sans se rompre, l'excès de son bonheur. Dites-moi donc, cher auteur de ma race, quels sont vos ancêtres[4], et à quels temps se rapporte votre enfance. Parlez-moi de Florence. En quel état se trouvait alors le troupeau de saint Jean-Baptiste[5] ? Qui méritait alors les premières places dans le bercail ? »

A ces douces paroles, je vis l'être lumineux resplendir comme un charbon s'avive et flamboie au souffle du vent. Ses traits me parurent plus beaux, et sa voix résonna plus suave à mon

[1] Dante, fier de ses aïeux, ne s'accuse ici que d'orgueil. La noblesse ne lui paraît pas un préjugé.

[2] Les Romains, contrairement au génie de leur langue, dirent vous à César, et lui parlèrent au pluriel par adulation, comme si le dictateur, exerçant diverses magistratures, résumait en lui plusieurs personnes.

[3] Béatrix a ri comme la suivante de la princesse Ginevra a toussé, c'est-à-dire un signe d'encouragement. Aussi Dante enhardi continuera sur le même ton.

Cette comparaison, bien que subtile, ne manque pas de justesse, mais elle est inconvenante par rapport à Béatrix.

On connaît les amours de Lancelot et de la reine Genièvre. Dante y a fait allusion dans l'épisode de Francesca de Rimini. Dans un rendez-vous que l'écuyer Galehaut avait procuré à son maître, au moment où Lancelot donnait le premier baiser à la reine, sa suivante, restée à l'écart, toussa légèrement pour montrer qu'elle s'en était aperçue. Dès lors la princesse eut moins de crainte, et Lancelot devint plus entreprenant.

[4] Il est à regretter que Cacciaguida, interrogé sur ses ancêtres n'ait point répondu. Nous aurions quelque chose de plus sur la famille trop peu connue du grand Alighieri.

[5] Les Florentins ont pour patron saint Jean-Baptiste.

oreille, quoique dans une langue qui n'était pas notre idiôme moderne[1].

Il me dit : « Depuis le grand jour de l'incarnation divine jusqu'au temps où ma mère, qui est aujourd'hui une sainte, me mit au monde, cette planète de Mars qui met presque deux ans à rentrer sous le signe du Lion, y était revenue cinq cent quatre-vingts fois[2], et avait reparu ardente sous ses pieds. Je naquis à Florence, ainsi que mes ancêtres, au lieu qui s'offre d'abord dans le dernier quartier de la ville, à ceux qui chaque année font la course de saint Jean[3].

« Que ce peu de mots sur mes aïeux te suffise[4]. Quant à ce qu'ils furent et aux lieux d'où ils viennent, il est de meilleur goût de m'en taire que de m'étendre sur ce sujet.

« A Florence, resserrée alors dans l'espace qui existe entre la statue de Mars et le baptistère[5], le rôle des hommes en état de porter les armes était cinq fois moindre qu'aujourd'hui. La

[1] Le poète se lasse de faire parler Cacciaguida en latin et vraiment c'était assez, trop peut-être d'avoir inséré dans le chant précédent un échantillon de ce langage. Mais en traduisant son discours en langue vulgaire, c'est-à-dire en italien, il répète qu'alors on ne s'exprimait pas encore communément dans cet idiôme.

[2] La révolution de Mars étant environ de 687 jours, 580 années de cette planète répondent à peu près à 1090 ans de notre globe. D'après cette supputation, qui n'a rien d'étrange pour un habitant de Mars, Cacciaguida serait né vers l'an 1090.

[3] C'est le quartier de Saint-Pierre, dans la partie Est de Florence. La ville était alors divisée en six quartiers dont chacun s'appelait un *sesto*. Suivant une ancienne coutume, on donnait un prix de la course, à la Saint-Jean, et les coureurs qui traversaient la ville du couchant au levant, c'est-à-dire depuis la porte Sainte-Marie jusqu'à celle de Saint-Pierre, lorsqu'ils avaient atteint le dernier quartier, trouvaient d'abord, en y entrant, la maison qu'avaient habitée les ancêtres de Cacciaguida. Dante qui en marque si bien l'assiette, habitait sans doute encore, avant son exil, ce manoir paternel.

[4] Cacciaguida n'a parlé que de sa mère qu'il range parmi les saintes, sans la nommer. Il a fait connaître quelques ancêtres de Dante, et non les siens. Quant à l'origine de sa famille, son silence n'est que modestie ; car il a fait entendre ailleurs (Enfer 15) qu'il était de vieille souche romaine, et c'est à ce caractère que se distinguait l'aristocratie florentine.

[5] Selon Venturi, le Ponte-Vecchio, où l'on voyait la statue de Mars, est trop voisin du baptistère pour qu'on doive traduire ainsi : « *tra marte e'l Battista.* » La population de Florence, à quelque époque qu'on la prenne, n'aurait jamais tenu dans un si petit espace. Il prétend que ces mots doivent s'entendre, non d'un lieu circonscrit, mais du temps écoulé jusqu'à Cacciaguida, lequel embrasse la Florence païenne et chrétienne. Mais ici le sens métaphorique paraît le moins naturel. Si l'on suppose que Florence était d'abord plus longue que large, et qu'elle s'étendait surtout le long de l'Arno, l'objection de Venturi n'a plus de valeur.

population de notre ville, mêlée aujourd'hui à celle des bourgs, aux hommes de Campi, de Certaldo et de Figghine[1], était alors pure de tout alliage depuis les principaux citoyens jusqu'au dernier artisan. O qu'il vaudrait mieux pour elle avoir ces hommes pour voisins, avec le Gelluzo et Trespiano pour limites de son territoire, que de les posséder dans son sein, de souffrir la bassesse d'un messer d'Aguglio et d'être infectée par un da Signa[2] qui a toujours l'œil ouvert pour tromper et voler le public.

« Si Rome, la nation du monde la plus dégénérée, n'avait pas été une marâtre pour César, si elle avait eu pour l'Empereur la tendresse d'une mère[3], tel qui, nouveau florentin, se livre maintenant au change, au négoce, serait retourné à Simifonte[4], où son grand-père portait la besace. Sans les fautes du Saint-Siége, les Conti[5] seraient encore dans leur château de Montemurlo et les Cerchi[6] dans la paroisse d'Acône ; et peut-être les Buondelmonti[7] n'auraient-ils pas quitté Valdigrieve.

« Il en est des villes comme des corps humains, à qui l'excès d'aliments est nuisible. Le mélange des populations a toujours été pour elles une cause de maux. Qu'un taureau et une brebis marchent sans y voir, le taureau tombera lourdement plus tôt

[1] Campi, Certaldo et Figghine, bourgs voisins de Florence. Galluzzo et Trespiano touchent presque aux portes de cette ville.

[2] Ces nouveaux citoyens, contemporains de Dante, sont stigmatisés par un homme qui, du haut des cieux, voit leurs œuvres, quoique mort depuis 150 ans. Le poète évite ainsi d'accuser lui-même deux fripons de bas-lieu, deux campagnards, qui ont acquis le droit de bourgeoisie à Rome. Baldo d'Aguglione et Bonifazio da Signa y trafiquaient impudemment des emplois et des offices.

[3] Les guerres civiles des Guelfes et des Gibelins ayant dépeuplé les villes, il a fallu les remplir d'étrangers, confusion qui n'aurait pas eu lieu, si le Saint-Siége n'avait pas favorisé les soulèvements de l'Italie contre l'Empereur.

[4] Simifonte, détruit par les Florentins en 1302, avait envoyé ses habitants à Florence, où beaucoup durent être réduits à l'aumône. Il se peut que Dante n'ait voulu désigner ici nominativement personne.

[5] Les Conti. — Ce sont les comtes Guidi, qui possédaient le château de Montemurlo, peu distant de Florence.

[6] Les Cerchi, riches étrangers établis depuis peu à Florence, et rivaux des Donati. Ils habitaient auparavant la paroisse d'Acône in Valdisiere.

[7] Les Buondelmonti avaient de riches possessions dans le Valdeigrieve. Ils donnèrent à l'état florentin plusieurs châteaux en échange du droit de cité qu'ils en reçurent.

que la brebis. Cinq épées valent souvent moins qu'une seule de bonne trempe[1]. Vois ce que sont devenues les villes de Luni[2] et Urbisaglia[3]; et après elles, ce que sont aujourd'hui celles de Chiusi[4] et Sinigaglia[5].

« En pensant que les cités elles-mêmes ont une fin, tu ne seras ni surpris ni choqué d'apprendre comment les races d'hommes disparaissent. Tout ce qui vous appartient est comme vous-mêmes, sujet à la mort; loi générale, mais qui parfois se dérobe à nous, à cause de la longue durée de certaines choses, comparée à la brièveté de nos jours. Comme ces rivages, que la mer couvre et découvre selon le cours de la lune, ainsi Florence est soumise par la fortune à de continuels flux et reflux, et dès lors, ce que j'ai à te dire de nos vieux Florentins, dont le nom est caché dans la nuit des temps ne te paraîtra ni merveilleux ni incroyable.

« J'ai vu les Ugó, les Catellini, les Filippi, les Greci[6], les Ormanni et les Alberichi. J'en ai vu d'autres, aussi grands par eux-mêmes que par l'ancienneté de leurs races, les seigneurs dell' Arca et della Sanella, les Soldanieri, les Ardinghi, les Bostichi[7]. A la porte de Saint-Pierre[8], où s'amassent aujourd'hui tant de nouveaux venus, mauvaise engeance, qui coulera bientôt à fond

[1] La solidité n'est pas toujours en raison du volume, et la qualité vaut mieux que la quantité. Aussi les grandes cités ne sont pas les plus durables.

[2] Luni, qui avait donné son nom à la Lunigiana, était en décadence au temps de Dante. Aujourd'hui elle est entièrement détruite, et ne figure plus sur la carte.

[3] Urbisaglia, ville de la Romagne, près de Macerata, alors sur son déclin, aujourd'hui près de sa ruine.

[4] Chiusi, ville autrefois puissante dans l'État de Sienne, n'est plus maintenant qu'une bourgade. La tradition y place l'ancienne résidence de Porsenna, et elle renfermait, dit-on, un labyrinthe décrit par Pline l'Ancien.

[5] Sinigaglia, sur l'Adriatique, plus florissante aujourd'hui qu'elle ne l'était au temps où Dante écrivait. Son présage sur elle ne s'est pas vérifié.

[6] Les Grecs commençaient à décheoir à Florence, lorsqu'ils allèrent s'établir à Bologne.

[7] Après avoir nommé six nobles familles, qui étaient déjà sur leur déclin, au temps de Cacciaguida, le poète en cite cinq, qui étaient alors dans tout leur éclat ; et pour achever le tableau de ce flux et reflux incessant des races, il va en signaler d'autres, qui étaient à la même époque en voie de progrès et enfin quelques hommes de bas lieu qui se sont anoblis.

[8] On a vu que c'est dans ce quartier, où les Ravignani avaient leur demeure, qu'habitaient aussi les ancêtres de Dante.

notre barque, demeuraient alors les Ravignani, noble tige d'où sont issus et le comte Guido[1], et tous ceux qui se sont parés dans la suite du nom du grand Bellincione. Messer della Pressa savait déjà l'art de gouverner, et l'épée de Galigaï[2], ayant la garde et la poignée d'or, décorait son foyer domestique.

« Déjà s'élevait la colonne du vair[3], qui distingue les armes des Billi. Déjà brillaient les Sachetti, les Giuochi, les Sifanti, les Barucci, les Galli et ceux qui rougissent aujourd'hui de ce qu'un des leurs a falsifié le boisseau de la république[4]. La souche[5], d'où devaient sortir les Calfucci, avait déjà poussé des jets vigoureux, et les Sizii, les Arigucci avaient rempli les premières charges de la cité. Qu'ils étaient grands ceux qu'a depuis ruinés leur orgueil et dont les armes, aux boules d'or[6], ornaient alors Florence des fleurons de leur gloire !

« Tels étaient les pères de ceux qui s'engraissent aujourd'hui dans les loisirs du consistoire, à chaque vacance de votre évêché[7].

« Déjà commençait à paraître, quoique de bas lieu et dédaignée depuis par Ubertin Donato, qui se plaignit à Bellincione, son

[1] Un comte Guido épousa Gualdrade, fille de Bellincione. (Enfer 16). Il était issu des Ravignani, et ses descendants prirent le nom de Bellincione, emprunté à Gualdrade, leur aïeule.

[2] L'ancienne famille des Galigaï, n'était pas éteinte au commencement du XVIIe siècle. — La maréchale d'Ancre, favorite de Marie de Médicis, et qui fut brûlée à Paris comme sorcière, était venue de Florence avec son époux, Concini, et se nommait Eléonore Galigaï.

[3] Le texte désigne les Billi par leurs armes sans les nommer. Le vair, en blason, est une fourrure formée de plusieurs petites pièces d'argent et d'azur, dont la pointe et la base sont opposées. Il existe un petit animal de ce nom, qui ressemble à l'écureuil, et dont la peau, grise sur le dos et blanche sous le ventre, offre la même opposition de couleurs.

[4] Ce boisseau était la mesure publique des grains, du vin, du sel et autres marchandises semblables. L'État vendait ainsi à fausse mesure au profit de l'agent préposé aux ventes que faisait la commune. (Purg. 12.) Ce falsificateur était de la famille des Chiaramontesi.

[5] Les Donati ne sont pas nommés dans le texte; mais on sait que les Calfucci étaient une branche de cette illustre famille.

[6] Landino reconnaît ici les Abbatti qui portaient des boules d'or dans leurs armes.

[7] Ceux qui avaient fondé de leurs biens l'évêché de Florence, à la condition d'en administrer les revenus pendant la vacance du siège, étaient les Visdomini, les Tosinghi et les Cortigiani. Leurs descendants n'ont retenu d'eux que le privilège de boire et de manger, pendant ce temps, aux dépens de l'Église.

beau-père, d'une alliance indigne de lui[1], cette famille des Adimari, aussi lâche qu'outrecuidante, qui darde son venin contre qui s'enfuit, qui s'apprivoise comme l'agneau, dès qu'on lui montre les dents ou la bourse.

« Déjà le Caponsacco était venu de Fiésole s'établir dans le vieux marché. Déjà Guida et l'Infangato avaient droit de cité dans notre ville.

« Je vais dire une chose difficile à croire, et pourtant vraie : la porte de la vieille ville[2] tirait son nom des della Pera, famille aujourd'hui éteinte. Tous ceux que tu vois aujourd'hui porter les armoiries de ce grand Hugues de Luxembourg, jadis vicaire de l'Empereur Othon, en Toscane, et dont chaque année, à la fête de saint Thomas, on célèbre la mémoire, c'est à ce puissant baron qu'ils doivent leurs titres militaires et leurs privilèges[3], quoique aujourd'hui l'un d'eux, qui a bordé son blason d'une frange, se soit rangé du côté du peuple[4].

« Déjà les Gualterotti et les Importuni étaient des citoyens notables. Ils habitaient le Borgo, quartier alors paisible, et qui le serait encore, s'ils avaient pu éviter de nouveaux voi-

[1] Le poète revient aux hommes nouveaux qui se sont élevés à Florence. Il est sévère pour les Adimari. Il reproche au Caponsacco, à Guida et à l'Infangato, souches de plusieurs familles de Florence, leur origine étrangère.

Le père de Ubertin Donato n'est pas nommé dans le texte; mais c'est bien ce Bellincione Berti, dont on a vu un si bel éloge dans le chant 15e. Bellincione, après avoir marié une de ses filles à Donato, en donna une autre à l'un des Adimari. Donato se plaignit de son beau-père, qui l'avait ainsi allié à une famille obscure.

[2] Cette porte dans l'ancienne enceinte de Florence s'appelait la porte *Peruzza*. On a ajouté au texte que la famille della Pera était alors éteinte pour montrer comment l'origine du nom de cette porte était perdue pour les Florentins. Autrement l'étymologie que donne ici Cacciaguida n'aurait rien d'étonnant ni d'incroyable.

[3] Pour rendre ce passage intelligible, il a fallu nommer Hugues de Luxembourg et l'Empereur Othon. Hugues, le Grand Baron, fut en Italie le vicaire d'Othon III. Plusieurs seigneurs florentins, les Pulci, les Nerli, les Gangalandi, les Giandonati et les della Bella, obtinrent de lui, avec certains titres le droit de porter ses propres armes. Il mourut le jour de saint Thomas, et fut enterré dans l'abbaye de Florence, où les moines faisaient une pompe anniversaire à la mémoire de leur fondateur.

[4] Gianno della Bella, en passant de l'aristocratie dans les rangs du peuple avait conservé les armes que sa famille tenait du vicaire de l'Empire, mais en ornant son blason d'une bordure d'or. Lorsque les Guelfes eurent le dessus à Florence, ils firent une ordonnance, qui déclara les nobles inhabiles à remplir les charges publiques, à moins qu'ils ne se fissent inscrire dans une des classes du peuple, au rôle des arts et métiers. (Sismondi.)

sins[1]. La maison qui a ouvert à Florence une source de pleurs, les Amidei[2], dont le ressentiment trop légitime, en troublant votre existence heureuse, a porté la mort au milieu de vous, étaient alors honorés, eux et les leurs.

« O Buondelmonte! quelle mauvaise pensée t'a fait rejeter leur alliance pour chercher appui dans une autre famille ? Bien des malheureux seraient aujourd'hui dans la joie, si Dieu avait permis que les eaux de l'Ema t'engloutissent[3], lorsque tu l'as passée pour la première fois pour venir à Florence! Mais il fallait que le sang d'une victime[4] arrosât la pierre qui garde le vieux pont, au moment où la paix s'enfuyait de ma patrie !

« Voilà, voilà les personnages, sans parler de bien d'autres, que j'ai vus à Florence alors paisible, et n'ayant encore aucun sujet d'affliction et de larmes. Voilà les hommes autour desquels se pressait un peuple juste et glorieux. Les lys de ses enseignes n'avaient jamais encore été renversés[5] ; et les factions n'en avaient pas encore changé la couleur[6]. »

CHANT XVII.

Tel, impatient de savoir s'il était bien le fils d'Apollon, parut

[1] Ces vers de Dante sont des titres de noblesse, d'immortels parchemins pour les familles qu'il mentionne avec honneur. Toutes remontent au-delà du XIe siècle. Les Gualterotti et les Importuni, familles guelfes, habitaient le quartier appelé Borgo sant' apostolo, avant que les Amidei, attachés au parti gibelin, vinssent y demeurer.

[2] Dante ne les nomme pas ; mais le nom des Buondelmonte qui vient ensuite, rappelle celui des Amidei. Il paraît certain qu'une querelle, entre ces deux familles, fut la première cause des dissensions qui éclatèrent à Florence entre les Guelfes et les Gibelins. Buondelmonte, guelfe, avait épousé une Donati, malgré la promesse de mariage, qu'il avait faite à la fille d'un Amidei. Ceux-ci se vengèrent en le faisant assassiner. (Enfer 28).

[3] Ce Buondelmonte, lorsqu'il vint de Monte-buono s'établir à Florence, dut passer l'Ema, petite rivière qui se décharge dans l'Arno.

[4] Buondelmonte fut tué sur le vieux pont, auprès de l'ancienne statue de Mars.

[5] Lorsque les Florentins avaient essuyé un échec, l'ennemi retournait de haut en bas les lys des enseignes prises aux vaincus en signe de leur défaite.

[6] Les armes de Florence étaient d'abord un lys blanc dans un champ rouge. Lorsque le parti guelfe l'eut emporté, l'enseigne de la République fut un lys rouge sur un fond blanc.

devant Clymène[1], sa mère, celui dont l'exemple rend encore aujourd'hui les pères moins faciles envers leurs enfants; tel j'étais alors, et je fus compris de Béatrix et de l'âme sainte qui, pour se rapprocher de moi, avait changé de place, sur la croix lumineuse.[2]

— « Exprime ton ardent désir, me dit ma protectrice, qu'il se produise de lui-même, et marqué au coin de la grâce qui agit en toi, non pour se révéler à toi au moyen de paroles superflues, mais comme un gage de ta pieuse confiance. Qui désire être rafraîchi doit oser dire qu'il a soif. »

— « O mon aïeul! dis-je alors, en me tournant vers l'âme radieuse qui m'avait d'abord adressé la parole, si nos faibles esprits conçoivent sur la terre qu'un triangle ne peut avoir deux angles obtus, tes yeux, à la hauteur où tu es placé, en face du miroir, où se concentrent dans un seul point les temps passé, présent et futur, aperçoivent les choses contingentes, avant qu'elles n'existent[3]. Or, tandis qu'en compagnie de Virgile, je voyageais tantôt dans le royaume des morts, tantôt sur la montagne du Purgatoire, de graves prédictions m'ont été faites[4] en termes qui m'ont frappé, quoique je me sente carré par la base et à l'épreuve des coups du sort. Je voudrais donc savoir de quels prochains malheurs je suis menacé. Le trait arrive moins soudain à celui qui l'attend. »

[1] Phaéton devant sa mère Clymène, et Dante vis-à-vis de son trisaïeul, en voilà assez pour justifier la comparaison. Au surplus, ce qui occupe Dante en ce moment, c'est de vérifier, non point sa filiation, mais la portée de certaines prédictions qui lui ont été faites. Phaéton s'étant vu contester par Epaphos sa qualité de fils d'Apollon, alla demander à Clymène quel était son père, et afin de prouver qu'il était bien le fils du Soleil, il voulut conduire son char, d'où il fut précipité par son imprudence.

[2] Cacciaguida n'avait pu se rapprocher de Dante qu'en s'éloignant des bras de la croix. Il avait donc, comme martyr, une place distinguée parmi cette classe d'élus.

[3] Le poète revient à ces notions connues du lecteur pour expliquer enfin comment la connaissance des choses futures peut se concilier avec le libre arbitre.

[4] « Avant 50 mois lunaires, tu auras éprouvé ce que l'art de proscrire a de plus cruel. (Enfer 10) — Le peuple paiera tes bons services de son inimitié... Qu'ils ne touchent pas à la plante qui peut nous rendre ces romains de vieille souche .. Je prends note de vos paroles, pour les comparer à d'autres qui m'ont déjà été dites. (Enfer 15.)

« Avant sept ans, dit Currado di Malaspina (Purg. 8), tu sauras mieux que par la renommée, si la bonne opinion que tu as de ma race est véritable. »

C'est ainsi que pour obéir à Béatrix, j'ouvris mon âme et déclarai mon désir à Cacciaguida. Celui-ci faisant jaillir de son cœur, en vives étincelles, l'amour paternel dont il était plein, me fit cette réponse dans un langage clair et précis, bien différent de cette ambiguïté des oracles, où se laissait prendre la foule ignorante avant l'immolation de l'agneau qui ôte les péchés du monde[1].

— « Les choses contingentes, qui demeurent circonscrites dans le monde matériel se peignent toutes en traits apparents sur le front de l'Eternel, et cela ne fait pas que leur existence soit nécessaire[2]. Je vois une barque emportée au cours de l'eau ; il ne s'ensuit pas que cette barque suive nécessairement ce cours. Comme l'oreille est frappée d'une douce harmonie, qui lui vient nécessairement de l'orgue, ainsi ma vue découvre au sein de Dieu les temps qui s'avancent pour toi.

« Tel qu'Hippolyte, que la perfidie d'une marâtre sans pitié fit sortir d'Athènes[3], il faudra que toi aussi tu quittes Florence. C'est là ce qu'on veut, ce qu'on cherche déjà, et ce qui ne saurait tarder, puisque c'est à Rome qu'on y pense[4], dans cette ville, où chaque jour on trafique du Christ.

« L'offensé, suivant l'usage, passera dans l'opinion pour le coupable ; mais la vengeance viendra rendre témoignage à la vérité qui l'appelle tôt ou tard.

« Il te faudra quitter les objets qui te sont le plus chers ; trait poignant, le premier de ceux qui vont au cœur du proscrit. Tu sentiras combien le pain d'autrui est amer, combien il est dur à

[1] La mort de Jésus-Christ a fait cesser les oracles.

[2] C'est la grande question de la liberté humaine, si difficile à concilier avec la prescience divine. On la résout en disant que Dieu voit dans l'éternité la détermination que l'homme prendra dans le temps, en faisant usage de son libre arbitre. Au lieu de cet argument théologique, le poète emploie ici des images sensibles pour montrer que ce que nous voyons arriver n'arrive pas pour cela nécessairement.

[3] Pour bannir l'ennemi dont j'étais idolâtre,
J'affectai les chagrins d'une injuste marâtre,
Je pressai son exil ; (Racine. Phèdre.)

[4] Le parti des Noirs ne devint le maître à Florence, en 1303, que par la faveur du Saint-Siége. Le foyer de ses intrigues était à Rome, et Dante, qui avait été envoyé auprès du pape Boniface VIII pour les déjouer, avait jugé par lui-même de la partialité de ce pontife.

monter et à descendre l'escalier de l'étranger[1]. Et ce qui te pèsera le plus dans ton malheur, ce sera la conduite de ton parti, la méchanceté de tes compagnons d'exil. N'attends qu'ingratitude de cette troupe impie et folle. Ils se tourneront contre toi, mais à leur honte et non à la tienne, car ils ne tarderont pas à en rougir. La suite de leurs faits et gestes mettra leur brutalité en si grand jour, qu'il sera beau pour toi d'avoir voulu faire bande à part et marcher seul[2].

« Tu trouveras d'abord[3] un refuge, une hospitalité courtoise et généreuse auprès de ce grand seigneur de Vérone[4], chef de la maison della Scala, qui a dans ses armes une échelle portant l'aigle impériale. Et ses bontés pour toi seront si grandes, que le don, qui ordinairement suit la demande, la devancera ici par la prévenance de ton hôte.

« Tu verras auprès de lui un héros[5], né sous la planète de Mars, et qui en a reçu l'influence secrète ; car il se rendra fameux

[1] Quelle peinture saisissante des maux de l'exil. Il faut avoir été l'hôte de l'étranger pour sentir la beauté de ces vers que nos troubles civils ont remis en mémoire à trop de français.

[2] Dante voyait des excès à reprendre dans chacune des factions qui agitaient Florence. Il se défend plusieurs fois dans son poème d'appartenir à aucune : « La fortune lui a réservé l'insigne honneur d'être placé entre deux partis qui le convoiteront également ; mais pareille herbe n'est pas faite pour la dent du bouc. (Enfer 10). — Les Guelfes attaquent l'Empire ; les Gibelins n'en veulent que pour eux. On ne saurait dire de quel côté sont les plus grands torts (Par. 6). » Ce qu'il ajoute ici, est une allusion plus directe à certains événements de sa vie politique. Il est certain que, frappé avec le parti des Blancs, il se sépara d'eux, pour ne point s'associer à leurs violences. Les bannis lui avaient reproché l'insuccès d'une attaque nocturne sur Florence, dont il avait donné le conseil. Après cette malheureuse tentative, qui eut lieu en 1304, les désordres de ce parti sans chef et désespéré l'en éloignèrent de plus en plus. Il aima mieux, quelques années après, se faire tout à fait gibelin. Il se jeta dans les bras de l'Empereur.

[3] Si Dante n'affirmait pas lui-même que son premier refuge, *primo ostello*, fut à Vérone, on pourrait croire qu'il avait trouvé auparavant un asile dans la Lunigiane, chez Maroello di Malaspina. Il reste assez difficile d'assigner l'époque où il fut reçu chez ce dernier ; car on sait qu'il demeura à Vérone plusieurs années jusqu'à l'issue malheureuse de l'expédition de l'empereur Henri VII (1313).

[4] Barthélemy et Albouin tinrent successivement la seigneurie de Vérone, avant Can della Scala, leur frère. Albouin étant mort en 1310, il est probable que c'est lui, le *Grand Lombard,* à qui Dante a dû son premier asile.

[5] Can de l'Escale pouvait n'avoir que 18 ans, au moment où parle Cacciaguida, c'est-à-dire en 1300, époque assignée par le poète à son voyage ; mais il en avait plus de 25, et il s'était fait connaître comme un habile capitaine, lorsque Dante vint se réfugier à Vérone, vers l'année 1308. Cacciaguida prédit un héros qui déjà s'était fait connaître par de beaux exploits.

Il est fait une mention allégorique de ce personnage au premier chant de

par ses exploits; et s'il ne s'est pas encore signalé dans le monde, c'est à cause de son jeune âge. A peine a-t-il vu neuf fois la planète où nous sommes, achever son cours bisannuel. Mais avant que le prêtre de Gascogne[1] ait surpris dans ses lacs l'illustre empereur Henri VII, il aura, par son mépris de l'or et ses travaux pénibles, fait briller sa vertu. Libéral et magnifique, il sera vanté aussi pour ces qualités, et par la bouche de ses ennemis eux-mêmes. Compte sur lui et sur ses bienfaits. Nombre de gens, riches et pauvres, lui devront leur élévation et leur chûte. Graves-en la liste dans ta mémoire; mais n'en dis rien à personne sur la terre. »

Et il me révéla des choses qu'à peine voudront croire ceux qui en seront les témoins[2].

Puis il ajouta : « Mon fils, tu possèdes à présent la glose du texte qui t'avait embarrassé. Voilà les embûches qui te menacent, et qui sont cachées dans les voiles d'un prochain avenir. Garde-toi néanmoins de porter envie au succès de tes injustes concitoyens, car il sera court, et le châtiment de leurs perfidies est plus proche que le terme de ta vie mortelle[3] ».

Il se tut ; et moi, dès que l'âme sainte eut achevé d'ourdir le tissu de son récit prophétique, je repris en ces termes, comme un homme qui désire et craint à la fois de demander conseil à tel dont le coup d'œil, le sens droit et l'affection lui sont connus :

— « O mon cher aïeul, je vois bien que le temps court et fond

l'Enfer, où Virgile annonce que le *Lévrier chassera la Louve, et la fera périr dans les tourments.* On peut s'étonner que Dante, ayant achevé l'Enfer avant son exil, ait placé d'aussi grandes espérances sur un jeune homme de 18 ans; mais il est bien probable que le poète ayant retouché son ouvrage en différents temps, y a inséré plus tard cet éloge de son protecteur.

[1] Ceci ne peut avoir été écrit avant l'année 1312. Alors seulement, l'empereur Henri VII, descendu en Italie, fut couronné roi des Romains par le cardinal da Prato, au nom du pape Clément V, qui résidait en France. La politique de ce pape lui créa de tels obstacles qu'il échoua dans son entreprise, et mourut l'année suivante.

Le prêtre de Gascogne est Bertrand de Gott, qui fut archevêque de Bordeaux, avant de gouverner l'Eglise, sous le nom de Clément V.

[2] Il faut admirer l'art du poète, qui se fait prédire à l'oreille des faits, qui ne sont encore que des espérances. Can le Grand, illustré déjà par plusieurs victoires, promettait à l'Italie un libérateur. Il avait été vicaire de l'empereur Henri VII, lorsque celui-ci allait se faire couronner à Rome. On attendait de lui de grandes choses. Il mourut en 1329, huit ans après Dante, sans avoir accompli les grands projets qu'il avait conçus.

[3] Ici le poète veut percer l'avenir ; mais il prédit à faux. Il mourra dans l'exil et ne verra point le jour des réparations.

sur moi rapidement, pour me porter un de ces coups d'autant plus rudes qu'on s'y abandonne sans défense. Il faut donc m'armer au moins de prévoyance, et prendra garde que, banni des lieux qui me sont le plus chers, mes vers ne me ferment ailleurs tout asile.

« En visitant le séjour des peines éternelles, en gravissant le mont dont je n'aurais pu atteindre la cime riante, sans l'assistance de ma belle patronne, qui m'animait de ses regards, en m'élevant enfin de sphère en sphère dans les cieux, j'ai vu, j'ai appris des choses que je ne puis redire sans blesser beaucoup de gens, qui trouveront ces mets d'une saveur forte et piquante. Et d'un autre côté, si la vérité n'a en moi qu'un ami timide, je crains de ne pas vivre parmi ceux pour qui mes contemporains seront des anciens. Je n'irai point à la postérité[1]. »

A ces mots, la lumière, qui revêtait l'âme de Cacciaguida, resplendit plus vive, comme une lame d'or frappée par un rayon de soleil, et il repartit ainsi :

« Pour l'homme qui n'a pas la conscience pure, tes paroles auront une âpreté fâcheuse, parce qu'elles seront pour lui une cause de honte et de déshonneur. Toutefois, arrière le mensonge ! Publie hautement tout ce que tu as vu[2] et laisse chacun trahir, en regimbant, l'endroit où le bât le blesse. Si ta voix les choque, il en sera comme de ces aliments qui déplaisent au goût, quoique la digestion en tire des sucs salutaires. C'est aux cimes les plus hautes que le vent s'attaque surtout, comme par une honorable préférence. Ainsi tonnera ta voix sévère; et si jusqu'à présent on ne t'a montré, soit en Enfer, soit dans le Purgatoire, soit au séjour des Elus, que des personnages célèbres, c'est que l'exemple tiré d'un fait obscur, et tout ce qui ne s'appuie pas sur d'éclatants témoignages a peu de crédit parmi les hommes. L'oreille entend, sans que l'esprit s'y arrête. »

[1] Bel hommage rendu à la poésie qui n'est admise au temple de mémoire qu'en compagnie de la vérité.

[2] La divine comédie n'est pas une satire, mais une école de mœurs. Elle ne fera tort qu'à son auteur, en lui suscitant des ennemis, et en aggravant pour lui les maux de l'exil. Il manquait à Dante une approbation de son œuvre, à ce point de vue, et elle lui est donnée par un saint qui l'autorise à publier sa vision, sans rien omettre.

Il y a dans le texte : *tutta tua vision fa manifesta*, c'est-à-dire, divulgue tout ce que tu as vu. Si l'on prend ce mot *vision* dans son acception française, Dante n'a pas fait de voyage dans l'autre monde. Il a rêvé ce qu'il décrit. — L'intérêt du poème disparaît avec le merveilleux.

CHANT XVIII.

Recueilli en lui-même, Cacciaguida se complaisait dans ses pensées, et moi je suivais le cours de mes réflexions mêlées de douceur et d'amertume[1], lorsque ma Dame et maîtresse, qui me servait de guide au chemin du ciel, me dit : « Sors de cette rêverie, et songe que j'ai mon siège[2] auprès de celui qui répare tous les torts. »

A la voix douce et tendre de mon ange tutélaire, je me retournai, et ce que je vis alors d'amour dans ses saints regards, je renonce à le dépeindre, parce que je me défie de moi, sentant l'insuffisance de mes paroles, et parceque mon esprit, emporté si loin et si haut, ne peut revenir sur ses pas, sans guide[3]. Tout ce que je puis dire, c'est qu'en regardant la Sainte, je ne désirais pas autre chose, content de voir se refléter sur son visage le beau éternel qui lui dardait ses rayons.

Elle me dit avec un sourire charmant : « Tourne-toi vers lui, et prête encore l'oreille. Le paradis n'est pas dans mes yeux. »

De même qu'une passion vive, lorsqu'elle agite et ravit notre âme, se lit quelquefois dans nos traits; ainsi me fut-il aisé en me tournant vers l'âme radieuse de mon aïeul, de juger au redoublement de sa splendeur[4], qu'il désirait s'entretenir encore avec moi.

« Dans cette planète de Mars, me dit-il, sur la cinquième branche[5] de l'arbre merveilleux, qui vit par la cime, toujours vert et chargé de fruits, il existe des Elus qui, avant d'être élevés à la béatitude, ont fait grand bruit sur la terre, et laissé aux Muses

[1] Dante venait d'apprendre qu'il trouverait l'hospitalité dans l'exil, et qu'il était menacé de maux dont il verrait la réparation.

[2] Béatrix a sa place auprès de Rachel sur le troisième gradin de la Rose mystique, dans l'Empyrée (Paradis 32).

[3] On repasse par la mémoire les chemins déjà parcourus, et pour ce retour, on aurait besoin d'un guide.

[4] On a vu que le rayonnement des Elus augmente avec leurs élans d'amour. Si Cacciaguida jette une clarté plus vive, c'est que son affection pour son petit fils le porte à lui parler.

[5] Le poète compare ici le Paradis à un arbre, dont la cinquième branche est la planète de Mars, où il se trouve. Cet arbre, qui vit par la cime, est un symbole de la vie éternelle.

une ample matière de louanges[1]. Porte donc les yeux sur les bras de la croix et sois attentif. A mesure que je nommerai un de ces personnages[2] tu verras son âme scintiller et courir aussi vite que l'éclair traverse la nue. »

Je vis en effet, au nom de Josué[3] un sillon de lumière glisser le long de la croix. Le mot et la chose frappaient à la fois mes oreilles et mes yeux. Il nomma Judas Machabée[4], et à l'instant je vis jaillir et circuler une étincelle avivée par la joie, comme le sabot tourne sous le fouet qui le bat. Il en fut de même de Charlemagne et de Roland[5]. Mes yeux suivirent les traces de deux vives lumières, qui éclatèrent à leurs noms, comme le chasseur suit dans les airs le vol du faucon, qui a pris l'essor. D'autres âmes furent ainsi évoquées, et la croix offrit à ma vue Guillaume[6] et Rinoard[7], Robert Guiscard[8] et Godefroy de Bouillon[9].

[1] Ces hommes de grand renom, si dignes d'être célébrés par les Muses, ont été les champions armés de la foi, et ils sont récompensés dans la cinquième sphère, des combats qu'ils ont livrés pour la défendre. Dante a omis ce semble, contre son usage, de le dire en termes exprès. On ne peut que l'induire des exemples qu'il cite.

[2] Autre effet de l'amour chez ces Elus : à la splendeur s'ajoute la locomotion, et leur joie de s'entendre nommer est pure de toute gloire mondaine. Au surplus, rien dans le texte ne fait entendre, comme quelques-uns l'ont cru, qu'ils s'agitent ainsi pour reprendre sur la croix lumineuse le rang assigné à chacun d'eux.

[3] Josué ouvrit au peuple de Dieu, par ses victoires, l'entrée de la terre promise, et le mit en possession du pays de Chanaan.

[4] Judas Machabée, rentré dans la ville de Jérusalem, qui avait été prise en l'an 586, de Rome, par Antiochus, roi de Syrie, purifia le temple, et lutta pendant six ans avec un courage invincible contre ce prince, ennemi des Juifs. Antiochus Epiphane descendait de Séleucus Nicanor, un des capitaines d'Alexandre.

[5] On connaît les exploits de Charlemagne contre le Sarrazin. Son neveu Roland, mort à Roncevaux, avait soutenu par son épée l'honneur du nom chrétien.

[6] L'ancienne maison d'Orange remontait à Guillaume au court-nez, qui vivait au temps de Charlemagne. Bertrand de Baux épousa Tiburge, dernière descendante de Guillaume, et en eut un fils qui commença, vers la fin du douzième siècle, la seconde race des comtes d'Orange. C'est le personnage ici mentionné par Dante, et qui était sans doute de la troisième croisade entreprise pour arrêter les progrès de Saladin.

[7] Les commentateurs ne s'accordent pas sur ce Rinoard (Renouard ?) qu'ils appelle aussi Richard ou Renaud. Si quelque texte porte Ricciardo, cette leçon serait la meilleure, puisque Richard cœur de Lion est un des princes qui s'illustrèrent le plus dans les croisades. On ne voit pas d'ailleurs comment Rinoard est devenu Renaud sous la plume des traducteurs qui semblent avoir oublié le Rinaldo de l'Arioste.

[8] Des gentilshommes normands s'établirent à Naples, et chassèrent les Sarrazins de la Sicile. Robert Guiscard, un des plus illustres, est le père de Bohémond, qui fonda le royaume d'Antioche dans la première croisade.

[9] Godefroy de Bouillon prit d'assaut Jérusalem en 1099. Le Tasse n'a pas conservé cette forme italienne du nom de Godefroy *Gottofredi.*

Puis, s'étant mise en mouvement à son tour, et mêlée à toutes ces clartés vivantes, l'âme de mon aïeul, qui avait daigné me parler, prit part aux célestes concerts.

M'étant tourné à droite pour consulter Béatrix et connaître par un mot d'elle ou par un geste ce que j'avais à faire, je vis dans ses yeux une joie surhumaine, un feu si pur, que jamais encore, quoiqu'embellie à chaque phase nouvelle, elle ne m'avait paru aussi pleine d'attraits; et de même qu'en éprouvant plus de plaisir à faire le bien, l'homme reconnaît chaque jour qu'il fait des progrès dans la vertu, je crus aussi m'apercevoir, à l'aspect de cette beauté accrue encore, que j'avais fait un pas nouveau dans ma route[1] ; qu'emporté avec les corps célestes, je roulais dans une sphère de plus vaste orbite.

Comme on voit une jeune fille, après un mouvement de honte qui avait coloré ses joues, revenir par un prompt passage, à la blancheur naturelle de son teint, il s'était fait en Béatrix un changement aussi rapide, causé par la blancheur argentée de la sixième planète qui nous avait reçus dans son sein.

Je vis les bienheureux, habitants de Jupiter[2]; je les vis dans leurs élans de charité brûlante, scintiller et reproduire par des signes[3] les formes de notre langage. Semblables à ces troupes d'oiseaux qu'on voit s'élever du marécage avec des cris joyeux pour chercher leur pâture, et se disposer en cercle ou par longue file, ces saintes créatures, voilées de leurs auréoles, chantaient en voltigeant, et variaient leurs poses de manière à figurer successivement plusieurs lettres, telles que D. I. L[4]. Elles chantaient; elles allaient et

[1] Nouvel exemple du passage insensible d'une sphère à l'autre. Le premier effet de l'ascension est toujours un accroissement de beauté en Béatrix.

[2] Jupiter accomplit sa révolution en douze années environ. Placé entre Mars et Saturne, cette planète paraît jouir d'une température moyenne; de là sa couleur argentée. Elle appartient aux ministres de la justice humaine, dont le chef est l'Empereur.

[3] L'on trouve ici, non pas une représentation mimique, mais une écriture en lettres figurées par des êtres vivants. Les Elus se groupent de manière à former successivement chacune de ces lettres. Le poète varie incessamment les spectacles, et prodigue à chaque pas les merveilles pour captiver son lecteur.

[4] D. I. L. Initiales de *Diligite*. La phrase tout entière, par où commence le livre de la Sagesse dans la Bible, est : « *Diligite justitiam, qui judicatis terram.* »

venaient en cadence; et lorsqu'elles avaient achevé une de ces lettres, elles s'arrêtaient quelques instants et se taisaient.

Divine Calliope[1], vous à qui le génie de l'homme doit sa gloire, et l'immortalité qu'il transmet à son tour, par votre faveur, aux villes et aux empires, illuminez mon esprit afin qu'il puisse retracer comme il les a saisies, les figures exécutées par ces élus. Faites paraître votre puissance dans la concision de mes vers[2].

Ils formèrent donc et produisirent jusqu'à trente-cinq lettres, voyelles et consonnes, et je notais les mots à mesure que chacun d'eux me paraissait achevé.

« *Diligite justitiam* » fut le commencement de ce langage muet, le nom et le verbe d'une phrase qui se termina par ces mots « *qui judicatis terram* ». De ces cinq mots, le dernier avait pour finale, la lettre M, sur laquelle s'arrêtèrent les pieuses figurantes[3]. Leurs auréoles se découpaient en or sur le fond argenté de Jupiter.

Je vis d'autres âmes descendre comme de brillantes lueurs, et couronner l'M, en chantant l'auteur et le principe de tout bien, qui sans cesse les attire à lui. Puis, de cette couronne, je vis jaillir et s'élancer plus ou moins haut, suivant le degré d'ardeur que la divine lumière avait daigné leur départir, des milliers de feux semblables à ces innombrables étincelles que produit le choc de tisons embrasés, et qui fournissent aux ignorants de vains présages. Chacun de ces feux ayant pris sa place au-dessus de l'M couronnée, je vis qu'ils représentaient la tête et le cou d'un aigle[4].

Ces figures parlantes sont l'œuvre d'un artiste dont personne ne conduit la main. C'est lui au contraire qui dirige tous les mouvements, et la justice, qu'il figure au moyen de ces âmes

[1] Appel à la muse qui préside à la poésie épique, c'est-à-dire à Calliope, que Dante a nommée au début du Purgatoire. Il conserve les noms des muses, filles de Jupiter, aux émanations de la Suprême Intelligence, comme il a laissé aux planètes leurs noms mythologiques. Est-ce à nous qui nous en servons encore aujourd'hui à lui reprocher le mélange du sacré et du profane ?

[2] « *In questi versi brevi* ». Dante nous donne ici le secret de sa manière concise et nerveuse.

[3] Les lettres étant figurées successivement, il ne restait que l'M, qui tout-à-l'heure va, par une soudaine métamorphose, représenter un aigle.

[4] La croix et l'aigle sont des tableaux vivants que l'art du poète, prodigue d'images symboliques, a substitués aux sculptures du Purgatoire.

Il est inutile de faire remarquer que l'aigle figure ici la puissance impériale. César est aux yeux de Dante, la source légitime du pouvoir civil, dont le premier attribut est la justice.

voltigeantes, se recommande ainsi à la pensée des hommes. Les autres âmes, qui s'étaient d'abord contentées de former une couronne au-dessus de l'M se groupèrent de manière à couronner[1] la figure de l'oiseau impérial.

Charmante étoile! comme la vue de tes glorieux hôtes m'a bien montré que la justice des hommes émane de ta sphère sereine!

Donc, j'oserai prier la Supréme Intelligence, à qui tu dois le mouvement et ta vertu spéciale, de voir d'où provient cette fumée qui obscurcit tes rayons, et de se lever encore une fois[2] dans sa juste colère contre les marchands du temple, qui trafiquent aux lieux consacrés par des miracles, et par le sang des martyrs.

O Élus! Phalange céleste que je contemple, priez pour tous ceux qui sont égarés sur la terre à la suite du mauvais pasteur[3]. Aujourd'hui ce n'est plus avec l'épée que l'on fait la guerre. Voici une arme nouvelle. On prive les chrétiens en tous lieux du pain spirituel[4], que le père commun ne refuse à personne. Mais, ô toi, qui fulmines des bulles, pour les révoquer à prix d'argent, songe que saint Pierre et saint Paul, qui ont donné leur sang pour la vigne que tu ravages, sont encore vivants, et te voient. Il est vrai que tu peux dire : « Je suis tout à Jean-Baptiste, à l'homme qui vécut au désert, au martyr qu'une danse lascive envoya à la mort. Je suis tellement à lui[5] que je ne connais ni Simon-Pierre, le pêcheur, ni l'apôtre Paul! »

[1] Il y a ici trois classes d'âmes bienheureuses, celles qui ont formé la lettre M, celles qui l'ont couronnée, et celles qui se sont élevées plus haut pour former la tête de l'aigle. On pense que Dante a voulu signaler ainsi les magistrats, les rois et les empereurs. Dans une M couronnée, si de la couronne, on fait la tête et le cou de l'aigle, la lettre majuscule se prête assez bien à figurer le corps et les ailes. L'œil peut suivre jusqu'à certain degré la métamorphose.

[2] Quand la justice est devenue vénale, il n'y a plus de justice. Or, l'exemple de la vénalité est donné aux magistrats par la simonie de l'Eglise, lorsque celle-ci trafique des choses saintes. Le premier acte de la mission de Jésus-Christ fut de chasser les marchands du temple.

[3] Deux papes simoniaques ont été voués à la damnation par Dante, qui a marqué d'avance en Enfer, leur place et leur supplice, (Enfer 19) savoir : Boniface VIII et Clément V. C'est ce dernier qu'ici le poète paraît avoir en vue ; car il l'a déjà jugé ailleurs le pire des deux « *di più laid' opra* » et Clément V occupait le siège pontifical au moment où Dante écrivait le Paradis.

[4] L'excommunication était alors un moyen de simonie, comme le fut plus tard la vente des indulgences. On s'en rachetait à prix d'argent, pour faire lever l'interdiction des sacrements qui en était la conséquence.

[5] Il faut savoir que le florin était à l'effigie de saint Jean-Baptiste pour comprendre ce passage d'une ironie amère. « Tu es si bien à Jean que tu ne connais plus ni Pierre ni Paul. »

CHANT XIX.

J'avais en face de moi l'aigle aux ailes déployées, grande figure, qui se formait de groupes d'Élus scintillant de joie au sein de la béatitude céleste. Chacune de ces âmes était comme un rubis enflammé par un rayon du soleil, qui en renvoyait l'éclat dans mes yeux.

Non jamais la bouche des hommes n'a redit, jamais la plume n'a retracé, jamais l'imagination n'a conçu ce que j'ai maintenant à raconter. Car je vis, j'entendis l'aigle parler. De son bec sortait un langage merveilleux. Il disait *je* et *moi* lorsque *nous* était dans sa pensée, qui se produisait au nom de plusieurs[1].

— « C'est, disait-il, pour avoir été juste et pieux[2] que je suis appelé à jouir ici de cette gloire immortelle, qui est toujours au niveau de nos désirs. Heureux d'avoir laissé sur la terre une mémoire honorée des méchants eux-mêmes ! Plus heureux s'ils en suivaient les traditions et les exemples ! »

Comme de plusieurs charbons se forme un seul brasier, empruntant à des feux distincts une même chaleur ; ainsi de l'aigle, formé de maintes âmes vivantes et parlantes, naissait un son composé, mais unique.

A mon tour, je dis, m'adressant à toutes ces âmes : « O vous, fleurs vivaces, écloses au jardin de la joie éternelle, et qui confondez toutes vos senteurs en un parfum délicieux ! Exhalez vos trésors, et contentez enfin mes longues aspirations qui, sur la terre, ont toujours été impuissantes et vaines. Dissipez un doute, qui, dès longtemps me travaille[3]. Vous le pouvez ; car si les Élus

[1] La personnification, qui fait de plusieurs êtres réunis un être collectif s'exprimant comme un seul, se rencontre dans l'Evangile, quand le diable chassé du corps d'un possédé répond à Jésus-Christ : Je m'appelle *Légion*.

[2] C'est au sixième ciel, qu'on reçoit le prix de la justice et de la piété.

[3] La question de Dante n'est pas de savoir, si les hommes vertueux, qui nés depuis l'ère chrétienne, n'ont jamais connu, ni pu connaître J.-C., seront damnés. Son doute ne porte que sur la justice de cette loi rigoureuse. Il cherche une explication, et il espère l'obtenir des Saints, qui ont une notion plus claire de la souveraine justice.

de sphères inférieures contemplent au Ciel, comme dans un miroir, la souveraine justice, vous la voyez ici plus transparente et sans voile. Vous savez d'ailleurs avec quelle attention je suis disposé à vous écouter. »

Tel qu'un faucon déchaperonné, qui soudain agite la tête, bat des ailes, range ses plumes, et se dresse d'un air qui marque son impatience de prendre l'essor ; tel parut alors à mes yeux le merveilleux oiseau, tirant de son sein, c'est-à-dire des âmes qui s'y répandaient en actions de grâces, des chants dont on ne peut avoir une idée qu'au séjour céleste[1].

Puis il me parla en ces termes : « Celui dont l'immense compas a marqué les limites, en dedans desquelles ont été créées toutes les choses visibles et invisibles, n'a pu imprégner si bien l'univers de sa vertu qu'il n'ait gardé en soi, dans une surabondance infinie, la plus haute puissance de son verbe. Aussi est-ce pour n'avoir pas attendu cette lumière[2], que l'archange orgueilleux, chef-d'œuvre de la création, a été précipité du Ciel. Il suit de là qu'un aussi grand bien que la lumière divine, bien sans bornes, et qui n'a de mesure que lui-même, ne saurait être circonscrit dans aucun des êtres créés, et que notre vue, faible rayon de l'intelligence qui remplit l'univers, n'est pas de sa nature assez perçante pour n'être pas dépassée beaucoup par Dieu, dont elle émane, et qui voit bien au delà de ce qu'elle peut atteindre.

« Lors donc qu'elle s'attache à considérer la justice éternelle, nous ressemblons à l'homme qui plonge ses regards sous les flots. Du bord de la mer, il voit le fond. Il ne le voit plus s'il gagne le large ; mais ce fond n'en existe pas moins. C'est la hauteur des eaux qui nous le dérobe. Toute lumière qui ne vient pas de la

[1] Le poète a coutume de prêter d'abord une langue inconnue, ou des chants incompréhensibles à ceux qu'il fera bientôt disserter sur une matière abstraite. On a plusieurs exemples de ce procédé.

[2] L'archange rebelle dédaigna, dans son orgueil, de laisser mûrir le fruit dont il avait reçu le germe de la bonté du Créateur. De là sa chûte : « *cadde acerbo* » Il se crut en pleine possession de la lumière, et il a failli, pour n'avoir pas voulu l'attendre, « *per non aspettar la luce.* » — On entrevoit ici une doctrine d'initiations successives, auxquelles les Anges eux-mêmes auraient été soumis, ne recevant la lumière divine qu'avec mesure, et arrivant par degrés à la perfection que comporte leur nature. Le poète veut montrer que, si Lucifer lui-même, avant sa chûte, n'avait qu'une vue imparfaite des perfections divines, les Saints peuvent bien moins encore, sur la question proposée, entrer dans les profondeurs de la justice de Dieu.

région où règne une sérénité inaltérable, n'est pas, la vraie lumière. Ce n'est que ténèbres, ombre ou émanation viciée de la chair.

« Tu connais à présent dans quelle profonde retraite se cache la justice du Dieu vivant, objet de tes doutes et de tes questions.

« Un homme, disais-tu, est né au fond des Indes, où jamais on ne lui parle de Jésus-Christ, où on ne lit rien, où l'on n'écrit rien qui ait trait au Sauveur du monde. Cet homme, autant que la raison humaine peut en juger, a vécu sans péché, irréprochable dans ses paroles comme dans sa conduite, riche d'intentions droites et de bonnes œuvres. Il meurt sans baptême et hors de l'Eglise. Y a-t-il justice à damner son âme ? S'il n'a pas cru, où donc est sa faute ?

« Eh ! qui es-tu, toi, pour oser du haut de ton tribunal juger ma justice, à mille lieues de distance, lorsque ta vue n'embrasse que quelques toises ? Vous avez les Saintes Écritures[1]. Je reconnais que, sans elles, il y aurait ici pour un raisonneur subtil grande matière au doute. O hommes charnels ! ô esprits grossiers ! faut-il vous le dire ? La volonté divine, bonne en soi, est inséparable du souverain bien, qui n'est autre qu'elle-même. Ainsi le bon n'est bon qu'autant qu'il vient d'elle et s'y rapporte[2]. Le bien se produit dans le monde créé, non parce qu'il attrait à lui la volonté divine, mais parce qu'au contraire celle-ci, en rayonnant, le fait éclore. »

Comme la cigogne se tourne et s'agite sur son nid, après avoir donné à ses petits la pâture, tandis que chacun d'eux, bien repu, la suit des yeux ; tels nous étions en ce moment, l'aigle agitant ses ailes, sous l'impulsion des âmes bienheureuses qui s'y pressaient en foule, et moi levant sur lui mes regards.

L'oiseau symbolique chantait en faisant la roue et disait : « Mes

[1] Le principe catholique, tiré des Saintes Ecritures est : « Hors de l'Eglise point de salut. » Dante a une telle foi en ce principe que pour sauver Trajan, il a accepté la légende suivant laquelle, à la prière d'un pape, Dieu ressuscita cet empereur, afin qu'il mourût de nouveau, après avoir reçu le baptême.

[2] Si le bon n'est bon que par rapport au souverain bien, il s'ensuit que, hors de l'Eglise, qui seule connaît Dieu, il n'y a ni bien, ni mérite, ni salut, puisque le salut consiste dans la perception de Dieu. La conséquence paraît logique ; mais est-il juste qu'un homme porte la peine d'avoir ignoré des vérités qu'il lui a été impossible de connaître ? Pour sortir de cette difficulté, il faut dire avec certains docteurs qu'elles lui seront révélées par un ange, à défaut de tout autre moyen, et s'il en est digne.

Le poète n'indique pas cette solution.

accents te sont inconnus[1]. Il en est de même pour vous, ô mortels, des jugements de Dieu. »

Et les chants continuèrent au sein de ces feux vivants, animés de l'Esprit Saint, dont se formait l'aigle, ce signe des Romains qui leur valut le respect de l'univers.

Lui-même reprit ensuite en ces termes : « Non jamais, ni avant[2], ni après l'immolation du Sauveur, nul n'est entré dans le royaume des Saints, sans avoir cru en Jésus-Christ, mais ne t'y trompe pas. Beaucoup s'écrient : Seigneur ! Seigneur[3] ! qui, au jour du jugement, seront plus éloignés du Christ, que tel qui ne l'a point connu. Il est des chrétiens que l'Ethiopien infidèle condamnera au dernier jour, lorsque se fera le partage des biens et des maux éternels. Quel avantage les Perses[4] n'auront-ils pas sur vos rois ? Et que ne pourront-ils pas leur dire, quand ils verront s'ouvrir le grand livre[5] où sont consignées toutes leurs hontes ?

« On y verra de tes œuvres, Albert d'Autriche[6], une de tes actions que la plume de l'ange ne manquera pas de retracer, la ruine de Prague changée par toi en désert. On y verra, sur les bords de la Seine, un prince altérant la monnaie et ruinant ainsi son peuple, qui sera vengé d'un roi faussaire, par le choc d'un sanglier[7].

[1] L'aigle parle toujours une langue inconnue, faite pour les besoins d'une théologie transcendante.

[2] Les âmes que Jésus-Christ, descendu aux Enfers, a tirées des Limbes pour les conduire en Paradis, avaient attendu le Sauveur promis aux nations. Elles avaient eu la foi implicite, comme disent les Pères. Tels étaient les patriarches, et notamment ceux dont il est fait mention expresse au 4e chant de l'Enfer.

[3] Allusion à ce passage de l'Evangile : « *Non omnis qui dicet mihi : domine, domine, intrabit in regnum cœlorum.* » (Math. 7.)

[4] Le poète nomme ici les Perses, comme il aurait dit les Turcs, les Sarrazins, les Infidèles Il oppose les sectateurs de Mahomet à ceux de Jésus-Christ, les princes païens aux rois catholiques.

[5] C'est le livre dont il est parlé dans l'Apocalypse : « *Et libri aperti sunt, et alius liber apertus est qui est vitæ.* » (Apoc. 20.)

[6] Dans la célèbre apostrophe à l'Italie (Purg. 6), il y a une invective sanglante contre cet Albert d'Autriche, qui dévasta la Bohême pour y établir un de ses fils, après la mort de Wenceslas III. (1306.)

[7] Après la défaite de Courtray (1302), Philippe le Bel augmenta la valeur fictive des monnaies, et en fit même fabriquer de bas aloi. pour soutenir la guerre contre les Flamands. C'était une ressource employée alors trop souvent par les seigneurs, qui avaient droit de battre monnaie.

Ce prince étant à la chasse, dit l'historien Dupleix, un sanglier choqua si furieusement son cheval qu'il l'en fit tomber. Il mourut de cette chûte à Fontainebleau, en 1304. Mezeray, ni le président Hénaut, dans leurs abrégés chronologiques, ne font mention de ce genre de mort.

« On y verra l'écossais et l'anglais[1] signaler par de folles incursions l'orgueil insatiable, dont ils sont épris, incapables tous deux de se contenir dans leurs limites.

« Là s'inscriront encore la mollesse d'un roi d'Espagne[2] et la vie efféminée du duc de Bohême[3], qui ne connut jamais la vaillance et n'en tint compte. Là s'inscrira la bonté du boiteux de Naples et de Jérusalem[4]; mais cette qualité de Charles II sera marquée du chiffre 1, tandis que la lettre *M* y désignera *mille* défauts contraires.

« Là seront gravées l'avarice et la vilenie de Frédéric[5] roi de Sicile, possesseur indigne de[6] l'île ou le vieil Anchise acheva sa carrière, et ses faits honteux (vois s'ils tiennent peu de place dans la vie de ce prince !) seront notés en caractères abrégés qui renferment beaucoup dans peu d'espace.

« Au livre de sa vie seront notés les faits et gestes des deux princes, parents de Frédéric, de Jacques, son frère, et de son oncle

[1] Suivant les commentateurs, il y aurait ici plus qu'une allusion générale aux guerres de frontières, qui ont si longtemps existé entre les Anglais et les Ecossais. Dante aurait eu en vue deux princes de son temps. — Edouard Ier, roi d'Angleterre, à la mort d'Alexandre III, roi d'Ecosse, disputa ce royaume aux prétentions de Robert Bruce. En effet, il s'en rendit maître; mais il mourut en 1307 en allant prendre possession de sa conquête.

[2] Faut-il admettre avec les commentateurs que celui que Dante, sans le nommer, accuse de mollesse, soit Alphonse X, surnommé le sage, l'auteur des tables alphonsiennes. Il est vrai qu'Alphonse, élu empereur, s'était contenté d'en porter le titre qu'il résigna même, en 1274, entre les mains du pape Grégoire X. Peut-être avait-il mérité par là le blâme du poète gibelin, qui ne lui pardonnait pas d'avoir abandonné les droits de l'Empire.

[3] Quel est ce roi de Bohême ? On croit qu'il s'agit ici de Wenceslas III, dont il a déjà été fait mention au 7e chant du Purgatoire. Il succéda à Wenceslas le saint, fils d'Ottocare, et fut assassiné à Olmutz en 1306.

[4] Le boiteux de Jérusalem est Charles II, roi de Naples, dit Charles le boiteux (Purg. 20). Charles d'Anjou son père, protecteur du Saint-Siége contre l'Empire, avait créé en Italie cette influence française qui s'exerça ensuite, par le moyen de Charles de Valois, d'une manière si fatale à Dante. De là les rancunes du poète, qui les exhale en toute occasion contre les diverses branches de la maison de France. Il rend ici hommage à la douceur de Charles II; mais il avait stigmatisé ailleurs son avarice, (Purg. 20) et le pesant ici dans la balance, il dit que le bien est au mal comme un est à mille.

[5] Dante signale tous ces personnages sans en nommer aucun. Il désigne même la Sicile par une périphrase. L'homme qui la gouvernait de son temps est Frédéric, un des fils de Pierre d'Aragon, signalé ici pour son avarice et sa bassesse, et dont le poète avait déjà dit (Purg. 7) que, succédant aux états de son père, il n'avait pas eu la meilleure part de l'héritage, savoir ses vertus.

[6] *L'Isola del fuoco.* La Sicile, fameuse par le mont Etna. Enée y perdit son père Anchise.

Heu! genitorem, omnis curæ casus que levamen,
Amitto Anchisen..... (Enéide. III.)

Alphonse[1] qui ont fait tant d'honneur à la maison d'Aragon, qu'ils ont ainsi avili deux couronnes. Les rois de Portugal et de Norwège[2] y auront aussi leurs noms inscrits, ainsi que le prince de Rascie[3], qui fabriqua de faux ducats de Venise. Heureuse la Hongrie[4] si elle ne se laisse plus opprimer par ceux qui la gouvernent ! Heureuse la Navarre[5], si des montagnes qui la bordent, elle se fait un rempart ! Déjà sans doute on doit voir un présage de sa résistance prochaine dans les plaintes de Nicosie et de Fauragouste[6] qui, à l'exemple des autres villes de Chypre, frémissent d'être menées par une brute[7]. »

[1] Pierre d'Aragon eut trois fils, Alphonse, Frédéric et Jacques Ce dernier, déjà stigmatisé au 7e chant du Purgatoire, succéda au royaume d'Aragon, à la mort de son frère aîné. Son oncle, Alphonse ou Jacques, (les commentateurs diffèrent sur ce point) posséda les îles Baléares avec le titre de roi de Majorque.

[2] Dante n'épargne aucun des rois, ses contemporains. Denis, surnommé l'Agricola, régnait alors en Portugal ; et la Norwège, non encore soumise au Danemark, était sous le sceptre d'Eric Ier.

[3] La Rascie est une partie de l'Esclavonie. On ignore le nom de celui qui la gouvernait alors, et qui contrefit le coin de la République de Venise.

[4] Charles Martel, roi de Hongrie, venu à Rome au grand jubilé de Boniface XIII en 1300, y avait connu Dante qui s'est déjà vanté de cette illustre amitié. Son fils Carobert eut à disputer le trône de Hongrie à André, dit le vénitien, qui s'était fait élire au préjudice de son droit. Il s'y rétablit par la force, après une bataille gagnée en 1312 contre un Palatin, chef de rebelles; Dante fait sans doute allusion à ces événements, qui se passaient au moment où il composait le Paradis.

[5] La Navarre est séparée de la France par les Pyrénées ; Jeanne Ire, morte en 1304, avait apporté la Navarre en dot à Philippe-le-Bel ; mais durant la minorité de Jeanne, sa mère avait été obligée de défendre ses états contre les rebelles, en appelant à son secours Philippe-le-Hardi. Dante exprime peut-être un regret sur cette entrée des Français en Navarre. Mais elle leur appartenait au moment où il écrit, et elle n'est passée à la couronne d'Espagne qu'en 1513, par l'usurpation de Ferdinand X, roi d'Aragon qui l'enleva à Jean, sire d'Albret.

[6] Nicosie et Fauragouste, villes de Chypre, étaient alors sous la domination de Henri II, descendant de Guy de Lusignan. Ce prince craignant pour ses états, après la prise de Ptolémaïs, par le Soudan d'Egypte, en 1291, avait appelé à sa défense les habitants de ces deux villes, qui auraient mieux aimé rester dans leurs foyers pour préserver leur propre territoire. Cette conduite avait disposé ses sujets à la révolte.

[7] On a dû laisser au texte toute sa crudité ; mais on ignore ce qui a pu mériter au roi de Chypre une qualification aussi injuste ; ce serait bien pis s'il fallait traduire ainsi, d'après un commentateur, ce passage assez obscur : « Nicosie et Fauragouste se plaignent hautement de leur brute, *per lor bestia*, qui ne diffère en rien des autres brutes de son espèce, *che dal fianco dell'altre non si scosta.*

Un Lusignan ainsi traité par un poète, ami de l'Empereur, quoique républicain, et dans un poème où se trouvent loués beaucoup de rois !

Voilà 15 ou 16 monarques flétris par des paroles d'autant plus incisives qu'elles émanent de l'aigle, symbole vivant de justice et de piété ; ne semble-t-il pas que Dante nous ramène en Enfer en faisant justice de tant de princes ?

CHANT XX.

Quand l'astre, flambeau de l'univers, descend sous notre horizon, et que le jour vient à manquer de toutes parts, le ciel, que seul il enflammait d'abord, reçoit de lui seul encore un nouvel éclat par les étoiles qui lui doivent leur lumière. Ce phénomène céleste me vint en pensée, lorsque l'aigle, emblème sacré des puissances de la terre, ayant fini de parler[1], du sein de ces feux, qui me parurent alors plus brillants, éclatèrent des chants que ma mémoire est impuissante à se rappeler.

O douce et riante charité ! Quelle n'était pas ton ardeur au milieu de ces feux élancés d'âmes pieuses, émanations de saintes pensées !

Lorsque ces joyaux précieux, ces vives étincelles, que j'ai vues dans la sixième sphère, eurent mis fin à leurs mélodies angéliques, il me sembla que j'entendais le murmure d'une source qui décèle sa fécondité, en précipitant de rocher en rocher ses eaux claires et abondantes; ce murmure provenait de l'aigle impatient de parler. Il montait à son gosier, cherchant une issue, comme le son se forme au cou de la lyre[2], ou au bec du flageolet, lorsque l'air y est entré. C'est ainsi que la voix lui revint. L'oiseau fit entendre ces paroles que j'espérais, et qui se gravèrent dans mon cœur.

— « Fixe tes yeux sur les miens, me dit-il, sur ces yeux qui, chez les aigles de votre monde, peuvent regarder en face le soleil.

[1] Le poète compare l'aigle qui se tait au soleil qui se couche. Les âmes des Élus qui composent l'oiseau symbolique, chantent lorsque qu'il s'est tû, comme les étoiles brillent au firmament, après que le soleil a disparu de l'horizon. Dans ces deux phénomènes l'œil et l'oreille reçoivent des impressions semblables. Il y a dans le texte : le soleil recouvre sa clarté par des milliers d'étoiles, en qui se réfléchit la lumière d'un seul astre (le soleil). Cette opinion erronée que les étoiles empruntent leur lumière au soleil rend la comparaison plus exacte et plus frappante. Le chant des bienheureux n'est que l'écho de la grande voix de l'aigle, comme la clarté des astres est un reflet de la lumière du soleil.

[2] Le cou de la lyre n'est autre chose que le manche de cet instrument, où le doigt se pose pour former les différentes notes.

C'est là en effet, c'est dans leurs orbites[1] que brillent au plus haut rang les principaux rubis dont se compose ma figure.

« L'étincelle qui jaillit de ma prunelle, c'est l'âme du roi prophète, du chantre inspiré, qui fit porter l'arche de bourgade en bourgade[2]. Il sait à présent ce que valent ses cantiques, et quelle a été pour lui faveur de l'Esprit-Saint. Il en peut juger par sa récompense égale à ses mérites.

« Cinq diamants forment le contour de mon sourcil[3]. Dans celui qui en marque l'extrémité près du bec, reconnais Trajan, qui consola la pauvre veuve de la perte de son fils. Il sait à présent ce qu'il en coûte de ne pas suivre le Christ, lui qui a éprouvé le bonheur des Élus, après avoir partagé le sort des damnés[4].

« Celui qui vient après, au-dessus de l'arcade sourciliaire, c'est Ezéchias qui arrêta la mort prête à le frapper, jusqu'à ce qu'il eût fait pénitence[5]. Il sait à présent que, si l'on peut à force de bonnes prières, obtenir remise du jour au lendemain, les décrets de la justice éternelle n'en sont pas moins immuables[6].

[1] C'est par les yeux que se révèle ce qu'il y a de meilleur en nous. L'aigle n'étant formé que des âmes pieuses de la 6e sphère, les plus excellentes ont leur siège dans ses yeux. Ce sont les âmes de David, Trajan, Ezéchias, Constantin, Guillaume le Bon et Riphée.

[2] L'arche du Seigneur avait été prise, au temps de Samuel, par les Philistins, qui l'ôtèrent de leur temple où elle avait renversé Dagon, leur idole. Déposée chez Aminadab, à Gabaa, elle y fut reprise par David, pour être conduite à Jérusalem, après sa victoire sur les Jébuséens. L'arche entra dans la ville sainte après s'être encore arrêtée chez Obédedon, au pays des Géthéens; David l'escorta pendant cette longue marche.

[3] Après avoir formé l'aigle, symbole de justice, le poète décrit un de ses yeux, laissant à l'imagination du lecteur le soin d'achever le tableau.

[4] Trajan fut ressuscité à la prière de saint Grégoire, vers la fin du VIe siècle, afin de recevoir le baptême et de mériter le Ciel. La légende ne s'explique pas sur les circonstances ni la durée de cette seconde vie, qui fut courte suivant Dante, « *in che fu poco.* » Le poète dira tout à l'heure en termes exprès que l'âme de Trajan fut tirée de l'Enfer; mais elle y était dans les Limbes, à côté des hommes vertueux, morts avant Jésus-Christ. (Purg. 10.)

[5] Il y a dans le texte : jusqu'à ce qu'il eût fait une vraie pénitence, c'est-à-dire jusqu'à ce qu'il fût mieux préparé à la mort. En effet la guérison du saint roi Ezéchias, paraît avoir été plutôt la récompense de ses vertus qu'un délai accordé à son repentir. On voit dans l'Écriture, qu'averti de sa mort prochaine par le prophète Isaïe, il pria et pleura... et qu'il obtint du Seigneur que sa vie fût prolongée de 15 ans. (Rois 4-20.)

[6] Dieu avait prévu de toute éternité la maladie d'Ezéchias et la mort qui devait s'ensuivre *si* la prière de ce roi n'avait détourné le coup. La prescience divine concilie ainsi aux yeux des chrétiens l'efficacité de la prière avec l'immutabilité des décrets éternels. Les anciens disaient au contraire : « *Desine fata deum flecti sperare precando.* » (Virg.)

« L'autre, qui suit, transfère le siége de l'Empire emportant avec lui les lois et l'aigle romaine. Il se fit grec pour céder la place au pontife latin[1], à bonne intention sans doute, mais au prix de grands maux. Il sait à présent que, quelque funestes conséquences qu'ait eues son œuvre, quoique le monde ancien en ait été disloqué et détruit, la droiture de ses vues est ce qui l'a sauvé.

« Cet autre joyau, que tu vois scintiller à côté, c'est Guillaume de Sicile[2], dont la mort est pleurée aux mêmes lieux, où la vie de Charles et de Frédéric[3] est maintenant une source de maux et de pleurs. Il sait à présent combien un roi juste est aimé du Ciel. Il le voit, et le fait voir aussi par l'éclat dont il est revêtu.

« Quant à la cinquième étincelle qui termine l'arc, votre monde plein d'erreur ne s'attend guère à y trouver le troyen Riphée[4].

[1] La ville éternelle ne devait pas cesser d'être le siége de l'Empire, où résiderait, après les Césars, le chef spirituel du monde. Tels étaient sur Rome les desseins de Dieu. Constantin, qui en fut l'instrument, ne s'en est écarté qu'en faisant aux successeurs de saint Pierre la donation célèbre qui a causé de grands maux par la confusion des deux pouvoirs. Il faut, ce semble, interpréter ainsi ce passage, suivant les idées que Dante a exprimées plusieurs fois dans son poème; car il ne saurait blâmer la translation elle-même, sans admettre que Rome pouvait être à la fois le siége de l'Empire et de la Papauté : ce qui est contraire à la tradition catholique, et va au-delà des empereurs allemands, qui, tout en soutenant leur droit de suzeraineté sur Rome, n'ont jamais réclamé celui d'y établir leur résidence.

[2] Guillaume-le-Bon, 6e successeur de Robert Guiscard, qui fonda le royaume de Naples et de Sicile. Après les rois normands, la maison de Souabe gouverna ce royaume jusqu'à la mort de Manfred, bâtard de Frédéric II.

[3] Charles-le-boiteux, à Naples, fatigua ses sujets par des guerres malheureuses, et Frédéric, en Sicile, se rendit odieux par ses rapines.

Déjà Dante a jugé sévèrement ces deux princes (Purg. 7-20). On doit le croire impartial, au moins, quant à Frédéric, fils de Pierre d'Aragon, car il a vanté ce dernier, malgré le massacre des Vêpres Siciliennes (Purg. 7). Il le favorisait en haine de la maison de France, qui avait causé aux Gibelins et à lui-même de grands maux. Charles d'Anjou, vainqueur de Manfred et de Conradin, avait détruit la domination de la maison de Souabe, en Italie, et Charles de Valois, trente ans plus tard, avait aidé le pape à faire triompher à Florence le parti des Noirs, à qui Dante avait dû son exil et sa ruine. Voir comme il traite ces trois Charles, descendants de Hugues-Capet, au 2e Chant du Purgatoire.

[4] On a trouvé bizarre que Trajan et Riphée fussent placés en Paradis. Le choix de ces deux personnages a pourtant un grand sens, comme réponse à l'objection faite à l'église catholique de ce qu'elle damne les hommes vertueux qui n'ont pu connaître Jésus-Christ. Trajan florissait après la mort du Sauveur, et Pline le jeune l'avait informé de l'existence des chrétiens ; cependant le poète admet en sa faveur la légende qui le fait revivre pour le sauver de l'Enfer, à cause de ses vertus. Il fait plus et va chercher dans l'antiquité, parmi les gentils, un troyen mort en 1200 avant Jésus-Christ pour lui appli-

« Lui aussi connaît à présent de la grâce divine plus que n'en peuvent connaître les habitants de la terre, quoique sa vue ne puisse en discerner le fond. »

Telle après avoir salué le jour de ses chants joyeux, l'alouette se tait au haut des airs, satisfaite et comme enivrée de leur douceur; ainsi se tut l'oiseau sacré, marqué du sceau divin, merveilleux ouvrage de celui qui, d'un mot, donne à chaque chose la forme qui lui plaît.

Un doute agitait mon esprit, et quoique mon anxiété fût visible et transparente comme la couleur qui revêt le cristal, je ne pus attendre en silence l'explication qui ne m'aurait pas manqué. Mais la force du désir m'ouvrit la bouche et je m'écriai : « Quoi même ces deux là ! »[1].

Au même instant tous ces points lumineux resplendirent d'un plus vif éclat, et leur ardeur passa bientôt dans les yeux de l'aigle qui, pour faire cesser ma surprise, me répondit en ces termes : « Je vois bien que tu crois sur parole ce que j'ai dit, mais sans pouvoir t'en rendre compte. Ce sont choses cachées à ta raison, quoique certaines à tes yeux, et tu ressembles à celui qui connaît un objet par son nom, et ne sait rien de sa nature, ni de ses qualités, à moins qu'on ne l'en instruise.

« Le royaume des cieux se conquiert par la force. Il peut se

quer les mérites de la rédemption; supposition hardie, mais qui ne choque point la foi, car les théologiens admettent la possibilité d'une révélation particulière aux justes que Dieu a voulu relever d'une ignorance invincible. Lorsque Dante cite Riphée comme ayant joui de cette faveur, qui osera lui donner un démenti ? — Riphée périt dans le sac de Troie :

..... *Cadit et Ripheus, justissimus unus*
Qui fuit in Teucris et servantissimus æqui :
Dis aliter visum..... (Enéide. II.)

Les Dieux avaient sur lui d'autres desseins; cette réflexion touchante n'a-t-elle pas découvert au poète chrétien le secret de sa destinée que son maître n'avait fait qu'entrevoir ?

Virgile avait déjà nommé Riphée parmi ceux qui s'étaient revêtus des armes des Grecs, pour les combattre avec plus d'avantage.

Hoc Ripheus, hoc ipse Dymas, omnisque juventus
Lœta facit. (ibid).

On ne sait rien d'ailleurs de ce Riphée sur qui les commentateurs ne fournissent aucune lumière.

[1] C'est de Trajan et de Riphée que Dante a l'esprit occupé, quoiqu'il y ait entre ces deux personnages Ezéchias, Constantin et Guillaume-le-Bon. Leurs âmes brillent comme deux joyaux aux extrémités de l'arc formé par le sourcil de Constantin. — Il y a dans le texte : Que signifient ces choses ? « *Che cose son queste ?* » — Mais la suite va montrer que cette exclamation du poète ne s'adresse qu'à Trajan et à Riphée, qui seuls en effet doivent exciter sa surprise.

faire que l'ardente charité, que la vive espérance le ravisse et triomphe de la volonté céleste[1]; mais cette victoire ne ressemble point à celles qui assujettissent l'homme à l'homme. Elle n'a lieu ici que sous le bon plaisir du vaincu. En se laissant vaincre, c'est encore la bonté divine qui l'emporte.

« Parmi les feux dont s'illumine mon sourcil, les âmes de Trajan et de Riphée causent ta surprise. Tu t'étonnes de les voir scintiller dans la région des Anges[2]. Sache qu'ils ont quitté la vie, non pas en païens, comme tu le supposes, mais en vrais chrétiens, croyant fermement l'un à la passion que devait subir, l'autre à la mort qu'avait déjà soufferte le Sauveur.

« De l'Enfer, où jamais l'amour du bien ne rentre au cœur des damnés, Trajan est revenu au monde, où ses os se sont ranimés au feu d'une vive espérance, d'une espérance qui, par la bouche d'un saint pontife[3] s'exhala en chaudes prières, et fit un suprême effort pour obtenir de Dieu le miracle d'une résurrection. Il reprit en effet son enveloppe charnelle et dans son nouveau et court passage sur la terre, il crut en celui qui pouvait sauver son âme. Il y crut d'une foi si ardente, et fut tellement embrasé du divin amour, qu'en mourant une seconde fois, il fut jugé digne d'être élevé à ce degré de béatitude.

« Quant à l'autre, par l'effet de la grâce dont la source est si reculée que jamais l'œil de l'homme n'a pu en saisir les premiers jets, il a mis tout son cœur à garder l'équité. Aussi Dieu, lui prodiguant de plus en plus ses dons, lui a-t-il ouvert les yeux[4], et révélé le mystère de la Rédemption future; et le sage Riphée y a cru véritablement. Il a rejeté les superstitions païennes, rigide censeur de ceux qu'il en voyait infectés. Trois grandes

[1] *Regnum cœlorum vim patitur, et violenti rapriunt illiud* (Math. 11. 12). Ceci s'applique à Trajan en faveur duquel a été révoqué le décret qui le condamne à l'Enfer. — Les prières de saint Grégoire lui ont conquis le Ciel.

[2] Le Paradis est le séjour commun des Anges et des Saints. Tous habitent l'Empirée et se pressent dans la rose mystique, dont on verra plus tard la description.

[3] Saint Grégoire. — Grégoire-le-Grand, premier pape de ce nom, occupa le Saint-Siége de 590 à 603.

[4] Riphée a reçu d'un ange la révélation du Christ, et il a pu être sauvé sans le baptême, comme les patriarches tirés des Limbes par J.-C. lui-même (Enfer 12), et les enfants des Juifs morts circoncis et avec la pureté de leur innocence (Purg. 32) ont été sauvés sans être baptisés.

vertus, attributs des Saintes que tu as vues à la droite du char mystique[1], lui ont tenu lieu de baptême; car il vivait plus de mille ans avant qu'on ne baptisât.

« O prédestination! dans quel profond abîme tu jettes l'esprit! et qui peut te connaître, à moins de voir et saisir toute entière la première cause! Et vous, mortels, soyez retenus dans vos jugements, puisque nous, qui jouissons de la vue de Dieu, nous ne connaissons pas encore tous les Elus[2]. Mais ce défaut de savoir ne diminue en rien notre bonheur, qui s'épure au contraire et s'accroît à vouloir ce que Dieu veut. »

C'est ainsi que l'aigle, emblème de la justice divine, dissipa mes doutes et enleva doucement la taie qui offusquait mes yeux. Et de même qu'un bon joueur de lyre marie ses accords à la voix d'un chanteur habile, ce qui donne plus de charme à sa mélodie; de même, pendant que l'aigle me parlait de Trajan et de Riphée, je vis ces deux âmes radieuses jeter des étincelles qui servaient d'accompagnement à ses paroles, et s'accordaient entre elles aussi bien que s'accordent, dans un coup d'œil, les mouvements des cils.

CHANT XXI.

L'aigle avait cessé de parler, et mes yeux s'étaient reportés sur la dame de mes pensées, qui captivait alors toute mon âme.

Béatrix ne souriait plus[3]. — « Mon sourire, me dit-elle, t'em-

[1] Les trois vertus théologales, la Foi, l'Espérance et la Charité.

[2] Belle leçon de tolérance à ceux qui s'empressent de damner leurs frères, « *non conosciamo ancor tutti gli eletti.* »

[3] Le passage de la 6e à la 7e sphère, qui s'opère ici comme toujours en un clin d'œil, et sans moyen visible, est marqué par deux changements notables : Béatrix ne sourit plus et les chants des bienheureux ont cessé de se faire entendre. Mais il reste au voyageur d'autres signes pour juger de combien il s'est rapproché du foyer de la lumière. Il lui reste à défaut du sourire de Béatrix l'éclat de ses yeux, la matière même du lieu où il se trouve, qui est de pur cristal, et l'échelle d'or qui s'élève jusqu'au sein de Dieu.

Sémélé fut aimée de Jupiter, qui ne put lui refuser de se montrer à elle dans toute sa gloire; mais elle fut accablée par la majesté divine et périt consumée.

Corpus mortale tumultus
Non tulit œthereos, donis que jugalibus arsit. (Ovide III.)

braserait, comme Sémélé le fut jadis, et te réduirait en cendres. Ma beauté, comme tu l'as vu, s'épanouit et brille davantage, à mesure que je m'élève sur les degrés des célestes parvis, et si elle ne se voilait à tes regards, sa splendeur devient si vive qûe ta frêle machine se briserait à son aspect comme le rameau frappé par la foudre. Nous avons été ravis à la septième sphère, où le froid Saturne, déjà sous la poitrine du Lion[1], lui emprunte et transmet à la terre ses ardeurs. Que ta pensée rapide suive ici le mouvement de tes yeux pour y lire[2], comme dans un miroir, le tableau qui viendra s'y peindre. »

Il faudrait savoir combien je m'enivrais du plaisir de la voir, au moment où j'en fus distrait par ce nouvel ordre, pour avoir une exacte idée de la joie que j'eus d'obéir à mon aimable guide, gagnant ainsi d'un côté ce que je perdais de l'autre.

Je vis dans le cristal de la septième sphère, dans cette planète qui, embrassant la terre dans son vaste orbite, a pris son nom du bon roi[3] sous lequel le genre humain vécut heureux à l'abri de la fraude ; je vis là, dis-je, une échelle d'or[4], traversée d'un rayon qui l'illuminait de part en part. Elle était droite et si haute que mes yeux ne pouvaient la suivre.

Je vis ensuite sur les degrés une multitude d'âmes qui descendaient si nombreuses et si splendides qu'on aurait pu croire que toutes les étoiles du firmament avaient afflué en ce lieu.

Comme on voit des corneilles s'élever toutes ensemble, à la naissance du jour pour réchauffer leurs plumes glacées par les

[1] A l'équinoxe du printemps, la planète de Saturne est dans le signe du Lion, dont les ardeurs corrigent sa nature froide et douée, suivant les astrologues, d'une influence mélancolique. On voit dès lors pourquoi Dante a fait de Saturne le séjour des pieux solitaires, des esprits contemplatifs, qui ont évité la sécheresse de l'âme, fruit ordinaire de la solitude, en se retrempant au foyer du divin amour. Le poète met à profit la science de son temps, et les notions populaires pour donner à chaque partie de son poème un fondement plausible.

[2] La rétine, où se produit l'image de l'objet extérieur, devient un miroir pour l'âme qui perçoit cet objet. Il est donc vrai de dire que l'homme lit non seulement par ses yeux, mais dans ses yeux mêmes, les merveilles de la nature.

[3] Saturne, chassé du ciel par Jupiter, fut reçu en Italie par le roi Janus, et y fit régner l'âge d'or.

[4] On reconnaît ici l'échelle de Jacob. Le poète a copié ce passage de la Genèse : « et il vit en songe une échelle plantée en terre, dont l'extrémité touchait au Ciel. Il vit les anges monter et descendre sur les degrés de cette échelle. » (Gen. 28.)

vapeurs de la nuit ; les unes prennent le large et s'envolent sans retour, les autres reviennent au lieu d'où elles sont parties. Quelques-unes tournent sur place sans avancer ni reculer. Tel se produisit à mes yeux un grand jaillissement d'étincelles[1], qui éclatèrent toutes à la fois, lorsque les âmes furent parvenues à un certain degré de l'échelle.

Une d'elles[2], s'approchant de moi plus que les autres, jeta un éclat éblouissant. — Voilà, pensai-je, le signe d'un amour dont je m'honore d'être l'objet. Celle dont j'attends en toute circonstance, le congé de parler ou l'ordre de me taire, s'arrête alors, et moi de remplir malgré moi mon devoir en ne lui adressant aucune question. Béatrix, entendant mon silence, et lisant dans le sein de Dieu, qui voit tout ce qui se passait en moi, me dit : « Parle à cette âme, contente ton ardent désir. »

A l'instant je m'écriai : « O toi, qui caches sous une auréole brillante ton âme à jamais bienheureuse, si ce n'est pour moi, qui t'interroge sans titre ni droit à une réponse, au moins en considération de celle qui m'a donné congé de parler, dis-moi pourquoi tu t'es ainsi rapprochée et d'où vient que l'harmonie des Cieux, que les pieux cantiques des Élus, ne résonnent pas ici comme dans les autres sphères qui sont moins élevées. »

— « Ton ouïe est comme ta vue, me répondit-il, de nature infirme et mortelle. Où manque le sourire de Béatrix, les chants doivent aussi manquer. Si je suis descendu jusqu'aux derniers degrés de l'échelle d'or, je n'ai voulu que te réjouir de ma lumière, et te faire fête par mon entretien. Plus prompte que mes compagnes, je les ai surpassées en vitesse, non en amour ; car il en est dont l'amour égale ou surpasse le mien, comme tu peux en juger par l'éclat dont elles brillent ; mais c'est de la grâce[3] qui nous fait voler au premier signe du grand Ordonnateur de l'univers, que provient l'inégale célérité qui te frappe. »

[1] Les Élus de la 7e sphère éprouvent à l'arrivée de Dante un saint zèle de charité, qui éclate en vives étincelles.

[2] Pierre Damien, qui fut moine et cardinal. Le poète fait de lui et de saint Benoît les deux types de la vie contemplative.

[3] Si Pierre Damien a devancé les autres âmes pour parler à Dante, c'est que Dieu l'a choisi, non comme le plus digne, mais par un pur effet de sa grâce.

— « Je vois bien, répliquai-je, comment un amour libre et volontaire peut obéir aux décrets éternels de la Providence ; mais ce que j'ai peine à comprendre, c'est la raison pour laquelle, seule entre toutes tes compagnes, tu as été prédestinée[1] à cet office de prévenance à mon égard. »

Je n'avais pas achevé ces mots que la flamme à laquelle ils s'adressaient, tourna sur elle-même avec la rapidité d'une meule mise en mouvement, et l'esprit qu'elle recélait fit entendre cette réponse : — « La lumière increée darde ses rayons sur moi au travers de celle qui m'enveloppe comme d'un vêtement. Sa vertu m'élève au-dessus de moi-même. Elle aiguise ma vue, et me rend capable de contempler la suprême essence, dont cette lumière est émanée. De là vient mon allégresse, qui se répand en flamme ondoyante, flamme dont la splendeur est égale à la clarté de mon intelligence. Eh bien ! il n'est pas une âme dans les cieux, fût-ce un des Séraphins[2], dont la vue pénètre le plus au sein de Dieu, qui puisse satisfaire à ta demande ; car ce que tu veux savoir est plongé si avant dans l'abîme des décrets éternels, qu'aucun des êtres visibles ou invisibles n'y saurait atteindre.

« Redis cela aux hommes, quand tu retourneras sur la terre. Que leur présomption n'aspire pas à un but placé trop au-dessus d'eux. Ce qui est lumière ici, n'est que fumée dans votre monde. Juge par là si ce qui est impossible aux esprits d'élite qui ont pris leur vol vers les cieux, trouvera plus d'accès chez des intelligences grossières. »

A ces paroles, qui me marquaient la limite que je ne pouvais franchir, je renonçai à ma question, et je me réduisis à demander humblement à cette âme bienheureuse qui elle était.

— « Entre les deux mers qui baignent l'Italie, me répondit-elle, non loin de la Toscane, ton pays natal, s'élèvent des rochers, au-dessous desquels se forment des nuages d'où jaillit la foudre. Un pic les domine ; c'est le mont Catria[3] au pied duquel est un

[1] Dante comprend la liberté dans l'obéissance, avec l'amour pour mobile ; mais la prédestination des âmes, le choix qui leur assigne d'avance certains offices, revient toujours à son esprit comme une difficulté insoluble.

[2] Les Séraphins forment dans l'Empyrée, le premier des neuf chœurs angéliques, celui qui communique le plus près avec Dieu.

[3] Le mont Catria est situé dans les Apennins, entre la Toscane et le duché d'Urbin, à quelques milles d'Agubbio. Le couvent qui reçut dans ce lieu désert Pierre Damien, est l'abbaye de Sainte-Croix di font'Avellana, la même où Dante s'arrêta quelque temps, dans les pérégrinations de son exil. On dit qu'il y retoucha l'Enfer.

monastère, voué uniquement à l'adoration du Seigneur. C'est là que je m'attachai solidement au service de Dieu, n'usant que de mets assaisonnés d'huile, endurant avec patience le chaud et le froid, satisfait des jouissances de la vie contemplative.

« Ce cloître, fertile en pieux solitaires, fournissait beaucoup d'élus à cette planète. Mais il est stérile aujourd'hui, et il est temps que le monde soit instruit de son relâchement. Je vécus dans cette solitude sous le nom de Pierre Damien[1]. J'avais été Pierre-le-Pécheur[2], au couvent de Sainte-Marie, sur les bords de l'Adriatique.

« Il me restait peu de jours à passer sur la terre, lorsque je fus tiré du cloître pour être fait cardinal, et recevoir ce chapeau qui passe du moins au moins digne.

« Quand parurent au monde Céphas[3], et Paul[4] ce grand vase d'élection du Saint Esprit, on les vit exténués, marchant nu-pieds, s'arrêter et manger au premier gîte. Maintenant il faut à nos pasteurs des gens pour les chausser, pour les conduire, des gens derrière eux pour les relever, tant ils sont lourds. Ils couvrent de longs manteaux les croupes de leurs mules, et ils vont ainsi, deux bêtes sous la même peau[5]. Dieu puissant ! jusqu'où ira ta patience. »

[1] Pierre Damien, de Honestis, était d'une noble famille de Ravenne. Il embrassa la règle de saint Benoît dans le monastère di font'Avellana, d'où il fut tiré malgré lui en 1057, par le pape Étienne IX, pour être fait évêque d'Ostie et cardinal. Mais l'amour de la solitude le ramena dans son ermitage, où il mourut en 1072.

[2] Suivant Bolland, Pierre Damien encore dans les liens du siècle, avait fait une retraite de 40 jours dans un couvent dédié à sainte Marie, près de Ravenne. Ce fait expliquerait suffisamment l'épithète de *pécheur*, que se donne ici le saint. Le doute des commentateurs est venu de ce qu'il a existé vers le même temps, un autre Pierre de Honestis, abbé de Sainte-Marie-du-Port, près de Ravenne. Dante aurait-il confondu ces deux hommes ? A-t-il voulu au contraire qu'on ne les confondît pas, en disant du premier qu'il habitait sur le mont Catria, et en ajoutant : quant à Pierre le *pécheur*, il vécut dans le couvent de Sainte-Marie, sur l'Adriatique. Pour appuyer ce dernier sens, Lombardi a substitué *fu* à *fui* dans ce vers : *e Pietro peccator fui nella casa.* Mais d'une part, une pareille erreur d'un homme aussi instruit que Dante n'est guère admissible, et d'autre part, on ne peut faire sortir du texte altéré de Lombardi, qu'une précaution bizarre contre une erreur invraisemblable du lecteur. Il faudrait d'ailleurs que cet autre Pierre eût eu pour surnom *le pécheur,* ce que rien n'établit. (*v. Moreri. — Honestus Petrus.*)

[3] Saint Pierre — « *Tu vocaberis Cephas, quod interpretatur Petrus.* » (Jean I.)

[4] On ne peut méconnaître ici le grand apôtre de la grâce, quoiqu'il ne soit pas nommé dans le texte.

[5] « *Si che duo bestie van sott' una pelle.* » Le mot est fort, surtout dans la bouche d'un saint. Mais à qui conviendrait-il mieux qu'à un pieux cardinal, qui avait conservé sous la pourpre l'humilité de l'anachorète, de condamner par une raillerie amère l'orgueil et la mollesse des Princes de l'Église ?

A ces mots, je vis plusieurs petites flammes descendre en tournoyant les degrés de l'échelle. A chaque tour, elles semblaient plus belles. Elles entourèrent l'âme bienheureuse qui venait de parler et s'arrêtant vis-à-vis d'elle, jetèrent un cri si retentissant[1] que rien dans notre monde ne peut lui être comparé ; aussi ne pus-je en comprendre le sens, vaincu que je fus par l'éclat de ce tonnerre.

CHANT XXII.

Frappé de stupeur, je me tournai vers ma sainte gardienne, comme l'enfant se réfugie toujours où il a le plus de confiance; et Béatrix de me rassurer comme une bonne mère, à la vue de son fils pâle et tremblant, le rassure aussitôt par le son accoutumé de sa voix.

— « Ne sais-tu pas, me dit-elle, que tu es dans le Ciel ? Ne sais-tu pas qu'au royaume du Ciel tout est pur et inspiré par le zèle de la piété ? Si un simple cri a pu t'émouvoir à ce point, qu'aurait-ce été du chant des Élus ? A les entendre chanter et à me voir sourire, tout ton être, comme tu peux en juger à présent, en eût été bouleversé. Ce cri invoquait[2] le Tout Puissant, et si tu avais pu l'entendre, en saisir le sens, tu aurais dès à présent le secret d'une vengeance que tu verras s'accomplir avant ta mort[3].

[1] Ce cri, échappé aux élus de la 7e sphère, où nul chant ne se fait entendre, est plutôt un cri de douleur que de vengeance. A Dieu seul, souverain juge, appartient le châtiment qu'il n'est pas permis aux hommes, ni aux Bienheureux eux-mêmes de provoquer, quelques raisons qu'ils aient d'y compter et de l'attendre. Dante n'a peut-être pas toujours respecté cette limite dans ses ardentes invectives contre ses ennemis. Cependant, lorsqu'il annonce des maux prochains et inévitables, il s'abstient de faire un appel direct aux vengeances célestes.

[2] Si le cri des Elus est une invocation, leurs prières, *prieghi*, demandent à Dieu que le mal cesse et non qu'il soit châtié, quoiqu'ils prévoient ce châtiment et qu'ils en reconnaissent la justice. Il ne faudrait pas induire de ce passage que les Saints pussent maudire et faire descendre le feu du ciel.

[3] Il n'y a peut-être ici qu'une prédiction vague, un vœu de poète indigné du luxe et de la mollesse des Princes de l'Église. Au reste, si le Paradis a été composé, comme on le croit, après la mort de Boniface VIII, 1303, et après la translation du Saint-Siége à Avignon en 1308, Dante a pu donner comme futur, eu égard à l'époque de son voyage, 1300, un de ces deux évènements dont il avait connaissance au moment où il écrivait ceci.

Le glaive de Dieu frappe quand il faut. Trop lente pour qui l'attend, trop prompte pour qui la craint, sa justice n'est pourtant ni précipitée, ni tardive. Maintenant tourne ta vue ailleurs, et tu verras une foule d'âmes illustres dans la direction que je t'indique. »

Mes yeux s'étaient portés où elle désirait. Je vis nombre de petites sphères rayonnantes qui redoublaient d'éclat, et s'embellissaient par l'échange de leurs clartés[1]. Je restais sans dire mot, comme un homme, qui refoule en lui-même son désir, avide de questions et retenu par la crainte d'aller trop loin.

Alors s'avança vers moi, comme pour se mettre à ma disposition, la plus grande, la plus splendide de ces perles vivantes[2] et de ce foyer de lumière sortirent ces mots : « Si tu voyais de quelle charité nous brûlons tous ici, tu n'hésiterais pas à exprimer ta pensée ; mais, sachant ce qui t'arrête, je veux, pour que tu atteignes sans retard le grand but de ton voyage, répondre à l'idée qui te préoccupe.

« Jadis, à la cime du mont Cassin, où tu vois aujourd'hui un monastère[3], il existait une population livrée à l'erreur, et peu disposée à en sortir. Or, c'est moi qui, le premier[4], portai en ce lieu le nom de Jésus-Christ, venu sur la terre pour manifester la vérité, la vérité qui élève si haut les âmes. Riche des trésors de la grâce, je fus assez heureux pour arracher les habitants de cette

[1] La loi de la réflexion, loi physique et morale, s'applique à l'amour, comme à la lumière, qui en est une émanation. Les Elus, en rayonnant l'un sur l'autre, s'aiment et brillent davantage par un échange de leurs feux.

[2] Saint Benoît, fondateur des Bénédictins, fut au VIe siècle, le patriarche des Cénobites, en Occident, comme saint Basile avait, un siècle auparavant, rangé les moines d'Orient sous une discipline commune.

[3] Le mont Cassin, où s'établit saint Benoît pour y fonder son Ordre, en 529, est situé sur la terre de Labour, au royaume de Naples. Il a son pied baigné par le Casino, qui conflue au Garigliano, non loin de Gaëte.

[4] Le nom de saint Benoît n'est pas dans le texte ; mais le mont Cassin rappelle si naturellement ce moine fameux que le poète a pu se dispenser de le nommer. Il naquit à Norcia dans les états du pape, en 480, et révéla de bonne heure son goût pour la solitude en se retirant au désert, après avoir achevé ses études à Rome. Alors il existait encore, dans certaines parties de l'Apennin, près du siège même de l'Eglise, quelques restes d'idolâtrie difficiles à extirper, à cause de l'âpreté des lieux. Benoît trouva sur le mont Cassin un autel d'Apollon, qu'il consacra à saint Jean-Baptiste. Il bâtit en ce lieu une église, et obtint du pape Boniface II, en 529, d'y fonder un couvent de moines blancs dont la règle, répandue bientôt dans toute l'Europe, embrassa toutes les branches de l'Ordre si nombreux des Bénédictins. Les Camaldules, les moines de Cluny et de Citeaux, les Célestins, les Chartreux, etc. appartiennent à cet institut célèbre.

montagne, et des lieux circonvoisins au culte impie qui a si longtemps abusé le monde. Toutes ces lampes ardentes furent autrefois des hommes voués à la contemplation[1], dévorés du feu qui fait fleurir et fructifier les hautes vertus. C'est un Macaire[2]; c'est un Romuald[3]; ce sont les religieux, mes frères, qui s'étant retirés dans le cloître, y conservèrent un cœur pur et sain. »

— « Vos paroles répondis-je à saint Benoît (car c'était lui), me témoignent tant d'affection, et l'ardeur dont je vous vois tous embrasés, m'est un si bon signe de vos sentiments à mon égard, que mon cœur s'ouvre largement à la confiance. Ainsi la rose ouvre son sein et s'épanouit au soleil. J'ose donc vous en prier, mon père, dites-moi si la faveur du Ciel permet que je vous voie à face découverte. »

Le saint moine me fit cette réponse : « Frère, ta haute pensée s'accomplira dans la dernière sphère où se réalisent les vœux de tous les Élus et les miens[4]. C'est là que chacun de nos désirs trouve une entière et parfaite satisfaction. Là seulement chaque partie de la sphère garde la place qu'elle a toujours eue, parce qu'elle est immobile, sans axe ni pôle, et hors du lieu[5]. L'échelle qui nous porte touche à cette région par son extrémité qui se dérobe à ta vue. Jadis elle apparut à Jacob chargée d'anges sur ses

[1] Dante nomme enfin la classe d'élus qui habitent la 7e sphère. Ils avaient été sur la terre des esprits contemplatifs « *tutti contemplanti furo.* »

[2] On a de saint Macaire d'Egypte, ou de saint Macaire d'Alexandrie, qui vivaient dans le même temps, au ve siècle, les règles des moines, en 30 chapitres. *La fleur du désert* les offre comme des modèles de la vie ascétique avec Pacôme, saint Antoine et Paul Hermite. Si Dante n'a fait ici aucune mention de saint Basile, qui est antérieur aux deux Macaire, et qui avait donné dès l'an 362 les règles de la vie monastique, c'est apparemment que l'illustre évêque de Césarée, livré aux fonctions actives du sacerdoce, lui a paru appartenir à un autre ordre de bienheureux, quoique son plan ne lui ait point permis d'en parler.

[3] Romuald, fondateur des Camaldules, qui suivent avec des austérités particulières la règle de saint Benoît. — Il était de Ravenne, et il eut l'avantage singulier de passer plus de cent ans dans la retraite, s'y étant voué dès sa première jeunesse, et ayant vécu 120 ans. Il mourut en 1027, chef d'un ordre qui possède plusieurs maisons en Italie.

[4] Jusqu'ici, à l'exception de la lune, où la forme des Bienheureux s'est dessinée aux yeux du poète, sous un pâle rayon de lumière, les autres sphères lui ont offert des clartés vives, qui enveloppaient les Elus, et lui cachaient leurs traits. Il faut que sa vue devienne assez forte pour pénétrer au sein de ces foyers ardents, et distinguer la figure humaine qu'elles recèlent. Il y tend par des initiations successives qui seront accomplies dans l'Empyrée.

[5] L'Empyrée contient tout, et n'est pas contenu. Son domaine est l'infini qui n'admet ni le lieu, ni le temps.

degrés[1]; mais dans la servitude de vos affections terrestres, nul de vous ne pose le pied sur notre échelle. La règle de mon Ordre est vainement transcrite dans les cloîtres. Ce n'est que du papier perdu. Mes abbayes sont devenues des cavernes. Les frocs des moines qui les habitent, sont comme des sacs remplis de mauvaise farine.

« Mais l'usure est moins odieuse à Dieu que ces revenus excessifs qui gâtent le cœur des moines par leur fol emploi, car tout ce que l'Église épargne appartient à ceux qui demandent pour la grâce de Dieu, et rien n'en peut être distrait pour enrichir des parents ou pour des usages plus honteux. La chair est si faible qu'il ne suffit pas, sur la terre, de bien commencer; car l'intervalle est grand du moment où naît le chêne jusqu'au jour où il porte du gland.

« A son entrée dans la vie monastique, Pierre Damien[2] n'avait ni or ni argent; moi je n'y apportai que le jeûne et la prière. François d'Assises n'était riche que d'humilité. Remonte au berceau des ordres religieux, suis-les dans leurs développements, et tu verras qu'ils ont changé du blanc au noir. C'est vraiment ici le Jourdain qui rebrousse son cours[3]; mais la mer qui s'enfuit à la parole du Très-Haut fut un miracle moins grand que ne le serait le secours céleste dont ils ont besoin[4]. »

Ayant ainsi parlé, Benoit rejoignit sa compagnie, et les âmes bienheureuses se formèrent en troupe serrée, et toutes s'élevèrent comme un tourbillon jusqu'aux plus hauts degrés de l'échelle. Ma

[1] « *Vidit que in somnis scalam stantem super terram, et cacumen illius tangens cælum, angelos que Dei ascendentes et descendentes per eam.* » (Gén. 28).

[2] Voir au chant précédent ce qui concerne Pierre Damien, moine bénédictin devenu cardinal. Le XIe Chant contient un bel éloge de saint François d'Assises.

[3] Les Hébreux, sous la conduite de Josué, passèrent le Jourdain à pieds secs, ce fleuve ayant suspendu son cours pour frayer un chemin à l'arche et au peuple de Dieu. (Josué 3.) « *Quid est tibi mare, quòd fugisti ? Et tu Jordanis, quia conversus es retrorsum ?* »

[4] Le poète veut dire que Dieu a moins de puissance à déployer pour la réforme des ordres relâchés, qu'il n'en a montré jadis en arrêtant les flots au passage de la mer rouge. Après avoir dénoncé le mal, Dante fait espérer qu'il aura un terme.

Il existe une canzone du Giotto, contemporain de Dante, où les vices des moines, leur paresse et leur avarice ne sont pas retracés avec moins de force que dans ce passage. On voit qu'au sortir du XIIIe siècle, avant que Boccace n'en fît le texte de ses peintures licencieuses, le relâchement de la vie monastique trouvait déjà de graves censeurs.

douce maîtresse, d'un signe[1], me poussa derrière elles. Sa vertu puissante vainquit ma pesanteur naturelle, et je volai comme si j'avais eu des ailes. Jamais homme, abandonné sur la terre à ses seules forces, n'a pris pour monter un pareil élan.

Lecteur, j'en jure par l'espoir que j'ai de retourner un jour au séjour de la gloire[2], dont je tâche de me rendre digne, en pleurant ici-bas mes fautes, et en frappant ma poitrine : en moins de temps qu'il n'en faut pour mettre un doigt au feu et l'en retirer[3], je me vis emporté dans le signe qui suit le Taureau. — Les Gémeaux m'avaient reçu dans leur sein.

O étoiles glorieuses ! O lumière imprégnée de la vertu céleste, et à qui, si j'ai quelqu'étincelle de génie, je reconnais que je la dois[4] ! C'est avec vous, c'est dans le signe des Gémeaux que naissait et se couchait le soleil, père de la vie, lorsque je vins au monde[5], et que je respirai pour la première fois l'air pur de la Toscane ; et c'est encore vous qui m'avez donné entrée dans la haute sphère des étoiles fixes[6], lorsqu'il m'a été donné d'y péné-

[1] Un regard, un signe de Béatrix suffisent à Dante, assez épuré déjà pour n'avoir plus besoin des secours matériels que lui prêtait parfois Virgile, en parcourant l'Enfer.

[2] Il a dit ailleurs d'une manière positive, il s'est fait prédire clairement qu'il jouirait, après quelque temps d'épreuve au Purgatoire, du bonheur céleste.

[3] Ce doigt mis au feu et retiré au même instant complète la série d'images employées par Dante pour exprimer la rapidité de son transport d'une sphère à l'autre. Déjà la flèche, la foudre, la pensée, lui ont fourni des objets de comparaison : tantôt il est monté sans l'avoir senti ; tantôt il n'a reconnu qu'il avait changé de place qu'au changement de Béatrix qui est devenue plus belle, ou qui ne sourit plus. Le poète a épuisé ainsi tous les moyens de rendre sensible la rapidité du mouvement.

[4] Quelle que soit l'influence attribuée aux Gémeaux par les faiseurs d'horoscopes, il est certain, d'après ce passage, que Dante croyait que les hommes reçoivent de certaines conjonctions d'astres, à leur naissance, des qualités particulières. Mais les erreurs de l'astrologie judiciaire, qui avait cours de son temps, étaient en partie rectifiées par son grand sens. En expliquant par la vertu des astres, ou plutôt des intelligences qui y président, la diversité de nos instincts et de nos aptitudes, il n'admettait pas que l'homme en fût affecté dans son libre arbitre. Le poète a déjà payé son tribut aux idées de son siècle dans le XVe Chant de l'Enfer, où Brunetto Latini, son maître, lui parle de son étoile qu'il a observée, et qui lui promet un poste glorieux, parce qu'il est favorisé du Ciel.

[5] Dante est né sous les Gémeaux au mois de mai 1265.

[6] Ptolomée placé le ciel des étoiles fixes au-dessus de la 7e sphère. Dante y entre par la constellation des Gémeaux (Castor et Pollux), et l'on voit pourquoi il a choisi cette porte. Le IIe Chant nous a montré le rôle assigné au VIIIe ciel dans le système de l'univers.

trer. A vous s'adressent aujourd'hui mes pieux soupirs. Donnez à mon âme la force de franchir le grand pas[1], où chaque jour l'attire.

— « Au point où tu es parvenu, reprit Béatrix, aux approches du dernier ciel[2], tu dois avoir la vue nette et perçante. Avant d'entrer plus avant dans la gloire des Saints, abaisse tes regards, et vois combien de mondes, laissés derrière toi, sont déjà sous tes pieds. Ouvre ainsi ton cœur à l'allégresse, parais joyeux devant les milices triomphantes, qui puisent une joie sans fin dans ce fluide éthéré. »

Je me retournai pour voir les sept sphères, que j'avais successivement dépassées; et, à la vue de notre terre, je ne pus m'empêcher de sourire de sa chétive apparence[3]. Le plus sage est celui qui en fait le moins de compte. La vraie sagesse, digne de ce nom, n'appartient qu'à celui qui tourne sa pensée ailleurs.

Je vis la lune brillante et purgée de ces taches[4] qui m'avaient fait croire que ce corps est dense ou rare, selon qu'il nous paraît clair ou obscur. Je vis sous moi le soleil[5], fils d'Hypérion, et mes yeux pouvaient en soutenir l'éclat. Je vis se mouvoir autour de cet astre et dans son voisinage, Mercure et Vénus[6], je découvris ensuite entre Saturne et Mars, Jupiter, leur fils et père, tempéré

[1] Que ce grand pas, *al forte passo*, soit la mort de Dante, ou le terme de son entreprise, la pensée du poète est la même, si la Divine Comédie n'est qu'un pèlerinage mystique. Les deux sens proposés par les commentateurs se confondent.

[2] Il ne lui reste plus à voir que le Premier Mobile et l'Empyrée.

[3] Cette terre de vil aspect, ce petit coin dont nous sommes si fiers, comme Dante le dira tout à l'heure, avec une ironie moqueuse, devaient paraître tels à une aussi grande hauteur. Ainsi, dans le songe de Scipion, l'empire romain ne paraît au vainqueur de Carthage qu'un point sur le globe. Le Tasse a imité ce passage en le paraphrasant. (Jérus. 14-19).

[4] Les parties claires et obscures de la lune ont été attribuées par Dante (Par. 2) à des vertus diverses émanées des étoiles fixes. Son explication sur les taches de cette planète, quelle qu'en soit la valeur, ne rend pas compte de la cessation du phénomène, et les commentateurs n'ont pas essayé de suppléer au silence du texte. Ont-ils cru inutile de dire qu'à cette prodigieuse distance, les oppositions de lumière et d'ombre deviennent insaisissables.

[5] Même cause purement physique, la distance.

[6] Mercure et Vénus sont les planètes les plus voisines du soleil. Ces dieux de la fable sont mentionnés ici sous les noms de Maïa et Dioné, leurs mères.

sous cette double influence[1]. Je compris alors la variété de leurs mouvements et leurs situations respectives. Les sept planètes m'apparurent dans toute leur grandeur[2], dans toute la rapidité de leur cours, et aux distances qu'elles doivent garder entre elles.

Comme je tournai avec les Gémeaux, emporté dans leur orbite[3], la terre, ce petit point qui nous rend si orgueilleux, se montra à moi toute entière avec ses montagnes et ses fleuves. Je pus l'embrasser d'un coup d'œil.

Je reportai ensuite mes regards sur les beaux yeux de ma conductrice.

CHANT XXIII.

Comme la fauvette[4] aux approches du jour quitte le nid où elle reposait sur ses petits, cachée par le feuillage et par les ombres de la nuit ; le désir de revoir les doux fruits de ses amours, et de se remettre en quête pour leur nourriture, quelque peine qu'il lui en coûte (ses fatigues lui sont légères), la tient éveillée de bonne heure ; posée sur une branche en lieu découvert, elle attend le soleil avec impatience, elle regarde du côté où l'aube va paraître[5] ; ainsi ma patronne se tenait debout, attentive, les yeux

[1] Saturne et Mars ne sont point nommés dans le texte, ni désignés autrement que par leur relation avec Jupiter, leur père et fils. Suivant les mythologues, Mars n'est point issu de Jupiter ; mais le maître de l'Olympe est appelé dans Homère et dans Virgile « *Hominum sator atque Deorum* ».

[2] Le poète vient de les rappeler dans leur ordre par rapport à la terre, autour de laquelle, comme d'un point central, tournent selon le système de Ptolémée, la Lune, Mercure, Vénus, le Soleil, Mars, Jupiter et Saturne.

[3] On tenait alors que les constellations elle-mêmes et tout le système des étoiles fixes (ainsi appelées parce qu'elles gardent entre elles des rapports constants), accomplissaient leur révolution autour de la terre dans une immense orbite.

[4] Le poète va prodiguer les comparaisons avec un luxe de développements qui contraste avec sa sobriété ordinaire ; comme s'il sentait le besoin de donner pour appui à son langage des objets sensibles, à mesure qu'il s'avance dans le monde des purs esprits.

[5] La fauvette et Béatrix attendent toutes deux le soleil, avec cette différence que l'oiseau regarde l'Orient, et que la Sainte a les yeux tournés vers le midi, c'est-à-dire vers l'endroit où Dieu, soleil vivant, source de toute lumière, a son foyer éternel.

tournés vers la partie du ciel, où l'astre du jour, à son midi, semble ralentir son cours[1].

Et moi, voyant ma belle maîtresse ainsi préoccupée, j'étais comme un homme qui, en présence d'un objet, en désire un autre, et se repaît d'espérance. Mais l'intervalle fut court entre mon attente et le phénomène que m'offrit le ciel resplendissant de plus en plus[2].

— « Voici, me dit Béatrix, le triomphe du Christ, et son glorieux cortège. Voici tout ce qui a crû et porté fruit sous l'influence des sept planètes. »

Le visage de la Sainte était tout en feu. Ses yeux étaient inondés d'une joie si vive, qu'il faut renoncer à trouver des mots pour la peindre, et passer outre.

Comme on voit, dans le calme d'une belle nuit, la face riante de Phébé briller au milieu des nymphes qui décorent la voûte céleste de leurs beautés éternelles ; ainsi m'apparut un soleil[3], qui embrasait de ses feux des milliers de lampes placées au-dessous de lui, à l'instar du nôtre, qui plonge le firmament dans un océan de clartés. Au sein de ce globe lumineux rayonnait l'Être qui est la lumière même[4], et dont l'éclat était si éblouissant que mes yeux ne pouvaient le soutenir.

— « O Béatrix ! m'écriai-je ; douce et chère compagne ! »

Elle m'interrompit et me dit : « Ce qui brille au-dessus de ta tête est la vertu souveraine et irrésistible. Là, réside la sagesse unie à la puissance, la voie longtemps désirée, qui a mis la terre en communication avec le Ciel ».

[1] Par un effet d'optique, dont il est assez difficile de se rendre compte, le soleil, qui s'élance rapidement de l'horizon, semble ralentir sa course à mesure qu'il monte, et la précipiter ensuite de plus en plus vers le point de son coucher.

[2] Le ciel des étoiles fixes dont se compose la 8e sphère, appartient aux apôtres et aux martyrs, propagateurs de la foi. Dante y suivra des yeux, maïs à distance, le Christ, escorté d'une phalange d'élus, et s'élevant en triomphe dans les régions supérieures.

[3] Il voit un foyer de lumière, où ses yeux ne peuvent pénétrer pour en discerner le principe, c'est-à-dire le Christ. C'est ce qu'il exprimera tout à l'heure par ces mots : Je vis une multitude de rayons ardents, « *senza veder principio de' fulgori* ».

[4] La substance même de la lumière, le Verbe... *In ipso erat vita, et vita erat lux hominum* (St. Jean 1-4).

De même qu'en se dilatant, le feu s'échappe de la nue qui le recèle, et se précipite contre sa nature vers le sol[1] ; ainsi mon âme agrandie par cette forte nourriture, ne put se contenir[2]. Revenue aujourd'hui de son extase, elle ne saurait se rappeler ce qu'elle devint alors.

— « Ouvre les yeux, continua Béatrix, et ne crains plus de me regarder en face. Tu en as vu assez maintenant pour être capable de soutenir l'éclat de mon sourire[3]. »

En entendant cette offre digne de toute ma gratitude, et qui, gravée dès lors dans ma mémoire, ne s'effacera jamais du livre où s'inscrivent les choses passées, j'étais comme un homme qui garde l'impression d'un rêve, dont il a oublié les détails, et qu'il cherche vainement à se retracer.

Quand tous les favoris de Polymnie et des Muses, nourris de leur lait le plus pur, joindraient ici leurs concerts, unissant leurs voix à la mienne, pour chanter ce divin sourire, et la pureté céleste qu'il donnait à son visage, ils resteraient à mille pieds au-dessous de la vérité. Donc, dans cette peinture du Paradis, il faut qu'il y ait une lacune, et ce poëme sacré[4] doit la franchir, comme le voyageur saute un fossé qui lui coupe sa route. Mais qu'on veuille bien songer aux difficultés de la matière, et à la faiblesse du mortel, qui en a chargé ses épaules, avant de lui imputer à blâme d'avoir plié sous le faix. La passe où s'engage ma proue hardie n'est pas faite pour de simples barques. Elle veut un pilote intrépide et qui ne s'épargne point.

Ma glorieuse patronne reprit en ces termes : « Pourquoi ces regards d'amour sans cesse attachés sur mon visage ? N'en as-tu

[1] La tendance des feux du tonnerre vers les régions basses devait surprendre, alors qu'on ignorait l'existence du fluide électrique, et son mode d'action dans tous les corps, et les lois de son dégagement qui l'entraîne vers le réservoir commun, la terre.

[2] Exaltée, hors d'elle-même, l'âme de Dante n'appartient plus à l'humanité. Trois mots du texte expriment cette extase « *di se stessa uscio* ».

[3] Dans la 7e sphère, Béatrix avait cessé de sourire (Paradis 21) ; ce sourire, dont le charme augmente en elle, à mesure qu'elle s'élève, aurait alors tourné la tête à son pieux amant, qui, en montant d'un degré, est devenu capable de le supporter.

[4] Ceci est un poëme sacré... *sagrato poema*. On voit en quel sens le poète l'a appelé ailleurs *commedia*, c'est-à-dire la Divine Comédie, la sainte épopée.

point pour ce beau jardin[1], qui se pare de fleurs, écloses sous la féconde haleine du Christ ? Là est la rose mystique, au sein de laquelle le Verbe s'est fait chair. Là sont les lys[2], dont le parfum a frayé aux hommes le vrai chemin de la vérité. »

A ces mots, toujours docile et empressé de complaire à Béatrix, j'osai élever mes yeux débiles, et, au hasard d'une lutte inégale, je regardai en haut.

Quelquefois, par un temps sombre, un nuage se divise et laisse passer un rayon pur de soleil, qui éclaire soudain une prairie émaillée de fleurs ; ainsi frappèrent mes yeux des milliers de gerbes éblouissantes et de clartés splendides ; mais le foyer d'où elles émanaient me restait caché.

Être puissant et bon, qui les immerges dans ta lumière, tu daignas alors t'élever plus haut[3] pour laisser à ma vue un champ où elle put s'étendre.

A ce nom de la rose que j'invoque chaque jour, en priant soir et matin la Sainte-Vierge, je distinguai parmi ces flammes, la plus grande où se fixèrent mes regards ; je contemplais cette étoile vivante, où triomphe là-haut la bienheureuse Marie, comme elle a triomphé sur la terre[4]. J'admirais son éclat et sa grandeur,

[1] Ce jardin est l'Empyrée, dernier but des aspirations du voyageur chrétien. Il est au-delà de la 9ᵉ sphère, qui domine le ciel des étoiles fixes. Dans cette 9ᵉ sphère, ou Premier Mobile, qui termine le monde sensible, apparaîtront à ses yeux les neuf cercles angéliques, exemplaire du monde intellectuel, contre-partie des neuf planètes. Ce sanctuaire des Anges, comme Dante l'appelle, *miro ed angelico templo*, (Par. 28) n'a pas une place distinctement marquée, soit dans la 9ᵉ sphère, soit entre celle-ci et l'Empyrée. Il y a pour confins l'amour et la lumière. « *Solo amore e luce ha per confino* » (ib). Il résulte bien de ces mots qu'il touche à l'Empyrée ; mais appartient-il à la 9ᵉ sphère, point de contact entre le monde matériel et le monde des purs esprits ? Telle paraît être la pensée du poète, qui va tout à l'heure faire dire à Béatrix : *Nous sommes passés du plus grand des corps célestes au séjour de la pure lumière.* « Noi siamo usciti fuore del maggior corpo al ciel ch'è pura luce » Il n'y aurait donc pas d'intermédiaire entre le Premier Mobile et l'Empyrée, point de place distincte en dehors de la 9ᵉ sphère, pour les neuf cercles angéliques. — Cette note anticipée a pour objet d'appeler l'attention du lecteur sur les passages qui peuvent éclaircir un point resté obscur.

[2] Sous ces figures de jardin, de rose et de lys, on reconnaît aisément le Paradis, la Sainte Vierge et les Apôtres.

[3] Le poète exprime ici clairement que le Christ, ce soleil dont il ne pourrait soutenir l'éclat, s'est élevé dans la région supérieure. La Vierge ne tardera point à le suivre.

[4] La Vierge a vaincu l'ennemi du genre humain, en enfantant le Sauveur, suivant la parole du Seigneur : « *Et ipse conteret caput tuum* ». (Genèse 3) — La mère de Dieu est toujours représentée, foulant aux pieds le serpent.

lorsqu'une gerbe de feu, tombant au travers des cieux, descendit sur elle, arrondie en cercle, et l'entoura comme d'une couronne. On l'aurait prise pour une lyre enchâssée d'un saphir aussi beau que le plus pur azur des cieux; et les accents de cette lyre surpassaient autant les plus douces mélodies, qui sur la terre captivent nos âmes, que celles-ci l'emportent sur les éclats du tonnerre déchirant la nue.

« Je suis Gabriel[1], disait-il. Je suis l'archange qui enveloppe et caresse de son souffle la Vierge bienheureuse dont les entrailles ont porté le Sauveur. Je suis et je serai toujours ton auréole, ô reine du ciel, tant que tu suivras ton fils et que tu continueras d'embellir la plus haute des sphères, en y prenant ta place. »

Tels étaient les chants qui jaillissaient de cette lumière ondoyante. Au sein des autres feux retentissait le nom de Marie.

La neuvième sphère, qui couvre toutes les autres comme d'un manteau royal, plus voisine de Dieu, plus embrasée de son souffle vivifiant, était, même dans sa partie inférieure, si fort élevée au-dessus de nous[2], que du lieu où j'étais, je ne pouvais encore la découvrir. Aussi, lorsque Marie s'éleva dans les airs, pour suivre Jésus, son bien-aimé fils, perdis-je bientôt de vue l'étoile couronnée, où résidait son âme bienheureuse.

Comme l'enfant à la mamelle, qui, gorgé de lait, et plein d'un sentiment qui veut enfin se produire au dehors, tend à sa mère ses bras caressants; ainsi s'allongèrent alors les flammes qui étaient au-dessus de nos têtes, montrant ainsi leur vive et profonde sympathie pour la mère de Dieu. Toutefois elles s'arrêtèrent avant d'être hors de ma portée, et elles chantèrent le *Regina cœli* d'une voix si douce que l'impression de ce plaisir m'est toujours restée depuis.

[1] Le nom de Gabriel n'est pas dans le texte ; mais l'entremise de l'archange pour l'annonciation paraît convenir également à la glorification de la Vierge-Mère. Les Commentateurs sont d'accord sur le sens de ces paroles : « *io son amore angelico* ».

[2] La 9e sphère, où Dante n'est pas encore, est empruntée au système de Ptolémée, qui lui donne le nom de Premier-Mobile. Les étoiles fixes, dont se compose la 8e, sont censées se mouvoir dans une vaste orbite, et produire ensemble l'effet d'une sphère unique. Mais au 9e ciel, il n'y a point d'astres distincts. Une vive lumière, d'un aspect partout uniforme, y court dans un cercle immense, comme il sera dit au chant 27e, où commence seulement la description de ce dernier ciel. C'est dans le 8e qu'est le théâtre des faits qui sont racontés dans les trois chants suivants.

O saints réceptacles d'âmes qui, sur la terre, se sont vouées à la propagation de la foi ! Que de gloire amassée par ces infatigables semeurs[1] de la bonne doctrine !

Là jouissent de la vie éternelle, trésor acquis par leurs pleurs, ceux qui ont langui dans l'exil, et laissé leur or à Babylone. Là triomphe, sous la bannière du Christ, fils de Dieu et de Marie, là jouit de sa victoire avec les Saints de l'Ancien et du Nouveau Testament, l'apôtre Pierre,[2] qui tient les clés du séjour de la gloire !

CHANT XXIV.

« O bienheureux Élus ! convives du sacré banquet, où l'Agneau se donne à vous, et satisfait sans mesure vos innocents désirs ! Vous voyez un mortel favorisé du Ciel, puisque, avant le temps marqué par la mort, il lui est donné de jouir, par avant goût, de cette précieuse nourriture, en ramassant les miettes qui tombent de votre table[3]. Soyez touchés de sa soif immense, faites-lui part de la céleste rosée, de ces eaux fraîches que vous buvez sans cesse[4] à la source même du bonheur qu'il poursuit ! »

A ces paroles de Béatrix, les sphères vivantes, tournant sur leurs pôles, projetèrent des flammes[5], qui surpassaient en éclat celle

[1] Les semeurs de la parole divine, Pierre, Jacques et Jean, habitent la 8e sphère avec les captifs de Babylone, avec les patriarches de l'Ancien Testament et les Pères de la Nouvelle Loi.

[2] Saint Pierre est ici vraiment à la porte du Paradis, puisque le 9e ciel, qui reste seul au-dessus de lui, touche aux chœurs angéliques et à l'Empyrée, séjour de tous les Saints. Il faut se rappeler que l'apparition des Élus dans les neuf sphères n'exclut pas leur présence réelle dans l'Empyrée (Parad. 4.) C'est donc bien ici la porte de saint Pierre, dont il est parlé au 1er chant de l'Enfer. « *Si ch'io vegga la porta di san Pietro.* » Saint Pierre tient aussi les clés du Purgatoire ; mais il les a remises à un ange qui en garde le seuil. (Purg. IX.)

[3] Dante s'humilie en présence des Élus de la 8e sphère, comme la Cananéenne devant Jésus-Christ « *et catuli edunt de micis quœ cadunt de mensa dominorum suorum.* » (Math. 15, 27.)

[4] Celui qui boira de l'eau que je lui donnerai n'aura jamais soif. (St Jean 4.)

[5] La lumière et le mouvement ont dans le monde matériel une excellence qui convient surtout à la nature des purs esprits. L'art du poète a su combiner ce double élément, dans la construction merveilleuse du Purgatoire et du Paradis, de manière à varier, graduer et rendre sensibles les épreuves et les récompenses de l'autre vie.

des comètes; et de même qu'à voir le mécanisme d'une horloge, à suivre l'engrenage des roues, il semble que la première soit immobile, tandis que la dernière paraît avoir des ailes ; ainsi voltigeaient ces âmes, avec des élans plus ou moins rapides. Leur vitesse ou leur lenteur me donnait la mesure de leur degré de gloire.

Du plus beau cercle, je vis se détacher une flamme éblouissante[1]. Aucune des autres restées en arrière n'avait plus d'éclat. Elle tourna trois fois autour de Béatrix avec une mélodie si exquise, que mon imagination même ne peut se la retracer aujourd'hui. Combien plus est-elle au-dessus de mes paroles, je n'en dirai rien ; et puisque ma plume ne saurait mettre en relief cette partie de mon sujet, elle passera outre, sans l'effleurer.

« O ma sœur ! C'est l'ardente affection que j'ai pour vous qui m'a fait sortir à votre prière de cette ronde glorieuse des Élus. »

Telles furent les paroles qui jaillirent du sein de la flamme avancée près de nous. Elle s'arrêta ensuite et dirigea sa pointe mouvante vers ma sainte maîtresse qui parla ainsi :

« Ame à jamais illustre du grand apôtre, à qui Notre Seigneur a laissé ici les clés qu'il lui avait remises sur la terre[2]. Examine à ton gré cet homme sur la foi, sur les moindres choses, comme sur les plus graves. N'est-ce pas la foi qui t'a fait marcher sur les eaux[3]? Tu sais parfaitement sans doute, puisque tu lis dans ce miroir où tout vient se refléter, tu sais si ce mortel possède la foi, l'espérance et la charité au degré qui convient à Dieu. Mais comme c'est pour la vraie foi que ces Élus sont devenus citoyens du Ciel, il t'appartient de la glorifier en parlant d'elle à ce vivant que j'accompagne ».

De même qu'un bachelier s'arme de toutes pièces en silence, jusqu'à ce que le maître l'interroge, pour traiter une question qu'il ne lui appartient pas de résoudre; ainsi appelais-je à mon

[1] Saint Pierre, prince des Apôtres.

[2] Les clés lui ont été remises pour en faire usage sur la terre, et par suite dans le Ciel, où il les porte encore. « Celui que vous lierez sur la terre, sera aussi lié dans le Ciel. »

[3] Pierre voyant Jésus marcher sur les eaux, s'écria : « Seigneur, commandez que j'aille à vous. » Et son maître lui ayant répondu : « Venez ; » sur ce seul mot, il descendit de la barque, et il marchait sur l'eau pour aller à Jésus. (Math. 14.)

D'ailleurs saint Pierre, comme chef de l'Église, a le dépôt de la vraie doctrine. C'est à lui qu'il appartenait d'interroger Dante sur la foi.

aide mes arguments les plus forts, tandis que la Sainte parlait, appropriant mes armes à l'examinateur et à la profession que j'avais à faire.

— « Parle, chrétien, et fais-toi-connaître : qu'est-ce que la foi ? »

Je levai la tête, et mes yeux se portèrent vers le foyer de lumière, d'où ces mots étaient sortis. Puis je me tournai vers Béatrix, et vis aussitôt à son air que je devais épancher toute mon âme et donner cours à mes pensées.

— « Que la grâce divine, répondis-je, à qui je dois de me confesser au prince des apôtres, porte-bannière du Christ, m'accorde encore le don d'exprimer ce que je sens ! — La foi, continuai-je, comme l'a écrit avec vérité saint Paul, ce cher compagnon de vos travaux, qui ont frayé les voies à la nouvelle Rome, la foi réalise l'existence des choses qu'on doit espérer, et elle nous convainc de celles qu'on ne voit pas. Elle est à la fois substance et argument[1] ».

— « Cette définition est juste[2], répondit l'apôtre, si tu comprends bien pourquoi Saint Paul a mis la foi d'abord parmi les substances, et puis encore parmi les arguments ».

Je repris en ces termes : « Il y a de hautes abstractions, qui sont ici pour moi des réalités visibles, mais qui sur la terre, nous sont si profondément cachées que leur être consiste uniquement pour nous dans la croyance qu'elles existent, sur laquelle se fondent nos plus hautes espérances. La foi équivaut donc à la substance même.

« Ces points admis, nous en déduisons par le raisonnement d'autres choses, que nous n'avons jamais vues. La foi sert donc d'argument et de moyen de preuve ».

Alors j'entendis ces paroles inspirées par l'amour divin au grand apôtre : — « Si la science, qui s'acquiert dans l'école était ainsi reçue et comprise, on verrait moins de sophistes ». Puis il ajouta : « Voilà sans doute une monnaie de bon aloi, dont le titre et le poids sont vérifiés. Mais est-elle, dis-moi, en ta possession ? L'as-tu dans ta bourse[3] ».

[1] *Est autem fides sperandarum substantia rerum, argumentum non apparentium* (Saint Paul aux Hébreux XI.) Telle chose qui existe pour nous en espérance a de plus une existence réelle et substantielle, qui résulte pour nous de la foi.

[2] Cependant la foi est aussi le fondement des choses que nous devons craindre, comme les châtiments de l'Enfer. Sous ce rapport, la définition paraît incomplète.

[3] As-tu la foi que tu as si bien définie ?

— « Oui, je la possède, repartis-je, et si nette, si bien frappée que je n'ai aucun doute sur la bonté de son type. »

Du même foyer de lumière jaillirent ensuite ces mots : — « Ce joyau précieux de la foi, vrai fondement de toutes les vertus, d'où et comment t'est-il advenu[1] » ?

— « C'est, lui dis-je, le souffle de l'Esprit Saint qui remplit les Écritures, ce sont ses clartés répandues dans les anciens et les nouveaux textes, qui m'ont convaincu, mieux que n'aurait pu faire une démonstration en forme. »

— « Mais, reprit l'apôtre, si l'Ancien et le Nouveau Testament te poussent à cette conclusion, où est pour toi la preuve qu'ils contiennent la parole de Dieu ? »

— « La preuve ! m'écriai-je, elle est dans les œuvres qui ont suivi, dans ces œuvres qui dépassent tout ce que la nature a jamais forgé dans sa riche officine. »

— « Et qui t'assure, dit-il, qu'elles se sont réellement accomplies, si ce n'est la parole de Dieu, c'est-à-dire la chose même qu'il s'agit d'établir. Tu n'as pas d'autre témoignage de leur vérité. »

— « S'il n'y a point eu de miracles, répondis-je encore, si le monde s'est converti au Christianisme sans miracles, cela seul en est un cent fois plus étonnant que tous les autres ; car tu es entré pauvre et nu dans la vigne du Seigneur, et combien n'a-t-elle pas fructifié entre tes mains quoiqu'elle soit changée aujourd'hui en buisson stérile[2] ! »

Ayant achevé de parler, j'entendis une harmonie céleste éclater au milieu de ces lampes vivantes. La cour sainte chantait : « Louons Dieu ! » comme on chante au sein des joies du Paradis. Ensuite le grand docteur[3] qui, en m'examinant sur la foi, m'avait attiré de branche en branche presque jusqu'aux dernières feuilles, éleva de nouveau la voix, et dit : « La grâce agit sur toi avec un

[1] La foi se puise dans les Écritures. Les miracles prouvent qu'elles sont divines ; et l'établissement du Christianisme, qui est un fait évident, est un miracle plus grand que tous les autres, et qui doit les faire admettre.

[2] Le manque de foi en Italie, au siège même de la chrétienté, au sortir du XIIIe siècle ! Voilà une accusation bien sévère contre le moyen-âge.

[3] Il y a dans le texte *quel baron*. Le baron Pierre est mieux dans la couleur du temps. On disait jadis Monseigneur saint André. On lit dans Froissard : il fit des vœux devant « le benoît corps du baron Saint-Jacques ». Ces anachronismes de langage ont une naïveté que notre délicatesse moderne a eu tort de ne pas conserver.

tel empire que jusqu'à présent elle n'a mis sur tes lèvres que les paroles qui devaient s'y trouver. J'approuve toutes les réponses qui sont sorties de ta bouche[1]; mais il faut maintenant préciser ton symbole, et dire où tu l'as puisé. »

— « O mon père! lui répondis-je, vous dont l'âme sainte contemple ici sans voile ce qu'elle a cru sur la terre; vous qui, arrivé au sépulcre après saint Jean, regagnâtes par la foi l'avantage que la diligence du jeune disciple vous a fait perdre[2], vous me demandez de formuler ma croyance, et d'en indiquer les sources. Voici ma réponse :

« Je crois en un seul Dieu, être unique et éternel, qui imprime aux cieux, par son amour et sa volonté, le mouvement qu'il ne reçoit de nul autre[3]. Ce premier point non seulement s'appuie sur des preuves physiques et métaphysiques; mais j'en ai pour gage la vérité même qui du Ciel s'est transmise au monde par Moïse, par les prophètes, par le psalmiste, et par vous-mêmes qui, avec d'autres apôtres, après la descente du Saint-Esprit, avez écrit sous son inspiration[4].

« Je crois en trois personnes distinctes et éternelles, formant l'essence de la divinité, une et triple à la fois, et dont on peut dire : elle *est* ou elles *sont*, sans impropriété de langage.

« Cette profonde idée de la nature de Dieu, que je ne fais ici

[1] Le privilège du poète, ici comme en beaucoup d'autres passages, est de tourner à son profit comme éloge ou comme promesse l'autorité des saints personnages qu'il met en scène et qu'il fait parler. La nécessité du sujet sauve sa modestie.

[2] Jean, plus jeune et plus agile que Pierre, arriva le premier au sépulcre; mais il n'y entra point. Pierre vint à son tour, et, avec plus de foi ou d'assurance, il ne craignit point d'y pénétrer. N'a-t-il pas ainsi vaincu son compagnon, plus jeune que lui. Le poète a donc pu dire fort justement : « *tu vincesti ver lo sepolcro più giovani piedi* ». Ce passage ne signifie pas que Pierre ait surpassé Jean en diligence comme l'ont cru certains commentateurs, qui reprochent à Dante d'avoir pris ici par inadvertance le contre-pied de l'Evangile.

[3] On trouve ici quelques traits seulement du symbole de Nicée, l'unité, l'éternité de Dieu, son essence unique en trois personnes, et les principaux témoignages qui établissent ces fondements de la foi chrétienne. Le poète ajoute : « Quant aux autres attributs de la nature divine, que je ne fais que toucher : « *ch'io tocco mo* » je m'en réfère à la doctrine évangélique ». Il en relève cependant un grand trait, omis dans le symbole, savoir le dogme d'un premier moteur, imprimant è l'univers un mouvement qu'il n'a reçu de personne. « *Che tutto'l ciel muove non moto* ».

[4] Il existe deux épitres de saint Pierre, adressées, l'une aux fidèles dispersés dans l'Asie-Mineure et l'autre à tous ceux qui ont reçu avec lui le précieux don de la foi.

que toucher, je la trouve marquée en maints endroits de l'Évangile. Voilà le principe de ma foi; voilà l'étincelle qui luit dans mon âme, comme l'étoile scintille au firmament, et qui produit en moi une flamme vivace. »

Comme on voit un maître écouter son serviteur qui lui apporte une bonne nouvelle, et l'embrasser en le remerciant, après qu'il a achevé son récit; ainsi le prince des apôtres m'entoura trois fois de sa lumière[1], dès que j'eus fini de parler. Il chantait et me bénissait, en décrivant ce triple cercle, tant il était satisfait de l'examen qu'il m'avait fait subir.

CHANT XXV.

Si jamais, grâce à ce poème sacré, dont le ciel et la terre m'ont fourni la matière[2], grand ouvrage sur lequel j'ai pâli durant de longues années[3], j'obtiens qu'on révoque la sentence cruelle, qui

[1] *Ter conatus ibi collo dare brachia circum;*
Ter frustra comprensa manus effugit imago. (Eneide VI.)

L'embrassement de saint Pierre établit entre lui et Dante, par l'influence de ses clartés vives, une communication intime, tandis qu'Enée voulant embrasser son père aux Champs-Elysées ne trouve qu'illusion et vaine apparence.

[2] Le ciel et la terre embrassent toutes les choses créées : « *Deus creavit cœlum et terram* ». Ils comprennent toute la matière de ce poème. Au ciel est le paradis; l'enfer et le purgatoire appartiennent, comme on l'a vu, au globe terrestre.

[3] La Divine Comédie a été composée par Dante avant et pendant son exil. Il y travaillait encore à la mort de l'empereur Henri VII, onze ans après sa condamnation. Banni de Florence en 1302, il avait alors écrit les sept premiers chants de l'Enfer qui, selon Boccace, lui furent envoyés au lieu de sa retraite par Dino Compagni. Le début du 8e chant semble en effet indiquer que le poète se remet à l'œuvre après une interruption « *i'dico seguitando* ». Il a dédié l'Enfer à Uguccione Fagginola, qu'il avait connu à Arezzo, où il s'était retiré d'abord, en 1302. Le Purgatoire, commencé en 1307, chez le seigneur de Malaspina, dans la Lunigiane, fut achevé à Vérone où il demeura de 1308 à 1313. C'est là qu'il écrivit aussi le Paradis, dédié par lui à Can della Scala, son illustre protecteur. Mais son poème n'était pas encore terminé à la mort de l'empereur Henri VII, en 1313, puisqu'on voit au 13e chant, une allusion à cette mort, ou du moins à l'insuccès de son entreprise sur l'Italie. « Le grand Henri viendra trop tôt, et avant que l'Italie soit mûre pour sa régénération. *Alto Arrigo, ch'a drizzar Italia verra in prima ch'ella sia disposta.* » Voilà donc un espace d'environ douze ans, pendant lequel se continue ce grand ouvrage, souvent revu, retouché, approprié aux circonstances. Il faut dire pourtant qu'il nous est parvenu sans aucune variante. On n'en trouve aucune trace ni mention dans les commentateurs.

m'exclut de ma patrie, doux bercail où je dormis inoffensif comme l'agneau n'en voulant qu'aux loups qui lui faisaient la guerre[1], j'aurai alors changé de voix et d'aspect[2], et ma ville me reverra poète. Je prendrai la couronne de lauriers[3] dans le baptistère de saint Jean, car c'est là que je fus initié à la foi[4], par laquelle les âmes renaissent à Dieu, et qui tout à l'heure m'a valu de saint Pierre une si flatteuse récompense[5].

En ce moment, une autre lumière vint à nous. Elle sortait du même groupe d'étoiles[6], d'où s'était déjà détaché le premier vicaire de Jésus-Christ.

— « Regarde ! regarde ! s'écria ma conductrice remplie de joie. Voici Monseigneur saint Jacques[7], pour qui tant de pèlerinages se font en Galice. »

De même qu'à l'approche de sa compagne, la tourterelle bat des ailes ; toutes deux voltigent en rond et roucoulent pour se témoigner leur tendresse ; tel fut le chaleureux accueil que se firent l'un à l'autre ces deux grands apôtres, en louant Dieu, le pain vivant

[1] Ces loups étaient les *Noirs*, élément aristocratique du parti guelfe. Les *Blancs* en constituaient l'élément populaire, auquel s'étaient mêlés, en haine des principaux chefs, leurs vieux ennemis de la faction gibeline, abattue à Florence, depuis la défaite de Manfred par Charles d'Anjou en 1266.

Dante, penchant vers le peuple ou plutôt vers la cause des Gibelins, partisans de l'Empereur, qu'il embrassa depuis ouvertement, suivait le parti des *Blancs*.

[2] Ses cheveux avaient blanchi dans l'exil, « *con altro vello* ». Il avait aussi changé de ton, « *altra voce* », en embouchant la trompette épique.

[3] Connu par des sonnets et des canzone, avant sa sortie de Florence, Dante avait, comme rimeur d'amour, plusieurs rivaux. Il ne devait pas en avoir dans la grande poésie, après la composition de la Divine Comédie ; et c'est avec raison qu'il s'en décerne le prix, cette couronne de lauriers que Pétrarque et Tasse ont reçue après lui.

[4] Dante naquit à Florence au mois de mai 1265, et fut baptisé dans le célèbre baptistère de Saint-Jean.

[5] Ce retour sur lui-même, cette aspiration vers la terre natale au moment où il va chanter l'espérance, donne au début du 25e chant un intérêt mélancolique et touchant qui n'a pas été jusqu'ici assez remarqué.

[6] Ce groupe réuni dans la 8e sphère, comprend outre les Apôtres, les Saints de l'Ancien et du Nouveau Testament, qui ont semé la parole divine, et propagé la connaissance de Dieu.

[7] Le voyage de saint Jacques le majeur en Galice, où son corps est conservé, dit-on, à Compostelle, est une ancienne tradition espagnole, qui n'a aucun fondement certain ; car on voit dans les actes des apôtres (cap. 12) qu'Hérode fit mourir par l'épée Jacques, frère de Jean. « *Occidit autem Jacobum fratrem Joannis gladio.* » — Au surplus, Dante ne fait ici mention que du pèlerinage en Galice, dont la coutume s'est perpétuée jusqu'à nos jours.

des Elus. Tous deux après s'être félicités mutuellement[1] s'arrêtèrent devant moi en silence. Ils étaient tout en flammes, et si rayonnants que je n'en pouvais supporter la vue.

Alors Béatrix avec un doux sourire dit : « Ame glorieuse de l'apôtre qui a écrit de la béatitude céleste[2], fais retentir la huitième sphère de ce mot divin : l'espérance ; tu sais qu'elle s'est personnifiée en toi, toutes les fois que Jésus-Christ s'est montré de plus près à ses trois disciples choisis[3] ».

Du sein de cette autre flamme sortit une voix consolante[4] : « Lève la tête et rassure-toi, me dit-elle; tout ce qui vient de la

[1] Saint Jacques aborde saint Pierre, et le salue avant de s'adresser à Dante, pour qui il s'est détaché de son groupe.

[2] L'épître catholique de saint Jacques ne décrit pas les joies du royaume des Cieux, et n'a pas précisément pour sujet l'espérance. Le passage qui répond le mieux à la pensée du poète est celui-ci : « Heureux qui souffre les tentations parce que, lorsque sa vertu aura été éprouvée, il recevra la couronne de vie, que Dieu a promise à ceux qui l'aiment ». Si des trois disciples que Jésus-Christ prenait quelquefois à part pour des communications plus intimes, saint Jacques figure l'Espérance, comme saint Pierre la Foi, et saint Jean la Charité, il est assez difficile d'appuyer cette personnification, du moins quant à saint Jacques, sur un texte positif.

Un autre passage de son épître et son nom même, ont pu, suivant quelques-uns, le faire considérer comme l'apôtre de l'espérance. Le mot hébreux Jacob, en latin *supplantator*, qui rompt les obstacles, suppose une force qui découvre le but, et le montre accessible à nos efforts, comme Céphas veut dire Pierre, la Foi, et Jean, Gratia, la Charité. — « *Omne datum optimum, omne donum perfectum est a patre luminum.* » C'est à ce passage, suivant Landin, que Dante se rèfère ici, à cause des clartés que revêtent les Elus. « *Deus pater luminum.* » Quoiqu'il en soit, Dante n'innove pas; il suit la doctrine reçue, en disant que l'espérance s'est personnifiée en saint Jacques ; mais il faut remarquer ces mots du texte : « Ame de l'apôtre qui a écrit de la sainte basilique, *per cui si scrisse* ». Il attribue donc à saint Jacques le majeur, frère de Jean et l'un des trois disciples de prédilection, l'épître canonique adressée aux tribus dispersées d'Israël. Cette opinion s'appuie de la version syriaque et de la liturgie des Mozarabes; mais suivant saint Jérôme, saint Ambroise, saint Augustin, cette épître est de Jacques, fils d'Alphée, autre disciple de Jésus-Christ, et qu'on appelle Jacques le mineur.

[3] Les trois disciples furent distingués entre les douze : 1° par les circonstances de leur vocation ; ils étaient tous trois dans la barque de Simon-Pierre, lorsque Jésus-Christ, les appela et se les attacha par une pêche miraculeuse, bientôt suivie de la guérison du lépreux qui eut lieu en leur présence (Luc 5) ; 2° lors de la résurrection de la fille de Jaïre ; les trois apôtres furent seuls admis à être témoins de ce miracle ; 3° dans la scène de la transfiguration sur le mont Thabor; il leur fut donné de voir le Christ dans sa gloire avec Moïse et Elie (saint Luc, 9) ; 4° à l'heure de la passion dans le jardin des Olives, ils furent choisis par Jésus, pour aller prier à l'écart avec lui (Math. 26).

[4] Ces premières paroles de saint Jacques l'amènent à examiner Dante sur l'espérance.

terre doit mûrir ici au feu de nos rayons[1] ». A ces paroles, je levai les yeux vers les grands objets[2] qui m'avaient d'abord forcé de les baisser, et saint Jacques poursuivit en ces termes : « Puisque, par une faveur singulière du Ciel, il t'est donné de pénétrer vivant dans ce palais de notre Empereur, et de t'offrir aux yeux de ses grands officiers[3] ; puisque la vue de cette cour (quand tu auras reconnu la vérité de ce qu'on en rapporte), doit fortifier en toi et chez les autres, l'espérance, qui dans notre monde dispose les cœurs à l'amour[4], parle, qu'est-ce que l'espérance ? A-t-elle fleuri dans ton sein ? D'où en as-tu reçu le précieux germe[5] ? »

J'allais répondre, lorsque la Sainte, qui avait guidé mon vol dans les hautes régions du Ciel, me prévint de cette manière : « L'Église militante, sur la terre, n'a pas d'enfant plus animé que lui d'espérance[6]. Cela est écrit dans le divin miroir, où tout vient ici se réfléchir à nos yeux. Aussi lui a-t-il été donné[7] de quitter la servitude d'Égypte pour voir la Jérusalem nouvelle, d'assister au triomphe avant d'avoir achevé son temps de milice. Quant aux deux autres points[8], vous ne voulez que

[1] Les trois vertus théologales, personnifiées dans les trois apôtres, au huitième ciel, sont les conditions essentielles du salut des hommes.

[2] Ce sont les deux apôtres, grands objets que Dante compare à des monts, à cause de leur hauteur imposante ; « *fundamenta ejus in montibus sanctis. — Levavi oculos meos in montes, unde veniet auxilium mihi* » (Ps. 120).

[3] Dieu dans le paradis est comparé à l'empereur, au milieu de ses comtes, *co suoi conti*. Tout à l'heure les apôtres étaient des barons. Nous sommes en pleine féodalité. Le poète, grand partisan de la monarchie de César, emploie la langue politique de son temps.

[4] L'amour vit de l'espérance, comme celle-ci naît de la foi. Les vertus théologales, qu'on croirait classées arbitrairement, suivent un ordre naturel de succession et de filiation.

[5] L'examen de Dante sur la foi avait porté sur les mêmes points.

[6] Il se louerait en parlant ainsi de lui-même; aussi met-il dans la bouche de Béatrix sa réponse à la deuxième question. L'espérance au point de vue chrétien, n'est pas un pur instinct de notre nature. Elle est une vertu, qui ne s'acquiert pas sans effort ; car elle procède de la foi, comme attente de biens réels, quoique invisibles, dont nous pouvons perdre le goût par la séduction des plaisirs terrestres, ou nous rendre indignes par défaut de patience dans les épreuves de la vie.

[7] On croit voir ce qu'on espère. L'imagination vivement frappée se représente ce que l'esprit désire. Ainsi pourrait s'expliquer le voyage surnaturel de Dante, s'il n'était qu'une vision. Comme réalité, rien n'a pu lui mériter mieux cette faveur que l'immense désir né en lui de son espérance d'atteindre un jour aux béatitudes célestes.

[8] La définition de l'espérance, et les sources où il a puisé cette vertu n'intéressent point son amour-propre. Il peut répondre à ces questions sans pécher contre la modestie.

faire voir, en lui demandant ce que vous savez bien, combien cette vertu de l'espérance vous est chère. Je les lui laisse donc aborder. Ces questions ne sont ni ardues ni embarrassantes pour sa modestie. Qu'il y réponde et que la grâce de Dieu lui soit en aide ».

Comme l'écolier que son maître interroge sur ce qu'il sait, répond vite et volontiers pour faire preuve de son savoir, ainsi me hâtai-je de dire : « L'espérance est une attente certaine de la gloire future, un don de la grâce, précédé par nos mérites[1]. Cette pure lumière a jailli en moi de plusieurs foyers sacrés[2] ; mais c'est par David surtout, par ses chants sublimes à la gloire du Très-Haut, que je me suis senti inondé de son éclat. « Qu'ils espèrent en toi, s'écrie le psalmiste, ceux qui connaissent ton saint nom[3]. » Or, peut-on ne pas le connaître, quand on possède ma foi ? Vous ensuite, grand apôtre, vous avez versé sur moi, dans votre épître[4], la rosée de l'espérance. J'en suis plein. Elle déborde et rejaillit sur les autres comme une pluie bienfaisante ».

Pendant que je parlais ainsi, au sein de cette flamme vivante éclatèrent des feux soudains, qui se succédèrent rapides et fréquents comme des éclairs. Une voix en sortit qui fit entendre ces paroles :

« La sainte vertu de l'espérance m'a suivi hors de la lice, jusqu'à ce que j'eusse reçu la palme désirée. Le même sentiment qui en fut le mobile, et qui m'enflamme encore, attire mon âme

[1] C'est la définition qu'en donne Pierre Lombard et que Dante a traduite littéralement : « *Spes est certa expectatio futuræ beatitudinis, veniens ex Dei gratia, et meritis præcedentibus* ».

[2] Les prophètes et les docteurs de l'Eglise sont pleins des saintes espérances de la vie future.

[3] Encore une traduction littérale des Saintes Ecritures : « *Sperent in te, qui noverunt nomen tuum* ». (Ps. 9.) David n'est point nommé ; mais qui peut le méconnaître à cette citation, et à son titre de chantre du souverain maître, cantor del summo duce. — Teodia, chant de Dieu, exprime ici poétiquement le psautier.

[4] Cette épître, qui se divise en 5 chapitres, porte les âmes à l'espérance dans d'autres passages que ceux cités plus haut. « Vous avez appris quelle a été la patience de Job, et vous avez vu la fin du Seigneur. — Vous voyez que le laboureur, dans l'*espérance* de recueillir le fruit précieux de la terre, attend patiemment les pluies de la première et de l'arrière-saison. »

L'objet principal de cette épître est la patience dans les souffrances, en vue des récompenses célestes ; ce qui implique virtuellement l'espérance chrétienne. On conçoit donc, après réflexion, qu'elle ait mérité à son auteur le titre d'apôtre de l'espérance (V. Supra).

vers la tienne, qui en est éprise. Il me porte à te demander, à toi qui espères, ce que tu espères[1]. »

— « Le bonheur des amis de Dieu, lui répondis-je, est figuré dans les textes de l'ancienne et de la nouvelle loi, et l'espérance fait briller ce signe à mes yeux. Isaïe ne dit-il pas que chacun d'eux aura dans sa patrie un vêtement double ? Or, cette patrie n'est autre que le séjour des Bienheureux. Et Jean, son frère, le disciple bien-aimé, n'est-il pas plus explicite dans l'Apocalypse, où il nous montre les Saints vêtus de robes blanches et portant des palmes dans leurs mains[2] ? »

Comme j'achevais ceci, le cantique de David : « qu'ils espèrent en vous », fut repris au-dessus de nos têtes, et toutes les rondes des Élus y répondirent en chœur. Puis, au sein de l'une d'elles, je vis une flamme s'agiter avec un éclat extraordinaire. Si, parmi les étoiles du Cancer, une seule était aussi brillante, il arriverait qu'en hiver, il y aurait un mois d'un seul jour[3].

Comme on voit une jeune fille se lever joyeuse et prendre part à la danse, sa joie qui n'a rien d'immodeste, n'est que l'empressement d'une amie qui veut faire honneur à la mariée[4] ; ainsi

[1] Saint Pierre avait procédé de même dans son examen : qu'est-ce que la foi ? que crois-tu ? « *Or conviene esprimer quel che credi.* » Saint Jacques lui demande à son tour : qu'est-ce que l'espérance ? qu'espères-tu ? »

[2] Sa réponse est : « J'espère être un jour en corps et en âme dans le paradis ». Le vêtement double d'Isaïe et les robes blanches de l'Apocalypse n'ont pas à ses yeux d'autre sens. « *In terra sua duplicia possidebunt; lœtitia sempiterna erit eis.* » (Is. 61. 17.) — La fin du chapitre rend, dit-on, cette pensée plus claire. « *Et exultabit anima mea in Deo meo, quia induet me vestimentis salutis.* » (Ibid. 61-10.) On lit d'un autre côté dans l'Apocalypse : « *Vidi turbam magnam... ex omnibus gentibus et tribubus et populis et linguis, stantes ante thronum et in conspectu agni, amicti stolis albis, et palmœ in manibus eorum* ». L'existence corporelle des Saints est ici moins équivoque, puisque saint Jean les représente vêtus de robes, et portant des palmes dans leurs mains ; mais en vérité ce n'est qu'avec les exégètes qu'on peut trouver dans les deux passages d'Isaïe le vêtement double, la *doppia veste,* dont parle notre poète, c'est-à-dire le corps et l'âme.

[3] Il y a dans le texte : « Si le Cancer était aussi brillant, l'hiver aurait un mois d'un seul jour ». — Donnez en effet à la constellation du Cancer un éclat extraordinaire, il arrivera, au mois de décembre, que le soleil, se levant dans le signe du Capricorne, au moment où le Cancer qui lui est opposé se couche, celui-ci à son tour paraîtra sur l'horizon à l'heure du coucher du soleil, et en suppléera l'office par une clarté équivalente jusqu'à son retour, et ainsi de suite, tant que le soleil se lèvera dans le Capricorne, c'est-à-dire pendant un mois. La comparaison du poète est juste et tout à fait dans sa manière concise qui, trop souvent, pose des problèmes au lecteur.

[4] Peinture charmante, souvenir de la société élégante de Florence, où Dante avait passé sa jeunesse.

s'avança l'étoile devenue plus radieuse. Elle se dirigeait vers les deux âmes lumineuses qui tournoyaient et circulaient, mises en mouvement par leur charité ardente.

Je la vis se mettre à l'unisson de leurs chants. Ma sainte protectrice, comme une épouse qui se tient immobile et en silence devant l'époux, avait les yeux attachés sur cette triple flamme.

— « Ce nouveau venu, me dit-elle, est le disciple qui reposa sur le sein de Jésus[1], du bon maître qui, comme un pélican[2], donne son sang pour les siens. C'est le fils indiqué à Marie du haut de la croix, pour lui tenir lieu de son propre fils[3] ».

Béatrix, en disant ces mots, avait toujours la vue dirigée sur les mêmes objets[4]. Sa contenance ne changea point après qu'elle eut parlé.

Semblable à celui qui, les yeux fixés sur le soleil, durant une éclipse, dont il veut suivre les progrès, perd la vue à force de voir ; tel je devins[5] à l'aspect prolongé de cette dernière étoile, d'où il sortit ces mots : « Pourquoi te fatigues-tu les yeux pour découvrir en moi ce qui n'y est pas [6] ? Mon corps n'est que terre et repose en terre. Il y restera en compagnie des autres corps jusqu'à ce qu'ils aient atteint le nombre fixé par les décrets éternels[7]. Deux

[1] *Erat ergo recumbens unus ex discipulis ejus in sinu Jesu, quem diligebat Jesus.* (Jean 13. 23). Pendant la sainte Cène, saint Jean penché sur le sein de Jésus-Christ lui demanda quel était celui d'entre eux qui devait le trahir.

[2] On dit du pélican qu'il s'ouvre la poitrine, et fait couler son sang pour nourrir ses petits. De là le nom mystique de pélican, donné au Sauveur des hommes. Landin enchérit sur la notion populaire par ces détails étranges : les petits du pélican, dit-il, après qu'ils ont été nourris et élevés par leur père, s'insurgent contre lui. Celui-ci, en se défendant, les tue ; puis, par compassion, il se blesse lui-même de son bec, et ressuscite ses petits en les arrosant de son sang. Rien ne manque dès lors à la comparaison ; mais elle serait plus frappante, si son objet était moins fantastique.

[3] *Cum vidisset Jesus matrem et discipulum stantem quem diligebat, dicit matri suæ : mulier ecce filium tuum* (Jean 19-26.).

[4] Béatrix avait parlé à Dante sans cesser de regarder les trois apôtres.

[5] Il n'est qu'ébloui, sans être frappé de cécité.

[6] Il attachait un regard fixe et pénétrant sur l'apôtre Jean, pour découvrir sous son auréole la forme de son corps, et s'assurer s'il était vrai que Jean ne fût pas mort, et qu'il eût été enlevé au ciel pour en redescendre un jour avec Énoch et Élie, et combattre l'Anté-Christ.

[7] Le poète met dans la bouche de Jean lui-même, la réfutation de cette opinion, qui avait déjà cours au temps des Évangélistes. — « *Exiit ergo inter fratres sermo iste, quia discipulus ille non moritur.* » (Jean 21-23.) Jésus avait répondu à Pierre qui lui demandait ce que deviendrait Jean : « Je veux qu'il

âmes seulement ont ici le double vêtement[1], Jésus et Marie, qui se sont élevés en corps et en âme aux parvis célestes[2]. Redis cela aux hommes, quand tu te retrouveras parmi eux. »

Les trois apôtres, pendant que l'un d'eux parlait, avaient cessé de se mouvoir au sein de leurs auréoles. Leur danse rapide et l'harmonieux murmure qui lui servait d'accompagnement, tout s'était arrêté à la voix de Jean, comme on voit, à un coup de sifflet, signal du repos ou d'un écueil aperçu par le pilote[3], les marins poser tous leurs rames, qui battaient avec bruit les flots. Quel fut mon saisissement lorsque, m'étant tourné pour voir Béatrix, je ne la vis point[4], quoique je fusse près d'elle, et dans le séjour du bonheur éternel !

CHANT XXVI.

Comme je craignais pour ma vue, dont j'avais perdu l'usage, il sortit du sein de la flamme qui m'avait ébloui et aveuglé, une voix qui me rendit attentif; c'était la voix de saint Jean[5], qui me disait : « Jusqu'à ce que ta vue amortie par l'éclat de mes rayons

demeure jusqu'à ce que je vienne, » mais il n'avait pas dit : « Ce disciple ne mourra pas ». Aussi a-t-il place dans le ménologe grec, et saint Chrysostôme fait mention de ses reliques et de son sépulcre. Il lui fut prédit par ces termes obscurs qu'il ne mourrait pas de mort violente. Il s'éteignit en effet de vieillesse à l'âge de 99 ans.

[1] Ce double vêtement, ou les deux robes, due stole, sont l'auréole de chaque âme, et son enveloppe corporelle.

[2] On a vu que les deux âmes qui s'étaient élevées hors de la vue de Dante, pour épargner sa faiblesse, étaient Jésus et Marie. Le texte ne les nomme pas.

[3] Un coup de rame donné mal à propos peut jeter un vaisseau sur un écueil.

[4] Cet éblouissement ne saurait être une peine. Il est la conséquence physique d'une attention trop longue portée sur une lumière trop vive ; ou plutôt, il signifie que l'esprit se trouble en cherchant à approfondir l'Apocalypse.

[5] Saint Jean, qui a paru dans le chant précédent, et qui doit remplir tout celui-ci n'est pas nommé une seule fois. Introduit comme le disciple qui a dormi sur le sein de Jésus-Christ, il n'avait pas besoin d'autre désignation. Ailleurs le poète nomme ses personnages ; mais ce n'est qu'après les avoir fait agir et parler, comme s'il voulait forcer le lecteur à les trouver lui-même, et le rendre ainsi plus attentif.

se ravive, que la parole te dédommage de cette perte. Parle donc, dis où tendent les aspirations de ton âme[1]. Quant à tes yeux, compte qu'il y a seulement défaillance de l'organe et non blessure incurable ; car la Dame qui te guide en ces saints lieux, a pouvoir de te guérir[2]. Son regard a la vertu qu'eut autrefois sur Paul, aveuglé par Dieu même, la main d'Ananias[3]. »

— « Mes yeux, répondis-je, ont reçu dès longtemps sa douce image, et l'ont transmise, avec un amour inextinguible au fond de mon cœur[4]. Qu'il soit fait par elle et pour eux à son heure et selon son bon plaisir. Le bien suprême, qui fait la joie de la cour céleste, voilà ma visée. C'est l'alpha et l'omega[5] du livre, où l'amour me fait lire tantôt couramment, tantôt avec peine[6]. »

Cette même voix, qui m'avait rassuré sur les suites de mon éblouissement, me sollicita de continuer l'entretien. Elle me dit : « Il faut t'expliquer plus clairement, et te laisser passer au

[1] Cette question vient en effet la première dans un examen sur la charité ; car aspirer au souverain bien, c'est déjà l'aimer comme on va le voir.

[2] L'apôtre de la charité apparaissant à Dante comme une flamme soudaine, l'a ébloui de ses splendeurs. Il appartient à Béatrix, en qui l'amour brille sous une forme humaine, de rendre à son amant une perception appropriée à sa nature. Saint Jean et Béatrix ont tous deux leur place, comme purs esprits, dans la rose mystique (Par. 32). — Mais saint Jean y est plus près du foyer de la lumière éternelle. Il se manifeste à Dante au 8e ciel, dans une auréole radieuse, qui n'a rien d'humain, tandis que Béatrix a obtenu de revêtir, pour accompagner notre voyageur, une forme mortelle.

[3] Saul, qui depuis sa conversion prit le nom de Paul, était tombé sur le chemin de Damas, assailli d'éclairs qui l'avaient aveuglé ! Conduit à Damas par ses satellites devenus ses guides, il y fut visité par Ananias qui, par l'ordre du Seigneur, lui rendit la vue et lui conféra le baptême (Actes 9).

[4] Béatrix a existé certainement, et, sur les données seules de ce poème, on n'en saurait douter. (Purg. 30.) Elle n'est donc pas une abstraction métaphysique, un type ou un mythe, comme on l'a prétendu. Il n'est pas moins certain que Dante eut pour cette femme un amour d'une nature exquise et toute spirituelle. Il l'avait idéalisée comme un instrument de salut, un miroir de perfection pour son cœur trop enclin aux voluptés. Cette incarnation du pur amour dans une femme, antérieure peut-être à Dante, a subsisté dans nos romans de chevalerie jusqu'au XVIe siècle où Cervantès la fit périr sous le ridicule. L'austère Alighieri l'avait prise au sérieux, au point de confondre son amour pour Béatrix avec l'amour divin lui-même ; ce qu'il exprime par ces mots : « Son image entra en moi par la porte de mes yeux, et porta dans mon cœur la flamme qui y brûlera toujours ».

[5] *Ego sum alpha et omega, principium et finis (Apoc.).*

[6] La théologie a des parties ardues et d'un accès difficile. Les Saintes Écritures qui sont le fondement de cette science, n'offrent pas toujours un sens clair et à la portée de tous les esprits.

crible. Il faut dire ce qui a dirigé ton arc[1] vers ce but, le Souverain Bien. »

— « L'amour du beau, repartis-je, doit nécessairement entrer dans nos âmes par la double voie de la raison et de l'autorité[2]. En effet le beau se fait aimer comme tel, dès qu'il est compris. Plus il est excellent, plus il inspire d'amour ; et s'il existe une essence de telle nature que le beau soit tout en elle et qu'il ne se rencontre ailleurs que comme un rayon émané de son foyer, c'est vers elle de préférence à toute autre que doit se tourner notre amour, lorsque l'esprit cherchant la vérité, s'est rendu à l'évidence des preuves.

« Or, la vérité s'abaisse jusqu'à moi, grâce au philosophe[3] qui a démontré l'existence d'un premier amour, auteur de toutes les substances éternelles. Elle s'abaisse jusqu'à moi, grâce à l'Éternel, dont la voix s'est fait entendre à Moïse, et qui a dit en parlant de lui-même : « Je te ferai voir tout ce qui est bon[4]. »

« Vous aussi, vous me la rendez sensible par ce début sublime de votre Évangile, qui révèle à la terre les mystères du Ciel, d'une voix sans égale[5]. »

[1] A quoi tends-tu? Au souverain bien. — D'où te vient cette tendance, qui n'est autre chose que l'amour divin ? De la raison et de l'autorité. — Cet amour n'a-t-il pas en toi d'autres mobiles ? A cette 3e question, que saint Jean va lui adresser, pour lui faire avouer ses folles amours, Dante répondra qu'outre les notions métaphysiques, les objets sensibles l'ont porté aussi à aimer Dieu, en rompant les faux attachements de son cœur.

[2] Le poète chrétien reconnait ici les droits de la raison, en exprimant cette belle pensée : « Il ben, in quanto ben, come s'intende, cosi accende amore ». La philosophie est un utile auxiliaire de la religion pour conduire par la voie de la science à l'amour de Dieu.

[3] Dante, suivant son usage, a dû citer d'abord un philosophe de l'antiquité. S'il n'a point nommé Platon, c'est qu'il croyait suffisamment connu le passage du *Banquet* où l'amour est désigné comme le plus ancien des Dieux. « *Ex his omnibus perspicuum esse aio Amorem Deorum antiquissimum augustissimum que esse.* » — Aristote, proposé par Landin, n'a rien d'aussi formel. Quant à croire qu'il s'agisse ici de Denys l'Aréopagite, auteur mystique de livres sur la hiérarchie céleste, cette opinion est évidemment la moins admissible.

[4] La seconde preuve est tirée de l'Ancien Testament. On lit dans l'exode : Le Seigneur dit à Moïse : « Je ferai ce que tu m'as demandé ; car tu as trouvé grâce devant moi ». Moïse dit : « Montrez-moi votre gloire » ; et Dieu répondit : « Je te montrerai tout ce qui est bon. *Ego ostendam tibi omne bonum* ». (Exod. 33.)

[5] Dante cite en 3e lieu le Nouveau Testament, non pas l'Apocalypse, où rien du premier chapitre n'a spécialement trait à l'amour divin, mais plutôt l'évangile de saint Jean, qui commence par célébrer le Verbe, c'est-à-dire la vie et la lumière, la vraie lumière, qui éclaire tout homme venant au monde, la gloire du Verbe, pleine de grâce et de vérité. — Le mystère eucharistique *arcano di qui*, est ici préconisé hautement, *alto preconio*, par l'apôtre qui crie aux

Ayant ainsi parlé, j'ouïs ces mots : « Au nom de la raison humaine, et par l'autorité divine d'accord sur ce point avec elle, réserve à Dieu ton meilleur amour. Mais dis-moi, ne sens-tu pas d'autres cordes qui résonnent dans ton cœur? Et ton amour n'a-t-il d'autres mobiles que la métaphysique et l'autorité des Livres Saints[1] ? Parle, quels aiguillons le stimulent encore » ?

La pieuse intention de l'apôtre était visible[2]. Je compris où l'aigle du Christ[3] voulait en venir et ce qu'il m'amenait à confesser.

Reprenant donc la parole, je dis : « Tout ce qui peut agir sur le cœur et le porter à Dieu, a servi d'aiguillon à ma charité. Mon existence et celle du monde, la passion de Jésus-Christ mort pour m'enfanter à la vie, l'espérance qui anime tout chrétien fidèle, se sont joints à la notion du Souverain Bien, acquise comme je viens de le dire, pour me tirer de la mer orageuse du faux amour[4], pour me jeter dans les eaux vives de la charité. Quant aux Élus, qui sont comme les fleurs dont s'émaille le jardin céleste, je les embrasse aussi de mon amour. Je les aime en raison de la part qu'ils ont au Souverain Bien[5] ».

A peine eus-je fini de parler qu'une mélodie exquise, retentit

nations d'une voix plus forte que toute voix humaine, *sovra ad ogni bando*. Tous les mots de ce passage conviennent à l'évangéliste. Pour l'appliquer au début de l'Apocalypse (car il faut voir ce qu'a dit saint Jean au *début* d'un de ses écrits *incommiciando*), Landin fait remarquer la grande voix ouïe dans l'île de Pathmos, cette voix qui retentit comme la trompette, ou le bruit des grosses eaux. « *Vocem magnam tanquam tubæ ... vox aquarum multarum.* » Mais là n'est pas la pensée du poète florentin, ni le sens de la citation, qu'il faut nécessairement rapporter à l'amour, et qui n'a rien de commun avec les effrayants tableaux de l'Apocalypse.

[1] L'homme, être intelligent et sensible, a besoin d'une religion, qui satisfasse à la fois son esprit et son cœur. Les bienfaits visibles du Créateur et de Jésus-Christ, sauveur du monde, les récompenses d'une autre vie sont pour le chrétien des motifs légitimes d'amour, des motifs admis par la foi catholique. Dieu pour Dieu, abstraction faite de toute considération humaine, est un excès que l'Eglise a condamné sous le nom de mysticisme.

[2] Si les choses de la terre peuvent conduire à l'amour de Dieu, elles sont aussi la matière de nos égarements. La question était délicate pour Dante, qui ne pouvait y répondre sans s'accuser d'avoir aimé les créatures.

[3] L'aigle est l'attribut de saint Jean l'évangéliste, à cause du vol sublime qui distingue cet apôtre des autres écrivains sacrés.

[4] Le voilà fait cet humiliant aveu qu'il lui a tant coûté de faire à Béatrix. (Purg. 31.) « *Tratto m'hanno del mar dell'amor torto.* »

[5] Il aime les Saints, mais à cause et en vue de Dieu. Voilà toutes les sources de la charité découvertes, et consacrées dans la mesure qui convient au serviteur de Jésus-Christ.

par tout le ciel. Ma belle patronne se joignit aux autres Élus pour chanter à haute voix : « Saint ! Saint ! Saint[1] ! »

Comme, lorsqu'une vive lumière vient frapper un homme endormi, ce rayon qui traverse les chambres du ciel, appelle à lui le sens visuel qui s'ébranle et réveille le dormeur; celui-ci ayant à peine conscience de son état de veille, paraît blessé des objets qui s'offrent à ses regards. Il s'en détourne jusqu'à ce que le jugement vienne à son aide; ainsi Béatrix d'un seul trait de ses yeux qui rayonnaient à mille lieues de distance, chassa les vapeurs qui offusquaient ma vue.

Je la recouvrai donc et meilleure que jamais[2], tout ému de ce miracle, et voyant qu'une autre âme s'étant jointe aux trois apôtres étincelait devant nous, je demandai qui elle était.

— « Au sein de cette auréole, me répondit Béatrix, vit heureuse de la vue de Dieu, la première âme qui ait été créée par l'Auteur des choses. »

Comme on voit la cime d'un arbre au large feuillage fléchir sous un coup de vent, et se relever ensuite d'elle-même, par une vertu qui lui est propre; telle fut ma contenance pendant qu'elle parlait. Abattu d'abord et frappé de stupeur à l'apparition d'Adam, je relevai la tête, enhardi par un désir ardent de lui parler.

— « O vous! m'écriai-je, qui seul êtes né à l'âge d'homme, comme un fruit mûr dans sa fleur, tige antique du genre humain, qui[4] ne voyez aujourd'hui que des filles et des brus dans nos épouses[3],

[1] Ainsi commence dans la vision d'Isaïe, le chant des deux séraphins, dont un vint le marquer aux lèvres d'un charbon pris sur l'autel : « *Sanctus! sanctus! sanctus! dominus Deus Sabaoth! Plena est omnis terra gloria ejus.* »

[2] Cette comparaison fait entendre que Dante rouvre les yeux avec peine, et qu'il est blessé des premiers objets qui s'offrent à lui. Cependant sa vue est meilleure qu'auparavant. Il n'y a rien là de contradictoire pour ceux qui ont observé l'effet du retour à la lumière sur les yeux qui en ont été momentanément privés. Il en serait de même d'un aigle qu'on rendrait à la clarté du soleil, après l'avoir tenu quelque temps dans un lieu obscur.

[3] Adam, ayant reçu de son Créateur, avec la vie, une règle de conduite, avait sa place marquée au 8e ciel parmi les semeurs de la parole divine. L'ancienne loi transmise par les Patriarches et rétablie par Moïse, a eu pour premier dépositaire le père des hommes, qui l'a léguée à toute sa race.

[4] Toute femme est à la fois la fille et la bru d'Adam, double qualité qui ne peut exister dans la même personne que par rapport à l'auteur du genre humain. Il est tout à fait dans le génie subtil de Dante, de saisir ces aperçus singuliers.

de grâce parlez, je vous en supplie à mains jointes. Je ne vous exprime pas mon désir, impatient que je suis de vous entendre. »

Quelquefois on voit un mâtin s'agiter sous la housse qui le couvre, et l'on peut juger de la joie qui l'affecte aux mouvements du tissu qui l'enveloppe[1]; ainsi l'âme du premier homme témoignait à mes yeux, par le resplendissement de son auréole, qu'il lui était agréable de condescendre à mon vœu.

De son foyer de lumière sortirent ces paroles: « Sans que tu me le dises, je vois ce que tu désires; et j'en suis plus sûr que tu n'es assuré de ce qui t'apparaît avec le plus d'évidence, car je lis ta pensée dans le miroir de la vérité[2]. Je la trouve en Celui qui contient toutes choses dans son sein, et que nulle chose ne saurait contenir.

« Tu veux savoir quand j'ai été placé par Dieu dans ce jardin[3], d'où, préparé par ta sainte compagne, tu t'es élancé si haut. Tu demandes encore combien de temps j'ai joui de ce lieu de délices; quelle fut la vraie cause de la colère qui m'a châtié si rudement, et enfin quelle langue je m'étais faite, quel idiome j'y parlais[4].

« Sache mon fils, que ce n'est pas d'avoir goûté la pomme, mais bien d'avoir transgressé la défense, que j'ai été puni par un si long exil[5]. Dans les Limbes, où ta sainte patronne est allée prendre

[1] Ces flammes sensibles où se manifestent les Elus, n'ont pas figure humaine. Il est difficile de trouver à ce phénomène un objet de comparaison. L'exemple du chien couvert tout entier d'une housse, dont les mouvements suivent ceux de l'animal et décèlent sa joie par ses agitations, est, quoique vulgaire, frappante de justesse et de vérité.

[2] Le poète a déjà dit plusieurs fois que les Saints connaissent les pensées des hommes, parce qu'ils les lisent dans le sein de Dieu comme dans un miroir, où tous les mouvements de l'âme se réfléchissent.

[3] On se rappelle que le paradis terrestre, sis au sommet de la montagne du Purgatoire, le même où fut placé le premier homme, a offert Béatrix à Dante, pour remplacer Virgile son guide qui venait de le quitter (Purg. 30).

[4] Quand Adam a-t-il été créé ? Quand et pourquoi fut-il chassé du paradis terrestre ? Quelle langue parlait-il ? Ces questions ne sont pas toutes résolues par les livres saints. Dante s'aidera pour les résoudre de traditions qui n'ont rien d'authentique.

[5] Il n'y a point de mal à manger une pomme, mais il est mal de désobéir à Dieu. — C'était-là, dit-on, une défense arbitraire. Le poète aurait pu combattre cette objection en disant qu'Adam avait péché, en puisant au fruit défendu la connaissance du bien et mal ; mais il aurait ainsi reconnu que ce fruit était mauvais en soi, et que la pomme recélait un poison funeste. Sa doctrine est au contraire que la déchéance d'Adam n'est pas l'effet physique d'un aliment pernicieux, mais le châtiment moral d'une désobéissance. Est-il permis d'ajouter qu'Adam, ne pouvant faire ni recevoir de mal dans un lieu où tout autour de lui avait été créé bon, ne pouvait être éprouvé que par une défense arbitraire, émanée de la pure volonté de son Créateur ?

Virgile, j'ai attendu mon passage au séjour des Bienheureux[1], jusqu'à ce que le soleil eut achevé quatre mille trois cent deux fois son tour[2] ; et avant que j'y fusse descendu, j'avais vu déjà, sur la terre, ce même astre visiter neuf cent trente fois[3] les palais qui marquent sa route brillante. Avant que la race de Nemrod eût entrepris la tour de Babel[4], œuvre inexécutable, la langue dont je m'étais servi avait péri entièrement[5]. C'est que, par le fait de l'homme, aussi changeant dans sa volonté que les astres dans leur cours, jamais rien de ce que la raison produit ne fut durable. L'homme est né pour parler ; mais qu'il parle de telle ou telle manière, il n'importe à la nature, qui le laisse maître de faire comme il lui plaît. Avant que je n'eusse touché les sombres bords, *un* était le nom sacré du Souverain Bien, qui m'enveloppe et me réjouit ici de ses rayons.

[1] L'âme du premier homme était celle que Jésus-Christ, le nouvel Adam, dut tirer d'abord de l'Enfer, lorsqu'il y est descendu. Dante a fait allusion à cette descente au 12e chant de l'Enfer.

[2] La chronique d'Eusèbe fixe l'âge du monde à 5232 ans à la mort de Jésus-Christ. Donc Adam étant mort suivant la Genèse à 930 ans, il a dû passer 4302 ans dans les Limbes d'où il fut tiré par le Sauveur, dans l'intervalle de sa mort à sa résurrection. Sur cette donnée, le calcul du poète est parfaitement juste. Mais les chronologues sont loin d'être d'accord sur la base de ce calcul. Sans disputer davantage, dit Bossuet (Hist. univ.), sur l'année de la naissance de Jésus-Christ, il suffit que nous sachions qu'elle est arrivée environ l'an 4000 du monde. On voit que la différence n'est guère moindre de 1200 ans.

[3] *Et factum est omne tempus quod vixit Adam anni nonagenti triginta et mortuus est.* (Genèse 5.)

[4] Suivant certains commentateurs, ce fut Nemrod lui-même qui entreprit de bâtir la tour de Babel. Mais la Genèse qui se borne à donner pour assiette à ce grand ouvrage la plaine de Sennaar, n'autorise point cette opinion. Babylone était située dans la plaine de Sennaar, et Nemrod, petit-fils de Cham, est désigné par la Bible comme fondateur de Babylone.— « *Fuit autem principium regni ejus Babylon, in terra Sennaar.* » (Gen. 10.) C'est donc à son peuple *la gente di Nembrotte* que Dante rapporte ici avec raison l'entreprise de la tour de Babel ; mais il avait dit ailleurs que l'impie entreprise de Nemrod avait perdu au monde sa précieuse unité de langage.

Questi è Nembrotto, per lo cui mal cotto
Pure un linguaggio nel mondo non susa. (Inf. 31.)

Nembrod ou Nemrod était fils de Chus, fils de Cham ; il commença à être puissant sur la terre, et fut un robuste chasseur devant le Seigneur. (Genèse 10.)

[5] Ainsi, il ne restait rien de la langue primitive d'Adam, à l'époque où fut bâtie la tour de Babel. Mais cette langue lui avait-elle été donnée toute faite par Dieu, comme l'a soutenu M. de Bonald ? Dante ne le pense pas. Il la regarde comme une invention purement humaine, comme l'œuvre personnelle d'Adam. « *L'idioma ch' usai e ch' io feci.* »

Il s'appela ensuite Eli[1], et cela devait être. Les usages des mortels sont comme les feuilles des arbres[2]. Les unes tombent et d'autres naissent à leur place sur le même rameau.

« Quant à la durée de mon bonheur dans l'Eden, sache que cette montagne, la plus élevée de toutes au-dessus du niveau de la mer, m'a vu, après six heures d'innocence[3] devenir coupable, au moment où, dans sa révolution diurne, le soleil passe du premier quart de cercle au second. »

CHANT XXVII.

« Gloire au Père ! Gloire au Fils et au Saint-Esprit ![4] » Ce chant d'allégresse retentit alors dans tout le Paradis, et sa mélodie me plongeant dans une sainte ivresse, pendant que l'univers semblait me sourire, j'étais ravi à la fois de ce que je voyais et de ce que j'entendais.

[1] Le nom du Très-Haut lui-même est soumis aux variations du langage. *Un* est bien différent d'*Eli*, qui était encore le nom de Dieu, chez les Juifs, lorsque Jésus-Christ s'écriait du haut de sa croix : *Eli, Eli, lamma sabacthani.* (Math. 27, 46.)

Dans quelques textes, on lit *el* au lieu du mot *un* qui, par sa différence même avec Eli, me paraît une leçon préférable.

[2] Souvenir classique :

Ut sylvœ foliis pronos mutantur in annos,
Prima cadunt, ita verborum interit ætas. (Horace, ars poetic.)

[3] Des questions faites à Adam, qui n'y a pas répondu dans l'ordre où elles lui ont été posées, voici la dernière : Combien de temps est-il demeuré dans le paradis terrestre ? Le poète n'a fait cette question curieuse, non résolue par la Bible, que parce qu'il l'a trouvée dans un auteur scolastique, du 12e siècle, Pierre Comestor. Sur sa foi donc, on pourra dire, sans être tenu de le croire, qu'Adam n'est resté que six heures dans l'Eden ; fait humiliant pour la nature humaine qui, même avant sa déchéance, fut si prompte à faillir. Dante ajoute, sur je ne sais quel fondement, un détail d'où il résulterait que l'homme a été créé au lever du soleil, créé lui-même deux jours auparavant. L'homme a été fait le 6e jour. Le soleil l'avait été le 4e.

Je viens de nommer Comestor. L'inscription gravée sur son tombeau dans l'église de Saint-Victor, est si belle, qu'on me saura gré de la transcrire ici :

Petrus eram quem petra tegit, dictus que Comestor,
Nunc comedor. Vivus docui, nec cesso docere
Mortuus, ut dicat qui me videt incineratum :
Quod sumus iste fuit ; erimus quandoque quod hic est.

[4] Du haut du 8e ciel, où Dante se trouve encore, sa vue, avivée après la courte éclipse qu'elle avait subie, embrassait les sept sphères et le globe terrestre. L'univers se montre à lui avec ses merveilles.

34

O bonheur! ô joies inénarrables! O vie toute d'amour et de paix! O trésor assuré, dont la jouissance ne laisse point de place au désir.

Les quatre âmes rayonnantes[1] scintillaient devant nous. Il me sembla que celle de Pierre, qui m'était apparue d'abord, acquérait plus d'éclat, et qu'elle changeait d'aspect, comme si Jupiter[2] eût emprunté les feux de la planète de Mars.

Le chœur des Bienheureux, dont les mouvements sont réglés par la divine Providence, avait cessé de chanter, et le silence régnait de toutes parts, lorsque j'ouïs ces paroles, et reconnus la voix de saint Pierre : « Ne t'étonne pas de me voir changer de couleur, car ce que je vais te dire fera rougir aussi d'indignation toute la sainte milice. Le Pontife[3], qui usurpe mon siége sur la terre, oui mon siége[4], le siége de l'Eglise, aujourd'hui vacant devant Dieu[5], l'indigne Boniface a fait de Rome, glorieux champ de mon martyre[6], un cloaque de sang et d'ordures où l'esprit du mal, chassé des cieux, se console de sa chute. »

[1] Pierre, Jacques et Jean, auxquels Adam vint se joindre.

[2] Le poète se sert ici d'une comparaison bizarre et intraduisible : « Saint Pierre devint, en changeant d'aspect, ce que deviendrait Jupiter, s'il était avec Mars, transformé en oiseaux, qui échangeassent leurs plumage. »

La planète de Mars est remarquable par sa couleur rouge qui la distingue de Jupiter.

[3] C'est bien de Boniface VIII qu'il veut parler, quoique il ne le nomme pas. Mais il l'a damné par son nom, au 19e chant de l'Enfer, où il montre ce pape, enfoncé, la tête en bas, dans une gaîne de pierre. *Se' tu gia costi ritto, Bonifazio?* — En 1300, époque assignée par Dante à son voyage dans l'autre monde, Boniface, ennemi acharné des Gibelins, occupait le Saint-Siége. Il mourut en 1393; Benoit XI, son successeur, ne gouverna l'Eglise que pendant un an. Clément V et Jean XXII, qui viennent après, ne résident point à Rome. A eux ne s'applique donc pas le reproche d'avoir fait de Rome, *del cimeterio meo*, un cloaque de sang et d'ordures; mais ils seront stigmatisés tout à l'heure d'une manière non équivoque. — Boniface VIII avait secondé l'entrée de Charles de Valois à Florence et le triomphe du parti des Noirs, auquel Dante avait dû son exil.

[4] Cette répétition, plus marquée encore dans le texte, « *ch'usurpa in terra il luogo mio, il luogo mio, il luogo mio* », peint vivement l'indignation de saint Pierre.

[5] Dante ne conteste pas ici l'élection de Boniface, en arguant de nullité l'abdication de Célestin V. Le Saint-Siége a été vacant, dit-il, aux yeux de Dieu.

[6] Le martyre de saint Pierre, qui suivant la tradition fut mis en croix et mourut à Rome sous l'empereur Néron, s'appuie sur ce passage de l'Evangile : « Quand vous serez vieux, vous étendrez vos bras, et un autre vous ceindra. » Jésus-Christ lui fit connaître par là de quelle mort il devait glorifier Dieu. (Jean. 21-28.)

Je vis alors une teinte pourpre[1] semblable à celle dont s'enflamme quelquefois, au lever et à la fin du jour, un nuage opposé au soleil, se répandre à travers le 8e ciel; et telle qu'une femme vertueuse, qui, forte de son honneur et sûre d'elle-même, rougit néanmoins au récit de la faute d'une autre, Béatrix aussi changea de visage, comme on vit s'altérer la face des cieux, à ce moment suprême où le Maître de l'univers expira sur la croix. Puis, aussi différent de lui-même de ton[2] que de visage, saint Pierre fit entendre ces paroles : « Nous n'avons pas sans doute, moi, ni mes successeurs Lin et Clet[3], de glorieuse mémoire, soutenu l'Epouse de Jésus-Christ au prix de notre sang, pour qu'elle servît d'instrument à votre avarice. C'est pour d'autres biens que l'or et l'argent, c'est pour conquérir la vie éternelle, qu'ont coulé les pleurs et le sang d'un Sixte, d'un Pie, d'un Calixte et d'un Urbain[4]. Etait-ce donc pour qu'après eux, le Père commun des Fidèles fît des distinctions injustes[5], et plaçât les uns à sa droite, les autres à sa gauche, comme un troupeau divisé? Etait-ce pour que les clés qui m'ont été remises, servissent d'enseigne, sur nos saintes bannières[6] à des chrétiens combattant contre des chrétiens? Etait-ce pour que mon effigie servît à sceller[7] de faux privilèges et des concessions vénales, dont l'abus me fait souvent rougir et m'enflamme de honte?

« Des loups ravissants ont, sous l'habit du berger[8], fait

[1] La sainte colère de saint Pierre l'a fait rougir, et avec lui rougit tout ce qui l'entoure, les étoiles fixes, et Béatrix animées d'une égale indignation.

[2] Sa voix grave et douce est devenue tonnante.

[3] Lin et Clet, premiers successeurs de saint Pierre. L'un fut décapité sous Vespasien et Clet subit le martyre dans la persécution que Domitien fit subir à l'Église en l'an 91.

[4] De ces trois papes, 9e, 15e et 16e successeurs de saint Pierre, Pie souffrit le martyre en l'année 165, sous Marc-Aurèle, Calixte en 219 sous Héliogabale, et Urbain en 231, sous Alexandre Sévère.

[5] Les Guelfes et les Gibelins, tous enfants de l'Église, sont traités bien différemment par les vicaires de Jésus-Christ, qui mettent les Gibelins à leur gauche comme des réprouvés. « *Et statuet oves quidem dextris suis, hœdos autem a sinistris.* » (Math. 25-33.)

[6] Les Guelfes qui soutinrent les papes en Italie, dans la longue querelle de l'empire et du sacerdoce, portaient sur leurs bannières les deux clés, comme on a vu en France la double croix distinguer les soldats de la sainte Église, au temps de la ligue.

[7] Allusion aux bulles données sous l'anneau du pêcheur où est gravée la tête de saint Pierre.

[8] « *Veniunt ad vos in vestimentis ovium, intrinsecùs autem sunt lupi voraces.* » (Math. 7-15.) Esope a une fable du loup qui s'est revêtu de la peau de la brebis. La Fontaine le montre déguisé en berger. On voit dans Milton que des renards feront office de docteurs. « *Wolves shall succeed for teachers.* » (Par lost. 13-509.) C'est la même pensée sous des formes diverses.

irruption dans mes pâturages. Dieu sauveur ! Tu le vois, et ton bras se repose[1]. Au nom du prêtre de Cahors et du prélat de Gascogne[2], des meutes furieuses s'apprêtent à boire notre sang. Oh ! quelle chute ! Quelle fin misérable, après de si beaux commencements !

« Mais cette même Providence, qui fit naître Scipion à Rome, pour la gloire du monde, lui viendra bientôt en aide[3]. Mon âme le pressent et y compte. Et toi, mon fils, à qui je le dis hautement, redis-le sans crainte. Ne cache point l'avenir aux hommes, quand tu seras rendu au séjour terrestre ».

Comme on voit la neige tomber par flocons à travers les airs, dans la saison où se fait au firmament la rencontre du Capricorne avec le Soleil[4] ; ainsi je vis s'élever dans les plaines de l'éther, embelli de leur éclat, les âmes radieuses, qui s'étaient arrêtées auprès de nous. Mes yeux suivaient ces vapeurs brillantes, et ils

[1] *Exurge; quarè obdormis domine.* (Ps. 43-23.)

[2] Saint Pierre prévoit et annonce les maux que feront à l'Église les papes Clément X et Jean XXII. Dante emploie ce moyen, qui lui est ordinaire, pour mentionner des événements qui n'étaient pas encore arrivés à l'époque où il place la scène de son drame (1300). Les hommes de Cahors et de Gascogne, *Caorsini e Guaschi,* représentent bien certainement l'entourage des deux papes qu'on vient de nommer; car Clément X, élevé au trône pontifical en 1305, par l'influence de Philippe le Bel, était français, issu d'une ancienne famille de Gascogne, et avait été archevêque de Bordeaux. Quant à Jean XXII, il était fils d'un cordonnier de Cahors, et il s'éleva aux plus hautes dignités de l'Église, après avoir été chancelier de Charles III, roi de Naples. Les cardinaux, réunis à Lyon pour l'élection d'un pape n'ayant pu y parvenir, s'en remirent au choix de l'un d'entre eux, qui se proclama lui-même. « *Ego sum papa.* » (1316.) C'était le cardinal d'Ossa, qui prit le nom de Jean XXII.

Ce pape, après la mort de Dante, condamna pour hérésie, son livre de *monarchia,* fait pour établir que le pouvoir des empereurs ne dépend pas du pape, dans les choses temporelles.

[3] Dante compte encore en ce moment sur Henri VII, comme il y comptait, lorsqu'il écrivait le 33e chant du Purgatoire. L'issue malheureuse de l'expédition de cet empereur, ruina bientôt après les espérances du parti gibelin, qui annonce ici par la bouche du poète sa prochaine délivrance. Aussi va-t-il tout à l'heure changer de langage (Par. 30), et dire de ce même Henri, qu'il est venu trop tôt réformer l'Italie mal disposée encore. Il est évident qu'alors Henri VII avait échoué dans son entreprise, et qu'il était mort, 1313. Si Dante marque la place qui lui est destinée dans l'Empyrée, c'est que son voyage est censé fait en 1300, comme il faut toujours se le rappeler.

On est amené à conclure de là que le 27e chant du Paradis a été écrit peu de temps avant l'année 1313, et que le 30e chant lui est postérieur.

[4] Au solstice d'hiver, le soleil se lève dans le Capricorne.

ne cessèrent de s'y attacher que lorsque la distance leur eut défendu d'aller plus loin [1].

Alors Béatrix, voyant que ma poursuite n'avait plus d'objet, me dit : « Baisse la tête, et vois quel trajet tu as parcouru. » Je reconnus que, depuis l'heure [2] où j'avais pour la première fois regardé sous mes pieds, j'avais franchi tout un quart de la sphère, c'est-à-dire un arc de cercle pris sur la zone du premier climat depuis son milieu jusqu'à son extrémité. Je découvrais d'un côté, par de là Cadix, les parages dangereux où se perdit le téméraire Ulysse [3], et de l'autre côté le rivage où fut déposée la jeune Europe [4].

[1] Les trois apôtres et Adam remontent à l'Empyrée où ils occupent les plus hauts sièges. Comme semeurs de la divine parole, ils apparaissent aussi dans le 8e ciel, à la façon des autres élus, qui *se montrent* dans les sphères, *qui si mostraron*, (Par. 4) quoique leur séjour propre, leur domicile réel, soit dans l'Empyrée.

[2] Dante a quitté à midi la montagne du Purgatoire, antipode de Jérusalem. *Teneva' l sole il cerchio di meriggi.* (Purg. 33.) Il doit, après avoir visité les sphères et fait le tour du ciel en 24 heures se retrouver au même point, c'est-à-dire au zénith du paradis terrestre, qui répond à l'Empyrée. Il n'a fait encore que les trois quarts de son tour. Il venait d'entrer dans les Gémeaux, et se trouvait au-dessus de Jérusalem, à moitié de sa route. Tournant avec les Gémeaux, où il est encore en ce moment, il s'arrête de nouveau pour reconnaître sa position. Quel chemin a-t-il fait entre ces deux haltes ? Il a achevé en six heures le troisième quart de la sphère céleste, c'est ce que veulent dire ces mots du poète : « Je vis que j'avais parcouru un arc de cercle pris sur la zone du premier climat, jusqu'à son extrémité, *per tutto l'arco, che fa dal mezzo al fine il primo clima.* » Cet arc est environ de 90 degrés, car le premier climat était une zone passant à Syène en Egypte, où le plus long jour de l'année est de 13 heures. Du milieu à la fin de cet arc, il y a donc six heures et demie, environ 90 degrés.

On pourrait induire de là qu'il est six heures dans notre hémisphère, ou que le jour commence sur l'autre partie du globe. Mais qu'importe maintenant au pieux pèlerin ! Il s'est élevé à des hauteurs, où il n'y a plus pour lui ni soir ni matin, ni défaillance de la lumière, au milieu des clartés qui l'environnent. Il est bon d'ailleurs de noter, contrairement à ce que j'ai avancé ailleurs, que la durée du temps, marquée avec moins de précision dans le Paradis que dans l'Enfer et le Purgatoire, y est toujours appréciable. Dante part ici de l'heure, *dall'ora*, où il a reconnu d'en haut les sept planètes. Il tourne avec les Gémeaux « *Volgendo io con eterni gemelli* » (Purg. 22), et il suit le cours des astres ; ce qui donne un moyen de mesurer le temps de son voyage dans les cieux et a fait dire à Venturi, non sans vraisemblance, que son voyage était de 24 heures.

[3] (V. Enfer 26). — Platon, avant Dante, avait fait mention d'une grande île, sise autrefois dans l'Océan Atlantique, au-delà des colonnes d'Hercule.

[4] La Phénicie, région à l'est de Cadix, au point opposé de l'horizon. Europe, fille d'Agenor, roi de Phénicie, fut enlevée par Jupiter, changé en taureau, qui traversa à la nage la mer de Crète, et la porta sur son dos dans cette partie du monde qui lui doit son nom.

Ma vue dirigée sur ce coin de l'univers, en eût embrassé davantage[1] ; mais le soleil, alors dans le Bélier, avait un signe et plus sur moi, qui me trouvais dans les Gémeaux. Cependant, toujours épris d'amour, et tout à la dame de mes pensées, j'étais plus désireux que jamais de reporter mes yeux sur elle.

Jamais la nature dans ses créations pleines de vie, jamais l'art dans ses magiques tableaux, n'ont eu, pour s'ouvrir par les yeux le chemin du cœur, des amorces comparables toutes ensemble au charme divin dont je fus possédé, quand je revis la riante figure de Béatrix. Son regard[2] eut la vertu de m'arracher à la constellation des fils de Léda[3], et je fus emporté jusqu'à la 9e sphère[4], la plus rapide de toutes, jusqu'à ces hautes régions, qui resplendissent de la lumière la plus vive, et offrent partout un aspect si uniforme que je ne saurais dire par où j'abordai ce lieu.

Elle, qui lisait dans mon âme, prévint mes questions, et me dit avec un sourire où brillait la joie, où transpirait Dieu même : « Ici commence comme à son point de départ, le mouvement primordial[5] qui fait tourner toutes les sphères, sauf le globe terrestre placé au centre et maintenu en repos[6]. Le 9e ciel nage dans l'abîme de la Suprême Intelligence, où s'allume l'amour qui le met en mouvement, d'où émane la vertu qu'il répand au-dessous de lui. Entouré d'un cercle immense de lumière et d'amour, il embrasse à son tour les autres orbes de l'univers ; mais il est circonscrit lui-

[1] Du haut de la 8e sphère, Dante pouvait toujours suivre les effets du soleil sur la terre, autour de laquelle cet astre était censé tourner. Dans les Gémeaux, où il se trouvait alors, le soleil, en avant de lui de plus d'un degré, puisqu'il était dans le Bélier, lui paraissait retirer sa lumière des régions orientales, et la porter au-delà des bornes du couchant, vers Cadix.

[2] Notons ce nouveau moyen de transport, ou plutôt ce nouveau mobile, un regard de Béatrix (Par. 22, note 18).

[3] Castor et Pollux, sortis du même œuf, fils de Léda, qui les avait eus de Jupiter, transformé en cygne, furent changés en astres, et formèrent la constellation des Gémeaux.

[4] Cette 9e sphère qui touche à l'Empyrée, a pour nom, dans le système de Ptolomée, le Premier Mobile. Il n'y a là que lumière et force motrice, rien qui puisse faire reconnaître le lieu par où Dante y est entré.

[5] La première impulsion part de la 9e sphère, qui elle-même reçoit sa vertu motrice de Dieu.

[6] Ce mouvement de rotation, imprimé aux astres : « *quieta il mezzo* » implique l'immobilité du centre. Or, la terre, jusqu'à Copernic, avait été regardée comme le point central de l'univers.

même, et Dieu seul, qui l'enserre, le connaît et le comprend ; n'ayant rien hors de lui, qui lui serve de mesure, il mesure tous les autres mouvements, qui sont avec lui dans de certains rapports, comme deux et cinq sont en rapport avec le nombre dix[1].

« C'est donc à lui, comme tu peux à présent le concevoir, que remonte la grande chaîne du temps, du temps qui est comme un arbre ayant ses racines dans le 9e ciel, et ses branches dans les sphères inférieures. — Avide convoitise[2] ! tes eaux montent si vite par dessus la tête des mortels, qu'à peine aucun de ceux qu'elles couvrent peut-il s'en dégager. La vie humaine est belle dans sa fleur ; mais elle est bientôt assaillie de pluies incessantes qui gâtent ses fruits[3].

« La bonne foi et l'innocence ne se trouvent plus que chez les enfants. Encore s'envolent-elles avant que le premier duvet de la jeunesse ait ombragé leurs joues. Tel jeûne, à l'âge où il bégaie encore, qui, dès que sa langue est déliée, mange en tout temps des aliments de toute nature, sans égard au commandement. Tel aime et écoute sa mère, à l'âge où il bégaie encore, qui, lorsqu'il sait parler, souhaite la mort de celle dont il tient la vie[4] ; et voilà comment l'espèce humaine si pure et si brillante d'abord s'obscurcit et se dégrade sous le soleil qui fait succéder le soir au matin, les ténèbres à la lumière[5].

« Ces effets, si étranges qu'ils soient, ne t'étonneront pas, si tu considères que le monde n'a point de chef. Il manque de guide, et de là vient que la grande famille humaine se fourvoie ; mais, avant que Janvier, sans cesse avancé par votre fausse supputation

[1] Les objets finis ont entre eux des rapports qui peuvent être déterminés par le calcul. Mais entre le fini et l'infini, entre le Premier Mobile et la cause première du mouvement, aucune comparaison de quantité ne saurait s'établir.

[2] Il appartenait à saint Pierre d'éclater contre les simonies de Boniface VIII, son indigne successeur. Béatrix, à son tour, montre les effets du mal signalé par le prince des apôtres, la corruption, s'étendant de proche en proche, et gagnant toute la chrétienté, qui manque de chef. La vive apostrophe qui termine ce chant, n'est donc pas un hors-d'œuvre.

[3] Il y a dans le texte : les prunes sont devenus des fruits mal noués et sans saveur : *borrachioni*.

[4] *Filius ante diem patrios inquirit in annos.* (Ovid. Mét. L. 1-4.)

[5] Cela est dit au propre dans le texte : « La peau de l'homme, blanche d'abord, noircit plus tard sous le hâle du soleil. » Encore n'est-ce point là la traduction littérale. Le poète personnifie l'espèce humaine, qu'il appelle la fille du soleil : « *la bella figlia di quei ch' apporta mane, e lascia sera* ».

de l'année solaire, soit tout à fait hors de l'hiver[1], la fortune aura changé enfin la face des choses. On verra les poupes où sont aujourd'hui les proues[2], et la flotte cinglera droit au port. Alors on verra le vrai fruit après la fleur[3] ».

CHANT XXVIII.

Ma sainte patronne, vrai paradis de mon âme, dévoilait ainsi la condition présente[4] de l'humanité, mettant à nu sa misère et ses vices ; et je la regardai ; et il m'arriva ce qu'éprouve un homme qui voit dans un miroir, avant d'avoir aperçu l'objet lui-même, ou même d'y avoir songé, la flamme d'une torche allumée derrière lui[5]. Surpris, il se retourne pour voir si le cristal dit vrai, et il reconnaît que l'image et le corps lui-même sont en parfaite

[1] Avant la réforme du calendrier par Jules César, l'année civile n'étant que de 365 jours, avançait sur l'année solaire, qui est de 365 jours 6 heures et 11 minutes. Ces onze minutes ayant été négligées dans la computation julienne, l'institution des années bissextiles ne fut qu'un remède imparfait. L'année civile avançait toujours, en sorte qu'à la fin du 16e siècle, la différence était de dix jours. Ce défaut de concordance était déjà sensible trois siècles auparavant, et Dante pouvait prévoir que, Janvier étant de son temps en avance sur le temps vrai, un jour viendrait, si on laissait subsister la cause d'erreur, où ce mois serait tout entier hors de l'hiver, par une fausse indication de l'almanach. — Mais avait-il calculé qu'il faudrait, pour le faire avancer d'un mois seulement, un laps de près de 4000 ans ? Contre son usage, sa prédiction n'est pas à courte échéance. Il faut l'entendre comme s'il eût dit : avant mille ans d'ici vous verrez des prodiges. — Au reste, il a été remédié au mal par le pape Grégoire XIII, en 1582. Il y avait alors dix jours à retrancher ; il fut ordonné par sa bulle, que le 5 octobre suivant serait compté pour le 15, et qu'à l'avenir trois bissextes seraient omis dans le cours de 400 ans. En conséquence, les années 1700 et 1800 ne furent pas bissextiles ; l'année 1900 ne le sera pas non plus. L'an 2000 le sera, et ainsi de suite dans chaque période de quatre siècles.

[2] Les hommes suivront une direction opposée, tendant au bien après avoir marché dans la voie du mal.

[3] On ne peut guère admettre qu'une prédiction faite à terme aussi incertain s'applique à l'Empereur Henri VII, ou à Can-le-Grand, princes contemporains de Dante.

[4] A la fin du chant précédent, le poète a durement accusé, par la voix de Béatrix, la corruption de son siècle.

[5] La flamme vue dans le miroir, c'est-à-dire le Dieu vivant, le premier principe, réfléchi dans les yeux de Béatrix.

concordance, comme dans un chant la note s'accorde avec les paroles[1].

Je me souviens qu'il en fut de même pour moi, lorsque je levai les yeux sur les beaux yeux où l'amour forgea les rêts qui m'ont retenu captif. Ce qui s'y reflétait me fit tourner la vue et elle rencontra, dans ce grand livre ouvert devant moi[2], des objets qu'un regard pénétrant ne saurait manquer d'y découvrir.

Je vis un point d'où rayonnait une lumière si perçante, que nul ne pourrait la regarder en face sans être ébloui et forcé de baisser la tête. Ce point était d'une ténuité extrême[3]. Si, comme on compare les étoiles entre elles, la plus petite des nôtres lui était comparée, elle paraîtrait une lune au prix de lui.

Autour de ce point, et aussi près de lui que l'est du soleil le cercle de vapeurs qui l'entoure, condensé en épais nuage[4], un cercle de feu[5] se mouvait avec une telle vitesse, que le Premier Mobile lui-même, le plus rapide des mouvements qui s'exécutent autour de l'univers, ne peut s'égaler à lui.

D'autres cercles concentriques entouraient celui-ci de plusieurs ceintures. J'en comptai six qui s'élargissaient de plus en plus ; et déjà le septième avait un tel développement que l'écharpe d'Iris[6],

[1] Dans un chant bien exécuté, la note tombe avec la mesure, comme elle s'accorde avec les paroles. Le texte admet ces deux sens : « *come nota con suo metro.* » Mais la concordance des notes et des mots, visible à l'œil, est peut-être aussi plus sensible à l'oreille. On doit penser qu'il s'agit ici du mètre poétique.

[2] L'Empyrée, contigu au Premier Mobile (9e ciel), où Dante se trouve en ce moment, contient les chœurs angéliques, et touche au foyer de la lumière incréée ; c'est bien le livre, *volumen*, qui s'ouvre devant le Dante, c'est-à-dire l'objet lui-même, après son image, qu'il a vue dans les yeux de Béatrix. Ces yeux présentés tout à l'heure comme un *miroir* ne sont pas devenus un livre, comme l'a cru à tort Venturi.

[3] Ce point s'agrandira et deviendra pour Dante un océan de lumière (Ch. 33). Sa ténuité montre à la fois, son éloignement, l'intensité de ses feux et la simplicité du premier principe. La grandeur de Dieu se révèle dans les infiniment petits.

[4] Les rayons du soleil ou de la lune, la *luce*, produisent quelquefois, en se réfractant dans les vapeurs qui les environnent, un cercle qui se dessine autour de leur disque, et qui paraît y adhérer.

[5] Le cercle des Séraphins. On va voir neuf cercles angéliques répondant aux neuf sphères.

[6] Hypothèse poétique. Iris ne peut se produire à nous que sous la forme d'un arc de cercle. Les couleurs de l'arc-en-ciel proviennent de la réfraction des rayons solaires dans des gouttes d'eau ; mais sa figure dépend de l'espace où tombent dans le ciel ces mêmes rayons. Or le soleil, à quelque heure du jour que ce soit, et si obliquement qu'il frappe la terre, lui envoie toujours directement plus ou moins de faisceaux lumineux ; ce qui empêche son disque de se reproduire entièrement sur la voûte céleste.

déployée tout entière, n'aurait pas suffi pour le contenir. Que dirai-je donc du huitième et du neuvième ? Chacun d'eux me semblait se mouvoir avec d'autant plus de lenteur [1] qu'il s'éloignait davantage du point central, et leurs flammes étaient d'autant plus pures qu'elles étaient plus rapprochées de la divine étincelle, sans doute parce qu'elles touchaient de plus près à la vérité même.

Ma sainte maîtresse me voyant pensif et fortement préoccupé, me dit : « Tu vois ce point ; le ciel et la nature entière en dépendent [2]. Regarde ce premier cercle qui lui est si voisin, et sache que sa rotation si rapide lui est imprimée par l'amour dont les feux l'embrasent [3] ».

— « Si le monde, lui répondis-je, m'offrait partout l'ordre que je vois présider à ces mouvements, ma raison serait ici satisfaite, et je n'aurais point à m'enquérir. Mais d'autres lois régissent le monde matériel ; car les sphères y paraissent d'autant plus empreintes de la vertu divine [4], qu'elles sont plus hautes et plus

[1] A l'inverse du mouvement des sphères, comparé ailleurs par Dante à une roue, dont les parties, faisant leur tour dans le même temps, se meuvent d'autant plus vite qu'elles sont plus éloignées de l'essieu. — Dante, suivant le système de Ptolomée, regardait la terre comme l'axe de l'univers ; mais il est reconnu aujourd'hui que les planètes font leurs révolutions dans des temps proportionnels à leur distance du soleil.

[2] On trouve dans Aristote, tant vanté par Dante, « *il maestro di color che sanno* » (Enfer 4.) cette idée exprimée dans les mêmes termes : « *Ex tali igitur principio dependent cœlum et terra.* » (Métaph. L. 12.)

[3] On va voir que ce premier cercle, le chœur des Séraphins, répond à la 9e sphère, ou Premier Mobile qui devrait, par cette raison, ce semble, et conformément au plan jusqu'ici adopté, être le séjour de ceux qui ont le plus aimé, de la Madeleine, par exemple, et d'autres personnages de la Loi Nouvelle. Cependant l'amour envers Dieu n'a point de représentant spécial, de manifestation humaine dans la 9e sphère, où le poète, chose remarquable, ne nous montre aucun habitant. Saint Jean, type de cet amour, est placé dans la 8e, avec les semeurs de la parole divine. Est-ce que la charité, objet de toutes les actions chrétiennes, ne constitue pas un mérite particulier, donnant lieu à une classe distincte de récompenses ? Mais, à ce point de vue, les Séraphins ne devraient pas former un ordre à part dans la cour céleste. Est-ce que Béatrix représente à elle seule l'incarnation de l'amour pur ? Mais elle ne fait que traverser le 9e ciel, et elle n'y séjourne pas à la manière des Elus, qui habitent les autres sphères. Aucun commentateur n'a signalé cette lacune singulière, qui méritait d'être expliquée.

L'amour, qui a travaillé pendant leur vie mortelle les élus habitants de Vénus (Par. 8. note 9), est un amour terrestre, épuré par le repentir, et n'a point de rapport avec l'ardente charité qui dévore les Séraphins.

[4] La vertu divine se manifeste dans les sphères à deux signes principaux : plus elles sont élevées, plus elles se meuvent rapidement ; plus aussi sont excellentes les âmes qui les habitent. C'est ainsi que Dante a pu classer, sui-

éloignées du centre du système. Si donc ce merveilleux sanctuaire des Anges, qui confine au foyer de l'amour et de la lumière[1], doit fournir toute satisfaction à mes désirs, j'ai besoin d'apprendre encore pourquoi la copie diffère du modèle[2]. C'est en vain que je médite sur une telle disparate. Je ne puis de moi-même en trouver la raison ».

— « Ce serait merveille, reprit-elle, que tes doigts parvinssent à défaire ce nœud, devenu plus difficile à délier parce qu'on ne l'a point tenté jusqu'ici[3]. »

Puis elle ajouta : « Voici de quoi rassasier ta faim ; écoute ce que je vais dire, et appliques-y toute la sagacité de ton esprit. Les sphères célestes, qui sont des corps, doivent leur masse plus ou moins grande au plus ou moins de vertu répandue dans leurs molécules de matière. Plus abonde la bonté divine, plus elle veut étendre son action bienfaisante ; plus un corps est grand, s'il est accompli en toutes ses parties, plus il y a de bien renfermé en lui[4]. Donc le Premier Mobile, qui emporte avec lui toutes les sphères, doit correspondre au cercle de feu qui aime le plus[5], et

vant un ordre progressif de sainteté : dans la Lune, les religieuses qui, sans manquer à la chasteté, ont manqué malgré elles à leur vœu en quittant le cloître ; — dans Mercure, ceux qui ont agi pour l'honneur et la gloire ; — dans Vénus, les âmes purifiées de l'amour sensuel ; — dans le Soleil, les savants théologiens ; — dans Mars, les champions de la foi ; — dans Jupiter, les princes, dispensateurs de la justice ; — dans Saturne, les modèles de la vie contemplative, et les semeurs de la sainte parole. On va voir comment cet ordre des sphères correspond à l'ordre des chœurs angéliques.

[1] Dante parle ici de l'Empyrée, où il n'est pas encore. Comment pourrait-il être question de la 9e sphère, qui n'est pas le séjour des anges, à qui ne conviennent donc pas ces mots *angelico tempio,* et qui ne touche pas au foyer de la lumière increée ? Tel est pourtant le sens adopté par la plupart des commentateurs.

[2] C'est-à-dire, pourquoi le monde des purs esprits, les cercles dont se compose la hiérarchie céleste, ne sont-ils pas soumis à la loi qui régit le monde sensible, d'après laquelle le mouvement des sphères s'accélère en raison de leur distance du point central ? La terre et le foyer de la lumière éternelle sont les deux centres du monde visible et invisible.

[3] Question neuve, et d'autant plus difficile qu'elle n'a pas encore été traitée.

[4] Il entre plus de lumière dans un grand morceau de cristal que dans un petit.

[5] Le cercle des Séraphins (*che piu ama e piu sape*), correspond à celle des sphères qui contient en effet le plus de lumière, et qui devrait aussi être le séjour des âmes qui ont été sur la terre le plus éprises de l'amour divin. Dante a omis ce dernier rapport qui, ce semble, entrait bien dans le plan de son ouvrage.

connaît le mieux l'essence divine. A juger des substances par la vertu qui est en elles, et non d'après leur forme et leur étendue, tu reconnaîtras que chacune des neuf sphères correspond à celui des cercles qui est son intelligence[1], et qu'ils s'apparient deux à deux, en raison directe de leurs vertus[2] ».

Tel qu'au souffle de Borée, accourant des lieux où il est le moins âpre[3], l'air se purge des vapeurs humides qui pesaient sur lui, et recouvre sa pureté splendide, en même temps que le ciel reprend sa face riante, et fait éclater partout ses innombrables beautés ; tel fut

[1] Chacune des neuf sphères est sous l'influence particulière du chœur angélique qui lui correspond, et qui, à ce titre, peut être appelé son intelligence « *sua intelligenza.* »

[2] Les sphères et les chœurs angéliques sont classés, non d'après leurs masses respectives, mais en raison directe de la vertu répandue dans chacun d'eux. Mais il faut observer que la masse des sphères est la mesure de leur vertu. Ce rapport direct est exprimé par ces mots du texte : « *di maggio a piu, e di minore a meno.* »

Voici un tableau comparatif de ces rapports :

CHŒURS des purs esprits.			SPHÈRES du monde matériel.			RÉPARTITION des élus dans les sphères.
			PREMIER ORDRE.			
Cercle			Sphère.			
1er	—	Séraphins.	9e	—	Premier Mobile.	?
2e	—	Chérubins.	8e	—	Etoiles fixes.	Semeurs de la sainte parole.
3e	—	Trônes.	7e	—	Saturne.	Modèles de la vie contemplative.
			DEUXIÈME ORDRE.			
4e	—	Dominations	6e	—	Jupiter.	Princes dispensateurs de la justice.
5e	—	Vertus.	5e	—	Mars.	Champions de la foi.
6e	—	Puissances.	4e	—	Le Soleil.	Savants théologiens.
			TROISIÈME ORDRE.			
7e	—	Principautés	3e	—	Vénus.	Purifiés de l'amour sensuel.
8e	—	Archanges.	2e	—	Mercure.	Poursuivants d'honneur et de gloire
9e	—	Anges.	1er	—	La Lune.	Religieuses décloîtrées malgré elles.

On voit que Dante a fondé sur les noms et les attributs mythologiques des planètes, sa classification des Elus. Certains auteurs mystiques, en s'attachant aux *noms* des chœurs de la céleste hiérarchie, les ont investis d'attributions différentes. Chez eux les Séraphins sont les flambeaux de l'amour divin ; les Chérubins, les maîtres de la science ; les Trônes, les colonnes de la justice ; les Dominations ont autorité sur les anges ; les Principautés sur les rois de la terre ; les Puissances sur les démons. Les Vertus sont les agents des miracles ; les Archanges annoncent à la terre les choses du ciel ; et les Anges prennent soin des hommes. Ces auteurs ont interverti le rang des Vertus et des Principautés.

On comprend que Dante, se plaçant à un autre point de vue, n'ait pas fait usage de ces données mystiques.

[3] Du nord-ouest il souffle un vent fort agréable aux Italiens, et qui a quelque chose de la nature du zéphire.

l'état de mon âme après la réponse de ma sainte maîtresse, réponse qui fit briller à mes yeux, la vérité comme une étoile au firmament.

Ses paroles furent suivies d'un embrasement général de tous les cercles[1]. Le fer, qui sort bouillant de la fournaise, jette moins d'étincelles sous le marteau ; et chacune de ces étincelles courait sur un cordon de feux ; et elles foisonnaient par milliers, croissant toujours, et plus que ne ferait un nombre double à chaque case de l'échiquier[2].

Tous chantaient Hosanna ! et ce cri s'élevait de chœur en chœur jusqu'au point fixe[3], qui est et sera toujours le centre de leurs orbites.

Béatrix fit cesser les incertitudes de mon esprit en me disant : « Les deux premiers cercles, qui sont les plus rapides, ont pour hôtes les Séraphins et les Chérubins[4]. En tournant avec tant de vitesse, ils suivent leurs tendances qui les portent à s'assimiler autant qu'ils peuvent au point central, et cette force d'assimilation est d'autant plus grande que tu les vois plus haut placés. Ils sont entourés d'autres esprits, qui terminent le premier ordre : ce sont les Trônes de l'Éternel[5].

« Apprends que pour tous, la béatitude éternelle est en raison de leur faculté de voir, de discerner la vérité, but et point d'arrêt

[1] La joie pieuse des Élus fait toujours qu'ils s'agitent et redoublent leurs feux, quand quelque chose vient l'augmenter. Cet effet, qui se reproduit constamment, n'a plus besoin d'être remarqué.

[2] La demande faite à un roi de Perse par l'inventeur indien du jeu des échecs, n'avait pas pour objet, comme plusieurs le croient, autant de grains de blé qu'en recevait la 64e et dernière case de l'échiquier, en *multipliant* par lui-même chaque nombre obtenu de case en case. Elle se bornait à *doubler* le nombre des grains sur chaque case ; ce qui ne semble pas, au premier coup d'œil devoir produire une somme exorbitante. Elle excède pourtant quatre sextillions de grains, en négligeant toutes les quantités subséquentes, c'est-à-dire qu'à 5000 grains par litre, elle dépasse dix quatrillions d'hectolitres de blé. La France, dont la superficie n'est pas le tiers de l'ancienne Perse, n'en produirait annuellement, dit-on, que 24 millions, 26 au plus, en la supposant cultivée tout entière en céréales et sans jachères.

[3] Le principe de la lumière, Dieu.

[4] Séraphins, de l'hébreu *seraphim*, les brûlants.— Chérubins, de *Cherubim*, les maîtres.

[5] Au 9e chant, Cunizza, sœur d'Ezzelin, a dit que les Trônes étaient les miroirs où se réfléchit Dieu vengeur, « *Dio giudicante.* » Ce qui prouve que Dante, outre l'emploi qu'il a fait des hiérarchies célestes pour la classification des Elus, adoptait aussi leurs attributions mystiques. (V. ci-dessus note 19 et la note 13e du 9e chant.)

de toute intelligence. Tu peux juger par là que les joies du Paradis se fondent sur la vision béatifique, d'où naît l'amour qui vient les accroître[1]. Voir Dieu, là est le bonheur des saints, qui se mesure à leur mérite, fruit de la grâce et de la bonne volonté. Tout est ordonné sur cette échelle.

« Le second ordre jouit d'un printemps éternel, et ne connaît pas ce déclin de l'année, où le Bélier annonce l'entrée de la nuit[2]. De fraîches voix y saluent sans cesse d'une triple mélodie l'année renaissante. La joie s'y exhale sur trois modes, qui répondent aux trois chœurs[3] dont cette hiérarchie se compose sous les noms de Dominations, Vertus et Puissances.

« Enfin le troisième ordre comprend les Principautés[4] et les Archanges emportés dans de plus larges orbites, et en dernier lieu le plus grand des neuf cercles, celui où se meuvent les Anges.

« Ces trois ordres regardent en haut, et font sentir leur influence au dessous d'eux. Attirés tous vers Dieu, ils exercent à leur tour une attraction semblable. Un homme, à force de contemplation, est parvenu à les connaître : c'est Denys l'Aréopagite[5], qui dans son ardeur mystique, a pu les décrire et les nommer, comme je le fais ici moi-même. Après lui, saint Grégoire a mis dans leur classement quelques différences ; mais il a ri de son erreur[6],

[1] Le bonheur des Élus consiste à connaître Dieu, et par suite à l'aimer. La science précède l'amour et l'enfante; belle pensée philosophique déjà exprimée par le poète théologien, dans ce passage : « *il ben quanto ben, come s'intende, cosi accende amor.* » Il semble toutefois que Denys l'Aréopagite l'avait entendu autrement, puisqu'il donne aux Séraphins le premier rang dans les hiérarchies. Mais quelques auteurs ont changé cet ordre, et placé en tête les Chérubins, maîtres de la science.

[2] Au commencement de l'automne, le soleil est dans la Balance, signe opposé au Bélier. Celui-ci paraît donc à l'occident, et annonce la nuit.

[3] Dante, par une licence poétique, donne le nom de *déesses, tre dee,* à ces substances éthérées.

[4] Aux Principautés correspond la planète de Vénus, comme il est dit au chant 8e : « *noi ci volgiam co' principi celesti.* »

[5] V. la note 20 du Xe chant. Denys l'Aréopagite est-il le même que saint Denys de Paris ? Le livre *de cœlesti hierarchia* a-t-il été composé dans le 1er ou dans le 4e siècle ? Il y a eu de grandes controverses sur ces deux points, qui ne sont pas résolus. Quoiqu'il en soit, Dante a suivi l'ordre établi par l'auteur de la céleste hiérarchie, en mettant les Séraphins avant les Chérubins, et les Vertus avant les Principautés. Saint Grégoire y avait introduit quelques changements au 6e siècle.

[6] On rirait de voir Dante si affirmatif en cette matière, si la nécessité de justifier le plan de son Paradis, qui repose sur la corrélation des sphères avec les chœurs angéliques, ne l'avait obligé de prendre parti entre Denys l'Aréopa-

quand, élevé au séjour des Élus, ses yeux se sont ouverts au milieu des chœurs angéliques. Et ne t'étonne pas de voir un mortel entré si avant dans les secrets de Dieu ; car il avait appris ces choses de saint Paul, avec beaucoup d'autres vérités touchant ces neuf chœurs, de saint Paul, qui lui-même les avait vues dans le Ciel. »

CHANT XXIX.

A cette heure du jour, où le soleil dans le Bélier, et la lune dans la Balance, apparaissent ensemble aux deux bouts opposés de l'horizon, il est un juste point d'équilibre, où ces astres brillent à égale distance du zénith[1] ; mais cet état ne dure guère, et l'un d'eux, sortant bientôt de l'horizon, ils cessent d'appartenir au même hémisphère.

Tel fut à peu près l'intervalle pendant lequel Béatrix, embellie d'un sourire, et la vue fixée sur le point brillant qui m'avait ébloui, garda le silence[2].

Elle me dit ensuite : « Je t'instruirai de ce que tu veux savoir, sans attendre que tu m'interroges sur la création des Anges, parce que j'ai lu tes pensées à la source même d'où naissent le lieu et le temps ; ce n'est pas pour ajouter à sa félicité propre, ce qui ne saurait être, que le divin amour a produit de nouveaux êtres empreints

gite et saint Grégoire. Dante paraît admettre l'identité de Denys l'Aréopagite et de saint Denys, premier évêque de Paris, suivant la tradition, qui fait voyager l'Aréopagite à Paris, après sa conversion opérée par saint Paul. — V. sur le ravissement de saint Paul la note 2 du 1er chant.

[1] A l'équinoxe du printemps, les jours et les nuits étant d'égale durée, il y a tel moment précis où le soleil se lève quand la lune se couche, ou réciproquement. Ces deux astres paraissent alors à des points opposés de l'horizon qui leur sert comme de ceinture. Mais cet état de choses ne dure qu'un instant. En personnifiant le zénith, on peut se le figurer comme tenant une balance, dont les plateaux en équilibre portent le soleil et la lune. Cet équilibre est bientôt rompu, et l'un des deux astres descend sous l'horizon, lorsque l'autre s'élève ; image d'un temps extrêmement court.

[2] Elle voit, elle sait. — En un clin d'œil, elle a lu dans le divin miroir les pensées qui occupent Dante sur la nature des Anges, sur le mode de leur création, sur leur nombre, etc...

de sa force aimante[1]; c'est uniquement pour manifester sa gloire et proclamer son existence[2], qu'il les a créés dans son éternité[3], hors du temps, lorsqu'il lui a plu[4], et d'une manière à jamais incompréhensible pour tout autre que lui.

« Et qu'on ne dise pas : Dieu était-il oisif avant cette création[5] ? car il n'y a ni avant ni après pour l'Éternel[6], et ce n'est pas ainsi qu'a procédé l'Esprit porté sur les eaux. La généralité des êtres, savoir les purs esprits, les substances purement matérielles et les êtres mixtes formés d'esprit et de matière[7] fut produite et réalisée

[1] Les Anges, émanations de l'amour divin, sont eux-mêmes des foyers d'amour, qui transmettent leurs vertus aux différentes sphères.

[2] Il y a dans le texte : pour que sa grandeur, éclatant dans l'univers, puisse dire : je subsiste, *subsisto*. Ce passage qui a exercé les commentateurs, rappelle la pensée du Psalmiste : *Cœli enarrant gloriam Dei*. Les Anges, esprits purs, émanés du créateur, sont la splendeur de Dieu.

[3] La création du ciel et de la terre comprend tous les êtres, même les Anges, comme l'exprime notamment ce passage de saint Augustin : « Il est dit que dès le commencement, vous avez créé le ciel et la terre ; mais ce ciel est le ciel de celui que nous voyons, c'est-à-dire un ciel intelligible et spirituel, qui est tellement élevé au-dessus du ciel sensible, qu'il peut être appelé son ciel. ». (Confess. l. 12. Ch. 8.)

[4] Saint Augustin explique ces abstractions théologiques autant qu'elles peuvent l'être : « Le temps lui-même a été créé ; la création a donc été faite hors du temps par l'Eternel, et l'on ne peut pas dire que la volonté de créer, qui s'est produite en Dieu, implique une succession de temps, puisqu'elle est antérieure au commencement des siècles. » (Confess. XI-13.)

[5] Voir le chapitre des confessions, intitulé : « Ce que Dieu faisait avant la création du monde ».— « Si l'on comprend, dit saint Augustin, toutes les créatures sous ces noms du ciel et de la terre, je ne crains pas d'affirmer, mon Dieu, qu'avant que vous fissiez le ciel et la terre, vous ne faisiez rien ; car si vous eussiez fait quelque chose, qu'eussiez-vous pu faire autre chose que des créatures ? » — Saint Augustin ajoute au chapitre suivant, ce développement de sa pensée : « S'il y a eu quelqu'un avant que vous eussiez fait le ciel et la terre, comment peut-on dire que vous demeuriez alors sans rien faire, puisque au moins vous faisiez ce temps ; et ainsi il ne se peut pas faire qu'il se soit passé du temps avant que vous fissiez le temps ; que s'il n'y a pas eu de temps qui ait précédé le ciel et la terre, pourquoi demande-t-on ce que vous faisiez alors, vu qu'il n'y avait point *d'alors*, où il n'y avait point de temps ».

[6] L'éternel amour, comme Dante vient de l'appeler « *l'eterno amore,* » a créé le monde hors du temps. Il n'a point procédé dans un temps *avant* lequel on puisse le considérer comme agissant ou n'agissant point. (V. Supra.) Ce premier amour est l'Esprit, dont il est parlé au début de la Genèse : « *et spiritus Dei ferebatur super aquas.* »

[7] Les expressions du texte sont générales et abstraites. La forme et la matière, ou simples chacune à part soi, ou composées l'une avec l'autre, furent créées, traduites en acte, *usciro in atto*, sans qu'il manquât rien à l'œuvre divine. Le traducteur a cru pouvoir substituer à cette métaphysique les objets réels qu'elle idéalise, les chœurs angéliques au lieu de la forme pure, les produits matériels pour la matière brute, et les êtres mixtes formés d'esprit et de matière, c'est-à-dire les hommes et les cieux pour les combinaisons de ces deux principes.

d'un seul jet[1], et sans défaut, comme on voit trois flèches partir à la fois d'un arc à trois cordes[2]. De même qu'un rayon, lorsqu'il resplendit dans un morceau de verre, d'ambre ou de cristal, y apparaît d'abord tout entier, sans qu'on puisse y suivre sa marche ; ainsi les êtres, sous leur triple forme, émanèrent ensemble de leur auteur, sans qu'on puisse assigner d'intervalle à leur naissance[3]. Mais ils furent placés dans un certain ordre établi et créé avec eux[4]. Les esprits issus d'un pur acte de la volonté divine, occupèrent la plus haute région de l'univers. A la matière brute échurent les parties basses[5]. Les régions moyennes, telles que la terre et les planètes, appartinrent aux êtres en qui l'esprit et la matière sont unis par un lien à jamais indissoluble[6].

« Vous avez, je le sais, l'autorité de saint Jérôme[7], qui a écrit

[1] Image frappante de la simultanéité. Mais comme la création s'est faite en six jours, il faut remarquer qu'il s'agit ici d'une simultanéité relative à la création des Anges qu'on avait crue antérieure à celle du monde. Dante veut dire que ces deux actes ont été simultanés ; opinion qui n'est pas un dogme, mais qu'on trouve énoncée formellement et approuvée par le 4e concile de Latran. (Cap. 2.)

[2] Il veut dire que la forme pure, ou l'essaim des chœurs angéliques sortit des mains du Créateur en même temps que la matière brute, ou les minéraux, les végétaux et les bêtes, en même temps que les êtres composés des deux principes, savoir les étoiles, les planètes et l'homme. Le poète refuse aux Anges un droit de primogéniture sans nier d'ailleurs qu'il y ait eu succession de temps dans la création.

[3] C'est-à-dire que la création des Anges n'a point précédé celle du monde. Il faut toujours saisir à ce point de vue les expressions du poète, et ses vives comparaisons, d'où l'on induirait à tort qu'il admet, contrairement à la Genèse, la simultanéité de toute la création.

[4] Du plus haut des cieux jusqu'au centre de la terre sont échelonnés tous les êtres, depuis les purs esprits jusqu'à la matière brute. Le mot *potenzia*, nom donné par l'école à la matière informe, se comprendra, si on le rapproche *d'atto* de l'acte qui s'y applique : « *de possibili ad actum valet consequentia.* » Ce possible est la matière à laquelle s'applique la vertu informative de l'agent « *strinse potenzia con atto tal vime.* »

[5] Les esprits purs composant les célestes hiérarchies sont dans l'Empyrée. Les êtres formés d'esprit et de matière, étoiles, planètes et hommes, occupent les cieux visibles et la surface de la terre, et les parties basses appartiennent aux autres créations des trois règnes, à ces productions dont la base élémentaire, la matière brute, est appelée par Dante dans la langue de la scolastique « *potenzia* ».

[6] On croyait au moyen-âge que les corps célestes étaient incorruptibles. L'homme, qui appartient à cette classe, dans l'ordre des êtres, ainsi qu'il vient d'être expliqué, ne l'est pas, et n'est pas regardé comme tel ; mais il est destiné par sa nature mixte, à le devenir un jour, après que son âme aura repris son vêtement corporel.

[7] Si le poète a tant insisté pour établir que la création des Anges est contemporaine de celle du monde, c'est que saint Jérôme est d'un sentiment contraire, ainsi que plusieurs pères grecs, Origène, saint Basile, Jean Damascène. Mais ces auteurs ont été réfutés en forme par saint Thomas. (Part. I. Quest. 61-3.) L'Église s'est abstenue de se prononcer.

que les Anges ont été créés nombre de siècles avant le reste de l'univers ; mais la vérité que je te présente éclate en maints endroits des livres saints[1], et pour l'y voir, il ne faut que bien regarder. D'ailleurs la raison seule t'en découvre quelque chose. Pourrait-elle admettre que les purs esprits, qui sont des puissances motrices, eussent été aussi longtemps privés de l'une de leurs fins ?

« J'ai satisfait sur trois points ta curiosité avide. Tu sais à présent où, quand et comment[2] ont été créés les Anges.

« Quant à ce qui a suivi, partie d'entre eux, en moins de temps qu'il n'en faut pour compter jusqu'à vingt[3], fut chassée du Ciel et infecta la terre, nourrice du genre humain ; partie garda son glorieux poste, et, avec cet art merveilleux que tu admires, se mit à décrire ces orbes[4] que la joie céleste entretient dans un mouvement perpétuel.

« La chute des mauvais anges eut pour cause l'orgueil, le damnable orgueil de celui que tu as vu écrasé sous le poids de l'univers[5]. Les bons que tu vois ici furent modestes et empressés de rendre hommage à l'infinie bonté qui avait daigné les disposer

[1] L'existence des Anges, résulte de maints endroits de la Bible. Leurs noms changent au retour de la captivité de Babylone ; mais les Hébreux ont toujours eu foi aux Anges. Quant à l'époque de leur création, Dante n'a fait aucune allusion aux passages de l'Ecriture, qui peuvent appuyer l'opinion de saint Thomas. Si Dieu, en créant le ciel, qui s'étend au-delà du monde sensible, a créé en même temps les sphères célestes et les cercles supérieurs des purs esprits, pourquoi dans l'œuvre des six jours, où est marquée la création des étoiles, les Anges n'ont-ils pas nommément leur place ? Dante, qui a invoqué la Bible, sans la citer, produit au soutien de sa thèse ce raisonnement : les Anges exercent une influence sur les planètes ; ils ont été créés pour elles ; donc ils ont été créés en même temps qu'elles. C'est l'argument des causes finales, qui est loin d'être invincible.

[2] Par un acte spontané, incompréhensible « *fuor d'ogni comprender* » et non antérieur à la création du monde.

[3] La fragilité des anges rebelles a été plus grande que celle du premier homme. Adam, six heures après son entrée au paradis terrestre, était tombé en faute, (v. chant 28e) tandis que la rébellion des anges a suivi presque immédiatement leur création, du moins s'il faut en croire Dante, qui semble avoir eu présent à l'esprit l'adage : « *corruptio optimi pessima* » avec cette variante « *promptissima.* »

[4] Les neufs cercles concentriques, décrits au chant précédent, sont une partie de l'Empyrée.

[5] Le dernier chant de l'Enfer a montré Satan, l'archange rebelle, dans les entrailles de la terre, dont le centre est traversé par son corps immense.

à d'aussi hautes connaissances. Ils joignirent leur propre mérite aux lumières de la grâce[1] qui avait agrandi leurs horizons ; aussi jouissent-ils d'une volonté droite et ferme ; car il y a du mérite, n'en doute pas, à recevoir les inspirations de la grâce[2], et ce mérite est d'autant plus grand que le cœur s'ouvre mieux pour lui donner accès.

« Tu peux maintenant parcourir des yeux et sans aide ce saint consistoire[3], si tu as écouté mes paroles, qui ont dû t'édifier sur la nature des Anges. Mais, comme en traitant ce sujet dans vos écoles[4], on leur attribue ces trois opérations de l'esprit, comprendre, se souvenir et vouloir, je veux ajouter ici quelques mots, pour lever toute équivoque, et dissiper les nuages qui cachent aux hommes sur la terre une partie de la vérité.

« Dès que les Anges furent en face de Dieu, ils s'enivrèrent de la vue de Celui à qui rien n'échappe, et leurs yeux ne s'en détournèrent pas un seul instant. Comment donc auraient-ils besoin de mémoire[5], eux qui, absorbés dans un objet unique, n'ont jamais à renouer le fil interrompu de leurs pensées ? Ils rêvent tout

[1] La grâce a fortifié le libre-arbitre, même chez les Anges, avant la chute des esprits rebelles. Ne peut-on pas dire que les Elus eux-mêmes ne sont pas dépouillés du libre-arbitre, quoique la volonté de Dieu maintienne toujours leur volonté dans une conformité constante avec la sienne ? Les Anges eurent dès leur création la vision béatifique, et ceux qui se révoltèrent contre Dieu furent plus coupables qu'Adam. Aussi n'eurent-ils point de part au bienfait de la rédemption.

[2] Nulle créature, homme ou ange, ne peut faire le bien sans la grâce ; mais quoiqu'il soit hors d'état d'accomplir par lui seul une œuvre méritoire, il y concourt par sa volonté. Son mérite consiste à suivre les bons mouvements qui se produisent en lui ; car si la grâce le dispose au bien, elle lui laisse la liberté de mal faire.

[3] Les neuf chœurs composent les trois hiérarchies célestes.

[4] On trouve dans la somme de saint Thomas ces questions plus curieuses qu'utiles, et qui donnent matière aux subtilités scolastiques.

[5] La vision béatifique est un acte continu qui semble exclure la mémoire, au moins telle que nous l'entendons. Mais les Anges ont-ils comme nous l'intelligence et la volonté ? La solution donnée par Béatrix à la première question paraît s'appliquer aux deux autres ; et voilà sans doute pourquoi elle ne s'en explique pas en termes formels. Si l'école équivoque ici touchant la mémoire « *equivocando in si fatta lettura* », elle fait la même confusion, quant aux autres facultés de l'âme, qui ne conviennent pas aux Anges, dans le sens que nous y attachons. Les commentateurs ont expliqué ce passage en disant que l'intelligence est en *puissance* dans l'homme, et en *acte* chez les Anges ; que l'un est déterminé par le raisonnement à vouloir, tandis que chez les autres la volonté est immédiate et continue.

éveillés[1] ceux qui soutiennent cette doctrine, en la croyant véritable, et ceux qui la professent en ne croyant pas dire vrai[2]. Mais il y a plus de faute, et plus à rougir pour ces derniers.

« Hommes ! ne confiez pas à la philosophie seule le soin de vous conduire. Dans cette voie unique, vous êtes séduits par les apparences, et par le mirage de la pensée. Toutefois, il y a moins de courroux là-haut contre ces égarements que contre les docteurs, qui soumettent à leur raison les Saintes Écritures, ou qui ne s'y attachent que pour les torturer[3].

« On ne pense pas à ce qu'il a coûté de sang pour semer dans le monde la pure doctrine qu'elles renferment. On ne pense pas combien c'est plaire à Dieu qu'aborder les saints textes avec humilité. Chacun s'évertue à paraître, à faire admirer ses propres inventions. Voilà sur quoi les prédicateurs se donnent carrière, et de l'Évangile pas un mot.

« L'un dit que la lune, au moment de la mort de Jésus-Christ, fut forcée de reculer, pour produire une éclipse, sans laquelle le soleil n'aurait pu cacher sa lumière aux hommes. Un autre assure que l'astre du jour supprima de lui-même sa clarté, afin qu'elle disparût en même temps aux yeux de tous les peuples, aux Espagnols comme aux Indiens et aux Juifs[4]. Bref, il y a moins de Lapi et de Bindi à Florence, qu'il n'y a de fables de ce genre, débitées chaque année en chaire par toute la ville ; si bien que les brebis, qui sont restées là, béantes, se retirent du pâturage pleines de vent, et sans que leur ignorance leur serve d'excuse[5].

[1] *Non dormendo si sogna* ». Lafontaine a dit de même : « Chacun songe en veillant » (fab. 7-10) sans se douter qu'il traduisait littéralement un vers de la Divine Comédie.

[2] Cette doctrine sur la nature des Anges, sur leurs facultés comparées aux nôtres, est vraie en un certain sens. Dès lors il y a pareille erreur à l'admettre au point de vue d'une parité exacte, et à ne point l'admettre, lorsqu'on a levé toute équivoque ; ce que font ceux qui la soutiennent, en ne croyant pas dire vrai.

[3] Les écarts de la philosophie paraissaient alors moins dangereux que l'abus de la science théologique qui se fonde sur l'Ecriture, source de la vérité.

[4] Une éclipse de soleil, visible à Jérusalem, n'aurait pas été un miracle universel.

[5] Ceci nous donne une idée de l'état de la chaire, en Italie, au commencement du 14e siècle. Elle était livrée aux ordres prêcheurs qui y faisaient assaut de subtilités théologiques.

« Le Christ n'a pas dit à ses apôtres[1] : « Allez et prêchez partout des sornettes. » Il leur laissa en partant la vérité, fondement de son Église, la parole qu'il avait publiée lui-même avec tant d'éclat ; et de cet Évangile, ils se firent dés boucliers et des lances pour combattre, un flambeau pour embraser le monde.

« Aujourd'hui on prêche à grand renfort de pointes et de lazzi. Pourvu qu'il ait bien fait rire, le moine se rengorge en son capuchon, et l'on n'en demande pas davantage. Mais le tentateur est caché sous la cagoule[2], et si le gros des fidèles l'y voyait, il saurait ce que valent ces indulgences[3] auxquelles il se fie, et qui ont tant propagé la sottise humaine qu'il n'est pas une promesse, ne fût-elle appuyée d'aucun témoignage, qui n'ait la vertu d'amorcer la foule. C'est de cela que s'engraisse pourtant le porc de saint Antoine[4], et bien d'autres, qui se roulent dans une fange plus infecte, se servant tous d'une monnaie de mauvais aloi.

« Mais nous nous sommes bien écartés. Pour apprendre ce qui te reste à savoir, il faut à présent revenir à la voie droite, qui abrège à la fois le temps et la route.

« Le nombre des Anges[5], dans tous leurs degrés, est si considérable qu'il fut et sera toujours au delà de toute expression, et de toute imagination ; et si tu fais attention à ce qu'en dit le prophète

[1] *Euntes ergo docete omnes gentes.* (Math. 23-19). *Euntes in mundum universum prœdicate evangelium omni creaturæ.* (Marc. 26-15).

[2] Ce vers pittoresque « *ma tale uccel nel becchetto s'annida* » est bien dans la couleur du temps. On croit voir un diable moqueur, niché dans le capuce d'un moine.

[3] Dante stigmatise ici l'abus des indulgences, qu'il appelle une monnaie de bas aloi « *moneta sanza conio* » et dont le principe sera rejeté deux siècles plus tard par Martin Luther.

[4] *La fleur du désert* montre saint Antoine en proie dans sa solitude aux tentations les plus violentes. Il a toujours auprès de lui l'animal immonde, symbole de la concupiscence charnelle. Les moines de l'abbaye de Saint-Antoine, en Dauphiné, érigée en 1297 par le pape Boniface VIII, sous la règle de saint Augustin, avaient-ils mérité par le scandale de leurs mœurs l'invective du poète : *di questo ingrassa il porco sant' Antonio?* Il en résulte au moins que cette locution basse et populaire remonte à plus de 500 ans. Il est curieux d'observer que ce sont des moines augustins qui, par le trafic des indulgences en Allemagne, ont fait éclater la Réforme.

[5] Béatrix, en parlant de la nature des Anges, a fait entendre qu'on disputait beaucoup trop en Italie sur ces questions plus curieuses qu'utiles. De là une digression du poète sur les subtilités, sur le mauvais goût et sur les tendances cupides de la chaire, au temps où il écrivait. Suivant son usage, il a signalé le mal avec rudesse, mais à propos.

Daniel[1], tu verras qu'il n'a point, par le chiffre qu'il énonce, prétendu déterminer ce nombre.

« La lumière increéée rayonne dans toutes les substances angéliques ; mais elle y est reçue différemment, se modifiant de mille manières suivant les objets auxquels elle s'applique. Aussi, comme chacun aime en raison du degré de lumière dont il s'est imprégné, il s'ensuit qu'il y a dans l'amour des Anges différents degrés de ferveur[2]. Juge par là de la grandeur immense de Dieu, qui, après avoir fait des Anges autant de miroirs, où il semble s'être divisé, demeure toujours un et entier comme auparavant[3]. »

CHANT XXX.

A trois mille lieues environ du point brûlant de la 6e heure[4],

[1] Dans la vision de Daniel (7-10) l'ancien des jours, Dieu, est assis sur un trône enflammé. Un fleuve de feu jaillit de sa face. « *Millia millium ministrabant ei, et decies millies centena millia assistebant ei* ».

Saint Jean, dans son Apocalypse, rappelle seulement le premier de ces nombres, un million d'anges : « *et vidi et audivi vocem angelorum multorum in circuitu throni et animalium et seniorum et erat numerus eorum millia millium.* »

Les deux prophètes énoncent un nombre très fort pour indiquer des quantités innombrables.

[2] Ainsi ce mot de l'Evangile : « il y a plusieurs demeures dans la maison de mon père » s'applique aux Anges comme aux Saints du Paradis, comme aux pénitents du Purgatoire. Il s'applique aussi au domaine de Satan. Du fond de l'abîme jusqu'au plus haut des cieux, il existe une échelle immense, où tous les êtres, sans exception aucune, sont gradués suivant leurs mérites. On a vu que les Anges eux-mêmes, créés libres et faillibles, ont une part plus ou moins grande aux faveurs célestes.

[3] Dieu communique sa lumière qui se prodigue à tous, à diverse mesure, sans jamais être diminuée. Mais comme il a créé de *rien* le ciel et la terre, et que sa substance est incommunicable, il est toujours un.

[4] Le poète veut exprimer qu'à l'aube, les étoiles commencent à pâlir, et qu'elles s'effacent par degrés jusqu'au lever du soleil, qui les dérobe entièrement à notre vue. L'aube est ici indiquée par une périphrase poétique. Cette heure est précisée par la distance qui la sépare du milieu du jour, sur le globe terrestre, dont la circonférence réputée alors de 24,000 milles ou 12,000 lieues de France, était censée parcourue par le soleil en 24 heures. A midi (c'est la 6e heure des Italiens), le soleil a franchi le quart de cette circonférence, ou 6,000 milles. Mais de l'aube au lever du soleil, il y a encore une distance parcourue dont il faut tenir compte. De là cette expression approximative du poète : « *forse semila miglia* ».

On estime aujourd'hui que la terre a environ 9,000 lieues de tour.

lorsque déjà la nuit ne rase plus de son ombre que la surface de la terre[1], nous voyons au-dessus de nos têtes les plaines du ciel blanchir; et les étoiles, s'effaçant par degrés, refusent leurs clartés aux habitants de notre globe. Alors, à mesure que le soleil s'approche, annoncé par la brillante aurore[2], le ciel se ferme, et nous dérobe successivement ce qu'il a de plus riche et de plus splendide.

Ainsi perdis-je peu à peu la vue du friomphe des Anges[3] et de leur mouvement continuel, autour du point central, qui m'avait ébloui, point qui embrasse tout, et contient ce qui paraît le contenir[4]. Attristé de ne plus rien voir, et enflammé d'amour, je tournai les yeux vers Béatrix.

Non, quand même je résumerais dans une seule louange tous les mérites que j'ai déjà vantés en elle[5], je ne parviendrais pas à la louer dignement; car la beauté que j'ai vue, non seulement passe la portée de nos facultés sensibles, mais elle est telle que Dieu seul, qui l'a faite, en a la perception complète[6].

Il faut ici que je me confesse vaincu, et plus écrasé par mon

[1] Les ombres de la nuit semblent, au point du jour, s'abaisser de plus en plus, et se coucher enfin sur une ligne parallèle à l'horizon.

[2] L'aurore est appelée par le poète, la servante du soleil, *la chiarissima ancella del sol.*

[3] De la 9e sphère, dite Premier Mobile, Dante va passer dans l'Empyrée, qui s'est déjà montré de loin à ses regards, comme un point lumineux entouré des neuf cercles angéliques. Ce point à mesure qu'il s'en approche, efface par son éclat les hiérarchies célestes.

Les chœurs angéliques appartiennent à l'Empyrée, où ils gardent les positions ci-dessus décrites. Le poète ne dit pas qu'il s'en sépare, en suivant sa route, mais qu'il cesse peu à peu de les voir. Le triomphe des Anges, dit-il « *a poco, a poco al mio veder si stinse* ». Pourquoi Dante, à qui des anges sont apparus plusieurs fois dans le cours de ce poème, n'est-il jamais entré en colloque avec aucun d'eux ?

[4] Le bonheur des Elus ne peut s'estimer que par leur proximité de Dieu ; ce qui les suppose hors de lui, contrairement à la notion de son immensité. Cette impropriété de langage vient de ce que nous n'avons pas d'autre mesure de la béatitude céleste. Dieu semble ainsi localisé ; mais il faut entendre que tout se passe en lui d'une manière qui se refuse à toute description humaine.

[5] V. surtout au 30e chant du Purgatoire la peinture de Béatrix apparaissant à Dante sur le char traîné par le griffon, dans le paradis terrestre.

[6] Comme figure de la beauté idéale, que Dieu seul possède en réalité, Béatrix a des perfections que ni Dante, ni les Saints, ni les Anges eux-mêmes ne peuvent saisir d'une vue complète. Le type n'est bien connu que du grand ouvrier, architype du beau. Quel éloge ! et cependant Béatrix, placée au-dessous d'Ève et de la Vierge, dans la rose mystique, (chant 32e) n'y occupe que le 3e rang avec Rachel.

sujet que jamais auteur tragique ou comique[1] ne l'a été par les difficultés du sien. Le souvenir seul de son attrayant sourire[2] ôte à mon génie de sa puissance, comme l'aspect du soleil trouble la vue, et la rend moins perçante. Depuis le jour où elle m'est apparue sur la terre[3] jusqu'à cette dernière phase, il n'avait pas été interdit à mes vers de la suivre dans ses transformations; mais force m'est ici de rester en arrière d'une beauté que ma poésie ne saurait plus atteindre. Ainsi s'arrête l'artiste, parvenu au dernier effort de son art.

Je laisse donc à une voix plus puissante que la mienne, (puissé-je seulement conduire à bonne fin ma difficile entreprise !) le soin de célébrer dignement la sainte femme, qui, de l'air et du ton d'un guide empressé, reprit en ces termes : « Nous voici hors du Premier Mobile[4], qui est le plus grand des corps célestes, et nous touchons au séjour de la pure lumière[5], de cette substance immatérielle que pénètre l'amour du vrai Bien, et avec lui une joie qui a des douceurs non pareilles. C'est là que tu verras les Anges et les Saints[6], cette double milice du Paradis. Et les Saints

[1] Faut-il induire de ce passage qu'il existait des auteurs dramatiques au temps de Dante, ou n'a-t-il fait qu'une allusion au théâtre des anciens ? S'il y avait ici autre chose qu'un souvenir classique, nous aurions conservé quelque chose de cet art du 13e siècle. Mais, à part les *Mystères*, qui n'appartiennent point à l'art, on ne connait aucune composition dramatique de cette époque. La *Mandragore* de Machiavel, qui passe pour la première pièce régulière de la scène moderne, n'a été représentée qu'au commencement du 16e siècle. C'est le cardinal Bibiena et le Trissin qui ont, vers le même temps, (200 ans après Dante) fait revivre en Italie la comédie et la tragédie grecques.

[2] Le sourire de Béatrix est le signe caractéristique de sa beauté, dans toutes ses phases. Chez les anciens, la beauté profane avait aussi pour attrait principal la grâce du sourire, φιλομειδής γελασας ἱμεροεν, *dulce ridentem*. (Homère. — Sapho. — Horace).

[3] Dante, comme il le dit lui-même dans sa *vita nova*, vit pour la première fois Béatrix, lorsqu'elle commençait sa 9e année, et qu'il accomplissait la sienne. A partir de ce moment, ajoute-t-il, l'amour se rendit maitre de mon âme, qui, tout aussitôt, lui fut fiancée. On sait que Béatrix était fille de Folco di Portinari ; née à Florence en 1266, elle mourut le 9 juin 1290, à l'âge de 24 ans.

[4] Dante va entrer dans l'Empyrée. Ce passage lui est annoncé par la transformation de Béatrix.

[5] L'Empyrée.

[6] On verra les Anges, au chant suivant, voler et circuler dans la rose, où les Saints de l'Ancienne et de la Nouvelle Loi ont leurs siéges.

se montreront à toi sous la forme glorieuse[1] qu'ils doivent revêtir au jugement dernier. »

De même qu'au rayonnement d'une clarté soudaine, l'organe visuel se trouve atteint et tellement affaibli que les objets extérieurs restent sans action sur lui ; ainsi me vis-je tout à coup environné de lumière[2] ; une vive splendeur frappa mes yeux et les couvrit comme d'un voile, qui ne me laissait plus rien apercevoir[3] ; mais j'ouïs la voix de Béatrix.

« L'amour divin, me dit-elle, cet amour qui règne au plus haut des Cieux, rassemble ici tous ses trésors de lumière, pour disposer le cœur de l'homme[4] à s'embraser. »

Ce peu de mots avait à peine frappé mon oreille, que je me sentis supérieur à moi-même, et doué de facultés inconnues. La vue me revint si forte et si perçante qu'elle pouvait désormais supporter la splendeur la plus intense. Je vis courir des flots de lumière entre deux rives[5] émaillées de toutes les richesses du printemps. Il sortait de ce fleuve comme de vives étincelles qui tombaient de chaque côté parmi les fleurs[6]. Elles se mêlaient à

[1] Ce ne sont que des apparences, *aspetti*. Les Elus se manifesteront ainsi à Dante, avant la résurrection des corps, pour offrir une prise à ses organes sensibles, et lui donner une idée plus complète de la béatitude céleste.

[2] Entre sa sortie du Premier Mobile et son entrée dans l'Empyrée, il y a un intervalle marqué par la dégradation des clartés angéliques et par le discours que vient de lui adresser Béatrix.

[3] A cet éblouissement, sorte de cécité momentanée, succédera, comme on l'a déjà vu au 26e chant, une vue plus nette et plus ferme.

[4] Il y a dans le texte : pour disposer le cierge à prendre flamme, « *per far disposta a sua fiamma il candelo* » métaphore qui ne pouvait guère passer dans notre langue. Certains commentateurs donnant au mot *salute* son sens propre, entendent que Dante a été *salué* de splendeurs vives qui ont éteint sa vue, afin qu'elle lui revînt plus pénétrante, comme une chandelle, qu'on a mouchée, jette plus d'éclat. Mais pourquoi prêter au poète une pensée aussi bizarre, sur un mot qu'il a déjà employé ailleurs pour signifier la lumière dont jouissent les Bienheureux ?

[5] Le point lumineux lui apparaît d'abord comme un fleuve dont les rives seront tout-à-l'heure les extrémités de la rose mystique. « *Ostendit mihi flumen aquæ vivæ, splendidum tanquam cristallum procedens de sede Dei.* » (Apocal. 21.)

[6] Ce fleuve, ces étincelles et ces fleurs vont constituer sous la forme d'une rose, le sanctuaire du Très-Haut, des Anges et des Elus. Il faut que Dante ait bu à la source même de la lumière incréée pour être mis en face de la vérité sans figures.

celles-ci, en les faisant briller comme des rubis enchâssés dans l'or. Puis, après s'être enivrées de leurs parfums, elles se replongeaient dans la source merveilleuse. A mesure que les unes y rentraient, d'autres en jaillissaient par un mouvement alternatif et continuel.

Mon astre tutélaire[1], Béatrix, me dit alors : « Tu brûles de connaître ces objets nouveaux. Plus je te vois curieux et impatient, plus je suis charmée de ta sainte ardeur. Mais tu ne saurais étancher une soif aussi grande, sans avoir bu de l'eau vive, à la source pure où s'attachent en ce moment tes yeux. »

Puis elle ajouta : « Cette lumière ruisselante, ces étincelles d'or, qui sortent du fleuve et y rentrent, et la riante verdure de ces rives, ne sont que l'ombre et l'avant-scène de la vérité. Mais leur imperfection ne vient pas d'elles-mêmes, c'est toi qui n'es pas mûr pour l'idée qu'elles représentent ; tu as la vue encore trop courte. »

Comme on voit un enfant, éveillé après l'heure accoutumée, se jeter la bouche ouverte sur le sein de sa nourrice; avec autant et plus d'ardeur encore, pour aiguiser ma vue davantage, et faire de mes yeux des miroirs plus polis, je me baissai au niveau du fleuve, où la lumière coule à flots, pour nous rendre meilleurs. Et, à peine y avais-je trempé le bord de mes paupières[2], qu'il me parut avoir changé de direction et de forme, et de long qu'il était, être devenu circulaire.

Alors, semblables à ceux qui, posant le masque sous lequel se dérobaient leurs traits, se font voir tout autres qu'ils n'étaient, par une subite métamorphose, les étincelles du fleuve et les fleurs de ses deux rives furent transfigurées à mes yeux. Je vis distinctement les Anges et les Saints, formant les deux parties de la cour céleste.

Dieu splendide, qui m'as montré le royaume du Ciel dans sa gloire, rends-moi capable de chanter ton triomphe, et de peindre ce que j'ai vu !

[1] Il y a dans le texte : « *le soleil de mes yeux* », métaphore qui rappelle un endroit de ce poème, où Dieu est appelé le soleil des Anges.

[2] Dante a bu, sous les yeux de Mathilde, au paradis terrestre, les eaux du fleuve Eunoë, pour se mettre en état de monter aux sphères célestes; c'est Béatrix ici qui préside à la dernière initiation.

Il existe là haut une lumière qui manifeste le Créateur à sa créature, et le lui rend visible, parce qu'elle a mis à le voir toute sa félicité ; lumière qui se dilate en un vaste cercle, où le soleil lui-même tiendrait aisément ; un seul rayon la manifeste en ce lieu[1], et ce rayon réfléchi sur un point du Premier Mobile, lui imprime sa vertu et sa force motrice.

De même qu'un côteau, plein d'arbres verts et de fleurs nouvelles, se mire dans l'eau qui baigne son pied, comme pour se voir dans toute sa parure ; de même je vis se refléter dans ce lac de lumière, autour duquel s'élevaient des milliers de siéges, tous ceux qui ont mérité d'être rappelés dans la céleste patrie[2]. Et, si le fond de cette rose resplendissait dans un si large espace, quel devait être le développement de ses feuilles supérieures. A quelque hauteur qu'elle déployât son vaste calice, ma vue n'en était point troublée. Une joie en émanait, dont je goûtai dans toute leur force et leur pureté les exquises délices. Là, point de proximité ni de distance. Ces mots *près* et *loin* n'y ont pas de sens[3]. Les Saints étant sous l'action immédiate de Dieu, les lois physiques auxquelles sont soumis nos organes sensibles, ne leur sont point applicables.

Béatrix m'entraîna au cœur de la rose éternelle, qui s'élargit

[1] Un seul rayon de lumière incréée forme cet océan, au fond de la rose mystique, et ce rayon, réfléchi sur le Premier Mobile, donne l'impulsion à l'univers.

[2] Les siéges sont pour les Saints. On verra dans le chant suivant que des anges volent au-dessus de leurs têtes, allant et venant dans toutes les parties de la rose, du centre à la circonférence, et *vice versa*, dans un mouvement continuel. Ces anges appartiennent aux hiérarchies célestes qui tournent, comme on l'a vu, dans neuf cercles autour du divin foyer. Il faut donc admettre qu'ils peuvent dévier de leur route, et se répandre dans la rose au-dessus des Saints.

[3] Les Bienheureux sont entre eux en communion parfaite, malgré la distance qui *semble* les séparer les uns des autres. Leurs perceptions ayant lieu sous l'action immédiate de Dieu, les lois de notre optique et de notre acoustique leur sont inapplicables ; ils se voient et s'entendent sans être bornés par des organes sensibles. La distance est donc pour eux, comme si elle n'était pas. Mais il ne s'ensuit pas de là que la vision béatifique soit la même pour tous, quelque rang qu'ils occupent dans le sanctuaire, et à quelque distance qu'ils soient du foyer sacré. Tous jouissent de la vue de Dieu ; mais ils pénètrent plus ou moins dans son essence, à raison de leurs mérites, suivant cette parole de J. C. : « il y a plusieurs demeures dans la maison de mon père » (Saint Jean 14). Dante supprime ici les effets de la distance entre les Élus, sans nier l'ordre hiérarchique, dont elle est, par rapport à Dieu, le signe approprié à notre entendement.

graduellement, et dont les parfums refluent comme un encens vers le soleil incréé[1] dont ils émanent ; et me voyant, comme un homme qui voudrait et qui n'ose parler, elle me dit : « Admire la multitude des robes blanches[2] réunies en ce lieu. Voici notre cité ; vois combien est vaste son enceinte, vois nos rangs pressés, et nos siéges où il reste peu de places à remplir[3]. Celui auquel ta vue s'attache en ce moment, à cause de la couronne qui déjà le surmonte, est destiné à un auguste Empereur, qui viendra s'y asseoir, avant que toi-même aies pris place au banquet sacré[4], au grand Henri qui entreprendra de restaurer l'Italie, avant qu'elle ne soit mûre pour un pareil bien[5].

[1] Le soleil dans un printemps éternel « *sol che sempre verna* » est une belle image de Dieu. Le texte est plein de ces beautés, qui se refusent à une version littérale.

[2] Datæ sunt illis singulœ stolœ, albœ (Apoc. 6).

[3] Quand toutes les places du Paradis seront prises, le monde doit finir. — Le poète fait entendre ici que ce temps n'est pas éloigné, puisqu'il reste, dit-il, peu de siéges à remplir. L'opinion de la fin prochaine du monde, a traversé tout le moyen-âge, et elle s'était surtout fortement établie au Xe siècle, dont la dernière année devait accomplir le cycle des millénaires. Il paraît qu'au commencement du XIVe siècle, alors que Dante écrivait son poème, cette opinion était encore dans beaucoup d'esprits. Le monde devant finir quand le nombre des Elus fixé par Dieu sera complet, on s'est beaucoup tourmenté pour déterminer ce nombre, égal, suivant les uns, à celui des bons anges, et suivant les autres, au nombre des anges rebelles. Mais quel moyen a-t-on de compter les Anges? C'est reculer la difficulté sans la résoudre. Il vaut mieux dire avec saint Mathieu : « *De die autem illâ et horâ, nemo scit, neque angeli cœlorum, nisi solus pater* ».

[4] Après avoir vu dans l'Enfer, (chant 33e) l'âme de Branco d'Oria, damnée d'avance, puisque son corps, occupé par un démon, vivait encore sur la terre, on ne sera pas surpris de voir ici un élu par anticipation, ou du moins le siége qui lui est réservé dans le Paradis. Ce prédestiné est l'empereur Henri VII, à qui Dante a voulu tenir compte de son projet de régénérer l'Italie. Henri VII mourut en 1313, 7 ans avant Alighieri. Une prédiction aussi formelle semble indiquer que ce prince était déjà mort, au moment où Dante écrivait ces vers, qui acquiéraient par là une date postérieure à 1313. Si le poète parle ici de la mort d'Henri VII, comme d'un évènement futur, c'est qu'il est censé faire son voyage au commencement de l'année 1300, époque marquée plusieurs fois dans le cours du poème, et qu'il ne faut pas oublier.

Dante est sûr de son salut. Il a déjà fait entendre qu'il serait sauvé. Il se le fait dire ici en termes exprès par Béatrix.

[5] En disant que l'Italie ne sera point mûre pour une réforme « *a drizzare Italia verrà in prima ch' ella sia disposta* » le poète montre qu'il connaissait alors le mauvais succès de l'expédition d'Henri VII; et comme ce prince mourut dans le cours de son expédition, on doit penser que ces vers sont postérieurs à l'année 1313. Dante passa les dernières années de sa vie dans diverses retraites, où il acheva le Paradis et retoucha tout son poème.

(V. la notice biogr. mise en tête de cette traduction.)

« L'aveugle convoitise qui vous possède vous a rendus semblables à l'enfant qui meurt de faim, et chasse sa nourrice. En ce temps là, tel[1] occupera le Saint-Siége dont les voies ouvertes ou cachées seront en tout point différentes des errements de ce grand prince. Mais le pontificat et la vie lui seront bientôt après retirés par Dieu, qui le précipitera dans cette basse région de l'Enfer, où il aura mérité[2] d'être avec Simon-le-Magicien, et d'enfoncer de sa tête[3] les pieds de l'homme d'Anagni[4], cet autre pape simoniaque. »

CHANT XXXI.

Donc, elle s'offrait à moi sous la forme d'une rose blanche[5] la

[1] Clément V. — Ce pape qui transféra le Saint-Siége à Avignon, vivait encore à la mort de l'empereur Henri VII. Il mourut l'année suivante, en l'année 1314, et la prédiction du poète qui le concerne paraît s'appliquer aussi à un fait accompli. Il y a pourtant au 9e chant de l'Enfer, qui était achevé, dit-on en 1304, une prédiction pareille sur Clément V qui doit venir prendre place parmi les simoniaques, après Boniface VIII. Mais là peut-être la damnation du pontife encore vivant était annoncée par une fiction hardie du poète. Ici au contraire, Dante se réfère à ce qu'il en a dit, comme pour le confirmer après l'évènement. On peut remarquer quelque différence entre les deux prédictions, dont l'une annonce qu'après Boniface, *dopo lui*, il viendra un pape, etc., et dont l'autre porte que Clément gardera peu de temps le Saint Siége, après la mort d'Henri VII, *poco poi*. Cette dernière me semble plus précise. D'ailleurs toutes deux pourraient avoir suivi la mort de Clément V, s'il est vrai que l'Enfer ait été retouché plusieurs fois par Dante pendant son exil.

[2] Bertrand de Got, archevêque de Bordeaux, fut élevé au Saint Siége par l'influence de Philippe le Bel, dont le frère, Charles de Valois, aida les Noirs de Florence à s'y rendre maîtres, et à exterminer le parti des Blancs. Dante, confondu avec ces derniers, fut enveloppé dans leur ruine.

[3] (V. l'Enfer Chant 19). Boniface VIII surpris dans Anagni par des émissaires de Philippe le Bel, fut délivré par les habitants de cette ville, après quatre jours de détention. Il s'enfuit à Rome, où il mourut sous l'émotion de cette insulte, le 12 octobre 1303.

[4] L'homme d'Anagni n'est autre que Boniface VIII, né dans cette petite ville à 12 lieues de Rome.

[5] La rose est admise comme type de l'Eglise par une ancienne tradition qui paraît fondée sur un passage du Cantique des Cantiques (Chap. II) : « *ego sum flos campi.* » La vulgate a traduit ainsi ce passage, dont le sens littéral serait, d'après le texte hébreu : je suis la rose de Saron. On sait que le Cantique des Cantiques offre une peinture de l'union mystérieuse de l'Eglise et de Jésus-Christ. De là, sans doute ces roses magnifiques, qui décorent nos

sainte milice des Elus, l'Église de Jésus-Christ, qu'il a faite son épouse, en scellant son alliance de son sang[1]. Mais dans cette fleur précieuse descendait et circulait une autre légion de purs esprits, celle des Anges qui, pénétrés de l'amour divin et de l'excellence de leur propre nature, puisent dans la vue de Dieu un désir incessant de chanter sa gloire et de célébrer sa bonté.

Semblables à des abeilles qui tantôt vont à la picorée sur les fleurs, tantôt retournent à la ruche, où des sucs par elles recueillis elles composent leur miel; telles volaient, en descendant entre les feuilles de l'immense corolle, ces troupes d'anges qui bientôt remontaient[2] jusqu'où réside l'éternel objet de leur amour. Leur visage était tout de flammes et leurs ailes d'or; quant au reste ils surpassaient en blancheur l'éclat éblouissant de la neige. Lorsqu'ils redescendaient des hauts lieux, plus riches de paix et d'amour, ils répandaient ces trésors, en secouant leurs ailes, sur tous les plis et replis de la fleur; et, quoiqu'ils se missent ainsi entre la rose et le point lumineux[3], la vue de celui-ci, malgré leur nombre, n'était pas interceptée par leurs mouvements rapides; sa splendeur n'en était pas diminuée. C'est que la lumière increée se coule par tout l'univers, pénétrant chaque substance, selon qu'elle en est digne, sans que rien puisse jamais lui faire obstacle[4].

cathédrales; de là le nom de rose mystique donné à la Vierge elle-même, nouvelle Eve, en qui se résume le monde régénéré par la foi, c'est-à-dire l'Eglise. La rose blanche, où Dante place le sanctuaire des Elus, est par sa couleur un symbole de pureté, comme par sa forme et ses feuilles nombreuses resserrées dans le moindre espace, elle représente la communion des Saints.

[1] Le sang de Jésus-Christ a été le sceau de la nouvelle alliance de Dieu avec les hommes ; et comme l'ensemble des fidèles personnifié dans une femme, la sainte Vierge, est de plus exprimé par un mot du genre féminin, l'Eglise, on comprend que cette alliance, changée en union mystique ait donné lieu à ces noms d'époux et d'épouse qui ont passé dans le langage religieux.

[2] Voir la note 2, page 555. Des essaims d'anges s'élancent du fond de la rose, en se détachant de leurs orbes. Ils en sortent et y reviennent. On en verra même s'élever en forme de couronne au-dessus de la sainte Vierge. Sans cette explication nécessaire, on ne saurait concilier la dispersion des Anges et leur va-et-vient dans la rose, avec leur mouvement circulaire autour du point central.

[3] Il y a dans le texte : « *tra'l disopra e'l fiore* ». Le fond de la rose, où brille le rayon divin, est considéré comme la partie supérieure, ce qui est au-dessus « *il disopra* ».

[4] Cette lumière qui éclaire tout homme venant au monde « *lux vera quæ illuminat omnem hominem venientem in hunc mundum* » (Saint Jean), exerce une action immédiate que rien n'arrête.

Dans ce royaume, asile du repos et de la joie, étaient rassemblés[1] maints personnages de l'Ancienne Loi et de la Nouvelle. Tous avaient les yeux et les cœurs dirigés vers le même but[2].

O lumière, qui jaillis une et triple à la fois d'un foyer unique! Etoile scintillante, qui réjouis les Saints, fais luire un de tes rayons sur notre monde plein d'orages!

Si les Barbares, accourus des régions qui voient chaque jour les deux Ourses fournir ensemble leur course dans le ciel[3], furent jadis frappés d'étonnement à la vue de Rome et de ses merveilles[4], alors que Rome n'avait pas de rivale sur la terre[5], de quelle surprise, passant des choses humaines aux choses divines, passant du siècle dans l'éternité, venu de Florence au milieu d'un peuple juste et sage[6], ne devais-je pas être saisi à ces grands spectacles! Partagé entre la surprise et la joie, je restais muet, sans autre envie de m'enquérir et d'apprendre.

Semblable au pèlerin qui, arrivé dans le temple où l'appelait son vœu[7], se délasse à le considérer et déjà songe à la description

[1] Ils y sont rassemblés sans se confondre. On va voir comment les Saints, qui ont vécu avant et après Jésus-Christ se partagent le royaume de Dieu.

[2] Dieu rayonnant au point central.

[3] La grande et la petite Ourse, situées près du pôle arctique, où le jour dure six mois, demeurent au-dessus de l'horizon pendant un temps égal; et alors leur rotation s'accomplit chaque jour tout entière, sous les yeux des habitants de ces régions.

Ces deux constellations sont désignées par le poète sous le nom d'Hélice et de son fils. Suivant la fable, Hélice ou Calisto, fut séduite par Jupiter et en eut un fils exposé, comme sa mère, aux persécutions de la jalouse Junon. Calisto changée en ourse par cette déesse, et fuyant devant les chasseurs, allait périr de la main de son fils Arcas, lorsque Jupiter les enleva tous deux, et les changea en constellations, voisines du pôle arctique (Ovid. mét. 2).

Le nom d'Hélice donné par les Grecs à la grande Ourse, lui vient de ce qu'elle tourne autour du pôle.

[4] Alaric, roi des Goths, se rendit maître de Rome, le 24 août 410. Le chef barbare des nations scandinaves entraînait avec lui les peuples les plus septentrionaux de l'Europe.

[5] Il y a dans le texte : « *Quande Laterano alle cose mortali ando di sopra.* » Mais le palais de Latran est mis ici pour Rome elle-même, la partie pour le tout. La basilique de Latran, premier siége des papes, fut bâtie par ordre de Constantin, plus d'un demi-siècle avant la prise de Rome par les Barbares.

[6] Ici le trait est direct : Florence, l'ingrate patrie de Dante, est en tout l'opposé d'un peuple juste et sage. Ailleurs il lui a donné des éloges ironiques. « *Tu ricca, tu con pace e con senno* » (Purg. 6).

[7] Il y avait alors des pèlerinages célèbres; on allait à Jérusalem, à Rome, à Compostelle, visiter le saint-sépulcre, ou les tombeaux de saint Pierre et de saint Jacques.

qu'il en doit faire; tel, promenant mes yeux sur ces gradins resplendissants de lumière, je regardais en haut, en bas, à l'entour, passant et repassant sur les mêmes objets.

Partout des figures aimantes et inspirant la charité, partout des visages brillants de leurs joies propres et des divines clartés; partout l'expression des plus hautes vertus.

J'avais embrassé dans son ensemble la structure de cette rose, qui est le vrai Paradis des Elus, mais mes yeux ne s'étaient encore arrêtés nulle part, lorsque sentant renaître en moi une ardente curiosité, je me tournai, pour m'éclairer auprès de ma sainte maîtresse sur les doutes qui agitaient mon esprit.

J'obtins une réponse, mais de toute autre part que je n'attendais. Au lieu de Béatrix, je vis un vieillard[1], vêtu de blanc comme les hôtes glorieux de cette demeure. Une joie tranquille éclatait dans ses yeux, et colorait son visage. Son air grave et doux respirait la tendresse d'un père.

« Et Béatrix, m'écriai-je, où est-elle? »

Il me répondit : « C'est elle qui m'a fait lever de mon siége[2], et qui m'a confié le soin d'achever auprès de toi sa tâche. Jette les yeux sur ces gradins circulaires; regarde le troisième rang[3], vers la partie la plus évasée de la fleur, et tu verras ta sainte patrone, y occupant le trône[4] que lui ont mérité ses vertus. »

[1] Saint Bernard. — Sa dévotion spéciale à la sainte Vierge lui donne un titre à conduire Dante, et à lui montrer en détail la rose où brille et préside la Reine du Ciel.

[2] La place de saint Bernard dans la rose n'est pas indiquée. On ne voit pas sur quel gradin circulaire il a son siége. Mais envoyé par Béatrix, il est vraisemblable qu'il était placé au même rang qu'elle, parmi les esprits contemplatifs. (V. Chant 28.)

[3] Il y a dans le texte : « Regarde au troisième rang du gradin le plus élevé, *del sommo grado* ». Selon Venturi, c'est le troisième rang à partir du point lumineux, ou du fond de la rose. Ce commentateur oublie que Rachel est assise deux degrés au-dessous de la Vierge, qui elle-même a son siége dans la partie la plus évasée de la fleur. Il faut se représenter Dante au fond de la rose, qui s'épanouit verticalement autour du foyer de la lumière. Il a donc, au-dessus, au-dessous, et autour de lui des siéges de Bienheureux; mais le rayon divin n'en domine pas moins toutes les parties de la fleur, puisqu'il remonte à des profondeurs infinies. Si l'on ne se place à ce point de vue, plusieurs expressions du poète, qui regarde en haut, en bas, et désigne tantôt le sommet, tantôt le point extrême, peuvent induire en erreur.

[4] Le poète a déjà fait de Rachel et Lia, les deux types de la vie spéculative et active. (Purg. 28). — En Béatrix, il a personnifié le beau moral sous la loi chrétienne. On comprend dès lors qu'il ait placé Rachel et Béatrix avec les âmes sanctifiées par la contemplation du beau.

Je levai la tête sans répondre, et je vis Béatrix inondée de lumière. Les rayons de cette lumière céleste rejaillissaient autour d'elle, et lui faisaient une splendide auréole.

J'étais séparé d'elle par plus de distance qu'il n'y en a pour l'œil de l'homme des profondeurs de la mer aux plus hautes régions où éclate le tonnerre [1], et cependant cette distance était nulle pour moi. Son image, en venant se placer sous mes yeux, n'avait point à traverser des milieux qui lui fissent obstacle [2].

« Dame de mes pensées et de mes espérances, lui dis-je, vous qui m'avez aimé jusqu'à laisser en Enfer, pour mon salut, une trace de votre passage [3] ! si j'ai eu la grâce de voir, la force de soutenir tant de grands et merveilleux spectacles, c'est à votre puissance, je le reconnais, c'est à votre bonté que je le dois. Vous m'avez affranchi de servage, et poussé à la liberté par toutes les voies qui pouvaient m'y conduire [4]. Veillez à présent sur votre ouvrage; gardez en moi les effets de votre munificence, afin que mon âme, par vous retrempée, soit digne de vous, lorsqu'elle brisera son enveloppe. »

A cette prière fervente, la Sainte (comme je le vis clairement malgré la distance) sourit [5], me regarda et reporta sa vue vers l'éternel foyer de lumière.

Le saint vieillard me dit alors : « Je suis venu à la prière de Béatrix, et mû par l'amour divin, pour conduire à son terme ton pèlerinage. Si tu veux l'accomplir en tout point, hâte-toi de parcourir des yeux ce nouvel Eden. Sa vue t'enflammera du désir de monter plus haut [6] en suivant le rayon qui s'y projette.

[1] Cette distance, la plus grande que l'homme puisse mesurer en deçà des corps célestes, fait juger de l'immensité de la rose qui constitue le sanctuaire des Elus ou le Paradis.

[2] V. Chant xxxe, page 555, note 3.

[3] Béatrix n'a point parcouru l'Enfer avec Dante; mais elle y a mis les pieds. Elle est descendue dans les Limbes pour lui procurer un guide. Virgile a fait le récit de cette apparition au 3e chant de l'Enfer.

[4] Le but de la Divine Comédie est ici clairement indiqué : c'est la régénération morale de Dante (V. la notice biographique mise en tête de cette traduction.)

[5] Ce sourire que Dante connaît si bien est l'adieu de sa sainte maîtresse. Il laissera dans son âme une impression ineffaçable.

[6] Il ne s'approchera pas davantage, mais sa vue s'aiguisera et pénétrera plus avant au sein de la lumière (V. Chant xxxiiie et la note).

La Reine du Ciel nous comblera de ses grâces, parce que mon cœur est tout à elle, parce que je suis son fidèle Bernard[1]. »

De même qu'un croate[2], venu en Italie pour voir la Sainte-Image[3], ne peut en rassasier ses yeux, tant elle est célèbre dans le monde, et se dit à lui-même pendant qu'on la lui montre : « Seigneur Jésus! voilà donc la vraie face de mon Sauveur! » Telle fut mon admiration, en voyant l'homme de charité ardente, qui put, à force de contemplations[4], goûter sur la terre les joies de la paix céleste!

« Enfant de la grâce, me dit saint Bernard, ces ravissements te seront inconnus, tant que tu baisseras ainsi le front. Lève la tête et porte tes regards jusqu'au cercle le plus éloigné du centre[5]. Là réside au milieu de son domaine, et parmi ses fidèles sujets, la Reine du Ciel. »

A ces mots, je levai les yeux, et de même qu'au matin le soleil,

[1] Saint Bernard, premier abbé de Clairvaux, né à Fontaine-Française, Côte-d'Or, mourut en 1153. Il fut appelé le dernier père de l'Eglise. On sait qu'il fit condamner Abélard au concile de Sens. Ses nombreux écrits et la part qu'il eut aux grandes affaires de son temps, notamment à la seconde croisade, où il engagea Louis le Jeune, lui firent une réputation immense, due autant à l'onction de sa parole qu'à l'autorité de son caractère. Il s'est signalé par une dévotion extraordinaire à la sainte Vierge. Il lui rendit hommage comme un vassal à sa suzeraine. De belles prières, composées par lui en son honneur, témoignent de ses ferventes aspirations vers la Reine du Ciel, qu'il regardait comme sa médiatrice en toute occasion.

[2] La Croatie autrichienne, dont la population est toute catholique est une des nations les plus voisines de l'Italie, puisque Carlstadt, sa capitale, n'est guère qu'à 60 lieues de Venise.

[3] On représente sainte Véronique portant le saint-suaire, c'est-à-dire un linge où est empreinte la face de Jésus-Christ. Ce suaire, porté à Rome, suivant la tradition, par cette sainte femme, qui s'en était servie pour essuyer le visage du Rédempteur, dans le chemin de la croix, était conservé dans l'église de Saint-Pierre, et cette relique attirait à Rome de nombreux pèlerins. On a remarqué que Véronique était un mot formé de deux mots grecs : *ιερα εικων*, ou de deux mots latins *vera icon*, qui signifient sainte image, vraie image; ce rapport singulier a fait douter de l'existence de la sainte.

[4] Ce mot *contemplando* du texte assigne à saint Bernard sa véritable place. Le poète l'appelle ailleurs *quel contemplante* (Chant XXXII. — 1 —). Il n'est plus douteux dès lors qu'il appartienne à l'ordre des Elus sanctifiés par la contemplation, c'est-à-dire à la 7e sphère ou Saturne, qui correspond au 3e chœur des Anges (les Trônes).

[5] (Voir supra, page 560, note 3.) Ici le texte est fort clair. — « Porte tes regards jusqu'au cercle le plus éloigné, *fino al piu remoto* ». Ce cercle le plus éloigné ne peut être que le gradin circulaire le plus distant du foyer de la lumière. Comme on le verra bientôt, la distribution des Elus dans la rose assignait cette place à la sainte Vierge qu'on croirait plutôt devoir occuper le fond. « *Celsæ proxima sedi tonantis assidet* ». (hymne de la fête de l'Assomption).

qui brille à l'orient, répand dans cette région plus de clarté que dans la partie opposée du ciel; ainsi ma vue s'élevant toujours, découvrit, sur un point du bord évasé de la fleur, un lieu plus éclairé que tout le reste.

Comme on voit le ciel resplendir davantage dans la région où monte le char du soleil[1], de sorte qu'on peut suivre de chaque côté la dégradation de la lumière; telle paraissait au milieu du sanctuaire[2] la Vierge radieuse, comme une oriflamme de paix[3] dont l'éclat diminuait et se perdait dans l'éloignement.

Autour d'elle voltigeaient, empressés de lui faire fête, des milliers d'anges, qui se distinguaient entre eux par leurs degrés de splendeur et la diversité de leurs attributs[4]. La Vierge souriait à leurs jeux, à leurs chants d'amour. Beauté sans pareille, elle charmait tous les yeux, et portait la joie parmi tous les Élus.

Non, quand même ici le talent descriptif égalerait l'imagination du poète, il ne pourrait que sentir son impuissance à peindre la Reine des Cieux[5]. Il s'abstiendrait même de le tenter!

[1] Il y a dans le texte : le timon que Phaéton a mal dirigé... La chute de Phaéton, inhabile à conduire le char du soleil, son père, qui avait cédé à ses instances, est connue de tout le monde. Le traducteur a cru pouvoir supprimer cette périphrase qui nuisait peut-être à la clarté.

[2] La Vierge est au milieu du sanctuaire *nel mezzo*, en ce sens qu'elle se trouve au milieu du plus grand cercle formé par l'épanouissement de la rose.

[3] L'oriflamme, vrai palladium de la France au moyen-âge, comme le Labarum fut celui de l'Empire après Constantin, avait été, dit-on, apportée par un ange dans l'abbaye où elle était conservée. Cet étendard, qui flottait au vent, comme une flamme d'or, n'était remis qu'au roi lui-même dans les grandes occasions. Louis le Gros alla le prendre, au douzième siècle, des mains de l'abbé Suger ; et l'on croit qu'il sortit pour la dernière fois, déployé vainement, sous Charles VI, à la bataille d'Azincourt (1415). V. Du Cange. Dissertation sur l'oriflamme. — La sainte Vierge est ici comparée à une oriflamme de paix, parce qu'elle s'élève au-dessus des Anges et des Saints, comme un signe de victoire, dans un lieu où la guerre n'a point d'accès. Le mot du texte *oria fiamma*, si facile à dériver d'aurea flamma, viendrait selon Vellutini d'*oriental fiamma* ; étymologie forcée qui ne s'appuie sur aucune donnée historique.

[4] Cette multitude confuse ne s'accorde pas avec l'ordre constant établi parmi les Anges dans les hiérarchies célestes. Il faut admettre que beaucoup d'entre eux se sont détachés de leurs chœurs respectifs, pour faire honneur à la Reine du Ciel (V. supra, page 558, note 2).

[5] Dans l'hymne de la fête de l'Assomption, la Vierge a pour vêtement le soleil. Douze étoiles lui ceignent la tête et la lune est sous ses pieds :

Amicta sole fœmina
Lunamque subjectam premens ;
Bissena cui cingunt caput
Fulgore miro sidera.

Quoiqu'on la représente ordinairement foulant aux pieds le serpent, beau-

Saint Bernard me voyant l'œil fixe et attaché sur ce phare éblouissant, y porta lui-même ses regards avec tant de ferveur, qu'il me rendit plus dévot encore dans ma contemplation.

CHANT XXXII.

Sans cesser de contempler la Vierge, plaisir de ses yeux, saint Bernard voulut bien s'ériger en docteur pour m'instruire. Il me dit : « Dans cette femme si belle, que tu vois aux pieds de Marie, reconnais Ève, qui aurait fait au genre humain une blessure incurable, si la mère de Dieu n'avait mis un appareil sur sa plaie[1].

« Au-dessous et au troisième rang siégent, comme tu vois, l'une près de l'autre, Rachel[2] et ta Béatrix.

« Plus bas, et en descendant toujours vers le fond de la rose, tu peux suivre de siége en siége jusqu'au septième[3] à mesure que je

coup d'images de la mère de Dieu, et notamment les *conceptions* de l'Ecole Espagnole, et ce chef-d'œuvre de Murillo, qui vient d'être acquis à la France (1852) la font voir ayant la lune sous les pieds; attribut tiré sans doute de quelque rapport astronomique de cette planète avec le signe de la Vierge.

[1] Marie n'a été que la cause médiate du salut des hommes, c'est Jésus-Christ qui a véritablement guéri la plaie faite au genre humain par la désobéissance d'Ève ; et quand le poète théologien dit de la Vierge-Mère qu'elle a refermé et pansé cette plaie « *che Maria richiuse ed unse* », on ne peut se méprendre sur son intention.

[2] Rachel et Lia personnifient la vie contemplative et la vie active, comme on l'a vu au 27e chant du Purgatoire. « *Lei lo vedere e me l'oprare paga.* » C'est donc bien au 3e rang, avec les esprits contemplatifs, que Rachel devait avoir sa place ; et Béatrix assise à côté d'elle est du même ordre. Mais ce caractère opposé des deux sœurs est à peine indiqué dans la Bible, où l'on voit seulement que Lia avait eu déjà six fils, et connu les embarras des soins domestiques avant que Rachel eût enfanté Joseph et Benjamin. Les vrais types sont Marthe et Marie, mais celle-ci ne pouvait convenir au dessein du poète qui met toujours en regard, dans ses tableaux, l'Ancien Testament et l'Evangile. A Béatrix chrétienne, il ne pouvait opposer que la juive Rachel.

[3] L'amphithéâtre a plus de sept gradins, et Dante se borne à nommer les saintes juives, dont les siéges marquent les sept premiers degrés. On ne trouve pas ici de division, qui corresponde précisément aux neuf sphères, ni aux chœurs angéliques. Les Élus sont sans doute classés dans l'Empyrée suivant leurs mérites, mais ils ne paraissent pas y suivre l'ordre établi dans les

les appelle par leurs noms, Sara, Rebecca, Judith et Ruth[1], bisaïeule du roi-prophète à qui le repentir d'une grande faute inspira le cantique *miserere*[2].

« Viennent ensuite d'autres saintes juives, qui continuent la ligne depuis le septième gradin jusqu'en bas, coupant en deux l'immense corolle[3]. Ce sont elles, en effet qui partagent, comme

différentes sphères, ordre qu'on a vu correspondre à celui des hiérarchies célestes.

Ainsi en admettant que les premiers gradins, qui portent la Sainte-Vierge, Ève et Béatrix aient quelque rapport avec les Séraphins, les Chérubins et les Trônes, avec le Premier-Mobile, les étoiles fixes et Saturne ; en admettant qu'on puisse y voir l'ardente charité, le zèle de la propagande et le goût de la vie contemplative, il n'existe assurément aucun point de ressemblance entre Sara et les Dominations, entre Rebecca et la vertu guerrière, entre Judith et les savants docteurs, habitants du soleil, entre Ruth et les saintes purifiées de l'amour sensuel. (V. Chant XXVIII — page 540, note 2.)

Dante aurait pu trouver aisément dans l'Ancien et dans le Nouveau Testament, des personnages célèbres, qui eussent cadré avec sa classification des Élus dans l'Empyrée ; mais il a sacrifié quelque chose de la symétrie de son plan, pour mettre en relief, sans égard à l'ordre précédemment établi, les principales figures de l'histoire sainte, ancienne et moderne.

[1] Nous voyons ici un ordre de sainteté ; mais il est difficile de reconnaître à quel genre de vertus il se rapporte. En rapprochant plusieurs indications du poète, on trouve au gradin supérieur la Vierge, Adam et saint Pierre, Moïse et saint Jean l'Évangéliste; en face d'eux, saint Jean Baptiste, sainte Anne et sainte Lucie; — au 2e gradin, Ève et saint François d'Assises ; — au 3e Rachel et saint Benoît ; — au 4e Sara et saint Augustin ; — au 5e Rébecca; — au 6e Judith ; — au 7e est assise Ruth. Le poète n'en a pas nommé d'autres. On cherche vainement la pensée qui a présidé à cette classification. Sara femme d'Abraham ; — Rébecca, femme d'Isaac ; — Judith la veuve de Béthulie, délivra cette ville assiégée par Holopherne, en allant trouver ce général dans sa tente, et en lui coupant la tête pendant son sommeil. — Ruth, fille de Noëmi, épousa Booz, père d'Obed, père de Jessé, qui engendra David.

[2] David fit périr Uri, un de ses capitaines, après lui avoir enlevé sa femme Bethsabée. Le roi-prophète a immortalisé son repentir par des chants qui passent pour des chefs-d'œuvre de poésie lyrique. Le psaume 56 « *miserere mei Deus* », est le plus touchant des sept psaumes pénitentiaux que Dante, pour le noter en passant, traduisit dans sa vieillesse en beaux tercets italiens.

[3] On verra tout à l'heure que de la Vierge à saint Jean-Baptiste, il existe une ligne de démarcation, interrompue seulement par le foyer de lumière, au fond de la rose. Les deux rayons opposés remontent d'un côté par les saintes juives à la Mère de Dieu ; de l'autre, par les saints docteurs de la Loi Nouvelle à saint Jean-Baptiste. Le nombre des degrés de part et d'autre n'est pas indiqué, mais le poète exprime clairement que les saints et saintes, par lui désignés, forment la ligne séparative jusqu'au cœur de la rose. Lors donc qu'il placera les enfants morts dans des conditions de salut, à partir du milieu du rayon jusqu'au fond de la fleur, il faudra entendre qu'ils occupent cet espace des deux côtés de la grande ligne séparative, distribués dans chaque hémicycle, selon qu'ils sont morts avant ou après Jésus-Christ.

par un mur, l'amphithéâtre en deux parties, eu égard à la manière dont les Élus ont cru en Jésus-Christ.

« De ce côté, où tu vois la moitié de la fleur ayant toutes ses feuilles, sont ceux qui ont cru à Jésus-Christ en espérant sa venue[1]. De l'autre côté où tu aperçois des vides, laissés dans les hémicycles[2], sont réunis ceux qui ont vu le Christ et salué son avènement. Et si, d'une part, le trône glorieux de la Reine des Anges et les autres siéges étagés au-dessous d'elle marquent les degrés qui distinguent les Élus entre eux; d'autre part, et à l'opposite, ces degrés ne sont pas moins bien marqués par le grand saint Jean-Baptiste, qui, après s'être sanctifié dans le désert, souffrit le martyre, et resta en Enfer, pendant deux années[3]; car, au-dessous, descend sur la même ligne une suite de siéges qu'occupent saint François, saint Benoît, saint Augustin[4] et

[1] Jacob avait dit en mourant : « le sceptre ne sortira pas de la maison de Juda, jusqu'à la venue de celui qui doit être envoyé et qui sera l'attente des nations. » (Gen. 49-10) Ceux qui avaient espéré dans le Christ à venir, ont été tirés par lui des Limbes et conduits en Paradis. On peut observer que, si tous les siéges sont remplis de leur côté dans un des deux hémicycles, Dante a pensé qu'il n'y aurait pas plus d'élus dans les générations qui ont suivi Jésus-Christ que dans celles qui l'ont précédé. Egalité qui diminue, ce semble, les résultats de la rédemption.

[2] On a vu qu'une de ces places vacantes était réservée à l'empereur Henri VII.

[3] Jésus-Christ, suivant l'opinion de Clément Alexandrin et de saint Thomas, commençait sa 30e année, lorsqu'il fut baptisé par Jean, fils de Zacharie. Jean fut mis en prison la même année, et ne tarda pas à être décapité par les artifices d'Hérodiade, qui avait déjà obtenu son arrestation. Or, Jésus-Christ est mort à l'âge de 33 ans et deux mois, c'est-à-dire, trois ans environ après que Jean-Baptiste fut descendu dans les Limbes. Dante, en réduisant à deux ans cet intervalle, a adopté l'opinion d'Eusèbe et de saint Jean-Chrysostôme, qui tiennent que Jésus-Christ a reçu le baptême à 31 ans.

[4] Ces trois saints ne sont pas étagés selon l'ordre des temps, non plus que Sara et Rachel ne l'ont été tout à l'heure. Il y a donc, dans la pensée du poète, un ordre de sainteté, qui se découvre ici plus clairement qu'en Sara, Rébecca, Judith et la jeune Ruth. Saint François d'Assises, quoique venu le dernier, est placé au-dessus des deux autres à cause de son ardente charité, et de son zèle actif pour la conversion des infidèles. Saint Benoît ne vient qu'après lui comme représentant la vie contemplative et solitaire, mais il précède saint Augustin, en qui ont brillé surtout les lumières de la science.

Déjà l'on a vu saint Benoît dans la 7e sphère, parmi les Elus qui se sont sanctifiés par la contemplation (Chant XXII, page 500, note 4). V. sur saint François au chant XI, page 441, la note 1.

Augustin, né à Tarse, en Afrique, en 354, évêque d'Hippone en 395, et mort dans cette ville pendant le siége des Vandales en 430. — Envoyé à Milan pour y professer la rhétorique, il avait été converti à la religion chrétienne par saint Ambroise, et tous deux à cette occasion improvisèrent, dit-on,

d'autres personnages ainsi placés, pour distinguer de cercle en cercle les Élus de la Nouvelle Loi[1].

« Or, admire ici la haute sagesse de la Providence. La même foi se produit ici sous un double aspect, et les croyants de l'une et l'autre espèce, séparés dans la rose, y auront une part égale[2].

« Sache ensuite que, depuis le milieu de chaque rayon[3] jusqu'au centre, à partir du siége qui, de chaque côté, sépare les saints de l'Ancienne et de la Nouvelle Loi, les places ne sont plus données au mérite personnel[4], mais qu'on les possède par le

l'hymne du *Te Deum* dont ils chantèrent alternativement chaque verset. Il écrivit contre les Manichéens et contre Pélage. Il a laissé, parmi de nombreux écrits, un traité *de Civitate Dei*, ses confessions et des soliloques.

[1] La sainte Vierge et saint Jean-Baptiste occupent les deux bouts de la grande ligne, qui sépare les Elus de l'Ancienne et de la Nouvelle Loi. Le diamètre est marqué par les siéges principaux, avec cette différence que des deux rayons qui le forment, l'un appartient aux saintes qui ont vécu avant Jésus-Christ, et l'autre aux docteurs éclairés par l'Evangile. Il en résulte que, si les élus de la Nouvelle Loi sont, comme on va le voir, à la *droite* de Marie, Eve, Rachel, etc, les élus de la même classe doivent se trouver à la *gauche* de saint Jean-Baptiste, et *vice versa*. La suite ne contredit pas cette explication des lieux, quoique le poète nous montre auprès de saint Jean-Baptiste, d'un côté une sainte juive, Anne, mère de Marie, placée vis-à-vis de saint Pierre, *di contro a pietro*, et de l'autre côté sainte Lucie, vierge chrétienne, en face d'Adam, *contro al maggior padre di famiglia*. Il faut remarquer ce mot *contro* qui signifie *à l'opposite*. Or, deux points sont opposés lorsqu'ils peuvent être joints par une ligne passant par le centre. Saint Pierre et Anne ne peuvent être à des points opposés que si le premier, étant à la droite de la sainte Vierge, la seconde est à la gauche de saint Jean-Baptiste. Pour qu'une ligne, partant de saint Pierre et passant par le centre de la rose, aboutisse à sainte Anne, il faut que ces deux saints soient respectivement placés dans la position que j'indique.

Il était nécessaire de montrer que saint Pierre et sainte Anne, quoique placés vis-à-vis l'un de l'autre, *contro*, n'appartiennent pas au même hémicycle. Autrement tout ce passage serait en contradiction avec la grande division des Elus, indiquée par le poète.

[2] Ainsi l'Evangile n'aura pas sauvé plus d'hommes que la loi de Moïse et la tradition des premiers âges. Où est en ceci la haute sagesse de la Providence ?

[3] N'est-ce pas une part bien large faite aux enfants morts dans l'innocence du baptême, ou de ce qui pouvait y suppléer avant Jésus-Christ, que la moitié de la rose « *a mezzo l'tratto* ». A la vérité, c'est la moitié qui tend au centre par des cercles de plus en plus rétrécis. Ajoutons que pas un n'est perdu pour le Ciel, des enfants qui meurent baptisés; tandis qu'il est bien difficile, suivant l'Evangile, à ceux qui meurent à l'âge d'homme de se sauver « la voie est étroite ».

[4] Ces enfants ne sont placés ni par ordre de temps, ni par rang de mérite, ni au hasard. Comment donc le sont-ils ? Suivant l'excellence de leur nature, qui est un pur don de Dieu. Cette doctrine, qui s'appuie sur les faits et sur l'observation des qualités diverses que nous apportons en naissant, est qualifiée de fausse et de perverse par le commentateur Venturi, qui ne prend point la peine de justifier une accusation aussi grave.

fait d'autrui, et à certaines conditions, puisque ces lieux sont peuplés d'âmes qui ont pris leur essor avant d'avoir su distinguer le bien et le mal.

« Regarde-les, écoute-les bien. Ces figures et ces voix enfantines ne doivent te laisser aucune incertitude dans l'esprit; mais il s'y produit un nouveau doute que me révèle ton silence. Tu t'embarrasses dans des pensées subtiles, et tu serres un nœud que je puis délier.

« Ces enfants, te dis-tu, sont-ils placés au hasard ? Sache que le hasard n'a pas plus d'accès en ce vaste royaume que la tristesse, la faim ou la soif, et que tout ce que tu vois est réglé, ordonné d'après une loi constante, par laquelle chaque chose convient à sa place, aussi bien que la bague s'ajuste au doigt qui la porte. Aussi n'est-ce pas indistinctement que ces jeunes âmes ont hâté leur vol au séjour de la vie heureuse. Elles entrent ici avec divers degrés d'excellence.

« Le royaume des Cieux jouit d'une paix si parfaite au sein de l'amour et des délices, que nul de ceux qui le possèdent n'aspire à de plus grandes joies; et lorsqu'il plaît au roi de cet empire de créer, sous son fécond regard, des âmes à son image, il leur impartit en même temps sa grâce à diverse mesure. Admirons l'effet quelle qu'en soit la cause[1].

« Nous en voyons un exemple frappant dans l'Écriture. En parlant d'Esaü et de Jacob, elle nous dit que ces jumeaux se querellèrent dans le sein de leur mère. Leurs cheveux étaient de couleur différente. Il en est de même du vêtement de la grâce, divers en chacun de ces enfants, et les disposant à jouir diversement de la lumière divine[2]; et de là vient que, sans

[1] La parole du vigneron s'applique bien ici : « Mon ami, je ne vous fais point de tort. Prenez ce qui vous appartient. Pour moi je veux donner autant à ce dernier (Math. 20) ». — Dieu pourra même sans blesser la justice, donner plus aux uns qu'aux autres, entre ceux qui, par eux-mêmes, n'ont droit à rien.

[2] « *Collidebantur in utero ejus parvuli.* » (Gen. 25) — « *Qui prior egressus est rufus erat et totus in morem pellis hirsutus* » (ibid.) Par cet exemple d'Esaü et Jacob, dont les qualités physiques et morales se montrent si diverses dans le sein même de leur mère, Dante veut établir qu'il y a parmi les hommes, à leur naissance, et abstraction faite de leurs mérites personnels, des natures plus ou moins richement dotées par la grâce divine. — Venturi répète ici que Dante est tombé dans une malheureuse erreur, « *Miseramente s'e ingannato* ». Sa doctrine, ajouté-t-il, est contraire au dogme du péché originel. — Comment cela ? Une imputation pareille, adressée au poète théologien, exigeait au moins quelques développements.

égard à leur vie dépourvue d'œuvres méritoires, des rangs leur sont assignés en ce lieu, à raison de la grâce qui leur est infuse.

« Dans les premiers siècles, il ne leur fallut, pour être sauvés que leur innocence et la foi de leurs parents. Quand furent accomplis les premiers âges, il fut ordonné de circoncire les enfants mâles, et leur innocence n'obtint qu'à ce prix la faveur de monter au Ciel[1]. Enfin, le temps de la grâce venu, tous sans distinction eurent besoin du baptême. A défaut du baptême de Jésus-Christ, ils furent malgré leur innocence retenus[2] dans les basses régions.

« Voilà ton doute résolu. Regarde maintenant en face, la sainte Vierge, dont le visage éclatant peut seul par sa ressemblance[3] avec le Christ[4], te préparer à soutenir la vue du Sauveur. »

Je la vis inondée d'allégresse. Les anges qui furent créés pour voler dans les lieux hauts[5], faisaient pleuvoir sur elle, avec une telle profusion, les joies célestes, que de toutes les merveilles, qui

[1] Littéralement : la circoncision à donné l'essor à leurs plumes, *penne*. Quelques-uns lisent *pene* du latin *penis* ; ce qui emporte un autre sens, indigne de la gravité du poète.

[2] De ce passage il résulte assez clairement que Dante met en Paradis (à condition sans doute d'être restés dans les Limbes jusqu'à la descente de Jésus-Christ aux enfers) : 1° les enfants morts avant Abraham, et depuis Abraham jusqu'à Moïse, en considération de la foi de leurs pères ; 2° ceux qui avaient été circoncis suivant la loi mosaïque ; — mais qu'il place dans une condition pire et qu'il damne (quelle que soit la partie de l'Enfer qu'il leur assigne), les enfants morts sans baptême depuis l'avènement du Sauveur. — Ceci est conforme au dogme catholique, au moins en ce qui concerne ces derniers. L'Eglise est moins explicite sur le sort des enfants morts avant l'ère chrétienne. Mais pourquoi ne pas admettre que la descente de Jésus-Christ aux Enfers leur ait profité, comme à tous ceux qui étaient retenus dans les Limbes ?

On a reproché à Dante d'avoir omis dans son Enfer le Limbe des petits enfants morts sans baptême. Le Poccianti rapporte qu'il a été censuré pour cette omission. Mais, est-ce qu'il ne dit pas ici en termes exprès que ces enfants sont retenus dans les basses régions ? *tale innocenza laggiu si retenne.* Ce passage complète sa description des Limbes, à moins que *laggiu* ne doive s'entendre, chose bien moins admissible, d'une autre partie de l'Enfer.

[3] Cette ressemblance est moins dans les traits apparemment que dans les clartés dont brillent les visages.

[4] Le nom du Christ est répété trois fois dans le texte avec une emphase marquée. Le mot *Cristo* revient trois fois en quelques vers, et rimant avec lui-même. Le traducteur a dû renoncer à rendre cet effet en prose.

[5] Quels sont ces anges ? A quel ordre appartiennent-ils dans la hiérarchie ? Aucun commentateur n'a suppléé au silence du texte.

avaient passé jusque-là devant mes yeux, aucune ne m'avait jeté dans une telle admiration ; aucune ne m'avait offert une si grande image de Dieu.

Le premier qui se présenta, les ailes déployées, devant la Vierge, descendit en chantant : « Je vous salue, Marie, pleine de grâces[1]. » A quoi il fut répondu en chœur par toute la cour sainte ; et de proche en proche tout parut s'embellir et devenir plus serein.

« O mon père ! Vous qui êtes venu jusqu'à moi en quittant un lieu plein de délices, et la place qui vous y est assignée pour l'éternité, veuillez me dire quel est cet ange, qui paraît tout feu et tout amour auprès de notre Souveraine[2], et qui, les yeux fixés sur ses yeux, la regarde avec une expression de joie ineffable ? »

J'osai adresser à saint Bernard cette demande. Le pieux docteur, plus beau sous les yeux de Marie, comme l'étoile du matin est plus belle en présence du soleil, me répondit en ces termes :

« Tout ce qu'un ange, âme d'élite peut avoir de noble assurance et de beauté, celui-ci le possède, et nous trouvons bien qu'il en soit ainsi ; car c'est lui qui, le jour où le fils de Dieu voulut se charger des misères de l'humanité, vint saluer la Vierge, et lui offrir une branche de lys[3]. Maintenant suis-moi des yeux dans la revue que je vais faire, et note, à mesure que je les nommerai, les princes de ce royaume, sanctuaire de justice et de piété.

« Ces deux personnages, que tu vois sur les hauts siéges, plus heureux parce qu'ils sont près de l'auguste Souveraine, adhèrent à la rose, et en sont comme les racines. L'un, à gauche de la

[1] « Ave Maria gratia plena. » Ces mots de la salutation angélique sont enchâssés dans le texte, où ils feraient une bizarre disparate, si l'italien n'avait pour mère la langue latine.

[2] Gabriel est un archange, et comme tel, il ne serait qu'au 8e rang parmi les neuf chœurs (V. Chant XXVIII, page 540, note 2).

[3] La branche de lys est traditionnelle, et le traducteur a dû la conserver. Mais le poète observe mieux la couleur locale en mettant une palme dans la main de Gabriel. La palme est d'ailleurs un symbole de victoire, et signifie ici que la sainte Vierge, bénie entre toutes les femmes, l'emporte sur elles en grâces et en vertus.

Vierge[1], est Adam, le père des hommes, qui, pour avoir osé goûter le fruit défendu, a transmis à toute sa race des maux si amers. Dans l'autre, qui est à droite, reconnais saint Pierre, l'antique patron de la sainte Église, à qui Jésus-Christ a confié les clefs de ce beau jardin. Auprès de lui siége saint Jean à qui furent révélés dans une vision, avant sa mort, les mauvais temps de l'Église, les malheurs de la belle épouse de Jésus-Christ, conquise au prix de son sang versé sur la croix. Remarque auprès d'Adam, Moïse, le chef des Hébreux, de ce peuple ingrat, versatile et opiniâtre, qu'il nourrit de la manne au désert.

« Tourne maintenant les regards vers la partie opposée de la rose, à laquelle préside Jean-Baptiste. Vois, en face de Pierre[2], sainte Anne[3], heureuse de contempler sa fille, et chantant hosanna sans la quitter des yeux. En face d'Adam est le trône de Lucie[4], de cette sainte illustre, qui t'a envoyé Béatrix, au moment où tu fermais les yeux au bord de l'abîme.

[1] Adam n'a que la gauche, comme inférieur à saint Pierre, vicaire de Jésus-Christ et représentant la loi de grâce.

[2] En face de Pierre, c'est-à-dire au point opposé de la *circonférence ;* (V. suprà, page 567, note 1), sainte Anne se trouve ainsi placée, quoique juive, à droite de Jean-Baptiste, et sainte Lucie, quoique chrétienne, à sa gauche. Ce changement anormal était nécessaire pour conserver aux deux grandes classes d'Élus, leur hémicycle respectif.

[3] Sainte Anne, femme de Joachim, mit au monde la sainte Vierge, après 22 ans de stérilité. On croit qu'elle mourut avant la naissance de Jésus-Christ, et Dante, en la plaçant parmi les saintes juives de l'Ancienne Loi, a adopté cette opinion. Elle était fille de Nathan, prêtre de Bethléem, de la tribu d'Aaron.

[4] On a vu, au second chant de l'Enfer, que Lucie a quitté sa place dans le Paradis, est allée trouver Béatrix, assise au même rang que Rachel, et l'a envoyée secourir son fidèle Dante, égaré dans la forêt sauvage. Béatrix, à son tour, a fait sortir Virgile des Limbes, et l'a donné pour guide à son ancien ami. — Qu'est-ce que cette Lucie que nous retrouvons ici supérieure en rang à Rachel et à Béatrix ? Qu'elle soit, suivant les commentateurs, le type de la grâce illuminante, elle n'en est pas moins mise en scène par Dante comme une sainte qui a conquis par ses vertus une des premières places du royaume du Ciel. — Sainte Lucie, d'une famille noble de Syracuse, refusa malgré les instances de ses parents et contre sa propre inclination, pour garder son vœu de n'appartenir qu'à Jésus-Christ, la main d'un jeune seigneur qui alla combattre et mourir en Palestine. Il lui apparut en songe après sa mort et lui apprit qu'il avait obtenu le salut de son âme. La jeune vierge, ainsi récompensée de son généreux sacrifice, acheva sa vie dans la pratique des vertus. — Voilà ce que nous apprend la légende, et ce qui n'explique pas suffisamment la haute position que Dante a faite à Lucie, ni cet éloge spécial, « *nimica di ciascun crudele,* » (Enfer. Chant II) ni la pensée des commentateurs qui ont vu en elle le type de la grâce illuminante, comme ils ont vu dans la Dame, placée au-dessus d'elle, un type de la grâce coopérante. On

« Mais le temps accordé à ton rêve[1] s'enfuit. Arrêtons-nous ici, et de même qu'un bon tailleur règle sa coupe sur ce qu'il a d'étoffe[2], n'allons pas plus loin. Élève tes regards vers Dieu, source de tout amour, afin de pénétrer d'une vue ferme, autant qu'il te sera possible dans les splendeurs de sa gloire. Mais de peur qu'en voulant voler de tes propres ailes, tu ne recules au lieu d'avancer[3], il faut par la prière obtenir les bonnes grâces de celle qui peut venir à ton aide. Suis-moi donc avec attention, et que ton cœur soit de moitié dans mes paroles ».

Et aussitôt saint Bernard commença ainsi sa pieuse oraison[4].

CHANT XXXIII.

« Vierge-mère ! Enfant du Dieu que vous avez enfanté[5] ! Humble femme supérieure à toutes les femmes, objet prédestiné de la

doit penser que le poète, ayant besoin de ces trois personnifications, autrement dites la miséricorde, la grâce et la religion, a pris pour types des personnes dont les *noms* convenaient le mieux à cet objet ; que Béatrix pouvant bien signifier la religion, *qui fait le bonheur des hommes* (Béatrice), Lucie lui a paru exprimer *la lumière* de la grâce, et que ne trouvant pas de sainte qui exprimât la miséricorde, il a laissé ce dernier type innommé, sous la qualification vague de *donna gentile*.

Si cette explication n'est pas satisfaisante, celles des commentateurs ne le sont guère plus.

[1] Ainsi l'entendent les meilleurs commentateurs, et ces mots : « *il tempo fugge che t'assana* » ne paraissent pas avoir d'autre sens. Mais on aimerait à leur trouver une explication qui laissât au voyage de Dante sa saisissante réalité. Si ce voyage n'est qu'une vision, combien il perd de son intérêt pour le lecteur !

[2] L'écrivain doit distribuer sa matière, comme un bon tailleur coupe un manteau, selon l'étoffe qu'il a entre les mains.

[3] Le dernier conseil qui convient à l'homme le plus avancé dans les voies de la perfection, c'est la prière. Dante en a besoin même au plus haut des Cieux. Le poème qui contient l'œuvre de sa régénération, doit se clore par la prière, et celle de saint Bernard n'est pas un hors-d'œuvre.

[4] On connaît la dévotion singulière de saint Bernard à la Vierge. On a de lui la formule d'une prière à Marie qui est encore en grand usage et en spéciale recommandation.

[5] Voilà des antithèses, des contradictions dans les termes qui ne sont pas de frivoles concetti.

sagesse éternelle ! Vous avez tellement ennobli l'humanité, que Dieu a daigné se faire homme, et de créateur descendre au rang de la créature. En votre sein s'est rallumé l'amour[1], dont la chaleur féconde a fait naître et fleurir la rose mystique au sein de l'éternelle paix. Vous êtes ici pour nous un foyer d'ardente charité[2]. Vous êtes sur la terre une source vraie d'espérance pour les mortels.

« O Reine des Cieux, si grande et si puissante ! Ne pas recourir à vous, quand on veut obtenir une grâce, c'est couper les ailes à son désir[3]. Mais votre bonté n'est pas seulement secourable à ceux qui l'implorent ; souvent elle nous prévient, et va généreusement au-devant de nos besoins. J'ai trouvé réunies en vous la miséricorde, la pitié, la magnificence, et tout ce qu'il peut y avoir de bon dans une créature.

« Voici un homme[4], qui après avoir observé les âmes dans leurs conditions diverses, depuis les plus basses régions jusqu'en ces hauts lieux, vous supplie en grâce de lui donner la force d'élever encore ses regards vers le dernier but de ses aspirations. Aussi avide pour lui que pour moi-même de la vue du Souverain Bien[5] je vous adresse mes prières les plus ferventes, (puissent-elles être exaucées !) pour qu'à l'aide des vôtres, les derniers nuages qui offusquent sa vue mortelle se dissipent, et que le Bien Suprême se révèle pleinement à lui.

« Encore un mot, grande Reine ! Car vous pouvez tout ce que vous voulez. Faites qu'après avoir ainsi contemplé la

[1] Depuis la chute d'Adam, l'Esprit Saint avait cessé d'habiter le cœur de l'homme. Son état de péché excluait l'amour pur qui est incompatible avec le mal. Il n'a pu recouvrer l'un qu'en se purgeant de l'autre, au moyen de la rédemption.

[2] Les Élus, dont les espérances sont comblées, n'ont plus qu'à aimer, et leurs saintes ardeurs pour Dieu trouvent dans celles de la sainte Vierge un aliment inépuisable.

[3] Saint Bernard regardait l'intercession de Marie comme toute puissante, et dans un certain sens comme nécessaire. L'impossibilité d'obtenir une grâce quelconque sans son entremise, est bien marquée par la comparaison de l'oiseau qui veut voler sans ailes.

[4] C'est Dante qui est l'objet de la prière de saint Bernard ; le saint demande pour lui à la Vierge Marie la grâce de contempler Dieu face à face.

[5] Le poète se fait ici une part bien large dans les affections de saint Bernard. Mais il faut reconnaître que ces deux âmes si hautes et si poétiques ont entre elles de grandes affinités.

vérité même, il conserve[1] des sentiments droits et un cœur pur. Faites bonne garde pour éloigner de lui les appétits sensuels. Voyez quelle foule de saints, avec Béatrix[2], s'unissent à mes prières, en joignant dévotement leurs mains ».

Marie, aimée et vénérée de Dieu[3], avait les yeux fixés sur son serviteur Bernard, pendant qu'il parlait. Ses regards nous témoignaient combien les prières ferventes lui plaisent. Ensuite elle les porta vers la lumière éternelle avec une force pénétrante que nulle créature au monde ne saurait égaler ; et moi, qui touchais au but où tendent nos souhaits, je sentis, comme je le devais, s'amortir en moi l'aiguillon du désir[4].

Un signe, un sourire de Bernard m'invitaient à regarder en haut ; mais déjà de moi-même j'avais pris l'attitude qu'il souhaitait, et mon clair regard, s'attachant à suivre le rayon qui le frappait, plongeait de plus en plus au sein de la vraie lumière existant par elle-même.

De ce moment, la parole est impuissante à décrire ce que j'ai vu. Le langage et la mémoire fléchissent devant d'aussi hautes merveilles. Je suis comme un homme qui a fait un rêve, et qui n'a conservé au réveil que l'impression de ce qu'il a vu, sans aucun souvenir distinct. Ainsi, de ma vision, il ne me reste presque rien hormis la douceur d'une sensation exquise[5] qui m'inonde encore le cœur. Elle s'est dissipée comme la neige fond

[1] Le poète, dans l'exil, avait élevé son âme par la méditation qu'exigeait son divin poème ; mais il avait besoin d'être préservé de l'esprit de haine et de vengeance qui s'attache aux victimes des discordes civiles.

[2] Béatrix a quitté Dante, après l'avoir conduit jusqu'au cœur de la rose, et a repris sa place au 3e gradin, auprès de Rachel.

[3] La vénération de Dieu pour Marie est celle du fils de l'homme pour sa mère. L'expression est aussi juste que hardie.

[4] Le texte porte : « Je mis fin en moi, comme je le devais, à l'ardeur de mon désir. » Dante ne dit pas qu'il sente son désir s'éteindre en s'approchant du but. Cette pensée serait fausse. Mais il est naturel que, sûr désormais d'y atteindre, épuré, fortifié, plein de confiance, ayant déjà l'avant-goût de la vision béatifique, il s'y porte avec un désir qui n'a plus d'aiguillon.

[5] A cette sensation de plaisir, il se joint quelques formes indistinctes, comme on va le voir. La vision s'est effacée presque toute : « *quasi tutta.* » Il peut en avoir conservé quelque image.

au soleil, comme se dispersaient jadis les feuilles légères jetées au vent par la sybille[1].

O lumière increéée ! qui passes de si loin la portée de nos intelligences, éclaire-moi encore d'un de tes rayons, afin que je retrouve dans mon esprit quelque chose de ton image, et que de mes vers puisse jaillir dans la postérité une étincelle de ta gloire[2]. Si peu que je puisse célébrer dans ce poème ta beauté triomphante, elle en sera mieux comprise.

Le divin rayon frappait mes yeux en dardant sur eux une splendeur si vive, que je n'aurais pu les en détacher sans être aveuglé[3]. Cela, il m'en souvient, me rendit plus audacieux. A force de soutenir l'éclat de cette lumière, ma vue perça jusqu'à l'Être infini.

O riche trésor de la grâce[4], où j'ai puisé la force de contempler la lumière éternelle, jusqu'à y absorber mon âme et mes yeux !

Je vis dans ces profondeurs l'exemplaire unique et triple à la fois, qui réunit, grâce au divin amour, les mille feuillets du grand livre de l'univers. La substance et l'accident, les qualités et les modes, tout y était confondu de manière à former dans une lumière pure, un être simple[5], admirable assemblage, dont je pense avoir vu le nœud. Oui, j'en ai saisi alors la forme générale. J'en juge par le plaisir qui dilate mon cœur au moment où j'en

[1] Quel luxe de comparaisons! Quelle richesse de poésie! Arrivé au terme de sa vaste carrière, le poète ne donne aucun signe de fatigue. Son style s'élève naturellement avec sa pensée.

La sybille de Cumes

« *Fata canit foliisque notas et carmina mandat*
.... *rapidis ludibria ventis.* » (Virg. Enéide, 6.)

[2] Dante a demandé ailleurs un autre prix de ses veilles, son rappel de l'exil, et sa rentrée dans sa ville natale.

Dieu, glorifié par son génie et par ses beaux vers, ne lui a pas accordé cette récompense.

[3] Une splendeur trop vive offusque les yeux. L'œil assez fort pour soutenir une clarté rayonnante, s'émousse lorsqu'il s'en détache pour se porter sur un objet moins éclairé.

[4] Ici la grâce agit immédiatement sur lui, sans l'entremise de Béatrix ou de Lucie. Elle lui donne la force de pénétrer jusqu'à l'essence divine.

[5] L'homme est un petit monde (microcosmos). — Le monde est le miroir de Dieu, où existent la substance et toutes les qualités primordiales. En d'autres termes, Dieu est l'architype de l'univers ; quel beau langage le poète prête ici à la scolastique !

parle[1], mais un seul instant l'a effacé de ma mémoire. Un moment a versé plus d'oubli en moi, que vingt-cinq siècles n'en ont répandu sur cette entreprise fameuse qui fit voir à Neptune sous les eaux, l'ombre du navire Argo[2] !

Immobile et tout entier à ce grand spectacle, qui captivait mon âme, je restai ainsi l'œil fixe et s'enflammant de plus en plus à mesure qu'il se plongeait au sein de la lumière ; car telle est sa vertu qu'une fois en face d'elle, on ne peut s'en détacher pour un autre objet[3]. L'esprit ne saurait y consentir, parce qu'en elle se résume tout le bien auquel l'homme aspire ; parce que, hors d'elle, qui est la perfection même, il n'y a que défaut et insuffisance.

Ce qui me reste à dire, sur les souvenirs que j'ai conservés, exige moins de paroles que n'en bégaie l'enfant encore à la mamelle[4] ; non qu'il y eût dans cette lumière, objet de mes regards, des aspects multiples et variés, car elle est simple par sa nature, et immuable ; mais à mesure que ma vue gagnait en force par la contemplation, le point unique où elle était fixée semblait se tranformer à mesure que je changeais moi-même[5].

Dans les profondeurs de ce foyer resplendissant, je distinguai

[1] Le souvenir d'une sensation la renouvelle, indépendamment de l'image qui l'a produite. L'âme peut donc apprécier l'objet de cette sensation par la joie qu'elle éprouve, lorsqu'elle se reproduit, alors même qu'elle a perdu la mémoire de ce qui l'a fait naître. C'est de la bonne psychologie.

[2] La précision de ce nombre d'années, *venticinque secoli*, marque assez clairement l'intention de Dante d'assigner une date à son poème, au moment où il le termine. Cette date résulte, d'ailleurs, de maints passages de la Divine Comédie ; mais en 1300, y avait-il en effet 25 siècles écoulés depuis le voyage des Argonautes ? Oui, si cette entreprise fameuse a eu lieu 1200 ans avant Jésus-Christ. Mais les chronologistes la font remonter à une époque antérieure. Le père Pétau la place 1226 ans et l'abbé Barthélemy 1360 ans avant l'ère chrétienne. Notre poète, toujours si exact, ne s'éloigne que peu de la supputation faite longtemps après lui dans le *rationarium temporum*.

[3] Mais, qui peut contempler ainsi la vérité suprême ? On ne l'entrevoit que par éclairs, bien rarement face à face. Que de choses exige cette pure intuition du beau ! Quelle hauteur de science ! Quelle sagesse d'esprit ! et quelle pureté de cœur !

[4] Comparaison exprimée par un vers charmant :

« *infante che bagni ancor la lingua alla mammella.* »

[5] Le beau est un, simple et immuable ; mais il se révèle par degrés à notre intelligence imparfaite, et chaque révélation semble lui donner un aspect nouveau. Ces initiations successives de l'homme qui s'attache à sa poursuite, n'attestent que sa nature variable et perfectible. Le beau en lui-même ne change pas.

trois cercles de même grandeur et de couleurs différentes. Un d'eux paraissait, comme dans l'arc-en-ciel, réfléchi par l'autre[1]. Le troisième avait l'apparence d'une flamme jaillie en même temps des deux autres cercles.

O faiblesse du langage ! que la parole est impuissante à rendre ma pensée ! et qu'est-ce que ma pensée comparée à ce que j'ai vu ! moins que je ne puis dire[2].

O lumière éternelle ! qui as ta base en toi-même, qui seule te comprends, comprise aussi par toi seule, et qui daignes me sourire[3]. Je considérais depuis quelque temps celui des trois cercles qui paraissait briller d'une clarté réfléchie[4], lorsque je vis se peindre de ses couleurs au sein de la divine fournaise, une face humaine[5] qui attira sur elle toute mon attention.

A cette vue, semblable au géomètre, qui s'attache de toute la force de son esprit à mesurer le cercle, et qui cherche longtemps, sans le trouver, le principe dont il a besoin[6] ; je voulus aussi voir comme l'effigie s'adaptait au cercle[7], observer comment elle se localisait en lui. Mais je n'aurais pu voler aussi haut de mes

[1] Image des trois personnes en Dieu. Les cercles ne sont pas concentriques, mais superposés dans une égalité parfaite de manière à montrer dans leur épaisseur, autant qu'on peut l'imaginer, le Père engendrant le Fils, et au milieu d'eux le Saint-Esprit procédant de l'un et de l'autre.

[2] Littéralement : dire que c'est peu, ce n'est point dire assez. « *Non basta a dicer poco.* » Dieu est lui-même sujet et objet. Il se comprend et il est compris par lui seul. Cette expression du poète « *da te intelletta ed intendente te* » n'est pas redondante ; car quelle autre nature que la nature divine est en même temps active et passive ?

[3] Malgré ces mots du texte : « *a me arridi* » plusieurs ont traduit : « tu te complais en toi-même, tu t'aimes et te souris. » La théologie ne rejette pas cette pensée, qui paraît même plus conforme à l'esprit général du morceau ; mais si elle n'est pas celle du poète, il n'est pas permis de lui rien prêter. Dante n'a-t-il pas voulu exprimer l'infinie bonté du Créateur qui, se suffisant à lui-même, jette hors de lui un regard de complaisance.

[4] Le fils de Dieu.

[5] Dante a déjà parlé de la sainte image qu'on voyait de son temps à Lucques. Elle lui a peut-être donné l'idée de cette apparition, plus saisissante que celle du *Labarum.* On a des portraits de Jésus-Christ tracés d'après une lettre apocryphe de Ponce-Pilate à Tibère; d'autres disent, reproduits traditionnellement d'après un tableau attribué à saint Luc.

[6] Le rapport du diamètre à la circonférence dépend du problème insoluble de la quadrature du cercle, laquelle cependant peut seule en fournir l'exacte mesure.

[7] C'est-à-dire le mystère de l'union des deux natures dans le Verbe *Chair.* Jésus-Christ monté au Ciel y est comme homme et comme Dieu.

propres ailes, si un éclair de la grâce n'avait alors embrasé mon âme et accompli mon désir[1].

Ici mon extase fut au-dessus de mes forces ; mais déjà, comme la roue qui tourne d'un mouvement égal, le divin amour, qui meut le soleil et tous les astres, avait porté ailleurs mon esprit et ma volonté[2].

[1] Cette dernière phase d'initiation est marquée par un resplendissement des trois cercles « *un fulgore.* »

[2] Ceci paraît contraire à ce qui a été dit tout à l'heure, que l'âme, une fois mise en face de la vraie lumière, ne peut plus s'en détacher. Mais il faut remarquer que Dante, vivant encore et conduit par une faveur spéciale au séjour céleste, n'a fait qu'entrevoir la Divine Essence ; qu'il n'est pas comme les Élus, admis à voir Dieu face à face ; qu'il doit retourner sur la terre, et que son extase, si elle avait duré, lui aurait conservé la mémoire des choses qui ne doivent pas être révélées aux hommes. Il était donc nécessaire que son désir une fois satisfait, ses pensées et sa volonté changeassent de cours. La vie active le réclame. Il s'est régénéré à la source du Beau Éternel, et l'impression qui lui reste des merveilles qu'il a vues lui suffit pour sa propre conduite et pour l'exemple de ses semblables. C'est le but et la moralité de la Divine Comédie. Le poème devait finir ainsi. Un mot de plus sur la fin de sa vision, ou sur son réveil ou sur son retour dans le monde, aurait gâté le tableau final. Le drame ne pouvait finir d'une façon plus grandiose, et la toile se baisse.

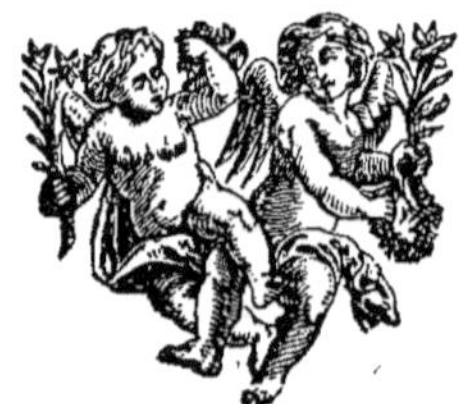

28.918. — AMIENS. — IMP. T. JEUNET.

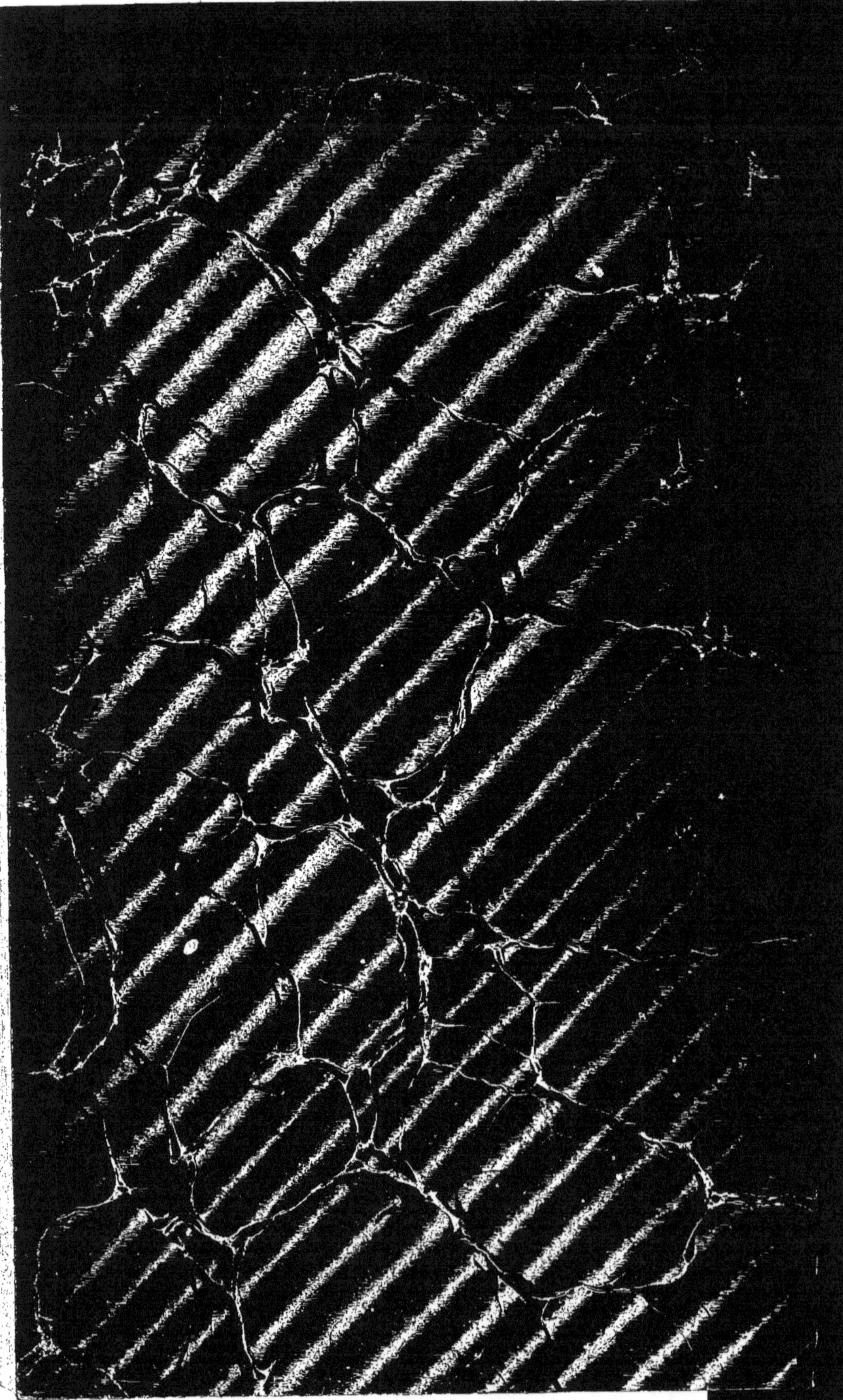

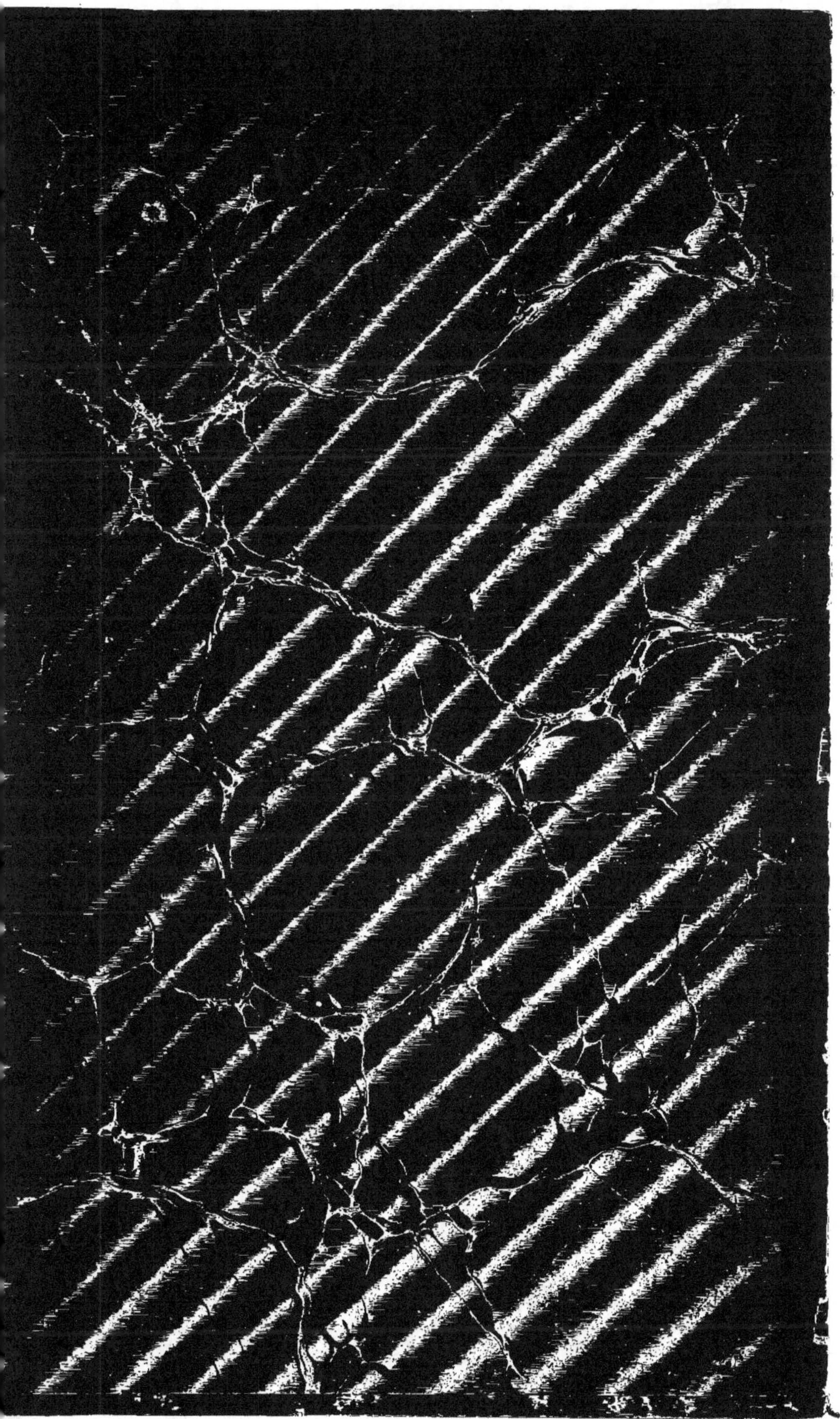

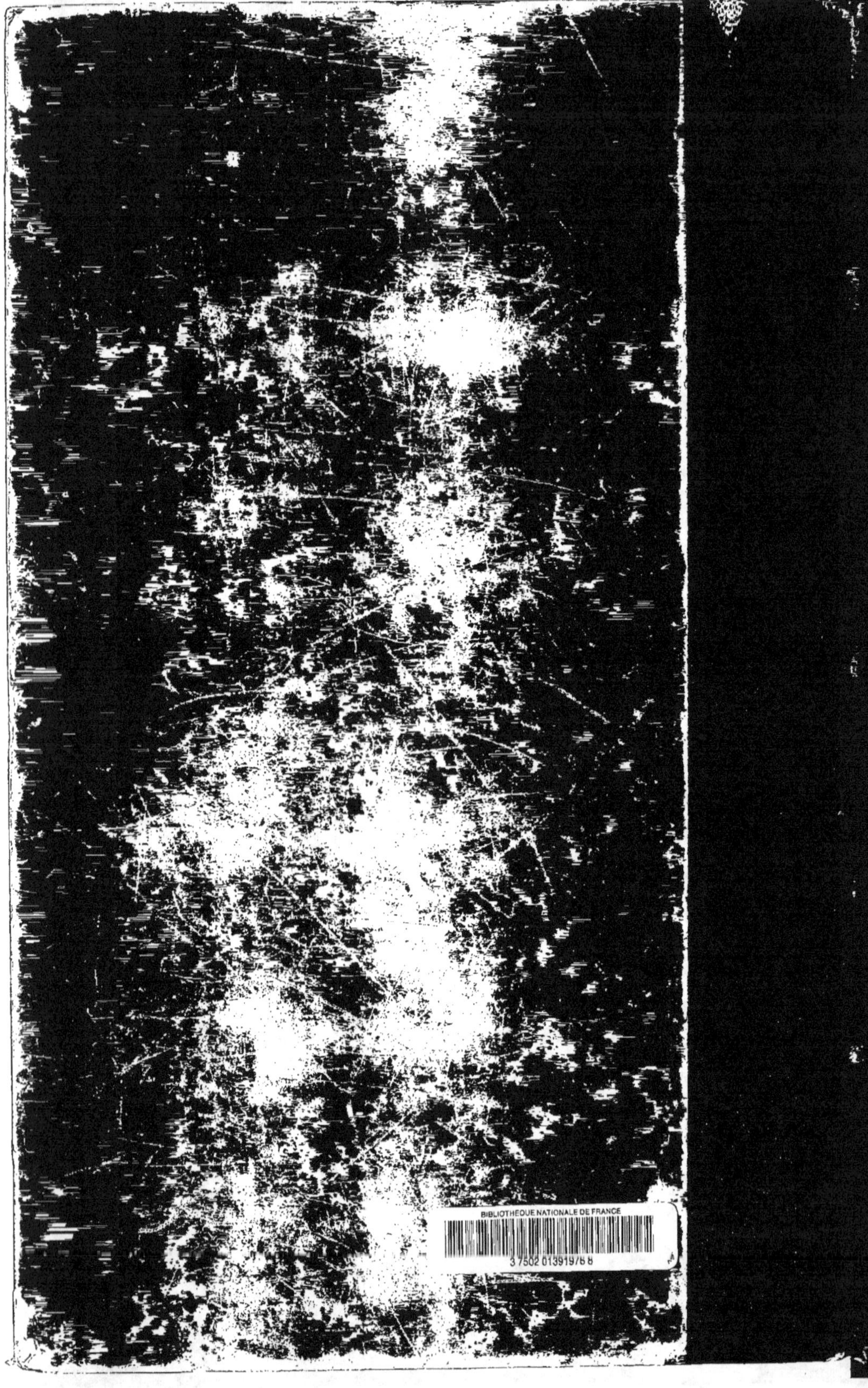

BIBLIOTHEQUE NATIONALE DE FRANCE
3 7502 01391976 8

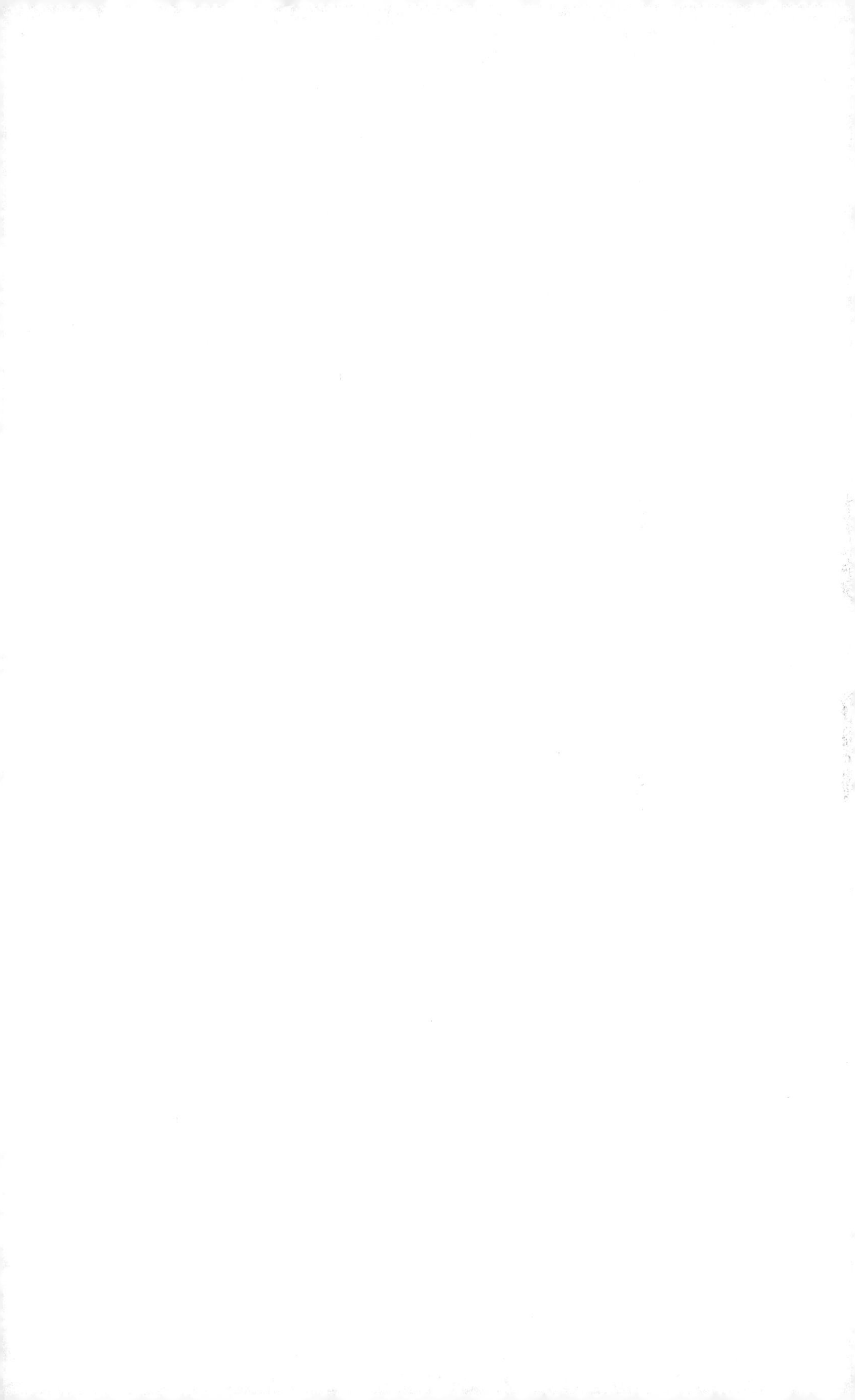

www.ingramcontent.com/pod-product-compliance
Lightning Source LLC
LaVergne TN
LVHW010519100826
845148LV00001B/47